에듀윌과 함께 시작하면,
당신도 합격할 수 있습니다!

자소서와 면접, NCS와 직무적성검사의 차이점이 궁금한
취준을 처음 접하는 취린이

대학 졸업을 앞두고 취업을 위해 바쁜 시간을 쪼개며
채용시험을 준비하는 취준생

내가 하고 싶은 일을 다시 찾기 위해
회사생활과 병행하며 재취업을 준비하는 이직러

누구나 합격할 수 있습니다.
이루겠다는 '목표' 하나면 충분합니다.

마지막 페이지를 덮으면,

에듀윌과 함께
취업 합격이 시작됩니다.

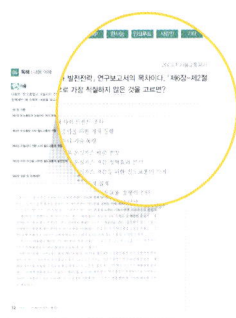

취업 교육 1위
에듀윌 취업 무료 혜택

교재 연계 강의

- GSAT 대표유형 무료특강(10강)
- 반도체 취업 무료특강(23강)
- 삼성그룹 자소서 무료특강(5강)

※ 2025년 1월 2일에 오픈될 예정이며, 강의명과 강의 오픈 일자는 변경될 수 있습니다.
※ 무료 특강 이벤트는 예고 없이 변동 또는 종료될 수 있습니다.

교재 연계 강의 바로가기

교재 연계 부가학습자료

다운로드 방법

STEP 1	STEP 2	STEP 3
에듀윌 도서몰 (book.eduwill.net) 로그인	도서자료실 → 부가학습자료 클릭	[2025 최신판 GSAT 통합 기본서] 검색

- 삼성 최신 이슈 키워드 모음집(PDF)

온라인모의고사 & 성적분석 서비스

온라인 응시 서비스 응시코드

[redacted]

응시방법

PC 접속 https://eduwill.kr/1tVe

모바일 접속 하기 QR 코드 연결

※ 온라인모의고사 응시 및 성적분석 서비스는 2025년 12월 31일까지 유효합니다.
※ 본 응시코드는 1인 1회만 사용 가능하며, 중복 사용은 불가합니다.

온라인 모의고사 신청

1:1 학습관리 교재 연계 온라인스터디

참여 방법

STEP 1	STEP 2	STEP 3
신청서 작성	스터디 교재 구매 후 인증 (선택)	오픈채팅방 입장 및 스터디 학습 시작

※ 온라인스터디 진행 혜택은 교재 및 시기에 따라 다를 수 있습니다.
※ 오른쪽 QR 코드를 통해 신청하면 스터디 모집 시기에 안내 메시지를 받을 수 있습니다.

온라인스터디 신청

• 2023, 2022, 2021 대한민국 브랜드만족도 취업 교육 1위 (한경비즈니스)/2020, 2019 한국브랜드만족지수 취업 교육 1위 (주간동아, G밸리뉴스)

에듀윌이
너를
지지할게

ENERGY

처음에는 당신이 원하는 곳으로
갈 수는 없겠지만,
당신이 지금 있는 곳에서
출발할 수는 있을 것이다.

– 작자 미상

최신판

GSAT
삼성직무적성검사
통합 기본서

eduwill

GSAT, 자소서, 그리고 면접까지!

삼성 입사에 필요한 모든 정보를 여기 다 모았다!

삼성 기업 소개 P. 6

미래전략실이 사라지면서 삼성 '그룹'도 함께 사라졌습니다. 이에 따라 가장 대표적인 계열사인 삼성전자의 경영철학 및 핵심 가치 등을 해당 페이지에 소개하였습니다.

GSAT 개요 P. 8

GSAT는 삼성에서 시행하는 직무적성검사로 크게 수리논리, 추리 2개 영역이 출제되며, 과락과 감점이 존재합니다. 또한 일정한 유형으로 출제되고 있으며, 난이도는 크게 높지 않습니다.

삼성 채용 일정 및 전형

P. 10

삼성은 매년 상반기와 하반기 2회에 걸쳐 신입사원 공개 채용을 실시하고 있습니다. 전형은 크게 서류, 필기, 면접 3가지로 이루어집니다.

자소서 및 면접 질문

P. 12

삼성의 자소서 작성 시, Essay를 주제에 맞게 작성해야 합니다. 해당 페이지에서는 직무별 Essay 주제와 면접 기출 질문을 참고할 수 있습니다.

삼성 기업 소개

(삼성전자 기준)

※ 기업 소개 정보는 변경될 수 있습니다. 정확한 사항은 기업 홈페이지를 참고해주세요.

01 기업소개

삼성전자는 사람과 사회를 생각하는 글로벌 일류기업을 추구합니다. '경영이념, 핵심가치, 경영원칙'의 가치체계를 경영의 나침반으로 삼고, 인재와 기술을 바탕으로 최고의 제품과 서비스를 창출하여 인류사회에 공헌하는 것을 궁극적인 목표로 삼고 있습니다. 이를 위해 삼성전자가 지켜나갈 약속인 5가지 경영원칙을 세부원칙과 행동지침으로 구체화하여 삼성전자 임직원이 지켜야 할 행동규범(Global Code of Conduct)으로 제정하였으며, 모든 임직원의 사고와 행동에 5가지 핵심가치를 내재화하여 삼성전자의 지속적인 성장을 견인하고 미래 방향성을 제시하고자 합니다.

02 경영철학과 목표

1 인재와 기술을 바탕으로

- 인재 육성과 기술 우위 확보를 경영 원칙으로 삼는다.
- 인재와 기술의 조화를 통하여 경영 시스템 전반에 시너지 효과를 증대한다.

2 최고의 제품과 서비스를 창출하여

- 고객에게 최고의 만족을 줄 수 있는 제품과 서비스를 창출한다.
- 동종업계에서 세계1군의 위치를 확보한다.

3 인류사회에 공헌한다

- 인류의 공동이익과 풍요로운 삶을 위해 기여한다.
- 인류 공동체 일원으로서의 사명을 다한다.

03 핵심가치

인재제일 '기업은 사람이다'라는 신념을 바탕으로 인재를 소중히 여기고 마음껏 능력을 발휘할 수 있는 기회의 장을 만들어 갑니다.

최고지향 끊임없는 열정과 도전정신으로 모든 면에서 세계 최고가 되기 위해 최선을 다합니다.

변화선도 변화하지 않으면 살아남을 수 없다는 위기의식을 가지고 신속하고 주도적으로 변화와 혁신을 실행합니다.

정도경영 곧은 마음과 진실되고 바른 행동으로 명예와 품위를 지키며 모든 일에 있어서 항상 정도를 추구합니다.

상생추구 우리는 사회의 일원으로서 더불어 살아간다는 마음을 가지고 지역사회, 국가, 인류의 공동 번영을 위해 노력합니다.

04 경영원칙

1 법과 윤리적 기준을 준수한다

- 개인의 존엄성과 다양성을 존중한다.
- 법과 상도의에 따라 공정하게 경쟁한다.
- 정확한 회계기록을 통해 회계의 투명성을 유지한다.
- 정치에 개입하지 않으며 중립을 유지한다.

2 깨끗한 조직문화를 유지한다

- 모든 업무활동에서 공과 사를 엄격히 구분한다.
- 회사와 타인의 지적 재산을 보호하고 존중한다.
- 건전한 조직 분위기를 조성한다.

3 고객, 주주, 종업원을 존중한다

- 고객만족을 경영활동의 우선적 가치로 삼는다.
- 주주가치 중심의 경영을 추구한다.
- 종업원의 '삶의 질' 향상을 위해 노력한다.

4 환경 · 안전 · 건강을 중시한다

- 환경친화적 경영을 추구한다.
- 인류의 안전과 건강을 중시한다.

5 기업시민으로서 사회적 책임을 다한다

- 기업시민으로서 지켜야 할 기본적 책무를 성실히 수행한다.
- 사업 파트너와 공존공영의 관계를 구축한다.
- 현지의 사회 · 문화적 특성을 존중하고 공동 경영(상생/협력)을 실천한다.

GSAT 개요

01 GSAT란?

GSAT는 Global Samsung Aptitude Test의 약자로 다른 말로는 삼성직무적성검사라고 합니다. 단편적인 지식보다는 주어진 상황을 유연하게 대처하고 해결할 수 있는 종합적인 능력을 평가하는 검사입니다.

02 시험구성

2019년 하반기까지는 4개의 영역(언어논리, 수리논리, 추리, 시각적사고)을 오프라인으로 시행하였으나 2020년 상반기부터 온라인으로 시행하면서 영역을 수리논리, 추리의 2개 영역으로 축소하였습니다.

1 시험 영역

영역	2020년 상반기~2024년 하반기	
	문항 수	시간
수리논리	20문항	30분
추리	30문항	30분

2 영역별 문항 비중(2024년 기준)

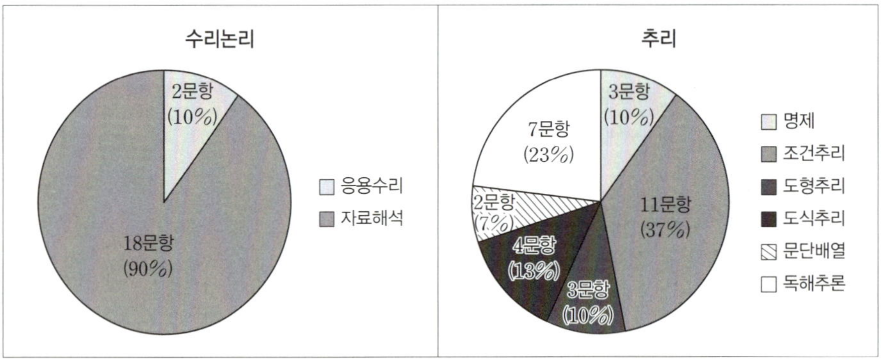

03 시험 특징

1 시험 난이도

- 매번 세부적인 난이도는 다르나 평균적으로 시험 난이도는 평이한 수준입니다.
- 수리논리는 문제가 복잡하지 않고 계산도 깔끔하게 출제되어 난이도가 높지 않은 수준이고, 추리는 조건추리가 다소 까다롭게 출제되지만 전반적인 난이도는 평이한 수준입니다.

2 영역별 과락 존재

2개 영역 중 1개의 영역이라도 일정 점수 이하이면 불합격 처리되며 정확한 과락 점수는 공개되지 않았습니다.

3 감점 존재

오답에 대한 감점이 존재하며 정확한 감점 메커니즘은 공개되지 않았습니다.

4 온라인 시험 특이사항

- 개인별 안내를 통해 검사 진행을 위한 필요 절차를 실시하고, 응시자 매뉴얼 확인 후 스마트폰 거치대와 문제풀이 용지를 준비해야 합니다.
- 온라인 예비소집에 참석해야 하며, 참석하지 않은 응시자는 검사 당일 응시가 제한될 수 있습니다.
- 스마트폰 및 스마트폰 거치대를 이용하여 본인의 얼굴과 양손, 시험을 치르는 PC 화면이 보이도록 응시하는 본인 모습을 촬영해야 하며, 책상 위에는 PC, 문제풀이 용지, 필기구, 스마트폰 거치대를 제외한 물건은 올려놓을 수 없습니다.
- 부정행위로 간주되는 행위에는 문제를 메모 또는 촬영하거나 외부로 유출하는 행위 등이 있습니다.

5 기타

- 계열사별로 이틀에 걸쳐 각각 오전, 오후 총 4번 진행되며, 부정행위를 방지하기 위해 4번의 시험 모두 다른 문제가 출제됩니다.
- 타사의 인적성 시험과 비교했을 때 난이도가 높진 않습니다. 그러나 감점이 존재하므로 풀 수 있는 문제를 먼저 빠르게 푼 뒤 헷갈리는 문제를 나중에 풀어서 제한 시간 안에 최대한 많은 문제를 푸는 것이 중요합니다.

04 2024년 하반기 GSAT 총평

1 수리논리

- 문항 유형 및 비중이 꾸준히 유지되는 추세입니다.
- 전반적인 난이도는 평이하였지만, 복잡한 계산이 필요한 선택지도 일부 있었습니다.
- 다양한 형태의 도표가 제시되었으며, 비율, 증감률 등을 나타내는 형태가 많이 출제되었습니다.

최신 기출 복원 키워드

- 6명을 2명씩 3조로 나누는 경우의 수 문제
- 증감률 주어진 후, 2년 전 대비 얼마나 감소했는지 비교하는 문제
- 조건 대입해서 a, b값을 구하는 문제
- 2030년까지의 판매량을 구하는 수열 문제

2 추리

- 전반적으로 어렵지는 않았으나, 일부 조건추리 문항이 까다롭게 출제되었습니다.
- 순서 · 배열 · 매칭 등의 조건추리 문항이 많이 출제되었습니다.

최신 기출 복원 키워드

- 영양제 A~E 중 3가지를 구매하는 조건추리 문제
- 4자리 비밀번호를 맞추는 조건추리 문제
- 공통되는 음영을 찾는 도형추리 문제
- 이차전지 재활용, DRAM, 스마트 링 등에 관한 독해추론 문제

삼성 채용 일정 및 전형

(3급 신입공채 기준)

01 채용 일정

삼성 신입사원 공개 채용은 매년 3월(상반기), 9월(하반기)로 연 2회 나누어 진행되며, 계열사에 따라 시기가 조금씩 차이나기도 합니다. 2020년 상반기에만 코로나19의 여파로 4월에 공개채용을 진행했고 2020년 하반기부터는 다시 예년처럼 상반기와 하반기에 각각 3월, 9월에 공개채용을 진행했습니다.

구분	상반기			하반기		
	2022년	2023년	2024년	2022년	2023년	2024년
서류접수	03. 11.(금)	03. 08.(수)	03. 11.(월)	09. 06.(화)	09. 11.(월)	09. 04.(수)
서류마감	03. 21.(월)	03. 15.(수)	03. 18.(월)	09. 14.(수)	09. 18.(월)	09. 11.(수)
서류발표	04. 19.(화)	04. 03.(월)	04. 05.(금)	10. 05.(수)	10. 10.(화)	10. 04.(금)
GSAT	05. 14.(토) 05. 15.(일)	04. 22.(토) 04. 23.(일)	04. 27.(토) 04. 28.(일)	10. 22.(토) 10. 23.(일)	10. 28.(토) 10. 29.(일)	10. 26.(토) 10. 27.(일)
GSAT발표	05. 27.(금)	05. 08.(월)	05. 10.(금)	11. 01.(화)	11. 10.(금)	11. 06.(수)
면접시작	06. 02.(목)	05. 11.(목)	05. 13.(월)	11. 04.(금)	11. 15.(수)	11. 12.(화)
면접종료	06. 16.(목)	05. 26.(금)	05. 31.(금)	11. 18.(금)	12. 01.(금)	

※ 삼성전자 기준

02 지원 자격

1 졸업예정자 또는 기졸업자

2 병역필 또는 면제자로 해외여행에 결격사유가 없는 분

3 영어회화 최소등급 이상 보유자(OPIc 또는 토익스피킹에 한함)

부문	직무	OPIc	토익 스피킹
DX	회로개발/SW개발/기구개발/품질서비스/생산기술	IL	Level 5(110점 이상)
	국내영업마케팅/SCM물류/구매/환경안전/재무/인사	IM	Level 6(130점 이상)
	마케팅/해외영업	IH	Level 7(160점 이상)
DS	회로설계/신호 및 시스템설계/평가 및 분석/반도체 공정설계/반도체 공정기술/패키지개발/기구개발/SW개발/설비기술/인프라 기술(Gas, Chemical, 건설, Facility, 전기)	IL	Level 5(110점 이상)
	생산관리/환경/안전보건/경영지원(일반, 재무)/인사/구매	IM	Level 6(130점 이상)
	영업마케팅	IH	Level 7(160점 이상)

※ 2024년 하반기 삼성전자 기준

※ 디자인 직무는 영어회화자격이 필요하지 않음

03 전형 프로세스

지원서 접수 → 직무적합성 평가 → 직무적성 검사 → 종합면접 → 채용 건강검진

1 지원서 접수

기본 인적사항, 전공과목 이수 내역, 직무관련 활동 경험, 에세이 작성 후 제출

※ 삼성 채용 홈페이지(http://www.samsungcareers.com)에 로그인하여 접수

2 직무적합성 평가

지원서 제출 정보를 바탕으로 직군별 직무수행역량을 평가

※ 직무적합성 평가 합격자에 한해 직무적성검사 응시 가능

※ 2022년 하반기부터 AI 서류평가 도입

3 직무적성검사

직무	검사 내용
연구개발, 기술/설비, 영업마케팅, 경영지원	GSAT(Global Samsung Aptitude Test)
SW개발	S/W 역량테스트
디자인	디자인 포트폴리오 심사

4 종합면접

구분	인성 검사	약식 GSAT	직무역량 면접	임원 면접
평가 항목	기업에 적합한 인성을 갖춘 정도 파악	수리력, 추리력	전공 역량, 직무 동기	개인 품성, 조직 적합성 등
진행 방식	각자 자리에 배치된 노트북으로 진행		1(면접자) : 多(면접위원)	
세부 사항	PART1은 본인의 성향과 가장 먼 것/가까운 것 체크, PART2는 본인의 성향인 것에 예/아니오 체크	수리논리 10문항, 추리 15문항 (영역별 15분씩 총 30분)	전공별 문제풀이 후 프리젠테이션 및 질의/응답	질의/응답

※ 전형 프로세스 및 평가 내용은 시기 및 계열사, 직무에 따라 달라질 수 있음

※ 일부 직군은 창의성 면접을 추가적으로 진행함(30분간 사전 문제풀이시간 부여한 뒤 30분간 면접 진행)

5 채용 건강검진

건강검진 합격자에 한해 최종 합격 및 입사 가능

자소서 및 면접 질문

(삼성전자 기준)

01 자소서 개요

삼성은 계열사별, 직무별로 자소서에 작성해야 하는 Essay 주제가 조금씩 다르나 최근 몇 년간 같은 항목을 유지하고 있습니다. 삼성전자를 기준으로 Essay 1~3은 전체 직무가 동일하나 Essay 4는 직무별로 다릅니다.

02 Essay 주제

1 Essay 1(700자)

삼성전자를 지원한 이유와 입사 후 회사에서 이루고 싶은 꿈을 기술하십시오.

2 Essay 2(1,500자)

본인의 성장과정을 간략히 기술하되 현재의 자신에게 가장 큰 영향을 끼친 사건, 인물 등을 포함하여 기술하시기 바랍니다.(※ 작품 속 가상인물도 가능)

3 Essay 3(1,000자)

최근 사회이슈 중 중요하다고 생각되는 한 가지를 선택하고 이에 관한 자신의 견해를 기술해 주시기 바랍니다.

4 Essay 4(1,000자)

- DS부문

전체 직무 지원한 직무 관련 본인이 갖고 있는 전문지식/경험(심화전공, 프로젝트, 논문, 공모전 등)을 작성하고, 이를 바탕으로 본인이 지원 직무에 적합한 사유를 구체적으로 서술해 주시기 바랍니다.

- DX부분

인사 지원 직무 관련 프로젝트/과제 중 데이터 분석을 활용하여 수행한 경험을 기술해 주시기 바랍니다.(과제 개요, 어려웠던 점, 해결방법, 결과 포함)

재무 본인이 수행했던 프로젝트/과제 중 수치적 분석을 통해 해결방안을 도출하고 이를 적용한 경험에 대해 기술해주시기 바랍니다.(당시 상황, 본인의 해결 방법, 결과 포함)

구매	본인이 수행했던 프로젝트/과제 중 전략적으로 상황을 분석해 해결 방안을 제시했거나 특별한 협상 또는 거래를 했던 경험에 대해 기술해 주시기 바랍니다.(당시 상황, 본인의 해결방법, 결과 포함)
SCM물류	지원 직무 관련 프로젝트/과제 중 새로운 관점에서 접근하여 해결방안을 제시한 경험에 대해 기술해 주시기 바랍니다.(과제 개요, 어려웠던 점, 해결방법, 결과 포함)
국내영업	지원 직무 관련 경험 또는 리더십을 발휘하여 주어진 성과를 달성한 경험에 대해 기술해 주시기 바랍니다.(당시 상황, 본인의 해결방법, 결과 포함)
해외영업	본인의 경험 중 다양한 배경과 생각을 가진 사람들과 의견을 조율하여 문제를 해결한 경험에 대해 기술해 주시기 바랍니다.(당시 상황, 본인의 해결방법, 결과 포함)
마케팅	본인의 경험 중 대상의 니즈를 파악하고 상황을 분석하여 전략적으로 해결방안을 제시한 경험에 대해 기술해 주시기 바랍니다.(당시 상황, 본인의 해결방법, 결과 포함)
품질서비스/생산기술	실험/과제의 효과성을 제고하기 위해 해당 과제를 기술적으로 개선한 경험에 대해 구체적으로 서술하여 주시기 바랍니다.(과제 개요, 어려웠던 점, 해결방법, 결과 포함)
SW개발	프로그램 개발, 알고리즘 풀이 등 SW개발 관련 경험 중 가장 어려웠던 경험과 해결방안에 대해 구체적으로 서술하여 주시기 바랍니다.(과제 개요, 어려웠던 점, 해결방법, 결과 포함)
회로개발/기구개발	지원 직무 관련 프로젝트/과제 중 기술적으로 가장 어려웠던 과제와 해결방안에 대해 구체적으로 서술하여 주시기 바랍니다.(과제 개요, 어려웠던 점, 해결방법, 결과 포함)

03 면접 개요 및 질문

삼성 면접은 크게 직무역량 면접, 임원면접 두 가지로 구분되며, 직무역량 면접에서는 주로 직무와 관련하여 전공 및 관련 프로젝트에 대한 질문을 하고, 임원 면접에서는 주로 인성과 관련된 질문을 합니다. 아래는 삼성전자 면접 후기를 바탕으로 정리한 직무역량 면접 및 임원 면접 기출 질문입니다.

- 1분 자기소개
- 지원 동기
- 지원자를 뽑아야 하는 이유
- 해당 직무에 지원한 이유
- 입사한 후에 지원한 부서가 아닌 다른 부서로 배치된다면?
- 자소서 내용 중 Essay 3에 작성한 시사 관련 내용에 대한 자신의 의견
- 팀원과 갈등이 생긴다면?
- 자신이 가장 존경하는 인물과 그 이유
- 직무와 관련하여 진행했던 프로젝트에 대한 설명
- 해당 직무를 하는 데 있어서 자신의 강점
- 입사 후 포부
- 마지막으로 하고 싶은 말

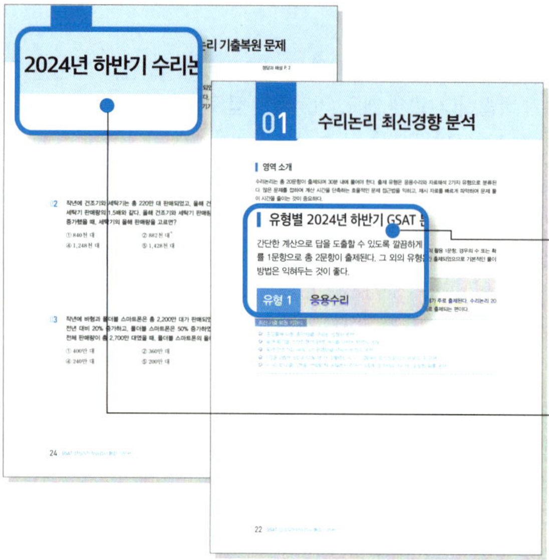

2024년 하반기 시행

최신경향 분석&기출문제

최신경향 분석

가장 최근에 시행된 GSAT의 출제 유형, 기출 복원 키워드를 수록하였다. 또한, 전반적인 난이도와 특징, 기존 시험 대비 변화된 점을 분석하여 총평으로 정리하였다.

최신 기출문제

2024년 하반기에 시행된 GSAT 기출 문제를 복원하여 수록하였다. 더 정확한 기출 키워드와 난이도를 반영한 문제로 실제 시험을 준비할 수 있도록 하였다.

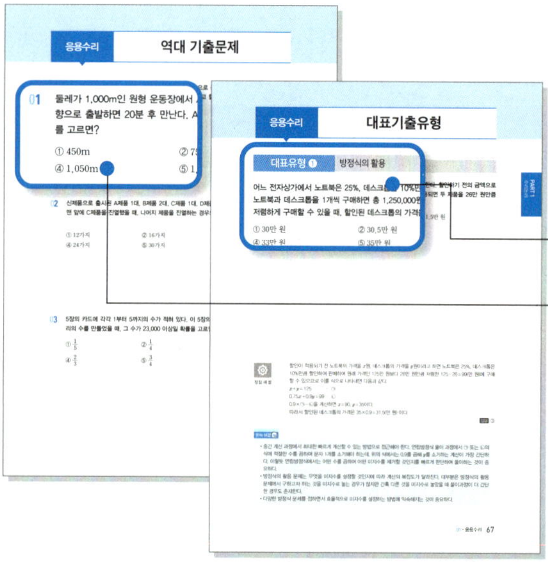

출제유형을 파악하는

대표기출 유형&역대 기출문제

대표기출 유형

GSAT의 수리논리, 추리 영역에서 대표적으로 출제되고 있는 기출 유형들에 따른 정석적인 풀이법과 빠르게 해결할 수 있는 Tip을 정리하여 수록하였다.

역대 기출문제

2020~2024년 5개년 동안 출제된 기출 복원 문제를 수록하여 유형별 문제 구성과 단골 소재 등을 파악할 수 있도록 하였다.

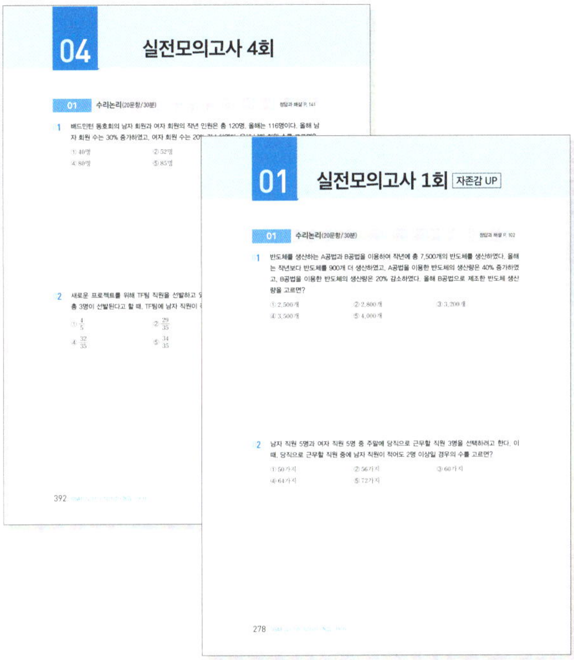

실제 기출 유형을 반영한

실전모의고사 4회

자존감 상승 회차 1회 포함

실제 시험 난이도와 기출 유형을 반영한 실전 모의고사 3회와 자존감을 상승시켜 학습에 자신감을 심어주는 1회로 구성하여 시험에 철저하게 대비할 수 있도록 하였다. 또한, 고난도 온라인 모의고사 2회를 추가로 제공하여 다양한 난도의 시험을 대비할 수 있도록 하였다.

전 회차 온라인 응시 서비스

실전과 동일한 환경에서 연습할 수 있도록 4회 모두 온라인 응시 서비스를 제공하고 성적분석 서비스와 함께 문제풀이 용지도 추가로 제공한다.

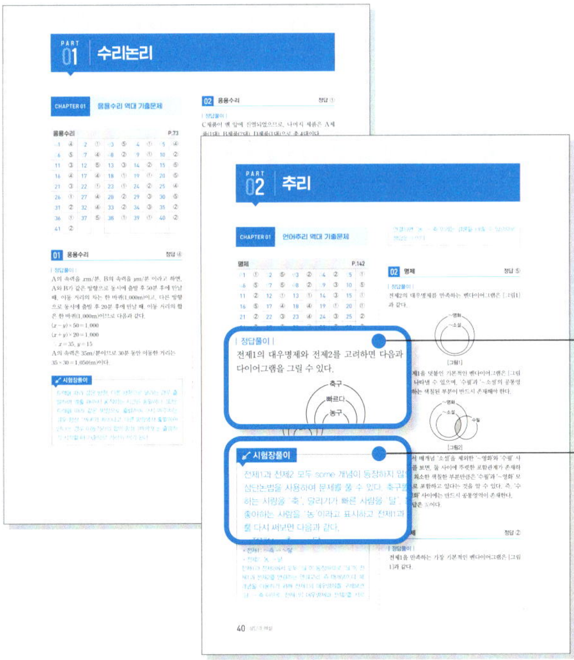

실제 시험장에서 적용할 수 있는 스킬을 담은

정답과 해설

정답풀이

문제를 빠르게 파악하고 기본에 충실하게 해결하는 방법을 제시하였다.

시험장풀이

시간이 매우 부족한 GSAT 시험장에서 실제로 사용할 수 있는 시간 단축 풀이법을 추가로 제시하여 풀이 시간을 단축하는 노하우를 학습할 수 있도록 하였다.

PART 00 2024년 하반기 시행 GSAT 기출문제

PART 01 수리논리

에듀윌이
너를
지지할게

ENERGY

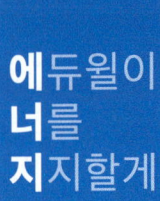

사람이 먼 곳을 향하는 생각이 없다면
큰 일을 이루기 어렵다.

– 안중근

0

PART

2024년 하반기 시행

GSAT 기출문제

01 수리논리 최신경향 분석

영역 소개

수리논리는 총 20문항이 출제되며 30분 내에 풀어야 한다. 출제 유형은 응용수리와 자료해석 2가지 유형으로 분류된다. 많은 문제를 접하여 계산 시간을 단축하는 효율적인 문제 접근법을 익히고, 제시 자료를 빠르게 파악하여 문제 풀이 시간을 줄이는 것이 중요하다.

유형별 2024년 하반기 GSAT 분석

간단한 계산으로 답을 도출할 수 있도록 깔끔하게 출제되어 난도는 높지 않다. 방정식의 활용 1문항, 경우의 수 또는 확률 1문항으로 총 2문항이 출제된다. 그 외의 유형은 최근 출제 빈도가 줄었지만 수년간 출제되었으므로 기본적인 풀이 방법은 익혀두는 것이 좋다.

유형 1 응용수리

주어진 조건을 이용해 식을 세워 푸는 유형으로 방정식의 활용, 경우의 수, 확률 문제가 주로 출제된다. 수리논리 20문항 중 1번 문항은 방정식의 활용, 2번 문항은 확률 또는 경우의 수를 구하는 문제로 출제되는 편이다.

최신 기출 복원 키워드

- 증감률에 따른 총인원을 구하는 방정식 문제
- 올해 폴더블 스마트폰의 판매 개수를 구하는 방정식 문제
- 올해 건조기와 세탁기의 판매량을 구하는 방정식 문제
- 6명을 2명씩 3조로 나눌 때 가 그룹에는 A, 나 그룹에는 B가 포함되는 경우의 수 문제
- A~G 회사 중 3개를 선택할 때 문제에서 주어진 4종류 중 적어도 하나는 포함될 확률 문제

유형 2 자료해석

표나 그래프 형태로 주어진 자료를 분석하거나 자료를 이용해서 계산하는 유형으로 옳은 것/옳지 않은 것을 고르는 자료이해 유형, 자료를 토대로 특정한 값을 계산하는 자료계산 유형, 주어진 자료를 다른 형태의 자료로 변환하는 자료변환 유형 등이 주로 출제된다. 수리논리 20문항 중 자료해석 유형은 18문항이고 3~20번으로 출제되며, 제시된 자료의 수치가 대체로 깔끔하다. 비율, 증감률, 비중 등의 계산을 해야 하는 문제의 난이도는 평이하지만, 다소 시간이 걸리는 계산을 해야 하는 경우가 있다.

최신 기출 복원 키워드

- 제시된 증감률을 통해 2년 전 값에 비해 감소하였는지 비교하는 문제
- 기업별 누적 성과액이 연도별로 제시되고, 이를 바탕으로 당해 성과액을 구하는 문제
- 총인원수, 연령별 비율, 연령별 인원 수를 통해 전년도 대비 증감률을 구하는 문제
- 분기별 만족도 조사 결과지를 바탕으로 자료 이해 능력을 묻는 문제
- 증감률 데이터를 그래프로 변환하는 문제
- 2030년까지의 판매량을 구하는 계차수열 문제

2024년 하반기 GSAT 수리논리 총평

1. 예년에 출제되었던 문항 유형 및 문항별 비중이 꾸준히 유지되고 있다.
2. 1~2번 문항은 응용수리 유형이고, 3~20번은 자료해석 유형이다.
3. 10~17번 문항은 제시 자료가 2개이고, 문항 수가 2개인 세트 문항으로 제시된다. 세트 문항의 각 문항은 자료를 바탕으로 선택지가 옳은지를 판단하는 형태로 다수 출제되었다.
4. 전반적인 난이도는 평이하였으나, 복잡한 계산이 필요한 선택지도 일부 있었다.
5. 다양한 형태의 도표가 제시되었고 비율 등을 계산해야 하는 문항이 많았다.

01 2024년 하반기 수리논리 기출복원 문제

정답과 해설 P. 2

01 작년에 웨어러블 기기와 가전제품은 총 5,000만 대 판매되었다. 올해 웨어러블 기기와 가전제품의 판매량은 각각 전년 대비 20% 증가, 20% 감소하였다. 올해 웨어러블 기기와 가전제품의 총판매량이 올해 가전제품 판매량의 2배일 때, 웨어러블 기기의 올해 판매량을 고르면?

① 2,000만 대
② 2,400만 대
③ 2,500만 대
④ 3,000만 대
⑤ 3,600만 대

02 작년에 건조기와 세탁기는 총 220만 대 판매되었고, 올해 건조기와 세탁기의 총판매량은 당해 세탁기 판매량의 1.5배와 같다. 올해 건조기와 세탁기 판매량이 각각 전년 대비 15% 감소, 5% 증가했을 때, 세탁기의 올해 판매량을 고르면?

① 840천 대
② 882천 대
③ 1,156천 대
④ 1,248천 대
⑤ 1,428천 대

03 작년에 바형과 폴더블 스마트폰은 총 2,200만 대가 판매되었다. 올해 바형 스마트폰 판매량은 전년 대비 20% 증가하고, 폴더블 스마트폰은 50% 증가하였다. 올해 바형과 폴더블 스마트폰 전체 판매량이 총 2,700만 대였을 때, 폴더블 스마트폰의 올해 판매량을 고르면?

① 400만 대
② 360만 대
③ 300만 대
④ 240만 대
⑤ 200만 대

04 6명의 직원 A~F를 2명씩 나누어 가, 나, 다 3개의 그룹에 배치하려고 한다. 가 그룹에는 직원 A, 나 그룹에는 직원 B가 반드시 배치될 경우의 수를 고르면?

① 4가지
② 6가지
③ 8가지
④ 12가지
⑤ 16가지

05 A~G 부품 총 7개가 나열되어 있고, 이 중 3개의 부품을 선택하려고 한다. A~D 부품 4개 중 적어도 하나를 선택할 확률을 고르면?

① $\frac{4}{35}$
② $\frac{12}{35}$
③ $\frac{18}{35}$
④ $\frac{30}{35}$
⑤ $\frac{34}{35}$

06 다음 [표]는 2022~2024년 분기별 반도체 생산량 증감률에 대한 자료이다. 이에 대한 설명으로 옳지 않은 것을 고르면?

[표] 전분기 대비 반도체 생산량 증감률 (단위: %)

구분	2022년				2023년				2024년
	1분기	2분기	3분기	4분기	1분기	2분기	3분기	4분기	1분기
증감률	10	−10	−10	10	10	−10	−10	10	10

① 2022년 4분기는 2023년 1분기보다 전년 동분기 대비 반도체 생산 감소량이 적다.
② 2023년 1분기는 2023년 2분기보다 전년 동분기 대비 반도체 생산 감소량이 많다.
③ 2023년 2분기는 2023년 3분기보다 전년 동분기 대비 반도체 생산 감소량이 많다.
④ 2023년 3분기는 2023년 4분기보다 전년 동분기 대비 반도체 생산 감소량이 적다.
⑤ 2023년 4분기는 2024년 1분기보다 전년 동분기 대비 반도체 생산 감소량이 많다.

07 다음 [표]는 분기별 서비스 만족도 조사 결과이다. 이에 대한 설명으로 옳지 않은 것을 고르면?

[표] 분기별 서비스 만족도 조사 결과 (단위: 명)

구분	1분기	2분기	3분기	4분기
매우 만족	300	450	400	360
만족	250	300	200	330
보통	200	100	420	360
불만족	150	200	130	180
매우 불만족	100	150	250	270

※ 매우 만족(5점), 만족(4점), 보통(3점), 불만족(2점), 매우 불만족(1점)

① 응답자 수는 4분기가 3분기보다 많다.
② ‘매우 만족’에 응답한 비율은 1분기가 2분기보다 더 높다.
③ 1분기 이후 ‘매우 불만족’의 응답자 수는 분기마다 증가하였다.
④ 2분기 ‘만족’의 응답자 수는 전분기 대비 20% 이상 증가하였다.
⑤ 응답자 수별 ‘만족’과 ‘매우 만족’ 점수의 총합이 가장 큰 분기는 2분기이다.

PART 0 최신기출

08 다음 [그래프]는 스마트폰 시장 내 S사의 시장 점유율에 대한 자료이다. 이에 대한 설명으로 옳지 않은 것을 고르면?

[그래프] S사 시장 점유율의 전년 대비 증감률 (단위: %)

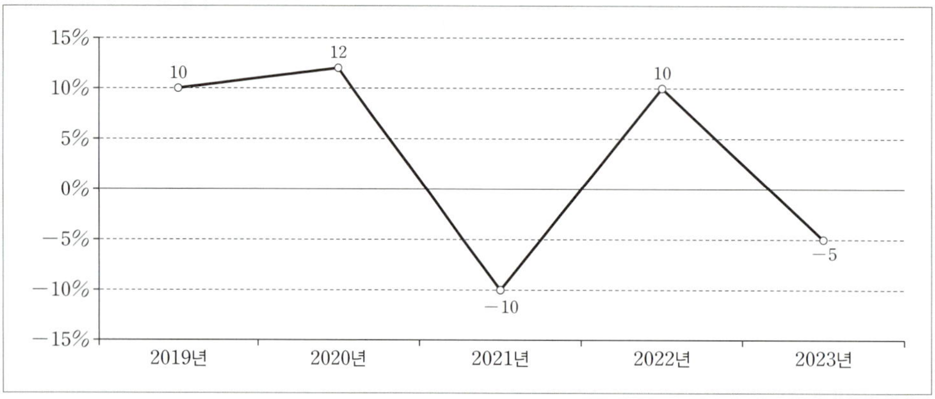

① 2019년 이후 2년 동안 S사의 시장 점유율은 지속적으로 증가하였다.
② 2019~2023년 동안 S사의 시장 점유율은 2021년에 가장 낮다.
③ 2022년 S사의 시장 점유율은 2020년 대비 1% 이상 감소하였다.
④ 2023년 S사의 시장 점유율은 2019년보다 높다.
⑤ 2023년 S사의 시장 점유율이 19%이라면, 2022년 S사의 시장 점유율은 20%이다.

09 다음 [표]는 연도별 인구수와 연령별 비중을 나타낸 자료이다. 이에 대한 설명으로 옳은 것을 고르면?

[표1] 연도별 인구수 (단위: 만 명)

구분	2020년	2021년	2022년	2023년
총 인구	5,000	5,100	5,050	5,120

[표2] 연령별 비중 (단위: %)

구분	2020년	2021년	2022년	2023년
15세 미만	14	13	12	11
15~24세	16	15	14	14
25~49세	40	40	39	39
50~64세	14	15	17	20
65세 이상	16	17	18	17

① 2020~2023년 동안 15세 미만 인구수가 매년 가장 적은 것은 아니다.
② 2020~2023년 중 15~24세 인구수는 2023년에 가장 적다.
③ 2021년 25~49세 인구수는 전년 대비 4% 증가하였다.
④ 2023년 50~64세 인구수는 1,200명 이상이다.
⑤ 2020~2022년 동안 65세 이상 인구수는 지속적으로 증가하였다.

PART 0 최신기출

10 다음 [그래프]는 각 기업의 연도별 누적 성과액을 비교한 자료이다. 이에 대한 설명으로 옳지 않은 것을 고르면?

[그래프] 연도별 누적 성과액 (단위: 억 원)

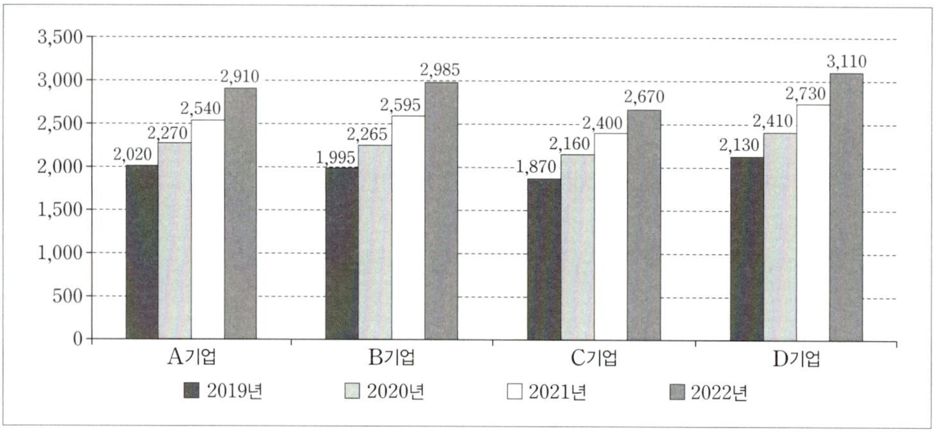

① A기업의 2022년 성과액은 C기업의 2022년 성과액보다 많다.

② B기업의 2021년 성과액은 D기업의 2021년 성과액보다 많다.

③ C기업의 2020년 성과액은 B기업의 2022년 성과액보다 많다.

④ D기업의 2022년 성과액은 A기업의 2020년 성과액보다 많다.

⑤ D기업의 2020년 성과액은 C기업의 2021년 성과액보다 많다.

11 다음 [그래프]와 [표]는 A~D연구소의 연구원 수와 1인당 개발비에 대한 자료이다. 이에 대한 설명으로 옳은 것을 [보기]에서 모두 고르면?

[그래프] 연구소별 연구원 수 (단위: 명)

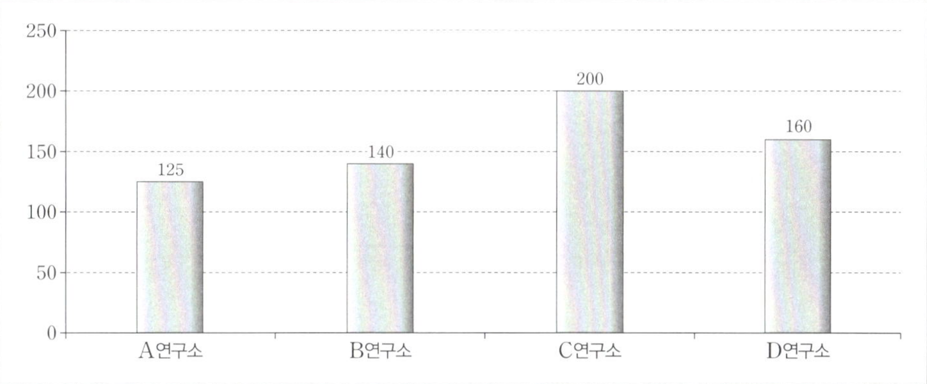

[표] 연구소별 1인당 연구개발비 (단위: 만 원)

구분	A연구소	B연구소	C연구소	D연구소
1인당 연구개발비	20	30	17	25

※ (총개발비)=(연구원 수)×(1인당 연구개발비)

보기

㉠ 총개발비가 가장 많은 연구소는 B연구소이다.

㉡ 연구원 수가 적을수록 1인당 연구개발비는 많다.

㉢ A연구소의 1인당 연구개발비가 2배로 증가하면, A연구소의 총개발비는 C연구소보다 많다.

① ㉠ ② ㉡ ③ ㉠, ㉢

④ ㉡, ㉢ ⑤ ㉠, ㉡, ㉢

[12~13] 다음 [표]는 A~D자격증 시험 응시 인원과 [그래프]는 1차 시험과 2차 시험 합격자 인원을 나타낸 자료이다. 이를 바탕으로 이어지는 질문에 답하시오.

[표] A~D자격증 시험 응시 인원 (단위: 명)

구분	A자격증	B자격증	C자격증	D자격증
응시 인원	600	560	720	480

[그래프] 1차 시험과 2차 시험 합격자 수 (단위: 명)

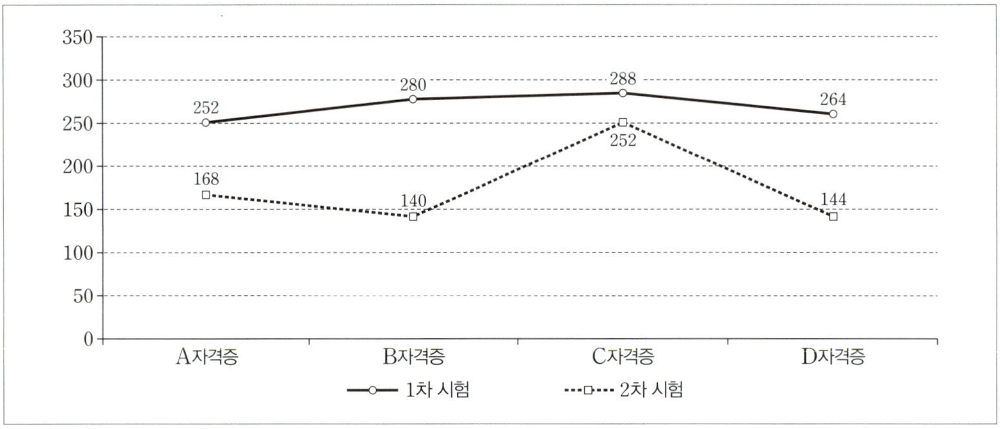

※ 1차 시험 합격자에 한해서 최종 2차 시험을 실시함

12 다음 중 옳지 <u>않은</u> 것을 고르면?

① 1차 시험 합격률은 A자격증이 C자격증보다 높다.
② 1차 시험 합격자 수가 가장 많은 자격증의 응시 인원이 가장 많다.
③ A~D자격증 전체 응시 인원은 2,400명을 넘지 않는다.
④ 응시 인원이 많은 자격증일수록 최종 합격자 수가 많다.
⑤ 1차 시험 합격자 대비 2차 시험 합격자 수는 A자격증보다 C자격증이 높다.

13 다음 중 자료에 대한 설명으로 옳은 것을 [보기]에서 모두 고르면?

보기
㉠ A~D자격증 전체 응시 인원 대비 최종 합격자 비율은 30% 이상이다.
㉡ 응시 인원 대비 최종 합격률은 A자격증이 D자격증보다 높다.
㉢ C자격증 응시 인원은 A자격증 대비 20% 이상이다.

① ㉠ ② ㉡ ③ ㉢
④ ㉠, ㉡ ⑤ ㉠, ㉢

[14~15] 다음 [그래프]는 TV 제조기업별 2023년 상 · 하반기 시장 점유율에 대한 자료이다. 이를 바탕으로 이어지는 질문에 답하시오.

[그래프1] 2023년 상반기 시장 점유율 (단위: %)

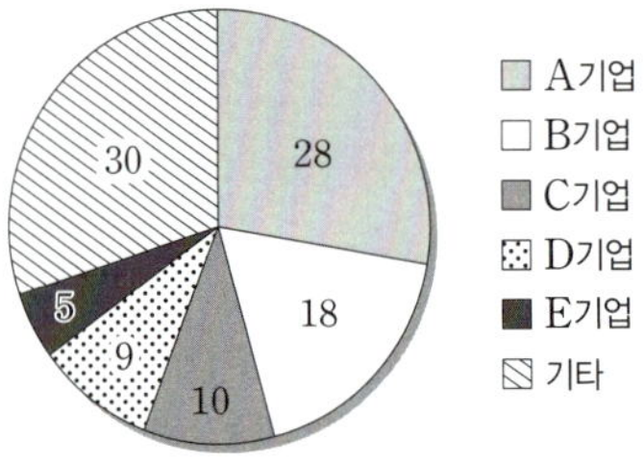

※ 상반기 전체 시장 규모는 총 5,000천만 달러임

[그래프2] 2023년 하반기 시장 점유율 (단위: %)

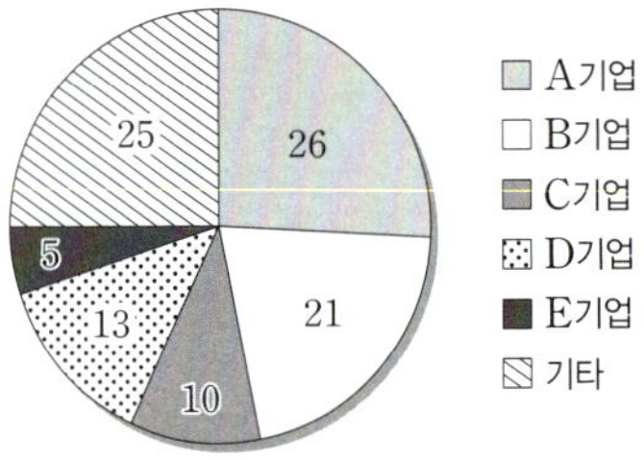

※ 하반기 전체 시장 규모는 총 6,000천만 달러임

14 **다음 중 옳지 않은 것을 고르면?**(단, 기업의 시장 규모는 전체 시장 규모와 기업별 시장 점유율을 곱하여 계산한다.)

① 상반기 B기업의 시장 규모는 D기업의 2배 이상이다.
② 기타를 제외한 상반기 시장 점유율 상위 3개 기업은 전체 시장의 55% 이상이다.
③ A기업의 시장 규모는 상반기에 비해 하반기에 더 크다.
④ 상반기와 하반기 점유율 순위는 기타를 제외하고 동일하다.
⑤ 기타를 제외한 상반기 시장 점유율이 높은 상위 5개 기업의 시장 규모는 350억 달러이다.

15 **다음 중 자료에 대한 설명으로 옳은 것을 [보기]에서 모두 고르면?**

보기
㉠ B기업의 하반기 시장 규모는 상반기 대비 40% 증가하였다.
㉡ 기타를 제외한 상위 5개 기업의 시장 규모 중 E기업이 차지하는 비중은 상반기보다 하반기에 낮다.
㉢ 기타의 하반기 시장 규모는 상반기 대비 증가하였다.

① ㉠ ② ㉡ ③ ㉠, ㉡
④ ㉡, ㉢ ⑤ ㉠, ㉡, ㉢

16 다음 [표]는 사고건수와 위험도에 대한 상관관계를 연도별로 나타낸 자료이다. 이를 바탕으로 빈칸에 해당하는 값을 예측했을 때, 가장 적절한 값을 고르면?

[표] 사고건수와 위험도에 대한 상관관계

구분	사고건수(건)	위험도
2020년	80	3
2021년	(㉠)	6
2022년	88	9
2023년	(㉡)	12

※ (사고건수)$=100-\left(\frac{a}{\text{위험도}}\right)-b$

	㉠	㉡
①	84	88
②	84	89
③	86	88
④	86	89
⑤	86	90

17 다음 [표]는 소비자 물가지수를 계산식에 필요한 항목들에 대한 관계를 분기별로 조사한 자료이다. 이를 바탕으로 빈칸에 해당하는 값을 예측했을 때, 가장 적절한 값을 고르면?

[표] 분기별 소비자 물가지수 항목 관계

구분	X	Y	Z
1분기	59	70	60
2분기	(㉠)	60	40
3분기	47	40	30
4분기	40	(㉡)	20

※ $X=(Y\times a)+0.1\times(Z+b)$

	㉠	㉡
①	54	20
②	54	25
③	53	20
④	53	25
⑤	52	30

18 다음 [표]는 분기별 전기자동차 인도량을 정리한 자료이다. 이를 바탕으로 전분기 대비 증감률 그래프를 작성하였을 때, 옳은 것을 고르면?

[표] 분기별 전기자동차 인도량 (단위: 만 대)

구분	2021년	2022년				2023년			
	4분기	1분기	2분기	3분기	4분기	1분기	2분기	3분기	4분기
인도량	25	32	28	35	42	40	45	50	45

① 2022년 전분기 대비 증감률

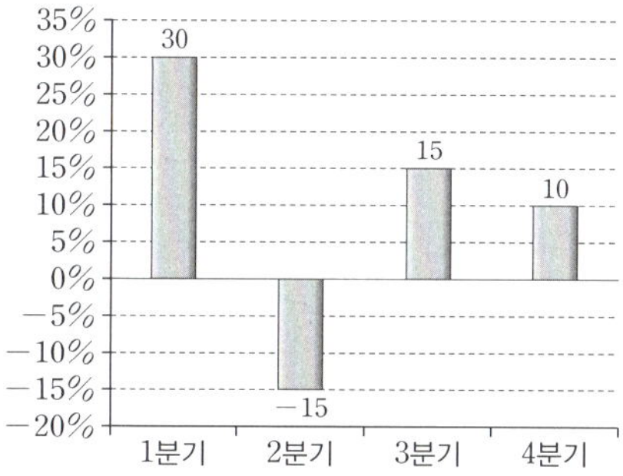

② 2022년 전분기 대비 증감률

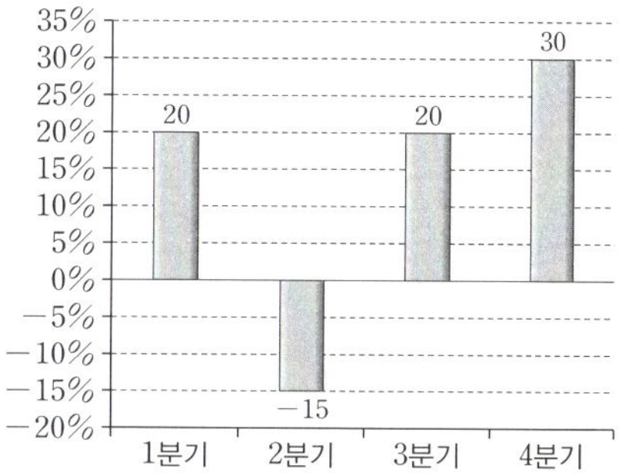

③ 2023년 전분기 대비 증감률

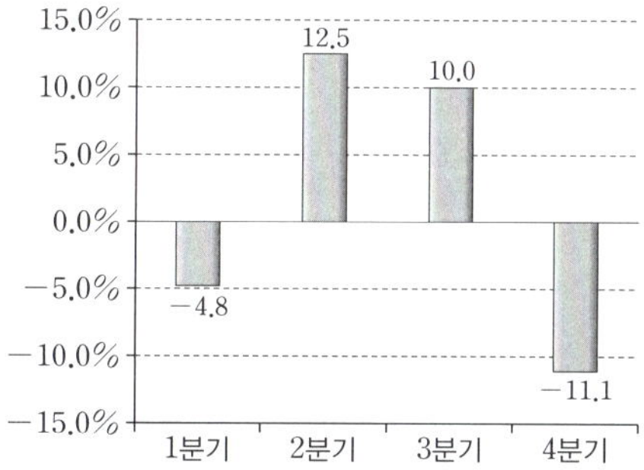

④ 2023년 전분기 대비 증감률

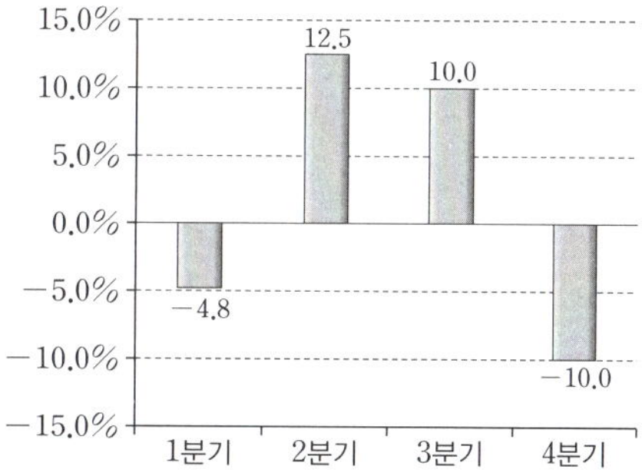

⑤ 2023년 전분기 대비 증감률

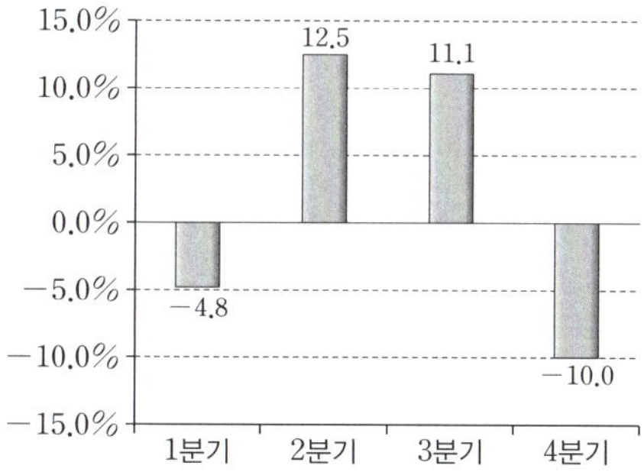

19 다음 [표]는 A사의 배터리 매출액을 연도별로 정리한 자료이다. 이를 바탕으로 소형배터리 매출액이 전체 배터리 매출액에서 차지하는 비율을 그래프로 작성하였을 때, 옳은 것을 고르면?(단, 배터리의 종류는 소형과 대형만 있다고 가정한다.)

[표] 연도별 배터리 매출액 (단위: 십억 원)

구분	2018년	2019년	2020년	2021년	2022년	2023년
소형 배터리	650	1,200	1,760	2,000	2,400	2,640
대형 배터리	1,950	1,800	1,440	2,000	600	1,760

①
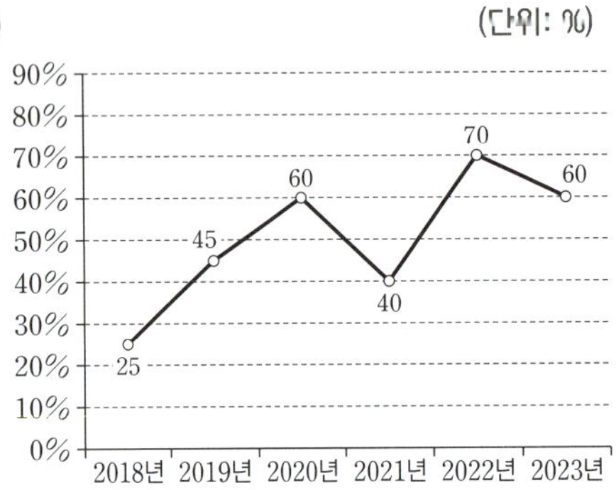

②
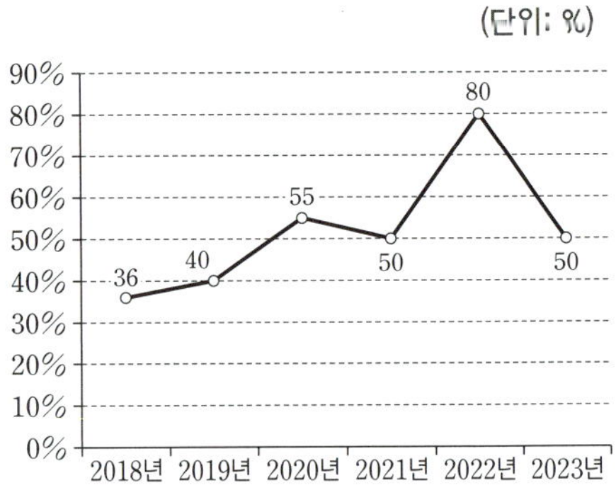

③
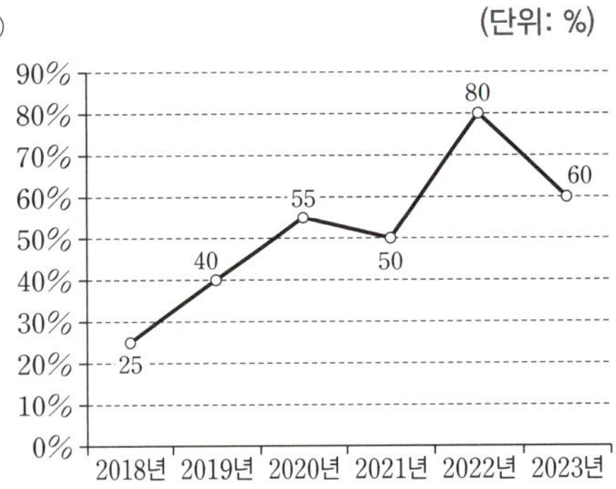

④
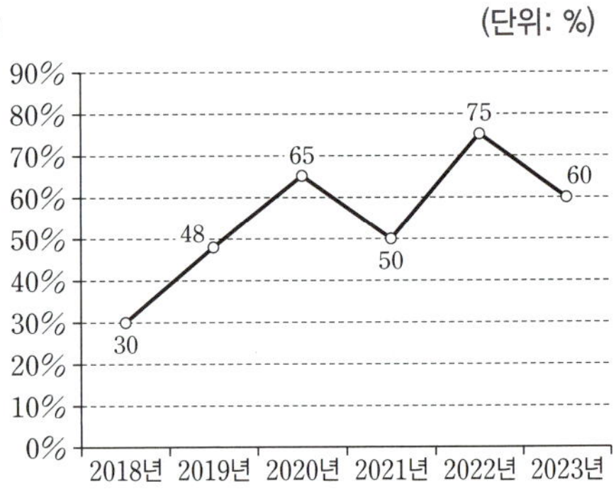

⑤
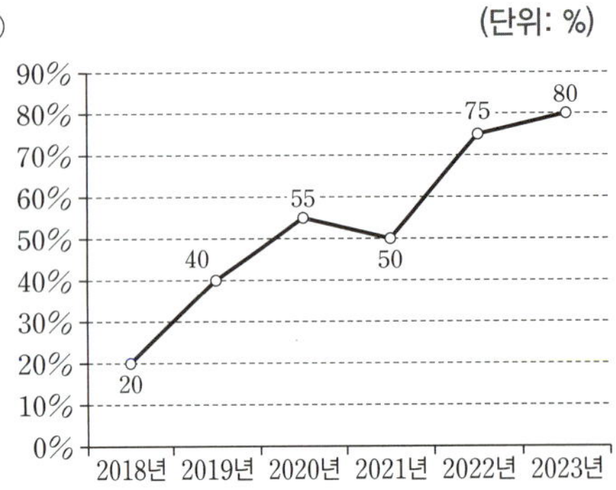

20 다음 [표]는 공기청정기와 무선청소기의 판매량에 대한 자료이다. 시간에 따라 판매량이 다음과 같이 일정하게 변한다면, 2030년 공기청정기와 무선청소기의 총판매량은 얼마인지 고르면?

[표] 공기청정기와 무선청소기의 판매량 (단위: 만 대)

구분	2016년	2018년	2020년	2022년	2024년
공기청정기	112	132	157	187	222
무선청소기	52	64	79	97	118

① 476만 대 ② 482만 대 ③ 556만 대
④ 624만 대 ⑤ 644만 대

02 추리 최신경향 분석

영역 소개

추리는 총 30문항이 출제되며, 30분 내에 풀어야 한다. 출제 유형은 명제, 조건추리, 도형추리, 도식추리, 문단배열, 독해추론 6가지 유형으로 분류되며, 시간 내에 모든 문제를 풀기 어려우므로 자신에게 유리한 유형과 풀이 방식을 선택하는 것이 중요하다.

유형별 2024년 하반기 GSAT 분석

유형 1 명제

정언명제를 다루는 유형으로 삼단논법, 벤다이어그램을 활용하여 해결한다. 추리 30문항 중 명제 문항은 3문항이며 1~3번으로 출제되고, '어모어', '모모모' 등의 삼단논법으로만 해결할 수 있는 문제가 출제되어 난도는 낮은 편이다.

최신 기출 복원 키워드

- 주어진 전제들을 통해 결론을 고르는 문제
- 주어진 결론이 성립하는 전제를 고르는 문제

유형 2 조건추리

주어진 조건을 바탕으로 논리게임을 하는 유형으로 항상 옳은 것/옳지 않은 것을 고르는 문제, 조건에 따라 배치/나열하는 문제, 진실과 거짓 조건을 통해 결론을 도출하는 문제 등이 출제된다. 추리 30문항 중 조건추리 문항은 11문항이며 4~14번으로 출제되고, 이전과 비슷한 형태로 출제되어 난이도는 평이한 수준이다.

최신 기출 복원 키워드

- 영양제 A~E 중 3가지 구매하기
- 4자리 비밀번호 구하기
- 클라이밍, 배구, 복싱을 월~금에 나눠서 하기
- A~E에게 빨강색, 파랑색, 검정색 노트북 나눠주기
- 에어컨 리모컨 버튼 기능 할당하기
- 다섯 명이 휴가를 가는 순서

유형 3 도형추리

도형이 변화하는 규칙을 추론하는 유형으로 3×3 박스 내에서 세로 또는 가로로 이동하거나 회전하는 규칙이 주로 출제된다. 추리 30문항 중 도형추리는 3문항이며 15~17번으로 출제되고, 규칙을 파악하면 쉽게 풀 수 있는 수준이다.

최신 기출 복원 키워드

- 사각형 안에 8칸이 있고 색칠된 규칙 찾기
- 단순 회전+색 반전
- 4×4 사각형의 한 칸 안에서 삼각형 두 개로 나눠지는 형태의 도형 이동하기

유형 4 도식추리

문자 또는 숫자를 변화시키는 기호의 규칙을 추론하는 유형으로 주로 알파벳을 숫자로 치환하여 연산하거나 순서를 바꾸는 규칙이 주어진다. 추리 30문항 중 도식추리는 4문항이며 18~21번으로 출제되고, 규칙이 단순하여 난도는 평이하다.

최신 기출 복원 키워드

- 기호(♠, △, ○, ◇)별 숫자 연산 또는 순서 바꾸기 규칙

유형 5 문단배열

4~5개 문단을 논리적 순서에 맞게 배열하는 유형의 문제이다. 2023년도 GSAT에서는 주로 4개의 문단으로 구성된 문제가 출제되었다. 제시문의 길이에 비례하여 문제 풀이 시간이 늘어나거나 난도가 높아지는 유형은 아니며, 전반적으로 난도는 낮은 수준으로 출제되었다.

최신 기출 복원 키워드

- 표적세포
- 레그테크(Reg Tech)

유형 6 독해추론

제시문을 읽고 내용을 추론하는 유형으로 반드시 참 또는 거짓인 진술, 타당한 반론, 적절한/적절하지 않은 추론을 고르는 문제가 주로 출제된다. 추리 30문항 중 독해추론은 7문항이며 24~30번으로 출제되었고, 정답을 판별할 근거가 제시문에 명확히 있으며, 제시문이 짧아 난도는 낮은 편이다.

최신 기출 복원 키워드

- 수분을 제거하는 두 가지 방식(염장, 건조)
- DRAM
- 이차전지 재활용 건식 공정
- 폐배터리
- 스마트 링
- 휘발성 메모리
- GAN
- 단백질 효소

2024년 하반기 GSAT 추리 총평

1. 2023년과 동일하게 어휘추리 대신 문단배열 2문항이 출제되었다. 전반적으로 쉽게 출제되었다는 평이 많았다.
2. 전반적인 난도는 이전 대비 비슷하거나 낮았다. 다만, 지원자 다수가 상대적으로 가장 어렵다고 체감한 유형인 조건추리의 경우, 일부 문제에서 주어진 조건이 많고 문장의 길이가 긴 편으로 까다롭게 출제되었다.
3. 풀이 시간이 상대적으로 오래 걸리는 조건추리 유형을 가장 마지막에 접근하고, 나머지 유형을 먼저 접근했다면 최대한 많은 문제를 해결할 수 있었다.

01 2024년 하반기 추리 기출복원 문제

정답과 해설 P. 7

01 다음 전제를 보고 항상 참인 결론을 고르면?

전제1	사과를 좋아하는 모든 사람은 레몬을 좋아한다.
전제2	배를 좋아하지 않는 모든 사람은 레몬을 좋아하지 않는다.
결론	

① 사과를 좋아하는 모든 사람은 배를 좋아하지 않는다.
② 배를 좋아하는 어떤 사람은 사과를 좋아하지 않는다.
③ 사과를 좋아하는 어떤 사람은 배를 좋아하지 않는다.
④ 배를 좋아하지 않는 어떤 사람은 사과를 좋아한다.
⑤ 사과를 좋아하는 모든 사람은 배를 좋아한다.

02 다음 결론이 반드시 참이 되게 하는 전제를 고르면?

전제1	계획적인 어떤 사람은 취업을 잘한다.
전제2	
결론	계획적인 어떤 사람은 바쁘다.

① 취업을 잘하는 어떤 사람은 바쁘다.
② 바쁜 모든 사람은 취업을 잘한다.
③ 바쁘지 않은 모든 사람은 취업을 잘하지 않는다.
④ 취업을 잘하는 어떤 사람은 바쁘지 않다.
⑤ 취업을 잘하는 모든 사람은 바쁘지 않다.

03 **S사의 직원인 갑은 영양제를 구매하려고 한다. 주어진 [조건]을 바탕으로 항상 옳은 것을 고르면?**

조건

- 구매하려는 영양제는 A, B, C, D, E, F 중 3가지이다.
- A 또는 C를 구매하면 B는 구매하지 않는다.
- B를 구매하면 A와 C를 구매하지 않는다.
- E는 구매하지 않고, F는 구매한다.

① 가능한 경우의 수는 4가지이다.
② B와 D를 구매한다.
③ D를 구매하면 A와 B 중 1개는 구매한다.
④ C를 구매하면 A를 구매한다.
⑤ A를 구매하면 C를 구매하지 않는다.

04 **어느 건물의 화장실 비밀번호는 4자리로 구성되어 있다. 주어진 [조건]을 바탕으로 항상 옳은 것을 고르면?**(단, 'ABCD'는 천의 자리 숫자가 A, 백의 자리 숫자가 B, 십의 자리 숫자가 C, 일의 자리 숫자가 D인 네 자리 수를 뜻한다.)

조건

- 비밀번호는 'ABCD'이다.
- B는 C보다 큰 수이다.
- D는 9이다.
- 'AC'는 홀수이다.
- (A+B)는 6 이하이다.
- (B+D)는 짝수이다.

① 가능한 경우의 수는 3가지이다.
② B는 3이다.
③ C는 1이다.
④ (A+C)는 B보다 작거나 같다.
⑤ A가 C보다 작으면 (A+D)는 짝수이다.

05 회사원 A는 월요일부터 금요일까지 클라이밍, 배구, 복싱 중에서 선택하여 운동을 하려고 한다. 주어진 [조건]을 바탕으로 항상 옳지 않은 것을 고르면?

조건

- 같은 운동을 연속된 요일에 하지 않는다.
- 모든 운동을 일주일에 적어도 한 번은 한다.
- 하루에 하나의 운동만 한다.
- 클라이밍을 하면 다음 날에는 복싱을 한다.
- 금요일에는 배구를 한다.

① 금요일을 제외한 날에 배구를 하면 그 다음 날은 클라이밍을 한다.
② 일주일에 복싱은 2번 한다.
③ 화요일 이후인 날에 클라이밍을 하면 그 직전 날은 배구를 한다.
④ 가능한 경우의 수는 4가지이다.
⑤ 수요일에 클라이밍을 하는 경우는 2가지이다.

06 어느 스타트업 회사의 신입사원 A~E는 각각 업무용 노트북을 1개씩 받았다. 주어진 [조건]을 바탕으로 항상 옳지 않은 것을 고르면?

조건

- 노트북의 색은 빨간색, 파란색, 검은색이다.
- 각 색상의 노트북은 적어도 1명에게 전달되었다.
- 신입사원이 받은 노트북 중 파란색 노트북은 2개이다.
- D는 빨간색 노트북을 받지 않았다.
- A는 빨간색 노트북을 받았다.
- B와 E는 같은 색 노트북을 받았다.

① 신입사원이 받은 노트북 중 빨간색은 2개이다.
② 가능한 경우의 수는 3가지이다.
③ D가 검은색 노트북을 받았다면 C는 빨간색 노트북을 받았다.
④ E가 파란색 노트북을 받았다면 A와 C는 같은 색 노트북을 받았다.
⑤ 세 명이 같은 색의 노트북을 받았다.

07 **A~C는 과일을 구매하려고 과일 가게에 방문했는데 이 가게는 바구니의 색깔별로 과일이 담겨 있다. 주어진 [조건]을 바탕으로 항상 옳은 것을 고르면?**(단, 같은 종류의 과일은 동일한 것으로 생각한다.)

조건

- 바구니의 색깔은 노란색, 빨간색, 보라색 3종류이고, 바구니에 담긴 과일은 바나나, 망고, 사과, 토마토, 포도로 총 5종류이다.
- 바나나와 망고는 노란색이며, 사과와 토마토는 빨간색이고, 포도는 보라색이다.
- 바나나와 망고는 노란색 바구니에, 사과와 토마토는 빨간색 바구니에, 포도는 보라색 바구니에 담겨 있다.
- 각 과일은 바구니에 2개씩 담겨 있다.
- A, B, C는 각자 과일을 3개씩 구매했다.
- B는 노란색 과일만 구매했다.
- A는 모든 색의 과일을 각각 구매했다.

① C는 노란색 바구니에서 과일을 구매했다.
② 가능한 경우의 수는 10가지이다.
③ A가 사과를 1개 구매했으면 C는 토마토를 2개 구매했다.
④ C가 같은 색의 과일만 구매했으면 A는 바나나를 1개 구매했다.
⑤ C가 모두 다른 종류의 과일을 구매했으면 그중 1개는 포도이다.

08 **어느 회사에 근무하는 A~E 5명은 사내에서 진행하는 어학 수업을 수강하려고 한다. 주어진 [조건]을 바탕으로 항상 옳지 않은 것을 고르면?**

조건

- 어학 수업을 진행하는 과목은 영어, 일본어, 중국어이다.
- 최대 수강 인원은 영어가 3명, 일본어가 2명, 중국어가 1명이다.
- A와 C는 같은 과목을 수강한다.
- B와 D는 다른 과목을 수강한다.
- E는 영어를 수강한다.

① 각 과목마다 수강하는 인원은 적어도 1명이 있다.
② D가 영어를 수강하면 B는 중국어를 수강한다.
③ C가 일본어를 수강하면 B는 E와 같은 과목을 수강한다.
④ B가 중국어를 수강하는 경우의 수는 1가지이다.
⑤ 가능한 경우의 수는 4가지이다.

09 같은 회사에 근무하는 A~D는 연말 성과 평가에서 점수를 받았다. 주어진 [조건]을 바탕으로 항상 옳은 것을 고르면?

조건

- 성과 평가 점수는 개인별로 받았으며 100점 만점이다.
- 모든 점수는 5의 배수이다.
- A와 B의 점수의 합은 140점이다.
- C의 점수는 15의 배수이다.
- 점수가 높은 순서는 A, B, C, D 순이다.
- D의 점수는 35점 이상이다.

① C와 D의 점수의 합이 100점이면 A의 점수는 15의 배수이다.

② B의 점수가 20의 배수일 확률은 $\frac{1}{13}$이다.

③ 가능한 경우의 수는 12가지이다.

④ D의 점수가 40점 이하일 확률은 $\frac{9}{13}$이다.

⑤ A와 C의 점수의 차가 30점이면 B와 D의 점수의 차도 30점이다.

10 S사는 1월부터 3월까지 직원들에게 복지 차원에서 점심 디저트를 제공한다. 주어진 [조건]을 바탕으로 항상 옳지 <u>않은</u> 것을 고르면?

조건

- 제공하는 디저트 종류는 마카롱, 타르트, 쿠키슈 중 1개이다.
- 한 달에 제공하는 디저트 종류는 2개이다.
- 마카롱은 연속된 달에 제공하지 않는다.
- 타르트보다 쿠키슈를 제공하는 달이 더 많다.

① 가능한 경우의 수는 4가지이다.

② 2월에 마카롱을 제공하면 같은 달에 쿠키슈도 제공한다.

③ 3월에 타르트를 제공하면 1월에 마카롱을 제공한다.

④ 쿠키슈는 매월 제공한다.

⑤ 3개월 동안 마카롱보다 타르트를 제공하는 달이 더 많은 경우는 2가지이다.

11 어느 음식점에는 5개의 화구가 있다. 이 화구의 화력은 모두 다를 때, 주어진 [조건]을 바탕으로 항상 옳은 것을 고르면?

조건
- 각 화구의 화력은 1단계부터 7단계까지 중 하나이며, 7단계로 갈수록 화력이 세다.
- 5개의 화구는 1번 자리부터 5번 자리까지 각 자리에 1개씩 배치되어 있다.
- 화력은 4번 자리가 3번 자리보다 2단계 낮다.
- 화력은 1번 자리가 5번 자리보다 3단계 낮다.
- 2번 자리와 4번 자리의 화력의 차는 3단계이다.
- 5개의 화구 중 5번 자리의 화력의 단계가 가장 높다.

① 가능한 경우의 수는 3가지이다.
② 4번 자리의 화력이 1단계이면 5번 자리의 화력은 6단계이다.
③ 2번 자리의 화력이 5단계이면 1번 자리의 화력은 2단계이다.
④ 4번 자리의 화력과 5번 자리의 화력의 차는 5단계이다.
⑤ 1번 자리의 화력과 2번 자리의 화력의 차는 3단계이다.

12 A~E는 각자 다른 날에 휴가를 사용했다. 휴가를 세 번째로 갔던 사람만 거짓을 말할 때, 주어진 [대화]를 바탕으로 두 번째로 휴가를 간 사람을 고르면?

대화
- A: "저는 E보다 늦게 휴가를 사용했습니다."
- B: "저보다 휴가를 빨리 사용한 사람은 없습니다."
- C: "저는 휴가를 홀수 번째로 사용했습니다."
- D: "휴가를 가장 먼저 사용한 사람은 C입니다."
- E: "저는 D보다 휴가를 늦게 사용했습니다."

① A ② B ③ C
④ D ⑤ E

13 **갑이 집에서 사용하는 에어컨 리모컨은 버튼마다 기능을 부여할 수 있다. 갑이 각 버튼에 기능을 부여하려고 할 때, 주어진 [조건]을 바탕으로 항상 옳은 것을 고르면?**(단, 이웃하는 두 버튼은, 상하 또는 좌우로 이웃한 버튼들을 의미한다.)

조건

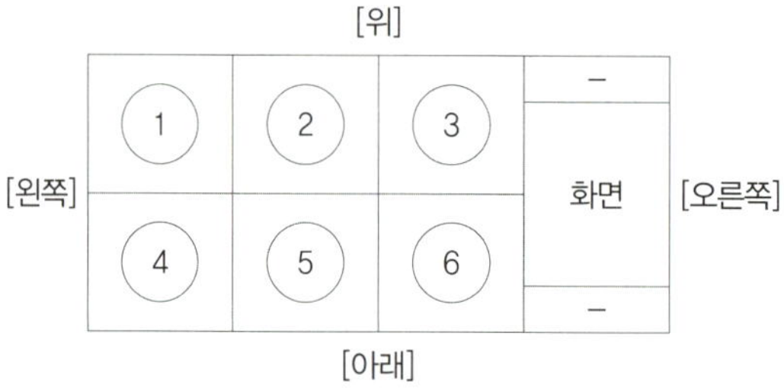

- 숫자가 적힌 버튼 하나당 1개의 기능을 부여할 수 있다.
- 하나의 기능은 2개 이상 버튼에 중복하여 부여할 수 없다.
- 기능은 전원, 온도 조절, 바람 세기 조절, 바람 방향 조절, 시간 예약, 음소거 총 6가지이다.
- 음소거 버튼의 양 옆에는 다른 숫자 버튼이 존재한다.
- 바람 세기 조절 버튼과 바람 방향 조절 버튼은 서로 이웃한다.
- 전원 버튼은 화면과 가장 가까운 곳에 있다.
- 온도 조절 버튼의 숫자는 짝수이다.
- 시간 예약 버튼은 화면에서 가장 먼 곳에 있다.

① 가능한 경우의 수는 8가지이다.
② 1이 시간 예약 버튼이면 5는 바람 방향 조절 버튼이다.
③ 6이 온도 조절 버튼이면 5는 음소거 버튼이다.
④ 온도 조절 버튼과 시간 예약 버튼은 이웃하지 않는다.
⑤ 전원 버튼의 숫자가 짝수이면 바람 세기 조절 버튼과 이웃한다.

14 다음에 주어진 도형을 보고 적용된 규칙을 찾아 '?'에 해당하는 적절한 도형을 고르면?

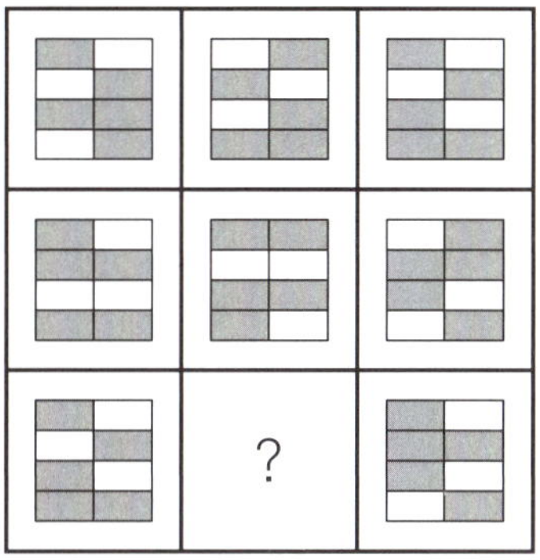

① 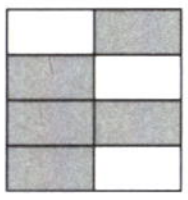

② 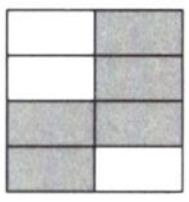

③ 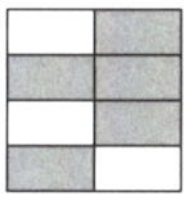

④ 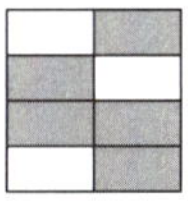

⑤ 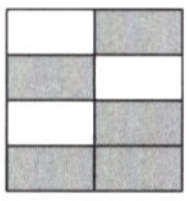

15 다음에 주어진 도형을 보고 적용된 규칙을 찾아 '?'에 해당하는 적절한 도형을 고르면?

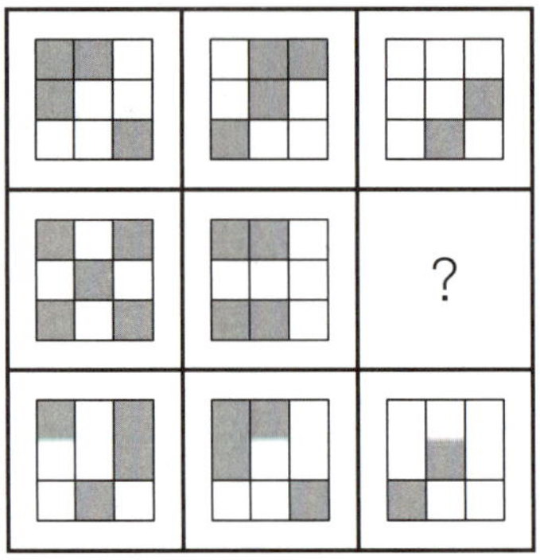

① 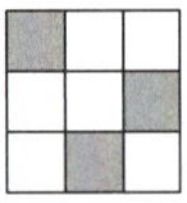

② 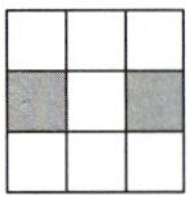

③ 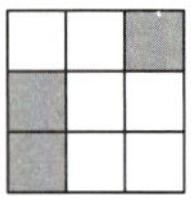

④ 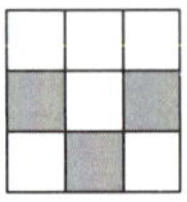

⑤ 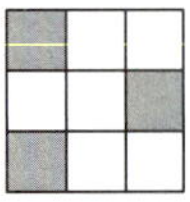

16 다음에 주어진 도형을 보고 적용된 규칙을 찾아 '?'에 해당하는 적절한 도형을 고르면?

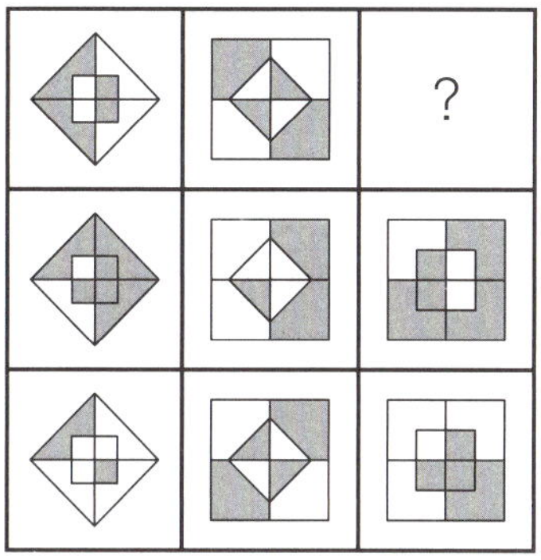

① 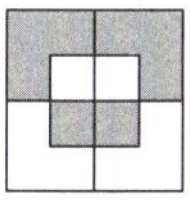

② 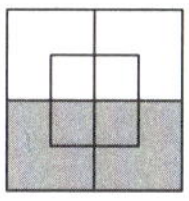

③ 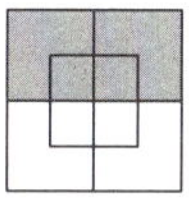

④ 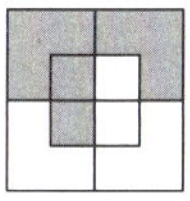

⑤ 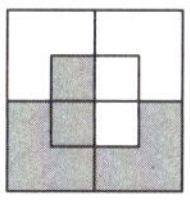

17 다음에 주어진 도형을 보고 적용된 규칙을 찾아 '?'에 해당하는 적절한 도형을 고르면?

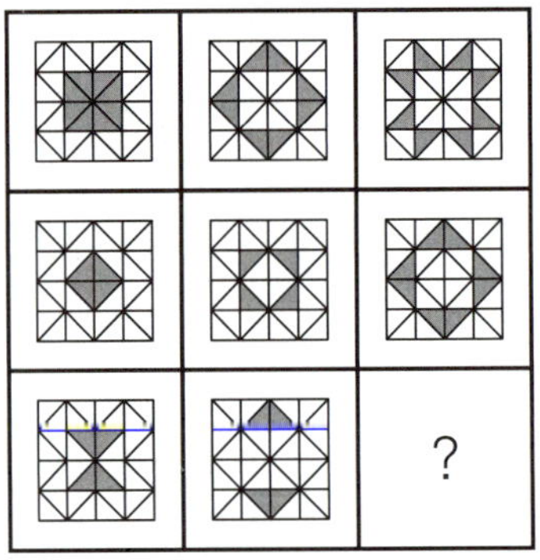

① 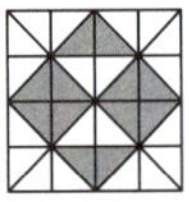

② 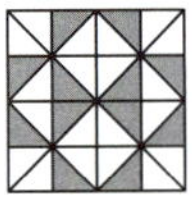

③ 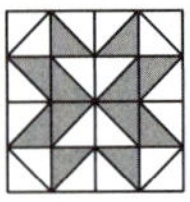

④ 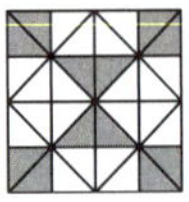

⑤ 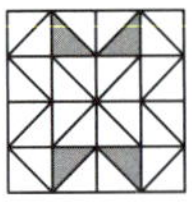

[18~21] 기호들이 하나의 규칙을 가지고 아래와 같이 문자나 숫자를 변화시킨다고 한다. 이때, 다음 (?)에 들어갈 알맞은 것을 고르시오.(단, 가로와 세로 중 한 방향으로만 이동하며, Z 다음은 A, 9 다음은 0 이다.)

		QLTV		U3R7		49PS		
		↓		↓		↓		
GM62	→	♠	→	○	→	◇	→	7JO2
		↓		↓		↓		
		△		T2Q6		○		
		↓				↓		
		UWVO				O38R		

18

BC95 → ♠ → ○ → (?)

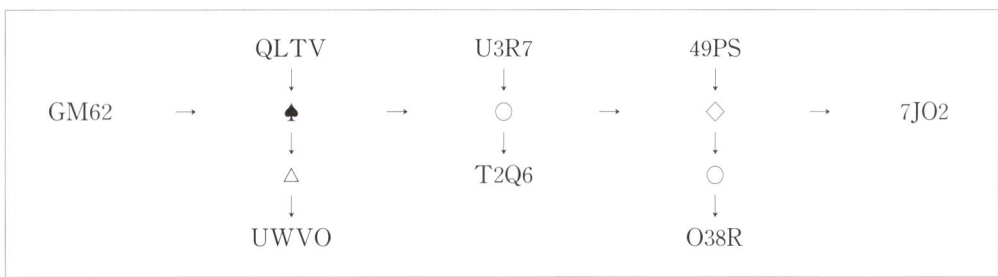

① EF27 ② EF95 ③ EE05
④ EE25 ⑤ EE27

19

YGHV → △ → ♠ → ◇ → (?)

① C9Z8 ② 9CZ8 ③ JCYH
④ ZCiH ⑤ HICZ

20

(?) → ○ → △ → 6S8Y

① 7X9T ② 7X9R ③ 5X7R
④ 7Z9T ⑤ 5Z7R

21

(?) → ○ → ◇ → △ → 5F2H

① I36G ② 3I6G ③ 68JG
④ 36JG ⑤ 3J6G

22 다음 문단을 논리적 순서대로 알맞게 배열한 것을 고르면?

[가] 신경전달물질 및 호르몬과 같은 신체 내 특정 자연 물질은 세포 표면의 특정 수용체를 표적으로 삼는다. 이러한 물질이 세포의 수용체와 결합하면 기능을 수행하도록 해당 수용체를 자극하여 세포에 특정 작용을 일으키거나 억제한다. 또한 약물은 이러한 수용체를 표적으로 삼고 수용체와 결합할 수 있다.

[나] 혈액은 인체의 모든 곳을 돌아다닌다. 그러므로 혈액을 통하여 이동하는 호르몬들이 인체의 모든 조직에게 영향을 미칠 것 같지만 실제로는 그렇지 않다. 각각의 호르몬은 특정한 세포들에게만 작용을 한다. 이것을 표적세포 또는 표적 기관이라고 한다. 예를 들면 간세포는 인슐린의 표적세포이며, 뼈세포는 생장 호르몬의 표적세포이다.

[다] 예를 들어 Her－2 유전자는 우리 몸 세포에 정상적으로 존재하는 것으로, 세포 분열을 조절하는 작용을 하지만 유방암이 생길 때 일부 환자에서는 이 유전자의 기능이 활성화(Her－2 과발현)되면서 암세포 분열이 더 빨라지게 된다. 이때 유방암 세포 증식과 관련된 Her－2의 세포전달 경로만을 선택적으로 차단하는 표적 치료제를 투입하는 것이다.

[라] 이러한 특징을 이용하여 암치료를 하는 방식이 바로 표적 치료이다. 표적 치료는 암이 발생하는 데 핵심적인 역할을 하는 것으로 알려진 특정 유전자나 단백질, 신호전달경로를 표적으로 하여 약물을 전달함으로써 암세포를 제거하는 치료이다.

① [가]－[나]－[다]－[라]
② [가]－[라]－[다]－[나]
③ [나]－[가]－[라]－[다]
④ [나]－[라]－[다]－[가]
⑤ [라]－[다]－[가]－[나]

23 다음 문단을 논리적 순서대로 알맞게 배열한 것을 고르면?

[가] 특히, 가상자산사업자(VASPs)를 비롯한 금융권에 대한 자금세탁방지 측면의 규제가 강화됨에 따라 규제 준수(Compliance)를 위한 레그테크가 주목받고 있다. 이러한 기술들을 레그테크 중에서도 '컴프테크'라는 소분류로 표현하고 있다. 말 그대로 컴플라이언스(Compliance), 즉 규제 준수를 위한 기술이라고 생각하면 이해하기 쉽다.

[나] 레그테크는 전 세계가 흔들렸던 2008년 금융위기 이래로 정부에서 복잡한 규제들을 적용함에 따라 금융 및 은행 산업에서의 준법감시기술의 필요성 및 중요성이 높아지며 생겨났다. 정보통신기술이 발전하고, 다양한 형태의 금융환경이 나타나면서 그에 따른 규제도 함께 복잡해졌다. 하나의 규제가 여러 갈래로 나뉘었으며 정부는 금융 관련 기업에게 더 많은 규제를 적용했다.

[다] 더 나아가 다양한 방식으로 규제를 위반하는 사례도 나타나면서 내부통제의 필요성과 소비자 보호의 중요성도 증가하였다. 그러나 기존의 기술과 분산된 정보망으로는 이를 해결하기 어려워 정부 및 기업에서는 지속적으로 발전하는 빅데이터, 블록체인과 같은 정보기술을 통해 새로운 문제들과 직면하고자 하면서 레그테크에 주목하게 되었다.

[라] 레그테크는 규제(Regulation)와 기술(Technology)의 합성어로 기술을 활용해 규제를 관리·준수하는 기술이다. 레그테크는 단순히 금융규제에 대한 관리 준수를 할 뿐만 아니라 빅데이터, AI, 블록체인 등을 활용해 위험을 적극적으로 예측하고 예방 및 대응할 수 있는 방향으로 발전하고 있다.

① [가]－[라]－[나]－[다]
② [나]－[가]－[다]－[라]
③ [나]－[다]－[라]－[가]
④ [라]－[가]－[다]－[나]
⑤ [라]－[나]－[다]－[가]

24 **다음 글이 참일 경우, 반드시 거짓인 것을 고르면?**

> 식품은 일정한 시기에 생산되는데 비해 사람은 식품의 계속적인 공급이 필요하므로 식품을 미리 저장을 하게 된다. 그러나 식품을 그대로 방치하면 수분, 온도, 광선, 산소 및 미생물의 작용과 충해를 받아서 변질되거나, 식품 자체가 지니고 있는 산소의 작용으로 시간이 지남에 따라 식품의 성분이 소실된다. 따라서 신선한 식품을 장기간 보존하기 위해서는 수분을 제거해야 한다. 대표적인 수분 제거 방식으로는 건조와 염장이 있다.
>
> 식품을 건조시켜 수분을 제거하면 식품의 보존성을 높일 수 있다. 식품을 불이나 햇볕에 말려서 건조시킬 수 있으므로 건조법은 저장법 중에서 가장 역사가 오래된 것으로 추측된다. 건조법은 말리는 재료에 따라 건과법, 건어법, 나물 말리기 등으로 분류할 수 있다.
>
> 염장법은 소금의 삼투작용에 의해 식품이 탈수되어 세균이 생육하는 데 필요한 수분이 감소되고, 식품에 붙어 있던 세균도 삼투압에 의해 원형질 분리가 일어나 미생물의 생육이 억제되는 원리를 이용한 저장법이다. 이를 활용한 음식으로는 오이지와 무짠지 등의 장아찌류가 있으며, 김치류도 소금에 절인 채소류를 섭취한 데서 발전된 것이다. 새우젓, 멸치젓, 조개젓, 게젓 등의 젓갈류와 자반류는 부패되기 쉬운 육류와 어류 및 물고기알 등에 소금을 첨가하여 만든 저장식품이다.

① 식품은 환경의 수분이 없어도 자체의 수분으로 성분이 소실될 수 있다.
② 식품 저장법 중 가장 오래된 것은 건조법이다.
③ 건조법은 말리는 식품의 재료에 따라 다르게 불린다.
④ 소금의 삼투작용은 세균을 억제하는 역할을 한다.
⑤ 장아찌류와 자반류는 소금에 절이는 방법에 따라 다르게 분류된다.

25 다음 글이 참일 경우, 반드시 <u>거짓</u>인 것을 고르면?

> 랩탑(Laptop), 스마트폰, 스마트 워치 다음으로 등장할 차세대 웨어러블 디바이스는 무엇일까? 바로 스마트 링이다. 스크린이 있는 모바일보다 논스크린(Non－Screen)을 지향하는 웨어러블 디바이스로 테크 트렌드가 전환되면서, 스마트 링에 대한 관심이 높아졌다.
>
> 스마트 링은 주로 헬스케어 측면에서 사용된다. 손목보다 모세혈관이 많은 손가락에 착용하므로 스마트 워치나 스마트 밴드에 비해 높은 정확도가 기대되기 때문이다. 또한 착용감이 스마트 워치에 비해 좋아 더 오래 착용할 수도 있다. 예컨대 스마트 워치는 씻거나 잠들 때 벗어야 해 번거롭지만, 스마트 링은 착용하고 있어도 크게 불편하지 않다. 컴퓨터 작업 시 스마트 워치처럼 버클이 피부를 압박하지 않고, 또 밴드처럼 땀이 차지 않아 불쾌함을 느낄 일도 없다. 덕분에 착용자의 건강 데이터가 누락 없이 더 많이 쌓이는 것이 장점이다. 이 과정에서 단순히 건강 상태를 모니터링하는 것을 넘어, 사용자의 건강 이상을 감지해 신속한 조치를 취할 수 있는 등 여러 가지 이점이 있다. 나아가 스마트 링에 근거리 무선 통신(NFC) 기능을 더하면 삼성페이처럼 손쉽게 결제가 가능해 보다 간결하고 편리한 라이프스타일을 누릴 수 있다.

① 스마트 링에는 스크린이 부착되어 있지 않다

② 손가락의 모세혈관의 양 덕분에 스마트 링은 스마트 워치보다 헬스 정보의 정확도가 높다.

③ 스마트 링은 스마트 워치에 비해 착용 시 불편감이 적다.

④ 스마트 링은 착용 여부와 상관없이 스마트 워치보다 착용자의 건강 데이터를 더 많이 수집할 수 있다.

⑤ 스마트 링에 근거리 무선 통신 기능을 더하면 삼성페이를 설치하여 사용할 수 있다.

26 **다음 글이 참일 경우, 반드시 거짓인 것을 고르면?**

RAM은 휘발성 메모리로 모듈에 한시적으로 저장된 정보는 컴퓨터를 재시작하거나 종료할 때 삭제된다. 정보는 전류가 없을 때 트랜지스터에 전기적으로 저장되므로 데이터는 사라지고, 파일이나 정보는 요청될 때마다 컴퓨터의 스토리지 디스크 또는 인터넷으로부터 검색된다. 따라서 하나의 프로그램이나 페이지가 다른 프로그램이나 페이지로 이동할 때마다 기존 정보가 즉시에 제공되며 컴퓨터가 종료되었을 때 메모리는 프로세스가 다시 시작될 때까지 빈 상태가 된다. 휘발성 메모리는 사용자가 손쉽게 변경, 업그레이드 및 확장할 수 있다는 장점이 있다. 반면 ROM은 비휘발성 메모리로, 정보가 칩에 영구 저장된다. 메모리의 경우 데이터 저장에 전류에 의존하지 않고, 바이너리 코드를 사용해 개별 셀에 쓰이기 때문이다. 비휘발성 메모리는 소프트웨어의 초기 부팅 관련 부분, 프린터 작동에 관여하는 펌웨어 명령 등 변하지 않는 컴퓨터 부품에 사용된다. 컴퓨터 전원을 끈다 해도 ROM에는 영향을 주지 않으며 비휘발성 메모리는 사용자가 변경할 수 없다.

① 휘발성 메모리는 모듈에 한시적으로 저장된 정보는 컴퓨터가 종료되면 삭제된다.
② 휘발성 메모리는 컴퓨터 시스템의 제일 중요한 작업 공간으로 다양한 종류가 있다.
③ 휘발성 메모리는 컴퓨터의 운영 체제 또는 사용자의 데이터 장기 저장에 사용된다.
④ 비휘발성 메모리는 전류에 저장하는 것이 아니라 개별 셀에 저장한다.
⑤ 비휘발성 메모리는 컴퓨터 전원이 꺼져도 영향을 받지 않는다.

27 **다음 글이 참일 경우, 반드시 참인 것을 고르면?**

> GAN은 Generative Adversarial Networks의 약자로 우리말로는 '적대적 생성 신경망'이라고 번역되는 AI 기술 중 하나이다. GAN은 실제에 가까운 이미지나 사람이 쓴 것과 같은 글 등 여러 가짜 데이터들을 생성하는 모델이다. 적대적 생성 신경망이라는 이름에서 알 수 있듯 GAN은 서로 다른 두 개의 네트워크를 적대적으로 학습시키며 실제 데이터와 비슷한 데이터를 생성해 낸다. 이렇게 생성된 데이터에 정해진 레이블 값이 없기 때문에 비지도 학습 기반 생성모델로 분류된다.
>
> GAN은 Generator(G, 생성모델 또는 생성기)와 Discriminator(D, 판별모델 또는 판별기)라는 서로 다른 2개의 네트워크로 이루어져 있어 이 두 네트워크를 적대적으로 학습시키며 목적을 달성한다. 생성모델(G)의 목적은 진짜 분포에 가까운 가짜 분포를 생성하는 것이고 판별모델(D)의 목적은 표본이 가짜 분포에 속하는지, 진짜 분포에 속하는지를 결정하는 것이다. 이 2가지 모델을 포함한 GAN의 궁극적인 목적은 실제 데이터의 분포에 가까운 데이터를 생성하는 것이다. 따라서 판별기가 진짜인지, 가짜인지를 한쪽으로 판단하지 못하는 경계(가짜와 진짜를 0과 1로 보았을 때 0.5의 값)에서 가짜 샘플과 실제 샘플을 구별할 수 없는 최적 솔루션으로 간주하게 된다.

① GAN은 가짜 데이터를 판별하는 AI 기술이다.
② GAN 서로 사람의 감독 없이 데이터를 통해 학습한다.
③ GAN의 G와 D는 협력을 통해 학습한다.
④ GAN의 D는 가짜 분포를 생성하고, G는 이것의 참 · 거짓 여부를 결정한다.
⑤ GAN은 판별기가 진짜인지 가짜인지 판단하지 못하는 것을 오류로 본다.

28 다음 글에 대한 반박으로 가장 적절한 것을 고르면?

> 폐배터리 재활용 시장은 환경 및 경제적 편익을 고려할 때 성장잠재력이 높은 시장이다. 우리는 폐배터리 재활용을 통해 유해 물질을 회수하여 환경오염을 방지하고, 리튬, 니켈, 망간, 코발트 등의 핵심 원료를 안정적으로 확보할 수 있다. 또한 폐배터리의 재사용은 배터리 생산을 억제함으로써, 배터리를 생산하는 과정에서의 환경오염도 방지할 수 있다. 환경오염의 방지뿐만 아니라 금속 및 희토류 고갈에 대한 우려 증가, 재활용 제품 및 재료에 대한 수요 증가에도 대응할 수 있다. 앞으로 지방 및 주 정부의 엄격한 규정 및 미국 환경보호국(EPA)의 지침 등에 따라 글로벌 폐배터리 재활용 시장이 성장할 것으로 예측되며, 도시광산 영위 기업과 자동차 제조사들이 향후 폐배터리 재활용 시장의 성장을 견인할 전망이다. 공급원별로 살펴보면, 자동차용 배터리 시장이 가장 높은 점유율을 차지하고 있으며, 지역별로 구분해 보면, 아시아·태평양 지역이 향후 시장을 주도할 것으로 예상된다.

① 배터리를 생산하는 과정에서도 환경오염이 일어나므로 배터리 생산을 아예 금지해야 한다.
② 폐배터리 재활용 시장은 환경오염에는 도움이 되지만 경제적으로는 도움이 된다고 보기는 힘들다.
③ 폐배터리 재활용 시장을 성장시키기 위해서는 미국 등의 선진국에서 환경보호에 대한 지침을 만들어야 한다.
④ 아시아·태평양 지역이 폐배터리 재활용 시장을 주도할 수 있도록 국제적인 합의가 필요하다.
⑤ 표준화된 전기차 폐배터리에 대한 평가와 재활용 기준이 없는 상황에서 폐배터리 산업이 무조건 성장할 것이라 보기는 어렵다.

29 다음 글과 [보기]를 읽고 추론한 것 중 적절하지 <u>않은</u> 것을 고르면?

> 유기반도체는 유연하고 가벼우며, 다양한 형태로 가공할 수 있는 장점이 있다. 그리고 단단한 실리콘 기반 반도체와 달리 유기반도체는 플라스틱이나 심지어 종이와 같은 유연한 기판 위에서 제작될 수 있다. 또 전통적인 무기반도체에 비해 낮은 제조 비용으로 대량 생산이 가능하다. 유기반도체는 용액 기반 기술을 사용하여 만들어지는데, 이러한 방법은 일반적으로 전통적인 반도체 제조에 사용되는 고온 진공 증착 기술보다 저렴하다. 또한, 유기반도체 장치에 사용되는 재료는 실리콘 또는 갈륨 비소와 같은 무기반도체 재료에 비해 풍부하고 상대적으로 저렴한 경우가 많다.

보기

> 유기반도체는 전통적인 무기반도체에 비해 전하 이동성이 낮은 편이다. 이는 전자기기의 속도와 효율성을 제한할 수 있으며, 이동성 개선은 유기반도체 연구의 주요 과제 중 하나이다. 많은 유기반도체 소재는 산소, 수분, 열, 빛 등에 노출될 때 분해되거나 변질될 수 있다. 이러한 안정성 문제는 유기반도체 기기의 성능과 수명을 저하시킬 수 있으며, 이를 해결하기 위한 연구가 필요하다.

① 유기반도체는 무기반도체보다 고온과 고압을 잘 견디는 특징이 있다.
② 유기반도체로 유연하고 착용 가능한 전자 장치, 롤러블 디스플레이를 만들 수 있다.
③ 같은 기기가 있다고 할 때, 무기반도체보다 유기반도체를 사용하는 기기가 더 저렴할 수 있다.
④ 무기반도체를 사용하는 기기는 유기반도체를 사용하는 기기보다 속도와 효율성이 좋다.
⑤ 유기반도체를 사용하는 기기가 침수되었을 경우 무기반도체를 사용하는 기기보다 고장이 더 쉽다.

30 다음 글과 [보기]를 읽고 추론한 것 중 적절하지 않은 것을 고르면?

사람을 포함한 동물이나 식물의 생존에 필요한 수많은 복잡한 생화학반응들이 모두 효소에 의해 진행된다. 인체 세포 내에 효소가 없으면 이런 반응들이 너무 느리게 진행되어 아무런 의미가 없다. 효소는 놀랄만한 촉매력을 보이며, 무촉매 반응에 비하여 엄청나게 큰 반응속도를 나타낸다.

효소는 페니실린과도 깊은 관계를 맺고 있다. 푸른 곰팡이에서 추출되는 페니실린은 폐렴과 같은 세균 감염에 의한 질병과 상처 감염을 치료하는 데 탁월한 효과를 나타내는 항생제이다. 페니실린은 세균이 세포벽을 합성할 때 사용하는 효소와 비슷한 역할을 한다.

보기

효소는 특정 반응을 촉진하도록 특별히 만들어진 거대 분자, 즉 생체 분자의 일종인 단백질이다. 아미노산 분자들이 서로 결합되어 단백질이라 칭하는 고분자가 탄생한다. 단백질은 생물학적 기능을 수행하기 위해서 필수불가결한 요소이며, 아미노산은 이러한 단백질의 '합성용 조각'이다. 자연에서 발견되는 수천 가지 단백질의 엄청난 다양성은 겨우 20 여종 아미노산의 고유한 성질로부터 나오는 것이다.

소화 효소에는 단백질, 탄수화물, 지방 분해효소 등이 있으며, 소화기관 내에서 단백질을 분해하는 효소에는 트립신, 펩신, 레닌, 키모트립신 등이 있다. 음식물의 단백질들은 위에서 먼저 펩신과 강산에 의해 일부 분해되어 소장으로 이동된다. 소장에서 트립신에 의해 라이신이나 아르지닌 부분이 잘린다.

① 항생제는 세균의 세포벽 생성을 방해하여 세균의 효소 작용을 방해한다.
② 침 속의 아밀라아제는 단백질을 분해하지 못하므로 아미노산은 흡수되지 않고 배설된다.
③ 단백질이 부족하면 효소 역시 부족하여 오히려 소화가 안 되거나 면역력이나 저항력이 떨어질 수 있다.
④ 트립신, 펩신, 키모트립신이 나오지 않으면 신체 내부에서 단백질을 분해하는 데 오랜 시간이 걸린다.
⑤ 음식물 속의 단백질이 효소로 인해 아미노산으로 분해되면 그 아미노산으로 새로운 단백질이 만들어진다.

인생은 끊임없는 반복.
반복에 지치지 않는 자가 성취한다.

– 윤태호 「미생」 중

1

PART

수리논리

01 응용수리

영역 특징

간단한 계산으로 답을 도출할 수 있도록 깔끔하게 출제되어 난도는 높지 않다. 방정식의 활용 1문항, 경우의 수 또는 확률 1문항으로 총 2문항이 출제된다. 그 외의 유형은 최근 출제 빈도가 줄었지만 수년간 출제되었으므로 기본적인 풀이 방법은 익혀두는 것이 좋다.

문항 수

수리논리 20문항(30분) 중 응용수리는 2문항이 출제되는 경향이 있다.

대표유형 체크

대표유형	내용
방정식의 활용	주어진 조건을 이용해 방정식을 세워 해결하는 문제
경우의 수	경우를 직접 나열하거나 순열, 조합과 같은 공식을 이용하여 경우의 수를 세는 문제
확률	경우의 수와 확률 관련 공식을 이용하여 해결하는 문제
거리 · 속력 · 시간	기본 공식을 이용하여 거리, 속력, 시간을 구하는 문제
농도	소금물의 농도, 소금의 양, 소금물 양의 관계를 이용하는 문제
일률	단위 시간당 한 일의 양인 일률을 이용하여 해결하는 문제

2024 상·하반기 기출분석

방정식의 활용, 경우의 수/확률 유형이 출제되었다. 방정식의 활용 유형은 기존에 출제되었던 유형에서 약간 변형되어 미지수로만 이루어진 식을 풀어야 했다. 또한 구해야 하는 값이 작년의 인원수인지 올해의 인원수인지 잘 확인하고 풀어야 하는 문제가 출제되었다.

대표기출유형

대표유형 ① 방정식의 활용

어느 전자상가에서 노트북은 25%, 데스크톱은 10%만큼 할인하여 판매한다. 할인하기 전의 금액으로 노트북과 데스크톱을 1개씩 구매하면 총 1,250,000원이고, 할인이 적용되면 두 제품을 26만 원만큼 저렴하게 구매할 수 있을 때, 할인된 데스크톱의 가격을 고르면?

① 30만 원　② 30.5만 원　③ 31.5만 원
④ 33만 원　⑤ 35만 원

정답해설

할인이 적용되기 전 노트북의 가격을 x원, 데스크톱의 가격을 y원이라고 하면 노트북은 25%, 데스크톱은 10%만큼 할인하여 판매하여 원래 가격인 125만 원보다 26만 원만큼 저렴한 125−26=99(만 원)에 구매할 수 있으므로 이를 식으로 나타내면 다음과 같다.

$x+y=125$ … ㉠

$0.75x+0.9y=99$ … ㉡

0.9×㉠−㉡을 계산하면 $x=90$, $y=35$이다.

따라서 할인된 데스크톱의 가격은 35×0.9=31.5(만 원) 이다.

정답 ③

문제 해결 tip

- 중간 계산 과정에서 최대한 빠르게 계산할 수 있는 방법으로 접근해야 한다. 연립방정식 풀이 과정에서 ㉠ 또는 ㉡의 식에 적절한 수를 곱하여 문자 1개를 소거해야 하는데, 위의 식에서는 0.9를 곱해 y를 소거하는 계산이 가장 간단하다. 이렇듯 연립방정식에서는 어떤 수를 곱하여 어떤 미지수를 제거할 것인지를 빠르게 판단하여 풀이하는 것이 중요하다.
- 방정식의 활용 문제는 무엇을 미지수를 설정할 것인지에 따라 계산의 복잡도가 달라진다. 대부분은 방정식의 활용 문제에서 구하고자 하는 것을 미지수로 놓는 경우가 많지만 간혹 다른 것을 미지수로 놓았을 때 풀이과정이 더 간단한 경우도 존재한다.
- 다양한 방정식 문제를 접하면서 효율적으로 미지수를 설정하는 방법에 익숙해지는 것이 중요하다.

대표유형 ❷ 경우의 수 / 확률

어느 제과점에서 A~E 5종의 과자, F~H 3종의 사탕, I~J 2종의 빵 중 5종을 골라 선물 세트 1개를 만들려고 할 때, 이 선물 세트에 A, B는 반드시 포함하고, J는 포함하지 않는 경우의 수를 고르면?

① 18가지 ② 20가지 ③ 24가지
④ 32가지 ⑤ 35가지

정답해설

선물 세트에 넣어야 할 5종 중에서 A, B를 포함했다고 가정하면 나머지 3종만 선택하면 된다. 이때, J를 포함하지 않아야 하므로 C, D, E, F, G, H, I의 7종 중에서 3종을 선택해야 하므로 구하는 경우의 수는

$_7C_3=\frac{7\times6\times5}{3\times2\times1}=35$(가지)이다.

정답 ⑤

문제 해결 tip

- $n!=n\times(n-1)\times\cdots\times2\times1$
  (=서로 다른 n개의 물건을 일렬로 나열하는 경우의 수)
  예 a, b, c 3명을 일렬로 나열하는 경우의 수는 $3!=6$(가지)이다.
- 순열 공식: $_nP_r=\frac{n!}{(n-r)!}=n\times(n-1)\times\cdots\times(n-r+1)$
  (=서로 다른 n개의 물건 중 r개를 뽑아 순서대로 나열하는 경우의 수)
  예 a, b, c, d, e 5명 중 3명을 뽑아 일렬로 나열하는 경우의 수는 $_5P_3=5\times4\times3=60$(가지)이다.
- 조합 공식: $_nC_r=\frac{n!}{r!(n-r)!}=\frac{_nP_r}{r!}$
  (=서로 다른 n개의 물건 중 r개를 순서 없이 뽑는 경우의 수)
  예 a, b, c, d, e 5명 중 대표 3명을 뽑는 경우의 수는 $_5C_3=\frac{5!}{3!2!}=\frac{5\times4\times3\times2\times1}{3\times2\times1\times2\times1}=10$(가지)이다.
- 순열과 조합의 가장 큰 차이는 '순서'의 여부이다. 문제 상황에서 '순서'가 존재한다면 순열 공식을, '순서' 없이 뽑기만 하는 상황이라면 조합 공식을 사용해야 한다.

총인원이 8명인 어느 부서에서 외근 인력 4명을 뽑으려고 할 때, 이 부서에 속한 A, B, C가 모두 외근 인력에 포함될 확률을 고르면?

① $\frac{1}{14}$　　② $\frac{1}{7}$　　③ $\frac{3}{14}$

④ $\frac{2}{7}$　　⑤ $\frac{5}{14}$

정답해설

총인원이 8명인 어느 부서에서 외근 인력 4명을 뽑는 경우의 수는 ${}_8C_4=70$(가지)이다. 이때 외근 인력 4명 중 A, B, C가 이미 뽑힌 상태라고 가정하면, 나머지 외근 인력 1명으로 가능한 경우의 수는 5가지이다. 따라서 A, B, C가 모두 외근 인력에 포함될 확률은

$\frac{5}{70}=\frac{1}{14}$이다.

정답 ①

문제 해결 tip

- 사건 A가 일어날 확률: $P(A)=\frac{\text{(사건 A가 일어나는 경우의 수)}}{\text{(발생 가능한 전체 경우의 수)}}$(단, $0\le P(A)\le 1$)
- 사건 A가 일어났을 때, 사건 B가 일어날 확률: $P(B|A)=\frac{P(A\cap B)}{P(A)}$
(=조건부확률)
- 사건 A와 B가 서로 영향을 미치지 않을 경우의 확률: $P(A\cap B)=P(A)\times P(B)$
(=사건 A와 B는 서로 독립사건이다.)

대표유형 ③ 거리 · 속력 · 시간 / 농도 / 일률

서로 마주 보며 달려오는 기차 A, B가 터널에 동시에 진입하여 4분 후에 만났다. 터널의 길이는 13km이고, 기차 A의 속력은 120km/h이며, 기차 B의 길이가 2km일 때, 기차 B가 터널을 완전히 통과하는 데 걸리는 시간을 고르면?

① 8분 ② 9분 ③ 10분

④ 11분 ⑤ 12분

정답해설

서로 마주 보며 달려오는 기차 A, B가 터널에 진입한 뒤 4분 만에 만났으므로 기차 A, B가 터널에 진입한 뒤 움직인 거리의 합은 터널의 길이와 같다. 기차 A의 속력은 120km/h이고, 터널의 길이는 13km이며, 4분은 $\frac{4}{60}=\frac{1}{15}$(시간)과 같으므로 기차 B의 속력을 v라고 하면, (거리)=(속력)×(시간)임을 이용하여 다음과 같은 식을 세울 수 있다.

(A가 터널에 진입하여 움직인 거리)+(B가 터널에 진입하여 움직인 거리)=(터널의 길이)

$\rightarrow 120\times\frac{1}{15}+v\times\frac{1}{15}=13 \rightarrow v=75$

이에 따라 기차 B의 속력은 75km/h이다. 이때 기차 B의 길이는 2km이므로 기차 B가 터널을 완전히 통과하려면 총 13+2=15(km)를 이동해야 한다.

따라서 기차 B가 터널을 완전히 통과하는 데 걸리는 시간은 $\frac{15}{75}\times60=12$(분)이다.

정답 ⑤

문제 해결 tip

- (거리)=(속력)×(시간)
- (시간)=$\frac{(거리)}{(속력)}$
- (속력)=$\frac{(거리)}{(시간)}$
- 거리의 단위는 m, km, 시간의 단위는 시, 분 등 여러 단위가 등장하므로 단위를 통일하여 문제를 해결하는 것이 중요하다.

농도가 15%인 소금물 200g과 농도가 30%인 소금물 100g을 섞었다. 여기에 농도가 50%인 소금물을 추가했더니 농도가 25%로 변했을 때, 추가한 소금물의 양을 고르면?

① 50g　② 60g　③ 70g

④ 80g　⑤ 90g

정답해설

농도가 15%인 소금물 200g에 들어있는 소금의 양은 $200\times\frac{15}{100}=30$(g), 농도가 30%인 소금물 100g에 들어있는 소금의 양은 $100\times\frac{30}{100}=30$(g)이므로 두 소금물에 들어있는 소금의 양은 $30+30=60$(g), 소금물의 양은 $200+100=300$(g)이다. 이때 농도가 50%인 소금물의 양을 x라고 하면 소금의 양은 $0.5x$이고, 이 소금물을 추가해서 농도가 25%로 변했으므로 식을 세우면 다음과 같다.

$\frac{60+0.5x}{300+x}\times100=25 \rightarrow 6{,}000+50x=7{,}500+25x \rightarrow 25x=1{,}500 \rightarrow x=60$

따라서 추가한 소금물의 양은 60g이다.

정답 ②

문제 해결 tip

- (소금물의 양)=(소금의 양)+(물의 양)
- (소금물의 농도)(%)=$\frac{(\text{소금의 양})}{(\text{소금물의 양})}\times100$ ↔ (소금의 양)=(소금물의 양)×$\frac{(\text{소금물의 농도})}{100}$
- 소금물에서 일부를 덜어내도 농도는 변하지 않는다.
- 소금물에 물을 추가하면 농도가 감소하고, 소금을 추가하면 농도가 증가한다.

갑과 을은 K프로젝트를 준비하려고 한다. 갑이 혼자 프로젝트를 준비하면 8시간이 걸리고, 갑과 을이 함께 프로젝트를 준비하면 3시간 12분이 걸린다. 갑과 을이 K프로젝트를 함께 48분 동안 준비하다가 중간에 갑이 떠나고 을이 혼자 준비했을 때, K프로젝트를 준비하는 데 걸린 시간을 고르면?

① 4시간 ② 4시간 32분 ③ 4시간 48분
④ 5시간 ⑤ 5시간 16분

정답해설

갑이 혼자 프로젝트를 준비하면 8시간(=480분)이 걸리므로 1분에 준비할 수 있는 프로젝트 양은 $\frac{1}{480}$이고, 갑과 을이 함께 프로젝트를 준비하면 3시간 12분(=192분)이 걸리므로 1분에 준비할 수 있는 프로젝트 양은 $\frac{1}{192}$이다. 이에 따라 을이 혼자 프로젝트를 준비했을 때 1분에 준비할 수 있는 프로젝트 양은 $\frac{1}{192}-\frac{1}{480}=\frac{1}{320}$이다. 이때 갑과 을이 함께 48분 동안 준비한 프로젝트 양은 $\frac{1}{192}\times48=\frac{1}{4}$이므로 을이 혼자 준비한 프로젝트 양은 $1-\frac{1}{4}=\frac{3}{4}$이다.

따라서 을이 혼자 프로젝트를 준비한 시간은 $\frac{3}{4}\div\frac{1}{320}=240$(분)이므로 K프로젝트를 준비하는 데 걸린 시간은 48+240=288(분)(=4시간 48분)이다.

정답 ③

문제 해결 tip

- 일률: 단위 시간당 한 일의 양=$\frac{(\text{한 일의 양})}{(\text{작업 시간})}$
- 일의 양이 주어지지 않았을 경우에는 일의 양을 1로 두고 생각한다. 예를 들어 갑이 어떤 일을 완료하는 데 걸리는 시간이 2시간이라 하면 갑의 시간당 일률은 $\frac{1}{2}$이다.
- (A의 일률)+(B의 일률)=(A와 B가 함께 작업했을 때의 일률)
- 여러 개의 일률을 더하거나 뺄 때는 단위가 서로 같아야 하므로 각각의 일률을 구할 때는 단위를 통일하고 계산하는 것이 좋다.

역대 기출문제

01 둘레가 1,000m인 원형 운동장에서 A와 B가 같은 방향으로 동시에 출발하면 50분 후, 다른 방향으로 출발하면 20분 후 만난다. A가 B보다 더 빠르다고 할 때, A가 30분 동안 이동한 거리를 고르면? 2024 상반기 GSAT 기출 복원

① 450m ② 750m ③ 950m
④ 1,050m ⑤ 1,250m

02 신제품으로 출시된 A제품 1대, B제품 2대, C제품 1대, D제품 1대를 일렬로 진열할 예정이다. 맨 앞에 C제품을 진열했을 때, 나머지 제품을 진열하는 경우의 수를 고르면?

2024 상반기 GSAT 기출 복원

① 12가지 ② 16가지 ③ 20가지
④ 24가지 ⑤ 30가지

03 5장의 카드에 각각 1부터 5까지의 수가 적혀 있다. 이 5장의 카드를 임의로 나열하여 다섯 자리의 수를 만들었을 때, 그 수가 23,000 이상일 확률을 고르면? 2023 하반기 GSAT 기출 복원

① $\frac{1}{5}$ ② $\frac{1}{4}$ ③ $\frac{2}{5}$
④ $\frac{2}{3}$ ⑤ $\frac{3}{4}$

04 올해 어느 회사의 남성 직원 수는 전년 대비 20% 증가, 여성 직원 수는 60명 증가하여 올해 전체 직원 수가 전년 대비 100명 증가하여 총 600명이 되었을 때, 작년 남성 직원 수와 여성 직원 수의 차를 고르면?

2023 하반기 GSAT 기출 복원

① 100명 ② 150명 ③ 200명
④ 250명 ⑤ 300명

05 총 3명으로 구성된 A 부서에서는 매월 비품 담당자 1명을 추첨하여 뽑는다. 이러한 추첨을 4개월 동안 진행했을 때, A 부서에 속한 갑 대리가 최소 한 번이라도 뽑힐 확률을 고르면?

2023 하반기 GSAT 기출 복원

① $\frac{16}{81}$ ② $\frac{25}{81}$ ③ $\frac{61}{81}$
④ $\frac{65}{81}$ ⑤ $\frac{75}{81}$

06 어느 회사의 2022년 수출액은 1억 원이었고 수입액은 8천만 원이었고, 2023년 이 회사는 전년 대비 수출액이 41% 증가하고 수입액은 50% 증가하였다. 무역수지를 수출액에서 수입액을 뺀 것으로 정의하고, 무역수지가 양수이면 흑자, 음수이면 적자라고 할 때, 이 회사의 2023년 무역수지를 바르게 나타낸 것을 고르면?

2023 상반기 GSAT 기출 복원

① 800만 원 적자 ② 2,100만 원 적자 ③ 800만 원 흑자
④ 1,200만 원 흑자 ⑤ 2,100만 원 흑자

07 주머니에 A가 쓰인 공 5개와 B가 쓰인 공 3개가 들어 있다. 주머니에서 임의로 공을 1개씩 두 번 꺼낼 때, 두 번째에 A가 쓰인 공이 나올 확률을 고르면?(단, 꺼낸 공을 다시 넣지 않는다.)

2023 상반기 GSAT 기출 복원

① $\frac{1}{4}$ ② $\frac{3}{8}$ ③ $\frac{1}{2}$
④ $\frac{5}{8}$ ⑤ $\frac{3}{4}$

08 그룹 Z의 임직원은 두 계열사 A 또는 B 중 어느 한 곳에 속해 있다. 전체 임직원은 2022년 20,000명이었는데, 2023년 계열사 A의 임직원이 작년 대비 40% 증가하였고 계열사 B는 10% 감소하여, 2023년 그룹 Z의 임직원이 20% 증가하였다. 이때, 2022년 계열사 A의 임직원 수를 고르면?

2023 상반기 GSAT 기출 복원

① 11,200명 ② 12,000명 ③ 12,500명
④ 13,200명 ⑤ 14,000명

09 작년에 두 제품 A와 B의 총생산량은 670대였다. 올해 제품 A는 30대가 더 늘고, 제품 B는 10% 감소하였더니 제품 A가 제품 B보다 130대 더 많이 생산되었다. 이때, 작년 제품 B의 생산량을 고르면?

2023 상반기 GSAT 기출 복원

① 300대 ② 320대 ③ 350대
⑤ 360대 ⑤ 380대

10 재무팀 직원 3명을 포함하여 10명의 직원이 있다. 이들을 5명씩 두 팀으로 나눌 때, 재무팀 직원 3명이 한 팀에 속할 확률을 고르면?

2023 상반기 GSAT 기출 복원

① $\frac{1}{12}$ ② $\frac{1}{6}$ ③ $\frac{1}{4}$
④ $\frac{1}{3}$ ⑤ $\frac{5}{12}$

11 작년 두 기업 A, B의 직원 수는 총 4,000명이었는데, 올해 기업 A의 직원 수가 20% 감소하고 기업 B의 직원 수는 30% 증가하였다. 올해 두 기업 직원 수의 합이 작년과 똑같을 때, 기업 B의 올해 직원 수를 고르면?

2023 상반기 GSAT 기출 복원

① 1,600명 ② 1,920명 ③ 2,080명
④ 2,120명 ⑤ 2,400명

12 A, B를 포함한 6명이 원탁에 일정한 간격으로 둘러앉을 때, A와 B가 이웃하게 앉을 확률을 고르면?

2023 상반기 GSAT 기출 복원

① $\frac{1}{24}$ ② $\frac{1}{12}$ ③ $\frac{3}{10}$
④ $\frac{1}{3}$ ⑤ $\frac{2}{5}$

13 어느 회사 A와 B의 작년 임직원 수의 합은 총 600명이었는데 올해 회사 A의 임직원 수는 전년 대비 10% 증가, 회사 B의 임직원 수는 전년 대비 20% 감소하여 두 회사 임직원 수의 합이 총 60명 감소하였을 때, 작년 A, B 두 회사 임직원 수의 차이를 고르면? 2022 하반기 GSAT 기출 복원

① 100명 ② 150명 ③ 200명
④ 250명 ⑤ 300명

14 갑, 을, 병, 정, 무, 기 6명이 101~104호 총 4개의 회의실을 예약하려고 한다. 1명당 1개의 회의실을 예약할 수 있고, 6명이 동시에 예약을 진행해서 추첨으로 회의실이 배정될 때, 갑과 무가 회의실 예약을 성공할 확률을 고르면? 2022 하반기 GSAT 기출 복원

① $\frac{1}{5}$ ② $\frac{2}{5}$ ③ $\frac{3}{5}$
④ $\frac{2}{3}$ ⑤ $\frac{3}{4}$

15 재무팀 160명 중 16명이 회계팀으로 이동했는데 회계팀의 인원이 20% 증가하였다. 이후 재무팀에서 회계팀으로 10명이 더 이동했을 때, 이동 후의 재무팀과 회계팀의 인원 차이를 고르면? 2022 하반기 GSAT 기출 복원

① 20명 ② 22명 ③ 24명
④ 26명 ⑤ 28명

16 6명을 3개의 조로 나누려고 한다. 각 조에는 최소 1명이 배정되어야 할 때, 6명을 3개 조로 나누는 경우의 수를 고르면?

2022 하반기 GSAT 기출 복원

① 24가지 ② 48가지 ③ 60가지
④ 90가지 ⑤ 120가지

17 A공장 설비 9대를 B공장으로 옮겼더니 A공장의 설비 대수가 전년 대비 10% 감소하였고, B공장의 설비 대수는 전년 대비 15% 증가하였을 때, 전년도 A공장과 B공장의 설비 대수 차이를 고르면?

2022 하반기 GSAT 기출 복원

① 15대 ② 20대 ③ 25대
④ 30대 ⑤ 40대

18 A~D가 소속된 그룹에서는 4개월 동안 매달 1명씩 추첨하여 경품을 준다. 경품은 4명을 무작위로 추첨하여 줄 때, 4개월 동안 A가 경품을 1개 이상 받을 경우의 수를 고르면?

2022 하반기 GSAT 기출 복원

① 175가지 ② 180가지 ③ 185가지
④ 190가지 ⑤ 195가지

19 어느 기업에서 제품 1개를 만드는 데 재료 A는 3kg, 재료 B는 2kg이 필요하다. 이 제품 20개를 만들 때의 원가는 72,000원이고, 재료 A의 1kg당 원가가 800원일 때, 재료 B의 1kg당 원가를 고르면? 2022 상반기 GSAT 기출 복원

① 600원 ② 700원 ③ 800원
④ 900원 ⑤ 1,000원

20 A제품 1개와 B제품 1개의 원가의 합은 14,000원이다. 제품을 1개 판매할 경우 A제품은 10%, B제품은 20%의 이익이 남는다고 한다. A, B 두 제품을 각각 2개씩 판매하여 총 4,400원의 이익이 남았다고 할 때, B제품 1개의 원가를 고르면? 2022 상반기 GSAT 기출 복원

① 4,000원 ② 5,000원 ③ 6,000원
④ 7,000원 ⑤ 8,000원

21 1월부터 4월까지 4개월 동안 A~E 5명 중에서 임의로 추첨하여 매달 1명씩 당첨된다고 할 때, A가 두 번, B가 한 번 당첨되는 경우의 수를 고르면? 2022 상반기 GSAT 기출 복원

① 12가지 ② 24가지 ③ 36가지
④ 48가지 ⑤ 60가지

22 A사의 작년 재무부 사원 수는 37명이고 올해 재무부와 영업부의 사원 수는 전년 대비 각각 5명, 4명이 증가했다. 올해 영업부 사원 수의 1.2배가 올해 재무부 사원 수와 같을 때, 작년 영업부 사원 수를 고르면?

2022 상반기 GSAT 기출 복원

① 31명 ② 32명 ③ 33명
④ 34명 ⑤ 35명

23 각 층이 2개씩 분할된 공간으로 이루어져 있는 3층 건물이 있다. A~F의 6개 팀이 이 건물의 각 공간에 한 팀씩 들어가려고 할 때, A팀과 B팀이 이 건물의 2층에 들어갈 확률을 고르면?

2022 상반기 GSAT 기출 복원

① $\frac{1}{15}$ ② $\frac{2}{15}$ ③ $\frac{1}{5}$
④ $\frac{4}{15}$ ⑤ $\frac{1}{3}$

24 Z부서는 인사이동으로 인해 12명이 기술개발팀으로 이동하여 Z부서의 직원은 기존 대비 6% 감소했고, 기술개발팀의 직원은 기존 대비 10% 증가했다. 이때, 인사이동 후 Z부서와 기술개발팀의 직원 수의 차를 고르면?

2022 상반기 GSAT 기출 복원

① 48명 ② 56명 ③ 64명
④ 72명 ⑤ 80명

25 A, B, C의 세 그룹에 각각 4명, 2명, 2명의 회원이 있다. 이 8명 중에서 3명을 뽑을 때, 각 그룹에서 1명씩 뽑을 확률을 고르면? 2022 상반기 GSAT 기출 복원

① $\frac{1}{21}$ ② $\frac{2}{21}$ ③ $\frac{1}{7}$

④ $\frac{2}{7}$ ⑤ $\frac{10}{21}$

26 H사에는 제품 X를 생산하는 기계 A, B, C 3대가 있다. 제품 X를 1개 생산하는 데 기계 A는 15시간이 걸리고, 기계 B는 6시간이 걸린다. 두 기계 B, C가 60시간 동안 21개의 제품 X를 생산한다고 할 때, 다음 중 360시간 동안 세 기계 A, B, C가 생산하는 제품 X의 개수를 고르면? 2021 하반기 GSAT 기출 복원

① 150개 ② 160개 ③ 180개

④ 200개 ⑤ 240개

27 직장인 20대 3명과 30대 3명이 있다. 이들 중 3명을 선택할 때, 20대가 적어도 한 명 포함될 확률을 고르면? 2021 하반기 GSAT 기출 복원

① $\frac{4}{5}$ ② $\frac{9}{10}$ ③ $\frac{14}{15}$

④ $\frac{19}{20}$ ⑤ $\frac{24}{25}$

28 A회사의 2018년 전체 직원 수는 300명이었고, 2019년에는 전년 대비 25% 감소하였다. 2020년 전체 직원 수가 전년 대비 20% 증가하였을 때, 2018년 대비 감소한 2020년 A회사 전체 직원 수를 고르면? 2021 하반기 GSAT 기출 복원

① 15명 ② 30명 ③ 45명
④ 60명 ⑤ 75명

29 제조팀 6명과 영업팀 4명 중에서 3명을 뽑아서 제품 전략 기획에 대한 TF를 구성하고자 할 때, 다음 중 제조팀에서 2명, 영업팀에서 1명을 뽑을 확률을 고르면? 2021 하반기 GSAT 기출 복원

① $\frac{1}{4}$ ② $\frac{1}{3}$ ③ $\frac{1}{2}$
④ $\frac{3}{5}$ ⑤ $\frac{2}{3}$

30 A, B, C, D 네 명이 강당에 일직선으로 나열된 8자리의 의자에 앉으려고 할 때, A가 첫 번째 자리에 앉고, B, C가 서로 붙어서 앉는 경우의 수는 몇 가지인지 고르면?
2021 하반기 GSAT 기출 복원

① 18가지 ② 24가지 ③ 30가지
④ 36가지 ⑤ 60가지

31 공기청정기와 선풍기의 가격은 각각 15만 원, 7만 원이다. 총 200명이 공기청정기와 선풍기를 구매하였는데, 공기청정기를 구매한 사람은 120명, 둘 다 구매한 사람은 20명이다. 둘 다 구매한 사람에게 2만 원을 할인해 준다고 할 때, 총판매액을 고르면? 2021 하반기 GSAT 기출 복원

① 2,260만 원 ② 2,460만 원 ③ 2,660만 원
④ 2,860만 원 ⑤ 3,060만 원

32 올해 K사 A본부의 사원 수와 B본부의 사원 수의 합은 1,038명이다. 전년 대비 A본부의 사원 수는 20% 증가, B본부의 사원 수는 10% 감소해서 K사 A, B본부의 사원 수는 전년 대비 58명 증가했을 때, 전년도 B본부의 사원 수를 고르면? 2021 하반기 GSAT 기출 복원

① 430명 ② 440명 ③ 450명
④ 460명 ⑤ 470명

33 10명 중 1명에게 경품을 주는데 경품을 받으면 바로 다음 회차 추첨에서 제외된다. 총 3회의 추첨을 하려고 할 때, A가 경품에 두 번 당첨될 확률을 고르면? 2021 하반기 GSAT 기출 복원

① $\frac{1}{100}$ ② $\frac{1}{90}$ ③ $\frac{1}{81}$
④ $\frac{1}{80}$ ⑤ $\frac{1}{72}$

34 D본부에는 100명의 직원이 있는데, 모두 20대, 30대, 40대로 구성되어 있다. D본부의 20대는 30대의 절반이고, 40대는 30대보다 15명 많을 때, 30대 직원 수를 고르면?

2021 상반기 GSAT 기출 복원

① 30명 ② 32명 ③ 34명
④ 36명 ⑤ 38명

35 A~F 6명 중에서 대표 1명을 3번 뽑으려고 한다. 바로 직전에 대표를 한 사람은 바로 다음 차례에서 대표로 뽑힐 수 없을 때, A가 대표를 2번 할 확률을 고르면?(단, 대표가 될 수 있는 사람들이 대표로 뽑힐 확률은 모두 동일하다.)

2021 상반기 GSAT 기출 복원

① $\frac{1}{36}$ ② $\frac{1}{30}$ ③ $\frac{1}{25}$
④ $\frac{1}{18}$ ⑤ $\frac{1}{12}$

36 Z제품을 생산할 때, A공정과 B공정을 거쳐야 한다. 2가지 공정을 거쳐 Z제품이 생산되는 총소요시간은 100시간이었는데, 공정을 개선하여 A공정에서 소요되는 시간이 30%, B공정에서 소요되는 시간이 50%만큼 단축되었다. 그 결과 Z제품을 생산하는 데 걸린 총소요시간이 64시간으로 단축되었을 때, A공정에서 단축된 시간을 고르면?

2021 상반기 GSAT 기출 복원

① 21시간 ② 24시간 ③ 32시간
④ 38시간 ⑤ 49시간

37 20대 2명, 30대 2명, 40대 2명 총 6명이 2명씩 짝을 지어 3개의 조를 구성하려고 한다. 이때, 같은 나이대로만 조가 구성될 확률을 고르면? 2021 상반기 GSAT 기출 복원

① $\frac{1}{90}$ ② $\frac{1}{45}$ ③ $\frac{1}{30}$
④ $\frac{1}{24}$ ⑤ $\frac{1}{15}$

38 스마트폰은 80만 원, 스마트워치는 17만 원에 각각 판매되고 있고, 둘을 함께 세트로 사면 91만 원으로 할인이 된다. 판매된 스마트워치는 총 40대이며 스마트폰과 스마트워치의 총판매금액이 4,554만 원일 때, 스마트폰과 스마트워치가 함께 팔린 세트의 수를 고르면?

2021 상반기 GSAT 기출 복원

① 21세트 ② 23세트 ③ 25세트
④ 27세트 ⑤ 29세트

39 두 주식 A, B의 1년 배당 수익률은 각각 10%, 6%이다. 투자금 100억 원을 모두 A와 B를 매수하는 데 사용하였고, 1년 뒤 배당액이 7억 원일 때 A에 투자한 금액을 고르면?

2021 상반기 GSAT 기출 복원

① 25억 원 ② 27억 원 ③ 29억 원
④ 34억 원 ⑤ 35억 원

40 인공지능 A, B가 P타입 문제 1개와 Q타입 문제 1개를 각자 푸는데, 정답을 맞힐 확률은 다음과 같다. 두 인공지능 모두 같은 타입의 문제를 각자 하나씩만 틀렸을 때, 틀린 문제가 P타입일 확률을 고르면? 2021 상반기 GSAT 기출 복원

[표] 정답을 맞힐 확률 (단위: %)

구분	A	B
P타입(쉬운 문제)	90	80
Q타입(어려운 문제)	80	60

① $\frac{1}{8}$　② $\frac{1}{7}$　③ $\frac{1}{6}$

④ $\frac{1}{5}$　⑤ $\frac{1}{4}$

41 신입사원들은 연수 프로그램 6가지를 1~6월 동안 한 달에 하나씩 이수해야 한다. 연수 프로그램은 초급 과정 A, B, C와 고급 과정 가, 나, 다로 구성되어 있다. 초급 과정끼리는 연달아 이수할 수 없을 때, 연수 프로그램을 이수하는 경우의 수를 고르면? 2021 상반기 GSAT 기출 복원

① 72가지　② 144가지　③ 196가지

④ 288가지　⑤ 576가지

정답과 해설 P.17

02 자료해석

영역 특징

수리논리 20문항 중 자료해석 유형은 3~20번으로 출제되며, 주어진 자료의 수치가 대체로 깔끔하고 비율, 증감률, 비중 등의 계산을 포함한 문제가 출제된다. 난이도는 평이하지만, 빠르게 자료의 항목 간 관계를 파악하고, 정확한 계산보다는 자료를 활용한 어림산과 소거법으로 전략적으로 접근하는 것이 중요하다.

문항 수

수리논리 20문항(30분) 중 자료해석은 18문항이 출제되었다.

대표유형 체크

대표유형	내용
자료이해	주어진 자료의 수치에 대한 대소 비교, 배수, 증감률, 증감 추이, 비중, 차이 등을 묻는 문제
자료변환	주어진 자료를 이용하여 계산할 수 있는 새로운 수치에 대한 그래프를 묻는 문제
자료계산-빈칸추론	자료 하단의 관련 공식을 이용하여 주어진 자료의 빈칸에 들어갈 값을 구하는 문제
자료계산-수열	주어진 자료의 수치를 보고 규칙성을 찾아 해결하는 문제

2024 상·하반기 기출분석

전반적으로 어려운 계산이 필요한 문항은 많지 않았으나 일부 선택지에서 복잡한 계산을 해야 하는 경우도 있었다. 그래프 2개가 결합된 문항의 난도는 높지 않았다. 수열 문항은 간단한 규칙으로 풀 수 있었다. 평이한 난도로 출제되었지만 제한 시간 내 많은 정보를 빠르게 파악해야 하는 자료해석 문항의 특성 상 추리 영역보다는 수리논리 영역의 체감 난도가 더 높았다는 평이 많았다.

자료해석 대표기출유형

대표유형 ❶ 자료이해

다음은 2019~2021년 권역별 리니어 로봇 생산액을 조사한 자료이다. 이에 대한 설명으로 옳은 것을 [보기]에서 모두 고르면?

[표] 권역별 리니어 로봇 생산액 (단위: 억 원)

구분	2019년	2020년	2021년
수도권	2,500	1,400	6,700
영남권	3,500	1,300	2,400
충청권	700	300	260
호남권	300	50	50

[그래프] 연도별 리니어 로봇 총생산액 (단위: 억 원)

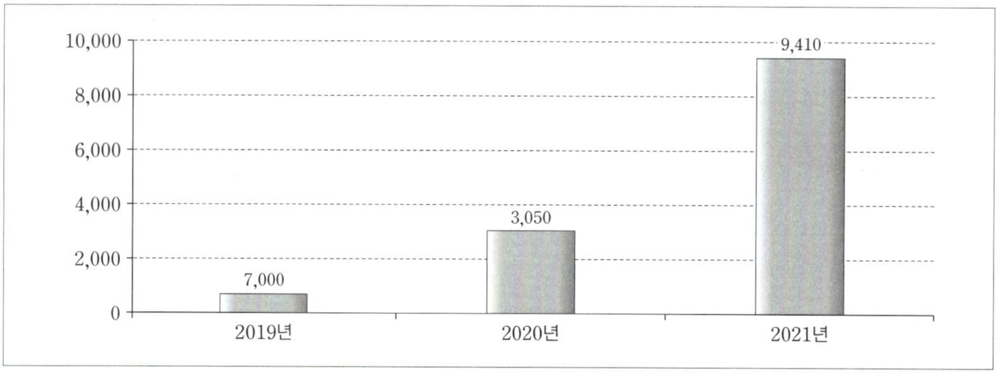

보기

㉠ 제시된 기간에 충청권의 연평균 리니어 로봇 생산액은 420억 원이다.
㉡ 2020년 이후 리니어 로봇 생산액의 전년 대비 증감 추이가 수도권과 동일한 권역은 없다.
㉢ 2021년 리니어 로봇 총생산액은 2년 전 대비 40% 이상 증가하였다.
㉣ 제시된 기간 중 리니어 로봇 총생산액이 가장 큰 해에 영남권의 리니어 로봇 생산액은 전년 대비 80% 이상 증가하였다.

① ㉠, ㉡ ② ㉠, ㉢ ③ ㉠, ㉣
④ ㉡, ㉢ ⑤ ㉢, ㉣

정답해설

㉠ 제시된 기간에 충청권의 연평균 리니어 로봇 생산액은 $\frac{700+300+260}{3}$=420(억 원)이다.

㉣ 제시된 기간 중 리니어 로봇 총생산액이 가장 큰 해인 2021년에 영남권의 리니어 로봇 생산액은 2020년 대비 $\frac{2,400-1,300}{1,300}\times 100 \fallingdotseq 84.6(\%)$ 증가하였으므로 80% 이상 증가하였다.

정답 ③

오답풀이

㉡ 2020년 이후 리니어 로봇 생산액의 전년 대비 증감 추이는 수도권이 감소－증가이고, 이와 동일한 권역은 영남권 1개가 존재한다.

㉢ 2021년 리니어 로봇 총생산액은 2019년 대비 $\frac{9,410-7,000}{7,000}\times 100 \fallingdotseq 34.4(\%)$ 증가하였으므로 40% 미만 증가하였다.

문제 해결 tip

계산이 필요하지 않거나 계산이 간단한 선택지부터 확인하여 풀이 시간을 단축시킨다. ㉡은 계산이 필요하지 않으므로 먼저 확인하는 것이 좋다.

대표유형 ❷ 자료변환

다음 [그래프]는 연도별 원자력 발전 사업체의 설비투자비를 조사한 자료이다. 이를 바탕으로 원자력 발전 사업체의 설비투자비의 전년 대비 증가율을 그래프로 나타내었을 때, 옳은 것을 고르면?

[그래프] 연도별 원자력 발전 사업체의 설비투자비 (단위: 억 원)

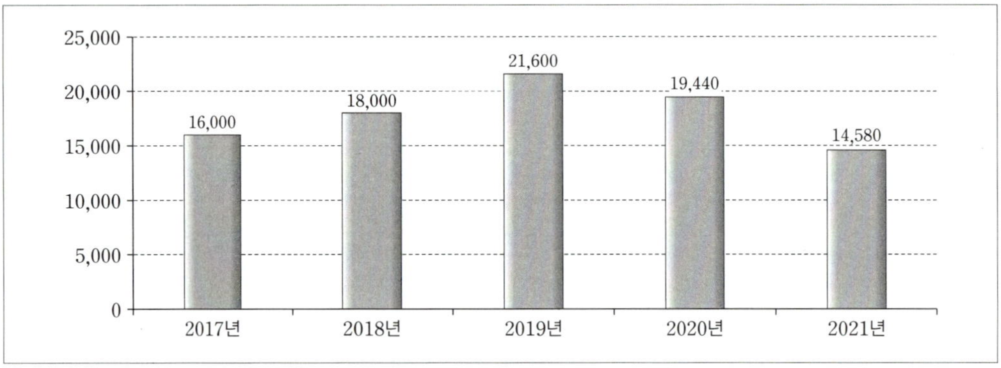

①
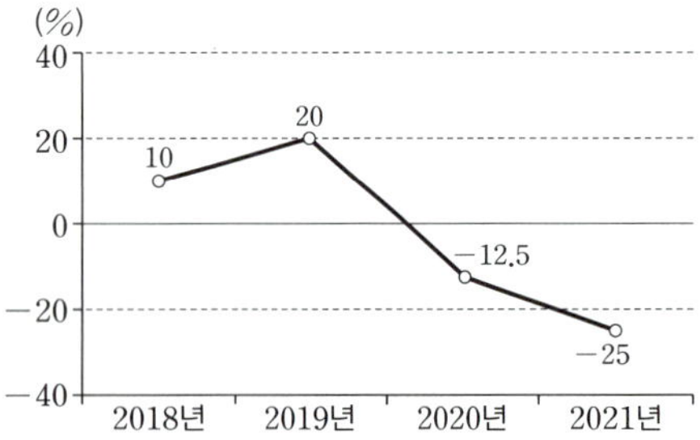

②
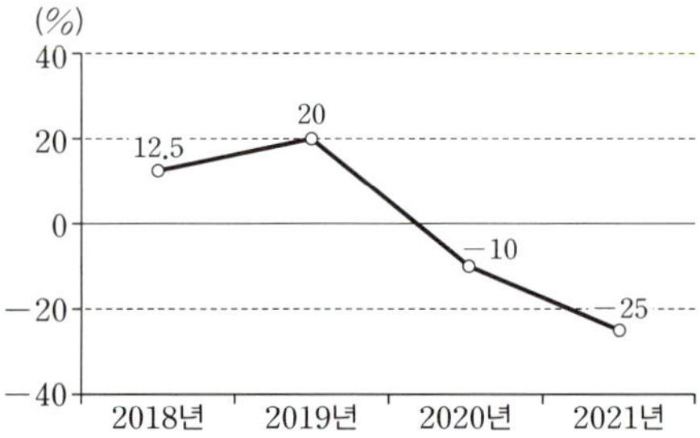

③
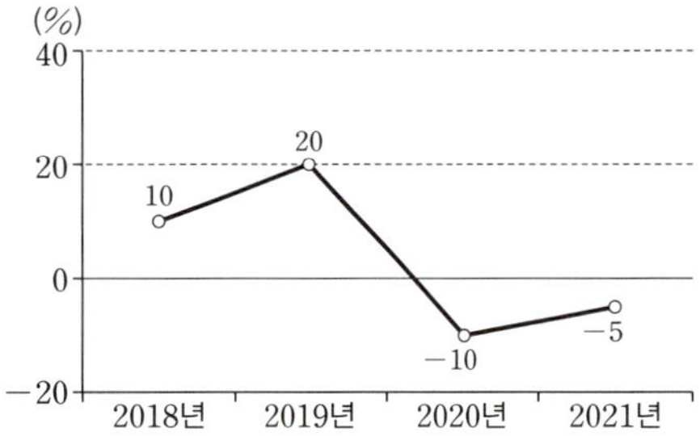

④
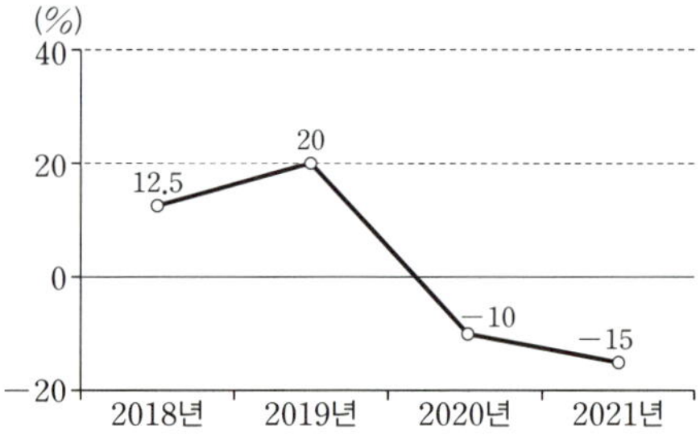

⑤
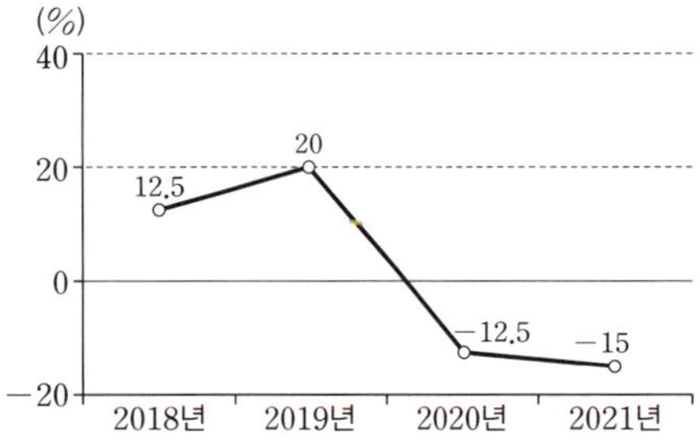

정답해설

2018년 이후 원자력 발전 사업체의 설비투자비의 전년 대비 증가율은

2018년에 $\frac{18,000-16,000}{16,000}\times 100=12.5$ (%),

2019년에 $\frac{21,600-18,000}{18,000}\times 100=20$(%),

2020년에 $\frac{19,440-21,600}{21,600}\times 100=-10$(%),

2021년에 $\frac{14,580-19,440}{19,440}\times 100=-25$(%)이다.

따라서 옳은 그래프는 ②이다.

정답 ②

대표유형 ③ 자료계산 - 빈칸추론

다음 [표]는 A~D가 구성한 포트폴리오의 수익률과 관련된 정보를 기록한 자료이다. 이를 보고 빈칸에 해당하는 값을 예측했을 때, 가장 적절한 것을 고르면?

[표] A~D의 포트폴리오 정보

(단위: %)

구분	A	B	C	D
시장수익률	(㉠)	8	10	14
기대수익률	22	10	13	(㉡)

※ (기대수익률)=a+{(시장수익률)−a}×b

	㉠	㉡
①	12	16
②	12	19
③	16	16
④	16	19
⑤	16	22

정답해설

B의 포트폴리오에서 시장수익률은 8%, 기대수익률은 10%이므로 다음과 같은 식을 세울 수 있다.

10=a+(8−a)×b

→ 10=a+8b−ab ··· ⓐ

C의 포트폴리오에서 시장수익률은 10%, 기대수익률은 13%이므로 다음과 같은 식을 세울 수 있다.

13=a+(10−a)×b

→ 13=a+10b−ab ··· ⓑ

ⓐ−ⓑ를 계산하면 b=1.5이고, 이를 위 식에 대입하면 a=4이다.

㉠ A의 포트폴리오에서 기대수익률은 22%이므로 22=4+(㉠−4)×1.5를 계산하면 1.5×㉠=24이므로 ㉠은 16이다.

㉡ D의 포트폴리오에서 시장수익률은 14%이므로 ㉡=4+(14−4)×1.5를 계산하면 ㉡은 19이다.

따라서 ㉠은 16, ㉡은 19인 ④가 정답이다.

정답 ④

문제 해결 tip

- 빈칸추론 문제는 주로 연립방정식을 이용하여 미지수를 구한 뒤 빈칸에 들어갈 값을 구하는 방법으로 해결한다.
- 주어진 자료의 항목 중 빈칸이 없으면서 모든 수치가 제시된 항목을 이용하여 공식의 미지수를 구해 공식을 완성하는 것이 중요하다.

대표유형 ④ 자료계산 - 수열

다음 [표]는 2019년부터 2023년까지 S기업과 E기업의 매출액을 조사한 자료이다. 연도별 매출액이 매년 일정한 규칙으로 변화할 때, E기업의 매출액이 처음으로 S기업의 매출액을 초과하는 해를 고르면?

[표] S기업과 E기업의 연도별 매출액 (단위: 억 원)

구분	2019년	2020년	2021년	2022년	2023년
S기업	50	80	110	140	170
E기업	5	15	30	50	75

① 2026년 ② 2027년 ③ 2028년
④ 2029년 ⑤ 2030년

정답해설

S기업의 연도별 매출액의 전년 대비 증가액은 매년 30억 원이므로 매년 30억 원씩 증가한다.
E기업의 연도별 매출액의 전년 대비 증가액은 2020년부터 10억 원, 15억 원, 20억 원, 25억 원이므로 매년 증가액이 5억 원씩 증가함을 알 수 있다.
이에 따라 2024년 이후 두 기업의 연도별 매출액은 다음과 같다.

(단위: 억 원)

구분	2024년	2025년	2026년	2027년	2028년	2029년	2030년
S기업	200	230	260	290	320	350	380
E기업	105	140	180	225	275	330	390

따라서 E기업의 매출액이 처음으로 S 기업의 매출액을 초과하는 해는 2030년이다.

정답 ⑤

문제 해결 tip

- 등차수열: 직전 항과의 차가 일정한 수열이다. 1, 3, 5, 7, …은 직전 항과의 차가 2로 일정한 등차수열이다.
- 등비수열: 직전 항과의 비가 일정한 수열이다. 1, 2, 4, 8, …은 수열은 직전 항과의 비가 2로 일정한 등비수열이다.
- 계차수열: 어떤 수열의 계차수열이란 그 수열의 인접하는 두 항의 차로 이루어진 수열이다. 10, 8, 4, −2, … 수열의 계차수열은 계차가 −2, −4, −6, …이므로 공차가 −2인 등차수열이다.
- 피보나치 수열: 직전 항과의 합이 바로 다음 항인 수열이다. 1, 2, 3, 5, 8, 13, …과 같이 앞의 두 수의 합이 그 뒤의 수가 되는 수열이다.

01 다음 [표]는 국내 5개 산업별 종업원 수와 6개국 및 OECD 국가 평균 생산성에 관한 자료이다. 이에 대한 설명으로 옳지 않은 것을 고르면? 2024 상반기 GSAT 기출 복원

[표1] 국내 5개 산업별 종업원 수 (단위: 천 명)

구분	2005년	2010년	2015년	2020년
서비스업	11,000	12,500	15,000	16,500
제조업	3,500	3,600	4,000	4,200
건설	800	1,200	1,400	1,500
농림어업	30	25	40	45
전산업	15,000	17,500	21,000	24,000

[표2] 6개국 및 OECD 국가 평균 생산성과 순위 (단위: 달러(위))

구분	제조업 생산성	서비스업 생산성	제조업 대비 서비스업 생산성 비중(%)
한국	125,000(8)	63,000(28)	50.4
미국	144,000(3)	120,000(3)	83.3
일본	110,000(13)	75,000(19)	68.2
독일	120,000(11)	77,000(17)	64.2
영국	100,000(14)	78,000(15)	78.0
프랑스	115,000(15)	90,000(6)	78.3
OECD 국가 평균	125,000	95,000	76.0

※ 빈칸의 숫자는 OECD 국가 중 생산성 순위를 의미함

① 조사기간 동안 국내 5개 산업 중에서 종업원 수가 가장 많은 산업은 서비스업이 아니다.
② 6개국 중에서 제조업 생산성이 OECD 국가 평균보다 낮은 국가는 4개국 미만이다.
③ 2005년 국내 전산업 종업원 수가 5개 산업 종업원 수에서 차지하는 비중은 절반을 넘지 않는다.
④ 제조업 대비 서비스업 생산성 비중과 서비스업 생산성은 비례하지 않는다.
⑤ 2020년 국내 5개 산업별 종업원 수는 5년 전에 비해 증가하였다.

02 다음 [표]는 산업활동별 전분기 대비 동향 및 설비 투자 비중에 관한 자료이다. 이에 대한 설명으로 옳은 것을 [보기]에서 모두 고르면? 2024 상반기 GSAT 기출 복원

[표1] 산업활동별 전분기 대비 동향 (단위: %)

구분	2023년 1분기	2023년 2분기	2023년 3분기	2023년 4분기
소매판매액	−1.0	2.0	1.0	−3.0
전산업생산액	8.0	−5.0	5.0	4.5
설비투자액	−2.5	−3.0	1.0	2.0

[표2] 설비 투자 비중 (단위: %)

구분	컴퓨터, 전자 및 광학기기	운송장비	코크스, 석유 및 화학제품	전기장비	금속제품	비금속광물	기타
설비 투자	60	15	9	6	5	3	2

보기

㉠ 설비 투자가 총 1,200천만 달러일 때, 기타를 제외한 하위 3순위의 설비 투자는 168천만 달러이다.

㉡ 2023년 4분기에 소매판매액, 전산업생산액, 설비투자액이 같았다면, 2분기에 설비투자액이 가장 높을 것이다.

㉢ 설비 투자 비중에서 운송장비는 전기장비 대비 150%이다.

㉣ 2023년 1분기 대비 4분기에 증가한 산업활동은 전산업생산액이다.

① ㉠, ㉡ ② ㉠, ㉢ ③ ㉠, ㉣

④ ㉡, ㉢ ⑤ ㉡, ㉣

PART 1 수리논리

03 다음 [그래프]는 국내 조선업체 3사의 최근 3년간의 수주실적과 A사의 연도별 실적에 관한 자료이다. 이에 대한 설명으로 옳지 않은 것을 고르면? 2024 상반기 GSAT 기출 복원

[그래프1] 국내 조선 3사 수주 실적 (단위: 억 달러)

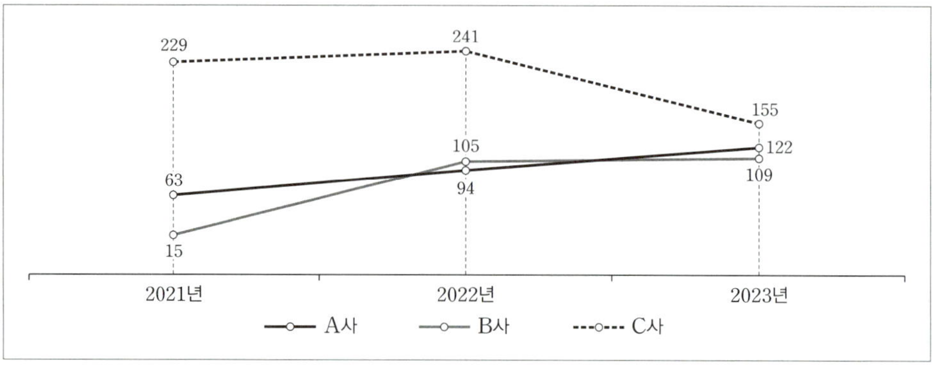

※ 2023년은 1~8월 누적치임

[그래프2] A사의 연도별 실적 (단위: 억 원)

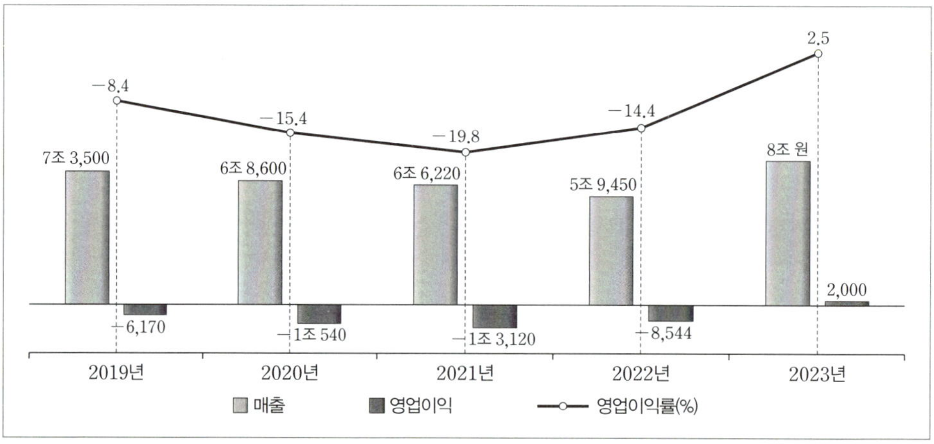

① C사의 2023년 1~8월 월 평균 수주 실적은 2022년 월 평균 수주 실적보다 낮다.

② 최근 3년 동안 A사와 B사의 전체 수주 실적은 A사가 B사보다 더 크다.

③ A사의 최근 3년간의 수주 실적과 매출액의 추이는 동일하다.

④ 2022년 C사 수주 실적의 전년 대비 증가율은 5% 이상이다.

⑤ A사는 2020년과 2021년의 영업이익 전년 대비 감소폭이 클수록 매출액도 감소폭이 크다.

04 다음 [그래프]는 Z사의 연도별 실적 추이 및 분기별 실적에 관한 자료이다. 이에 대한 설명으로 옳지 않은 것을 [보기]에서 모두 고르면?(단, 영업이익률(%)은 매출액에 대한 영업이익이 차지하는 비율임)

2024 상반기 GSAT 기출 복원

[그래프1] Z사 연도별 실적 추이 (단위: 원)

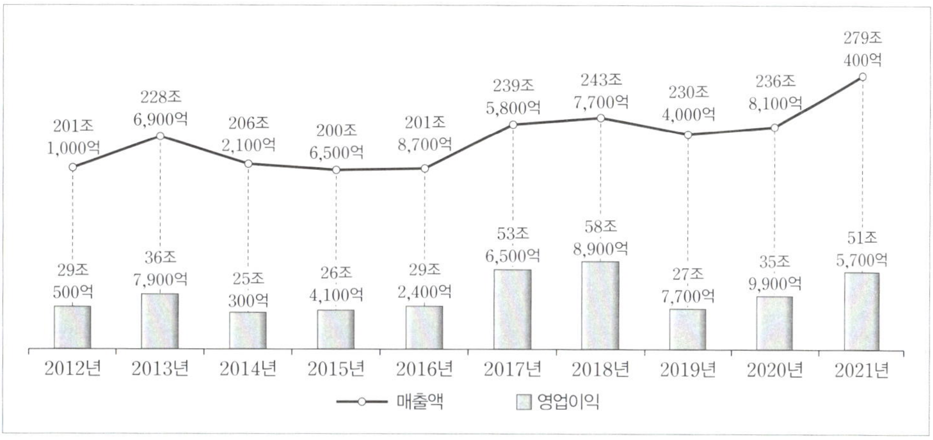

[그래프2] Z사 분기별 실적 (단위: 조 원)

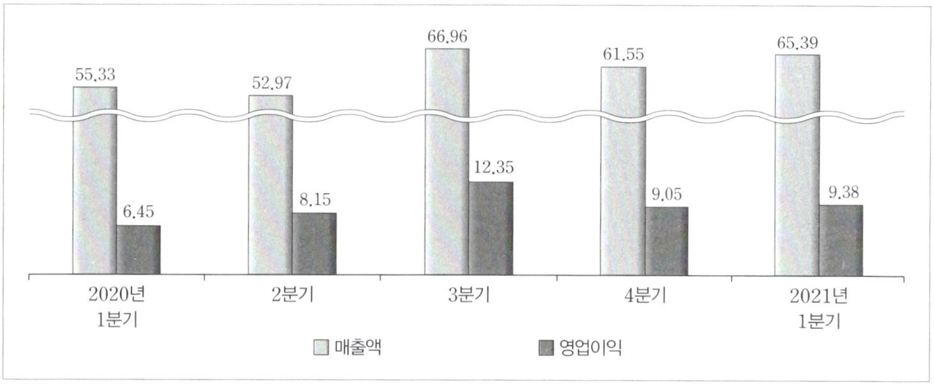

보기

㉠ 2013년~2015년 매출액과 영업이익의 증감 추이는 동일하다.
㉡ Z사의 영업이익률은 2017년보다 2018년에 더 높다.
㉢ 2020년은 영업이익이 큰 분기일수록 매출액도 크다.
㉣ 매출액이 가장 큰 해에 영업이익 역시 가장 크다.

① ㉠, ㉡　② ㉠, ㉢　③ ㉠, ㉡, ㉢
④ ㉠, ㉢, ㉣　⑤ ㉡, ㉢, ㉣

05 다음 [그래프]는 세계 전기차 판매량 및 전년 대비 증가율과 2021년 세계 전기차 업체 판매량에 관한 자료이다. 이에 대한 설명으로 옳지 않은 것을 고르면? 2024 상반기 GSAT 기출 복원

[그래프] 세계 전기차 판매량 및 전년 대비 증가율

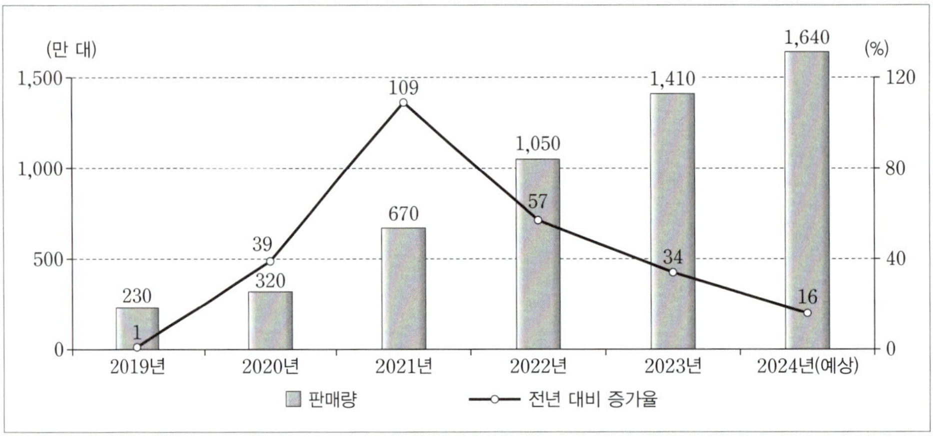

[표] 2021년 세계 전기차 판매량 상위 10위 기업 (단위: 만 대)

구분	업체	판매량
1위	A기업	105
2위	B기업	71
3위	C기업	52
4위	D기업	50
5위	E기업	34
6위	F기업	33
7위	G기업	31
8위	X기업	29
9위	Y기업	28
10위	Z기업	25

① 1위부터 10위 전기차 업체의 판매량은 그 해 판매량의 70% 이상이다.
② 2020년부터 2년 동안 전 세계 전기차 판매량은 전년 대비 20% 이상 증가하였다.
③ 2024년 예상 판매량은 직전 2년간의 총 판매량보다 적다.
④ 2023년까지 세계 전기차 판매량이 가장 높은 해와 전년 대비 증가율이 가장 높은 해는 다르다.
⑤ 세계 전기차 1~5위 업체의 판매량은 10위권 내 판매량의 70% 이상이다.

06 **다음은 2차 전지 핵심소재 해외 의존도 및 국내 기업 시장점유율에 대한 자료이다. 이에 대한 설명으로 옳은 것을 [보기]에서 모두 고르면?**(단, 계산 시 소수점 이하 첫째 자리에서 반올림한다.)

2024 상반기 GSAT 기출 복원

[그래프1] 2차 전지 핵심소재 해외 의존도 (단위: %)

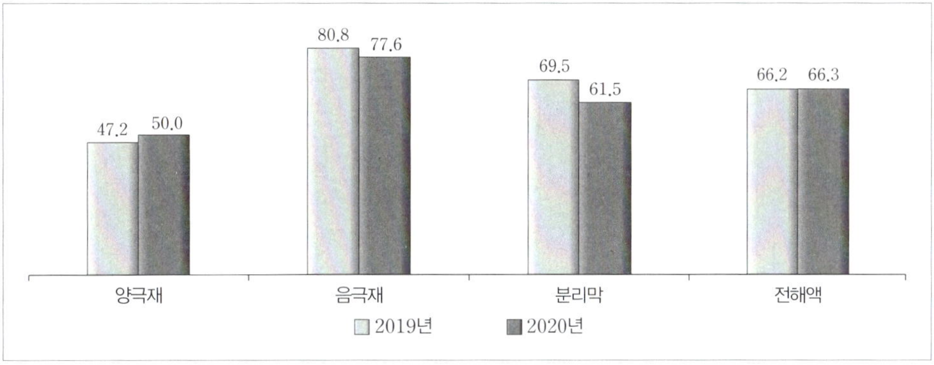

※ (해외 의존도)(%) $= \frac{(수출량)+(수입량)}{(총\ 공급량)} \times 100$

[그래프2] 2차 전지 핵심소재 국내 기업 시장점유율 (단위: %)

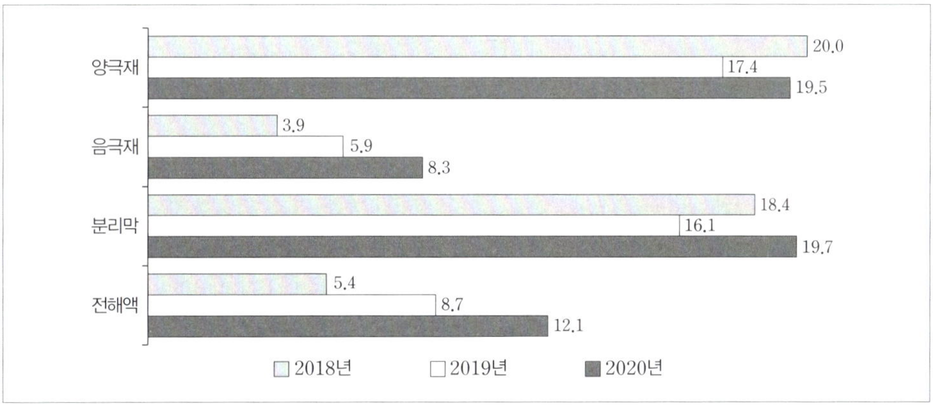

보기

㉠ 2019년 해외 의존도가 높은 소재일수록 국내 기업 시장점유율도 높다.

㉡ 2020년 2차 전지 핵심소재 모두 수출량과 수입량의 합이 동일하다면, 총 공급량은 음극재가 가장 적다.

㉢ 2020년 2차 전지 핵심소재 국내 기업 시장점유율 중 양극재의 전년 대비 증가율은 약 12%이다.

㉣ 분리막의 해외 의존도는 2019년이 2020년보다 15% 이상 더 높다.

① ㉠, ㉡　　② ㉠, ㉢　　③ ㉡, ㉢

④ ㉡, ㉣　　⑤ ㉢, ㉣

07 다음 [그래프]는 S그룹의 두 계열사에서 실시한 자기 계발 프로그램 만족도 조사 결과이다. A계열사와 B계열사의 직원 수는 각각 12,500명, 14,000명일 때, 자료에 대한 설명으로 옳지 않은 것을 고르면?

2024 상반기 GSAT 기출 복원

[그래프1] A계열사 조사 결과

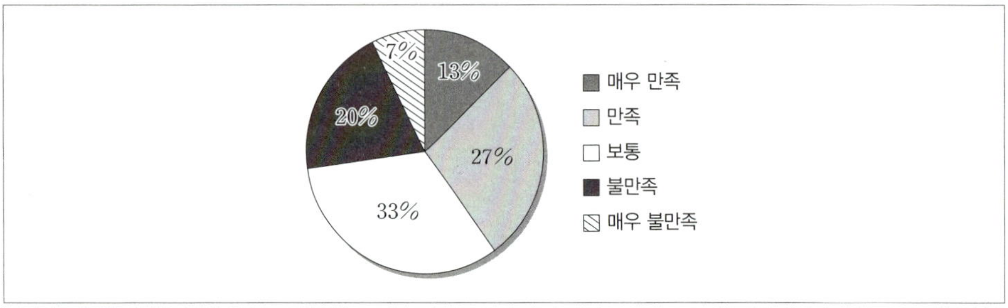

[그래프2] B계열사 조사 결과

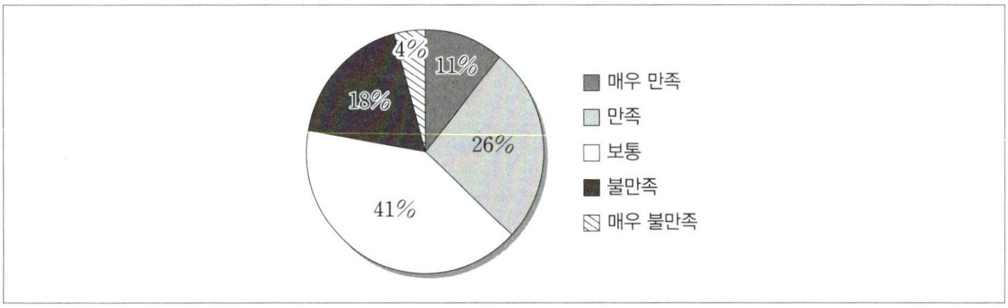

① 만족도 조사에서 '만족'에 응답한 비율은 A계열사가 B계열사보다 더 높다.

② 응답자 수가 가장 높은 항목에서 낮은 항목까지 차례대로 나열하면 A계열사와 B계열사는 같다.

③ 만족도 조사에서 가장 많은 직원들이 응답한 항목은 A계열사와 B계열사가 동일하다.

④ '불만족'에 응답한 직원 수는 B계열사보다 A계열사 직원 수가 더 많다.

⑤ A계열사에서 '보통', '불만족', '매우 불만족'에 응답한 직원 수는 7,500명이다.

08 다음 [표]와 [그래프]는 설비 A~D Line에 관한 자료이다. 이에 대한 설명으로 옳은 것을 [보기]에서 모두 고르면?

2024 상반기 GSAT 기출 복원

[표] Line 1대 교체에 따른 비교(1일 10시간 가동)

(단위: %)

구분	생산량 증가분(개/시간)	생산량 증가율	총 원가 절감률	불량률
A Line → B Line	80	20	50	5
B Line → C Line	72	15	20	10
C Line → D Line	138	30	25	15

※ 불량품을 제외하고는 모두 정상제품이며, A Line의 불량률은 0%임

[그래프] 설비 A~D Line 보유율

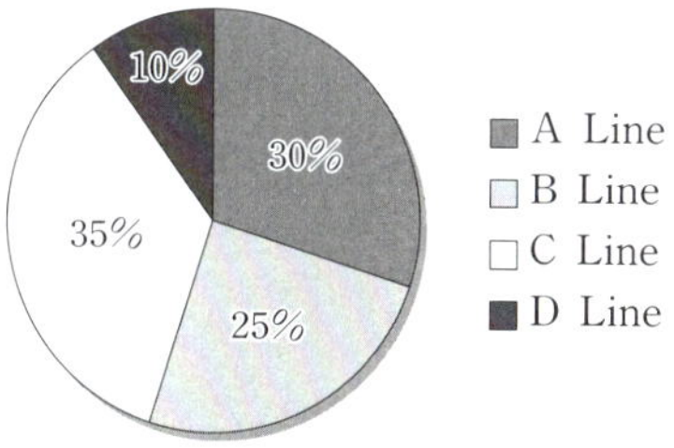

보기

㉠ 현재 설비 Line을 교체하지 않고 A Line만 사용한다면 1대당 1일 생산량은 4,000개이다.
㉡ 전체 설비 Line 100대를 보유하고 있다면, C Line이 가장 많은 양을 생산해 낼 수 있다.
㉢ B Line 한 대는 하루에 정상제품 4,320개를 생산해 낼 수 있다.
㉣ 불량률이 높을수록 총 원가 절감률은 낮아진다.

① ㉠, ㉡　② ㉠, ㉢　③ ㉡, ㉣
④ ㉠, ㉡, ㉢　⑤ ㉡, ㉢, ㉣

09 다음 [그래프]는 2023년 A자동차의 자동차 판매 대수를 시기에 따라 비교한 자료이다. 이에 대한 설명으로 옳지 않은 것을 고르면? 2024 상반기 GSAT 기출 복원

[그래프1] 전월 대비 증감률 (단위: %)

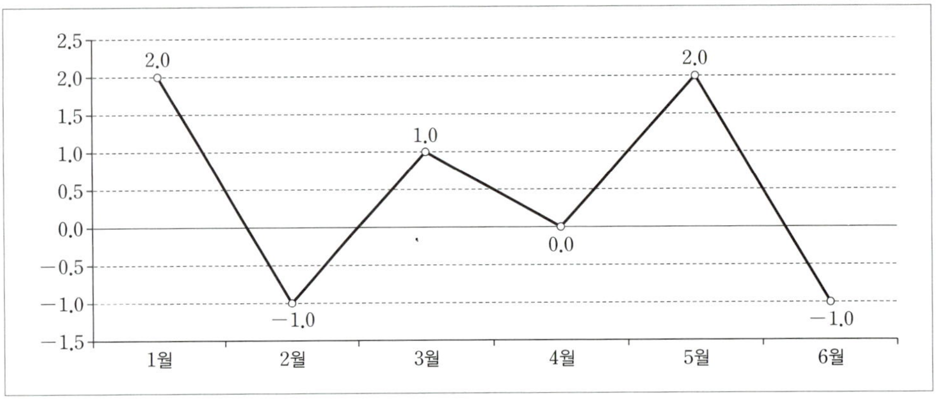

[그래프2] 전년 동월 대비 증감률 (단위: %)

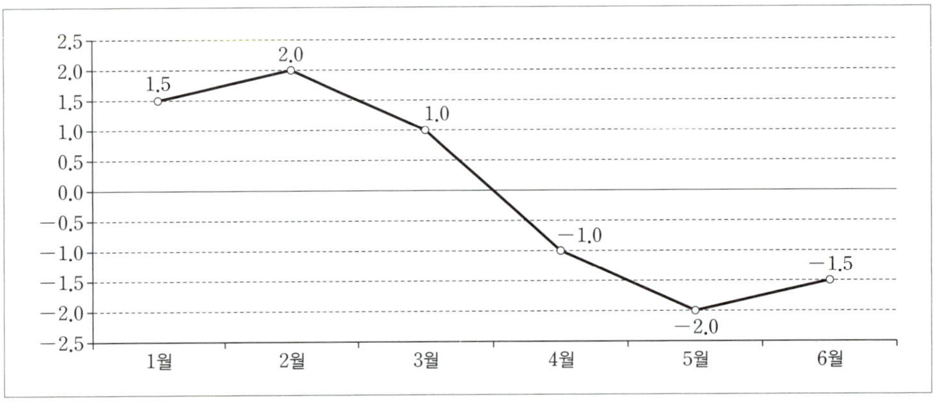

① A자동차의 2023년 1월 판매 대수는 같은 해 4월보다 더 많다.
② A자동차의 2022년 3월과 2023년 2월의 판매 대수는 같다.
③ A자동차의 2023년 상반기에 판매 대수가 가장 많은 달은 5월이다.
④ A자동차의 2022년 4월 판매 대수는 2022년 5월보다 더 적다.
⑤ A자동차의 2022년 1월 판매 대수보다 같은 해 12월 판매 대수가 더 많다.

10 다음 [표]는 3월 공장별 생산 수량과 지역별 상품 판매 비율을 정리한 자료이다. 이에 대한 설명으로 옳지 않은 것을 고르면?

2024 상반기 GSAT 기출 복원

[표1] 3월 공장별 생산 수량 (단위: 천 개)

구분	A공장	B공장	C공장	D공장
P상품	490	450	500	560
Q상품	500	500	600	500
R상품	550	600	450	500

※ P, Q, R상품을 생산하는 곳은 A, B, C, D공장을 제외하고는 없음

[표2] 3월 지역별 상품 판매 비율 (단위: %)

구분	P상품	Q상품	R상품	합계
X지역	35	25	(　)	100
Y지역	40	(　)	15	100
Z지역	(　)	30	45	100
합계	100	100	100	–

※ 각 지역에서 P, Q, R상품만 판매됨

① 상품을 생산하는 총 수량이 가장 많은 공장은 D공장이다.

② X지역에서 가장 많이 판매되는 상품은 Z지역에서도 가장 많이 판매된다.

③ 총 생산 수량이 가장 적은 상품은 P상품이다.

④ C공장에서 가장 많이 생산하는 상품은 Y지역에서 가장 많이 판매된다.

⑤ A, B, C, D공장에서 생산한 상품이 주어진 지역에서 모두 판매된다면, X지역에서 P상품보다 Q상품이 더 많이 판매된다.

11 다음 [표]는 가격 변화에 따른 A상품과 B상품의 판매량을 나타낸 자료이다. 가격에 따른 판매량이 일정한 규칙으로 변한다면, A상품과 B상품의 총 판매량의 합이 5,000개 이상이 될 때의 가격을 고르면?

2024 상반기 GSAT 기출 복원

[표] 가격 변화에 따른 상품 판매량

(단위: 개)

구분	300원	320원	360원	420원	500원
A상품 판매량	2,760	2,700	2,580	2,400	2,160
B상품 판매량	1,800	1,950	2,150	2,400	2,700

① 600원 ② 720원 ③ 860원
④ 1,020원 ⑤ 1,200원

12 다음 [표]는 볼링과 배드민턴 동호회의 월별 회원 수를 나타낸 자료이다. 각 동호회 회원 수가 일정한 규칙으로 변한다면, 볼링과 배드민턴 동호회의 평균 인원 수가 250명 이상이 되는 월을 고르면?

2024 상반기 GSAT 기출 복원

[표] 볼링과 배드민턴 월별 회원 수

(단위: 명)

구분	1월	2월	3월	4월	5월
볼링	200	215	230	245	260
배드민턴	220	215	215	210	210

① 7월 ② 8월 ③ 9월
④ 10월 ⑤ 11월

[13~14] 다음 [표]는 2021년 조직별 SW 인력 현황과 전년 대비 증가율을 조사한 자료이다. 이를 바탕으로 이어지는 질문에 답하시오.

[표] 2021년 조직별 SW 인력 현황 (단위: 명)

구분	CDO	CIO	연구소	현업부서	전산조직	고객지원	기타
제조업	550	800	36,500	54,000	60,000	5,500	20,000
서비스업	350	1,000	8,000	25,000	57,000	12,000	27,000

[그래프] 2021년 조직별 SW 인력의 전년 대비 증가율 (단위: %)

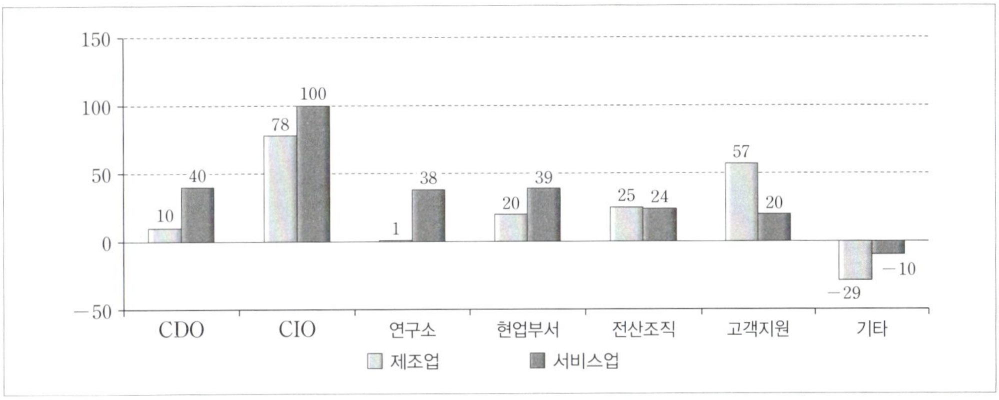

13 다음 중 자료에 대한 설명으로 옳지 않은 것을 [보기]에서 모두 고르면?

2024 상반기 GSAT 기출 복원

보기

㉠ 2021년 전산조직 SW 인력의 전년 대비 증가율은 제조업이 서비스업보다 1% 더 높다.
㉡ 2021년 제조업이 서비스업보다 SW 인력이 많은 조직은 4개이다.
㉢ 2021년 서비스업 중 SW 인력의 전년 대비 증가율이 두 번째로 높은 조직의 2021년 SW 인력은 서비스업이 제조업보다 200명 더 많다.
㉣ 2021년 제조업과 서비스업의 SW 인력 차가 가장 큰 조직은 현업부서이다.

① ㉠, ㉡ ② ㉠, ㉢ ③ ㉠, ㉣
④ ㉡, ㉢ ⑤ ㉢, ㉣

14 2021년 기타 조직을 제외하고 제조업과 서비스업의 SW 인력 합이 가장 적은 조직의 2020년 제조업과 서비스업의 SW 인력 합을 고르면?

2024 상반기 GSAT 기출 복원

① 700명 ② 750명 ③ 800명
④ 850명 ⑤ 900명

[15~16] 다음 [표]는 2018~2021년 방산업체의 분야별 업체 수와 인원수를 조사한 자료이다. 이를 바탕으로 이어지는 질문에 답하시오.

[표1] 방산업체의 분야별 업체 수

(단위: 개)

구분	2018년	2019년	2020년	2021년
항공유도	20	15	15	15
화력	10	10	10	10
탄약	10	10	10	10
기동	15	15	15	15
통신전자	15	15	15	15
함정	10	10	10	10
화생방	5	5	5	5
기타	10	10	10	10

[표2] 방산업체의 분야별 인원수

(단위: 명)

구분	2018년	2019년	2020년	2021년
항공유도	9,500	10,000	10,000	10,700
화력	3,300	3,200	3,600	3,600
탄약	7,000	7,000	6,600	6,300
기동	4,000	4,000	3,000	3,000
통신전자	3,800	3,900	4,000	4,400
함정	4,000	4,500	4,600	4,300
화생방	300	300	300	200
기타	600	700	900	600

15 다음 중 자료에 대한 설명으로 옳지 않은 것을 고르면? 2023 하반기 GSAT 기출 복원

① 2021년 항공유도 인원수는 2년 전 대비 700명 증가하였다.
② 2019년 이후 인원수의 증감 추이는 통신전자와 함정이 동일하다.
③ 2020년 기동의 인원수는 전년 대비 25% 감소하였다.
④ 2018년 화생방의 업체 1개당 인원수는 60명이다.
⑤ 2021년 전체 방산업체 수에서 화력 업체 수가 차지하는 비중은 10% 이상이다.

PART 1 수리논리

16 주어진 자료를 바탕으로 2018년 항공유도와 함정의 업체 수당 인원수의 차를 고르면? 2023 하반기 GSAT 기출 복원

① 25명 ② 50명 ③ 75명
④ 100명 ⑤ 125명

17 다음 [표]는 2017년 이후 나노 산업 관련 종업원 수를 조사한 자료이다. 이를 바탕으로 2018년 이후 종업원 수가 매년 증가하는 산업의 전년 대비 증가율을 나타낸 그래프 중 옳은 것을 고르면?

2023 하반기 GSAT 기출 복원

[표] 나노 산업 관련 종업원 수

(단위: 명)

구분	2017년	2018년	2019년	2020년	2021년
나노분산체	3,700	4,000	4,600	3,600	4,800
나노코팅체	3,900	4,000	4,100	5,500	5,600
나노복합섬유	900	900	700	800	800
나노복합체	1,200	1,000	1,600	1,500	1,100
나노기공체	400	300	300	300	300

①
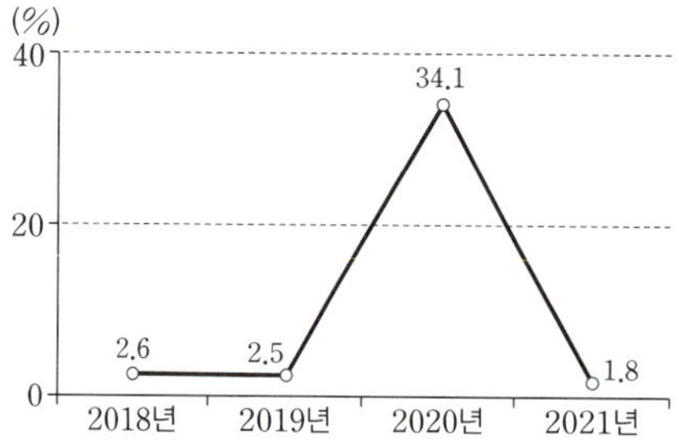

②
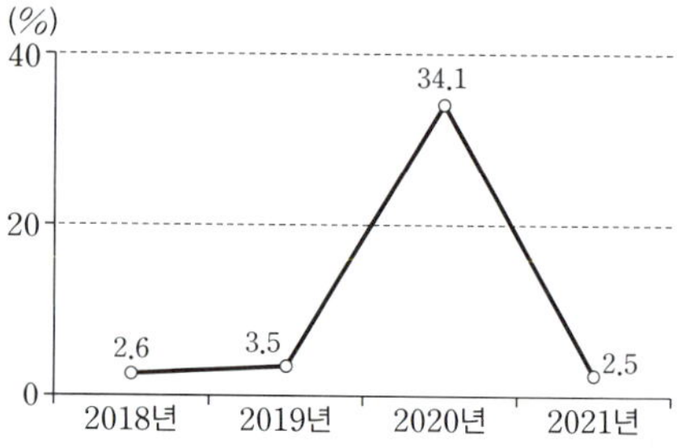

③
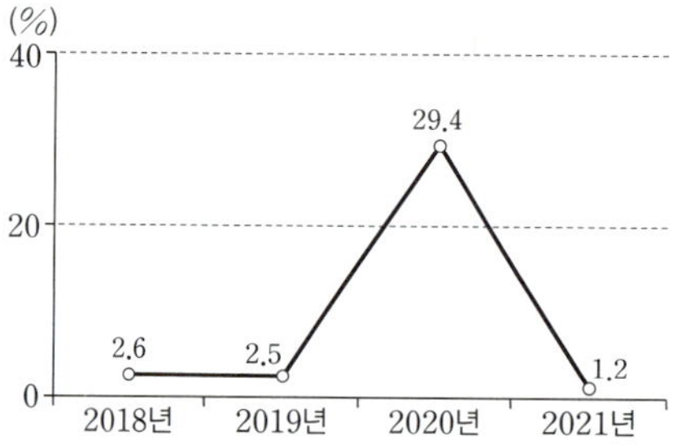

④
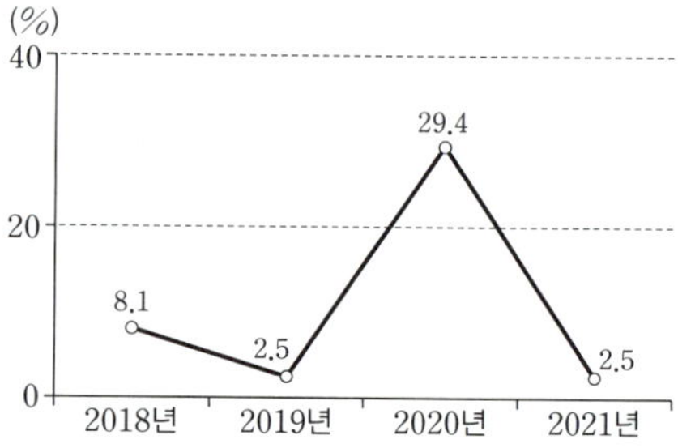

⑤
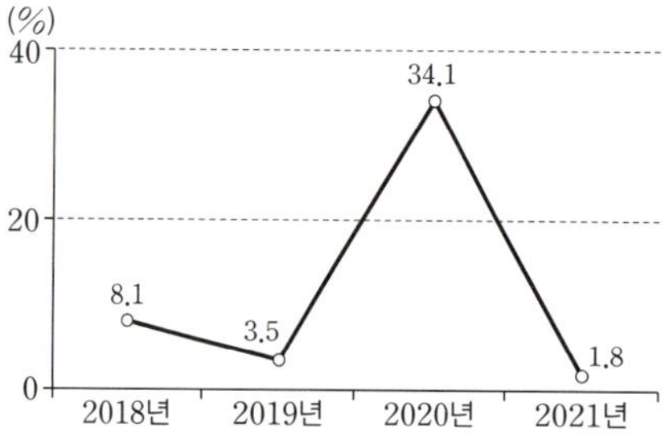

18 다음 [표]는 A기업의 디램과 낸드플래시의 월별 판매액을 조사한 자료이다. 월별 판매액이 일정한 규칙으로 변화할 때, 디램과 낸드플래시의 월별 판매액의 합이 처음으로 800억 원을 초과하는 달을 고르면?

2023 하반기 GSAT 기출 복원

[표] A기업의 디램과 낸드플래시 월별 판매액 (단위: 억 원)

구분	23년 1월	2월	3월	4월	5월	6월
디램	50	70	95	125	160	200
낸드플래시	150	180	210	240	270	300

① 8월 ② 9월 ③ 10월
④ 11월 ⑤ 12월

19 다음 [표]는 2020년부터 2023년까지 △△기업의 연도별 매출에 관한 자료이다. 이에 대한 설명으로 옳은 것을 고르면?

2023 상반기 GSAT 기출 복원

[표] △△기업의 연도별 매출액 (단위: 억 원)

구분	2020년	2021년	2022년	2023년
매출액	700	680	720	800
매출원가	250	280	300	360
판매관리비	300	320	350	280

※ (영업이익)(억 원)=(매출액)−(매출원가)−(판매관리비)

① 2022년 영업이익은 80억 원이다.
② 매출액은 해마다 꾸준히 증가하였다.
③ 2021년 영업이익은 100억 원 이상이다.
④ 2023년 매출액 대비 영업이익은 20%이다.
⑤ 2020년 대비 2022년 매출원가 증가율은 판매관리비 증가율보다 낮다.

20 다음 [그래프]는 2019년부터 2023년까지 A~C기업의 연도별 제품 판매량 증가율에 관한 자료이다. 이에 대한 설명으로 옳은 것을 [보기]에서 모두 고르면? 2023 상반기 GSAT 기출 복원

[그래프] 연도별 제품 판매량 증가율 (단위: %)

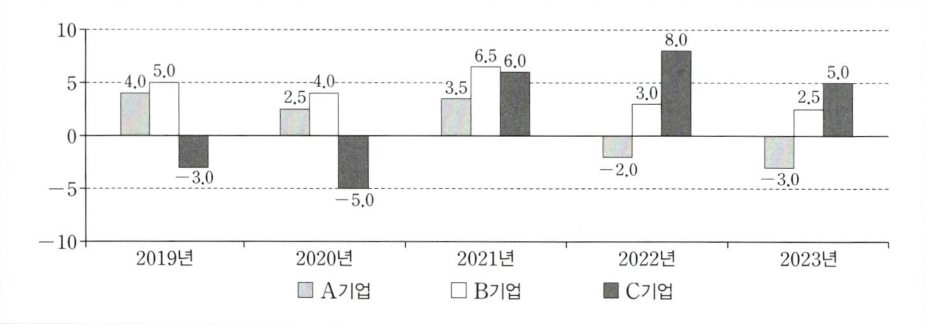

보기

㉠ 2023년 C기업의 제품 판매량은 전년 대비 3%p 감소하였다.
㉡ 2019~2020년 C기업의 제품 판매량은 전년 대비 감소하였다.
㉢ A기업의 제품 판매량은 2021년까지 증가하다가 이후부터 감소하였다.
㉣ 2021년 B기업의 제품 판매량 증가율은 전년 대비 60% 이상 증가하였다.

① ㉠, ㉢ ② ㉠, ㉣ ③ ㉡, ㉢
④ ㉠, ㉡, ㉣ ⑤ ㉡, ㉢, ㉣

[21~22] 다음 [표]와 [그래프]는 2017년부터 2022년까지 A국가의 반도체 산업 현황에 관한 것이다. 이를 바탕으로 이어지는 질문에 답하시오.

[표] 반도체 산업 생산 및 내수 현황 (단위: 조 원)

구분	2017년	2018년	2019년	2020년	2021년	2022년
생산	7.2	7.5	7.6	8.5	9.2	10.3
내수	5.6	5.7	5.6	5.5	6.0	6.5

[그래프] 반도체 산업 무역 현황 (단위: 조 원)

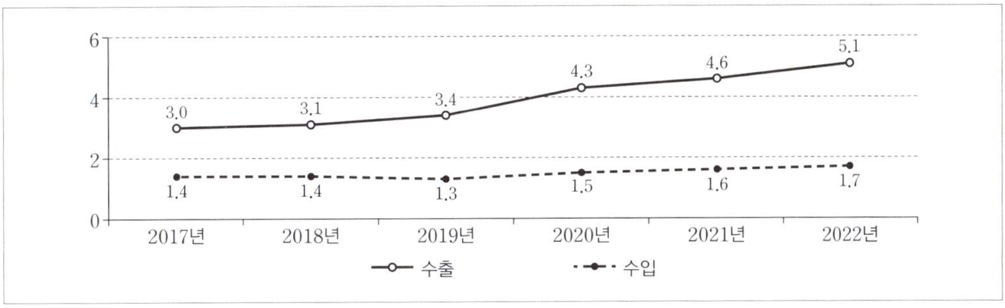

※ (공급)=(생산)+(수입)
※ (무역수지)=(수출)−(수입)
※ (수요)=(내수)+(수출)
※ (생산)=(국내 판매)+(수출)

21 다음 중 자료에 대한 설명으로 옳은 것을 [보기]에서 모두 고르면? 2023 상반기 GSAT 기출 복원

보기
㉠ 2022년 무역수지는 5년 전 대비 2배 이상이다.
㉡ 2018~2022년의 수요량은 전년 대비 꾸준히 증가하였다.
㉢ 2020년 공급량은 2019년 대비 1조 원 이상 증가하였다.
㉣ 2018년 국내 판매량은 2017년 대비 5% 이상 증가하였다.

① ㉠, ㉡ ② ㉡, ㉣ ③ ㉢, ㉣
④ ㉠, ㉡, ㉢ ⑤ ㉠, ㉢, ㉣

22 2017년부터 2021년까지 반도체 산업에서 공급량보다 수요량이 많은 해는 몇 개인지 고르면? 2023 상반기 GSAT 기출 복원

① 1개 ② 2개 ③ 3개
④ 4개 ⑤ 5개

23 다음 [그래프]는 두 제품 P, Q의 전년 대비 판매량 증감률을 나타낸 자료이다. 2018년 제품 P의 판매량이 10,000개이고 제품 Q의 판매량이 12,000개일 때, 옳지 않은 것을 [보기]에서 모두 고르면?

2023 상반기 GSAT 기출 복원

[그래프] 두 제품 P, Q의 전년 대비 판매량 증감률 (단위: %)

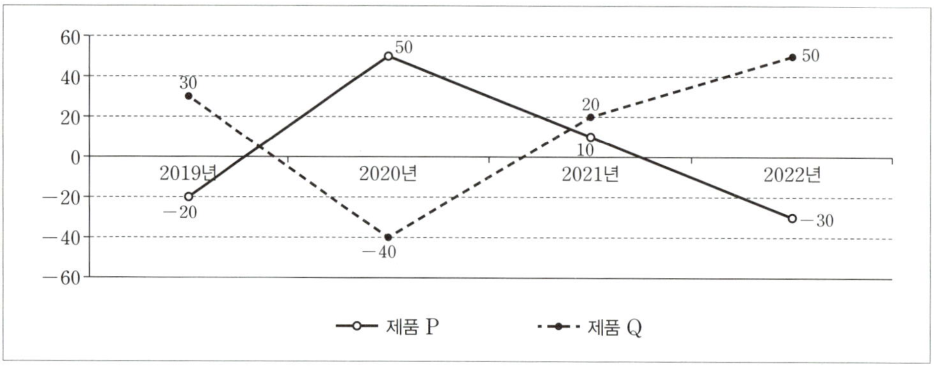

보기

㉠ 2022년 제품 P의 판매량은 9,200개 이상이다.

㉡ 2020년 제품 P의 판매량은 2년 전 대비 20% 증가하였다.

㉢ 2022년 제품 Q의 판매량은 2018년 대비 5,000개 이상 증가하였다.

① ㉠ ② ㉡ ③ ㉢

④ ㉠, ㉢ ⑤ ㉡, ㉢

24 다음 [표]는 2020년부터 2023년까지 어느 회사의 주력 제품들에 관한 판매 실적을 나타낸 자료이다. 이에 대한 설명으로 옳지 않은 것을 고르면? 2023 상반기 GSAT 기출 복원

[표] 주력 제품 판매 실적 (단위: 대)

구분	제품 A	제품 B	제품 C	제품 D
2020년	800	700	200	300
2021년	500	450	350	200
2022년	650	500	550	300
2023년	700	600	800	400

① 4년간 제품 C의 판매량 평균은 475대이다.
② 2020년에서 제품 B의 판매 비중은 전체의 35%이다.
③ 2022년 제품 A의 판매 비중은 제품 C보다 5%p 높다.
④ 제품 D의 연도별 판매 비중은 2021년이 2023년보다 높다.
⑤ 4년간 제품 A의 판매량 중에서 2023년 판매량이 차지하는 비중은 25% 이상이다.

25 다음 [표]는 어느 지역 시민들에게 1년간 독서량을 설문 조사하여 결과를 나타낸 자료이다. 이를 바탕으로 할 때, 1년 동안 5권 이하로 책을 읽은 사람 중 한 권도 읽지 않은 사람의 비중을 그래프로 바르게 나타낸 것을 고르면? 2023 상반기 GSAT 기출 복원

[표] 1년간 독서량 (단위: 명)

구분	0권	1~5권	6~10권	10권 이상
2020년	800	1,200	900	1,000
2021년	1,000	1,500	1,000	800
2022년	1,200	1,800	800	600

① (단위: %)

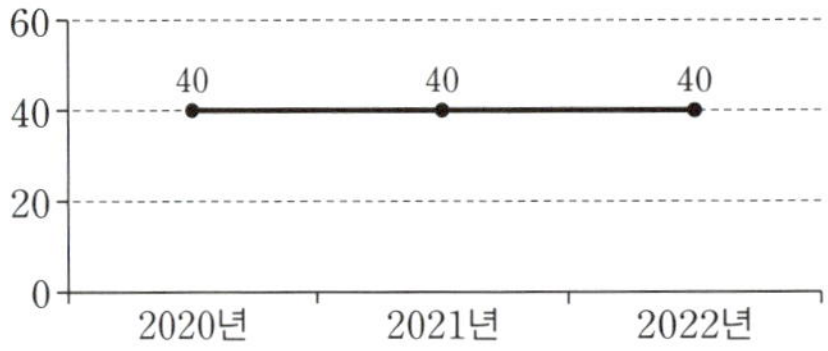

② (단위: %)

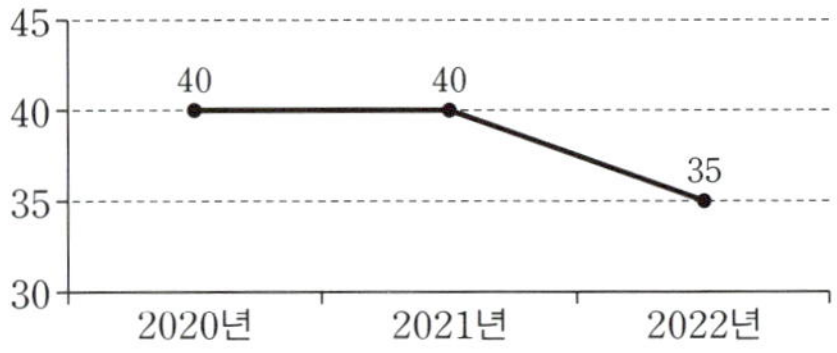

③ (단위: %)

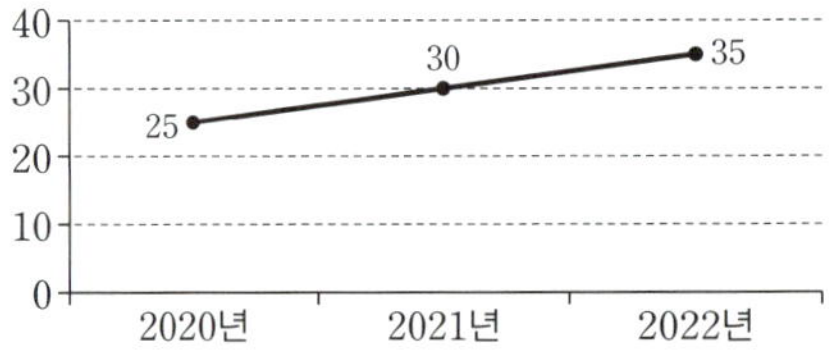

④ (단위: %)

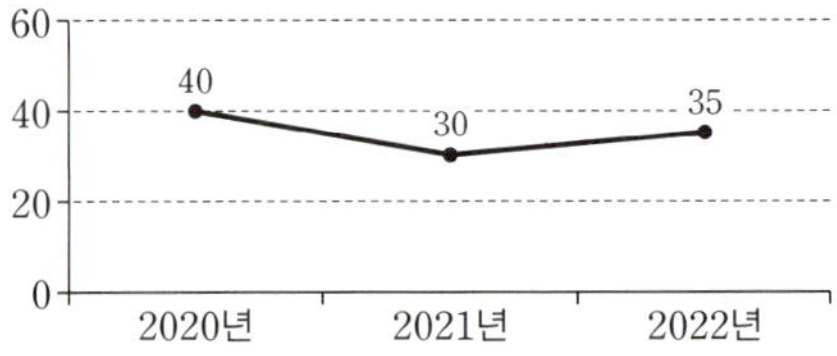

⑤ (단위: %)

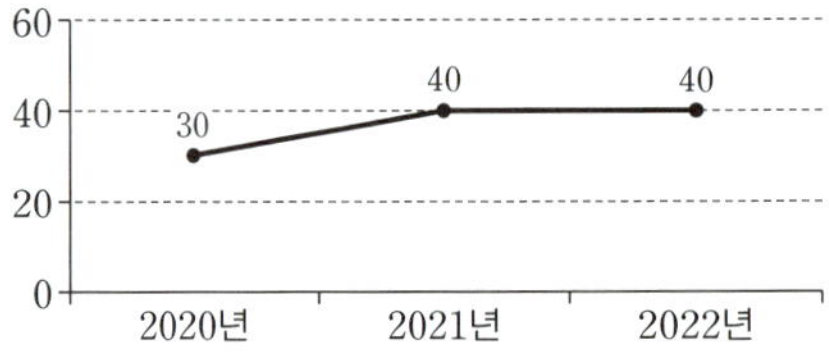

26 다음 [표]는 두 회사 A, B의 직원 수의 변화를 나타낸 자료이다. 이를 바탕으로 할 때, 2029년 두 회사 직원 수의 합으로 적절한 것을 고르면? 2023 상반기 GSAT 기출 복원

[표] 두 회사 A, B의 직원 수 변화 (단위: 명)

구분	2015년	2016년	2017년	2018년	2019년	…
회사 A	120	150	180	210	240	…
회사 B	200	220	210	230	220	…

① 800명　② 810명　③ 820명
④ 830명　⑤ 840명

27 다음 [그래프]는 2020년 하반기 우리나라의 시스템반도체 수출입금액에 대한 자료이다. 이에 대한 설명으로 옳은 것을 [보기]에서 모두 고르면? 2022 하반기 GSAT 기출 복원

[그래프] 2020년 하반기 시스템반도체 수출입금액 (단위: 백만 달러)

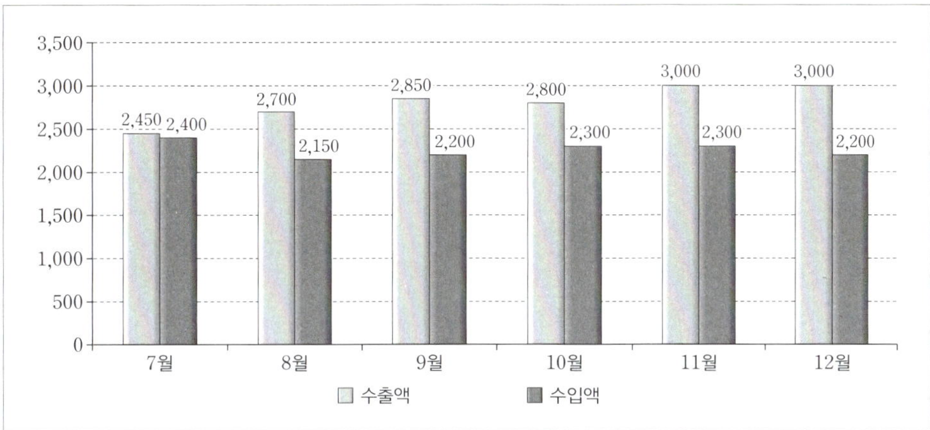

보기

㉠ 8월 이후 전월 대비 수출액 증가량이 가장 큰 달은 8월이다.

㉡ 8월 이후 수입액은 매월 전월 대비 증가하였다.

㉢ 11월 수출액의 전월 대비 증가율은 5% 이상이다.

㉣ 제시된 기간 중 수출액과 수입액의 차이가 가장 큰 달은 11월이다.

① ㉠, ㉡ ② ㉠, ㉢ ③ ㉡, ㉢

④ ㉡, ㉣ ⑤ ㉢, ㉣

[28~29] 다음 [그래프]는 2019~2021년 5대 TV제조사의 시장 점유율과 매출액 추이를 조사한 자료이다. 이를 바탕으로 이어지는 질문에 답하시오.

[그래프1] 2019~2021년 5대 TV제조사 시장 점유율 (단위: %)

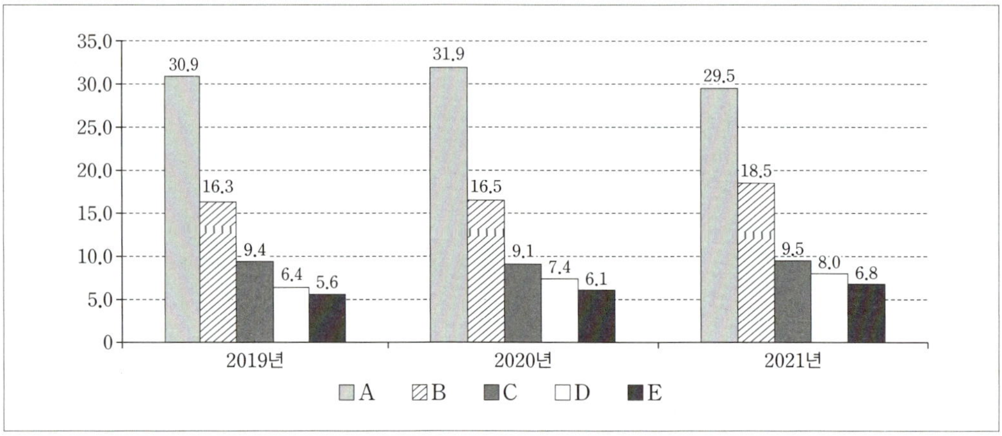

[그래프2] 2019~2021년 5대 TV제조사 매출액 (단위: 억 달러)

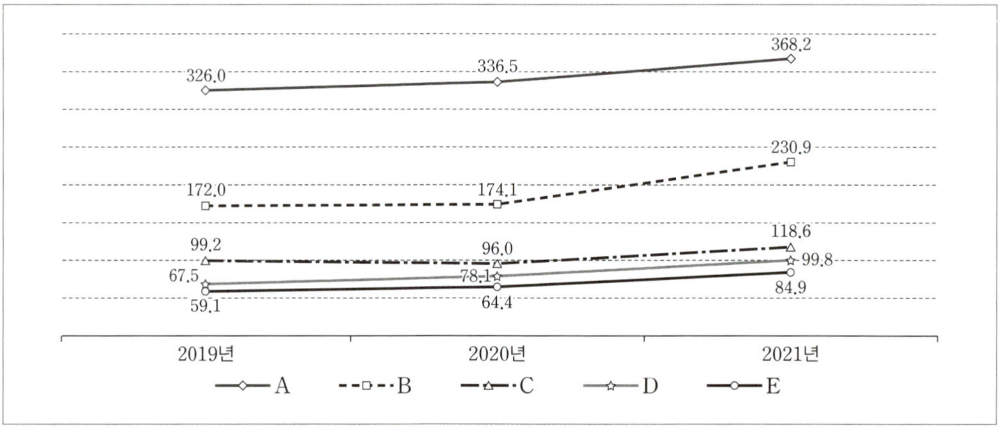

28 다음 중 자료에 대한 설명으로 옳지 않은 것을 고르면? 2022 하반기 GSAT 기출 복원

① 2020년 매출액이 전년 대비 감소한 회사는 1개이다.
② 2020년 이후 매년 시장 점유율이 증가한 회사는 3개이다.
③ 2021년 시장 점유율 상위 3개 회사의 합산 점유율은 50% 이상이다.
④ 2021년 점유율 하위 2개 회사의 매출액은 각각 전년 대비 20% 이상 증가했다.
⑤ 제시된 기간에 매년 매출액 상위 2개 회사의 합산 매출액은 500억 달러 이상이다.

29 다음 중 자료에 대한 설명으로 옳은 것을 [보기]에서 모두 고르면? 2022 하반기 GSAT 기출 복원

보기

㉠ 2021년 A회사의 매출액은 전년 대비 10% 이상 증가했다.
㉡ 2020년 5개 회사의 시장 점유율의 총합은 전년 대비 증가했다.
㉢ 2020년 매출액의 전년 대비 증가율이 가장 높은 회사는 E이다.
㉣ 매년 매출액 하위 2개 회사의 매출액 합은 상위 2번째 회사의 매출액보다 적다.

① ㉠, ㉡ ② ㉠, ㉢ ③ ㉡, ㉢
④ ㉡, ㉣ ⑤ ㉢, ㉣

[30~31] 다음 [그래프]와 [표]는 2021년 국가별 디스플레이 시장 점유율과 시장 규모 전망에 대한 자료이다. 이를 바탕으로 이어지는 질문에 답하시오.

[그래프] 2021년 국가별 디스플레이 시장 점유율 (단위: %)

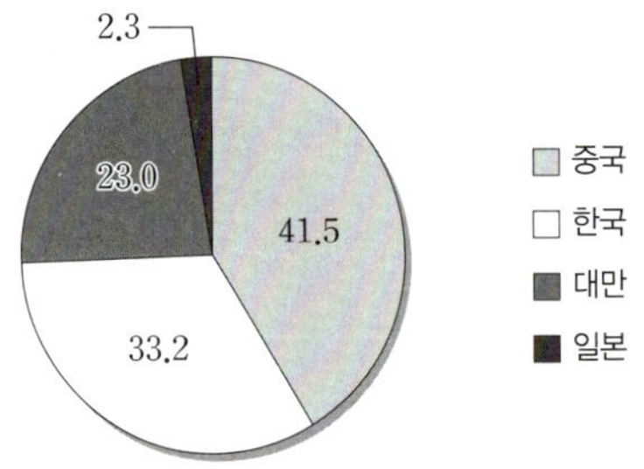

[표] 디스플레이 시장 규모 전망 (단위: 억 달러)

구분		2021년	2022년	2023년	2024년	2025년
LCD	전체	1,140	820	810	830	810
	대형	920	650	650	680	670
	중소형	220	170	160	150	140
AMOLED	전체	430	450	490	520	550
	대형	60	70	80	100	130
	중소형	370	380	410	420	420
총합		1,570	1,270	1,300	1,350	1,360

30 **다음 중 자료에 대한 설명으로 옳지 않은 것을 고르면?** 2022 하반기 GSAT 기출 복원

① 2021년 국가별 디스플레이 시장 점유율이 가장 큰 국가는 중국이다.
② 2021년 디스플레이 시장에서 한국이 차지하는 규모는 500억 달러 이상이다.
③ 2021년 디스플레이 시장에서 차지하는 규모는 중국이 대만보다 300억 달러 이상 더 크다.
④ 2025년 디스플레이 시장 규모 전망 중 총합에서 LCD가 차지하는 비중은 전년 대비 감소할 것이다.
⑤ 2023년 디스플레이 시장 규모 전망 중 총합에서 AMOLED가 차지하는 비중은 전년 대비 증가할 것이다.

31 **다음 중 자료에 대한 설명으로 옳은 것을 [보기]에서 모두 고르면?** 2022 하반기 GSAT 기출 복원

보기
㉠ 2024년 AMOLED의 시장 규모는 중소형이 대형보다 320억 달러 더 클 것이다.
㉡ 2025년 AMOLED 중소형의 시장 규모는 3년 전 대비 60억 달러 증가할 것이다.
㉢ 2023년 LCD와 AMOLED의 중소형 시장 규모 합은 전년 대비 20억 달러 증가할 것이다.
㉣ 2022년 이후 디스플레이 시장 규모의 LCD에서 중소형이 차지하는 비중은 매년 전년 대비 감소할 것이다.

① ㉠, ㉡ ② ㉠, ㉢ ③ ㉡, ㉢
④ ㉡, ㉣ ⑤ ㉢, ㉣

PART 1 수리논리

32 다음 [표]는 어느 학생의 대학수학능력시험 성적표이다. 이를 바탕으로 빈칸에 해당하는 값을 예측했을 때, 가장 적절한 것을 고르면? 2022 하반기 GSAT 기출 복원

[표] 어느 학생의 대학수학능력시험 성적표 (단위: 점)

구분	국어	영어	수학	직업탐구
원점수	88	92	84	94
전체평균점수	76	82	(㉡)	86
표준점수	(㉠)	110	116	108

※ $(\text{표준점수})=a\times\left(\frac{(\text{원점수})-(\text{전체평균점수})}{20}\right)+b$

	㉠	㉡
①	110	64
②	110	68
③	112	64
④	112	68
⑤	112	72

33 다음 [표]는 어느 회사의 협력회사 납기준수율에 대한 자료이다. 이를 바탕으로 빈칸에 해당하는 값을 예측했을 때, 가장 적절한 것을 고르면? 2022 하반기 GSAT 기출 복원

[표] 출하건 대비 납기지연 집계표

구분	A사	B사	C사
납기지연건(건)	6	20	(㉡)
총출하건(건)	120	80	70
납기준수율(%)	(㉠)	75	80

※ $(\text{납기준수율})(\%)=\left(a-\frac{(\text{납기지연건})}{(\text{총출하건})}\right)\times 100$

	㉠	㉡
①	90	14
②	90	15
③	90	16
④	95	14
⑤	95	15

34 다음 [표]는 K 블로그의 방문자 수와 구독자 수에 대한 자료이다. 방문자 수와 구독자 수는 매월 일정한 규칙으로 증가할 때, 처음으로 방문자 수가 구독자 수의 2배 이상이 되는 시기를 고르면? 2022 하반기 GSAT 기출 복원

[표] K 블로그의 방문자 수와 구독자 수 추이 (단위: 명)

구분	3월	4월	5월	6월
방문자 수	400	600	1,000	1,600
구독자 수	300	600	900	1,200

① 7월 ② 8월 ③ 9월
④ 10월 ⑤ 11월

35 다음 [표]는 T 회사의 수출액 및 수입액에 대한 자료이다. 수출액과 수입액이 일정한 규칙으로 증가했을 때, 수출액이 수입액보다 처음으로 많아지는 연도를 고르면? 2022 하반기 GSAT 기출 복원

[표] T 회사의 수출액 및 수입액 (단위: 백만 원)

구분	2019년	2020년	2021년	2022년
수출액	12	24	48	96
수입액	1,040	1,060	1,100	1,160

① 2023년 ② 2024년 ③ 2025년
④ 2026년 ⑤ 2027년

36 다음 [표]는 어느 가게의 제품별 판매량 예상 추이에 대한 자료이다. 판매 개수가 일정한 규칙으로 증가할 때, A~C제품의 합산 판매량이 처음으로 1,500개 이상이 되는 연도를 고르면?

2022 하반기 GSAT 기출 복원

[표] 제품별 판매량 예상 추이 (단위: 개)

구분	2022년	2023년	2024년	2025년
A제품	150	170	190	210
B제품	220	230	250	280
C제품	60	90	150	240

① 2026년 ② 2027년 ③ 2028년
④ 2029년 ⑤ 2030년

37 다음 [그래프]는 특정 연도 반도체 메모리 및 비메모리 시장 상위 6개 기업 시장 규모를 조사한 자료이다. 이에 대한 설명으로 옳지 않은 것을 고르면?

2022 상반기 GSAT 기출 복원

[그래프1] 메모리 시장 상위 6개 기업 시장 규모

(단위: 억 달러)

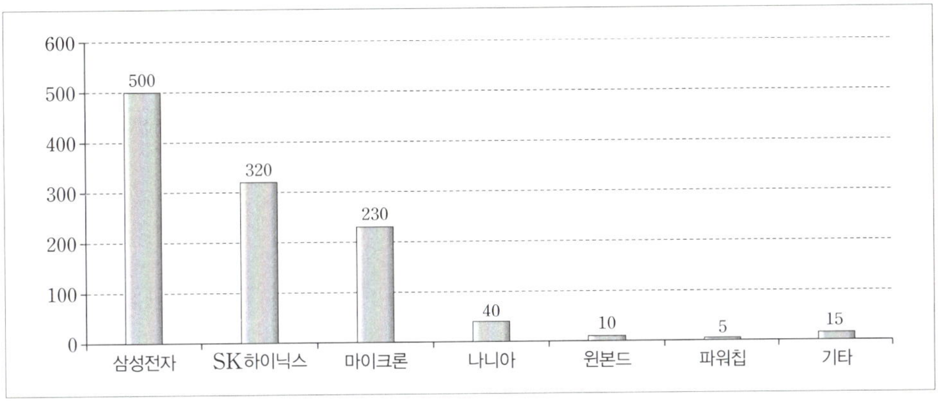

[그래프2] 비메모리 시장 상위 6개 기업 시장 규모

(단위: 억 달러)

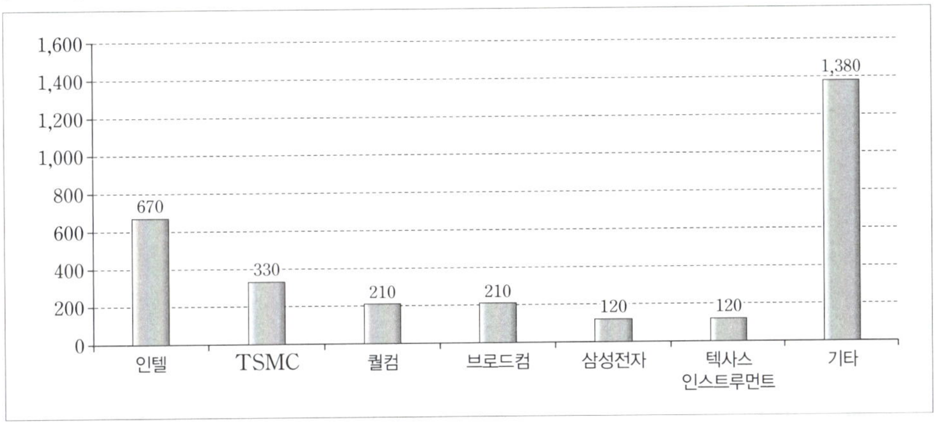

※ 반도체 시장은 메모리 시장과 비메모리 시장으로 구분됨

① 반도체 시장 점유율 1위는 인텔이다.
② 메모리 시장에서 삼성전자의 점유율은 40% 이상이다.
③ 시장 규모는 비메모리가 메모리보다 1,820억 달러 더 크다.
④ 비메모리 시장 규모는 TSMC가 삼성전자보다 210억 달러 더 크다.
⑤ 메모리 시장 규모와 비메모리 시장 규모 모두 상위 6위 이내인 기업은 1개이다.

38 다음 [표]와 [그래프]는 2015년 우리나라의 전체 가구 수 및 연도별 전년 대비 전체 가구 수 증감량과 인터넷 접속 가능 가구 비율 및 컴퓨터 보유 가구 비율을 조사한 자료이다. 이에 대한 설명으로 옳은 것을 고르면?

2022 상반기 GSAT 기출 복원

[표] 연도별 전체 가구 수의 전년 대비 증감량

(단위: 십만 가구)

2015년 전체 가구 수	전체 가구 수의 전년 대비 증감량					
	2016년	2017년	2018년	2019년	2020년	2021년
184	6	5	1	4	−1	7

[그래프] 연도별 인터넷 접속 가능 가구 비율 및 컴퓨터 보유 가구 비율

(단위: %)

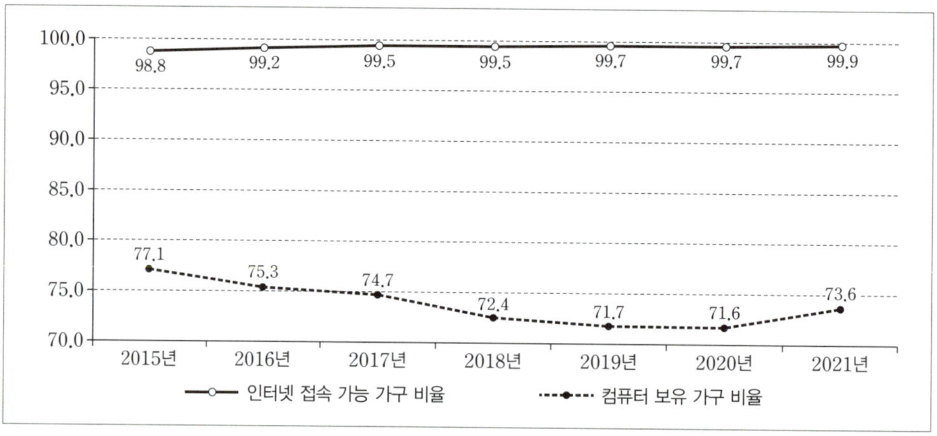

① 2021년 우리나라 전체 가구 수는 191십만 가구이다.

② 2021년 인터넷 접속이 가능하지 않은 가구 수는 20,600가구이다.

③ 인터넷 접속이 가능한 가구 수는 2019년에 2020년보다 적다.

④ 2019년 인터넷 접속은 가능하나, 컴퓨터는 보유하지 않은 가구 수는 최소 54십만 가구이다.

⑤ 2016년 이후 인터넷 접속 가능 가구 비율과 컴퓨터 보유 가구 비율이 모두 전년 대비 증가한 해는 없다.

39 다음 [표]는 기계 A와 기계 B의 작동 시간에 따른 제품 P의 생산량에 대한 자료이다. 이를 바탕으로 ㉠, ㉡에 해당하는 값을 예측했을 때, 가장 적절한 것을 고르면? 2022 상반기 GSAT 기출 복원

[표] 기계 A와 기계 B의 작동 시간에 따른 제품 P의 생산량

기계 A의 작동시간(x)	1	2	3	3	4
기계 B의 작동시간(y)	2	3	4	(㉠)	3
제품 P 생산량(개)	120	176	232	216	(㉡)

※ (제품 P의 생산량)$=\frac{x}{a}+(y+3)\times b^2$

	㉠	㉡
①	2	240
②	3	256
③	3	272
④	4	272
⑤	4	304

40 다음 [표]는 기계 A의 가동시간(x)에 따른 불량률에 대한 자료이다. 이를 바탕으로 ㉠, ㉡에 해당하는 값을 예측했을 때, 가장 적절한 것을 고르면? 2022 상반기 GSAT 기출 복원

[표] 기계 A의 가동시간(x)에 따른 불량률

가동시간(x)	1	2	3	4	5	6
불량률	( )	3.2	3.4	(㉠)	( )	(㉡)

※ (불량률)$=\frac{x^2}{a}+\frac{b}{x}$

	㉠	㉡
①	4.2	7.2
②	4.2	8.0
③	4.4	7.2
④	4.4	7.6
⑤	4.4	8.0

41 다음 [표]는 2019~2020년 생활폐기물 발생 현황을 조사한 자료이다. 이를 그래프로 나타내었을 때, 적절하지 않은 것을 고르면?

2022 상반기 GSAT 기출 복원

[표] 2019~2020년 생활폐기물 발생 현황 (단위: 톤/일)

구분		2019년	2020년
전체 생활폐기물		45,916	47,404
종량제방식 등 혼합배출	가연성	18,033	18,985
	불연성	2,405	2,335
	건설폐재류	250	500
	기타	284	213
재활용 가능자원 분리배출	소계	11,805	12,575
음식물류 폐기물 분리배출	소계	13,139	12,796

① 연도별 종량제방식 등 혼합배출 및 그 외 생활폐기물 발생 현황 (단위: 톤/일)

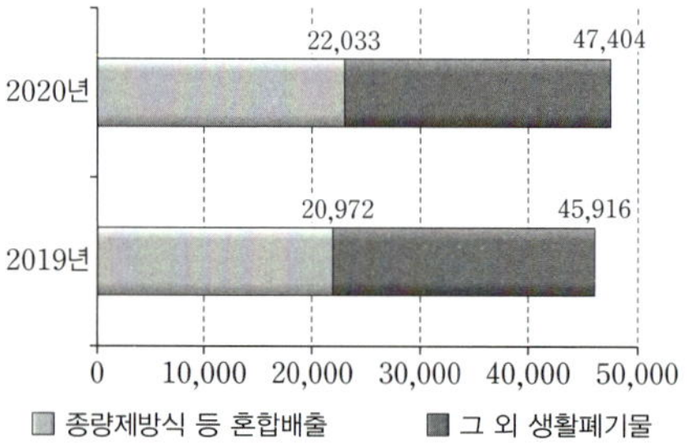

② 2020년 종량제방식 등 혼합배출 생활폐기물의 전년 대비 증가량 (단위: 톤/일)

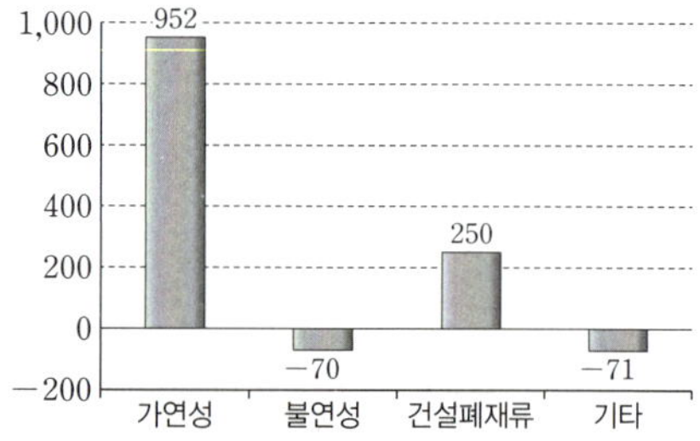

③ 2020년 종량제방식 등 혼합배출 생활폐기물의 세부항목별 비중

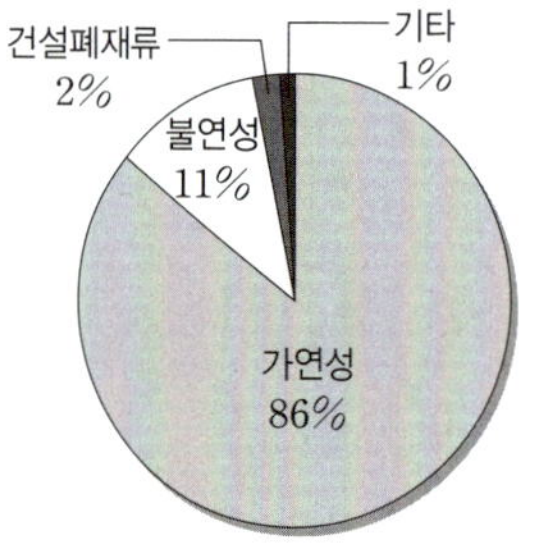

④ 2020년 생활폐기물 발생 전년 대비 증가량 (단위: 톤/일)

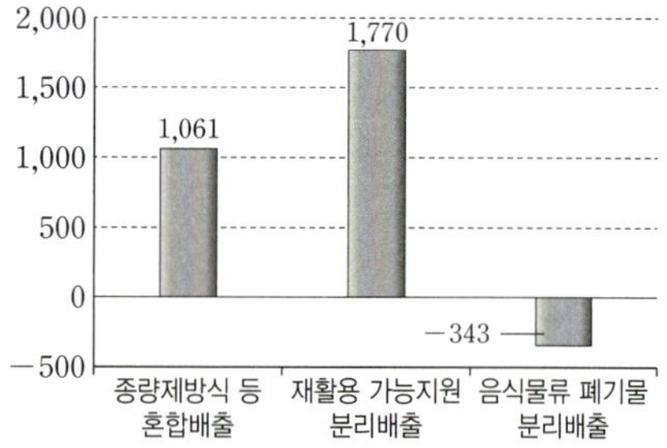

⑤ 연도별 전체 생활폐기물 중 음식물류 폐기물 분리배출 비중 (단위: %)

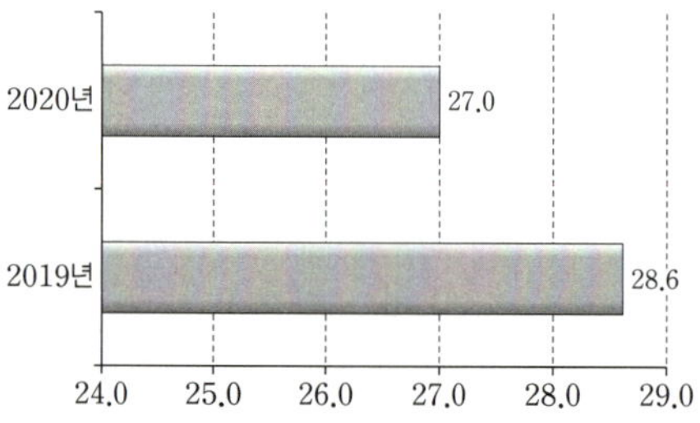

42 다음 [표]는 연도별 제품 A의 개당 순이익과 제품 B의 개당 순이익에 대한 자료이다. 순이익이 매년 일정한 규칙으로 변화한다고 할 때, 제품 A의 개당 순이익과 제품 B의 개당 순이익의 차이가 15,000원이 되는 해를 고르면?

2022 상반기 GSAT 기출 복원

[표] A와 B의 개당 순이익

(단위: 원)

연도	2022년	2023년	2024년	2025년	2026년	…
A의 개당 순이익	7,100	7,400	8,000	8,900	10,100	…
B의 개당 순이익	13,100	13,300	13,500	13,700	13,900	…

① 2033년 ② 2034년 ③ 2035년
④ 2036년 ⑤ 2037년

43 다음 [표]는 프랜차이즈 A와 B의 연도별 프랜차이즈 개수 변화를 조사한 자료이다. 프랜차이즈 개수가 매년 일정하게 변화한다고 할 때, 2038년 프랜차이즈 A와 프랜차이즈 B의 개수의 합을 고르면?

2022 상반기 GSAT 기출 복원

[표] 연도별 프랜차이즈 A와 B의 개수

(단위: 개)

구분	2025년	2026년	2027년	2028년	2029년	2030년
프랜차이즈 A	8	10	14	20	28	38
프랜차이즈 B	15	16	18	21	25	30

① 106개 ② 190개 ③ 228개
④ 256개 ⑤ 296개

44 다음 [표]는 영업1팀과 영업2팀의 월별 담당 고객 수에 대한 자료이다. 영업1팀과 영업2팀의 담당 고객 수가 매월 일정하게 변화한다고 할 때, 영업1팀의 담당 고객 수가 처음으로 영업2팀의 담당 고객 수보다 많아지는 시기를 고르면?

2022 상반기 GSAT 기출 복원

[표] 영업1팀과 영업2팀의 담당 고객 수

(단위: 명)

구분	2022년 3월	2022년 4월	2022년 5월	2022년 6월	2022년 7월
영업1팀	170	202	233	263	292
영업2팀	390	394	398	402	406

① 2022년 10월
② 2022년 11월
③ 2022년 12월
④ 2023년 1월
⑤ 2023년 2월

45 다음 [표]는 T사의 부서별 매출액 현황에 대한 자료이다. 제시된 기간 중 A~D부서의 매출액 합이 가장 큰 연도 대비 2021년의 부서별 매출액 증감률이 A부서가 10%, B부서가 5%, C부서가 10%, D부서가 −5%일 때, 2021년 T사의 A~D부서 매출액 합을 고르면?

2021 하반기 GSAT 기출 복원

[표] 부서별 매출액 현황

(단위: 백만 원)

구분	2017년	2018년	2019년	2020년
A부서	400	369	380	350
B부서	242	292	343	380
C부서	216	213	209	200
D부서	638	664	684	700

① 1,669백만 원
② 1,732백만 원
③ 1,747백만 원
④ 1,762백만 원
⑤ 1,777백만 원

46 **다음 [그래프]는 2021년 청년 경제활동인구 및 실업률 현황을 조사한 자료이다. 이를 바탕으로 5월 대비 10월의 청년 실업자 수의 감소율을 고르면?**(단, 계산 시 백 명 단위, 소수점 둘째 자리에서 반올림한다.)

2021 하반기 GSAT 기출 복원

[그래프1] 청년 경제활동인구 현황 (단위: 만 명)

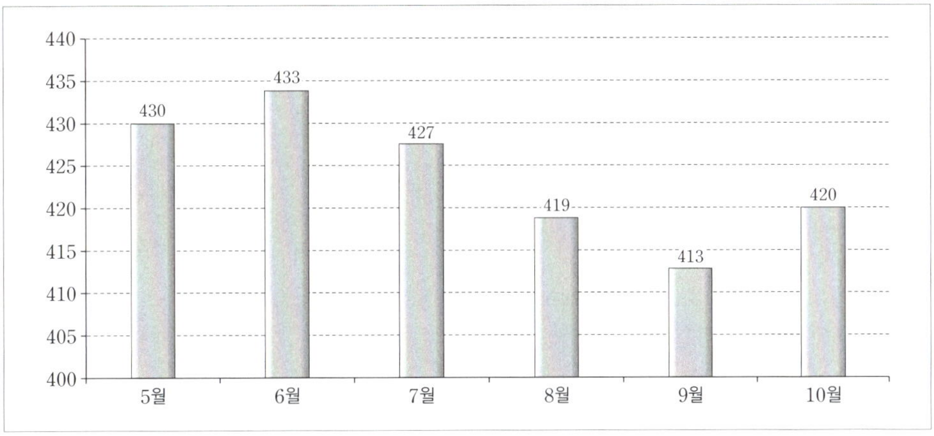

[그래프2] 청년 실업률 현황 (단위: %)

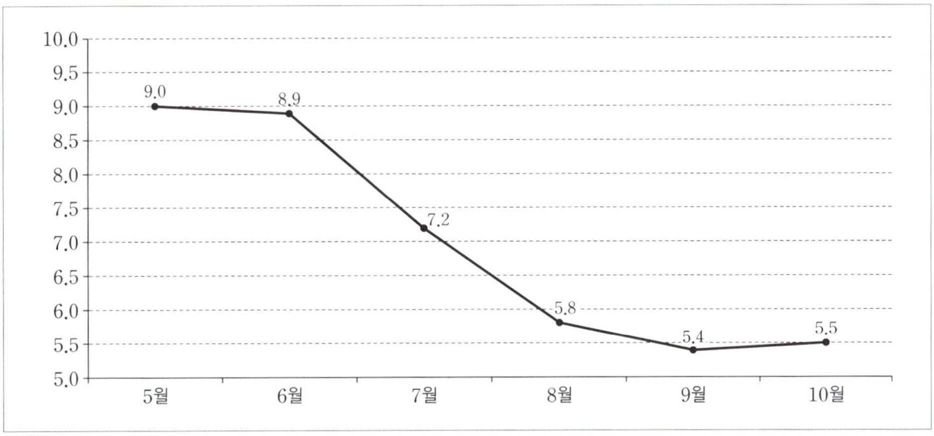

※ (청년 실업률)(%) $= \frac{\text{(청년 실업자 수)}}{\text{(청년 경제활동인구)}} \times 100$

① 약 37.8%　② 약 39.8%　③ 약 40.3%
④ 약 43.8%　⑤ 약 45.8%

47 **다음 [표]는 의료기기 수거검사 현황을 조사한 자료이다. 이를 바탕으로 연도별 전년 대비 검사 건수 증가율의 전년 대비 증감량을 바르게 나타낸 그래프를 고르면?**(단, 계산 시 소수점 첫째 자리에서 반올림한다.)

2021 하반기 GSAT 기출 복원

[표] 의료기기 수거검사 현황 (단위: 건)

구분	2016년	2017년	2018년	2019년	2020년
검사 건수	900	630	560	610	570

①
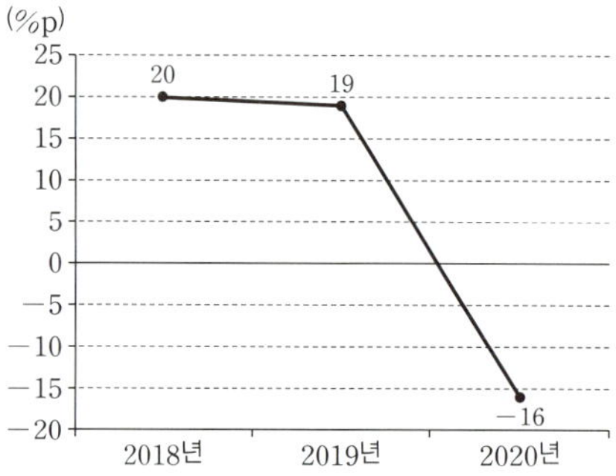

②
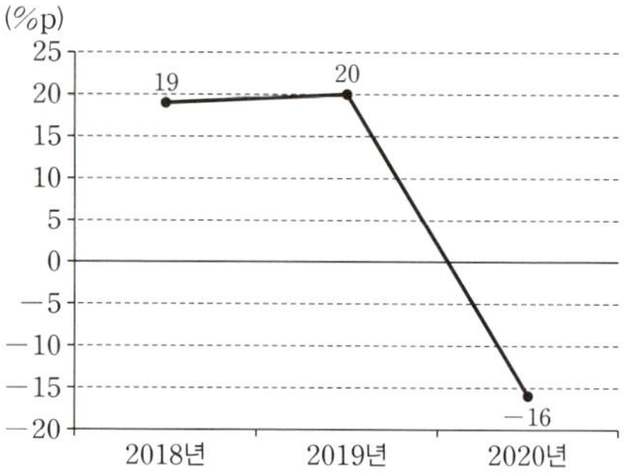

③
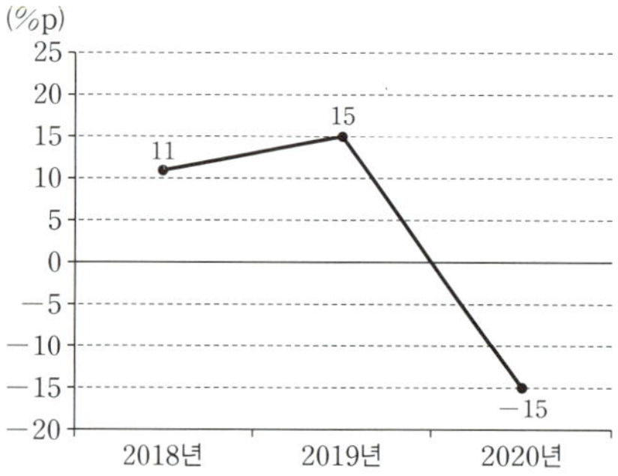

④
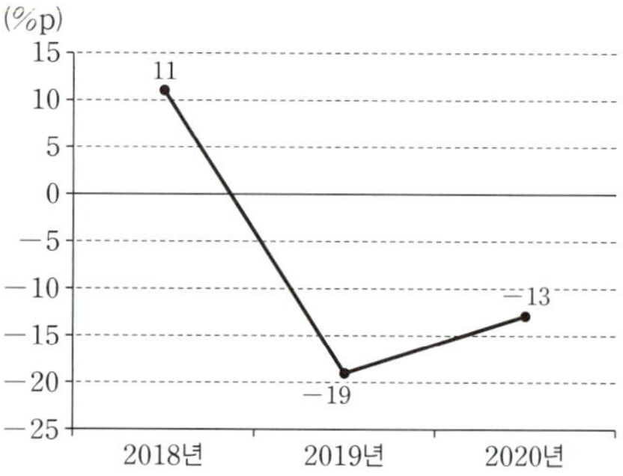

⑤
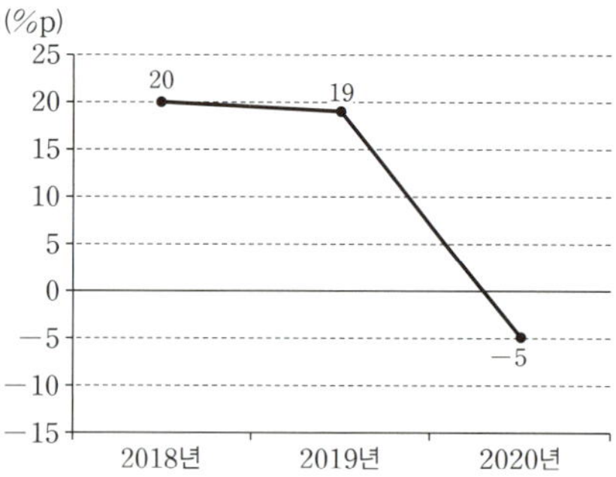

48 다음 [표]는 E사 지원자에 대한 전형별 점수 현황에 대한 자료이다. 이를 바탕으로 ㉠, ㉡에 해당하는 값을 예측했을 때 가장 타당한 값을 고르면? 2021 하반기 GSAT 기출 복원

[표] 전형별 점수 현황 (단위: 점)

구분	서류점수	면접점수	최종점수
P지원자	80	32	(　)
Q지원자	74	24	65.8
X지원자	84	28	(㉡)
Y지원자	77	(㉠)	94.4
Z지원자	81	(　)	80.2

※ $(\text{최종점수})=A+\frac{(\text{서류점수})}{5}+\left(\frac{(\text{면접점수})}{4}\right)^2$

㉠	㉡
① 32	80.8
② 32	82.8
③ 32	84.8
④ 36	80.8
⑤ 36	82.8

49 다음 [표]는 일정한 규칙에 따라 변화하는 A사와 B사의 연도별 매출액이다. 이를 바탕으로 B사의 매출액이 A사의 매출액의 2분의 1을 처음으로 초과하는 연도를 고르면?

2021 하반기 GSAT 기출 복원

[표] A사와 B사의 매출액 (단위: 백만 원)

연도	2018년	2019년	2020년	2021년	2022년
A사	3,500	5,000	6,400	7,700	8,900
B사	1,500	2,100	2,700	3,300	3,900

① 2025년　② 2026년　③ 2027년
④ 2028년　⑤ 2029년

50 다음 [그래프]는 A~C산업의 전년 대비 생산금액 성장률을 조사한 자료이다. 이에 대한 설명으로 옳은 것을 [보기]에서 모두 고르면? 2021 상반기 GSAT 기출 복원

[그래프] A~C산업의 전년 대비 생산금액 성장률 (단위: %)

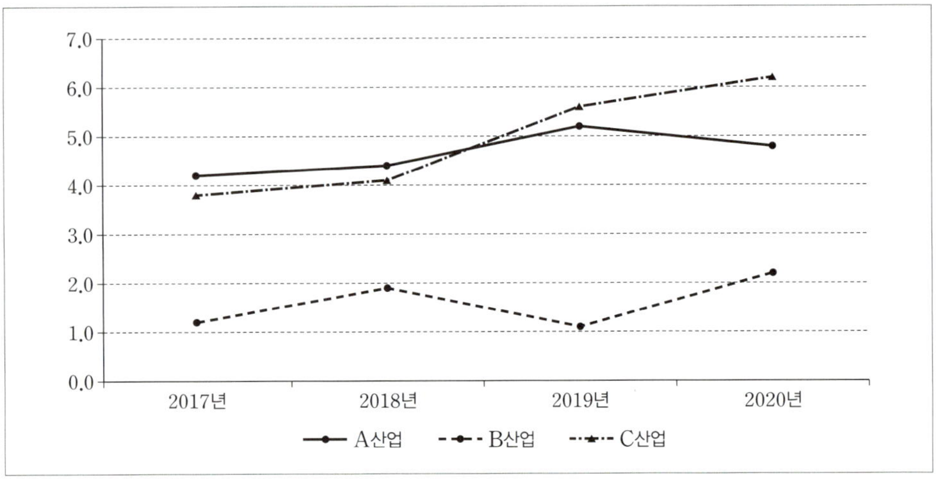

보기

㉠ A산업의 생산금액은 매년 증가하였다.
㉡ C산업의 생산금액은 매년 B산업보다 크다.
㉢ C산업은 2019년에 A산업의 생산금액을 추월하였다.
㉣ A산업과 B산업의 생산금액 증감 추이는 서로 동일하다.

① ㉠, ㉡ ② ㉠, ㉣ ③ ㉢, ㉣
④ ㉠, ㉢, ㉣ ⑤ ㉡, ㉢, ㉣

51 다음 [그래프]는 A국의 전년 대비 GDP 성장률을 조사한 자료이다. 이를 바탕으로 A국의 GDP 증감 추이와 매년 반대의 경향을 보이는 GDP 그래프로 가장 알맞은 것을 고르면?

2021 상반기 GSAT 기출 복원

[그래프] A국의 전년 대비 GDP 성장률 (단위: %)

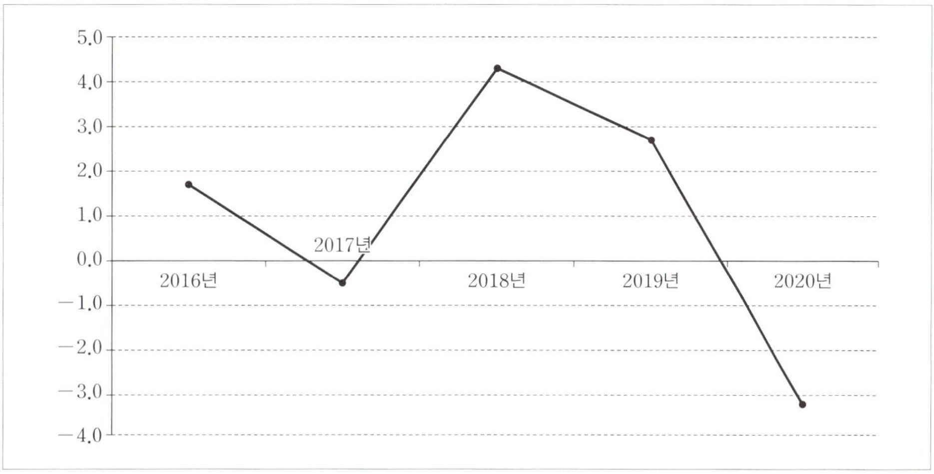

①
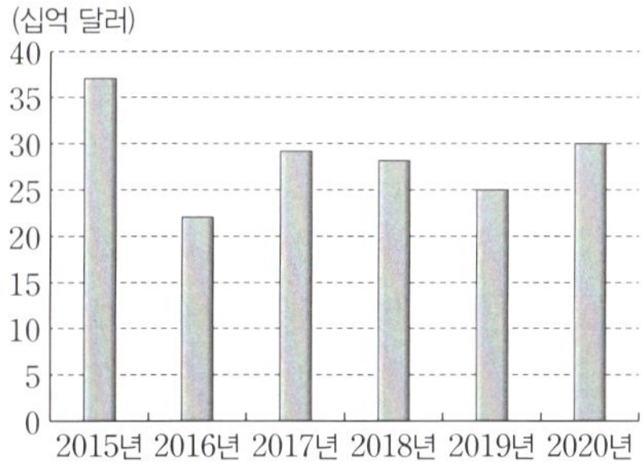

②
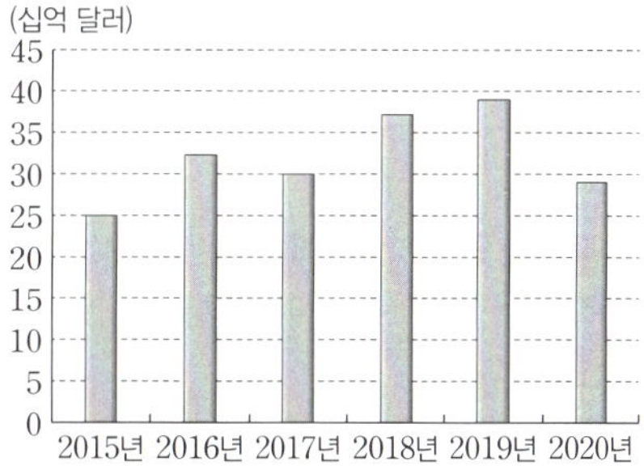

③
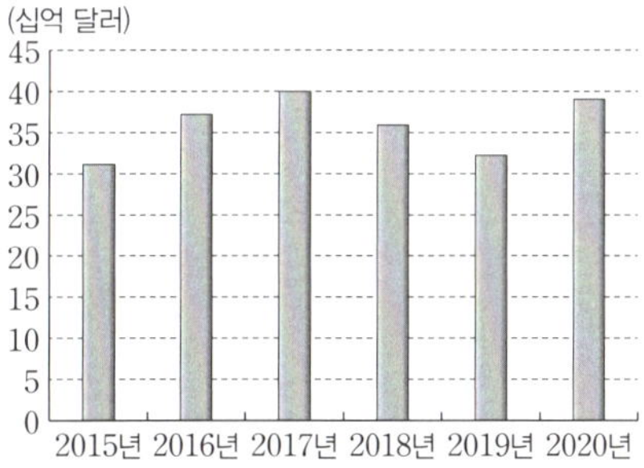

④
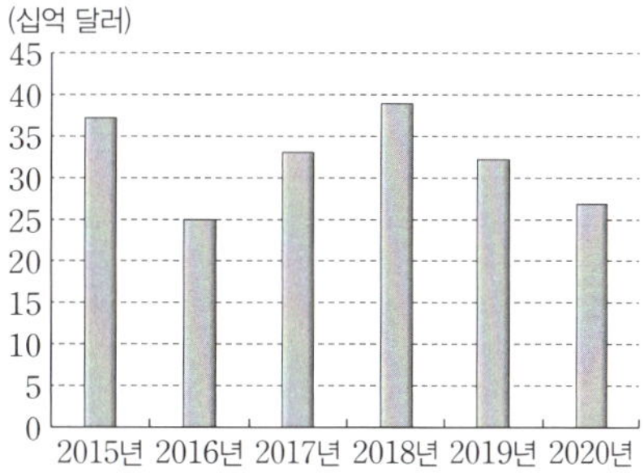

⑤
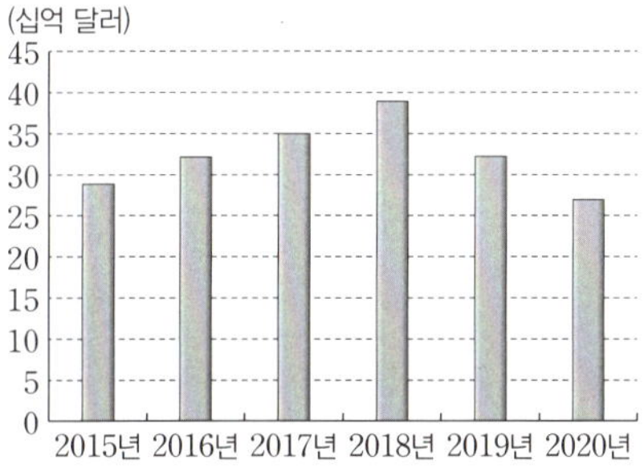

52 다음 [표]는 2021년 A, B, C부서의 비품 소비 예정액을 조사한 자료이다. 이를 바탕으로 세 부서의 2021년 상반기 비품 소비 예정액 합을 고르면? 2020 하반기 GSAT 기출 복원

[표] 2021년 A, B, C부서의 비품 소비 예정액 (단위: 원)

구분	A부서	B부서	C부서
2021년 1분기	70,000	140,000	280,000
2021년 2분기	270,000	270,000	90,000

※ 부서별로 2021년 상반기 비품 소비 예정액이 40만 원 이하일 경우 해당 부서의 1분기와 2분기 모두 소비 예정액을 10% 증액함

① 1,120,000원 ② 1,161,000원 ③ 1,191,000원
④ 1,224,000원 ⑤ 1,232,000원

53 다음 [표]는 세포 배양 실험에서 각 회차별로 배양된 세포 수를 조사한 자료이다. A, B세포의 배양된 세포 수는 매 회차 일정한 규칙을 가지고 증가할 때, 11회차에서 A, B세포 수의 합을 고르면? 2020 하반기 GSAT 기출 복원

[표] 각 회차별 배양된 세포 수 (단위: 개)

구분	2회차	3회차	4회차	5회차	6회차	…
A세포	2	6	15	29	48	…
B세포	2	3	5	9	17	…

① 691개 ② 701개 ③ 711개
④ 721개 ⑤ 731개

54 다음 [표]는 A, B가 일정한 규칙에 따라 변화하는 것을 나타낸 자료이다. A가 처음으로 B의 4배보다 커지는 월을 고르면?

2020 상반기 GSAT 기출 복원

[표] A, B의 변화

구분	1월	2월	3월	4월	5월	…
A	2	4	8	16	32	…
B	2	9	20	27	38	…

① 6월 ② 7월 ③ 8월
④ 9월 ⑤ 10월

정답과 해설 P.25

2

P A R T

추리

01 언어추리

영역 특징

추리 1~3번은 명제 유형, 4~14번은 조건추리 유형으로 출제된다. 조건추리 유형은 다소 까다롭게 출제되므로 주어진 조건들을 최대한 도식화하여 해결하는 것이 중요하다.

문항 수

추리 30문항(30분) 중 언어추리는 13~14문항이 출제되는 경향이 있다.

대표유형 체크

대표유형	내용
명제	대우명제와 삼단논법, 벤다이어그램을 이용하여 결론 또는 전제를 고르는 문제
조건추리	주어진 조건으로 경우의 수를 따져가며 반드시 옳은/옳지 않은 것을 고르는 문제, 참과 거짓을 말하는 진술을 통해 범인이나 거짓을 논한 이를 고르는 문제, 조건에 따라 순서에 맞게 나열, 배치하는 문제 등

2024 상·하반기 기출분석

명제 유형은 어렵지 않게 출제되었으나 조건추리 유형의 경우 일부 문항이 까다롭게 출제되었다. 조건추리 유형은 전반적으로 내용이 길었으나 주어진 조건을 차례대로 차분히 활용하면 쉽게 선택지에서 정답을 찾을 수 있었다.

언어추리 대표기출유형

대표유형 ① 명제

다음 전제를 보고 항상 참인 결론을 고르면?

전제1	신입사원은 셔틀버스를 탄다.
전제2	사원증을 착용하지 않은 사람은 셔틀버스를 타지 않는다.
결론	

① 사원증을 착용한 사람은 신입사원이다.
② 사원증을 착용한 사람은 신입사원이 아니다.
③ 신입사원은 사원증을 착용한다.
④ 신입사원은 사원증을 착용하지 않는다.
⑤ 신입사원이 아니면 사원증을 착용한다.

정답해설

전제2의 대우명제를 고려하면 다음과 같은 벤다이어그램을 그릴 수 있다.

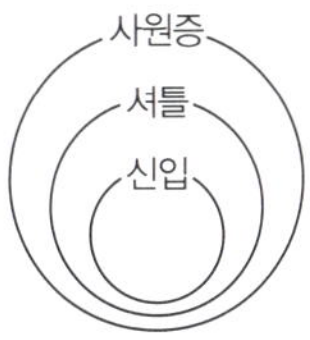

'사원증'이 '신입사원'을 포함하고 있으므로 '신입사원 → 사원증'이 항상 성립한다.

정답 ③

문제 해결 tip

- 전제1과 전제2 모두 some 개념이 등장하지 않으므로 삼단논법을 사용하여 문제를 풀 수 있다. 신입사원을 '신', 셔틀버스를 타는 사람을 '셔', 사원증을 착용한 사람을 '사'라고 표시하고 전제1과 전제2를 다시 써보면 다음과 같다.
  - 전제1 : 신 → 셔
  - 전제2 : ~사 → ~셔
- 전제1과 전제2에서 모두 '셔'가 등장하므로 '셔'가 전제1과 전제2를 연결하는 연결고리, 즉 매개념이다. 매개념을 이용하기 위해 전제2의 대우명제를 구해보면 '셔 → 사'이므로, 전제1과 전제2를 서로 연결하면 '신 → 사'라는 결론을 내릴 수 있다.
- 삼단논법으로 문제가 해결되지 않을 경우, 벤다이어그램을 이용하여 문제를 해결한다. 특히, 문제에 '어떤'이 포함된 some 개념의 명제가 주어지면 삼단논법을 이용해도 해결되지 않으므로 바로 벤다이어그램을 그려 문제를 해결하도록 한다.

대표유형 ❷ 조건추리

A~F의 6명이 원탁에 일정한 간격으로 앉으려고 한다. 주어진 [조건]을 바탕으로 할 때, 항상 옳지 않은 것을 고르면?

조건

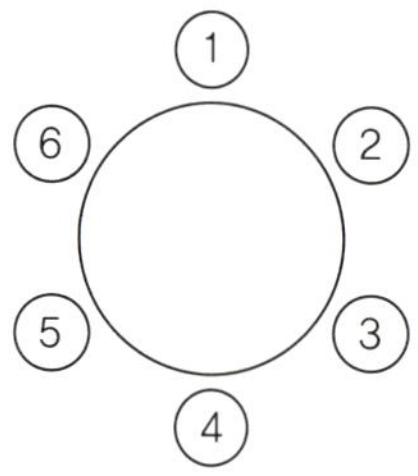

- A는 2번에 앉는다.
- B와 C는 서로 마주 보고 앉는다.
- D는 E와 서로 마주 보고 앉는다.

① 가능한 경우의 수는 8가지이다.
② B의 왼쪽에 F가 앉는 경우의 수는 2가지이다.
③ C의 오른쪽에 E가 앉는 경우의 수는 1가지이다.
④ B와 D가 이웃하여 앉는 경우의 수는 2가지이다.
⑤ C와 A가 이웃하여 앉는 경우의 수는 4가지이다.

정답해설

A는 2번에 앉고, B와 C는 서로 마주 보며, D는 E와 서로 마주 보므로 5번에 앉는 사람은 F이다. 이에 따라 가능한 경우는 다음과 같다.

ⅰ) 1번과 4번에 B 또는 C가 앉는 경우
D 또는 E가 3번과 6번에 앉는 경우가 존재하므로 경우의 수는 $2\times2=4$(가지)이다.

ⅱ) 3번과 6번에 B 또는 C가 앉는 경우
D 또는 E가 1번과 4번에 앉는 경우가 존재하므로 경우의 수는 $2\times2=4$(가지)이다.

이에 따라 가능한 경우의 수는 총 8가지이다.
따라서 C의 오른쪽에 E가 앉는 경우는 C가 4번, E가 3번에 앉거나, C가 1번, E가 6번에 앉는 경우인 2가지이다.

정답 ③

문제 해결 tip

- 조건추리 문제를 풀 때는 먼저 적용할 수 있거나 확정적인 조건을 찾아 문제를 풀어나가는 것이 중요하다.
- 참과 거짓을 말하는 유형의 문제에서는 주어진 대화에서 서로 충돌하는 의견이 있는지 확인하여 해결한다.
- 예를 들어 거짓말을 하는 사람 1명을 찾는 문제에서 A는 'C가 범인이다.'라고 말하고, B는 'C는 범인이 아니다.'라고 말한다면 A와 B 중 한 명은 거짓말을 하는 것이며, A와 B를 제외한 인물들의 의견은 참임을 알 수 있다. 이렇게 선택지를 좁혀가면 문제를 더욱 빠르게 해결할 수 있다.

언어추리

역대 기출문제

대표유형 ❶ 명제

01 다음 전제를 보고 항상 참인 결론을 고르면? 2024 상반기 GSAT 기출 복원

전제1	축구를 좋아하지 않는 모든 사람은 달리기가 빠르지 않다.
전제2	농구를 좋아하는 모든 사람은 달리기가 빠르다.
결론	

① 농구를 좋아하는 사람은 축구를 좋아한다.
② 농구를 좋아하는 사람은 축구를 좋아하지 않는다.
③ 축구를 좋아하는 사람은 농구를 좋아한다.
④ 축구를 좋아하는 사람은 농구를 좋아하지 않는다.
⑤ 농구를 좋아하지 않는 사람은 축구를 좋아하지 않는다.

02 다음 전제를 보고 항상 참인 결론을 고르면? 2024 상반기 GSAT 기출 복원

전제1	소설을 좋아하지 않는 어떤 사람은 수필을 좋아한다.
전제2	영화를 좋아하는 사람은 소설을 좋아한다.
결론	

① 수필을 좋아하는 사람은 영화를 좋아한다.
② 영화를 좋아하는 어떤 사람은 수필을 좋아한다.
③ 수필을 좋아하지 않는 사람은 영화를 좋아한다.
④ 수필을 좋아하지 않는 어떤 사람은 영화를 좋아하지 않는다.
⑤ 수필을 좋아하는 어떤 사람은 영화를 좋아하지 않는다.

03 다음 결론이 반드시 참이 되게 하는 전제를 고르면?

2024 상반기 GSAT 기출 복원

전제1	인형을 좋아하는 어떤 사람은 피규어를 좋아한다.
전제2	
결론	화분을 좋아하는 어떤 사람은 피규어를 좋아한다.

① 인형을 좋아하는 어떤 사람은 화분을 좋아하지 않는다.
② 인형을 좋아하는 모든 사람은 화분을 좋아한다.
③ 인형을 좋아하는 모든 사람은 화분을 좋아하지 않는다.
④ 화분을 좋아하는 모든 사람은 인형을 좋아한다.
⑤ 화분을 좋아하지 않는 모든 사람은 인형을 좋아한다.

04 다음 결론이 반드시 참이 되게 하는 전제를 고르면?

2024 상반기 GSAT 기출 복원

전제1	떡볶이를 먹지 않는 어떤 사람은 학생이 아니다.
전제2	
결론	떡볶이를 먹는 어떤 사람은 분식집에 간다.

① 모든 학생은 분식집을 가지 않는다.
② 분식집을 가는 어떤 사람은 학생이다.
③ 분식집을 가지 않는 어떤 사람은 학생이다.
④ 분식집을 가지 않는 어떤 사람은 학생이 아니다.
⑤ 분식집을 가는 모든 사람은 학생이 아니다.

05 **다음 전제를 보고 항상 참인 결론을 고르면?** 2024 상반기 GSAT 기출 복원

전제1	강아지를 키우는 모든 사람은 고양이를 키운다.
전제2	햄스터를 키우지 않는 모든 사람은 고양이를 키우지 않는다.
결론	

① 강아지를 키우는 모든 사람은 햄스터를 키운다.
② 강아지를 키우는 모든 사람은 햄스터를 키우지 않는다.
③ 강아지를 키우지 않는 모든 사람은 햄스터를 키운다.
④ 햄스터를 키우지 않는 모든 사람은 강아지를 키운다.
⑤ 햄스터를 키우는 모든 사람은 강아지를 키운다.

06 **다음 전제를 보고 항상 참인 결론을 고르면?** 2024 상반기 GSAT 기출 복원

전제1	모든 대학생은 독서한다.
전제2	수업을 듣는 모든 사람은 대학생이다.
결론	

① 독서하는 모든 사람은 수업을 듣는다.
② 수업을 듣지 않는 어떤 사람은 독서한다.
③ 수업을 듣는 모든 사람은 독서하지 않는다.
④ 독서하는 어떤 사람은 수업을 듣지 않는다.
⑤ 독서하지 않는 모든 사람은 수업을 듣지 않는다.

07 다음 전제를 보고 항상 참인 결론을 고르면?

2023 하반기 GSAT 기출 복원

전제1	산을 좋아하는 사람은 계곡을 좋아한다.
전제2	산을 좋아하는 어떤 사람은 바다를 좋아한다.
결론	

① 바다를 좋아하는 모든 사람은 계곡을 좋아한다.
② 바다를 좋아하는 어떤 사람은 계곡을 좋아하지 않는다.
③ 계곡을 좋아하는 모든 사람은 바다를 좋아하지 않는다.
④ 계곡을 좋아하는 어떤 사람은 바다를 좋아하지 않는다.
⑤ 계곡을 좋아하는 어떤 사람은 바다를 좋아한다.

08 다음 결론이 반드시 참이 되게 하는 전제를 고르면?

2023 하반기 GSAT 기출 복원

전제1	한식을 좋아하는 어떤 사람은 중식을 좋아한다.
전제2	
결론	일식을 좋아하는 어떤 사람은 중식을 좋아한다.

① 한식을 좋아하는 어떤 사람은 일식을 좋아한다.
② 한식을 좋아하는 모든 사람은 일식을 좋아한다.
③ 한식을 좋아하는 모든 사람은 일식을 좋아하지 않는다.
④ 한식을 좋아하지 않는 어떤 사람은 일식을 좋아한다.
⑤ 한식을 좋아하지 않는 어떤 사람은 일식을 좋아하지 않는다.

09 **다음 전제를 보고 항상 참인 결론을 고르면?** 2023 하반기 GSAT 기출 복원

전제1	기타를 좋아하는 사람은 피아노를 좋아한다.
전제2	기타를 좋아하는 어떤 사람은 드럼을 좋아하지 않는다.
결론	

① 드럼을 좋아하는 사람은 피아노를 좋아한다.
② 드럼을 좋아하는 어떤 사람은 피아노를 좋아한다.
③ 드럼을 좋아하지 않는 어떤 사람은 피아노를 좋아한다.
④ 드럼을 좋아하지 않는 사람은 피아노를 좋아한다.
⑤ 드럼을 좋아하지 않는 어떤 사람은 피아노를 좋아하지 않는다.

10 **다음 전제를 보고 항상 참인 결론을 고르면?** 2023 하반기 GSAT 기출 복원

전제1	버스를 타지 않는 어떤 사람은 지하철을 탄다.
전제2	택시를 타는 사람은 버스를 탄다.
결론	

① 택시를 타는 사람은 지하철을 탄다.
② 택시를 타는 어떤 사람은 지하철을 탄다.
③ 택시를 타는 어떤 사람은 지하철을 타지 않는다.
④ 지하철을 타지 않는 어떤 사람은 택시를 탄다.
⑤ 지하철을 타는 어떤 사람은 택시를 타지 않는다.

11 다음 결론이 항상 참이 되게 하는 전제를 고르면? 2023 상반기 GSAT 기출 복원

전제1	어떤 연기자는 기계체조를 배운다.
전제2	
결론	어떤 연기자는 인센티브를 받는다.

① 인센티브를 받는 모든 사람은 기계체조를 배운다.
② 기계체조를 배우는 모든 사람은 인센티브를 받는다.
③ 인센티브를 받지 않는 어떤 사람은 기계체조를 배운다.
④ 기계체조를 배우는 모든 사람은 인센티브를 받지 않는다.
⑤ 기계체조를 배우지 않는 어떤 사람은 인센티브를 받는다.

12 다음 결론이 항상 참이 되게 하는 전제를 고르면? 2023 상반기 GSAT 기출 복원

전제1	모든 고양이는 예쁘다.
전제2	
결론	어떤 고양이는 간식을 좋아한다.

① 예쁜 것은 모두 간식을 좋아한다.
② 간식을 좋아하는 것은 모두 예쁘다.
③ 간식을 좋아하는 것 중에는 예쁜 것도 있다.
④ 간식을 좋아하지 않는 것 중에는 예쁜 것도 있다.
⑤ 예쁘지 않은 것 중에는 간식을 좋아하는 것도 있다.

13 다음 전제를 보고 항상 참인 결론을 고르면? 2023 상반기 GSAT 기출 복원

전제1	왼쪽 길로 가는 모든 사람은 풍선을 들고 있지 않다.
전제2	사탕을 물고 있는 모든 사람은 풍선을 들고 있다.
결론	

① 사탕을 물고 있는 사람은 왼쪽 길로 가지 않는다.
② 사탕을 물고 있는 어떤 사람은 왼쪽 길로 간다.
③ 사탕을 물고 있지 않은 사람은 왼쪽 길로 가지 않는다.
④ 왼쪽 길로 가는 모든 사람은 사탕을 물고 있다.
⑤ 왼쪽 길로 가지 않는 모든 사람은 사탕을 물고 있다.

14 다음 전제를 보고 항상 참인 결론을 고르면? 2023 상반기 GSAT 기출 복원

전제1	어떤 맛집도 조미료를 사용하지 않는다.
전제2	TV에 나오는 모든 음식점은 맛집이다.
결론	

① 조미료를 사용하는 어떤 음식점은 TV에 나온다.
② 맛집이면서 TV에 나오는 음식점은 조미료를 사용한다.
③ TV에 나오는 모든 음식점은 조미료를 사용하지 않는다.
④ 조미료를 사용하지 않고 TV에 나오지 않는 맛집은 없다.
⑤ TV에 나오는 음식점 중에서 조미료를 사용하는 음식점이 있다.

15 다음 전제를 보고 항상 참인 결론을 고르면?

2022 하반기 GSAT 기출 복원

전제1	반도체 생산공정은 화학적 처리가 포함되는 과정이다.
전제2	화학적 처리가 포함되는 모든 과정은 직원 안전교육을 한다.
결론	

① 반도체 생산공정은 직원 안전교육을 한다.
② 반도체 생산공정은 직원 안전교육을 하지 않는다.
③ 직원 안전교육을 하는 모든 과정은 반도체 생산공정이다.
④ 직원 안전교육을 하는 모든 과정은 반도체 생산공정이 아니다.
⑤ 반도체 생산공정이 아닌 모든 과정은 직원 안전교육을 하지 않는다.

16 다음 결론이 반드시 참이 되게 하는 전제를 고르면?

2022 하반기 GSAT 기출 복원

전제1	개발자는 머신러닝을 다룰 줄 안다.
전제2	
결론	개발자는 엑셀을 다룰 줄 안다.

① 엑셀을 다룰 줄 아는 사람은 머신러닝을 다룰 줄 안다.
② 머신러닝을 다룰 줄 아는 사람은 엑셀을 다룰 줄 모른다.
③ 머신러닝을 다룰 줄 모르는 사람은 엑셀을 다룰 줄 안다.
④ 엑셀을 다룰 줄 모르는 사람은 머신러닝을 다룰 줄 안다.
⑤ 엑셀을 다룰 줄 모르는 사람은 머신러닝도 다룰 줄 모른다.

17 다음 전제를 보고 항상 참인 결론을 고르면?

2022 하반기 GSAT 기출 복원

전제1	수영을 잘하는 사람은 심폐지구력이 좋다.
전제2	책상 앞에 오래 앉아있는 사람은 심폐지구력이 좋지 않다.
결론	

① 책상 앞에 오래 앉아있는 사람은 수영을 잘한다.
② 수영을 잘하는 사람은 책상 앞에 오래 앉아있는다.
③ 책상 앞에 오래 앉아있지 않는 사람은 수영을 잘한다.
④ 수영을 잘하는 사람은 책상 앞에 오래 앉아있지 않는다.
⑤ 수영을 잘하지 않는 사람은 책상 앞에 오래 앉아있지 않는다.

18 다음 전제를 보고 항상 참인 결론을 고르면?

2022 하반기 GSAT 기출 복원

전제1	어떤 유리창은 자외선을 반사시킨다.
전제2	유리창에는 규소가 포함되어 있다.
결론	

① 규소가 포함되어 있는 것은 자외선을 반사시킨다.
② 규소가 포함되어 있는 것은 자외선을 반사시키지 않는다.
③ 자외선을 반사시키는 것 중에는 규소를 포함하지 않는 것이 있다.
④ 규소가 포함되어 있는 것 중에는 자외선을 반사시키는 것이 있다.
⑤ 규소가 포함되어 있는 것 중에는 자외선을 반사시키지 않는 것이 있다.

19 다음 결론이 반드시 참이 되게 하는 전제를 고르면?

2022 하반기 GSAT 기출 복원

전제1	운동하는 사람은 테니스를 한다.
전제2	
결론	스마트워치를 찬 어떤 사람은 테니스를 한다.

① 운동하는 어떤 사람은 스마트워치를 찬다.
② 스마트워치를 찬 사람은 운동을 하지 않는다.
③ 운동을 하는 사람은 스마트워치를 차지 않는다.
④ 스마트워치를 차지 않는 사람 중에 운동하는 사람이 있다.
⑤ 운동을 하지 않는 사람 중에 스마트워치를 차지 않는 사람이 있다.

20 다음 전제를 보고 항상 참인 결론을 고르면?

2022 상반기 GSAT 기출 복원

전제1	인사 업무를 해 본 사람은 마케팅 업무를 할 줄 안다.
전제2	회계 업무를 해 본 사람은 인사 업무를 할 줄 안다.
결론	

① 회계 업무를 해 본 사람은 마케팅 업무를 할 줄 안다.
② 회계 업무를 해 본 사람은 마케팅 업무를 할 줄 모른다.
③ 마케팅 업무를 해 본 사람은 회계 업무를 할 줄 안다.
④ 마케팅 업무를 해 본 사람은 회계 업무를 할 줄 모른다.
⑤ 회계 업무를 해 본 적이 없는 사람은 마케팅 업무를 할 줄 안다.

21 다음 결론이 반드시 참이 되게 하는 전제를 고르면?

2022 상반기 GSAT 기출 복원

전제1	도보로 걸어 다니는 사람은 운동을 즐겨한다.
전제2	
결론	도보로 걸어 다니는 사람은 텀블러를 들고 다닌다.

① 운동을 즐겨하는 사람은 텀블러를 들고 다니지 않는다.
② 운동을 즐겨하는 사람은 텀블러를 들고 다닌다.
③ 텀블러를 들고 다니는 사람은 운동을 즐겨한다.
④ 텀블러를 들고 다니지 않는 사람은 운동을 즐겨한다.
⑤ 운동을 즐겨하지 않는 사람은 텀블러를 들고 다닌다.

22 다음 전제를 보고 항상 참인 결론을 고르면?

2022 상반기 GSAT 기출 복원

전제1	걷기를 좋아하면 기숙사에 산다.
전제2	시내버스로 통근하지 않는 사람들은 기숙사에 살지 않는다.
결론	

① 걷기를 좋아하지 않으면 시내버스로 통근하는 사람들이다.
② 시내버스로 통근하는 사람들은 걷기를 좋아하지 않는다.
③ 걷기를 좋아하면 시내버스로 통근하는 사람들이다.
④ 시내버스로 통근하지 않는 사람들은 걷기를 좋아한다.
⑤ 시내버스로 통근하는 사람들은 걷기를 좋아한다.

23 다음 전제를 보고 항상 참인 결론을 고르면?

2022 상반기 GSAT 기출 복원

전제1	보안 교육을 듣는 어떤 사람은 노트북이 있다.
전제2	노트북이 있는 사람은 화상회의에 참석한다.
결론	

① 보안 교육을 듣는 사람은 화상회의에 참석하지 않는다.
② 보안 교육을 듣지 않는 사람은 화상회의에 참석한다.
③ 보안 교육을 듣지 않는 어떤 사람은 화상회의에 참석한다.
④ 보안 교육을 듣는 어떤 사람은 화상회의에 참석한다.
⑤ 보안 교육을 듣는 어떤 사람은 화상회의에 참석하지 않는다.

24 다음 전제를 보고 항상 참인 결론을 고르면?

2022 상반기 GSAT 기출 복원

전제1	인공지능을 연구하는 사람은 음성인식을 연구한다.
전제2	인공지능을 연구하는 사람은 소프트웨어 개발을 한다.
결론	

① 음성인식을 연구하는 사람은 소프트웨어 개발을 한다.
② 소프트웨어 개발을 하는 사람은 음성인식을 연구하지 않는다.
③ 소프트웨어 개발을 하는 사람 중 음성인식을 연구하는 사람이 있다.
④ 소프트웨어 개발을 하는 사람 중 음성인식을 연구하지 않는 사람이 있다.
⑤ 음성인식을 연구하는 사람 중 소프트웨어 개발을 하지 않는 사람이 있다.

25 다음 전제를 보고 항상 참인 결론을 고르면?

2022 상반기 GSAT 기출 복원

전제1	품질이 좋은 컴퓨터를 사용하는 사람은 학술 연구를 잘한다.
전제2	실내에서 연구하는 어떤 사람은 품질이 좋은 컴퓨터를 사용한다.
결론	

① 실내에서 연구하지 않는 사람은 학술 연구를 잘한다.
② 실내에서 연구하는 어떤 사람은 학술 연구를 잘한다.
③ 실내에서 연구하는 사람은 학술 연구를 잘하지 못한다.
④ 실내에서 연구하지 않는 어떤 사람은 학술 연구를 잘한다.
⑤ 실내에서 연구하는 어떤 사람은 학술 연구를 잘하지 못한다.

26 다음 전제를 보고 항상 참인 결론을 고르면?

2022 상반기 GSAT 기출 복원

전제1	인기가 많은 어떤 사람은 비를 좋아한다.
전제2	인기가 많은 사람은 계를 하고 있다.
결론	

① 비를 좋아하는 사람은 계를 하고 있다.
② 비를 좋아하는 어떤 사람은 계를 하고 있다.
③ 계를 하고 있지 않은 사람은 비를 좋아한다.
④ 계를 하는 어떤 사람은 비를 좋아하지 않는다.
⑤ 비를 좋아하는 어떤 사람은 계를 하고 있지 않는다.

27 다음 결론이 반드시 참이 되게 하는 전제를 고르면? 2021 하반기 GSAT 기출 복원

전제1	크로스핏이 취미가 아닌 사람은 암벽등반이 취미이다.
전제2	
결론	크로스핏이 취미가 아닌 어떤 사람은 배드민턴이 취미가 아니다.

① 암벽등반이 취미인 사람은 배드민턴이 취미이다.
② 암벽등반이 취미인 어떤 사람은 배드민턴이 취미가 아니다.
③ 암벽등반이 취미인 사람은 배드민턴이 취미가 아니다.
④ 암벽등반이 취미가 아닌 사람은 배드민턴이 취미가 아니다.
⑤ 암벽등반이 취미가 아닌 어떤 사람은 배드민턴이 취미가 아니다.

28 다음 전제를 보고 항상 참인 결론을 고르면? 2021 하반기 GSAT 기출 복원

전제1	스캐너를 가진 사람은 노트북을 가졌다.
전제2	커피를 마신 사람은 노트북을 가지지 않았다.
결론	

① 스캐너를 가진 사람은 커피를 마셨다.
② 스캐너를 가지지 않은 사람은 커피를 마셨다.
③ 커피를 마신 사람은 스캐너를 가졌다.
④ 커피를 마신 사람은 스캐너를 가지지 않았다.
⑤ 커피를 마시지 않은 사람은 스캐너를 가지지 않았다.

29 다음 전제를 보고 항상 참인 결론을 고르면?

2021 하반기 GSAT 기출 복원

전제1	회사원은 봉사를 좋아한다.
전제2	어떤 회사원은 소풍을 좋아하지 않는다.
결론	

① 소풍을 좋아하는 어떤 사람은 봉사를 좋아한다.
② 소풍을 좋아하지 않는 어떤 사람은 봉사를 좋아한다.
③ 봉사를 좋아하는 모든 사람은 소풍을 좋아한다.
④ 봉사를 좋아하지 않는 모든 사람은 소풍을 좋아한다.
⑤ 봉사를 좋아하지 않는 어떤 사람은 소풍을 좋아하지 않는다.

30 다음 전제를 보고 항상 참인 결론을 고르면?

2021 하반기 GSAT 기출 복원

전제1	발표를 잘하는 어떤 사람은 제품을 잘 만든다.
전제2	발표를 잘하는 사람은 전시회를 연다.
결론	

① 전시회를 여는 사람은 제품을 잘 만든다.
② 전시회를 여는 어떤 사람은 제품을 잘 만든다.
③ 전시회를 여는 사람은 제품을 잘 만들지 않는다.
④ 전시회를 열지 않는 사람은 제품을 잘 만든다.
⑤ 전시회를 열지 않는 어떤 사람은 제품을 잘 만든다.

31 다음 결론이 반드시 참이 되게 하는 전제를 고르면? 2021 하반기 GSAT 기출 복원

전제1	정보 수업을 듣는 어떤 사람은 컴퓨터 수업을 듣는다.
전제2	
결론	정보 수업을 듣는 어떤 사람은 중국어 수업을 듣는다.

① 중국어 수업을 듣는 사람은 컴퓨터 수업을 듣는다.
② 중국어 수업을 듣지 않는 사람은 컴퓨터 수업을 듣는다.
③ 컴퓨터 수업을 듣는 사람은 중국어 수업을 듣는다.
④ 컴퓨터 수업을 듣는 사람은 중국어 수업을 듣지 않는다.
⑤ 컴퓨터 수업을 듣는 어떤 사람은 중국어 수업을 듣지 않는다.

32 다음 전제를 보고 항상 참인 결론을 고르면? 2021 하반기 GSAT 기출 복원

전제1	연극을 좋아하는 모든 아이는 드라마를 좋아한다.
전제2	연극을 좋아하는 모든 아이는 영화를 좋아한다.
결론	

① 드라마를 좋아하는 아이는 영화를 좋아하지 않는다.
② 드라마를 좋아하는 아이 중 영화를 좋아하지 않는 아이가 있다.
③ 영화를 좋아하는 아이는 드라마를 좋아한다.
④ 영화를 좋아하는 아이 중 드라마를 좋아하는 아이가 있다.
⑤ 영화를 좋아하는 아이 중 드라마를 좋아하지 않는 아이가 있다.

정답과 해설 P.40

대표유형 ❷ 조건추리

01 **A~D 4명은 각자 뉴욕, 파리, 베를린, 싱가포르 중 한 군데씩을 여행하고 돌아왔다. 주어진 [대화]에서 4명 중 2명은 거짓을 말하고 2명은 참을 말할 때, 뉴욕과 베를린을 여행하고 온 사람을 순서대로 짝지은 것을 고르면?**(단, 거짓을 말하는 사람의 모든 말은 거짓이다.)

2024 상반기 GSAT 기출 복원

대화

- A: "나는 파리를 다녀왔고, D는 뉴욕을 다녀왔어."
- B: "나는 싱가포르를 다녀왔고, C는 베를린을 다녀왔어."
- C: "나는 싱가포르를 다녀왔고, A는 뉴욕을 다녀왔어."
- D: "나는 베를린을 다녀왔고, B는 뉴욕을 다녀왔어."

① A, B ② A, C ③ B, C
④ B, D ⑤ D, C

02 **어느 카페에서 오렌지주스, 레몬에이드, 카페모카, 아메리카노, 에스프레소 5종류의 음료를 판매한다. 갑~무 5명이 카페에서 음료를 주문했을 때, 주어진 [조건]을 바탕으로 항상 옳은 것을 고르면?**

2024 상반기 GSAT 기출 복원

조건

- 5종류의 음료의 가격은 모두 다르다.
- 5명이 주문한 음료는 모두 다르다.
- 가격이 5,000원 이상인 음료는 2종류이다.
- 가격이 가장 저렴한 음료는 에스프레소이고, 병이 주문하였다.
- 을은 세 번째로 비싼 음료를 주문하였다.
- 갑은 정이 주문한 음료인 아메리카노보다 비싼 오렌지주스를 주문하였다.
- 무는 레몬에이드를 주문하지 않았다.

① 가능한 경우의 수는 4가지이다.
② 을이 주문한 음료는 아메리카노보다 비싸다.
③ 갑이 무보다 저렴한 음료를 주문한 경우는 2가지이다.
④ 오렌지주스가 레몬에이드보다 저렴한 경우는 1가지이다.
⑤ 무가 5,000원 미만인 음료를 주문했다면 두 번째로 비싼 음료는 아메리카노이다.

03 희재는 월요일부터 일요일까지 코딩 공부와 마케팅 공부를 규칙적으로 한다. 주어진 [조건]을 바탕으로 항상 옳은 것을 고르면? 2024 상반기 GSAT 기출 복원

조건
- 토요일을 제외하고 매일 1회 코딩 공부 또는 마케팅 공부를 한다.
- 월요일과 목요일은 같은 공부를 한다.
- 화요일과 수요일은 다른 공부를 한다.
- 목요일과 연속된 요일에는 목요일에 하는 공부와 다른 공부를 한다.

① 가능한 경우의 수는 6가지이다.
② 화요일과 일요일에 하는 공부는 같다.
③ 일요일에 하는 공부는 1주일에 총 3일 이상을 한다.
④ 월요일에 마케팅 공부를 하면 금요일에도 마케팅 공부를 한다.
⑤ 수요일에 코딩 공부를 하면 1주일에 코딩 공부는 총 3일을 한다.

04 어느 회사에서 A~D책상을 안전, 보안, 건강, 위생의 서로 다른 4가지 팻말로 구분하여 배치하였다. 주어진 [조건]을 바탕으로 항상 옳은 것을 고르면? 2024 상반기 GSAT 기출 복원

조건
- A, B는 큰 책상, C, D는 작은 책상이다.
- 위생은 작은 책상에 배치하였다.
- 안전을 배치한 책상과 건강을 배치한 책상의 크기는 다르다.

① 가능한 경우의 수는 6가지이다.
② 안전을 배치한 책상이 D책상이라면 보안을 배치한 책상은 A책상이다.
③ 건강을 배치한 책상이 B책상인 경우는 2가지이다.
④ 보안을 배치한 책상과 안전을 배치한 책상의 크기는 다르다.
⑤ 위생을 배치한 책상과 안전을 배치한 책상의 크기가 같은 경우는 3가지이다.

05 **어느 동호회에서 팔씨름 경기 토너먼트를 진행하였다. 주어진 [조건]을 바탕으로 항상 옳은 것을 고르면?**(단, 토너먼트에서 서로 만나면 경기를 1번 진행하며, 무승부는 없다.)

2024 상반기 GSAT 기출 복원

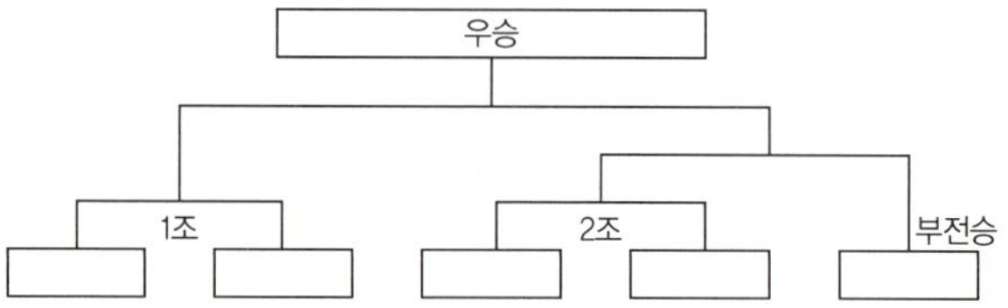

조건

- 토너먼트에 참여한 사람은 A, B, C, D, E 5명이다.
- C는 1조에 배치되었다.
- 우승자는 B이다.
- A는 부전승 하지 않았다.
- E의 최종 성적은 2승 1패이다.

① 우승자는 1조에서 나왔다.
② 부전승 한 사람은 B이다.
③ D가 진행한 경기는 2경기이다.
④ A의 최종 성적은 1승 1패이다.
⑤ C와 E는 서로 만나 경기를 진행하였다.

06 △△기관은 A~H강당에서 집체 교육을 진행하고자 한다. 주어진 [조건]을 바탕으로 항상 옳은 것을 고르면? 2024 상반기 GSAT 기출 복원

조건

- 교육은 직장예절 교육, 업무관리 교육, 전산업무 교육, 전문성 함양 교육의 4가지가 동시에 진행된다.
- 1층에는 대강당들이 있고 2층에는 소강당들이 있으며, 대강당 중 1개와 소강당 중 3개를 선택하여 교육을 진행하고자 한다.
- 직장예절 교육은 1층 대강당에서 진행하고, 나머지 교육은 모두 2층 소강당에서 진행한다.
- C강당은 사용할 수 없고, G강당은 반드시 사용해야 한다.
- 2층 소강당에서 진행되는 교육은 모두 이웃한 강당에서 진행해야 한다.
- 전문성 함양 교육은 F강당에서 진행한다.

<table>
<tr><td>2층</td><td>D강당</td><td>E강당</td><td>F강당</td><td>G강당</td><td>H강당</td></tr>
<tr><td>1층</td><td colspan="5">A강당 | B강당 | C강당</td></tr>
</table>

① E강당은 사용되지 않는다.
② A강당을 사용할 때 가능한 경우는 모두 6가지이다.
③ B강당을 사용할 때 가능한 경우는 모두 6가지이다.
④ H강당에서 전산업무 교육을 진행하면 가능한 경우는 모두 2가지이다.
⑤ 전문성 함양 교육을 F강당이 아닌 H강당에서 진행하면, 직장예절 교육은 A강당에서 진행되어야 한다.

07 동욱이는 월요일부터 금요일까지 하루에 한 번 영양제를 먹는다. 영양제는 하루의 아침, 점심, 저녁 시간 중 한 번을 먹으며, 5일 중 1일은 점심, 1일은 저녁, 3일은 아침에 영양제를 먹는다. 점심에 영양제를 먹은 요일에는 거짓을 말하고, 아침에 영양제를 먹은 요일에는 참을 말하며, 저녁에 영양제를 먹은 요일에는 참 또는 거짓을 말할 때, 주어진 [조건]을 바탕으로 점심에 영양제를 먹는 요일을 고르면? 2024 상반기 GSAT 기출 복원

조건

- 월요일: 목요일에는 아침에 영양제를 먹는다.
- 화요일: 수요일에는 거짓을 말한다.
- 수요일: 화요일에는 저녁에 영양제를 먹는다.
- 목요일: 오늘은 월요일과 같은 시간인 아침에 영양제를 먹었다.
- 금요일: 월요일에는 아침에 영양제를 먹는다.

① 월요일 ② 화요일 ③ 수요일
④ 목요일 ⑤ 금요일

08 A~E의 5명은 월요일부터 금요일까지 1명씩 야간 근무를 한다. 주어진 [조건]을 바탕으로 항상 옳은 것을 고르면? 2023 하반기 GSAT 기출 복원

조건

[야간 근무표]

구분	월	화	수	목	금
근무자				A	

- 각자 야간 근무는 5일 중 1번씩 한다.
- B는 C보다 야간 근무를 먼저 한다.
- D와 E는 연속한 요일에 야간 근무를 한다.

① 가능한 경우의 수는 6가지이다.
② E는 B보다 야간 근무를 먼저 한다.
③ C가 A보다 야간 근무를 먼저 하는 경우는 2가지이다.
④ D가 화요일에 야간 근무를 하는 경우는 2가지이다.
⑤ B와 D가 연속한 요일에 야간 근무를 하는 경우는 1가지이다.

09 어느 회사에서 12명에게 새해 다이어리를 배부하려고 한다. 선택할 수 있는 다이어리의 색상은 빨간색, 노란색, 하늘색, 검은색의 총 4가지일 때, 주어진 [조건]을 바탕으로 항상 옳지 <u>않은</u> 것을 고르면?

2023 하반기 GSAT 기출 복원

조건

- 각자 원하는 색상의 다이어리를 1개만 선택할 수 있다.
- 모든 색상이 적어도 1개는 선택되었다.
- 가장 많이 선택된 색상은 빨간색뿐이다.
- 같은 수만큼 선택된 색상은 2가지이다.
- 하늘색을 선택한 사람은 3명 이상이다.

① 하늘색을 선택한 사람이 3명인 경우는 4가지이다.
② 노란색을 선택한 사람은 3명 이하이다.
③ 검은색을 선택한 사람이 2명이면 빨간색을 선택한 사람은 5명이다.
④ 검은색과 하늘색을 선택한 사람의 수가 같은 경우는 2가지이다.
⑤ 노란색을 선택한 사람과 빨간색을 선택한 사람 수의 차는 최대 6이다.

10 5개의 방 A~E에 1번부터 5번까지 각 1개씩 스위치가 연결되어 있다. 각 방에 연결된 스위치를 누르면 방의 불이 켜질 때, 주어진 [조건]을 바탕으로 항상 옳지 <u>않은</u> 것을 고르면?

2023 하반기 GSAT 기출 복원

조건

	A	B	C	D	E	
왼쪽						오른쪽
	1번	2번	3번	4번	5번	

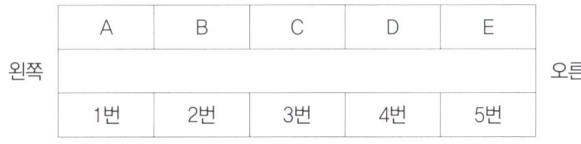

- 1번과 3번 스위치를 눌렀더니 B와 C의 방에 불이 켜졌다.
- C와 연결된 스위치의 바로 오른쪽 스위치를 눌렀더니 E의 방에 불이 켜졌다.
- A의 방과 연결된 스위치는 5번이다.

① 가능한 경우의 수는 2가지이다.
② B와 연결된 스위치의 바로 오른쪽 스위치를 누르면 D의 방에 불이 켜진다.
③ 2번과 4번 스위치를 누르면 D와 E의 방에 불이 켜진다.
④ 4번 스위치를 눌렀더니 D의 방에 불이 켜졌다면, 3번 스위치를 누르면 C의 방에 불이 켜진다.
⑤ E와 연결된 스위치의 바로 왼쪽 스위치를 누르면 C의 방에 불이 켜진다.

11 **어느 음악 콘서트에 가수 A~E 총 5팀이 참가하여 공연 순서를 정하였다. 주어진 [조건]을 바탕으로 항상 옳지 <u>않은</u> 것을 고르면?** 2023 하반기 GSAT 기출 복원

조건

- A, B는 그룹 가수이고, C, D, E는 솔로 가수이다.
- 가장 처음 공연하는 가수는 그룹이다.
- D는 C보다 공연을 먼저 한다.
- C와 A 사이에 공연하는 가수는 한 팀이다.
- 네 번째로 공연하는 팀은 E이다.

① 가능한 경우의 수는 3가지이다.
② 세 번째로 공연하는 팀은 A이다.
③ B가 첫 번째로 공연을 한다면 마지막에 공연하는 팀은 A이다.
④ B와 E 사이에 공연하는 가수는 한 팀이다.
⑤ 마지막에 공연하는 팀은 솔로 가수이다.

12 **운전자를 제외하고 총 11명이 탑승 가능한 버스가 있다. A~E의 5명이 이 버스에 먼저 탑승한 순서대로 앞쪽에 앉았을 때, 주어진 [조건]을 바탕으로 버스에 탑승한 순서를 고르면?**(단, 버스에는 운전자와 A~E 5명만 탑승한 상태이며, 동시에 탑승한 사람은 없다.) 2023 하반기 GSAT 기출 복원

조건

오른쪽

<table>
<tr><td rowspan="3">앞</td><td rowspan="3">운전석</td><td>1번</td><td>3번</td><td>5번</td><td>7번</td><td rowspan="3">뒷자리</td><td rowspan="3">뒤</td></tr>
<tr><td colspan="4">통로</td></tr>
<tr><td>2번</td><td>4번</td><td>6번</td><td>8번</td></tr>
</table>

왼쪽

- A는 B보다 앞쪽에 앉아있다.
- E는 2번에 앉아있다.
- D만 뒷자리에 앉아있으며, 가운데 자리에 앉아있다.
- 오른쪽에 앉은 사람은 C를 포함하여 2명이다.
- B는 C보다 먼저 탑승했으며, B의 바로 앞자리에는 아무도 앉지 않았다.

① E－A－B－C－D
② E－A－C－B－D
③ E－B－A－C－D
④ E－B－C－A－D
⑤ E－C－A－B－D

13 다음과 같이 5층으로 이루어진 아파트에 A~E의 5명이 서로 다른 집에 거주하고 있다. 주어진 [조건]을 바탕으로 할 때, 항상 옳지 않은 것을 고르면? 2023 하반기 GSAT 기출 복원

조건

5층		
4층		
3층		
2층		
1층	A	
	1호	2호

- B와 C는 같은 층에 거주한다.
- E보다 높은 층에 거주하는 사람은 3명이다.
- D는 3층에 거주하며, C와 다른 라인에 거주한다.
- 2호 라인에 거주하는 사람은 2명이다.
- 2호 라인 3층과 5층에 거주하는 사람은 없다.
- A의 바로 위층에 거주하는 사람은 없다.

① A와 같은 층에 거주하는 사람은 없다.
② B보다 낮은 층에 거주하는 사람은 3명이다.
③ C는 4층에 거주한다.
④ E는 1호 라인에 거주한다.
⑤ D의 바로 아래층에 거주하는 사람은 없다.

14 **다음은 일부가 비어있는 어느 어학원의 일주일 시간표이다. 주어진 [조건]을 바탕으로 항상 옳지 않은 것을 고르면?**(단, ×로 표시된 시간에는 수업을 진행하지 않는다.)

2023 하반기 GSAT 기출 복원

조건

[어학원 일주일 시간표]

구분		월	화	수	목	금
오전	1교시				×	독일어
	2교시	×		일본어		
	3교시			×		
오후	4교시					
	5교시		중국어			

- 어학원의 수업은 프랑스어, 독일어, 일본어, 영어, 중국어 총 5가지 종류가 있다.
- 영어를 제외한 과목들은 5일 중에 두 번 수업을 진행하며, 영어만 세 번 수업을 진행한다.
- 영어는 2교시에만 진행한다.
- 중국어는 같은 요일의 오후에 수업을 진행한다.
- 프랑스어는 목요일 오전과 오후에 각각 한 번 진행한다.
- 4교시 수업은 일주일 동안 한 번뿐이다.
- 화요일과 수요일 이외의 모든 요일에는 오전에 수업을 2번 이상 진행한다.

① 가능한 경우의 수는 2가지이다.

② 목요일 3교시는 프랑스어 수업이다.

③ 오후에 수업을 진행하는 과목은 2개이다.

④ 수요일에 수업을 진행하는 과목은 2개이다.

⑤ 월요일 3교시가 독일어 수업이라면 같은 요일 1교시는 일본어 수업이다.

15 반도체 제조 공정은 A~E의 5개 공정을 거쳐 생산된다. 제조 공정에 관한 순서가 다음 [조건]과 같을 때, 두 번째 공정을 고르면? 2023 상반기 GSAT 기출 복원

조건
- 공정 A는 한가운데에 진행되고, 두 단계 뒤에는 공정 C가 진행된다.
- 공정 E는 공정 D보다 세 단계 앞에 있고, 공정 B의 바로 앞에 진행된다.

① A ② B ③ C
④ D ⑤ E

16 총무팀은 다음 주 월요일부터 금요일까지 적어도 1명이 당직을 서야 한다. 주어진 [조건]을 바탕으로 할 때, 옳은 것을 고르면? 2023 상반기 GSAT 기출 복원

조건
- 총무팀 직원은 A~G로 총 7명이다.
- E는 다음 주 내내 해외 출장이 잡혀 있다.
- D와 G는 다음 주 화요일부터 목요일까지 휴가를 냈다.
- F는 다음 주 목요일을 제외하고 지방 출장을 가야 한다.
- A는 다음 주 수요일부터 금요일까지 출장이 예정되어 있다.
- B와 C는 다음 주 수요일과 목요일을 제외하면 저녁때 외부 거래처와 약속이 잡혀 있다.

① C는 F와 함께 당직을 설 수 없다.
② 혼자 당직을 서는 경우는 없다.
③ A는 화요일에 당직을 서야 한다.
④ A와 G는 함께 당직을 설 수 없다.
⑤ B는 사흘 동안 당직을 설 수 있다.

17 어느 회사의 직원 A~F가 점심 식사를 하기 위해 식당 앞에 줄을 서 있다. 주어진 [조건]을 바탕으로 맨 뒤에 서 있는 사람을 고르면?

2023 상반기 GSAT 기출 복원

조건

- C는 우산을 쓴 사람 중에 가장 앞에 서 있다.
- 맨 앞과 맨 뒤에는 우산을 쓴 사람이 서 있다.
- 3명은 우산을 쓰고 있고, 3명은 우산을 쓰지 않고 서 있다.
- 우산을 쓰지 않은 B 뒤에는 우산을 쓴 사람 1명만 서 있다.
- 우산을 쓴 사람 사이에는 우산을 쓰지 않은 사람이 3명 서 있다.
- 우산을 쓰지 않은 A의 양 옆에는 우산을 쓴 D와 우산을 쓰지 않은 E가 서 있다.

① A ② B ③ D
④ E ⑤ F

18 취업 스터디그룹 회원인 A~F는 얼마 전 진행된 면접 결과에 관한 이야기를 다음 [대화]와 같이 나누었는데, 면접에 합격한 회원은 참말을 하고, 불합격한 회원은 거짓말을 하였다. 6명 중 3명 이상 면접에 합격하였을 때, 면접에 불합격한 사람을 모두 고르면?

2023 상반기 GSAT 기출 복원

대화

- A: "나는 면접에 합격했어."
- B: "E는 면접에 합격했어."
- C: "D는 거짓말을 하고 있어."
- D: "F는 면접에 불합격했어."
- E: "면접에 합격한 회원은 모두 4명이야."
- F: "면접에 불합격한 회원은 1명이야."

① C, E ② C, F ③ D, E
④ A, C, F ⑤ B, D, E

19 8개의 부서 A~H가 회의실에서 각자 다른 시간대에 회의하려고 한다. 회의실은 평일 오전 또는 오후에 한 부서씩 예약하여 진행할 수 있는데, 화요일 오전과 목요일 오후에는 회의실 사용이 금지되어 있다. 다음 [조건]을 바탕으로 할 때, 항상 거짓인 문장을 고르면?

2023 상반기 GSAT 기출 복원

조건
- 부서 H는 부서 E와 같은 날 회의한다.
- 부서 C는 수요일에 오후에 회의한다.
- 부서 A보다 먼저 회의하는 부서는 없다.
- 부서 B는 부서 F보다 늦게 회의하고, 부서 B가 회의하는 날 오전에는 회의가 없다.

① 가능한 경우는 4가지이다.
② 부서 G는 오전에 회의한다.
③ 부서 E는 부서 D보다 빨리 회의한다.
④ 부서 H보다 늦게 회의하는 부서는 없다.
⑤ 부서 D가 회의하는 날 오후에는 회의가 없다.

20 다음 그림과 같이 9개의 칸에 LED 전구가 하나씩 있다. 주어진 [조건]에 맞게 LED 전구가 켜져 있을 때, 항상 옳지 않은 것을 고르면?

2023 상반기 GSAT 기출 복원

1번	2번	3번
4번	5번	6번
7번	8번	9번

조건
- 총 6개의 전구가 켜진 상태이다.
- 1번, 5번, 8번 LED 전구는 켜져 있다.
- 가로와 세로의 어느 한 줄에도 LED 전구가 2개씩 켜져 있다.

① 6번과 9번 LED 전구는 동시에 꺼질 수 없다.
② 6번과 9번 LED 전구는 동시에 켜질 수 없다.
③ 6번 LED 전구가 꺼졌다면 7번 LED 전구는 꺼져 있다.
④ 2번 LED 전구가 꺼져 있을 때 가능한 경우의 수는 2가지이다.
⑤ 7번 LED 전구가 켜져 있을 때 가능한 경우의 수는 2가지이다.

21 **다음은 K국에 거주하는 갑의 차량 번호판 구성에 대한 정보이다. 갑의 차량 번호판이 다음 [조건]을 따른다고 할 때, 항상 옳은 것을 고르면?** 2022 하반기 GSAT 기출 복원

조건

- 차량 번호판은 ○○가□□□□와 같은 형식이며, '가'를 기준으로 앞의 두 자리와 뒤의 네 자리는 각각 2개와 4개의 알파벳으로 구성된다.
- A부터 F까지의 알파벳이 모두 한 번씩 사용됐다.
- C보다 왼쪽에 사용된 알파벳은 3개이며, A는 C와 연이어 사용됐다.
- B와 E 사이에는 3개의 알파벳이 사용됐다.
- D는 가장 먼저 사용됐다.

① D와 F는 연이어 사용됐다.
② F는 C와 연이어 사용됐다.
③ B는 마지막에 사용될 수 없다.
④ E는 A와 연이어 사용될 수 없다.
⑤ 가능한 차량 번호판의 조합은 총 3가지이다.

22 **길동이네 집 거실 한쪽 면에는 7개의 물건(조명, 서랍장, 화분, TV, 청소기, 액자, 의자)이 있다. 7개의 물건의 위치가 다음 [조건]을 따른다고 할 때, 가장 오른쪽에 위치할 수 있는 물건으로 바르게 짝지어진 것을 고르면?**(단, 물건을 바라봤을 때의 방향을 기준으로 생각한다.)

2022 하반기 GSAT 기출 복원

조건

- 의자는 양 끝에 위치하지 않는다.
- TV는 오른쪽에서 세 번째에 위치한다.
- 서랍장 오른쪽으로는 3개 이상의 물건이 위치한다.
- 액자는 왼쪽에서 두 번째에 위치한다.
- 조명은 화분 바로 옆자리에 위치한다.
- 서랍장은 가장 왼쪽에 위치하지 않는다.

① 조명, 화분 ② 조명, 청소기 ③ 서랍장, 청소기
④ 화분, 의자 ⑤ 서랍장, 의자

23 3×3으로 구성된 9개의 칸에 1~9까지의 숫자를 한 번씩 써넣으려고 한다. 숫자를 다음 [조건]에 따라 써넣을 때, 항상 옳지 않은 것을 고르면? 2022 하반기 GSAT 기출 복원

조건
- 대각선으로 연결된 3개 칸 숫자의 합은 모두 14이다.
- 가장 오른쪽 3개 칸 숫자의 합은 10 이하이다.

	6	5
	8	

① 가장 왼쪽 3개 칸 숫자의 합은 12이다.
② 오른쪽 가운데 칸에 들어갈 숫자는 3이다.
③ 가장 아래쪽 3개 칸 숫자의 합은 12이다.
④ 쓰여있는 숫자를 확실하게 알 수 있는 칸은 6개이다.
⑤ 가장 위쪽 3개 칸 숫자의 합은 가장 아래쪽 3개 칸 숫자의 합보다 크다.

24 갑 지점을 출발하여 을 지점까지 도착하는 경로는 A, B, C, D, E 다섯 가지가 있다. 각 경로의 길이가 다음 [조건]을 따른다고 할 때, 항상 옳지 않은 것을 고르면? 2022 하반기 GSAT 기출 복원

조건
- B의 길이는 A보다 짧다.
- C의 바로 다음으로 길이가 더 짧은 경로는 B이다.
- 경로의 길이가 가장 긴 것은 E가 아니다.
- 길이가 짧은 순서로 경로를 나열하면 D와 E는 연이어 나열되지 않는다.
- B의 길이는 가장 짧지 않다.
- 길이가 짧은 순서로 경로를 나열하면 A와 C의 순서 차이는 B와 D의 순서 차이와 같다.

① 길이가 가장 짧은 경로는 D이다.
② C보다 길이가 긴 경로는 2개이다.
③ 길이가 짧은 경로를 순서대로 정확하게 알 수 있다.
④ 길이가 짧은 순서로 경로를 나열하면 A와 D는 연이어 나열된다.
⑤ 길이가 짧은 순서로 경로를 나열하면 B와 A의 사이에는 2개의 경로가 있다.

25 직원 A~E 5명이 휴가를 가려고 한다. 휴가 일정과 장소가 주어진 [조건]을 따른다고 할 때, 항상 옳지 않은 것을 고르면?

2022 하반기 GSAT 기출 복원

조건

- 5명은 각자 서울, 부산, 제주도 중 한 곳을 선택해 7~10월 중 하나의 달에 휴가를 간다.
- 세 장소와 네 개의 월(月)에는 모두 휴가자가 있다.
- 서울로 휴가를 가는 직원은 가장 빠르거나 가장 늦은 월(月)에 간다.
- A와 D는 휴가지가 동일하다.
- D와 E는 휴가를 가는 기간이 동일하다.
- B는 7월에 서울로 휴가를 가며, E와 휴가지가 동일하다.
- 제주도로 휴가를 가는 직원은 1명이다.

① A는 D보다 먼저 휴가를 간다.
② 10월에 휴가를 가는 직원은 2명이다.
③ 제주도로 휴가를 가는 직원은 가장 빠른 기간에 휴가를 간다.
④ 5명의 휴가지와 휴가 기간으로 가능한 경우의 수는 2가지이다.
⑤ A가 8월에 휴가를 간다면, A는 C보다 먼저 휴가를 가는 것이다.

26 어느 호텔에 8개의 방이 있다. 주어진 [조건]에 따라 호텔 방을 순서대로 청소하려고 할 때, 네 번째로 청소하는 방을 고르면?

2022 하반기 GSAT 기출 복원

1101호	1103호	1105호	1107호
복도			
1102호	1104호	1106호	1108호

조건

- 1101호를 가장 먼저 청소하고, 1108호를 가장 마지막에 청소한다.
- 어느 한 방을 청소한 뒤에, 바로 다음에 맞은편 방을 청소하지 않는다.
- 1104호는 1106호보다 나중에 청소한다.
- 1105호는 1102호보다 나중에 청소한다.
- 1103호 바로 이전에 청소하는 방의 호수는 1103보다 낮다.
- 1104호는 앞에서 세 번째로 청소하고, 1103호는 끝에서 세 번째로 청소한다.

① 1102호　　② 1103호　　③ 1104호
④ 1105호　　⑤ 1107호

27 S가전회사 판매장에 고객 5명이 방문하였다. 고객이 입은 옷의 색과 구입한 TV가 주어진 [조건]을 따른다고 할 때, 항상 옳지 않은 것을 고르면? 2022 하반기 GSAT 기출 복원

조건

- 고객인 A, B, C, D, E는 각각 빨간색, 노란색, 파란색, 검은색, 흰색 중 서로 다른 어느 한 가지 색의 옷을 입었다.
- 27인치, 32인치, 50인치 TV 중 하나를 구입했으며, 3가지 크기 모두 적어도 1명 이상이 구입하였다.
- 50인치 TV를 구입한 사람은 2명이다.
- A와 C는 같은 크기의 TV를 구입하였다.
- B는 흰색 옷을 입었다.
- D와 E는 빨간색과 검은색 옷을 입지 않았다.
- 노란색 옷을 입은 사람은 50인치 TV를 구입하지 않았다.
- 파란색 옷을 입은 사람은 32인치 TV를 구입하지 않았다.
- 27인치 TV는 빨간색과 검은색 옷을 입은 사람이 구입하였다.

① C는 검정색 옷을 입었다.
② B는 32인치 TV를 구입하였다.
③ D는 50인치 TV를 구입하였다.
④ A는 파란색 옷을 입지 않았다.
⑤ A와 C는 27인치 TV를 구입하였다.

PART 2 추리

28 다음은 스마트폰의 비밀번호 패턴에 대한 설명이다. 비밀번호 패턴을 주어진 [조건]에 따라 설정할 때, 가능한 패턴의 경우의 수를 고르면?

2022 하반기 GSAT 기출 복원

조건

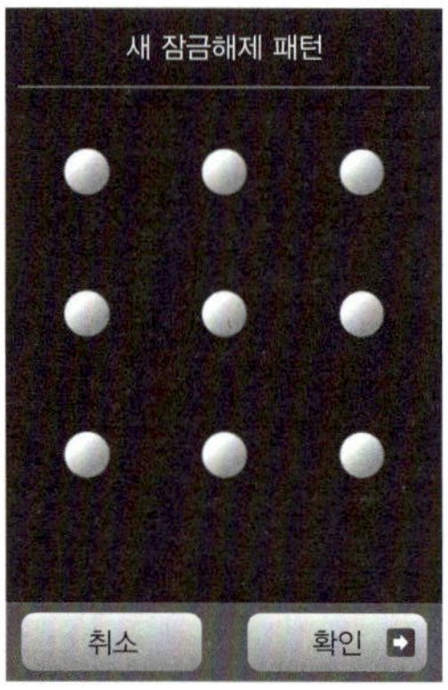

- 스마트폰 패턴의 아홉 개 점은 왼쪽 상단의 왼쪽부터 오른쪽으로, 다시 다음 줄의 왼쪽부터 오른쪽으로 반복하여 점 하나씩 순서대로 숫자 1~9에 대응한다.
- 스마트폰의 패턴은 직선과 대각선으로 네 개의 점을 연결하여 구성된다.
- 대각선은 어느 점의 가로와 세로에 있는 점을 제외한 점과 연결한 선을 의미한다. 예를 들어 1번점의 대각선으로 연결이 가능한 점은 5, 6, 8, 9번점이다.
- 두 점을 연결한 선이 또 다른 점을 지나더라도 거치지 않은 것으로 간주한다. 예를 들어 1번과 3번점을 연결한 선은 직선이 1개인 경우이고, 1번, 2번, 3번점을 순서대로 연결한 선은 직선이 2개인 경우이다.
- 패턴은 숫자가 작은 점부터 큰 점을 순서대로 연결한 형태이다.
- 패턴은 네 개의 홀수 점으로 구성된다.
- 패턴에 사용된 대각선은 2개이다.

① 1가지 ② 2가지 ③ 3가지

④ 4가지 ⑤ 5가지

29 다음과 같은 3×3 형태의 휴대전화 무선 충전기에 A~E의 다섯 명이 휴대전화를 충전하였다. 주어진 [조건]을 바탕으로 항상 옳지 않은 것을 고르면? 2022 하반기 GSAT 기출 복원

	1열	2열	3열
1행			
2행			
3행	고장		

조건

- 각 칸에 충전할 수 있는 휴대전화는 1개이다.
- B는 3행에서 휴대전화를 충전하였다.
- C는 n행 n열에서 휴대전화를 충전하였다.
- D는 B와 같은 열에서 휴대전화를 충전하였다.
- 3열의 1행과 2행은 이미 다른 사람의 휴대전화가 놓여 있어 충전이 불가능했다.
- A는 1행에서 휴대전화를 충전하였고, E는 2열에서 휴대전화를 충전하였다.

① 가능한 경우의 수는 2가지이다.
② A는 1열에서 휴대전화를 충전하였다.
③ C의 휴대전화 위치를 정확하게 알 수 없다.
④ D의 휴대전화 위치를 정확하게 알 수 없다.
⑤ E가 2행에서 휴대전화를 충전했다면, D는 1행에서 휴대전화를 충전하였다.

30 A~E의 다섯 명이 서울에서 부산으로 헬기 또는 버스를 이용하여 출장을 가려고 한다. 주어진 [조건]에 따라 출장을 갈 때, 항상 옳은 것을 고르면? 2022 하반기 GSAT 기출 복원

조건

- 출장은 각자 한 번만 가고, 하루에 출장을 가는 인원은 최대 2명이다.
- 헬기는 한번에 2명이 이용해야 하고, 버스는 한번에 1명이 이용해야 한다.
- 헬기와 버스는 각각 월요일부터 금요일까지 하루에 한 번 오전/오후 중 선택하여 이용할 수 있다.
- 월요일은 오후 버스만 이용할 수 있고, 목요일은 오전 헬기만 이용할 수 있다.
- 화요일 오전, 수요일 오후, 금요일 오전에는 헬기와 버스를 모두 이용할 수 없다.
- A, E는 헬기를 이용할 수 없고, C, D는 버스를 이용할 수 없다.
- B는 월요일, D는 화요일, E는 금요일에 출장을 가지 않는다.
- A와 C는 출장을 오전에 간다.

① B는 헬기를 이용한다.
② 가능한 경우의 수는 3가지이다.
③ 오전에 출장을 가는 사람은 4명이다.
④ 금요일에 출장을 갈 수 있는 사람은 2명이다.
⑤ E가 화요일에 출장을 가면 A는 월요일에 출장을 간다.

31 10층 건물에 A~E의 5명은 한 층마다 거주하고 있는데 5명 중 가장 높은 곳에 거주 중인 1명은 거짓을 말하고, 나머지 4명은 모두 참을 말한다. 주어진 [대화]를 바탕으로 할 때, 항상 옳지 않은 것을 고르면? 2022 하반기 GSAT 기출 복원

대화

- A: "나는 6층에 거주 중이다."
- B: "나는 E보다 한 층 아래에 거주 중이다."
- C: "나는 2층에 거주 중이다."
- D: "나는 B보다 두 층 아래에 거주 중이다."
- E: "C는 9층에 거주 중이다."

① D는 3층에 거주하지 않는다.
② 가능한 경우는 모두 5가지이다.
③ 이들 중 누구도 1층에 거주할 수 없다.
④ E가 8층에 거주한다면, 가능한 경우는 2가지이다.
⑤ 어떤 경우라도 거주하는 곳이 확실한 사람이 있다.

32 A, B, C가 전자기기 X, Y, Z를 나누어 가지려고 한다. 주어진 [조건]에 따라 3명이 전자기기를 나누어 가질 때, 항상 옳은 것을 고르면? 2022 하반기 GSAT 기출 복원

조건
- 전자기기 X, Y, Z는 각각 2대씩 있고, 이 중 세 명이 나눠 가진 전자기기는 총 4대이다.
- 전자기기를 나누어 갖지 못한 사람은 없다.
- B는 Z를 1대 이상 갖는다.
- C는 Y를 1대 이상 갖는다.
- 전자기기 2대를 가진 사람은 X를 반드시 1대 이상 갖는다.

① B가 X를 갖는 경우는 2가지이다.
② C가 Z를 갖는 경우는 1가지이다.
③ A가 전자기기 2개를 갖는 경우는 3가지이다.
④ A와 B가 같은 개수의 전자기기를 갖는 경우는 2가지이다.
⑤ B와 C가 같은 개수의 전자기기를 갖는 경우는 2가지이다.

33 케이블 포트를 동시에 연결해 주는 허브가 있다. 이 허브에는 A타입 포트를 2개 연결할 수 있고, B타입과 C타입 포트는 각각 3개씩 연결할 수 있다. 같은 타입의 포트여도 데이터가 전송되는 속도는 서로가 모두 다르다. 갑~정 4명이 [조건]에 따라 포트를 연결할 때, 항상 옳은 것을 고르면?(단, 각 포트에 연결할 수 있는 기기는 1개이다.) 2022 하반기 GSAT 기출 복원

조건
- A타입 포트에서 데이터 전송 속도가 느린 곳에 갑이 기기를 연결했다.
- B타입 포트에서 데이터 전송 속도가 가장 빠른 곳에 을이 기기를 연결했다.
- C타입 포트에서 데이터 전송 속도가 두 번째로 빠른 곳에 병이 기기를 연결했다.

① 정이 A타입 포트에 기기를 1개 연결할 수 있는 경우의 수는 2가지이다.
② 정이 A타입 포트를 제외한 포트에 기기를 1개 연결할 수 있는 경우의 수는 4가지이다.
③ 정이 A~C타입 기기가 1개씩 있다면 허브에 기기를 연결할 수 있는 경우의 수는 6가지이다.
④ 정이 A타입, C타입의 기기가 1개씩 있다면 허브에 기기를 연결할 수 있는 경우의 수는 4가지이다.
⑤ 정이 B타입 기기 1개가 있다면 을보다 전송 속도가 느린 포트에 기기를 연결하는 경우는 1가지이다.

34 1~9층짜리 어느 건물에 홀수 층에만 서는 엘리베이터가 1층에서 9층으로 올라가려고 한다. 주어진 [조건]에 따라 A~E의 5명이 엘리베이터에 탑승하고 내렸을 때, 항상 옳지 않은 것을 고르면?

2022 하반기 GSAT 기출 복원

조건

- A와 B가 1층에서 텅 빈 엘리베이터에 탑승하였고, D는 혼자 탑승하였다.
- B와 D가 각각 탑승한 층의 사이에 있는 층에서 2명이 타고, 1명이 내렸다.
- 엘리베이터가 9층에 도착했을 때 엘리베이터를 탄 사람은 없었고, A와 D를 포함하여 3명이 내렸다.
- C는 3층에서 탑승하였고, 7층에서 내렸다.
- 자신이 탑승한 층에서 바로 내린 사람은 없다.

① 가능한 경우의 수는 6가지이다.
② 9층에서 내리는 사람은 A, B, D이다.
③ D가 탑승할 때 누군가 내린 경우는 3가지이다.
④ D가 5층에서 탑승하면 E는 3층에서 탑승해야 한다.
⑤ 3층에서 내리는 사람이 있다면 B 또는 E 중 1명이다.

35 삼성화재 총무, 영업, 마케팅, 지원 부서에 새로 입사한 신입 직원들의 사원증을 제작하려고 한다. 주어진 [조건]에 따라 사원증을 제작했을 때, 항상 옳은 것을 고르면?

2022 하반기 GSAT 기출 복원

조건

- 부서별로 사원증 줄의 색깔은 각각 빨강, 노랑, 파랑, 검정 중의 하나이며, 부서끼리 서로 다르다.
- 총무 부서 사원증 줄의 재질은 플라스틱이고, 색깔은 빨강 또는 검정이다.
- 마케팅 부서 사원증 줄의 재질은 플라스틱이고, 색깔은 파랑이 아니다.
- 지원 부서 사원증 줄의 재질은 고무이고, 색깔은 노랑 또는 검정이다.
- 영업 부서 사원증 줄의 재질은 플라스틱이다.

① 가능한 경우는 3가지이다.
② 사원증 줄의 재질이 플라스틱인 부서는 2개이다.
③ 사원증 줄의 색을 정확히 알 수 있는 부서는 없다.
④ 사원증 줄의 재질이 플라스틱인 부서의 사원증 줄의 색깔은 노랑이 아니다.
⑤ 지원 부서 사원증 줄의 색이 노랑이면 총무 부서 사원증 줄의 색은 검정이다.

36 **A, B, C는 리더십, 명상, 금융 교육 중 두 가지를 수료해야 한다. 주어진 [조건]에 따라 교육을 듣는다고 할 때, 항상 옳은 것을 고르면?** 2022 상반기 GSAT 기출 복원

조건
- 각 교육은 오전과 오후에 한 번씩 진행된다.
- 시간대별로 A~C는 서로 다른 강의를 1가지씩 수료한다.
- A~C는 각자 오전과 오후에 다른 강의를 수료한다.
- A는 오후에 금융 교육을 수료하지 않는다.
- B는 오전에 리더십 교육을 수료한다.

① 가능한 경우는 모두 2가지이다.
② B가 오후에 금융 교육을 수료하면 C는 오후에 명상 교육을 수료한다.
③ C가 오후에 명상 교육을 수료하면 A는 오전에 명상 교육을 수료한다.
④ B가 금융 교육을 수료하지 않으면 C는 오전에 금융 교육을 수료한다.
⑤ A는 금융 교육을 수료하지 않는다.

37 **공장을 3×3 구역으로 나누어 각 구역에 반도체 장비를 하나씩 설치하려고 한다. 주어진 [조건]에 따라 설치하려고 할 때, 항상 옳은 것을 고르면?**(단, 구역 윗줄부터 1행이고, 가장 좌측부터 1열이다.) 2022 상반기 GSAT 기출 복원

조건
- 반도체 장비는 A, B, C 세 가지가 있고, 각 장비는 2대씩 설치한다.
- 1행 3열과 3행 1열에는 설치를 하지 않는다.
- 한 행에 최대 2대의 장비를 설치한다.
- A장비는 같은 열에 2대를 이어서 설치한다.
- 3행 2열에는 B장비를 설치한다.
- C장비는 같은 행에 2대를 이어서 설치한다.

① B장비를 1행에 설치하는 경우의 수는 1가지이다.
② B장비는 같은 행에 2대를 이어서 설치한다.
③ B장비는 같은 열에 2대를 이어서 설치한다.
④ C장비를 1행에 설치하면 2행 1열에는 B장비를 설치한다.
⑤ A장비는 3열에 설치한다.

38 A가 최신형 냉장고의 상판 색과 하판 색을 고르고 있다. 가능한 색상 조합이 [조건]을 따른다고 할 때, 항상 옳지 <u>않은</u> 것을 고르면? 2022 상반기 GSAT 기출 복원

조건

- 선택할 수 있는 색상은 흰색, 하늘색, 베이지색, 분홍색, 회색이고, 상판과 하판의 색은 각각 한 가지이다.
- 상판색과 하판색은 서로 다른 색이다.
- 흰색은 회색과 조합할 수 없다.
- 하늘색은 하판에 사용할 수 없다.
- 분홍색은 베이지색이랑만 조합이 가능하다.
- 하판이 흰색이라면 상판은 베이지색이다.

① 가능한 경우는 모두 8가지이다.
② 분홍색은 상판에 사용할 수 없다.
③ 하판이 베이지색인 경우는 4가지이다.
④ 회색을 상판에 사용하면 하판에는 베이지색을 사용한다.
⑤ 상판에 하늘색을 사용하면 하판에는 회색을 사용한다.

39 10명의 직원 A~J가 아메리카노와 카페라떼 중 한 가지를 주문하였다. 주어진 [조건]에 따라 주문하였다고 할 때, 항상 옳지 <u>않은</u> 것을 고르면? 2022 상반기 GSAT 기출 복원

조건

- A는 B와 같은 음료를 주문하였다.
- J는 아메리카노를 주문하지 않았다.
- B는 J와 다른 음료를 주문하였다.
- C는 D와 다른 음료를 주문하였다.
- E가 마시는 음료를 주문한 사람은 4명 이하이다.
- G는 H와 같은 음료를 주문하였다.
- I는 D와 같은 음료를 주문하였다.

① D가 아메리카노를 주문하는 경우는 2가지이다.
② F가 아메리카노를 주문하면 G도 아메리카노를 주문한다.
③ E가 아메리카노를 주문하는 경우는 1가지이다.
④ C가 카페라떼를 주문하면 카페라떼를 주문하는 사람은 3명이다.
⑤ E와 G는 서로 같은 음료를 주문한다.

40 A사에서는 복도에 캔, 플라스틱, 비닐, 종이, 일반쓰레기 수거함을 설치하려고 한다. 주어진 [조건]에 따라 설치한다고 할 때, 항상 옳지 않은 것을 고르면? 2022 상반기 GSAT 기출 복원

조건

- 수거함들은 일렬로 세운다.
- 비닐 수거함은 종이 수거함과 이웃하도록 세운다.
- 캔 수거함은 플라스틱 수거함보다 왼쪽에 세운다.
- 일반쓰레기 수거함은 가장 오른쪽에 세운다.
- 일반쓰레기 수거함과 종이 수거함은 이웃하지 않도록 세운다.

① 캔 수거함이 비닐 수거함보다 왼쪽에 위치하는 경우는 3가지이다.
② 플라스틱 수거함이 왼쪽에서 두 번째에 위치하면 비닐 수거함은 오른쪽에서 두 번째에 위치한다.
③ 캔 수거함이 종이 수거함보다 오른쪽에 있다면 종이 수거함은 비닐 수거함보다 왼쪽에 위치한다.
④ 종이 수거함이 세 번째에 위치하면 플라스틱 수거함은 비닐 수거함과 이웃한다.
⑤ 캔 수거함은 일반쓰레기 수거함과 이웃하지 않는다.

41 A~E가 운동화 신제품 증정 행사에 응모하였다. 이 중 2명을 추첨하여 각자의 사이즈에 맞는 운동화를 증정하는데 발 사이즈가 275mm인 사람이 3명이고, 280mm인 사람이 2명이다. A~E가 추첨 결과에 대해 이야기를 나누는데 이 중 당첨된 사람은 거짓만을 이야기하고, 당첨되지 않은 사람은 참만을 이야기 할 때, 다음 [대화]를 바탕으로 당첨된 사람을 바르게 짝지은 것을 고르면?(단, 거짓을 말하는 사람의 발언은 모두 거짓이다.) 2022 상반기 GSAT 기출 복원

대화

- A: "B와 E의 발 사이즈가 같아."
- B: "증정 행사에 당첨된 사람의 발 사이즈는 서로 달라."
- C: "내 발 사이즈는 275mm야."
- D: "증정 행사에 당첨된 사람의 발 사이즈는 모두 275mm야."
- E: "D는 당첨되지 않았고, D의 발 사이즈는 275mm야."

① A, B　② A, C　③ B, D
④ B, E　⑤ D, E

PART 2 추리

42 8개의 샘플을 넣는 원심분리기가 있다. 샘플을 넣는 구멍은 일정한 간격으로 위치한다. 원심분리기를 사용하기 위해서는 서로 마주 보는 샘플의 무게가 동일해야 한다. 5ml, 10ml, 15ml, 20ml의 시료가 담긴 샘플을 원심분리하기 위해 5ml, 10ml, 15ml, 20ml의 물이 담긴 샘플을 준비하고 주어진 [조건]에 따라 샘플을 넣었다고 할 때, 옳은 것을 고르면?

2022 상반기 GSAT 기출 복원

조건
- 샘플 A~D에는 시료가 담겨져 있고, 샘플 E~H에는 물이 담겨져 있다.
- 시료가 담긴 샘플 4개는 서로 이웃한다.
- F에는 20ml가 담겨져 있다.
- A는 G와 마주 본다.
- B에는 10ml가 담겨져 있다.
- C의 왼쪽에 E가 위치한다.
- B는 A와 이웃하지 않는다.
- 15ml가 담긴 샘플은 D와 마주 본다.

① A의 왼쪽에 D가 있다.
② F는 B와 마주 본다.
③ H에는 15ml가 담겨져 있다.
④ C에는 5ml가 담겨져 있다.
⑤ B는 G와 이웃한다.

43 직원 A~F가 1인 1실 기숙사에 입주하였다. 주어진 [조건]에 따라 입주했다고 할 때, 항상 옳은 것을 고르면?

2022 상반기 GSAT 기출 복원

201호	202호	203호
101호	102호	103호

조건
- A~C는 여자이고, D~F는 남자이다.
- A, D는 과장, B, E는 대리, C, F는 주임이다.
- 여자와 남자는 서로 다른 층에 입주한다.
- 대리 바로 위의 기숙사에는 대리가 입주하지 않는다.
- 103호에는 F가 입주한다.
- 202호에는 과장이 입주하지 않는다.

① B는 203호에 입주한다.
② C가 202호에 입주하는 경우는 2가지이다.
③ 과장이 201호에 입주하는 경우는 3가지이다.
④ F가 E와 이웃한다면 여자 대리는 201호에 입주한다.
⑤ 과장의 바로 위에는 과장이 입주하지 않는다.

44 A와 B가 각자 빨간색, 주황색, 노란색, 초록색, 파란색 벽돌 중 서로 다른 색 세 가지를 골라 3층 탑을 쌓고 있다. 주어진 [조건]에 따라 벽돌을 쌓았다고 할 때, 항상 옳은 것을 고르면?

2022 상반기 GSAT 기출 복원

조건

- A와 B는 같은 층에 서로 다른 색의 벽돌을 쌓는다.
- A와 B가 고른 벽돌 중 색이 같은 벽돌은 하나이다.
- A는 1층에 빨간 벽돌을 쌓는다.
- B는 3층에 파란 벽돌을 쌓는다.
- A는 초록 벽돌을 선택하지 않았다.
- B는 노란 벽돌을 선택하였다.

① 가능한 경우는 모두 7가지이다.
② 빨간 벽돌과 주황 벽돌이 같은 층에 위치하는 경우는 1가지이다.
③ A와 B가 모두 파란 벽돌을 선택하는 경우는 3가지이다.
④ 주황 벽돌과 노란 벽돌은 같은 층에 위치하지 않는다.
⑤ B는 초록 벽돌을 선택한다.

45 우체부가 빨간색 봉투, 노란색 봉투, 초록색 봉투, 파란색 봉투에 담긴 편지를 각각 2개씩 우편함에 넣었다. 우편함의 배치가 다음과 같고, 1개 우편함을 제외한 모든 우편함에는 하나의 편지가 배송되었다. 주어진 [조건]에 따라 배송했다고 할 때, 항상 옳지 않은 것을 고르면?

2022 상반기 GSAT 기출 복원

301호	302호	303호
201호	202호	203호
101호	102호	103호

조건

- 초록색 봉투는 서로 다른 층에 배송되었다.
- 빨간색 봉투는 바로 위아래 우편함에 이웃하여 배송되었다.
- 노란색 봉투는 바로 옆에 서로 이웃하여 배송되었다.
- 파란색 봉투 바로 위에는 초록색 봉투가 배송되었다.
- 101호에는 편지가 배송되지 않았다.

① 201호에는 빨간색 봉투가 배송된다.
② 103호에 파란색 봉투가 배송되면 202호에는 빨간색 봉투가 배송된다.
③ 303호에는 노란색 봉투가 배송된다.
④ 203호에는 초록색 봉투가 배송된다.
⑤ 파란색 봉투는 빨간색 봉투와 같은 층에 배송된다.

46 A, B, C, D 네 명이 각각 서로 다른 금액의 상품권을 받았다. 네 사람의 상품권 금액의 합은 20만 원이다. 다음 [대화]에서 가장 많은 상품권을 받은 사람의 진술만이 거짓일 때, 항상 거짓인 것을 고르면?

2021 하반기 GSAT 기출 복원

대화

- A: "내 상품권은 B의 상품권보다 금액이 낮아."
- B: "나는 상품권 금액이 두 번째로 높지 않아."
- C: "내 상품권은 D의 상품권보다 금액이 낮아."
- D: "내 상품권은 A의 상품권보다 금액이 높아."

① 거짓말을 하고 있는 사람은 C이다.
② A와 C의 상품권 금액의 합은 B와 D의 상품권 금액의 합보다 크다.
③ A와 D의 상품권 금액의 합은 B와 C의 상품권 금액의 합보다 크다.
④ D의 상품권 금액은 B의 상품권 금액보다 높다.
⑤ A의 상품권 금액은 5만 원 미만이다.

47 다음과 같이 3×3 칸에 A~E 5개 포장 상품을 먼저 포장된 순서에 따라 1~9번 칸에 두려고 한다. 주어진 [조건]에 따라 상품을 두었다고 할 때, 항상 거짓인 것을 고르면?

2021 하반기 GSAT 기출 복원

	1열	2열	3열
1행	1	2	3
2행	4	5	6
3행	7	8	9

조건

- 포장이 먼저 완료되었을수록 칸의 숫자는 작다.
- C는 네 번째로 포장이 완료되었다.
- B는 3행에 진열되었다.
- 2행에 있는 상품은 1개이고, 2열에 있는 상품도 1개이다.
- A는 D 바로 다음으로 포장이 완료됐고, D의 바로 아래에 진열되었다.
- E는 1열에 진열되었다.

① A는 3행에 진열되었다.
② C는 1열에 진열되었다.
③ B는 8번에 진열되었다.
④ C는 A의 바로 아래에 진열되었다.
⑤ E는 D의 바로 위에 진열되었다.

48 여섯 개의 강철 용기 A~F 중 진공인 용기가 2개, 질소가 4기압, 2기압씩 채워져 있는 용기가 각각 1개, 아르곤이 4기압, 2기압씩 채워져 있는 용기가 각각 1개 있다. 현재 밸브는 모두 잠겨 있는 상태이고, 밸브를 열었을 때, 각 용기의 기압 변화가 다음 [조건]을 따른다. 이때, **옳은 것을 고르면?**(단, 밸브를 열고 충분한 시간이 지난 후 압력을 측정하였다.)

2021 하반기 GSAT 기출 복원

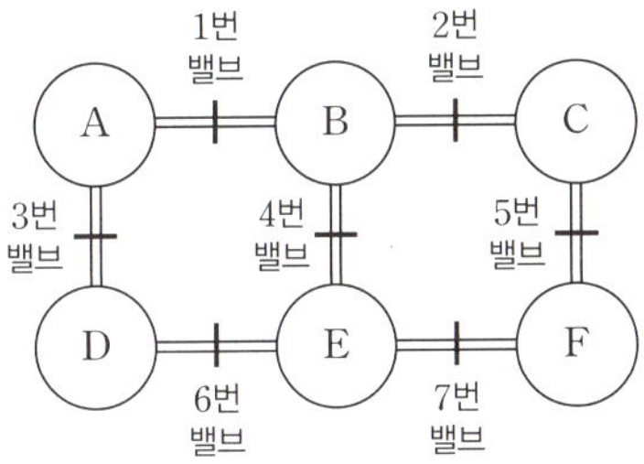

조건

- 밸브를 열면 두 용기가 연결되어 각 용기에 있던 기체의 압력은 절반으로 줄어들고 두 용기에 균등하게 분배된다.
- 1번 밸브를 열면 B용기에는 2기압의 아르곤이 존재한다.
- 5번 밸브를 열면 C용기와 F용기의 압력은 각각 3기압이 된다.
- 7번 밸브를 열면 E용기와 F용기의 압력이 변하지 않는다.
- 6번 밸브를 열면 D용기에 질소만 존재한다.
- 4번 밸브를 열면 E용기의 기체 종류에 변화가 없다.

① 밸브를 열기 전 C용기의 압력은 2기압이다.
② 밸브를 열기 전 B용기는 진공이다.
③ 3번 밸브를 열면 A용기에 두 가지 종류의 기체가 존재한다.
④ 밸브를 열기 전 F용기에는 질소 4기압이 채워져 있다.
⑤ 2번 밸브를 열면 B용기의 압력은 4기압이 된다.

49 어느 가전제품 매장에서 냉장고, 에어컨, 세탁기, 건조기, 청소기를 일렬로 진열하려고 한다. 주어진 [조건]에 따라 진열한다고 할 때, 항상 옳은 것을 고르면? 2021 하반기 GSAT 기출 복원

조건

- 냉장고를 가장 앞에 진열하면 에어컨을 세 번째로 진열한다.
- 냉장고를 세 번째로 진열하면 청소기를 네 번째로 진열한다.
- 세탁기와 건조기는 연달아 진열한다.
- 냉장고는 가장 마지막에 진열하지 않는다.
- 에어컨을 가장 앞에 진열하면 세탁기를 네 번째로 진열한다.
- 건조기를 세 번째로 진열하면 청소기를 다섯 번째로 진열한다.

① 가능한 경우는 총 16가지이다.
② 에어컨을 두 번째로 진열하는 경우는 없다.
③ 청소기를 다섯 번째로 진열하면 냉장고는 네 번째로 진열한다.
④ 건조기를 가장 앞에 진열하는 경우는 네 가지이다.
⑤ 세탁기를 네 번째로 진열하면 건조기를 다섯 번째로 진열한다.

50 A~G가 다음 대진표에 따라 토너먼트 경기를 하고 있다. 주어진 [조건]에 따라 경기했다고 할 때, 옳지 않은 것을 고르면? 2021 하반기 GSAT 기출 복원

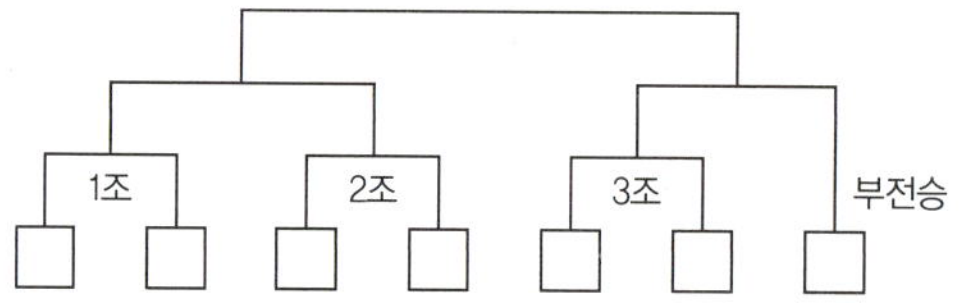

조건

- G와 E는 3, 4위전에서 경기하였다.
- D는 결승에서 B에 승리하였다.
- A는 예선전에서 G와 경기하였다.
- B는 2조이다.
- D와 F는 시합을 하지 않았다.
- E는 부전승으로 준결승에 진출하였다.

① B와 G는 준결승에서 경기하였다.
② A와 G는 3조이다.
③ C는 D와 예선에서 경기하였다.
④ E는 D에게 패배하였다.
⑤ F는 2조이다.

51 미선이는 [조건]에 따라 네 자리 비밀번호를 만들었다. 미선이가 만든 비밀번호에 관한 설명으로 옳지 않은 것을 고르면? 2021 하반기 GSAT 기출 복원

조건
- 비밀번호는 1~9 중 서로 다른 네 숫자로 이루어져 있다.
- 천의 자리 수와 백의 자리 수를 합하면 14이다.
- 십의 자리 수와 일의 자리 수를 합하면 12이다.
- 백의 자리 수는 십의 자리 수보다 1만큼 작다.
- 백의 자리 수는 천의 자리 수보다 크다.

① 일의 자리 수와 백의 자리 수의 차는 1이다.
② 일의 자리 수와 백의 자리 수의 합은 11이다.
③ 일의 자리 수가 가장 작은 수이다.
④ 백의 자리 수와 십의 자리 수의 합은 17이다.
⑤ 천의 자리 수와 일의 자리 수의 차는 3이다.

52 같은 시간대에 출근하는 A~E 중 2명은 자가용을 이용하여 출근을 하고, 3명은 셔틀 버스 또는 도보로 출근을 한다. 이 중 자가용을 이용하여 출근하는 사람은 항상 거짓, 나머지 사람들은 항상 참만을 이야기한다. 다음 [대화]를 바탕으로 항상 옳은 것을 고르면?(단, 셔틀 버스를 이용하는 사람이 아닌 경우에는 출근 시 회사 정류장을 지나치지 않는다.) 2021 하반기 GSAT 기출 복원

대화
- A: "나는 아침에 회사 정류장에서 E를 만나."
- B: "나는 도보로 출근해."
- C: "나는 아침에 회사 정류장에서 D를 만나."
- D: "나는 셔틀 버스로 출근하고, 회사 정류장에서 E를 보지 못했어."
- E: "나는 자가용을 타고 출근하지 않아."

① 셔틀 버스로 출근하는 사람은 2명이다.
② 도보로 출근하는 사람은 적어도 1명이다.
③ A는 자가용을 타고 출근한다.
④ B는 도보로 출근한다.
⑤ E는 셔틀 버스로 출근한다.

정답과 해설 P.57

02 도형·도식추리

영역 특징

추리 15~17번은 도형추리 유형, 18~21번은 도식추리 유형으로 출제된다. 도형추리의 경우 전체 도형 또는 내/외부 도형의 시계/반시계 방향 회전, 음영 이동, 색반전 등의 규칙을 적용해서 해결한다. 도식추리의 규칙으로는 순서 바꾸기, 숫자연산이 주로 출제된다.

문항 수

추리 30문항(30분) 중 도형 · 도식추리 유형은 6~7문항이 출제되는 경향이 있다.

대표유형 체크

대표유형	내용
도형추리	3×3 박스 안 도형들의 규칙을 찾아 빈칸의 도형을 추론하는 문제
도식추리	알파벳 또는 숫자 네 개로 구성된 단어의 변화로 기호의 규칙을 추론하는 문제

2024 상·하반기 기출분석

도형추리 유형에서는 기존에 자주 출제되지 않은 생소한 도형이 등장하였다. 음영 이동, 단순한 위치 합치기, 회전 등 규칙 자체는 단순하나, 도형의 칸 안에서도 달리 구성되어 있는 등 난해한 도형이 포함된 문항이 출제되었다. 도식추리 유형의 경우 규칙이 단순했으며, 깔끔하게 계산할 수 있도록 출제되었다는 평이 많았다.

도형 · 도식추리 대표기출유형

대표유형 ❶ 도형추리

다음에 주어진 도형을 보고 적용된 규칙을 찾아 '?'에 해당하는 적절한 도형을 고르면?

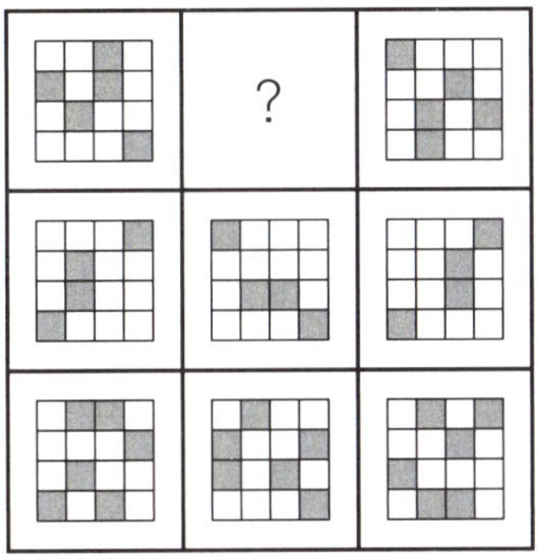

① 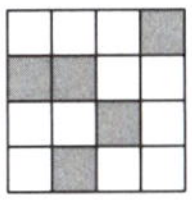

② 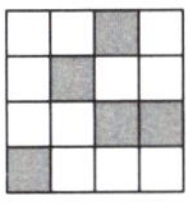

③ 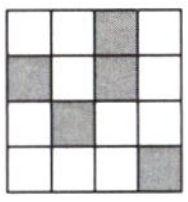

④ 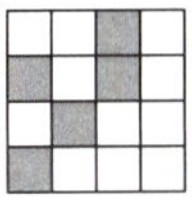

⑤ 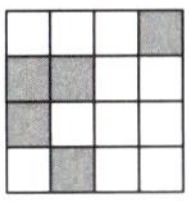

정답해설

오른쪽 열로 이동할 때마다 도형 전체가 반시계 방향으로 90도 회전한다.

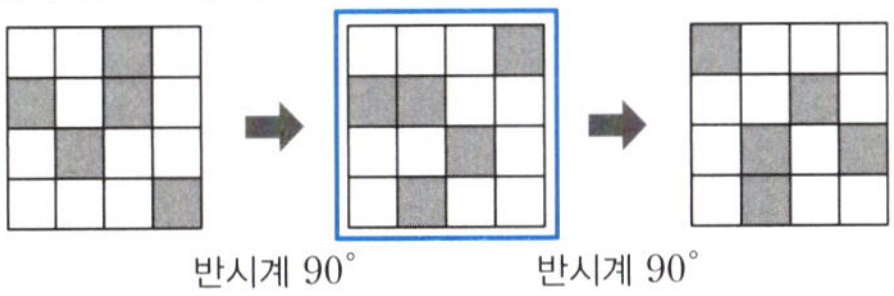

정답 ①

문제 해결 tip

- 도형추리 유형은 주로 시계 방향, 반시계 방향 90° 회전이나 음영의 이동 규칙이 적용된다. 이때 1열 → 2열 → 3열로 규칙이 적용되는 경우도 있고, 1행 → 2행 → 3행으로 규칙이 적용되는 경우도 있으므로 어느 방향으로 규칙이 적용되었는지를 빠르게 파악해 문제를 해결하도록 한다. 4×4 도형의 경우 규칙이 한눈에 들어오지 않는다면 음영의 개수를 세서 규칙의 방향을 파악할 수도 있다.
- 회전 또는 이동 규칙의 적용 여부를 먼저 파악한 뒤 적용되지 않았다면 음영 겹치기, 색반전 등의 음영을 기준으로 규칙을 파악하는 것이 좋다.

대표유형 ❷ 도식추리

기호들이 하나의 규칙을 가지고 아래와 같이 문자나 숫자를 변화시킨다고 한다. 이때 다음 (?)에 들어갈 알맞은 것을 고르면?(단, 가로와 세로 중 한 방향으로만 이동하며, Z 다음은 A, 9 다음은 0이다.)

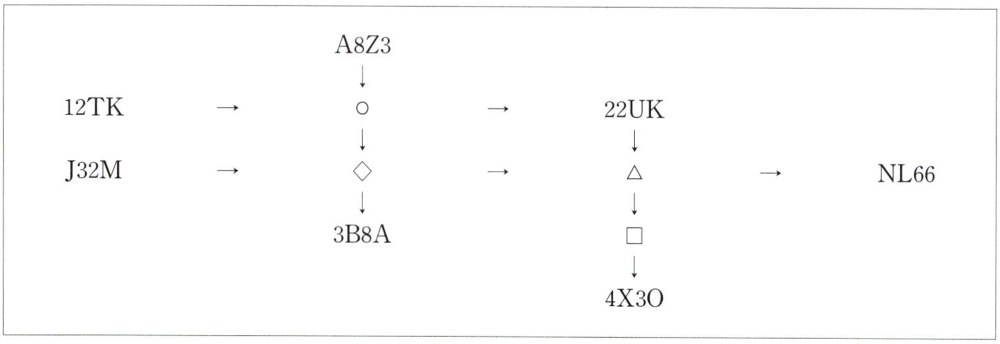

ABCD → ○ → □ → (?)

① DCDC ② BBDD ③ BDBD
④ ADAD ⑤ DBBD

정답해설

다음과 같이 문자표를 일단 적어놓는다.

A	B	C	D	E	F	G	H	I	J	K	L	M
N	O	P	Q	R	S	T	U	V	W	X	Y	Z

주어진 도식을 보면 ○ → ◇ → △ → □ 순으로 규칙을 파악해야 한다.

- ○ : 12TK → 22UK로 추론할 수 있다. 명백한 숫자연산 규칙으로, (+1, 0, +1, 0)이다.
- ◇ : A8Z3에 ○를 적용하면 B8A3이다. 따라서 ◇는 B8A3 → 3B8A로 추론할 수 있다. 명백한 순서 바꾸기 규칙으로, ABCD → DABC이다.
- △ : J32M에 ◇를 적용하면 MJ32이다. 따라서 △는 MJ32 → NL66으로 추론할 수 있다. 명백한 숫자연산 규칙으로, (+1, +2, +3, +4)이다.
- □ : 22UK에 △를 적용하면 34XO이다. 따라서 □는 34XO → 4X3O로 추론할 수 있다. 명백한 순서 바꾸기 규칙으로, ABCD → BCAD이다.

따라서 ABCD → ○ → BBDD → □ → (BDBD)이므로 정답은 ③이다.

정답 ③

PART 2 추리

역대 기출문제

대표유형 1 도형추리

01 다음에 주어진 도형을 보고 적용된 규칙을 찾아 '?'에 해당하는 적절한 도형을 고르면?

2024 상반기 GSAT 기출 복원

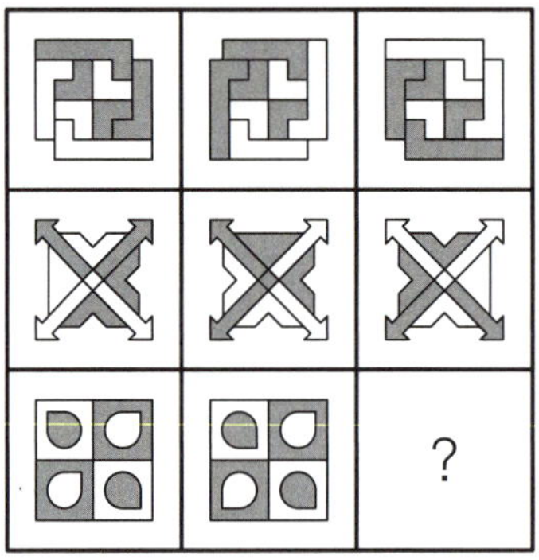

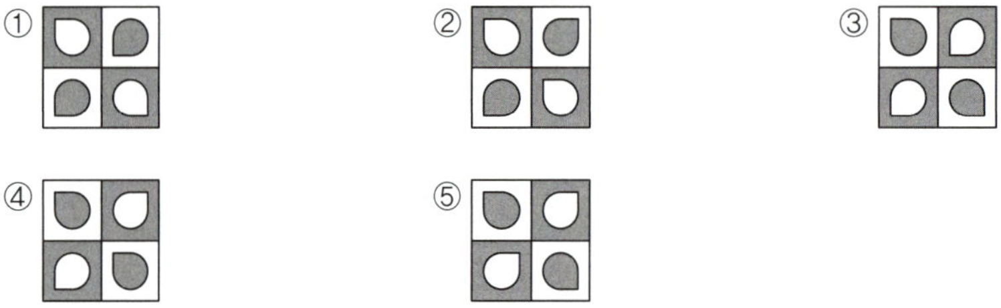

02 다음에 주어진 도형을 보고 적용된 규칙을 찾아 '?'에 해당하는 적절한 도형을 고르면?

2024 상반기 GSAT 기출 복원

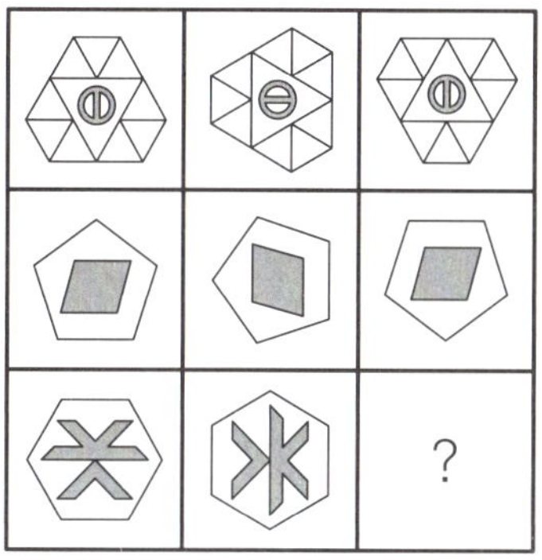

①

②

③

④

⑤
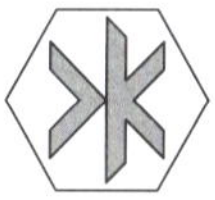

03 다음에 주어진 도형을 보고 적용된 규칙을 찾아 '?'에 해당하는 적절한 도형을 고르면?

2024 상반기 GSAT 기출 복원

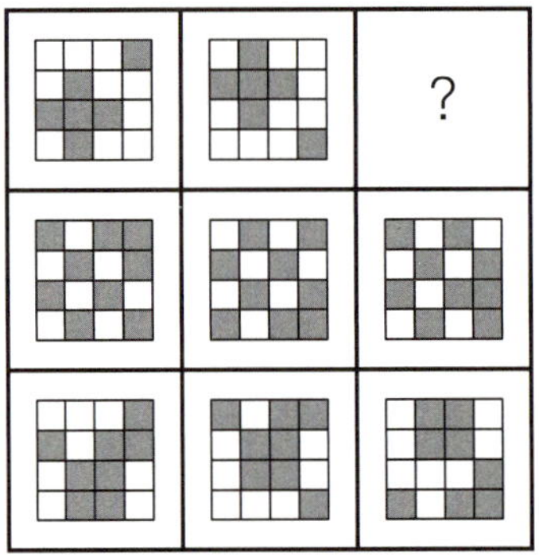

① 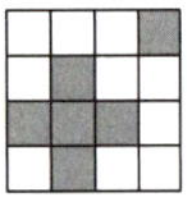

② 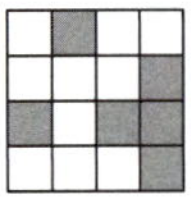

③ 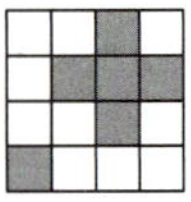

④ 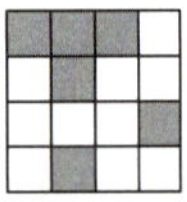

⑤ 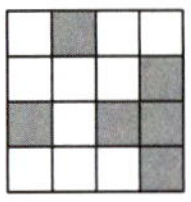

04 다음에 주어진 도형을 보고 적용된 규칙을 찾아 '?'에 해당하는 적절한 도형을 고르면?

2024 상반기 GSAT 기출 복원

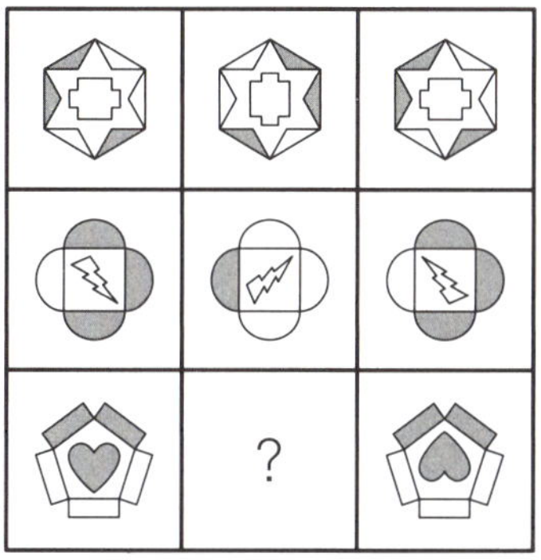

① 

② 

③ 

④ 

⑤ 

05 다음에 주어진 도형을 보고 적용된 규칙을 찾아 '?'에 해당하는 적절한 도형을 고르면?

2023 하반기 GSAT 기출 복원

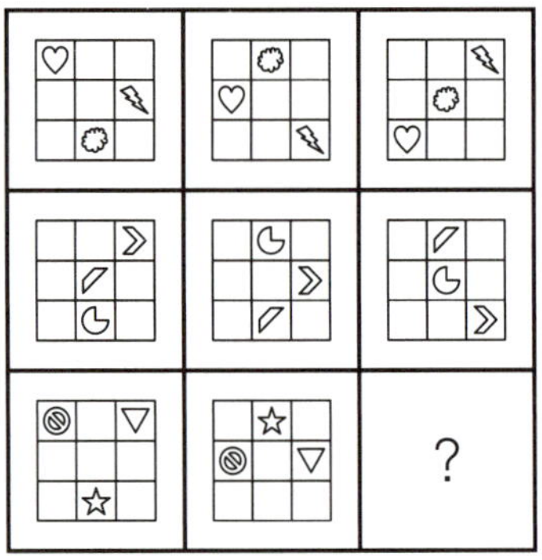

① 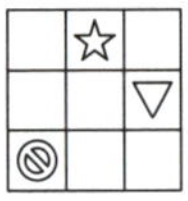

② 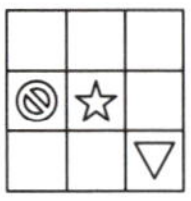

③ 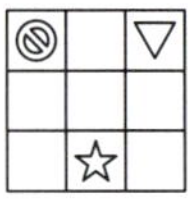

④ 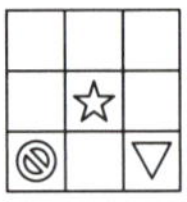

⑤ 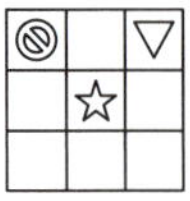

06 다음에 주어진 도형을 보고 적용된 규칙을 찾아 '?'에 해당하는 적절한 도형을 고르면?

2023 상반기 GSAT 기출 복원

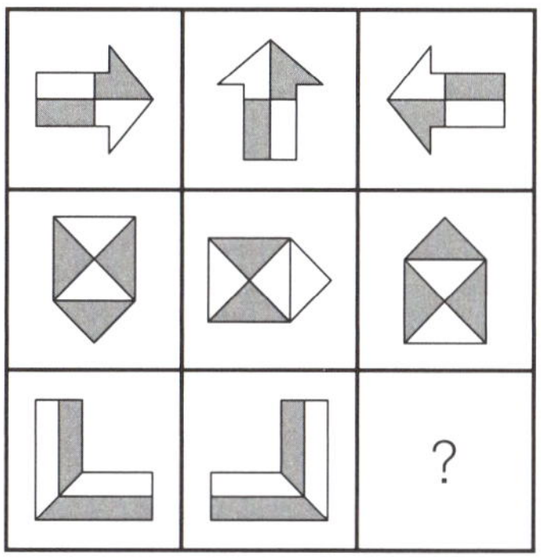

① 

② 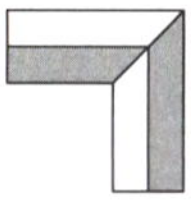

③ 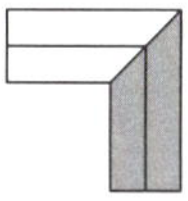

④ 

⑤ 

07 다음에 주어진 도형을 보고 적용된 규칙을 찾아 '?'에 해당하는 적절한 도형을 고르면?

2023 상반기 GSAT 기출 복원

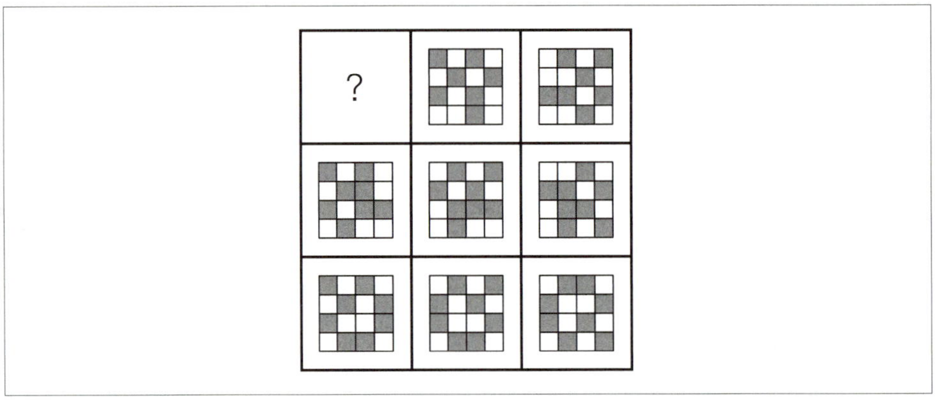

① 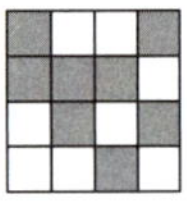

② 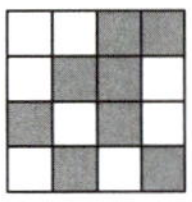

③ 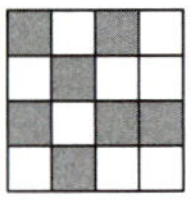

④ 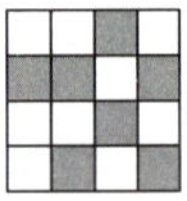

⑤ 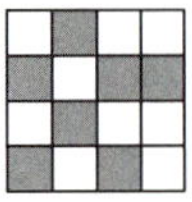

08 다음에 주어진 도형을 보고 적용된 규칙을 찾아 '?'에 해당하는 적절한 도형을 고르면?

2022 하반기 GSAT 기출 복원

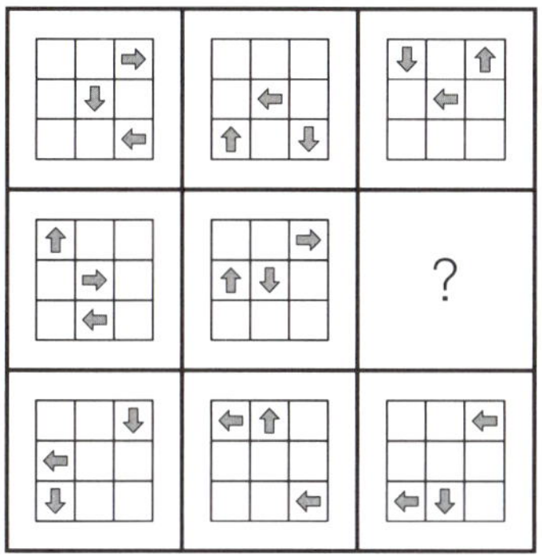

①

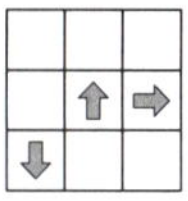

②

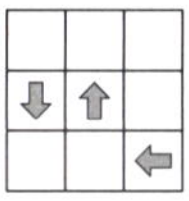

③

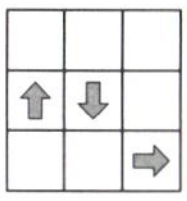

④

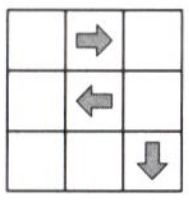

⑤

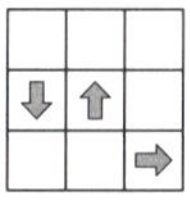

09 다음에 주어진 도형을 보고 적용된 규칙을 찾아 '?'에 해당하는 적절한 도형을 고르면?

2022 하반기 GSAT 기출 복원

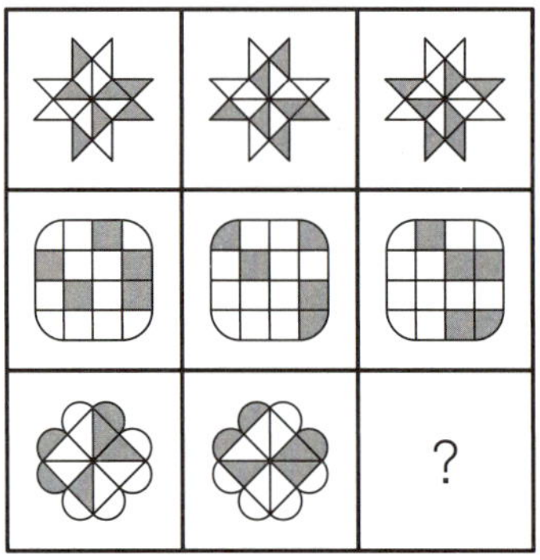

① 

② 

③ 

④ 

⑤ 

10 다음에 주어진 도형을 보고 적용된 규칙을 찾아 '?'에 해당하는 적절한 도형을 고르면?

2022 상반기 GSAT 기출 복원

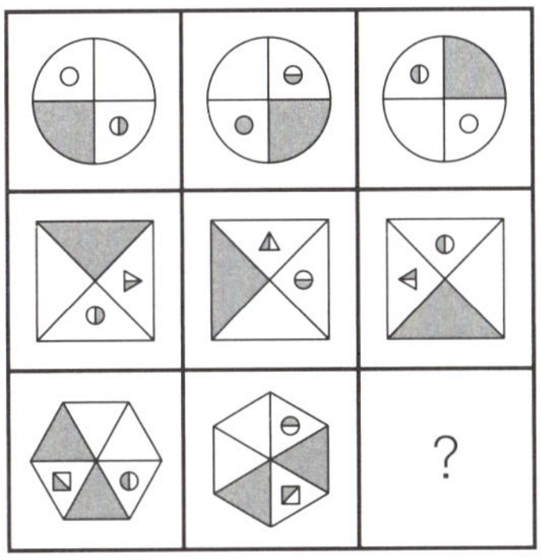

① 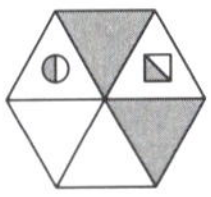

② 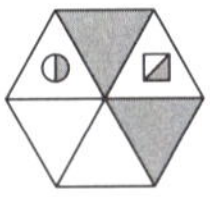

③ 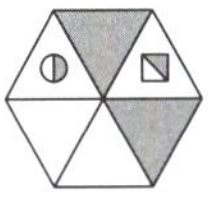

④ 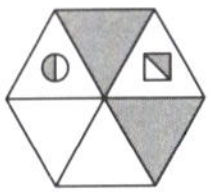

⑤ 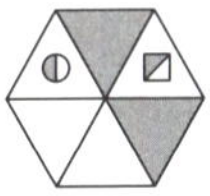

11 다음에 주어진 도형을 보고 적용된 규칙을 찾아 '?'에 해당하는 적절한 도형을 고르면?

2021 하반기 GSAT 기출 복원

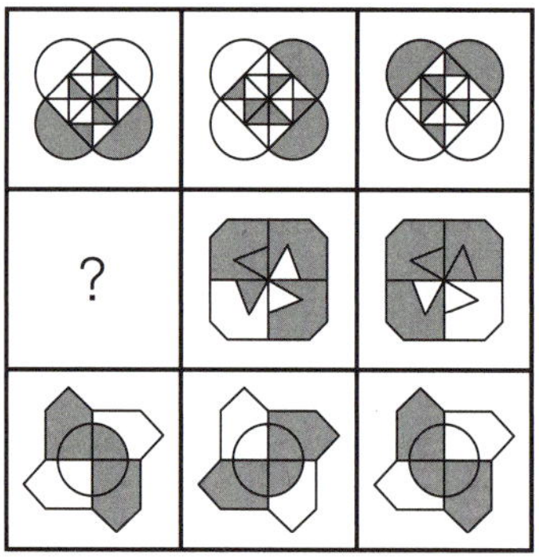

① 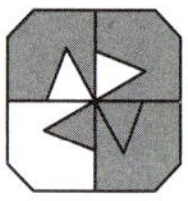

② 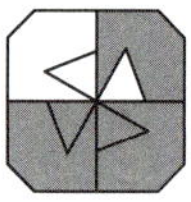

③ 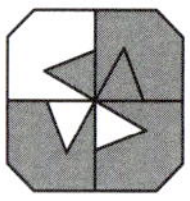

④ 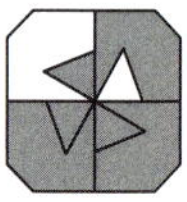

⑤ 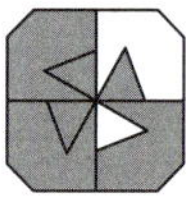

12 다음에 주어진 도형을 보고 적용된 규칙을 찾아 '?'에 해당하는 적절한 도형을 고르면?

2021 하반기 GSAT 기출 복원

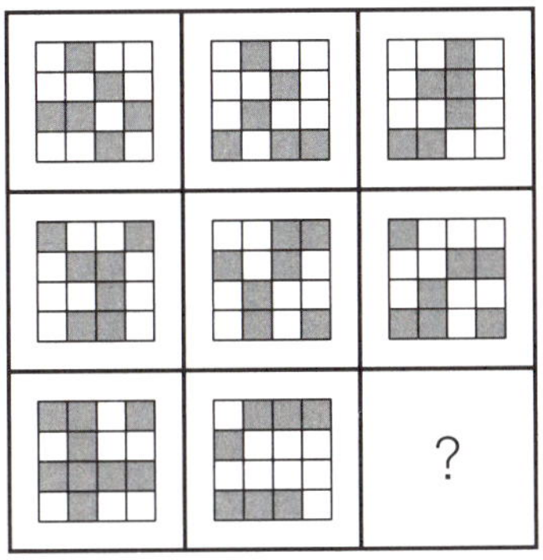

① 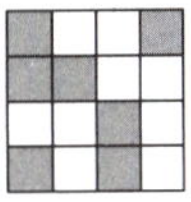

② 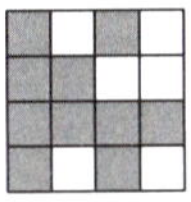

③ 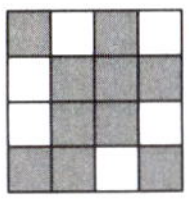

④ 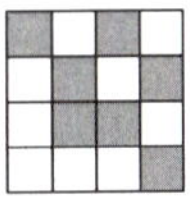

⑤ 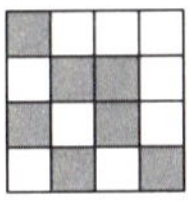

정답과 해설 P.77

[01~04] 기호들이 하나의 규칙을 가지고 아래와 같이 문자나 숫자를 변화시킨다고 한다. 이때 다음 (?)에 들어갈 알맞은 것을 고르시오.(단, 가로와 세로 중 한 방향으로만 이동하며, Z 다음은 A, 9 다음은 0이다.)

2024 상반기 GSAT 기출 복원

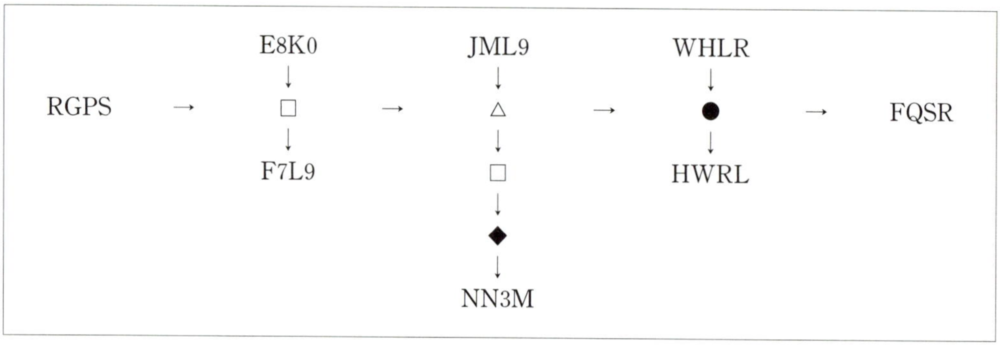

01

9072 → ● → △ → (?)

① 2790
② 2970
③ 2971
④ 2972
⑤ 2980

02

74TG → □ → ● → ◆ → (?)

① 40IY
② 42JY
③ 4O1Y
④ 4O2I
⑤ 42IY

03

(?) → ● → □ → QWER

① XSPD
② XPSD
③ PXSD
④ PSXD
⑤ PXDS

04

(?) → △ → □ → ◆ → 4192

① 0295
② 1140
③ 5092
④ 6090
⑤ 9025

[05~08] 기호들이 하나의 규칙을 가지고 아래와 같이 문자나 숫자를 변화시킨다고 한다. 이때 다음 (?)에 들어갈 알맞은 것을 고르시오.(단, 가로와 세로 중 한 방향으로만 이동하며, Z 다음은 A, 9 다음은 0이다.)

2023 하반기 GSAT 기출 복원

				J2T9				
				↓				
SLSD	→	☆	→	□	→	TKRE		
				↓				
		LO43	→	△	→	♧	→	4L3O
				↓				
		6715	→	♧	→	1765		
				↓				
				UK70				

05

STAR → ♧ → ☆ → (?)

① AUUU ② YUSU ③ QUAU
④ CUSU ⑤ AUQU

06

E6W8 → □ → ☆ → △ → (?)

① 9FV5 ② 3FV9 ③ V5F9
④ 5FV3 ⑤ V3F9

07

(?) → □ → △ → BOOK

① LZPM ② JDNQ ③ PIPZ
④ NMND ⑤ NQAM

08

(?) → △ → ♧ → ☆ → 9876

① 7395 ② 9599 ③ 7399
④ 9395 ⑤ 9793

[09~12] 기호들이 하나의 규칙을 가지고 아래와 같이 문자나 숫자를 변화시킨다고 한다. 이때 다음 (?)에 들어갈 알맞은 것을 고르시오.(단, 가로와 세로 중 한 방향으로만 이동하며, Z 다음은 A, 9 다음은 0이다.)

2023 상반기 GSAT 기출 복원

B8K4	→	☆	→	○	→	B9M7				
						↓				
				47DA	→	□	→	AD74		
						↓				
				8HS4	→	◇	→	☆	→	7HR4
						↓				
						7N9C				

09

493T → □ → ○ → (?)

① 46V9　② V694　③ 58U2
④ U528　⑤ 285U

10

FD6I → ☆ → ◇ → □ → (?)

① J0KE　② EC5I　③ I5DE
④ 6HEC　⑤ EC6H

11

(?) → □ → ◇ → 6894

① 3976　② 6514　③ 6723
④ 8652　⑤ 9513

12

(?) → ○ → ☆ → ◇ → 6YG7

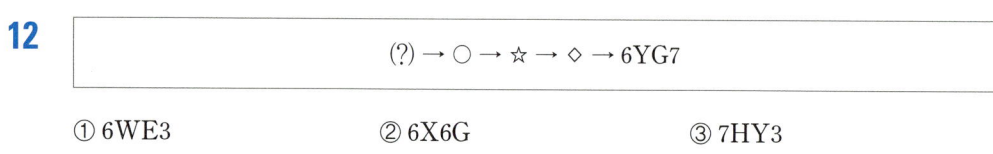

① 6WE3　② 6X6G　③ 7HY3
④ 7YH7　⑤ 7Y6W

[13~16] 기호들이 하나의 규칙을 가지고 아래와 같이 문자나 숫자를 변화시킨다고 한다. 이때 다음 (?)에 들어갈 알맞은 것을 고르시오.(단, 가로와 세로 중 한 방향으로만 이동하며, Z 다음은 A, 9 다음은 0이다.)

2023 상반기 GSAT 기출 복원

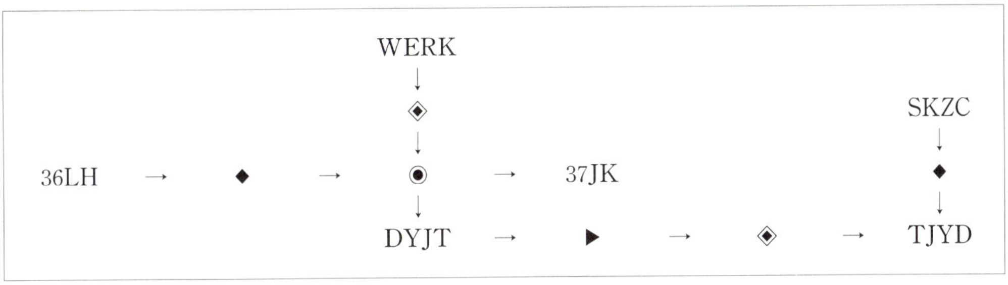

13

5TG8 → ▶ → ◆ → (?)

① H74U ② 4UH7 ③ G85T
④ D4J9 ⑤ 7H5U

14

6JRE → ◈ → ◆ → ◉ → (?)

① E7CM ② J6DU ③ J7CU
④ 7JUD ⑤ 8FVN

15

(?) → ◈ → ▶ → E9J2

① 2J9E ② 9CJ7 ③ 3BM4
④ H09D ⑤ L8F3

16

(?) → ◉ → ◆ → ▶ → 3954

① 1564 ② 5356 ③ 5612
④ 7054 ⑤ 7534

[17~20] 기호들이 하나의 규칙을 가지고 아래와 같이 문자나 숫자를 변화시킨다고 한다. 이때 다음 (?)에 들어갈 알맞은 것을 고르시오.(단, 가로와 세로 중 한 방향으로만 이동하며, Z 다음은 A, 9 다음은 0이다.)

2022 하반기 GSAT 기출 복원

		EPGU				USDW		
		↓				↓		
HDSL	→	♠	→	◇	→	♣	→	DMSI
		↓				↓		
YIHU	→	♡	→	XIGU		♠		
		↓				↓		
		TGDP				XDUT		

17

FALW → ♣ → ♠ → (?)

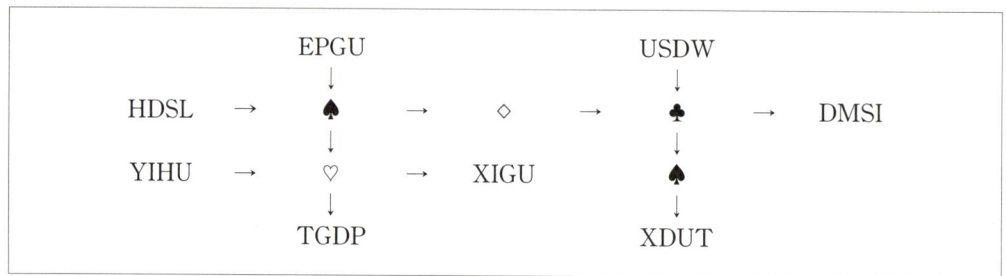

① WMGA ② XLBF ③ WMBF
④ WMAG ⑤ XLFB

18

CIDE → ♣ → ◇ → ♡ → (?)

① GCKD ② FCJD ③ ECID
④ FCDJ ⑤ ECDI

19

(?) → ♡ → ♠ → VOTE

① SENV ② UEPV ③ FTWO
④ TEOV ⑤ DTUO

20

(?) → ♠ → ♡ → ◇ → APLR

① SALQ ② QLSA ③ OLQA
④ SAQL ⑤ SQLA

[21~24] 기호들이 하나의 규칙을 가지고 아래와 같이 문자나 숫자를 변화시킨다고 한다. 이때 다음 (?)에 들어갈 알맞은 것을 고르시오.(단, 가로와 세로 중 한 방향으로만 이동하며, Z 다음은 A, 9 다음은 0이다.)

2022 하반기 GSAT 기출 복원

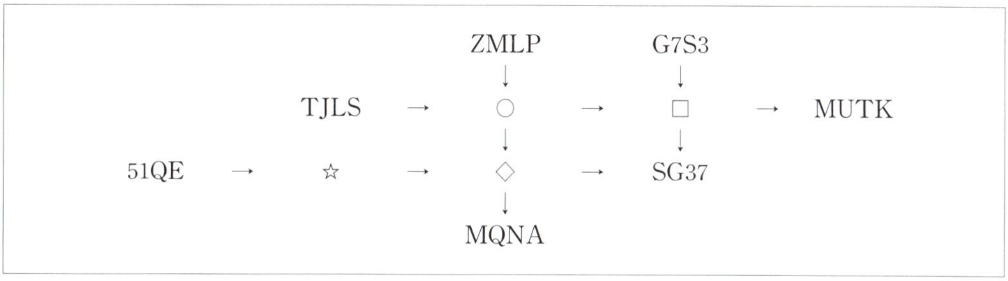

21

0B2I → □ → ☆ → (?)

① 31JC ② 19HA ③ 32JD
④ 42KD ⑤ 08GZ

22

ORGC → ◇ → ○ → □ → (?)

① SDHP ② SHDP ③ SDPH
④ SPHD ⑤ SHPD

23

(?) → ☆ → ○ → 75DS

① 42AP ② 31ZO ③ 86ET
④ 64CR ⑤ 53BQ

24

(?) → □ → ◇ → ☆ → MXDA

① ZFOC ② YBKV ③ KVBY
④ FCZO ⑤ BVYK

[25~28] 기호들이 하나의 규칙을 가지고 아래와 같이 문자나 숫자를 변화시킨다고 한다. 이때 다음 (?)에 들어갈 알맞은 것을 고르시오.(단, 가로와 세로 중 한 방향으로만 이동하며, Z 다음은 A, 9 다음은 0이다.)

2022 상반기 GSAT 기출 복원

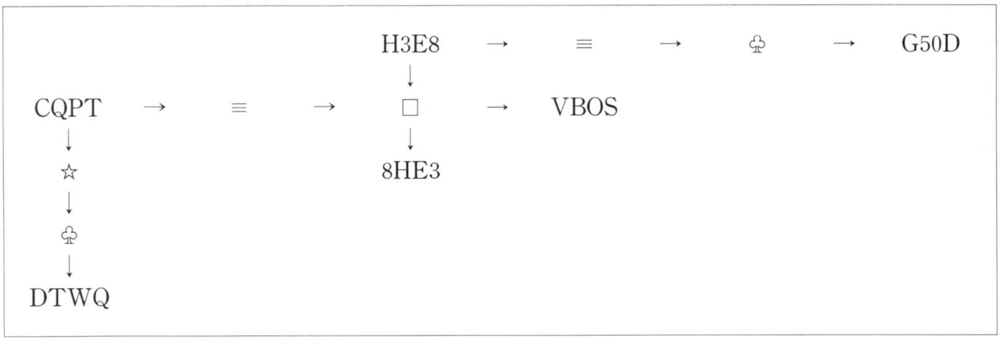

25

FJBX → ♧ → ≡ → (?)

① LWED ② EMDV ③ ECWK
④ ELWD ⑤ MLDF

26

P74B → ☆ → □ → ≡ → (?)

① DS42 ② D42S ③ 4D2S
④ D34S ⑤ SD42

27

(?) → □ → ☆ → 66LU

① 3R5K ② 35RK ③ 53KR
④ 5K3R ⑤ 3RK5

28

(?) → ≡ → ♧ → ☆ → ENDJ

① DECH ② HIAE ③ BEHJ
④ EIHA ⑤ IADC

[29~32] 기호들이 하나의 규칙을 가지고 아래와 같이 문자나 숫자를 변화시킨다고 한다. 이때 다음 (?)에 들어갈 알맞은 것을 고르시오.(단, 가로와 세로 중 한 방향으로만 이동하며, Z 다음은 A, 9 다음은 0이다.)

2022 상반기 GSAT 기출 복원

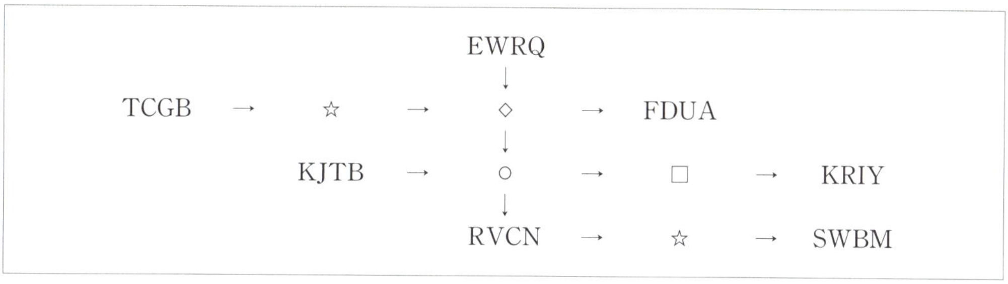

29

KING → ◇ → ☆ → (?)

① OFJF ② JOFJ ③ OJJF
④ FOFJ ⑤ FJJO

30

IAWN → ☆ → □ → ○ → (?)

① JUZJ ② VIZJ ③ VLJY
④ ZHVJ ⑤ KJVX

31

(?) → ◇ → ○ → POOH

① KPQP ② PPKQ ③ PKKQ
④ QKKP ⑤ QPPK

32

(?) → □ → ☆ → ◇ → GCFQ

① RHCF ② AIEF ③ SECR
④ EHBR ⑤ BTGH

[33~36] 기호들이 하나의 규칙을 가지고 아래와 같이 문자나 숫자를 변화시킨다고 한다. 이때 다음 (?)에 들어갈 알맞은 것을 고르시오.(단, 가로와 세로 중 한 방향으로만 이동하며, Z 다음은 A, 9 다음은 0이다.)

2021 하반기 GSAT 기출 복원

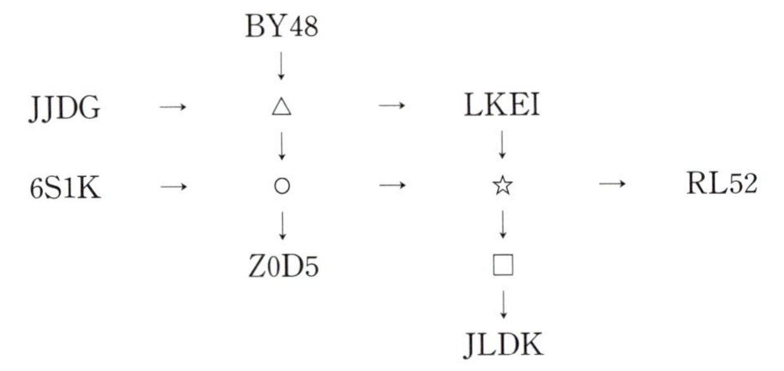

33

8H26 → □ → ☆ → (?)

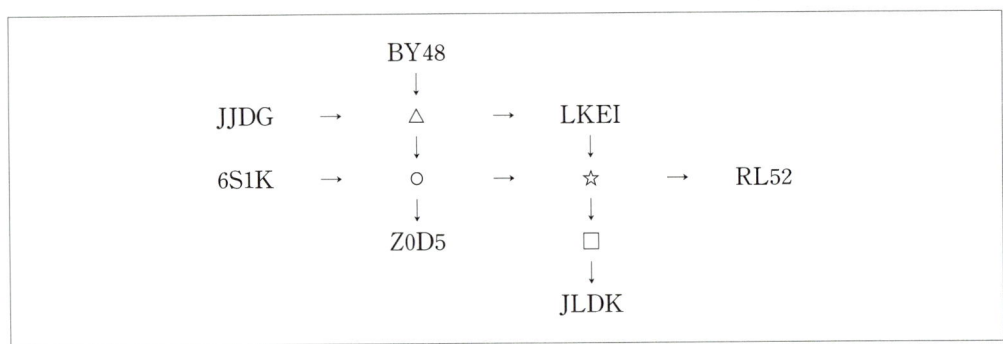

① 8I30 ② 7I17 ③ G773
④ 5I19 ⑤ 7G37

34

WXYZ → ○ → △ → ☆ → (?)

① YBWB ② AZYZ ③ AZWB
④ YBYZ ⑤ YZWZ

35

(?) → ○ → □ → U6A0

① U6A0 ② A0U6 ③ 6A0U
④ 6U0A ⑤ 0A6U

36

(?) → △ → □ → ☆ → 3719

① 0736 ② 2914 ③ 8790
④ 8624 ⑤ 6512

[37~40] 기호들이 하나의 규칙을 가지고 아래와 같이 문자나 숫자를 변화시킨다고 한다. 이때 다음 (?)에 들어갈 알맞은 것을 고르시오.(단, 가로와 세로 중 한 방향으로만 이동하며, Z 다음은 A, 9 다음은 0이다.)

2021 하반기 GSAT 기출 복원

				ATCS	→	☆	→	□	→	ACUR
				↓						
J1H4	→	☆	→	○	→	3H2J				
				↓						
		MIN4	→	△	→	NKO6				
				↓						
				TEUC						

37

CHRY → □ → △ → (?)

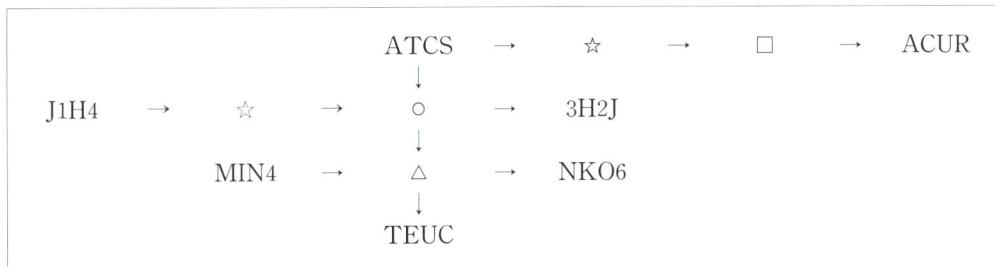

① AITD ② BPGW ③ DTIA
④ WGPB ⑤ DPGA

38

GSAT → ○ → □ → ☆ → (?)

① TAFT ② UUBI ③ TTAF
④ UIBU ⑤ TUIF

39

(?) → ○ → ☆ → 7L9E

① D9K7 ② D9M7 ③ F9M7
④ E9L7 ⑤ F9K7

40

(?) → △ → □ → ○ → 1758

① 7549 ② 9963 ③ 9457
④ 7596 ⑤ 3699

[41~44] 기호들이 각자 하나의 규칙을 가지고 아래와 같이 문자나 숫자를 변화시킨다고 한다. 이때 다음 (?)에 들어갈 알맞은 것을 고르시오.(단, 가로와 세로 중 한 방향으로만 이동하며, Z 다음은 A, 9 다음은 0이다.)

2021 상반기 GSAT 기출 복원

		K3J9		024H				
		↓		↓				
JJ47	→	○	→	△	→	6IK5		
		↓		↓				
		9K3J		□				
				↓				
		OOPS	→	☆	→	△	→	MNQU
				↓				
				059J				

41

5213 → □ → △ → (?)

① 1064 ② 1406 ③ 1524
④ 1542 ⑤ 1640

42

AB34 → ○ → ☆ → □ → (?)

① AB34 ② A4B3 ③ B12A
④ B43A ⑤ BA21

43

(?) → ☆ → △ → AOOI

① CGNP ② CPNG ③ DHMN
④ MHND ⑤ MNDH

44

(?) → □ → ○ → △ → KHBK

① IJLA ② JAIL ③ JIAL
④ JMBO ⑤ JMOB

[45~48] 기호들이 각자 하나의 규칙을 가지고 아래와 같이 문자나 숫자를 변화시킨다고 한다. 이때 다음 (?)에 들어갈 알맞은 것을 고르시오.(단, 가로와 세로 중 한 방향으로만 이동하며, Z 다음은 A, 9 다음은 0이다.)

2021 상반기 GSAT 기출 복원

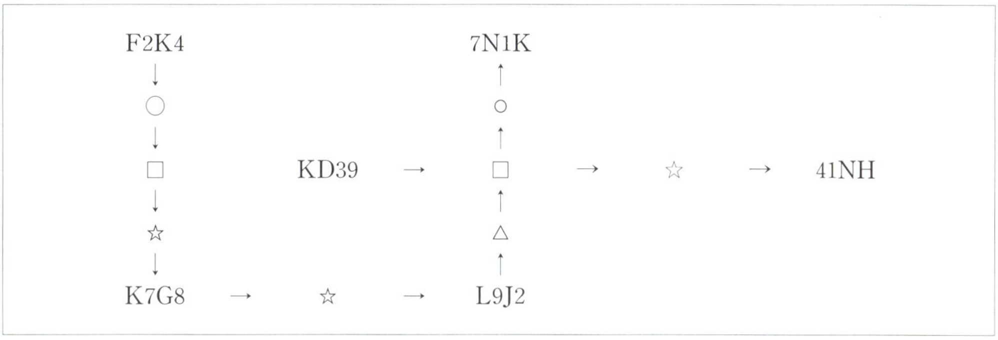

45

V44K → ☆ → △ → (?)

① L54Y ② O76W ③ WO67
④ WO76 ⑤ Y4L5

46

8120 → ○ → ☆ → □ → (?)

① 2458 ② 2548 ③ 2845
④ 4557 ⑤ 4575

47

(?) → △ → ☆ → 08HH

① DE69 ② DE96 ③ ED69
④ 6D9E ⑤ 9ED6

48

(?) → ○ → □ → △ → 9UL3

① W4K7 ② W74K ③ W7K4
④ WK47 ⑤ WK74

[49~52] 기호들이 각자 하나의 규칙을 가지고 아래와 같이 문자나 숫자를 변화시킨다고 한다. 이때 다음 (?)에 들어갈 알맞은 것을 고르시오.(단, 가로와 세로 중 한 방향으로만 이동하며, Z 다음은 A, 9 다음은 0이다.)

2021 상반기 GSAT 기출 복원

		GOLF		7777		
		↓		↓		
YOLO	→	△	→	□	→	ZLOL
		↓		↓		
		☆		7678		
		↓				
J3T5	→	○	→	△	→	6RM9
		↓				
		CPIN				

49

35CR → ○ → ☆ → (?)

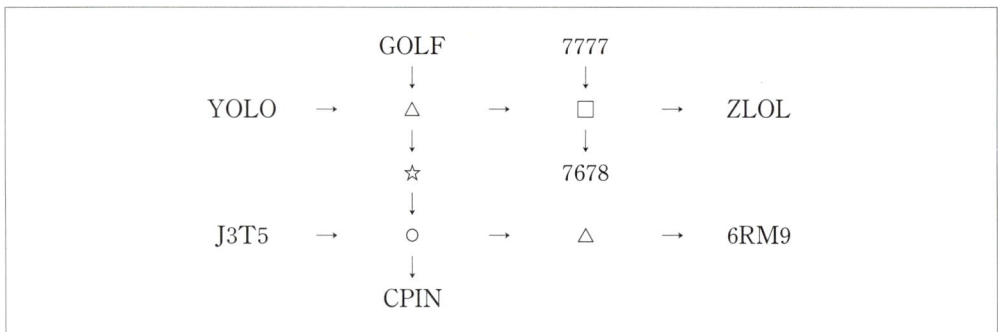

① S46D ② SD46 ③ SD64
④ X65L ⑤ XL56

50

2870 → △ → ○ → □ → (?)

① 3679 ② 3051 ③ 5013
④ 5310 ⑤ 6937

51

(?) → ○ → ☆ → E8L4

① DK37 ② D89N ③ KD73
④ K37D ⑤ N9D8

52

(?) → □ → △ → ○ → RVIJ

① HMSU ② HSMU ③ HUMS
④ MUHS ⑤ MUSH

[53~56] 기호들이 각자 하나의 규칙을 가지고 아래와 같이 문자나 숫자를 변화시킨다고 한다. 이때 다음 (?)에 들어갈 알맞은 것을 고르시오.(단, 가로와 세로 중 한 방향으로만 이동하며, Z 다음은 A, 9 다음은 0이다.)

2021 상반기 GSAT 기출 복원

		J2A9						
		↓						
MT26	→	○	→	△	→	□	→	15UN
		↓						
ZXCV	→	☆	→	AWDU				
		↓						
		3I0Z	→	□	→	○	→	0ZI3

53

YF41 → ○ → △ → (?)

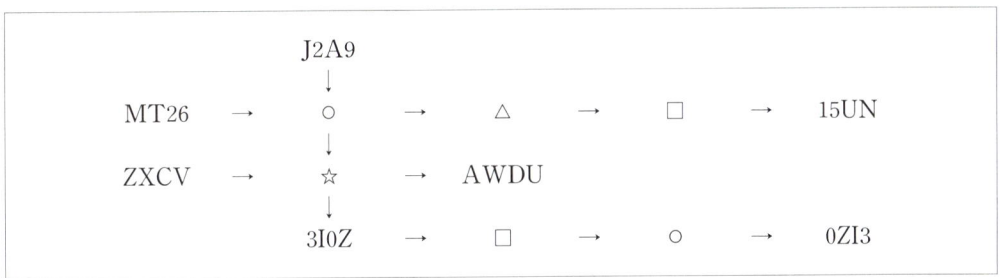

① 03ZG ② 3ZG0 ③ GZ03
④ Z0G3 ⑤ ZG30

54

3554 → ☆ → ○ → △ → (?)

① 2356 ② 3652 ③ 5255
④ 5525 ⑤ 6532

55

(?) → □ → ☆ → 5MI2

① 4HN3 ② 5MO2 ③ H3N4
④ MO25 ⑤ O25M

56

(?) → △ → ○ → □ → 5J9Y

① 8KX6 ② 8X6K ③ K68X
④ X86K ⑤ XK86

정답과 해설 P.79

03 문단배열

영역 특징

2023년 상반기부터 어휘추리 유형의 문항을 대체하여 문단배열 유형으로 출제되었으며 4~5개 문단을 논리적 순서에 맞게 배열하는 유형의 문제이다. 2문항 정도가 출제된다.

문항 수

추리 30문항(30분) 중 문단배열 유형은 2문항이 출제되는 경향이 있다.

대표유형 체크

대표유형	내용
문단배열	접속사 또는 지시어 등을 활용하여 문단의 순서를 적절하게 배열하는 문제

2024 상·하반기 기출분석

2023년과 동일하게 어휘추리 대신 문단배열 유형이 2문항 출제되었다. 지문이 짧고 선택지도 깔끔했다는 평이다. 전반적으로 난도가 낮은 수준으로 출제되어 시간 단축이 가능했다.

문단배열 대표기출유형

다음 문단을 논리적 순서대로 알맞게 배열한 것을 고르면?

[가] 두 번째 원인은 동물 윤리 문제다. 동물 복지에 대한 인식이 높아지며 현행의 축산업 관행을 향한 비판이 많다. 그런데 대체육을 활용하면 공장식 사육으로 가축을 학대하고, 가축을 도살하며 발생하는 생명 윤리 논란에서 벗어날 수 있다. 또한 대체육은 실제 고기보다 포화 지방이나 콜레스테롤은 낮고, 철분과 단백질은 더 많은 것으로 알려져 순수 영양 측면에서도 우수하다.

[나] 또한 인공 식품이라는 사실에 대한 소비자의 심리적 불안감을 해소해야 할 필요가 있다. 수 세기를 이어왔던 전 세계인의 식문화를 바꾸며 대체육이 성공적으로 자리 잡기 위해서는 대체육이라는 새로운 가치를 소비한다는 인식을 소비자들이 어떻게 공유하느냐가 관건이 될 것으로 보인다.

[다] 대체육에 관심이 쏠리는 가장 큰 원인으로 환경 문제에 대한 우려를 들 수 있다. 인류가 배출하는 온실가스의 15%가량은 인간이 기르는 가축에서 발생한다. 만약 대체육이 활성화된다면 축산업에서 발생하는 온실가스 배출량을 90% 가까이 줄일 수 있는 것으로 보인다. 또한 어마어마한 양의 가축 분뇨 처리 방안에 대한 고민도 사라진다.

[라] 장점이 많은 대체육에는 몇 가지 넘어야 할 산이 있다. 먼저 비용 문제를 해결해야 한다. 대체육은 아직도 제조 단가가 꽤 높은 편이다. 2013년 첫 배양육 버거 패티 생산비가 25만 유로(3억 2,700만 원)였던 것과 비교하면 현재는 상품화할 수 있을 정도로 실제 고기와 가격 차이가 줄었지만, 일반 버거 패티와 경쟁하기에는 역부족이다.

① [다]－[가]－[나]－[라]
② [다]－[가]－[라]－[나]
③ [다]－[나]－[라]－[가]
④ [라]－[가]－[나]－[다]
⑤ [라]－[나]－[다]－[가]

정답해설

각 문단의 중심내용은 다음과 같다.

- [가]: 대체육은 동물 윤리 문제를 회피할 수 있으며 영양적으로도 우수하다.
- [나]: 인공 식품이라는 소비자들의 거부감을 이겨내야 대체육이 성공적으로 자리 잡을 수 있다.
- [다]: 대체육에 관심이 쏠리는 원인은 환경 문제를 어느 정도 해결할 수 있기 때문이다.
- [라]: 이런 장점에도 불구하고, 대체육은 비용 문제를 해결해야 한다.

우선 대체육에 관심이 쏠리는 원인을 제시한 [다] 문단이 배치되고, 그다음에 또 다른 장점을 설명한 [가] 문단과 대체육이 극복해야 할 문제를 제시한 [라] 문단이 제시되어야 한다. 마지막으로 또 다른 극복해야 할 문제를 언급하는 [나] 문단이 오는 것이 자연스럽다. 따라서 [다]－[가]－[라]－[나] 문단 순으로 배열된다.

정답 ②

문제 해결 tip

- 제시문을 확인하기 전에 선택지를 먼저 확인하여 첫 문단으로 올 수 있는 문단을 확인한다.
- 첫 문단을 찾기 어렵다면 마지막 문단을 먼저 찾는 것도 풀이 전략 중 하나이다. 마지막 문단에는 글 전체를 정리하거나 전망을 제시하는 등 마무리하는 내용이 포함되는 경우가 많기 때문이다.
- 각 문단의 첫 문장과 마지막 문장을 꼼꼼하게 읽으며 접속사, 지시어 등을 힌트로 문단 간의 유기적 관계를 파악한다.

01 다음 문단을 논리적 순서에 맞게 배열한 것을 고르면? 2024 상반기 GSAT 기출 복원

[가] 미켈란젤로의 그림 기법은 그의 예술적 비전과 기술적 숙련도를 반영하며, 그의 작품이 여전히 많은 사람들에게 깊은 인상을 주고 있다. 그의 독창적인 기법과 세심한 연구는 미켈란젤로의 그림이 예술사에서 중요한 위치를 차지하게 만든 핵심 요소라고 할 수 있다.

[나] 또한, 미켈란젤로는 생동감뿐만 아니라 세밀한 '드로잉(Drawing)' 기법을 통해 인체를 철저히 연구하고 묘사했다. 그의 그림은 섬세한 드로잉을 기반으로 인체의 구조와 근육을 정확히 표현하며, 이는 강렬한 감정과 극적인 표현을 가능하게 했다.

[다] 미켈란젤로는 이탈리아 르네상스 시대의 대표적인 예술가로, 그의 그림 기법은 예술사에서 독창적이고 혁신적으로 평가받는다. 미켈란젤로의 기법은 세밀한 인체 묘사와 감정 표현에 중점을 두어 그의 작품에 깊이와 현실감을 부여했다.

[라] 미켈란젤로의 주요 기법 중 하나는 스푸마토(Sfumato)이다. 이 기법은 색상과 음영의 경계를 부드럽게 흐려 자연스러운 전환을 만들어내며, 인물의 피부와 표면을 매끄럽고 현실감 있게 표현한다. 특히 시스티나 성당 천장화에서 이 기법이 두드러지며, 인물들의 포즈와 감정이 생동감 있게 전달된다.

[마] 미켈란젤로는 '키아로스쿠로(Chiaroscuro)' 기법을 사용하기도 했는데, 강한 명암 대비로 인물의 형태를 강조하고 빛과 어둠을 통해 작품에 깊이감과 입체감을 더했다. '최후의 심판'에서 이 기법은 강렬한 감정과 극적인 분위기를 창출하는 데 중요한 역할을 했다.

① [가]－[나]－[라]－[다]－[마]
② [가]－[다]－[라]－[나]－[마]
③ [다]－[라]－[가]－[마]－[나]
④ [다]－[라]－[나]－[마]－[가]
⑤ [다]－[라]－[마]－[가]－[나]

02 **다음 문단을 논리적 순서에 맞게 배열한 것을 고르면?** 2024 상반기 GSAT 기출 복원

[가] 대량 생산과 유통 과정에서 자원과 에너지가 소모되며, 이는 환경에 부담을 줄 수 있으므로 환경적인 측면도 고려해야 한다. 자원 소모를 최소화하고 환경에 미치는 영향을 줄이는 방안을 모색하여, 한국 디저트 관광이 지속 가능한 산업으로 발전할 수 있도록 해야 한다. 균형 잡힌 접근이 한국 디저트가 글로벌 관광 시장에서 성공적으로 자리 잡는 데 중요한 역할을 할 것이다.

[나] 한국의 전통 디저트는 최근 K관광의 주요 상품으로 주목받고 있으며, 이는 한국의 전통 음식이 글로벌 시장에서 중요한 역할을 할 수 있음을 의미한다. 떡, 한과, 팥빙수 등 한국 전통 디저트는 독특한 문화적 배경과 역사적 의미를 지니고 있어, 이를 관광 상품으로 개발하면 외국인 관광객들에게 한국 문화를 깊이 전달할 수 있다. 이로 인해 한국의 문화적 정체성이 강화되고, 글로벌 이미지가 개선될 수 있다.

[다] 그러나 디저트를 상업화하는 과정에서 몇 가지 도전 과제가 발생할 수 있다. 대량 생산과 유통 과정에서 품질을 유지하는 것이 중요하며, 품질 저하나 기술적 문제는 관광객들에게 부정적인 인식을 줄 수 있다. 또한, 상업화 과정에서 전통적인 문화적 의미가 손상될 위험이 있다. 원래의 전통 요소가 변형되거나 단순화되면 디저트의 진정성과 고유성이 사라질 수 있음을 주의해야 한다.

[라] 또한, 디저트를 관광 자원으로 활용하면 지역 경제에 긍정적인 영향을 미칠 수 있다. 디저트 카페, 체험 프로그램, 음식 축제 등의 다양한 형태로 관광 상품을 개발하면 관광객들이 지역을 방문하게 되고, 이는 지역 주민들에게 일자리를 창출하며 지역 경제를 활성화시킬 수 있다. 이러한 경제적 효과는 지역 사회의 발전에 기여할 수 있다.

① [가]－[나]－[라]－[다]
② [가]－[다]－[나]－[라]
③ [나]－[가]－[라]－[다]
④ [나]－[다]－[가]－[라]
⑤ [나]－[라]－[다]－[가]

03 다음 문단을 논리적 순서에 맞게 배열한 것을 고르면?

2023 하반기 GSAT 기출 복원

[가] 압전소자는 가해진 압력에 비례하는 전압을 내보낼 수 있는 소자로, 간단하게는 체중계에서부터, 스파크를 일으켜 불을 붙이는 가스레인지와 라이터, 그리고 음파의 압력을 전기신호로 변환하는 마이크에도 사용된다. 최근 지하철 안내스크린에 표시되는 혼잡도 역시 압전소자를 통해 측정된다. 이와 같은 압전소자의 원리는 '쌍극자'라는 개념과 관련이 깊다.

[나] 그들은 수정, 토파즈, 설탕, 소금 등의 간단한 입자에서 압전효과가 발생함을 확인하였고, 이후 급격한 기술 발전이 이루어지면서 압전효과를 응용한 마이크, 가속 측정기 등이 개발되었다. 그러나 압전소자는 일반적으로 다른 소자에 비해 에너지 효율이 낮다는 단점이 있었다. 그에 따라 고효율의 압전소자 원료를 찾는 연구가 지속되어 왔고, 압전효과를 얻을 수 있는 다양한 결정구조가 발견되었다.

[다] 그중 가장 대표적인 것이 페로브스카이트 결정구조다. 연구를 통해 1950년경 페로브스카이트 중 하나인 BaTiO3라는 물질이, 얼마 후에는 PZT라는 더 뛰어난 안정성을 지닌 물질이 발견되었다. 현재 압전소자들의 대부분은 PZT를 활용해 만들어지고 있으나 PZT는 납이 함유되어 환경오염을 일으킨다는 단점이 있다. 이에 과학자들은 여전히 납이 포함되지 않으면서 압전 물질의 효율성을 높이는 연구를 진행하고 있다.

[라] 쌍극자는 (+) 전하를 띠는 입자와 (−) 전하를 띠는 입자가 한 쌍으로 존재하는 것을 말한다. 결정 상태로 존재하는 물질들은 쌍극자가 무작위의 방향을 가진 상태로, 균등하게 배열된 형태라고 볼 수 있다. 이때 몇몇 종류의 결정들은 비대칭적인 쌍극자를 가지고 있는데, 압력이 가해지면 쌍극자가 비틀리면서 역학적 에너지를 전기적 에너지로 바꿀 수 있다.

[마] 이러한 원리를 1차 압전효과라고 부르며, 우리가 흔히 아는 압전소자는 1차 압전효과를 이용한다. 반대로 압전효과의 결과물인 전압을 결정에 가하면 결정은 수축하거나 팽창하는데, 이러한 원리를 2차 압전효과라고 한다. 이와 같은 압전효과는 퀴리 형제에 의해 발견되었다.

① [가]−[라]−[마]−[나]−[다]
② [가]−[라]−[마]−[다]−[나]
③ [라]−[가]−[마]−[나]−[다]
④ [라]−[마]−[가]−[나]−[다]
⑤ [라]−[마]−[다]−[나]−[가]

04 다음 문단을 논리적 순서에 맞게 배열한 것을 고르면?

2023 상반기 GSAT 기출 복원

[가] 역으로 쉽게 잊어버리지 않기 위해 자이가르닉 효과를 사용하기도 한다. 예를 들어 여러 날에 걸쳐 특강을 하게 되는 세미나에서는 항상 오후 늦게 그날의 강의가 끝날 때 '생각해 볼 문제'라는 식의 과제를 내주는 것이다. 그러면 학생들의 머릿속에서 전날의 강의 내용이 쉽게 소멸되지 않게 할 수 있는 것이다. 드라마에서 매회가 끝날 때, 마지막 1~2분간에 새로운 복선을 던져주고 나서 '다음 이 시간에'라는 자막을 보여주며 마무리하는 것도 같은 이유에서다.

[나] 사람은 완결되지 않은 문제를 계속 기억회로에서 떨쳐내지 못하고 되뇌고 있기 때문에, 완결 지은 일보다 기억을 더 잘한다. 반대로 완결된 문제는 굳이 기억할 필요가 없으므로 기억회로에서 깨끗이 사라지는 것이다. 이 원리는 그녀의 이름을 따서 자이가르닉 효과로 불리운다.

[다] 그런데 자이가르닉 효과가 심각한 정신 건강의 문제를 유발하는 때도 있다. 바로 '외상 후 스트레스 증후군'이라는 병이다. 끔찍한 재난을 겪었거나, 폭행, 강간 등의 피해를 봤을 때, 이 기억은 악몽 속에서 수 년 또는 수십 년간 반복해서 나타나기도 한다. 그 이유에 대해서 학자들은 심리적 충격이 너무 크기 때문에 어떻게 해도 완전히 '종결'이 되지 않아 기억의 회로 속에서 계속 반복되고 또 반복되는 것이라고 설명한다.

[라] 사람은 본능적으로 멀티태스킹에 익숙하지 않은 경우가 많다. 그래서 주어진 일부터 빨리 마치고 머릿속에서 지워버리려 하는 경향이 있다. 풀리지 않는 문제에 대하여 더 많은 신경을 써야 하기에 필요 없는 것을 지워버리려는 것이다. 그러나 무언가를 지우기 위해서는 '끝'을 봐야 한다. 마치 추리 소설을 읽다가 시간이 부족하면 얼른 결론부터 읽게 되는 것처럼 말이다.

① [나]－[다]－[가]－[라]
② [나]－[라]－[가]－[다]
③ [나]－[라]－[다]－[가]
④ [라]－[나]－[가]－[다]
⑤ [라]－[나]－[다]－[가]

05 **다음 문단을 논리적 순서에 맞게 배열한 것을 고르면?** 2023 상반기 GSAT 기출 복원

[가] 야수주의가 끼친 또 다른 영향은 현대미술 형성에 중요한 역할을 한 비유럽적인 전통 부족 미술품을 발견한 것이다. 드랭, 블라맹크, 마티스는 아프리카 가면을 수집한 최초의 수집가들이었다. 고갱이 좋아했던 남태평양 미술과 남아메리카의 미술품도 역시 르네상스 전통에서 벗어나 더욱 자유롭고 개인적인 표현을 모색하는데 도움을 주었듯 말이다.

[나] 야수주의는 대상을 묘사하는 데 쓰이는 전통적 색채 사용법을 거부하고, 감정을 표현하기 위해 색채를 사용했다. 비재현적인 색채 사용을 극단까지 밀고 나간 후 야수주의 화가들은 점차 세잔이 강조한 내부 구조에 관심을 가지게 되었고, 이는 입체주의에 영향을 미치기도 했다.

[다] 프랑스에서 유행한 야수주의는 1904년경부터 고작 4~5년에 불과하지만 20세기의 첫 번째 주류적인 아방가르드 사조로서 현대미술의 출발을 알리는 신호탄과 같았다. 이전까지 하늘은 푸른색이고 잔디는 초록색이라는 사실에 의문을 제기하는 사람은 없었다. 그러나 마티스, 블라맹크, 드랭, 뒤피, 브라크, 루오 같은 야수주의 화가들의 화폭에서는 하늘이 겨자 같은 노란색이었고, 나무는 토마토 같은 붉은색이었으며, 사람의 얼굴은 완두 같은 연두색으로 그려졌다.

[라] 그것은 마치 TV의 색채 조절 장치가 고장나서 모든 색상이 뒤죽박죽된 것 같았다. 실체의 세계와는 아무런 연관이 없는 색채의 사용으로 비평가들은 야수주의를 '미친 짓'으로 간주했다. 이렇듯 야수주의는 자연을 그대로 모방하는 것을 거부하고, 어떤 풍경을 대할 때 자신의 감정적 반응을 표현하는 방법을 실험한 사조라고 할 수 있다.

① [나]－[가]－[다]－[라]
② [나]－[다]－[가]－[라]
③ [나]－[다]－[라]－[가]
④ [다]－[나]－[가]－[라]
⑤ [다]－[라]－[나]－[가]

06 다음 문단을 논리적 순서에 맞게 배열한 것을 고르면?

[가] 최근 몇 년 사이에 무선이어폰 보급과 동영상 스트리밍 서비스들이 늘어나면서 청력 건강에도 적신호가 켜졌다. 특히 10대 청소년기부터 이어폰으로 음악 감상과 동영상 시청을 하는 비중이 커져 소음성 난청 환자가 증가하는 추세이다. 실제로 국민건강보험공단이 발표한 자료에 따르면, 난청으로 진료받은 환자 수는 지난 2012년 28만 명에서 2017년 35만 명으로 연평균 약 4.8%씩 증가했다. 이에 따라 다양한 청력 보호에 대한 소비자들의 관심도 증가하는 추세다.

[나] 출퇴근에 2시간 이상을 소요하는 직장인 A 씨는 매일 대중교통을 이용한다. A 씨는 긴 시간 지루함을 달래기 위해 이어폰을 사용하여 동영상을 시청하는데, 얼마 전부터 귀가 아프고 소리가 먹먹하게 들리는 경우가 잦아졌다고 한다. 그러면서 "계속 방치하면 청각에 이상이 생기지 않을까 걱정하던 중, 골전도 이어폰이 청력 보호에 효과가 있다는 글을 접했다."라고 말했다. 실제로 온라인 쇼핑몰 등에서 골전도 이어폰이 청력 보호에 도움이 된다는 광고는 쉽게 찾을 수 있었다.

[다] 실제로 소음성 난청의 경우, 발생하는 위치가 고막이나 이소골이 아닌 달팽이관이다. 결국 골전도 이어폰을 사용하더라도 달팽이관에서 소리를 들어야 하므로 청력이 보호될 수 없는 구조인 셈이다. 소리 신호를 듣는 원리는 고막이나 골전도나 같으므로 음량을 크게 듣다 보면 오히려 청력이 손상될 가능성이 크다. 또한 골전도 방식은 내이에 직접적인 영향을 주므로 멀미에 민감한 사람의 경우, 두통이 발생할 수도 있다.

[라] 하지만 전문가들은 이와 같은 사실에 과학적인 근거가 전혀 없다며 우려를 표했다. 한 이비인후과 전문의는 유튜브를 통해 "많은 사람이 골전도 이어폰을 사용하면 청력이 보호된다고 믿는 것 같다. 하지만 골전도가 결코 청력을 보호하지 않는다."라고 설명했다.

① [가]-[나]-[다]-[라]
② [가]-[나]-[라]-[다]
③ [가]-[다]-[라]-[나]
④ [나]-[가]-[다]-[라]
⑤ [나]-[다]-[가]-[라]

정답과 해설 P.87

04 독해추론

영역 특징

지문을 읽고 내용을 추론하는 유형으로 독해추론 유형은 24~30번으로 출제되며, 답이 명확하게 나오고 지문의 길이가 짧아 난도는 낮은 편이다.

문항 수

추리 30문항(30분) 중 독해추론 유형은 7문항이 출제되는 경향이 있다.

대표유형 체크

대표유형	내용
참 · 거짓 판단	반드시 참 또는 거짓인 진술을 고르는 문제
비판적 사고	타당한 반론을 고르는 문제
추론	주어진 자료를 바탕으로 제시문의 적절한/적절하지 않은 추론을 고르는 문제

2024 상·하반기 기출분석

반드시 참 또는 거짓인 진술을 고르는 유형, 타당한 반론을 고르는 유형, 적절한/적절하지 않은 추론을 고르는 유형이 고르게 출제되었다. 정답을 판별할 근거가 지문에 명확히 있고 지문이 길지 않아 난도는 높지 않았다는 평이 많았다. 또한 반도체, 이차전지 등 기술 소재를 주로 다루었기 때문에 평소 관련 기사를 꾸준히 접하는 것이 좋다.

독해추론 대표기출유형

대표유형 1 참 · 거짓 판단

다음 글의 내용이 참일 경우, 반드시 거짓인 진술을 고르면?

> '블랙아이스'란 낮 동안에 내린 눈이나 비가 아스팔트 도로의 틈새에 스며들어 있다가 밤사이에 도로의 기름, 먼지 등과 섞여서 도로 위에 얇게 얼어붙는 현상으로 '도로 결빙 현상'이라고도 한다. 얼음이 워낙 얇고 투명해 아스팔트 도로의 검은 색이 그대로 비쳐 보여서, 검은색 얼음이란 뜻으로 '블랙아이스'라고 한다. 도로를 주행할 때 눈에 잘 띄지 않고, 도로가 조금 젖은 것으로 생각할 수 있기 때문에 운전자의 각별한 주의가 필요하다. 겨울철 아침 시간대에 터널 출입구나 다리 위의 도로에서 자주 발견되며, 눈이나 비가 내리지 않더라도 다리 위나 호숫가 주변의 도로, 또는 그늘이 져 있는 굽은 길과 같이 기온의 차이가 큰 곳에서 생기기 쉽다. 또한 제설 작업을 위하여 도로 위에 뿌린 염화칼슘이 눈과 결합하여 수분이 만들어지고, 이 수분이 얼어붙어 도로 표면을 더욱 미끄럽게 하여 블랙아이스 현상을 만드는 경우가 종종 발생한다.

① 블랙아이스란 눈이나 비가 도로 위에 얇게 얼어붙은 상태를 일컫는 말이다.
② 블랙아이스를 막기 위해 염화칼슘을 결빙된 곳에 사용해야 한다.
③ 블랙아이스는 그늘이 져 있는 도로에서 발생하기 쉬우므로 각별한 주의가 필요하다.
④ 도로 주행 시 터널 출입구나 다리 위를 운전할 때는 블랙아이스를 주의해서 운전해야 한다.
⑤ 눈비가 내리는 상황에서는 블랙아이스가 발생하지 않는다.

정답해설

도로 위의 염화칼슘과 눈이 결합하여 생긴 수분이 얼어 블랙아이스 현상이 발생할 수 있다.

정답 ②

오답풀이

① 블랙아이스란 도로 표면에 코팅한 것처럼 얇은 얼음막이 생기는 현상이다.
③ 겨울철 햇빛이 잘 들지 않는 도로는 상당히 춥고 지표면 온도 역시 낮아져 블랙아이스가 생성되기 쉬우므로 운전자들은 각별한 주의가 필요하다.
④ 블랙아이스는 겨울철 주로 터널 출입구나 다리 위에서 만들어지므로 각별히 주의해야 한다.
⑤ 이미 도로 위에 내린 눈 또는 비로 인해 블랙아이스가 발생하지만 눈비가 내리고 있는 상황에서의 발생 여부는 알 수 없다.

대표유형 ❷ 비판적 사고

다음 글에 대한 반론으로 가장 적절한 것을 고르면?

> 헝거 마케팅이란 제품의 희소성을 높인 뒤 소비자들을 배고픈 상태로 만들어 구매 욕구를 높이고, 입소문을 통해 잠재고객을 확산시키는 마케팅 전략을 말한다. 이는 제품에 대한 관심 및 판매증대와 더불어 제품의 생산과 재고관리에 있어 효율성이 매우 높다는 장점이 있다. 한정된 시간과 공간에서 한정된 재화로 이루어지는 헝거 마케팅은 '밴드왜건 효과'를 동반하며, 소비자의 구매심리를 자극한다. 대중문화 산업의 신비주의나 유통업의 한정판매도 같은 맥락이라고 할 수 있다. 헝거 마케팅을 활용하면 재고관리와 판매증대를 모두 도모할 수 있다.

① 사람들은 한정된 조건 속에서 더욱 큰 욕구가 생긴다.
② 기업은 합리적이고 경쟁력 있는 품질과 가격을 기본으로 해야 한다.
③ 대중들은 방송 출연을 적게 하는 연예인을 더 보고 싶어 하는 심리가 있다.
④ 소비자 입장에서는 즉시 구매가 이루어지지 않는 것에 대해 불편함을 느낄 수 있다.
⑤ 기업의 입장에서는 매출목표와 소비자의 한계점 사이의 간격을 예의주시해야 성공적인 마케팅에 이를 수 있다.

정답해설

헝거 마케팅 전략에 따르면 제품의 희소성을 높여 소비자들을 배고픈 상태로 만들어 구매 욕구를 높여야 한다. 그러나 이는 소비자 입장에서 즉시 구매가 이루어지지 않음을 뜻하고, 이로 인하여 불편함을 초래할 수 있어 주어진 글의 내용을 반박하고 있다. 따라서 오히려 헝거 마케팅의 포인트를 전략적으로 접근하지 못하게 되면, 이러한 불편함으로 인하여 마케팅이 오히려 실패할 수도 있다.

정답 ④

오답풀이

① 사람들은 한정된 조건 속에서 더욱 큰 욕구가 생기므로 헝거 마케팅이 효과적일 수 있다.
② 기업은 합리적이고 경쟁력 있는 품질과 가격을 기본으로 해야 한다. 그렇지 않으면 소비자는 희소성이 큰 제품에 대하여 품질이 좋지 않거나 가격이 높은 제품을 당연히 찾지 않을 것이다.
③ '대중들은 방송 출연을 적게 하는 연예인을 더 보고 싶어 하는 심리가 있다'라는 것은 헝거 마케팅에 관한 글을 옹호하는 견해이다.
⑤ '기업의 입장에서는 매출목표와 소비자의 한계점 사이의 간격을 예의주시해야 성공적인 마케팅에 이를 수 있다.'라는 것은 헝거 마케팅에 관한 기본적인 이론에 해당한다.

대표유형 ③ 추론

다음 글과 [보기]를 읽고 한 추론 중 가장 적절한 것을 고르면?

도플러 효과(Doppler effect)는 파동을 발생시키는 파원과 그 파동을 관측하는 관측자 중 하나 이상이 운동하고 있을 때 발생하는 현상이다. 파원과 관측자 사이의 거리가 가까워질 때에는 파원이 내놓은 진동수보다 높은 진동수가, 반대로 멀어질 때에는 낮은 진동수가 관측된다. 도플러효과는 구급차의 사이렌 소리에서도 발견할 수 있다. 사이렌 소리는 구급차가 정지해 있을 때보다 사이렌을 울리며 다가올 때 더 높은 음의 소리로 들리지만, 반대로 멀어질 때는 더 낮은 음으로 들린다.

보기

과속차량을 단속하거나 야구선수가 던진 공의 속력을 측정하기 위한 스피드 건은 빛의 움직임을 통해 나타나는 도플러 효과를 우리 생활에 이용하는 대표적인 예이다. 움직이는 물체의 표면에서 마이크로파가 반사되어 돌아올 때 관찰되는 파장 변화의 크기를 스피드 건이 비교하여 물체의 속도를 구하는 것이다.

① 공이 스피드 건 쪽으로 다가올 경우 진동수는 감소할 것이다.
② 도플러 효과는 빛의 파동에 한정되어 나타나는 현상이다.
③ 도플러 효과는 파원과 관측자가 모두 움직일 때도 나타날 수 있다.
④ 차량의 속도와 관계없이 스피드 건에 관찰되는 파장 변화의 크기는 일정하다.
⑤ 관찰자에게서 멀어지는 기차의 경적 소리는 정지된 것보다 높은 음으로 들릴 것이다.

정답해설

도플러 효과는 파원과 관측자 중 하나 이상이 운동하고 있을 때 발생하는 현상이다.

정답 ③

오답풀이

① 파원과 관측자의 사이가 가까워질 때에는 높은 진동수가 관측된다.
② 구급차 사이렌과 스피드 건의 사례를 통해 도플러 효과는 빛의 파동뿐만 아니라 소리에도 나타남을 알 수 있다.
④ 스피드 건은 마이크로파가 물체의 표면에서 반사되어 돌아올 때 관찰되는 파장 변화의 크기로 물체의 속도를 구한다. 즉, 파장 변화의 크기는 변한다.
⑤ 구급차의 사이렌 소리는 구급차가 정지해 있을 때보다 구급차가 멀어질 때 더 낮은 음으로 들린다고 하였으므로 관찰자에서 멀어지는 기차의 경적 소리는 정지된 것보다 낮은 음으로 들린다.

독해추론

역대 기출문제

대표유형 ❶ 참 · 거짓 판단

01 **다음 글의 내용이 참일 경우, 반드시 거짓인 진술을 고르면?** 2024 상반기 GSAT 기출 복원

> 낸드플래시(NAND Flash)는 비휘발성 메모리로, 전원이 꺼져도 데이터를 유지할 수 있다. 이 메모리는 SLC, MLC, TLC, QLC 등으로 구분되며, 저장 용량과 속도, 내구성에서 차이가 난다. 스마트폰, 태블릿, SSD 등 다양한 전자 기기에서 사용되며, 빠른 데이터 접근 속도와 높은 저장 용량을 제공한다.
>
> 디지털 기기와 클라우드 컴퓨팅의 확산으로 데이터 저장 수요가 급증하고 있으며, SSD와 IoT, AI 기술의 발전이 낸드플래시의 중요성을 높이고 있다. SSD는 HDD보다 빠른 데이터 접근 속도와 내구성을 제공하여 주요 저장 장치로 자리잡고 있다.
>
> 낸드플래시 사업은 기술 혁신과 가격 경쟁력에 영향을 받으며, 메모리 제조업체들은 성능을 높이고 비용을 낮추기 위해 노력하고 있다. 그러나 공급 과잉과 가격 변동성 등의 도전 과제도 존재한다. 결과적으로 낸드플래시는 데이터 저장 장치에서 핵심적인 역할을 하며, 사업 가치가 계속 증가하고 있다.

① 메모리 중에서 SLC, MLC, TLC, QLC 순으로 내구성과 속도가 우수하다.
② 디지털 기기의 확산으로 데이터 저장 수요가 감소하면서 일회성 메모리 수요가 증가한다.
③ 낸드플래시는 다양한 전자 기기에서 사용되며 신속한 데이터 접근이 가능하다.
④ HDD는 SSD보다 고장 날 가능성이 높으며 메모리 수명에서 차이를 보인다.
⑤ 낸드플래시는 높은 사업의 가치를 지니며 시장의 수요에 따라 중요성이 높아진다.

02 다음 글의 내용이 참일 경우, 반드시 거짓인 진술을 고르면? 2024 상반기 GSAT 기출 복원

프레스코 기법은 벽화 제작에 사용되는 전통적인 회화 기법으로, 습기 상태의 석회 회반죽에 안료를 직접 적용하여 그림을 그린다. 이 기법의 핵심 원리는 회반죽이 젖어 있는 상태에서 안료를 적용하여, 안료가 석회와 화학적으로 반응하여 벽면과 함께 경화되도록 한다. 이로 인해 색상은 안료가 벽면에 깊숙이 침투하여 오랜 시간 동안 유지하게 되는 것이다. 프레스코 기법은 고대 로마와 이탈리아 르네상스 시기에 널리 사용되었으며, 미켈란젤로의 시스티나 성당 천장화가 이 기법의 대표적인 예이다.

작업 과정은 벽면에 기초 회반죽을 바르고, 상회반죽을 덧칠한 후 벽이 젖어 있는 상태에서 안료를 적용하여 그림을 그린다. 회반죽이 마르면서 안료는 벽면과 결합되어 경화가 된다. 이 과정에서 벽면의 습도와 온도 조절이 매우 중요하다. 프레스코 기법은 안료가 깊숙이 침투했기 때문에 시간이 지나도 색상이 변하지 않고 벗겨지지 않는 장점이 있지만, 보수의 어려움이 높아 기술적 숙련도와 시간이 많이 요구된다.

따라서 이 기법을 효과적으로 사용하기 위해서는 경험이 풍부한 전문가의 손길이 필요하다. 많은 역사적 건축물과 예술작품이 이 기법으로 제작되어 오늘날까지 그 아름다움을 간직하고 있다.

① 프레스코 기법은 벽면이 완전히 건조된 상태에서 안료를 적용하여 그림을 그린다.
② 프레스코 기법으로 그린 벽화는 안료가 벽면과 깊숙이 결합되어 높은 내구성을 지닌다.
③ 안료는 습기가 있는 상태에서 상회반죽과 화학 반응을 일으켜 벽면과 단단하게 결합된다.
④ 작업의 세밀함과 벽면의 습도와 온도가 성공적인 프레스코 작업의 핵심이다.
⑤ 프레스코 기법으로 제작된 벽화는 원래의 상태로 복원하는 데 어려움이 있다.

03 다음 글의 내용이 참일 경우, 반드시 거짓인 진술을 고르면? 2024 상반기 GSAT 기출 복원

플로팅 게이트는 비휘발성 메모리 기술의 핵심 요소로, 데이터를 전기적으로 전자의 양을 저장하고 유지하는 데 사용된다. 이 기술은 전자의 이동을 통해 메모리 셀의 상태를 제어하며, 절연체로 보호된 전도성 물질로 구성되어 있다. 플로팅 게이트는 플래시 메모리와 같은 비휘발성 메모리에 주로 사용되며, 데이터가 전원이 꺼져도 유지되기 때문에 USB 드라이브, SSD, 스마트폰 등에서 널리 활용된다.

데이터는 전압 조절을 통해 플로팅 게이트에 저장되거나 삭제된다. 전자가 플로팅 게이트에 주입되거나 제거되면, 메모리 셀의 전기적 특성이 변하여 데이터가 기록된다. 이 기술의 주요 장점은 비휘발성으로, 전원 없이도 데이터가 오랫동안 유지된다는 점이다.

플로팅 게이트 기술은 데이터 저장 밀도를 높이고 성능을 개선하기 위한 지속적인 연구와 발전이 이루어지고 있다. 이는 전자기기의 성능을 향상시키고, 더 빠르고 용량이 큰 메모리 솔루션을 제공하는 데 기여하고 있다. 결론적으로, 플로팅 게이트는 비휘발성 메모리의 핵심 구성 요소로, 현대 전자기기에서 중요한 역할을 하고 있다.

① 플로팅 게이트는 데이터가 재부팅되어도 저장된 데이터가 사라지지 않는다.
② 플로팅 게이트 메모리는 데이터를 저장할 때 오직 열을 이용하여 저장한다.
③ 플로팅 게이트는 저장된 전자의 양에 따라 메모리 셀의 전기적 상태가 달라진다.
④ 플로팅 게이트는 메모리 셀의 데이터 저장 및 유지 기능을 수행하는 데 중요한 역할을 한다.
⑤ 플로팅 게이트는 뛰어난 데이터 보존성으로 여러 전자기기에서 널리 사용되고 있다.

04 다음 글의 내용이 참일 경우, 반드시 거짓인 진술을 고르면?

2024 상반기 GSAT 기출 복원

HMB(β−Hydroxy β−Methylbutyrate)는 운동하는 사람들에게 널리 알려진 건강 기능 식품 성분이다. 필수 아미노산인 L−류신의 대사 산물로, 근육 단백질 합성을 촉진하고 분해를 억제하여 근육 성장을 돕는 역할을 한다. 특히 운동 후 손상된 근육 조직의 신체 회복을 가속화하고, 근육량 감소를 예방하는 데 효과적이다. 또한 HMB는 근육의 염증을 줄이고 근육통을 완화하는 데 도움을 준다. 이러한 이유로 운동 선수뿐만 아니라 일반인들 사이에서도 HMB는 인기가 높다.

하지만 HMB의 효과는 개인의 유전적 특성, 운동 강도, 식단, 건강 상태 등 다양한 요인에 따라 달라질 수 있다. 따라서 모든 사람에게 동일한 효과를 기대하기는 어렵다. 또한, 과도한 섭취는 오히려 부작용을 유발할 수 있으므로, 전문가와 상담하여 자신에게 맞는 적절한 용량을 선택하는 것이 중요하다.

HMB는 운동 성능 향상과 건강 증진에 도움을 줄 수 있는 유용한 성분이지만, 마법 같은 해결책은 아니다. 건강한 식단, 규칙적인 운동과 함께 HMB를 병행해야 시너지 효과를 얻을 수 있다. 따라서 HMB를 섭취하기 전에 자신의 건강 상태를 정확히 파악하고, 전문가의 조언을 구하는 것이 바람직하다.

① HMB는 개개인의 특성과 관계없이 모든 사람에게 동일한 효과를 보장한다.
② HMB는 운동이나 신체활동 후 근육의 회복과 증강을 지원한다.
③ HMB는 운동 후 피로와 근육의 통증을 줄이는 데 도움을 준다.
④ HMB 보충제 섭취를 시작하기 전에 전문가와 상담하여 적절한 용량을 정하는 것이 중요하다.
⑤ HMB는 운동 후 면역 기능을 유지하게 하고 전반적으로 건강을 지원한다.

05 **다음 글의 내용이 참일 경우, 반드시 거짓인 진술을 고르면?** 2024 상반기 GSAT 기출 복원

반도체 제조에서 웨이퍼를 개별 칩으로 나누는 과정에는 다양한 다이싱 기법이 사용된다. 다이싱 블레이드는 고속으로 회전하는 다이아몬드 블레이드를 사용하여 웨이퍼를 절단하며, 정밀도가 높지만 열에 의한 기계적 스트레스가 단점이다. 레이저 다이싱 기술은 고출력 레이저를 이용해 비접촉식으로 절단하여 열 손상과 기계적 스트레스를 줄일 수 있지만, 장비 비용이 비싸다.

와이어 다이싱 기법은 가는 금속 와이어를 사용해 웨이퍼를 절단하며, 두꺼운 웨이퍼에 적합하지만 절단 속도가 느리고 와이어의 마모가 발생할 수 있다. 밀링 기법은 회전하는 커터로 웨이퍼를 절단하며, 두꺼운 웨이퍼와 대형 칩에 효과적이지만 절단 속도가 느리고 기계적 스트레스가 우려된다.

사인 및 와이어 본딩 기법은 다이싱 블레이드로 절단한 후, 와이어 본딩을 통해 칩을 패키지에 연결하는 공정이다. 이 방법은 효율적인 칩 절단과 패키징을 가능하게 하지만 공정이 복잡하다. 각 기법은 칩의 설계, 생산 비용, 공정 속도에 따라 선택된다. 적절한 다이싱 기법 선택은 생산 효율성과 품질에 중요한 영향을 미친다.

① 웨이퍼의 두께, 공정 정밀도, 생산 속도 등에 따라 기법 선택에 영향을 미친다.
② 두꺼운 웨이퍼를 절단할 때 상대적으로 와이어 다이싱 기법이 밀링 기법보다 빠르다.
③ 밀링 기법은 회전하는 커터를 이용하여 웨이퍼를 물리적으로 접촉하여 절단한다.
④ 사인 및 와이어 본딩 기법은 웨이퍼를 절단하는 과정을 포함한 공정이다.
⑤ 다이아몬드 블레이드는 높은 정밀도를 요구하는 절단 작업에 적합하다.

06 **다음 글의 내용이 참일 경우, 반드시 거짓인 진술을 고르면?** 2024 상반기 GSAT 기출 복원

크로마토그래피는 혼합물 속 다양한 성분을 분리하고 분석하는 데 사용되는 화학적 분석 기법이다. 이 기법을 통한 분리는 이동상과 고정상이라는 두 가지 주요 요소의 상호작용을 통해 성분을 분리한다. 혼합물 속의 각 성분들은 고정상과의 상호 작용 정도에 따라 이동 속도가 달라진다.

주요 유형으로는 기체 크로마토그래피(GC), 액체 크로마토그래피(LC), 얇은 층 크로마토그래피(TLC)가 있다. 기체 크로마토그래피는 기체 이동상을 사용하여 정성 및 정량 분석을 하며, 액체 크로마토그래피는 액체 이동상으로 생화학적 분석을 수행한다. 얇은 층 크로마토그래피는 얇은 고정상 판을 이용해 소량 샘플 분석에 적합하다. 고체 시료 중에는 이동상에 잘 용해되지 않는 성분이 많아 직접 분석하기가 어렵고, 특수 크로마토그래피 기법이 필요하다.

크로마토그래피는 제약, 생화학, 환경과학, 식품 산업 등에서 널리 활용된다. 제약 산업에서는 신약 개발과 품질 관리에 사용되며, 환경과학에서는 대기 중의 유해물질, 수질 오염물질 등 검출에 중요한 역할을 한다. 식품 산업에서는 소비자의 안전을 위해 성분 분석과 품질 관리를 위해 필수적이다.

사업적으로 크로마토그래피는 분석 장비와 소모품, 유지보수 서비스 등에서 수익을 창출한다. 특히 제약 및 환경 모니터링 분야에서 수요가 증가하고 있으며, 기술 발전에 따라 사업성은 계속 확대될 것으로 보인다.

① 크로마토그래피는 단순히 혼합물에 성분을 분리하는 데 목적을 둔다.
② 크로마토그래피는 시료의 조건에 따라 사용되는 기법, 정보의 내용이 달라질 수 있다.
③ 크로마토그래피는 장비 유지보수 서비스보다 소모품 판매가 주요 수익원이다.
④ 신약 개발 과정에서 약물의 안전성 보장받기 위해 크로마토그래피가 도움을 준다.
⑤ 크로마토그래피는 소비자에게 신뢰성 있는 정보를 제공하는 데 중요한 역할을 한다.

PART 2 추리

07 다음 글의 내용이 참일 경우, 반드시 참인 진술을 고르면?

2024 상반기 GSAT 기출 복원

현대 사회에서 다양한 제품들이 우리 삶을 편리하게 만들어주지만, 이들 제품은 예상치 못한 극한 환경에 노출될 수 있다. 특히, 낙하 충격이나 침수와 같은 상황은 제품의 성능을 저하시키고, 심각한 경우에는 사용자에게 피해를 입힐 수 있다. 따라서 제품 개발 과정에서 낙하 시험, 침수 시험과 같은 엄격한 성능 평가를 수행하는 것은 필수적이다.

낙하 시험은 제품이 특정 높이에서 떨어졌을 때 발생하는 충격에 대한 내구성을 평가하는 시험이다. 스마트폰, 노트북, 드론 등 휴대용 전자기기는 물론, 자동차 부품, 건축 자재 등 다양한 제품에 적용된다. 침수 시험은 제품이 물에 잠겼을 때의 방수 성능을 평가하는 시험이다. 스마트폰, 스마트 워치와 같은 웨어러블 기기는 물론, 자동차, 선박 등 습기나 물에 노출될 가능성이 높은 제품에 필수적인 시험이다.

이러한 성능 평가를 통해 제품의 취약점을 파악하고, 설계를 개선하여 제품의 신뢰성을 높일 수 있다. 또한, 소비자에게 제품의 품질을 보증하고, 경쟁 제품과의 차별화를 위한 중요한 요소가 된다.

① 제품이 극한 상황에서 어떻게 반응하는지 평가하는 것은 중요한 과정이다.
② 낙하 시험과 침수 시험은 일부 제품에 한하여 엄격한 성능 평가를 수행한다.
③ 낙하 시험과 침수 시험에는 내구성 및 방수 성능 외에도 외관 평가를 포함한다.
④ 침수 시험은 제품이 특정 높이에서 떨어졌을 때의 방수 성능을 평가한다.
⑤ 성능 평가를 통해 취약점이 노출된 상품은 소비자에게 신뢰를 회복하기 어렵다.

08 다음 글의 내용이 참일 경우, 반드시 참인 진술을 고르면?

2024 상반기 GSAT 기출 복원

PPI(Pixels Per Inch)는 디스플레이 1인치 안에 얼마나 많은 픽셀이 들어있는지를 나타내는 단위이다. 즉, PPI는 픽셀이 정밀하고 높을수록 더욱 선명하고 디테일한 이미지를 표현할 수 있다.

과거 픽셀 밀도를 측정하는 개념이 없었던 CRT 모니터 시대를 거쳐 LCD, LED 디스플레이까지 발전하면서 PPI는 꾸준히 증가해 왔다. 특히, 스마트폰 시장의 성장과 함께 고해상도 디스플레이에 대한 수요가 급증하면서 PPI는 더욱 중요한 기술적 지표로 자리매김하게 되었다. 높은 PPI를 구현하기 위해 디스플레이 제조업체들은 미세한 픽셀을 정확하게 배열하고, 빛의 반사를 최소화하는 기술 등을 개발하고 있다. 또한, 유기 EL(OLED) 디스플레이와 같은 새로운 디스플레이 기술의 등장은 PPI를 더욱 높이는 데 기여하고 있다.

PPI의 향상은 단순히 화질 개선뿐만 아니라 다양한 분야에 영향을 미치고 있다. 가상현실(VR)이나 증강현실(AR)과 같은 새로운 기술 분야에서는 높은 PPI가 더욱 사실적인 경험을 제공하기 위해 필수적이다. 의료 분야에서도 고해상도 디스플레이를 활용하여 더욱 정확한 진단과 치료를 수행할 수 있다.

결론적으로 PPI는 디스플레이 기술의 핵심적인 요소로서, 우리의 시각 경험을 풍요롭게 하고 다양한 산업 분야의 혁신을 이끌고 있다. 앞으로도 PPI 기술은 지속적으로 발전하여 더욱 선명하고 생생한 디스플레이를 제공할 것으로 기대된다.

① PPI는 디스플레이의 색상 품질을 측정하는 단위로 색상 품질이 높을수록 고해상도이다.
② PPI의 시작인 CRT 모니터 시대를 기점으로 LCD, LED 디스플레이가 보편화되었다.
③ PPI 향상은 디스플레이의 물리적 크기를 줄이는 데 직접적인 영향을 미친다.
④ 픽셀의 간격이 넓을수록 PPI가 낮아지고 화면의 선명도와 디테일이 저하된다.
⑤ 가상현실(VR)이나 증강현실(AR) 분야에서는 PPI가 낮은 디스플레이도 충분히 효과적이다.

09 **다음 글의 내용이 참일 경우, 반드시 거짓인 진술을 고르면?** 2023 하반기 GSAT 기출 복원

> 천문학자들은 소행성이나 혜성을 두려워하는 경우가 있다. 6,600만 년 전에 있었던 소행성 충돌은 지구의 생명 역사를 완전히 바꿔 놓은 것으로 알려져 있다. 소행성의 충돌로 당시 공룡을 비롯한 많은 생명이 멸종했다. 다른 한 편으로 천문학자들은 소행성이나 혜성을 소중한 존재로 여기기도 한다. 천문학자들은 소행성이나 혜성에 태양계의 초기 형성 당시를 알 수 있는 단서가 보존되어 있을 것으로 기대하고 있기 때문이다. 소행성이나 혜성은 태양계 형성 당시에 구성된 물질의 냉동 보관 창고이자 화석이기 때문에 이들을 관측하면 태양계 형성에 관한 사실을 알아낼 수도 있을 것이다.

① 소행성과 혜성은 0℃ 이하에서 존재한다.
② 소행성의 충돌로 지구의 많은 생명체가 멸종했다.
③ 5,000만 년 전에 존재했던 공룡이 있을 수 있다.
④ 소행성이나 혜성은 태양계 형성 당시 구성물을 알 수 있는 단서가 될 수 있다.
⑤ 태양계가 형성될 당시에 많은 소행성과 혜성이 만들어졌을 것이다.

10 **다음 글의 내용이 참일 경우, 반드시 거짓인 진술을 고르면?** 2023 상반기 GSAT 기출 복원

> 역사상 유럽은 다른 지역보다 늦게 말라리아가 문제가 되었다. 나일 계곡을 경유하여 남유럽에 도달했지만, 그곳의 모기는 플라스모듐 기생체에 감염되지 않았으므로 다행히도 문제가 없었다. 플라스모듐에 쉽게 감염되는 모기는 유럽의 극히 제한적인 남부 일부 그리고 북아프리카에 서식했다. 기원전 5세기 히포크라테스는 열로 고통받는 42명의 환자를 기록했는데 그중 말라리아 환자는 없었다. 이와 같이 말라리아는 고대 유럽에서의 주요한 사망원인은 아니었다. 기원후 5세기에 만들어진 한 문헌에는 유럽에서의 말라리아 유행에 대한 기록이 남아 있다. 말라리아에 대한 보다 효과적인 치료법은 남미로부터 키나피가 소개된 17세기가 되어서야 나타났다. 1633년 안토니오 신부에 의하면 현재 에투아도르로 알려진 잉카 제국의 일부에서 자라는 나무의 껍질이 말라리아에 효과가 있었다. 그러나 당시 의사들은 이 새로운 약의 신빙성을 의심했는데, 이 약이 종교적 단체로부터 도입되었기 때문이었다. 이때 영국 약사 로버트 탤보는 말라리아에 대한 키나피의 효과를 증명했다. 점차 키나피가 널리 사용되었으나 키나피의 작용 원리에 관한 이해가 부족했으므로 남용되는 문제를 가져왔다.

① 기원후 5세기 이전에 유럽에서 말라리아가 유행한 적이 있다.
② 17세기 전에도 말라리아에 대한 효과적인 치료법은 있었다.
③ 말라리아 치료제로 알려진 신약을 의심했던 이유는 치료 효과와 관련이 적다.
④ 고대 유럽에서 말라리아로 인한 사망자가 전혀 없었던 것은 아니다.
⑤ 키나피의 남용은 키나피의 작용 원리에 관한 이해 부족으로 이어졌다.

11 다음 글의 내용이 참일 경우, 반드시 거짓인 진술을 고르면?

2023 상반기 GSAT 기출 복원

한미 정상회담 주요 의제로 대기업의 선제 투자로 기술력을 쌓아온 'BBC산업'이 외교·안보 협상의 촉매제로 작용할 것으로 보인다. BBC는 바이오(Bio), 배터리(Battery), 반도체(Chip)를 뜻하며, 미국의 바이든 전 대통령은 BBC에 희토류를 더해 4대 분야를 핵심 산업으로 꼽고 공급망을 점검하라는 지시를 내린 바 있다. 한국 정부는 미국 대통령이 바라는 반도체, 전기차, 배터리 공급망 구축에 적극 협력할 것으로 알려졌고, 한미 정상회담 일정에 맞춰 BBC 분야 한국 기업 최고경영자들도 대거 동행한다고 밝혔다.

우리나라는 반도체 설계나 신약 개발에선 미국에 뒤처졌지만, 미국이 필요로 하는 제조 역량을 갖추고 있다. 시스템반도체 파운드리(위탁생산) 분야에선 대만에 이어 세계 2위이고, 공급량을 다변화하려는 미국의 이해관계와 맞아떨어진다고 한다. S기업은 미국에 대규모 파운드리 투자 발표를 앞두고 있다. 한국과 중국이 양분하는 전기자동차 배터리 시장에선 한국이 미국의 핵심 파트너로 꼽힌다. 바이오의약품 생산량은 미국에 이은 2위로 아시아 생산망의 거점으로 부상할 가능성이 크다. 한국반도체디스플레이기술확회 회장은 BBC 분야 한국 기업의 기술 경쟁력이 코로나19 등 예기치 못한 국가적 위기 상황에서 한국 정부의 대응 역량을 넓힐 수 있는 밑거름이 될 것이라고 했다.

① 미국의 바이오의약품 생산량은 전 세계에서 1위이다.
② 우리나라는 신약 개발 분야에서 미국보다 앞서 있다.
③ 시스템반도체 위탁생산 분야에서 우리나라는 중국보다 순위가 높다.
④ 전기자동차 배터리 분야에서 우리나라는 전 세계적으로 위상이 높은 편이다.
⑤ 우리나라는 BBC 산업에 관련하여 미국이 요구하는 바를 충분히 긍정적으로 검토할 예정이다.

PART 2 추리

12 다음 글의 내용이 참일 경우, 반드시 거짓인 진술을 고르면?

2023 상반기 GSAT 기출 복원

반도체 공정에 필요한 포토마스크 수급에 비상이 걸렸다. 2024년에도 공급 부족으로 가격이 최대 25%까지 급등하고 납기가 지연될 것으로 우려된다. 포토마스크 수급난이 가중되면서 주요 업체에 주문이 몰리고, 가격이 급등하고 있다. 업계는 포토마스크가 내년에는 올해 고점 대비 적게는 10%, 많게는 25% 인상될 것으로 내다보고 있다. 메모리 반도체 경기 침체에도 포토마스크 가격이 오르는 건 이례적이다.

고스펙 제품은 통상 7일 걸리던 납기가 최근 30~50일로 4~7배 이상 늘어났다. 저스펙 제품은 납기 일이 평상시보다 갑절로 늘었다. 반도체 업체 관계자는 "반도체용 포토마스크 이빔 패터닝 라이터 등 제조 장비 납기가 지연되면서 마스크 납품 기간은 길어지고 제품 가격 오름세는 지속되고 있다."라고 말했다. 반도체 IC를 생산하는 파운드리 업체들은 협력사로부터 외주 공급 물량을 늘리는 방식으로 포토마스크 수급에 대응하고 있다.

① 2023년에도 포토마스크 가격은 오르고 있었다.
② 내년 포토마스크 가격은 올해보다 인상될 것이다.
③ 반도체 경기가 활성화되면서 포토마스크 가격이 급등하고 있다.
④ 반도체 IC를 생산하는 파운드리 업체들의 협력사는 공급 물량을 늘리고 있다.
⑤ 포토마스크 수급난으로 인해 저스펙의 포토마스크 납기일이 2배 가량 지연될 것이다.

13 다음 글의 내용이 참일 경우, 반드시 거짓인 진술을 고르면?

2023 상반기 GSAT 기출 복원

행성은 지표나 대기가 무엇으로 만들어져 있느냐에 따라 그 색이 좌우된다. 즉 화성이 붉게 보이는 것은 산화철 성분 때문에 지표의 흙이 붉기 때문이고, 해왕성이 푸른 것은 수소와 헬륨이 주종인 대기에 메탄가스가 소량 섞여 있기 때문이며, 지구가 푸른 것은 물로 된 넓은 바다와 엽록소를 가진 삼림이 퍼져 있기 때문이다.

하지만 대부분의 별은 우주에서 가장 단순한 원소인 수소와 그 핵융합 반응의 산물인 헬륨, 이 두 물질이 구성 성분의 거의 대부분을 차지하고 있다. 따라서 행성들처럼 성분에 의해 색이 확연히 달라질 일은 없다. 그래서 별의 색은 물질이 아니라 온도에 의해 결정된다. 별은 푸를수록 뜨겁고 붉을수록 차갑다. 열과 색에 대한 우리의 통념과 충돌하기 때문에 의아하지만, 다른 빛이 반사되어 보이는 색과 열에 의해 만들어지는 색은 전혀 다르기 때문에 그렇다. 차가운 지구의 바다가 푸르게 보이는 것은 태양빛 중 파장이 긴 붉은색이 물에 흡수되어 사라지는 반면 파장이 짧은 푸른색은 물분자에 의해 산란·반사되어 우리 눈에 잘 들어오기 때문이다.

① 지구의 바닷물 색은 원래 파란색이 아니다.
② 붉은색 별보다 푸른색 별의 온도가 더 높다.
③ 화성의 지표에 있는 흙에는 산화철 성분이 많이 섞여 있다.
④ 지구가 푸르게 보이는 것은 지표나 대기에 푸른색 물질이 많기 때문이다.
⑤ 어떤 별이 녹색으로 보인다면 그 별의 지표나 대기에 어떤 성분이 나타내는 색이 녹색이기 때문이다.

14 다음 글의 내용이 참일 경우, 반드시 거짓인 진술을 고르면? 2022 하반기 GSAT 기출 복원

PPG(Photoplethysmogram)는 우리 말로 '광 혈류 측정'이라고 하는데 이것은 빛을 이용해 피의 흐름을 관찰하는 기술이다. 어떻게 혈류를 관찰할 수 있을까? 호수에 돌을 던지면 파문이 이는 것처럼, 심장이 피를 보내기 위해 뛸 때도 혈관을 따라 미세한 변화가 생긴다. 이것을 맥파(Plethysmogram, PTG)라 부르는데, 맥파가 움직이는 속도는 피가 흐르는 속도보다 훨씬 더 빠르다. 심장에서 나온 혈액이 손가락 끝에 닿기까지는 약 1~2초가 걸리지만, 맥파는 약 0.16초가 걸린다고 한다.

PPG는 이런 맥파를 측정한다. 맥파가 움직이는 속도는 동맥의 두께, 혈액의 밀도 같은 혈관 상태에 영향을 받기 때문에 한 사람의 순환계-심장 및 혈관 상태를 알 수 있는 자료가 될 수 있다. 또한 계속 측정하면 심박수를 알 수 있기에 맥파만 잘 측정해도 전반적인 심장 건강 상태나 체력 수준을 짐작할 수도 있다.

그렇다면 빛으로 어떻게 맥파를 측정할까? 빛을 이용해 맥파에 따라 변하는 미세한 혈류량을 조사해서 파악한다. PPG 센서에서 피부로 빛을 쏠 때, 혈류량에 따라 흡수되는 빛의 양이 달라지는데 빛이 얼마나 흡수됐는지를 측정하면 혈액량의 변화를 알 수 있다.

① 맥파는 혈류 속도보다 빠르다.
② PPG는 심장이 뛸 때 생기는 혈관의 변화를 측정하는 것이다.
③ PPG로 맥파의 속도를 측정하여 사람의 건강 상태를 확인할 수 있다.
④ 혈액의 밀도 차이가 큰 두 사람에게서 측정된 PPG 수치는 전혀 다를 것이다.
⑤ PPG 센서로 혈류량이 다른 두 피부에 빛을 쏘이더라도 피부에 흡수되는 빛의 양은 일정하다.

15 **다음 글의 내용이 참일 경우, 반드시 거짓인 진술을 고르면?** 2022 하반기 GSAT 기출 복원

> 우리 눈에 바다가 파란색으로 보이는 이유는 태양 빛의 수많은 색 중 파란색을 바다가 반사하기 때문이다. 이 바다를 그림으로 그릴 때, 팔레트에서 사용할 수 있는 파란색 물감의 종류가 더 많으면 실제 바다와 더 비슷한 색깔로 그림을 완성할 수 있다.
>
> 디스플레이 역시 마찬가지다. '색 재현율'이란 디스플레이에서 사용하는 물감과 팔레트라 할 수 있는데, 이 색 재현율이 높을수록 사용하는 물감의 수가 많은 셈이다. 하지만 UHD 해상도나 HDR 같은 기술이 등장하면서 색 재현율이라는 기준이 나아가야 할 방향과 목표도 달라졌다. 우리가 실제로 보는 색과 동일한 색을 디스플레이에서 구현하기 위해서는 기존 색 재현율에 밝기를 더한 3차원 그래프가 필요하다. 이에 따라 표준색 공간에 밝기를 더한 '컬러볼륨 재현능력 평가법'이 만들어졌다. DCI－P3를 3차원 그래프로 바꾼 컬러볼륨은 새로운 디스플레이 색 재현율 측정 기준이 될 전망이다. 그러나 이것은 DCI－P3에 밝기를 더한 개념이기 때문에 컬러볼륨이 100%이더라도 Lab 색 공간의 전체 영역을 표시한다는 의미는 아니다.

① 색 재현율을 2차원 그래프로 나타낼 수 있다.
② 컬러볼륨이 100%이면 색 공간 전체 영역을 나타낼 수 있다.
③ 기술의 발달이 디스플레이 및 색 재현에 관한 기준을 바꾸었다.
④ 색 재현율이 높은 디스플레이일수록 실제와 비슷하게 보여질 것이다.
⑤ 노을 진 하늘의 색이 붉게 보이는 건 대기가 태양 빛 중 빨간색을 반사하기 때문이다.

16 다음 글의 내용이 참일 경우, 반드시 거짓인 것을 고르면? 2022 하반기 GSAT 기출 복원

> 집안을 돌아다니며 청소하는 로봇청소기는 어떻게 스스로 구석구석까지 청소할 수 있는 것일까? 바로 로봇청소기 안에 스스로 만드는 위치 지도 슬램(SLAM) 기술의 원리가 적용되었기 때문이다. 슬램은 로봇이 주변 환경을 인식하고 위치를 파악함과 동시에 지도를 작성하는 기술이다. 차량용 내비게이션에 현재 위치와 목적지가 표시되고, 목적지까지 최단 경로로 안내하는 것도 잘 만들어진 지도와 위치 인식 기술이 있기에 가능한 기술이다. 사전에 만들어진 지도는 SD카드에 저장되어 있고 현재 위치는 GPS 인공위성의 도움으로 알 수 있는 것이다. 하지만 준비된 지도 데이터와 인공위성의 도움을 받는다고 해서 실내와 실외를 마음대로 다닐 수는 없다. 이때 로봇은 센서로 주변의 환경을 인식하여 자신의 위치를 계산하고 스스로 공간 지도를 만드는데, 이 기술이 바로 슬램 기술이다.

① 네비게이션에는 슬램 기술이 적용되지 않았다.
② GPS는 인공위성의 도움으로 사용되는 기술이다.
③ 로봇청소기에는 네비게이션과 동일한 기술이 적용된다.
④ 로봇청소기는 주변의 환경을 인식하기 위한 센서가 장착되어 있어야 한다.
⑤ 슬램은 주변 환경을 인식하고 위치를 파악하여 공간 지도를 작성하는 기술이다.

17 다음 글의 내용이 참일 경우, 반드시 거짓인 것을 고르면? 2022 하반기 GSAT 기출 복원

> 온돌은 연기와 불을 나눈 구조로, 실내에 연기를 발생시키지 않는다. 또한 서양의 벽난로처럼 불을 세워서 사용하지 않고, 불을 뉘어서 사용하는 것도 특징이다. 불은 윗부분이 가장 뜨거운데, 냄비를 불 위에 놓고 불 옆에 놓지 않는 것을 생각하면 된다. 서양의 벽난로는 가장 뜨거운 불 윗부분을 굴뚝을 통해 바로 내보내고, 불 옆 부분만을 이용한다. 반면 온돌은 아궁이에서 불을 때면 뜨거워진 공기가 고래를 통해 지나가는데, 이때 방바닥에 열이 '전도'된다. 뜨거워진 구들은 열을 방출하는 '복사' 현상을 일으키며, 따뜻해진 방바닥의 공기는 위로 올라가고, 차가운 공기는 아래로 이동하는 '대류' 현상으로 인해 방 전체가 따뜻해지는데 이것이 바로 온돌 난방의 원리다.

① 온돌은 실내에 연기를 발생시키지 않는다.
② 서양의 벽난로는 가장 뜨거운 공기를 밖으로 내보낸다.
③ 아궁이에서 데워진 공기가 지나가는 곳을 고래라고 한다.
④ 아궁이에서 냄비를 데울 때는 불 위가 아니라 옆에 둔다.
⑤ 온돌은 전도, 복사, 대류 현상을 이용하여 방 전체를 따뜻하게 한다.

18 다음 글의 내용이 참일 경우, 반드시 거짓인 진술을 고르면? 2022 상반기 GSAT 기출 복원

> UDC는 언더 디스플레이 카메라의 약자로 화면 아래에 카메라를 숨기는 기술을 뜻한다. 지금까지 사용된 방법은 카메라 부분에만 픽셀 밀도를 떨어뜨려 망사처럼 스크린을 배치해 카메라를 적당히 숨기는 방식이었다. 이는 전체화면으로 영상 등을 실행하면 일체감이 있지만, 셀피 카메라 부분이 약간 어둡게 보이며, 셀피 카메라 품질이 떨어진다. 보통 UDC의 경우 좋은 카메라를 탑재해도 빛을 가리고 있는 위 화면 때문에 좋은 품질의 셀피 사진을 얻기 어렵다. 카메라는 빛을 얼마나 많이 받아들일 수 있고 그 빛의 간섭을 얼마나 잘 처리하느냐가 중점인 센서이기 때문에, 카메라 위의 망사 스크린은 셀피 촬영에 큰 악영향을 주게 된다. 만약 카메라 위 디스플레이 화소 밀도가 높아졌다고 해도 카메라 품질이 그만큼 떨어지면 존재 이유가 위협받는 제품이 된다. 이러한 단점을 극복하기 위해 제조사들은 셀피 카메라를 제품 내에 숨겼다가 사진 찍을 때만 튀어나오게 하는 팝업 카메라를 대안으로 채택하기도 한다. 팝업 카메라 자체는 훌륭한 발상이지만 그만큼 부품 수가 늘어나면 고장의 위험이 점점 높아지는 문제도 있다.

① UDC는 셀피 카메라 부분이 약간 어둡게 보인다는 단점이 있다.
② 카메라 위의 망사 스크린은 좋은 품질의 셀피 사진을 어렵게 하는 요인이다.
③ 팝업 카메라는 부품 수가 늘어나기 때문에 고장의 위험이 점점 높아진다는 문제가 있다.
④ 빛의 간섭을 잘 받아들여 카메라 부분의 픽셀 밀도를 높임으로써 영상의 일체감을 느낄 수 있다.
⑤ 화면 아래에 카메라를 숨기는 기술은 좋은 카메라를 탑재해도 품질이 좋은 셀피 사진을 얻기가 어렵다.

19 **다음 글의 내용이 참일 경우, 반드시 거짓인 진술을 고르면?** 2022 상반기 GSAT 기출 복원

> Z세대는 라이프스타일 자체가 모바일과 밀착되어 있을 정도로 모바일과 친숙하다. 그런 Z세대에 의해 견인되고, 생산되는 금융을 일컬어 '자이낸스(Zinance)'라 일컫는다. 이는 Z세대의 'Z'와 'finance(금융)'를 결합한 신조어다. Z세대는 기성세대에 비해 소득과 자산이 적지만 성인이 된 Z세대는 대출이라는 것을 두려워하지 않는다. 그들은 빚도 재산이라 생각하며 소비와 투자에 더 적극적으로 뛰어든다. 이들은 '영끌(영혼을 끌어 모은)' 대출로 주식과 암호화폐 시장에 뛰어들었다. 이 움직임에 의해 상승장이 주도되기도 하는 상황이 종종 발생하면서 '자이낸스'는 새로운 세대의 라이프스타일 중 금융과 관련된 어떤 상징이 되었다. 이런 상황이다 보니 모바일 금융 플랫폼의 영역이 더 확장될 수 있었다. 세상에서 모바일 플랫폼에 가장 친화적인 Z세대가 주 고객층이 되자, 기업들은 자신들의 앱을 더 편리하고, 친숙하게 발전시켰다.

① 자이낸스라는 새로운 금융 개념은 모바일 금융 플랫폼의 영역을 더 확장시켰다.
② 모바일 금융 플랫폼은 기성세대들의 이용을 위해 앱을 더 편리하고 친숙하게 발전시켰다.
③ 자이낸스는 모바일과 친숙한 Z세대의 라이프스타일이 반영되어 나타난 새로운 금융 개념이다.
④ Z세대는 소득과 자산이 적은 편이지만 대출을 두려워하지 않고 소비와 투자에 적극적으로 뛰어든다.
⑤ Z세대는 영끌 대출을 통해 주식과 암호화폐 시장에 뛰어들었고, 이에 따라 상승장을 주도하기도 했다.

20 다음 글의 내용이 참일 경우, 반드시 거짓인 진술을 고르면?

2022 상반기 GSAT 기출 복원

호흡기 감염을 유발하는 바이러스는 여러 가지 크기의 입자를 통해 전파가 가능하다. 크기에 따라 입자의 지름이 5~10μm보다 크면 '비말', 5μm보다 작으면 '비말핵' 혹은 '에어로졸'로 정의한다. 에어로졸은 연기나 안개처럼 기체 중에 고체 또는 액체의 미립자가 부유하고 있는 입자를 총칭하는데, 그 크기는 0.0001~5μm 정도다. 상대적으로 큰 비말은 중력으로 인해 감염원으로부터 2m 이내의 거리에 대부분 떨어진다. 비말이 이동하는 거리는 대화, 기침, 재채기에 따라 달라질 수 있으며, 이 중 재채기는 가장 멀리 비말을 보낼 수 있는 수단이 된다. 비말에 의한 감염은 비말을 직접적으로 흡입하거나, 접촉 매개물을 거쳐 간접적으로 일어날 수 있다. 반면, 에어로졸의 경우 더 멀리 이동한다.

① 비말은 기침이나 대화보다 재채기에 의해 가장 멀리 이동할 수 있다.
② 에어로졸은 대부분 중력으로 인해 감염원으로부터 2m 이내의 거리에 떨어진다.
③ 비말에 의한 감염은 비말을 직접 흡입하거나 접촉 매개물을 통해 일어날 수 있다.
④ 에어로졸은 비말보다 작은 크기의 입자로, 부유하고 있는 입자를 총칭하는 개념이다.
⑤ 여러 가지 크기의 입자를 통해 호흡기 감염을 유발하는 바이러스의 전파가 가능하다.

21 다음 글의 내용이 참일 경우, 반드시 거짓인 진술을 고르면?

2022 상반기 GSAT 기출 복원

S전자 연구진이 자기저항메모리(MRAM) 기반의 인메모리(In－Memory) 컴퓨팅을 세계 최초로 구현하는 데 성공했다. 기존 컴퓨터는 데이터의 저장을 담당하는 메모리반도체와 연산을 담당하는 프로세서로 구성된다. 반면 인메모리 컴퓨팅은 메모리 내 대량의 데이터를 이동 없이 메모리 내에서 병렬 연산하는 구조로 전력 소모를 크게 줄일 수 있는 칩 기술이다. 인메모리 컴퓨팅에 활용할 수 있는 비휘발성 메모리들 중 MRAM은 데이터 안정성이 높고 속도가 빠르다는 장점이 있지만 낮은 저항값을 가진 특성상 그간 인메모리 컴퓨팅으로 구현되지 못했다. S전자 연구진은 이러한 MRAM의 한계를 기존 방식이 아닌 새로운 개념의 인메모리 컴퓨팅 구조를 적용해 구현에 성공했다. 연구진은 MRAM 기반 인메모리 칩의 성능을 인공지능(AI/ML) 계산에 응용해 숫자 분류에서는 최대 98%, 얼굴 검출에서는 93%의 정확도로 동작하는 것을 검증했다.

① 비휘발성 메모리에는 여러 종류가 있다.
② 기존 방식의 인메모리 컴퓨팅 구조에는 MRAM 적용이 어려웠다.
③ MRAM 기반 인메모리 컴퓨팅은 기존 컴퓨터보다 전력 소모가 크다.
④ 기존 컴퓨터에서 데이터의 연산과 저장은 서로 다른 부분에서 담당한다.
⑤ MRAM 기반 인메모리 컴퓨팅은 얼굴 검출보다 숫자 분류에서 정확성이 높다.

22 다음 글의 내용이 참일 경우, 반드시 거짓인 진술을 고르면?

2022 상반기 GSAT 기출 복원

> 항생제 처리를 통한 공생세균을 분석한 결과 특이한 유전 형질을 가진 대장균이 폭발적으로 증가되었음을 확인하였다. 이 대장균은 기존의 대장균과는 상이한 특징을 보였다. 더 많은 유전자를 갖고 있고, 카탈라아제 유전자를 하나 더 갖고 있다. 이로 인해 매우 높은 활성 산소에 대한 저항성을 보이는데, 새로운 대장균이 갖고 있는 유전자를 기존 대장균에 결합시켜 재조합하면 활성 산소에 매우 높은 저항성을 보였다. 한편 병원성 세균에 대한 저항력이 감소하는 이유가 미생물의 특정 유전물질에 있음을 최초로 밝혀냈는데, 이를 통해 특정 유전 형질을 갖는 소수의 대장균이 선택적이고 능동적인 증식을 할 수 있음을 알 수 있다. 특히 장내 세균의 특이 유전자 중 하나인 카탈라아제가 감염성 세균의 증식을 증가시킬 수 있고, 관련 질환에 대한 예측 연구가 가능할 것으로 기대된다.

① 병원성 세균에 대한 저항력은 미생물의 특정 유전물질의 영향을 받을 수 있다.
② 장내 세균의 특이 유전자를 통해 관련 질환에 대한 예측 연구가 가능할 수 있다.
③ 항생제 처리를 통해 특이한 유전 형질을 가진 대장균이 폭발적으로 증가될 수 있다.
④ 카탈라아제 유전자를 하나 더 갖고 있는 대장균이더라도 활성 산소에 대한 저항성은 낮았다.
⑤ 특정 유전 형질을 갖는 소수의 대장균은 선택적이고 능동적인 증식이 가능하다.

23 다음 글의 내용이 참일 경우, 반드시 거짓인 진술을 고르면?

2022 상반기 GSAT 기출 복원

> 사회적 가치나 특별한 의미를 담은 상품을 소비함으로써 자신을 표현하고 신념을 표출하는 '미닝 아웃'과 가격이나 품질보다는 자신의 가치관과 취향을 우선하는 소비인 '가치소비'는 현대사회를 대표하는 키워드 중 하나다. 소비에 있어 가격과 성능과 같은 단편적인 특징뿐만 아니라 브랜드 및 제품에 부여된 가치와 신념 등과 같은 면까지 고려한다는 것이다. '코즈 마케팅(Cause Marketing)'은 이러한 성향의 소비자들을 겨냥한 마케팅 중 하나로, 기업의 경영 활동에 환경, 보건, 빈곤 등의 사회적 이슈를 연계해 소비자의 호의적인 참여를 이끌어내는 마케팅이다. 코즈 마케팅의 가장 기본적인 유형은 소비를 통한 소비자들의 기부 활동으로, 소비자가 기업의 제품이나 서비스를 구매하면 기업이 판매액의 일부분 또는 물건을 기부하는 형태다. 또한 소비자가 구매한 제품과 같은 제품을 필요한 곳에 기부하기도 한다. 1984년 미국의 아메리칸익스프레스사에서 고객들의 카드 사용과 자유의 여신상 복원을 위한 기부를 연계한 프로젝트가 코즈 마케팅의 첫 사례로 꼽힌다.

① 기업의 선한 이미지는 소비에 영향을 미친다.
② 코즈 마케팅은 미국에서 처음으로 시작되었다.
③ 코즈 마케팅은 단편적인 특징을 고려하는 마케팅이다.
④ 코즈 마케팅은 미닝아웃 소비 트렌드를 활용한 전략이다.
⑤ 소비자는 기부를 목적으로 기업의 제품을 구매할 수 있다.

24 다음 글의 내용이 참일 경우, 반드시 <u>거짓</u>인 진술을 고르면? 2021 하반기 GSAT 기출 복원

바나나처럼 아보카도는 나무에 달린 채로 완전히 자라지만 익지는 않는다. 따라서 아보카도가 다 자라면 일단 수확을 해 3.3~5.6도의 저온에서 유통한 뒤 이상적으로는 1~2주일 실온에 두고 일반적으로는 에틸렌 가스에 노출시켜 후숙을 촉진시킨다. 아보카도는 원래 나무에서 익지 않는 데다가 좋든 나쁘든 인간의 능력으로 후숙시킬 수 있다. 한편 먹을 수 있는 아보카도를 골라내는 책임이 거의 100% 소비자에게 돌아가는데, 그 탓에 아보카도는 돌이킬 수 없는 치명상을 입는다. 손에 쥐고 엄지손가락으로 아보카도를 가볍게 눌러 보는 것이 익은 정도를 판단하는 일반적인 방법이다 보니, 너도나도 아보카도를 눌러 본다. '살짝' 누르라고들 하지만 그 '살짝'의 기준이 사람의 신체 및 정신 조건에 따라 달라서 누군가는 아주 세게 누르기도 한다. 결국 아보카도는 불특정 소비자가 자신의 기준에 맞는 것을 찾을 때까지 무작위 및 무차별적으로 손가락의 압박을 받는 과정을 거치면서 껍질 밑의 과육에 무수한 멍을 입고 익지는 않은 상태가 된다.

① 아보카도는 자연적인 후숙이 가능하기 때문에 인위적으로 후숙시킬 필요가 없다.
② 나무에 달린 아보카도가 완전히 자라면 일단 수확을 하고 유통 및 판매가 이루어진다.
③ 아보카도를 눌러 익은 정도를 확인하는 기준을 세계적인 연합 단체 등에서 표준화할 필요가 있다.
④ 사람들은 아보카도를 눌러 봄으로써 먹을 수 있는 아보카도를 골라낼 것이라고 생각한다.
⑤ 아보카도의 껍질 밑은 압박으로 인해 멍을 입게 되고 다른 부위는 여전히 덜 익은 상태이다.

25 **다음 글의 내용이 참일 경우, 반드시 <u>거짓</u>인 진술을 고르면?** 2021 하반기 GSAT 기출 복원

> 카바디는 '숨을 참는다'란 뜻의 힌디어다. 수 세기 전부터 인도에서 해왔던 변형 투기 종목으로, 술래잡기와 피구, 격투기가 혼합된 경기다. 개인이나 집단이 공격하거나 수비할 때 자기 자신을 방어하는 것을 염두에 두고 고안된 경기다.
>
> 카바디는 두 팀이 공격과 수비로 나뉘어 가로 13m(여자 12m) 세로 10m(여자 8m) 경기장 안에서 경기를 벌인다. 한 팀은 12명으로 구성되고 경기에는 7명이 출전해 전·후반 20분씩 모두 40분 동안 시합을 벌인다. 경기는 공격수가 상대진영으로 넘어가 숨을 참은 상태로 상대 팀 선수를 터치하고 자기진영으로 돌아오면 득점을 하는 방식으로 진행된다. '숨을 쉬지 않고' 터치하고 돌아와야 한다는 것이 포인트다.
>
> 카바디는 먼저 동전을 던져 공수를 정한다. 공격하는 팀은 공격수인 레이더(raider=침입자) 1명을 수비진영으로 보낸다. 레이더는 숨을 멈춘 상태에서 상대 팀 선수들을 터치한 뒤 자기 진영으로 돌아와야 한다. 이때 터치당한 수비팀 선수는 경기장 밖으로 나가야 하며, 공격팀은 1점을 얻는다. 레이더는 공격하고 돌아오는 동안 숨을 멈추었다는 것을 보여주기 위해 '카바디'라는 말을 반복해서 빠르게 외쳐야 한다. 공격수가 의도적으로 '카바디'를 느리게 외치면 파울이 선언되고 상대 팀에게 1점이 주어진다.
>
> 반면 수비팀은 침입한 공격자가 터치 뒤 자기 팀으로 무사히 돌아가지 못하게 막아야 한다. 수비팀은 공격수가 수비수(안티)를 터치하기 전까지는 공격수를 피해 다니고, 터치한 뒤 돌아갈 때는 공격수를 붙잡는 등 적극적으로 저지한다. 수비팀의 봉쇄로 공격자가 숨을 멈춘 상태에서 자기 진영으로 돌아가지 못하면 공격자는 퇴장당하고 수비팀은 1점을 득점한다. 이때 공격자는 숨을 멈추고 있는 동안 터치가 여의치 않을 때는 수비진영의 보크 라인이란 선을 넘었다가 돌아가면 득점 없이 복귀되고 공격권은 상대진영으로 넘어간다.

① 카바디는 인도에서 유래된 변형 투기 종목으로 동전을 던져서 공격과 수비를 정한다.

② 카바디는 공격수가 '카바디'라는 힌디어를 빠르게 반복해서 외쳐야 정상적인 플레이로 인정된다.

③ 수비팀은 공격자가 자신들을 터치하지 않도록 지나치게 수비적인 경기를 하면 불이익을 받을 수 있다.

④ 수비팀은 공격수가 다시 돌아가는 것을 적극적으로 저지하는 과정에서 몸싸움이 일어나고 격렬한 경우도 발생한다.

⑤ 공격팀은 수비진영에서 숨을 멈춘 상태에서 자신들의 진영으로 돌아가지 못하면 공격권을 상대에게 넘겨주게 된다.

26 다음 글의 내용이 참일 경우, 반드시 거짓인 진술을 고르면?

2021 하반기 GSAT 기출 복원

'윈드시어(wind shear)'는 강한 바람이 다양한 지형지물과 부딪힌 뒤 하나로 섞이는 과정에서 만들어진 소용돌이 바람으로, 아무리 뛰어난 비행기 기장이라도 바람의 방향을 전혀 예측할 수가 없다. 특히 제주도 같은 경우엔 강풍을 동반한 기압골이 한라산을 만나 갈라졌다가 다시 합쳐지는 과정에서 윈드시어가 자주 발생한다. 일 년에 평균 408편의 비행기가 윈드시어 때문에 결항을 할 정도이다.

2011년 8월에는 제주, 부산 등에서 김포공항으로 가는 항공기 129편이 무더기로 결항한 것도 윈드시어 때문이다. 그런데 과학이 이렇게 발달했음에도 불구하고 윈드시어에 대처할 수 있는 방법은 현재로서는 없다. 대신 조종사가 직접 윈드시어를 감지하는 것이 쉽지 않기 때문에 최신 항공기에는 대부분 윈드시어 감지 장치가 장착돼 있다. 만약 이 장치에서 경보가 울리면 비행기는 그 즉시 복행(Go−around)을 해야 한다. 복행은 착륙하려고 내려오던 비행기가 착륙을 중지하고 다시 날아오르는 비행법을 의미한다. 보통 무슨 사고가 났나 싶어 걱정하는 경우가 많지만 윈드시어가 발생했을 때 가장 안전한 대처법이다.

비행기의 비행에는 안개, 바람, 뇌우, 눈, 비 등 모든 기상 여건이 비행에 절대적인 영향을 끼치는데, 그 중에서도 바람이 가장 위협적이다. 지상 500m에서 1,000m 사이에서는 윈드시어가 불어서 무섭고, 높은 고도에서는 갑작스러운 난기류가 생겨 무섭고, 뒤에서 부는 뒷바람은 양력의 크기를 줄이기 때문에 비행기가 잘 날지 못하게 되기 때문이다. 여기서 양력은 비행기를 띄우는 힘을 의미한다. 보통 비행기 날개는 윗면이 볼록하고 아랫면이 평평하게 생겼는데, 그 때문에 날개 위아래에서 공기가 다른 속도로 흐르게 된다. 윗면의 공기가 아랫면의 공기보다 빠르게 흐르는 것으로, 그렇게 되면 윗면의 기압이 아랫면보다 작아지고 자연스럽게 비행기 날개가 위로 떠오르는 힘, 즉 양력을 얻을 수 있는 것이다.

① 제주도는 비행기의 결항을 유발할 정도로 윈드시어가 자주 발생하는 지역이다.
② 비행기가 비행하는 과정에서 영향을 끼치는 기상 요소 중에 바람이 가장 위협적 요소이다.
③ 윈드시어는 과학의 발달이 지속적으로 이루어지면 대처할 수 있는 방법을 만들어낼 수 있다.
④ 윈드시어 감지 장치가 장착된 비행기는 그 즉시 복행하지 않아도 안전하게 비행을 지속할 수 있다.
⑤ 비행기에 작용하는 양력이 작더라도 비행기를 밀어주는 힘이 강하면 자연스럽게 비행기가 위로 떠오를 수 있다.

27 다음 글의 내용이 참일 경우, 반드시 거짓인 진술을 고르면? 2021 하반기 GSAT 기출 복원

렌즈하면 당연히 유리나 유리와 비슷한 재료로 만들어야 한다고 생각한다. 유리를 정확하게 곡면으로 매끈하게 연마해서 빛을 선명하게 모아야, 더욱 정확하고 뚜렷한 이미지를 얻을 수 있기 때문이다. 그런데 유리 렌즈가 없어도 선명한 이미지를 찍어주는 전혀 새로운 개념의 '메타 렌즈'가 나왔다. 재료를 '메타 표면'으로 처리해서 만든 '메타 렌즈'는 기존 렌즈의 개념을 완전히 뒤흔들어 놓을 것으로 예상된다. 렌즈를 이동하거나 초점을 맞추는 물리적인 움직임이 없어도, 레이저로 열을 가하면 이 '메타 렌즈'는 초점을 맞출 수 있기 때문이다.

메타 표면으로 가공된 물질은 빛을 독특한 방식으로 굴절시키거나 반사시킨다. 재료의 특성이 변함에 따라 메타 표면의 광학 기능도 달라진다. 물질이 가열된 후 원자 구조가 바뀌고 이에 반응하여 메타 표면은 빛의 방향을 바꾸어 더 먼 물체에 초점을 맞춘다. CD와 DVD에 사용되는 메타 렌즈는 레이저 펄스로 가열하면 내부 구조가 바뀐다. 이 같은 특성을 이용해서 만든 CD는 저장된 데이터를 지우고 다시 쓸 수 있는 기능이 생긴다.

일부 과학자들은 메타 표면이 다양한 기능을 발휘하려면 아주 정교한 방법으로 어떤 형태와 패턴을 사용할지 신중한 엔지니어링이 필요하다고 생각하였다. 레이저 펄스로 가열해서 초점 거리를 조정하면 처음 비정형 상태에서 첫 번째 패턴의 선명한 이미지를 생성했다. 이어 메타 표면을 결정 단계로 바꾸기 위해 메타 렌즈를 가열했다. 열을 제거한 다음에도 메타 렌즈는 똑같이 선명한 이미지를 만들어 냈다. 기계적인 동작 없이 두 개의 다른 깊이에서 사진을 보여준 것이다. 이러한 방식으로 개발된 활성 '메타 렌즈'는 부피가 큰 기계적 요소 없이도 초점을 조정하는 것이 매우 큰 장점이다. 아직 이 메타 렌즈는 적외선 대역 안으로만 찍을 수 있지만, 앞으로는 드론을 위한 미니어처 열 카메라, 휴대폰용 초소형 열 카메라, 야간 투시 고글과 같은 보다 민첩한 광학 장치를 가능하게 할 것으로 기대된다.

① 메타 렌즈에 열을 가하면, 가하기 전보다 먼 물체에 초점을 맞출 수 있다.
② 메타 렌즈는 가열된 상태에서만 선명한 이미지를 만들 수 있다.
③ 메타 렌즈에는 유리가 사용되지 않는다.
④ 메타 렌즈가 사용되지 않는 CD는 저장된 데이터를 지우고 다시 쓸 수 없다.
⑤ 메타 렌즈는 다양한 카메라에 활용되고 있다.

28 다음 글의 내용이 참일 경우, 반드시 거짓인 진술을 고르면?

2021 하반기 GSAT 기출 복원

지하에서 암석이 고온으로 가열돼 녹아 있는 것을 마그마(magma)라고 한다. 화산이 폭발할 때 시뻘겋게 빛나는 용암이 흘러내리는 장면을 볼 수 있는데 이는 지구 내부에 엄청난 양의 마그마가 들어 있다는 것을 말해주고 있다. 그러나 지구 형성 초기에는 지금처럼 마그마가 지구 내부에 모여 있지 않았다. 당시 지구는 전체가 액체 상태였으며, 지구 표면에는 1100℃ 이상의 용암이 바닷물처럼 부유하고 있었다.

과학자들은 약 45억 년 전 지구가 만들어질 당시 뜨거웠던 지구의 상태를 '마그마의 바다(magma oceans)'라 부른다. 고온에 무거운 물질은 안쪽으로 가라앉고, 가벼운 물질은 위로 떠오르면서 끊임없이 흘러 마치 바다와 같은 장관을 연출하고 있었다. 또한 그 바닷속에는 지금의 마그마보다 훨씬 더 많은 산소가 들어 있어 지금처럼 수많은 생물이 숨을 쉬며 생존할 수 있는 자연환경을 조성할 수 있었다는 것이 과학자들의 판단이다.

과학자들은 현재 지구를 덮고 있는 맨틀(mantle) 속에서 다양한 물질들의 산화와 환원이 이어지는 상황이 지속되고 있는데, 지구 생성 초기 '마그마의 바다' 속에서와 같은 현상이 벌어지고 있다고 보았다. 지금의 대기권이 지구를 둘러싸고 있는 맨틀 속 마그마의 산화와 환원 상태에서 비롯된 것이라며, 지구 생성 초기 '마그마의 바다' 역시 산소를 비롯한 다양한 가스를 대량 분출하고 있었을 것이라고 말했다. 그리고 산소의 대량 분출로 지금의 지구핵, 맨틀, 그리고 대기권이 형성됐다고 설명하고 있다.

① 지구 내부의 마그마는 지구가 형성되던 초기에 액체 상태로 지구 표면에 떠다니고 있었다.
② 마그마의 산화와 환원이 이루어지는 상황을 바탕으로 지구 외부로 가스를 배출하여 대기권을 형성하였다.
③ 지구 내부에서 일어나는 화학 작용에 관심을 가짐으로써 다양한 지구 형성 과정을 설명하는 것이 가능해졌다.
④ 마그마가 고온의 상태로 유지될 수 있었던 것은 외부 행성체들과의 끊임없는 충돌이 원인이라고 볼 수 있다.
⑤ 마그마의 바다에 들어 있는 산소의 양은 지금의 마그마보다 적었다.

PART 2 추리

정답과 해설 P.88

01 다음 글에 대한 반론으로 가장 적절한 것을 고르면?

2024 상반기 GSAT 기출 복원

SEI(Solid Electrolyte Interface) 층은 리튬이온 배터리의 음극과 전해질 사이에 형성되는 매우 얇은 막으로, 배터리 성능과 수명을 좌우하는 중요한 요소로 알려져 있다. 이 층은 배터리가 충전과 방전을 반복할 때, 리튬이온이 음극으로 이동하면서 전해질과 반응해 자연스럽게 형성된다. SEI 층은 배터리 내부에서 전해질의 분해를 방지하고, 리튬이온의 원활한 이동을 돕는 중요한 역할을 한다. 특히, SEI 층이 안정적일수록 배터리의 효율이 높아지고, 수명이 길어진다는 점에서 그 중요성이 강조된다. 따라서 SEI 층의 형성과 안정성을 유지하는 것이 리튬이온 배터리의 성능을 극대화하는 데 필수적이다. 이를 위해 SEI 층의 특성과 두께를 적절히 관리하는 기술이 필요하며, 이 분야에 대한 연구가 활발히 진행되고 있다.

① SEI 층은 배터리 성능과 수명을 결정짓는 중요한 요소이다.
② SEI 층이 없다면, 전해질의 분해로 인해 배터리 성능이 크게 저하될 것이다.
③ SEI 층의 형성은 배터리 충전과 방전 과정에서 자연스럽게 이루어진다.
④ SEI 층이 지나치게 두꺼워지면 오히려 리튬이온의 이동이 방해될 수 있다.
⑤ SEI 층의 안정성은 배터리의 효율을 극대화하는 데 필수적이다.

02 다음 글에 대한 반론으로 적절하지 않은 것을 고르면?

2024 상반기 GSAT 기출 복원

그래핀은 탄소 원자들이 2차원 평면에서 육각형 구조로 배열된 물질로, 전기적, 열적, 기계적 성질이 뛰어나 다양한 산업에서 주목받고 있다. 그래핀을 얻는 방법 중 하나는 '박리법'이다. 이 방법은 흑연을 테이프로 여러 번 접착하고 떼어내어 그래핀 층을 분리해내는 방식으로, 간단하고 저렴하며, 실험실에서 소량의 고품질 그래핀을 얻는 데 매우 적합하다. 박리법은 초기 그래핀 연구에서 중요한 역할을 했고, 그래핀의 기본적인 성질을 연구하는 데 유용했다. 그러나 이 방법은 대량 생산에는 한계가 있으며, 산업적 응용을 위해서는 더 효율적이고 대량 생산이 가능한 방법이 필요하다. 이러한 이유로 박리법은 주로 연구용으로 사용되며, 대규모 생산을 위해서는 화학적 증착법(CVD)과 같은 다른 기술이 개발되고 있다. 따라서 그래핀의 산업적 응용을 확대하기 위해서는 박리법을 보완할 수 있는 새로운 기술의 발전이 필수적이다.

① 박리법은 소량의 고품질 그래핀을 얻는 데 유리하다.
② 박리법은 초기 연구에 중요한 기여를 했지만, 대량 생산에는 한계가 있다.
③ 박리법은 저렴하고 간단한 방법이지만, 현재보다 더 효율적인 기술이 필요하다.
④ 그래핀의 대규모 생산을 위해서는 화학적 증착법이 효과적이다.
⑤ 박리법은 그래핀 연구 발전에 기여했지만, 산업적 응용에는 적합하지 않다.

03 다음 글에 대한 반론으로 가장 적절한 것을 고르면? 2024 상반기 GSAT 기출 복원

eRAM(임베디드 RAM)은 임베디드 시스템에서 사용되는 메모리 기술로, 고속 접근이 필요한 애플리케이션에 주로 사용된다. eRAM은 CPU와 가까운 위치에 배치되어 데이터 접근 속도가 빠르고, 전력 소모가 적어 모바일 장치, 자동차 전자 장비, IoT 기기 등에서 중요한 역할을 한다. 이와 달리, DRAM(동적 RAM)은 대용량 데이터를 저장할 수 있어 컴퓨터와 같은 고성능 시스템에서 주로 사용된다. 그러나 DRAM은 주기적인 리프레시(refresh) 과정이 필요해 전력 소모가 크고, 배터리 수명이 중요한 모바일 장치에서는 단점이 된다.

플래시 메모리는 비휘발성 메모리로, 전원이 꺼져도 데이터를 유지할 수 있어 SSD, USB 드라이브 등에 사용된다. 하지만 플래시 메모리는 데이터 쓰기 속도가 느리고 쓰기 횟수에 제한이 있어 반복적인 데이터 쓰기에 적합하지 않다. 이에 반해, eRAM은 비휘발성 메모리는 아니지만 전력 소모와 데이터 접근 속도 면에서 매우 효율적이어서, 고속 데이터 접근이 필요한 애플리케이션에 적합하다. 이러한 이유로 eRAM은 전력 효율성과 속도가 중요한 다양한 임베디드 시스템에서 필수적인 역할을 하고 있다.

① eRAM은 전력 소모가 적고 데이터 접근 속도가 빠르지만, 비휘발성 메모리가 아니어서 데이터를 영구적으로 저장하는 데에는 한계가 있다.
② DRAM은 대용량 데이터를 저장할 수 있으나, eRAM에 비해 전력 소모와 데이터 접근 속도에서 효율이 떨어진다.
③ 플래시 메모리는 데이터를 영구적으로 저장할 수 있지만, 데이터 쓰기 속도가 느려 고속 데이터 처리에는 적합하지 않다.
④ eRAM은 고속성과 저전력 소모를 갖추고 있지만, 대용량 데이터 저장에는 적합하지 않다.
⑤ eRAM은 임베디드 시스템에 주로 사용되지만, 모바일 장치에서는 비휘발성 메모리인 플래시 메모리가 더 널리 사용된다.

04 다음 글에 대한 반론으로 가장 적절한 것을 고르면?

2023 하반기 GSAT 기출 복원

포스트모더니즘을 논하는 데 적절한 또 한 가지 분야가 바로 '광고'이다. 오늘날 우리는 광고로부터 완전히 자유롭기가 불가능한 시대에 살고 있다. 광고는 우리의 사고방식과 대화 양식과 생활 형태까지도 조종하고 있다. 미국 버클리대 도널드 멕케이드 교수에 따르면, 예전에는 사람들이 살아남기 위해 상품을 찾아 헤맸으나 지금은 상품들이 살아남기 위해 사람들을 찾아 헤매는 시대가 되었고, 우리는 날마다 광고의 홍수와 압력 속에서 살고 있다. 미국인은 하루에 2천 번 정도의 광고를 보거나 들으며 살고 있으며 미국의 기업들은 한 해에 약 1천억 달러를 광고에 소비하고 있다고 한다. 광고에 의해 세뇌되고 조종되는 정도의 강렬을 생각해 볼 때, 우리가 포스트모던 시대에 살고 있다는 것에는 논쟁의 여지가 없다.

광고는 얼핏 다양한 상품들을 선전함으로써 소비자에게 선택의 기회를 넓혀주는 것 같고 이상적인 포스트모더니즘의 한 형태인 것처럼 보인다. 그러나 고찰해 보면, 그것은 포스트모더니즘이 인식하고 심문해야 될 포스트모던적 현상일 뿐이라는 것이 명백해진다. 광고는 특정 상품에 대한 구매를 강요함으로써 결국에는 소비자들로부터 모든 선택의 여지를 박탈해 가기 때문이다. 그러므로 광고의 성공은 곧 소비자의 실패라는 패러독스가 성립된다.

① 광고가 이제는 소비자들을 쉽게 설득할 수 없다는 점을 경시하고 있다.
② 광고가 이제는 소비자들이 선호하는 즐거움에 핵심이 있음을 고려해야 한다.
③ 광고가 이제는 소비자와 진한 공감대를 형성하려고 한다는 점을 주목해야 한다.
④ 광고가 이제는 소비자들을 직접적인 방법으로 세뇌한다는 점을 강조해야 한다.
⑤ 광고가 이제는 소비자들의 선택에 쉽게 좌우되고 있음을 알아야 한다.

05 다음 글에 대한 반론으로 가장 적절한 것을 고르면?

2023 하반기 GSAT 기출 복원

> 우리가 컴퓨터와 모니터 앞에 앉아 사이버 공간에 들어갈 때 컴퓨터는 우리에게 철저히 개인적인 것을 요구한다. 옆집과 옆집 사이에 대문을 걸어 잠그는 것은 어제의 일이 아니다. 이러한 폐쇄성과 단절성으로 인해 오늘은 옆방과 옆방 사이에도, 연인 사이에도 '따듯한 정'은 필수가 아니다. 차츰 정이 합리적이지 못한 인간관계의 표상으로 규정되어 간다. 정이 자랄 틈이 없는 사이버 공간에서 혼자 노는 몸에는 표정이 없다. 그 혼자 노는 몸이 사이버 공간이 조장한 거품 욕망을 주체하지 못하고 사이버에서 놀아날 때 무엇을 보고 인간이 존엄하다고 말할 수 있을 것인가?

① 개인 간의 성격의 차이를 고려해야 한다.
② 사이버 공간에서도 친목 모임이 형성될 수 있다.
③ 심각한 개인주의를 꼭 사이버 공간의 탓으로 돌릴 수는 없다.
④ 폐쇄적인 사회의 기원과 유래부터 먼저 확인해야 한다.
⑤ 신문에 나오는 따뜻한 미담 사례를 꼭 부정적으로 볼 필요는 없다.

06 다음 글에 대한 반론으로 가장 적절한 것을 고르면?

2023 상반기 GSAT 기출 복원

> 요즘 자연과학이 발전함에 따라 뇌과학을 통해 인간에 대해 탐구하려는 시도가 유행하고 있다. 하지만 인간의 본질은 뇌세포와 같은 물질이 아니라 영혼이라고 생각한다. 어떤 물질도 존재하지 않지만, 자신은 영혼 상태로 존재하는 세계를 상상할 수 있기 때문이다. 따라서 '나'는 존재하지만, 어떤 물질도 존재하지 않는 세계는 가능하다. 또, '나'는 존재하지만 어떤 물질도 존재하지 않는 세계가 가능하다면, '나의 본질'은 물질이 아니라고 할 수 있다. 즉, '나'는 본질적으로 물질이 아닌 것이다. '나의 본질'이 물질이 아니라면 무엇일까? 그것은 바로 영혼이다. 결국 물질적인 뇌세포를 탐구하는 뇌과학은 인간의 본질에 대해 알려 줄 수 없다.

① 우리가 상상할 수 없는 그 어떤 것도 참일 수 없다.
② 상상할 수 있다고 해서 그것이 가능하다는 것은 아니다.
③ 물질이 아닌 영혼이 인간의 본질이라는 것을 인정할 수 없다.
④ 뇌과학에서 다루는 것은 인간의 본질에 대한 것이 아니다.
⑤ 영혼 상태와 물질 상태에 대한 정의부터 밝혀야 한다.

07 **다음 글에 대한 반론으로 가장 적절한 것을 고르면?** 2023 상반기 GSAT 기출 복원

> 대중의 관행과 의견을 의식과 지성을 발휘해 조직하는 것이 바로 '선전'이며 민주주의 사회에서 중요한 요소이다. 사회의 이 보이지 않는 메커니즘을 조작하는 사람들이야말로 국가의 권력을 진정으로 지배하는 '보이지 않는 정부'를 이룬다. 우리는 한 번도 들어본 적이 없는 사람들의 통치를 받으며 우리의 생각을 주조하고 취향을 형성하고 아이디어를 떠올린다. 우리의 민주주의 사회가 어떻게 조직되는지를 고려할 때 이는 논리적으로 당연한 결과다. 원활하게 기능하는 사회로서 함께 살아가려면 인간은 이런 식으로 협력해야 한다.
>
> 이론상으로 모든 시민은 공공의 사안과 개별 행동의 문제에 대해 스스로 결정을 내릴 수 있다. 하지만 문제가 닥칠 때마다 그와 관련된 난해한 경제, 정치, 윤리 정보를 시민 개개인이 직접 연구해야 한다면 그 어떤 결론도 내리지 못할 것이다. 우리의 선택 범위를 현실에 부합하는 비율로 좁히기 위해서 우리는 보이지 않는 정부가 각종 정보를 추려내 중요한 사안만 부각시키도록 하는 데 기꺼이 동의해야 한다. 우리의 지도자들이 대중에게 다가가기 위해 사용하는 선전의 다양한 매체는 우리에게 표준화된 사회 행동 규범을 수용하게 한다.

① 선전이 지도자의 악한 지배 수단이 될 수 있는 현실을 간과하고 있다.
② 대중이 소수에 의해 조작될 정도로 어리석은 존재가 아님을 무시하고 있다.
③ 선거철 치열한 선거 운동을 생각해 볼 때, 선전에 의해 지도자의 이미지가 변화할 수 있음을 파악하지 못하고 있다.
④ 민주주의의 진정한 정신을 생각해 볼 때, 대중의 행복을 위해서 진정으로 필요한 것이 무엇인지 고려하지 못하고 있다.
⑤ 과도한 선전으로 인한 부작용을 생각해 볼 때, 지도자가 선전의 방법으로 빈번하게 통치하고자 하면 선전의 효과가 떨어질 것임을 고려하지 못하고 있다.

08 **다음 글에 대한 반론으로 적절하지 않은 것을 고르면?** 2022 하반기 GSAT 기출 복원

> 기업들이 투명 페트병의 라벨을 제거하는 '무라벨 제품'들을 출시하며 달라진 사회적 분위기에 발맞추고 있다. 무라벨 제품은 재활용을 위해 별도로 라벨을 뜯어야 하는 번거로움을 없애 소비자의 편의를 도모했다. 또 간편하게 분리 배출할 수 있다는 점에서 재활용률도 높일 수 있을 것으로 보인다. 라벨 제작에 사용되는 비닐의 양도 기존 대비 절반 수준으로 줄이는 장점이 있다. '라벨 프리'는 최근 기업들이 강화하는 환경 · 사회 · 지배구조(ESG) 경영을 실천할 수 있는 좋은 방법이다. 실제로 무라벨을 통해 쓰레기를 절감하고 페트병의 재활용률을 높일 수 있다. 플라스틱 생수 용기를 무라벨 제품으로 전량 교체 및 생산할 경우 연간 최대 2,640톤의 플라스틱 발생량이 줄어들 것으로 기대된다.

① 무라벨 페트병이라고 해도 플라스틱을 사용하는 것은 변하지 않는다.
② 무라벨 페트병은 분리수거를 하는 사람들에게 불편을 야기할 수 있다.
③ 무라벨 페트병을 홍보하는 스티커와 포스터를 붙여놓는 경우도 종종 있어 오히려 환경에 해가 된다.
④ 연간 플라스틱 페트병 생산량이 총 30만 톤이 넘는다는 사실을 고려하면, 무라벨 적용으로 인해 발생하는 감축량은 극히 일부에 불과하다.
⑤ 무라벨 생수의 경우, 필수적으로 제품명, 유통기한, 수원지 등 의무 사항을 기재해야 하므로 묶음 판매만 가능하며 이를 위해 비닐 포장이 또다시 사용된다.

09 다음 글에 대한 반론으로 적절하지 <u>않은</u> 것을 고르면?

> 비콘은 IT 기술 기반의 위치 인식 및 통신 기술을 사용하여 다양한 정보와 데이터를 전송하는 근거리 무선통신 장치다. 블루투스, NFC와 달리 페어링이나 태깅 등 사용자의 수동적인 작업이 필요 하지 않고, 최대 70m의 넓은 범위로 서비스가 가능하다는 뛰어난 장점이 있다. 특히 사용자가 단말기로부터 얼마나 떨어져 있는지, 정확히 어디에 있는지까지 파악이 가능하다. 성장 초기에 비콘은 광고, 쿠폰 제공 등 마케팅에 주로 활용되었다면, 현재는 공공서비스 분야에서도 각광받고 있다. 예를 들어 보행로에 비콘 센서를 설치하면 시각장애인이 모바일 애플리케이션의 음성정보를 통해 정확한 위치와 주변시설 정보를 제공받을 수 있다. 또한 공중화장실, 공원, 공영주차장 등에 비콘을 설치하여 위급상황 시 스마트폰을 흔들면 경찰청과 보호자의 전화번호로 위치가 전송되는 안심서비스가 제공되고 있기도 하다. 이처럼 비콘은 사회적 약자의 안전을 도모하는 데 기여할 수 있으므로 보다 많은 장소에 설치되어 편의를 제공할 수 있도록 해야 한다.

① 통신기술의 특성상 발생할 수밖에 없는 해킹, 복제 등의 위험이 존재하므로 비콘 활용의 범위를 제한할 필요가 있다.

② 비콘 서비스를 사용하기 위해 사용자는 개인의 위치정보를 노출해야만 하므로 개인정보보호와 관련한 논란이 발생할 수 있다.

③ 비콘은 넓은 서비스 반경에서 수동적인 작업 없이 연결되기 때문에 서비스를 필요로 하지 않는 사람들에게는 불편함을 줄 수 있다.

④ 비대면 서비스의 수요 증가로 오프라인 시장이 침체된 가운데 다양한 서비스에서의 비콘 적용은 시장 활성화를 위한 대안이 될 수 있다.

⑤ 장난삼아 안심서비스가 작동되도록 하는 등 서비스를 오남용하여 불필요한 인력이 낭비되는 경우가 발생할 수 있으므로 비콘을 적재적소에 선택적으로 설치하는 것이 보다 효율적일 수 있다.

10 다음 글에 대한 반론으로 가장 적절한 것을 고르면?

2021 하반기 GSAT 기출 복원

공유경제는 외형보다 기능을 중시하고 가격 대비 성능을 따지는 소비자들이 더욱 스마트해짐에 따라 등장한 소비패턴이다. 소비자들은 소유에서 느끼는 만족보다 저렴한 가격에 같은 품질의 제품이나 서비스를 이용하는 효율성에 더욱 초점을 맞추고 있다. 공유경제의 대표적인 모델은 카셰어링과 숙박시설이 꼽힌다. 카셰어링은 교통수단이 필요한 사람과 자신의 차를 이용해 상대가 필요로 하는 운송서비스를 제공할 의지가 있는 사람들을 연결시켜 주는 플랫폼이다. 숙박시설의 공유는 숙박이 필요한 여행객이나 비즈니스 출장객들을 남는 방이나 부동산을 지니고 있는 지인들과 연결시켜 주는 플랫폼이다. 이미 두 플랫폼은 전 세계적으로 알려져 있음은 물론 '공유경제'의 상징으로 여겨질 만큼 주목을 받고 있다.

국내에서는 법률적인 문제로 도입이 미뤄지고 있으나 미국의 카셰어링 시장은 국내에 상당한 반향을 일으켰다. 기존의 렌터카 시장과 달리, 회원에게 30분 단위의 짧은 시간 혹은 주행거리별로 요금을 산정해 차를 빌려주는 형태로 운영되고 있다. 렌터카 대비 차를 빌리는 절차가 간편해 단거리, 단시간 이용이 필요한 고객군에게 호평을 받고 있다. 이밖에도 다양한 공유경제 사례가 속속 등장하고 있다. 그만큼 소비자들 사이에서는 반드시 소유해야 한다는 관념이 사라지고 효율성을 중시하는 사용의 개념이 자리 잡고 있는 상황이다.

① 경제적이면서도 효율성을 중시하는 소비를 권장해야 한다.
② 공유경제의 성장은 전통적 경제 시스템의 붕괴를 의미한다.
③ 합리적 소비를 유도하는 전통적인 소비 개념이 더 효과적일 수 있다.
④ 플랫폼에서 사람들을 연결하는 과정에서 개인의 정보가 노출될 수 있다.
⑤ 공유경제와 관련한 경제적 이익을 고려하여 법률적인 지원책이 요구된다.

11 **다음 글에 대한 반론으로 적절하지 않은 것을 고르면?** 2021 하반기 GSAT 기출 복원

상품과 서비스의 대량 구매를 넘어 아예 스스로 제품 기획에 뛰어드는 신종소비자 '팬슈머'가 대세다. 이들은 신선한 아이디어를 공급하고 적극 지지하는 동시에 간섭과 견제를 하면서 제품과 서비스에 강력한 영향력을 미친다. 대중이 직접 참여해 문제를 해결한다는 점에서 기존 크라우드펀딩(Crowd funding)과 같은 맥락인 셈이다.

팬슈머의 개념은 크라우드소싱과 유사한 개념으로 이해할 수 있다. 크라우드소싱은 기업활동의 전 과정에 소비자와 대중이 참여할 수 있도록 개방한 뒤 기업활동 능력이 향상되면 수익을 참여자와 공유하는 방법을 말한다. 다만 팬슈머는 금전적인 보상이 아니라 자신의 만족감을 추구한다는 것이 크라우드소싱과의 차이다.

크라우드펀딩은 팬슈머의 하위개념으로 자금 모금에 초점을 맞춘다. 개인이나 기업, 단체가 시제품을 만들어 크라우드펀딩 플랫폼에 올리고 관련 상품에 대한 개발·생산비용을 조달하는 구조다. 생산자는 크라우드펀딩을 통해 자금을 조달하고 수요를 예측해 재고 부담을 크게 줄이는 장점이 있다.

소비자도 합리적인 가격에 보상을 얻을 수 있으며 제품이 나의 투자로 인해 만들어졌다는 일종의 성취감(바이미 신드롬) 때문에 크라우드펀딩에 투자한다.

① 팬슈머 중에는 자신의 만족감보다도 금전적인 보상을 더 중시해서 투자할 수 있다.
② 소비자가 기업활동의 전 과정에 참여하면서 기업의 자율성이 침해될 수 있다.
③ 문제를 해결하는 것에 대한 관심은 없이 일종의 성취감만으로 팬슈머가 발생할 수 있다.
④ 크라우드소싱의 특징으로 인해 강력한 영향력을 미치는 것이 수익을 높인 것일 수 있다.
⑤ 생산자가 플랫폼에 올린 상품에 대해 소비자가 적극적으로 참여하지 않으면 경제 활동으로 이어지지 않을 수 있다.

정답과 해설 P.95

대표유형 ③ 추론

01 다음 글과 [보기]를 읽고 한 추론 중 가장 적절한 것을 고르면? 2024 상반기 GSAT 기출 복원

CAR－T 항암 치료는 면역 세포를 활용하여 암세포를 공격하는 혁신적인 치료법이다. 이 치료법의 핵심 원리는 환자의 T세포를 유전자 변형하여 특정 암세포의 표면 항원을 인식하고 공격할 수 있도록 하는 것이다. 치료 과정은 환자의 혈액에서 T세포를 추출한 후, 실험실에서 이를 변형하여 "Chimeric Antigen Receptor(CAR)"를 삽입하고, 다시 환자에게 주입하는 방식으로 진행된다. CAR－T 치료는 주로 혈액암, 특히 B세포 림프종과 급성 림프구성 백혈병(ALL)에 효과적이며, 현재 특정 암종에 대한 치료로 승인되었다. 이 치료법은 높은 효과를 자랑하지만, 사이토카인 방출 증후군(CRS)과 신경독성 등 심각한 부작용을 동반할 수 있다. 이러한 부작용에 대한 관리와 예방 연구가 활발히 이루어지고 있으며, CAR－T 치료의 적용 범위를 넓히기 위한 연구도 진행 중이다. 미래에는 고형암 및 다른 치료가 어려운 암종에 대한 CAR－T 치료의 가능성을 기대하고 있으며, 이와 관련한 기술 발전과 안전성 개선이 지속적으로 이루어질 것이다.

보기

최근 항암 치료는 여러 혁신적인 접근 방식을 통해 크게 변화하고 있다. 면역요법에서는 CAR－T 세포 치료와 면역관문 억제제가 주목받고 있으며, 특히 혈액암과 고형암에서 효과를 보이고 있다. 정밀 의학은 유전자 분석을 통해 맞춤형 치료를 제공하며, HER2 양성 유방암과 EGFR 돌연변이 폐암 등에서 성공적인 결과를 보여주고 있다. 면역세포 기반 치료로는 항체－약물 접합체(ADC)와 백신 기반 치료가 있으며, 이는 암세포에 직접 약물을 전달하거나 면역 반응을 유도한다. 더 나아가 기술 통합과 혁신으로는 인공지능(AI)과 빅데이터 분석을 활용한 치료법 개발이 진행 중이다. 항암 치료는 지속적으로 연구 개발을 통해 환자 맞춤형 접근은 각 환자의 특성에 맞춘 최적의 치료 계획을 제시하여 치료 효과를 극대화하고 부작용을 최소화한다. 이러한 노력들이 새로운 치료법을 개발하여 암 치료의 새로운 가능성을 열어가고 있다.

① CAR－T 치료는 혈액암뿐만 아니라 모든 암종에서 승인을 받아 기대치가 높아진다.
② 정밀 의학은 유전자 분석을 통해 맞춤형 치료를 제공하기 때문에 부작용이 없다.
③ CAR－T 세포 치료는 모든 세포를 일시적으로 공격한 후에 선택적으로 암세포를 공격한다.
④ CAR－T의 고형암 치료가 성공한다면 면역 억제 기술의 새로운 치료 표준이 될 것이다.
⑤ 동일한 암종을 가진 환자들은 맞춤형 치료를 통해 같은 수준의 치료 결과를 얻을 수 있다.

02 **다음 글과 [보기]를 읽고 한 추론 중 가장 적절한 것을 고르면?** 2024 상반기 GSAT 기출 복원

플래시 메모리는 두 가지 주요 전자적 현상 터널링 현상과 핫 캐리어 효과를 통해 작동한다. 터널링 현상은 양자역학적으로 전자가 에너지 장벽을 통과하는 현상으로, 플래시 메모리에서는 높은 전압을 사용해 전자를 플로팅 게이트에 주입하거나 제거한다. 이 과정에서 전자는 얇은 절연막을 터널링하여 이동하게 된다. 그러나 터널링 현상이 너무 강하면 절연막이 손상될 수 있어, 메모리의 내구성에 영향을 미친다. 핫 캐리어 효과는 전자가 높은 에너지를 가지면서 반도체 내에서 이동할 때 발생한다. 이 효과는 전자가 반도체의 물리적, 화학적 특성에 영향을 미쳐 소자의 성능을 저하시킬 수 있다. 고전압 상황에서 핫 캐리어 효과가 발생하면 메모리 소자의 신뢰성에 문제가 생길 수 있다. 따라서 두 현상을 효과적으로 제어하고 관리하는 것이 플래시 메모리 기술의 성능과 안정성을 유지하는 데 필수적이다. 연구와 기술적 개선은 이들 현상을 보다 잘 이해하고 문제를 해결하는 데 기여하므로 중요하다.

보기

반도체 분야에서 터널링 기술은 전자가 에너지 장벽을 물리적으로 넘지 않고도 양자역학적으로 통과할 수 있게 해주는 원리를 활용한다. 이 기술은 특히 플래시 메모리와 나노미터 크기의 트랜지스터에서 중요한 역할을 하고 있다. 플래시 메모리에서는 터널링 현상이 데이터 저장과 삭제의 핵심 원리로 사용되며, 최신 연구는 절연막의 두께와 재료를 최적화하여 효율성을 높이고 있다. 트랜지스터 기술에서는 FinFET과 GAA 트랜지스터와 같은 혁신적인 설계가 터널링 효과를 제어하여 소자의 성능을 개선하고 있다. 저전력 소자 개발과 양자 컴퓨팅의 발전에도 터널링 기술이 중요한 역할을 하고 있으며, 이는 반도체 산업의 미래를 변화시키고 있다. 기술적 도전 과제로는 터널링 효과를 최적화하면서 소자의 내구성과 신뢰성을 유지하는 것이 있으며, 향후 지속적인 연구와 기술 혁신이 필요하다.

① 터널링 현상이 반도체 소자의 내구성과 신뢰성을 향상시키는 데 도움을 준다.
② 터널링 기술이 트랜지스터 기술에 적용하기에 미흡하여 플래시 메모리에만 적용이 가능하다.
③ 터널링 현상과 핫 캐리어 현상은 반도체 소자의 성능과 신뢰에 영향을 미친다.
④ 서로 반대되는 전압의 상황에서만 터널링 현상과 핫 캐리어는 에너지가 발생한다.
⑤ 터널링 현상은 핫 캐리어 현상과 서로 같은 원리로 작용하기 때문에 대체가 가능하다.

03 다음 글과 [보기]를 읽고 한 추론 중 적절하지 않은 것을 고르면? 2023 하반기 GSAT 기출 복원

> 렌즈(Lens)는 빛을 굴절시켜 모으거나 퍼뜨리는 도구이다. 렌즈는 대체로 유리로 만들어진다고 주로 알려져 있으나 정작 카메라 렌즈를 빼면 생활에서 접하는 렌즈 중 유리로만 된 것은 그리 많지 않다. 가장 찾기 쉬운 렌즈인 안경알과 카메라도 일부 렌즈는 합성수지로 만들어진다.
>
> 렌즈는 같은 위치에서 오목/볼록 거울들보다 빛을 잘 모으지만, 크기를 쉽게 늘리기 힘들다는 단점이 있다. 예를 들어 지름 1.2m짜리 천체 망원경을 만든다고 생각해보자. 오목 거울을 이용한 반사 망원경이라면 한쪽 면만 정밀하게 연마하면 되고, 구조상 빛을 모아주는 주경 역할을 하는 오목 거울이 망원경의 하단부에 위치하는 데다가 중간에 다른 거울 또는 렌즈를 조합해서 초점거리에 비해서 경통을 짧게 제작하기에 용이하다. 그러나 렌즈를 사용한 굴절 망원경이라면 주경이 되는 볼록 렌즈가 망원경의 맨 앞에 위치하는데다가 그 큰 렌즈의 양면을 정밀히 연마해야 되고, 게다가 렌즈의 초점거리가 길어도 경통을 짧게 만드는 것이 힘들어서 대구경의 렌즈를 제작하기도 힘들다. 이렇기 때문에 같은 구경의 렌즈와 반사경을 비교해보면 렌즈의 제작이 더 힘들고 비용도 많이 들어간다.

보기

> 가장자리에 비하여 중앙 부분이 두꺼운 렌즈를 볼록렌즈라고 한다. 볼록렌즈는 빛을 한 점에 모으는 성질이 있다. 햇빛과 같은 평행 광선을 볼록렌즈의 축에 평행으로 비추었을 때 굴절된 빛이 모이는 점을 렌즈의 초점이라고 한다. 볼록렌즈에서는 어느 쪽으로 빛을 비추어도 빛이 한 점에 모이므로 볼록렌즈의 초점은 양쪽에 하나씩 있다는 것을 알 수가 있다. 그리고 렌즈의 중심에서 초점까지의 거리를 초점 거리라고 한다. 돋보기는 볼록렌즈로 만든 것이다. 볼록렌즈는 이 밖에도 망원경이나 현미경, 카메라, 원시용 안경 등에 쓰인다. 또, 볼록렌즈의 초점에 있는 광원에서 나온 빛이 평행하게 나아가는 성질을 이용하여 자동차의 헤드라이트나 탐조등을 만든다.

① 볼록거울과 볼록렌즈로 모두 쉽게 빛을 모을 수 있다.
② 볼록렌즈의 특성을 이용하여 자동차의 헤드라이트를 제작한다.
③ 볼록렌즈의 초점을 지난 빛은 볼록렌즈를 통과하면서 평행하게 나아간다.
④ 볼록렌즈의 축에 평행하게 빛을 비추면 그 빛은 반대쪽 초점에 모이게 된다.
⑤ 일반적으로 똑같은 구경의 렌즈와 반사경 중 제작 비용이 더 높은 것은 렌즈이다.

04 다음 글과 [보기]를 읽고 한 추론 중 적절하지 않은 것을 고르면? 2023 하반기 GSAT 기출 복원

백열전구는 둥근 유리구 안에 필라멘트를 넣고 불활성 기체를 주입한 단순한 구조이다. 필라멘트에 전압을 가하면 뜨거워진 필라멘트에서 일부 에너지가 전자기파의 형태로 방출된다. 이 전자기파의 파장은 연속 스펙트럼을 갖는데, 이 중 빛은 10% 정도이고 나머지는 열의 형태인 적외선이다. 전구에 투입되는 전력의 대부분이 열로 방출되므로 발광 효율이 아주 낮고, 필라멘트가 고온으로 가열되므로 쉽게 끊어져 백열전구의 수명도 짧다. 전구에 가해지는 전압을 높여 필라멘트의 온도를 높이면 빛으로 이용되는 비율이 높아지지만, 수명은 짧아진다.

형광등은 원통형 유리관 안에 수은과 불활성 기체가 들어 있고 양 끝에 필라멘트가 붙어 있는 약간 더 복잡한 구조이다. 필라멘트에서 방출된 열전자가 수은 입자에 충돌하면 자외선이 발생하는데, 이 자외선이 형광등 안쪽에 발린 형광 물질에 닿으면 빛으로 바뀐다. 이때 형광 물질의 종류에 따라 빛의 색이 바뀌고 자외선을 빛으로 변환하는 효율도 달라진다. 형광등은 필라멘트에서 직접 빛을 얻는 것이 아니므로 가열 온도를 낮출 수 있어서 백열전구에 비해 30% 정도의 전력 소비로 같은 밝기의 빛을 낼 수 있다. 또한 백열전구보다 적외선 방출도 적고 수명도 5~6배 정도 길다.

보기

발광 다이오드(LED)는 p형, n형 두 종류의 반도체를 접합하여 만드는데, 전압을 가하면 두 반도체 사이에 일정한 전압의 차이가 발생한다. 이때 이 사이를 움직이는 전자는 그 전압 차만큼의 에너지를 빛으로 방출한다. 접합된 두 반도체를 구성하는 화합물에 따라 필요한 전압의 크기나 방출되는 에너지의 크기가 달라지며, 이 에너지의 크기에 따라 방출되는 빛의 파장이 정해지면서 발광 다이오드에서 나오는 빛은 하나의 색을 띠게 된다.

① 백열전구의 필라멘트에서는 빛과 적외선이 방출된다.
② 형광등은 백열전구에 비해 구조가 복잡하지만 수명은 길다.
③ 형광등의 필라멘트에서 방출된 수은 입자는 형광 물질을 자극하여 빛을 만든다.
④ 형광등 안에 발린 형광 물질의 종류에 따라 형광등 불빛의 색이 결정된다.
⑤ 발광 다이오드에서는 전자가 방출하는 에너지의 크기에 따라 빛의 파장이 정해진다.

05 다음 글을 바탕으로 [보기]의 내용을 반박한 것으로 가장 적절한 것을 고르면?

2023 상반기 GSAT 기출 복원

> 현대 사회에 접어들어 구성원들의 이해관계는 더욱 복잡해졌으며, 그 이해관계 사이의 충돌은 심각해졌다. 그리고 현대 사회에서 발생하는 다양한 범죄는 바로 이런 문제에서 비롯되었다고 말할 수 있다. 이에 범죄자에 대한 처벌 여부와 처벌 방식의 정당성은 그의 범죄 행위뿐만 아니라 현대 사회의 문제점도 함께 고려하여 확립되어야 한다. 처벌은 사회 전체의 이득을 생각해서, 다른 사회 구성원들을 교육하고 범죄자를 교화하는 기능을 수행해야 한다.

보기

> 범죄자에 대한 처벌의 교화 효과에 대해서는 의문의 여지가 있다. 처벌의 종류에 따라 교화 효과는 다른 양상을 보인다. 가령 벌금형이나 단기 징역형의 경우 충분한 교화 효과가 있는 것처럼 보이기도 하지만, 장기 징역형의 경우 그 효과는 불분명하고 복잡하다. 특히, 범죄 사회학의 연구 결과는 장기 징역형을 받은 죄수들은 처벌을 받은 이후에 더욱 고도화된 범죄를 저지르며 사회에 대한 강한 적개심을 가지게 되는 경향이 있다는 것을 보여준다.

① 단기 징역형과 장기 징역형의 차이점을 우선적으로 고려했어야 한다.
② 처벌 제도를 사회적 이익 측면에서 고려해서는 안 된다.
③ 처벌 제도의 교화 효과를 개인적 측면에서 고려해야 한다.
④ 다양한 범죄에 적용할 수 있는 교화 방안을 모색해야 한다.
⑤ 장기 복역한 죄수들의 교화 효과가 일어날 수 있는 처벌 방안을 모색해야 한다.

06 다음 글과 [보기]를 읽고 한 추론 중 적절하지 않은 것을 고르면? 2023 상반기 GSAT 기출 복원

> 미국의 사회학자 그라노베터(Granovetter) 교수는 1973년 발표한 논문에서 강한 유대관계(Strong Ties)를 가진 사람보다 약한 유대관계(Weak Ties)를 지닌 사람에게서 더욱 풍부한 정보를 얻을 수 있다는 것을 실증적으로 보여주었다. 보스턴 근교의 뉴튼 거주자 282명을 대상으로 직업을 구한 경로를 조사한 결과, 자신들이 알고 있는 사람들로부터 구직에 필요한 정보를 입수한 사람 중 30% 정도만이 가족이나 친구 등 강한 유대관계에 있는 사람에게 도움을 받았고, 70% 정도는 친밀하지 않은 약한 유대관계의 사람들로부터 도움을 받았다는 것이다.

보기

> 뉴튼에 사는 한 회계사가 학회에 참가하기 위해 보스턴으로 가는 중이었다. 로건 공항에서 한 사업가와 택시를 함께 타게 되어 대화하는 도중 그의 회사에서 회계사를 고용하려 한다는 사실을 알게 되었다. 그 회계사 역시 보스턴 시내로 전직을 희망하고 있던 차에 직장을 옮기게 된다.

① 우연찮은 계기로 인하여 잘 모르는 사람의 도움을 받을 수 있다.
② 깊이 있고 유용한 정보는 강한 유대관계를 바탕으로 하여 유통된다.
③ 기업 조직을 관리하는 데 있어서도 약한 유대관계를 조성할 필요가 있다.
④ 정보의 전달과 흐름에 있어서 중추적인 역할을 하는 것은 약한 유대관계이다.
⑤ 페이스북은 유대관계의 회복을 원하는 사람들의 심리를 이용해 큰 인기를 얻은 것이다.

07 다음 글과 [보기]를 읽고 한 추론 중 가장 적절한 것을 고르면?

2023 상반기 GSAT 기출 복원

고기를 대체하기엔 완성도 떨어지는 제품과 설익은 기술뿐인데도 불구하고, 많은 유관 전문 기관은 전체 육류 소비 중 대체육 비중이 늘어갈 것이라는 전망을 입 모아 발표하고 있다. 국제연합식량농업기구(FAO)는 2025년에는 육류 소비가 기존 육류 90%, 식물성 대체육류 10%로 봤지만, 2040년에는 기존 육류 40%, 식물성 대체육류 25%, 배양육 35%로, 기존 육류 소비 비율은 급격히 떨어지고, 대체육 소비는 확장될 것으로 분석했다.

보기

육류업계의 한 연구원에 따르면 대체육 시장의 열기가 식고 있다. 예컨대 선두 주자 '비욘드 미트'의 주가는 지난해 최고점 대비 83% 하락해, 지금까지 고전 중임을 제시했다. 이유는 대체육 중 시중에 가장 널리 알려진 식물성 대체육이 막상 제품화되자 맛은 고기보다 확연히 떨어졌고, 건강에도 아직은 확실히 더 좋다고 말하기엔 포화지방·나트륨 과다, 동물성·식물성 단백질간 차이 등의 문제를 안고 있었기 때문이다.

① 육류를 대체하기 위해 지금보다 훨씬 더 좋은 대체육류가 개발될 것이다.
② 대체육류는 기존 육류 제품보다 건강에 좋은 성분이 더 많이 들어가 있다.
③ 대체육류는 건강에 좋지 않으므로 그에 대한 소비자의 요구 또한 줄어들 것이다.
④ 국제연합식량농업기구에 따르면 대체육류의 비중은 당분간 꾸준히 늘어날 것으로 전망된다.
⑤ 육류와 관련한 기관에서는 전체 육류 소비량에서 대체육이 차지하는 비중은 조금씩 줄어들 것으로 전망한다.

PART 2 추리

08 다음 글과 [보기]를 읽고 한 추론 중 적절하지 않은 것을 고르면? 2023 상반기 GSAT 기출 복원

ESD(Electro Static Discharge: 정전기 방전)는 우리의 일상생활에서 자주 볼 수 있는 현상이다. 이 현상을 활용한 복사기, 먼지집진기 등의 각종 기기는 우리의 생활을 윤택하게 하는 반면, 전자부품에 대해서는 오동작을 일으키는 주요 원인이 되기도 하여 불편 및 위험을 초래하는 양면성을 가지고 있다. 인체에 대한 ESD 현상은 조금 따끔한 정도로 끝나지만, 반도체에서는 주요 고장을 유발하는 커다란 위협 요소이다. 반도체의 소형화·집적화에 따라 더욱 치명적으로 작용하고 있으며, 이를 관리하기 위한 제조사들의 비용과 노력도 점차 커지고 있다.

보기

반도체의 경우, 취급 및 시스템 제조 공정 간에 발생할 수 있는 ESD 현상에 대한 제품의 손상을 방지하기 위해서 내부에는 과전압(ESD, EOS) 보호회로가 설계되어 있고, 이를 평가하기 위한 다양한 평가가 진행되고 있다. 다만 반도체가 PCB 위에 실장되고 나면, 보유하고 있던 반도체의 내성은 주변 회로와 결합하여 더 이상 유효하지 않다. ESD 내성이 높은 반도체를 사용한다고 해서 시스템의 ESD 특성이 좋다고 볼 수 없다. 이에 따라 국제정전기협회(www.esda.org)에서는 반도체와 시스템에 대한 ESD 평가는 별개로 보고 있으며, 평가 방법 및 요구사항을 별도 관리하고 있다.

① ESD에 대한 내성이 높은 반도체는 좋은 평가를 받는다.
② 반도체가 포함된 전자제품에는 ESD 보호회로가 설계되어 있다.
③ ESD 현상을 이용한 기계들이 우리 생활에 편리함을 더해 주기도 한다.
④ 국제정전기협회는 반도체 포함 여부에 따라 제품에 대한 ESD 평가를 달리하고 있다.
⑤ 어느 시점 이후로는 반도체에서 ESD 내성에 관한 효과가 없어, 고장이 발생하기도 한다.

09 다음 글과 [보기]를 읽고 한 추론 중 적절하지 않은 것을 고르면?

2022 하반기 GSAT 기출 복원

영어 Vinyl은 우리가 평소에 '비닐'이라고 쓰는 단어이다. 그런데 이 단어는 단지 우리가 알고 있는 비닐만 뜻하는 것이 아니라, 또 다르게 우리가 잘 알고 있는 레코드판을 의미하기도 한다. LP(Long Playing Record)는 약 12인치 정도 되는 지름 한 면에 20분 이상의 장시간 녹음이 가능하여, 음반에 대한 새로운 개념을 가져왔다. 이에, 지름의 크기가 작아 녹음 시간이 상대적으로 짧았던 기존 SP(Standard Playing Record)의 쇠퇴를 불러오기에 이른다.

보기

EP(Extended Playing Record)는 45RPM에, 7인치 크기로 제작되어 2~3곡 정도를 수록할 수 있는 바이닐(Vinyl)의 한 종류이다. LP가 주도하는 정규 음반 시장에서 EP는 싱글 음반을 제작하는 이들에게 알맞은 것이었기에, OST 등은 주로 EP로 제작되며 LP와 경쟁하였다.

① SP의 녹음 시간은 LP보다 길다.
② LP는 EP나 SP보다 크기가 크다.
③ SP는 LP보다 더 예전에 만들어졌다.
④ 재생 시간에 따라 바이닐 용어가 다르다.
⑤ 여러 곡이 수록되는 정규 음반을 제작할 때는 주로 LP를 사용한다.

10 **다음 글과 [보기]를 읽고 한 추론 중 적절하지 않은 것을 고르면?** 2022 하반기 GSAT 기출 복원

어떤 결정에 힘을 가하면 힘에 비례하는 전하(電荷)가 생긴다. 그리고 결정을 전기장(電氣場) 속에 두면 기계적인 일그러짐이 생기는 현상으로 압전효과라고 하는데, 이러한 압전효과를 이용한 소자를 '압전소자'라고 한다. 압전소자는 압전효과에 의하여 전기가 생기는 물질로 만든 소자로서 외력을 가하면 전기분극이 일어나서 전위차가 생기고, 반대로 역압전효과에 의해 전압을 가하면 변형이나 변형력이 생기는 성질을 갖고 있다. 압전소자는 센서나 신호에 관하여 응용할 수도 있고, 이로 인해 다방면에 활용되기도 한다. 예를 들어, 음파 형태의 미세한 압력 신호를 감지하여 전기 신호를 발생시킬 정도로 정밀하고 민감한 반응을 나타내기도 한다.

보기

전기라이터는 압전소자를 이용한 제품이다. 라이터를 켜기 위해 엄지로 스프링 버튼을 누르면, 라이터 내부의 작은 망치가 압전소자를 때리게 된다. 이때, 압전소자에서 발생한 높은 전압의 전기가 미리 만들어 둔 전기회로 내 작은 간극에 스파크를 발생하여 가스를 점화시킨다.

① 전하는 어떤 결정에 힘을 가하면 생긴다.
② 전기라이터 내부에는 압전소자가 들어 있다.
③ 압전소자에 외력을 가하면 전위차가 생긴다.
④ 압전소자에 충격을 가하면 높은 전압의 전기가 발생한다.
⑤ 압전효과에 의해 전압을 가하면 압전소자는 변형이 되는 성질을 갖고 있다.

11 다음 글과 [보기]를 읽고 한 추론 중 가장 적절한 것을 고르면? 2022 하반기 GSAT 기출 복원

다익스트라 알고리즘(Dijkstra's algorithm)은 모든 그래프 내의 특정 정점에서 갈 수 있는 모든 정점들까지의 최단 경로를 구하는 알고리즘으로, 시작 노드만을 지정해 다른 모든 노드에 대한 최단 경로를 파악한다. 다익스트라 알고리즘은 실생활에서도 많이 쓰이는데, 지하철 최단 거리 노선을 알려 주는 것이 대표적이다.

보기

A*(star) 알고리즘은 다익스트라 알고리즘과 다르게 시작 노드와 목적지 노드를 분명하게 지정해 이 두 노드 간의 최단 경로를 파악한다. A* 알고리즘은 휴리스틱 추정값을 통해 알고리즘을 개선할 수 있는데 이러한 휴리스틱 추정값을 어떤 방식으로 제공하느냐에 따라 적정 범위 내에서 빠른 탐색을 수행한다는 장점이 있다.

① 다익스트라 알고리즘은 그래프가 큰 경우에는 사용이 불가능하다.
② 다익스트라 알고리즘은 지하철 노선을 알려주는 것 말고는 활용되는 경우가 거의 없다.
③ 다익스트라 알고리즘은 복잡한 네트워크에서는 최단 경로를 전혀 구축하지 못하게 되는 경우가 많다.
④ 다익스트라 알고리즘은 출발지와 목적지의 거리에 비례하여 결과를 출력하는 데 시간이 길어질 것이다.
⑤ 다익스트라 알고리즘으로 빠른 탐색을 수행한다면, 최단경로가 아닌 경로를 최단경로로 결정하는 일이 있다.

12 **다음 글과 [보기]를 읽고 한 추론 중 적절하지 <u>않은</u> 것을 고르면?** 2022 하반기 GSAT 기출 복원

땀샘이 융기돼 일정한 흐름이 형성됨으로써 만들어지는 지문은 그 형태가 개인마다 다르고 평생 변치 않는다. 따라서 지문인식의 방식은 빛을 이용한 인증이 일반적이다. 지문의 선과 골이 각기 다른 각도로 반사되는 원리를 이용한 것이다. 한편 최근 일본의 한 연구팀이 젤라틴을 이용해 가짜 지문을 만들고 지문인식 시스템을 속이는 실험에 성공했다고 한다.

보기

홍채인식은 사람의 눈에서 중앙의 검은 동공을 둘러싸고 있는 홍채의 무늬 패턴을 이용해 본인을 식별하는 기술로 홍채 반응은 살아 있는 눈만 가능하다. 한 사람의 홍채는 측정 가능한 266개의 특징을 갖고 있다. 따라서 홍채 무늬 패턴의 세부 구조는 매우 다양하게 형성되므로 일란성 쌍둥이의 경우라도 좌우의 홍채 패턴이 각각 달라 서로 다른 고유성을 갖는다.

① 지문과 홍채는 모두 개인마다 다르다.
② 홍채는 다른 생체 인식 요소인 지문보다 신뢰성이 높다.
③ 지문인식의 경우 기계를 속일 수 있지만 홍채인식은 불가능하다.
④ 생체 인식 시스템에서 홍채와 지문을 제외하고는 사용할 만한 생체 정보가 없다.
⑤ 살아 있는 손의 지문에서만 볼 수 있는 부가적인 정보를 감지해 내는 기술이 필요하다.

13 다음 글과 [보기]를 읽고 한 추론 중 적절하지 않은 것을 고르면? 2022 상반기 GSAT 기출 복원

수소는 생산방식에 따라 그린수소, 블루수소, 그레이수소, 브라운수소로 나뉜다. 최근에는 친환경성이 보다 강조되면서 국내를 비롯한 전 세계에서 그린·블루수소로 기술 개발을 집중하고 있다. 특히 수소법 일부 개정 법률안이 그린·블루수소를 모두 청정수소로 규정하도록 한 것에 대해 반발이 일면서 심의를 통과하지 못하는 등 탄소를 전혀 배출하지 않는 그린수소만을 수소경제의 궁극적인 목표로 해야 한다는 주장이 꾸준히 제기되고 있다. 다만 그린수소의 생산단가가 높고 전력 소모량도 상당하여 장기적으로 볼 때 상용화까지 블루수소산업이 그 길목 역할을 할 것으로 보인다.

보기

그레이수소는 천연가스를 고온·고압 수증기와 반응시켜 물에 함유된 수소를 추출하는 방식으로 생산된다. 또한 그레이수소에는 부생수소도 포함되는데, 부생수소는 나프타를 분해해 에틸렌·프로필렌 등 석유화학 제품의 원료를 만드는 과정에서 부수적으로 발생하는 수소이다. 생산량에는 한계가 있으나 다른 수소와는 달리 생산을 위한 추가설비, 투자비용 등이 없어 경제성이 뛰어나다는 장점이 있다.

① 블루수소는 그레이수소보다 친환경적이다.
② 그레이수소는 생산 과정에서 탄소가 배출된다.
③ 수소산업에서의 입지는 블루수소가 브라운수소보다 넓을 것이다.
④ 수소법 개정 법률에서 그레이수소는 청정수소로 규정되지 않을 것이다.
⑤ 나프타를 분해하여 얻은 수소는 그린수소보다 생산 단가가 높을 것이다.

정답과 해설 P.98

3

PART

실전 모의고사

01 실전모의고사 1회 자존감 UP

01 수리논리(20문항/30분)

정답과 해설 P. 102

01 반도체를 생산하는 A공법과 B공법을 이용하여 작년에 총 7,500개의 반도체를 생산하였다. 올해는 작년보다 반도체를 900개 더 생산하였고, A공법을 이용한 반도체의 생산량은 40% 증가하였고, B공법을 이용한 반도체의 생산량은 20% 감소하였다. 올해 B공법으로 제조한 반도체 생산량을 고르면?

① 2,500개 ② 2,800개 ③ 3,200개
④ 3,500개 ⑤ 4,000개

02 남자 직원 5명과 여자 직원 5명 중 주말에 당직으로 근무할 직원 3명을 선택하려고 한다. 이때, 당직으로 근무할 직원 중에 남자 직원이 적어도 2명 이상일 경우의 수를 고르면?

① 50가지 ② 56가지 ③ 60가지
④ 64가지 ⑤ 72가지

03 다음 [표]는 2015년부터 2020년까지 국적별 난민 신청자 현황을 조사한 자료이다. 이에 대한 설명으로 옳은 것을 고르면?

[표] 국적별 난민 신청자 현황 (단위: 명)

구분	2015년	2016년	2017년	2018년	2019년	2020년
파키스탄	242	275	396	1,143	809	667
이집트	7	97	568	812	1,002	741
중국	3	45	360	401	1,061	1,413
시리아	146	295	204	404	171	103
나이지리아	102	207	201	264	324	486
기타	643	655	1,167	2,687	4,175	6,532

① 2020년 나이지리아 국적을 가진 난민 신청자 수는 2019년 대비 152명 증가하였다.
② 2020년 중국 국적을 가진 난민 신청자 수는 2017년 대비 300% 미만으로 증가하였다.
③ 2015~2020년 동안 기타를 제외하고 난민 신청자가 세 번째로 많았던 국적은 매년 동일하다.
④ 2017년 기타를 제외하고 난민 신청자가 가장 많았던 국적의 난민 신청자 수는 난민 신청자가 가장 적었던 국적의 난민 신청자 수의 약 2.5배이다.
⑤ 기타 국적을 제외하면 난민 신청자 수가 매년 전년 대비 증가 추세를 보이는 국적은 없다.

[04~05] 다음 [그래프]와 [표]는 전체 학생 수 및 학교급별 학급당 학생 수에 관한 자료이다. 이를 바탕으로 이어지는 질문에 답하시오.

[그래프] 전체 학생 수 (단위: 만 명)

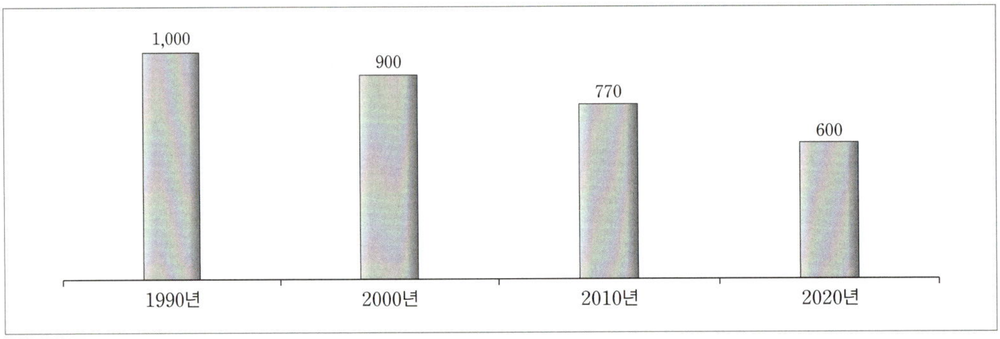

※ 전체 학생 수는 유치원, 초등학교, 중학교, 고등학교의 학생 수의 합계를 의미함

[표] 학교급별 학급당 학생 수 (단위: 명)

구분	유치원	초등학교	중학교	고등학교
1990년	36	41	50	53
2000년	29	37	40	44
2010년	24	27	30	29
2020년	18	21	27	24

04 **다음 중 옳지 않은 것을 고르면?**

① 1990년 이후 전체 학생 수는 매년 감소하였다.
② 1990~2020년 동안 유치원 학급당 학생 수는 10년마다 5명 이상 감소한다.
③ 2010년 전체 학생 수는 10년 전 대비 125만 명 이상 감소하였다.
④ 1990~2020년 동안 10년마다 중학교 학급당 학생 수의 증감 추이는 고등학교와 동일하다.
⑤ 2020년 초등학교와 고등학교의 10년 전 대비 감소한 학급당 학생 수는 2010년의 경우보다 더 적다.

05 **다음 중 자료에 대한 설명으로 옳은 것을 [보기]에서 모두 고르면?**(단, 계산 시 소수점 이하 둘째 자리에서 반올림한다.)

보기
㉠ 1990년 학교급별 학급 수가 모두 동일하다면, 총학급 수는 24만 개 이상이다.
㉡ 2000년 학교급별 학급 수가 모두 동일하다면, 학교급별 각 학급 수는 5만 개 이상이다.
㉢ 2010년 학교급별 학급 수가 모두 동일하다면, 총학급 수는 27만 개 이상이다.
㉣ 2020년 학교급별 학급 수가 모두 동일하다면, 학교급별 각 학급 수는 7만 개 이상이다.

① ㉠, ㉡　② ㉠, ㉢　③ ㉡, ㉢
④ ㉡, ㉣　⑤ ㉢, ㉣

[06~07] 다음 [그래프]는 스마트기기 활용에 따른 여가시간의 변화 및 OTT를 통한 문화예술행사 관람률에 관한 자료이다. 이를 바탕으로 이어지는 질문에 답하시오.

[그래프1] 스마트 기기 활용 여가시간의 비중 변화

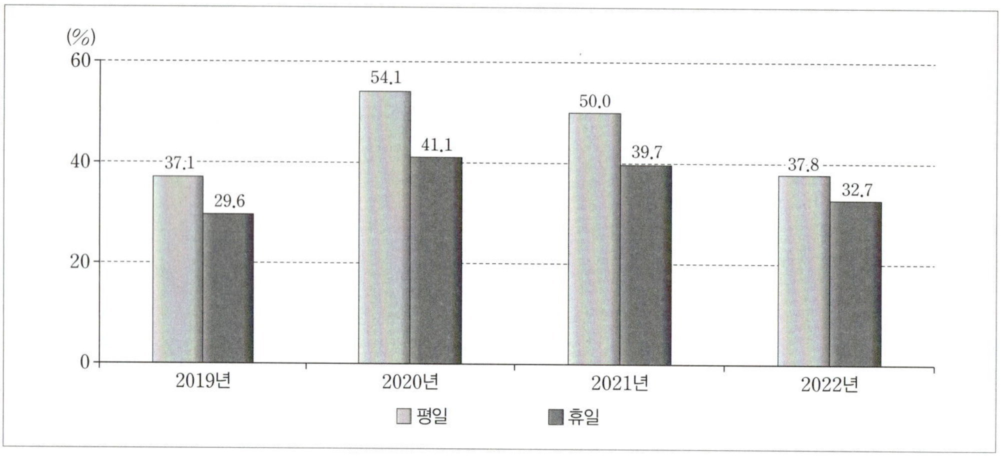

[그래프2] OTT를 통한 문화예술행사 관람률

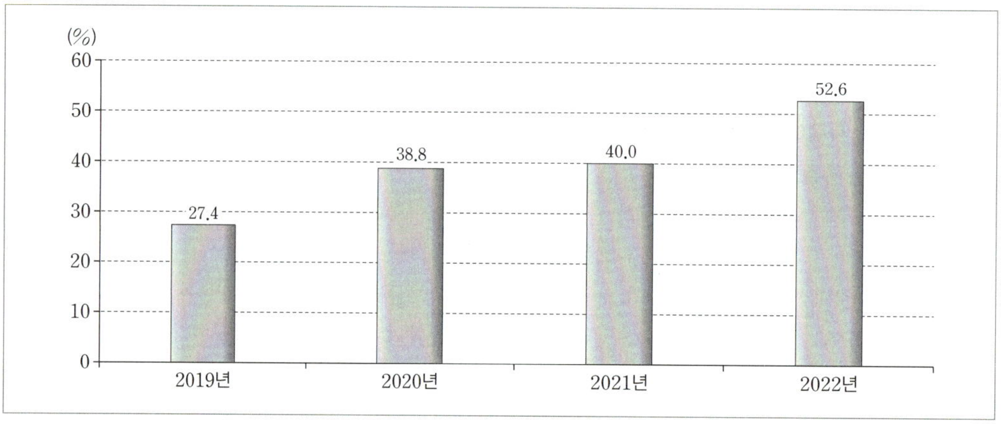

※ 관람률은 20세 이상 성인 10,000명을 대상으로 한 조사의 결괏값임

06 다음 중 옳지 않은 것을 고르면?

① 평일과 휴일의 스마트 기기 활용 여가시간 비중의 차이가 가장 낮은 해에 휴일의 스마트 기기 활용 여가시간 비중이 가장 낮다.
② 2022년 평일 스마트 기기 활용 여가시간 비중의 전년 대비 감소율은 25% 미만이다.
③ OTT를 통한 문화예술행사 관람률이 두 번째로 낮은 해에 휴일의 스마트 기기 활용 여가시간 비중이 가장 많다.
④ 2020년 스마트 기기 활용 여가시간 비중의 전년 대비 증가량은 평일이 휴일보다 많다.
⑤ 스마트 기기 활용 여가시간 비중은 휴일보다 평일의 비중이 매년 높다.

07 다음 중 자료에 대한 설명으로 옳지 않은 것을 [보기]에서 모두 고르면?

보기

㉠ 2021년 OTT를 통해 문화예술행사를 관람한 20세 이상 전체 성인 수는 4,000명이다.
㉡ OTT를 통해 문화예술행사를 관람한 20세 이상 전체 성인 수가 5,000명 이상인 해는 2022년뿐이다.
㉢ 2019년 OTT를 통해 문화예술행사를 관람한 20세 이상 전체 성인 수는 2022년보다 2,500명 이상 적다.
㉣ 20세 이상 전체 성인 수가 가장 적은 해는 2019년이다.

① ㉠, ㉡ ② ㉠, ㉣ ③ ㉠, ㉡, ㉣
④ ㉠, ㉢, ㉣ ⑤ ㉠, ㉡, ㉢, ㉣

[08~09] 다음 [표]는 2021년 사업체 규모별 일자리 비중 및 출산전후 휴가제도 활용 현황에 관한 자료이다. 이를 바탕으로 이어지는 질문에 답하시오.

[표1] 2021년 사업체 규모별 일자리 비중

(단위: %)

구분	1~4인	5~9인	10~29인	30~99인	100~299인	300~499인	500인 이상	계
전체 종사자	33	12	16	14	10	3.5	11.5	100
임금 근로자	16	14	20	19	12	4	15	100

[표2] 2021년 사업체 규모별 출산전후 휴가제도 활용 현황

(단위: %)

구분	5~9인	10~29인	30~99인	100~299인	300인 이상
필요한 사람은 모두 사용 가능	66	77	83	90	84
필요한 사람 중 일부만 사용 가능	22	17	12	9	14
필요한 사람도 전혀 사용 불가능	12	6	5	1	2
계	100	100	100	100	100

08 **다음 중 사업체 규모별 일자리 비중과 출산전후 휴가제도에 대한 설명으로 옳지 않은 것을 고르면?**

① 사업체 규모가 100~299인 업체보다 500인 이상인 업체의 임금 근로자 일자리 비중이 높다.
② 업체 규모와 상관없이 '필요한 사람 중 일부만 사용 가능'의 비율은 '필요한 사람도 전혀 사용 불가능' 비율보다 높다.
③ 임금 근로자 일자리 비중이 가장 높은 사업체 규모는 10~29인이다.
④ 1~4인 사업체를 제외하고, 전체 종사자 일자리 비중이 가장 높은 사업체의 규모의 '필요한 사람도 전혀 사용 불가능' 비율은 30~99인 사업체의 1.2배 이상이다.
⑤ 1~4인 사업체를 제외하고, 사업체 규모가 클수록 출산전후 휴가제도를 '필요한 사람은 모두 사용 가능'의 비율이 높다.

09 **다음 중 자료에 대한 설명으로 옳은 것을 [보기]에서 모두 고르면?**(단, 계산 시 소수점 둘째 자리에서 반올림한다.)

보기

㉠ 규모가 30~99인 사업체의 출산전후 휴가제도가 필요한 사람 중 일부만 사용 가능한 인원이 8명이라면, 전혀 사용 불가능한 인원보다 2명 이상 많다.
㉡ 규모가 500인 이상인 사업체의 전체 종사자 일자리 비중은 1~4인 업체의 33% 미만이다.
㉢ 규모가 100~299인 사업체의 출산전후 휴가제도를 필요로 하는 인원이 180명이라면, 그 중에 일부만 사용 가능한 인원은 16명 이상이다.
㉣ 전체 종사자 일자리 비중 대비 임금 근로자 일자리 비중은 규모가 10~29인 사업체가 가장 높다.

① ㉠, ㉡　② ㉠, ㉢　③ ㉡, ㉢
④ ㉡, ㉣　⑤ ㉢, ㉣

PART 3 실전모의고사
01 02 03 04

[10~11] 다음 [그래프]는 직장인 남녀 2만 명을 대상으로 연봉 액수에 관한 설문조사를 한 결과를 나타낸 자료이다. 전체 설문 대상자 중 남자가 60%일 때, 이를 바탕으로 이어지는 질문에 답하시오.

[그래프] 연봉 액수에 따른 직장인 비율 (단위: %)

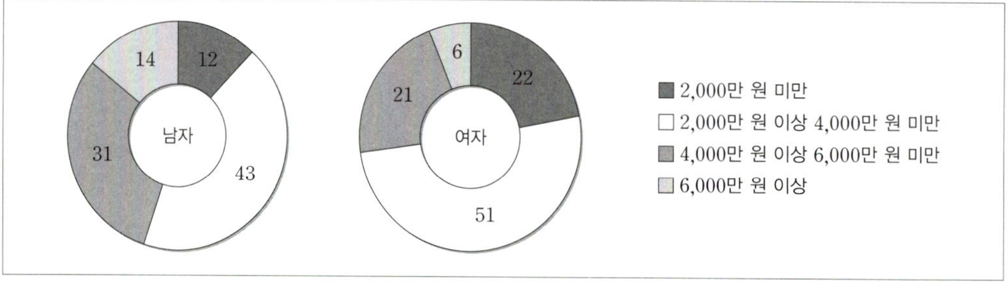

10 다음 중 자료를 바탕으로 알 수 있는 것을 고르면?

① 남자 직장인의 평균 연봉이 더 높다.
② 연봉이 1억 원 이상인 직장인은 여자가 더 많다.
③ 설문 대상자 중 연봉이 6,000만 원 이상인 여자 직장인 수는 500명 이상이다.
④ 설문 대상자 중 연봉이 2,000만 원 미만인 여자 직장인들의 연봉은 1,840만 원이다.
⑤ 설문 대상자 중 연봉이 2,000만 원 이상 4,000만 원 미만인 남자 직장인은 5,000명 이상이다.

11 다음 중 자료에 대한 설명으로 옳지 않은 것을 [보기]에서 모두 고르면?

보기

㉠ 설문 대상자 중 연봉이 6,000만 원 이상인 직장인은 전체의 11% 이상이다.
㉡ 연봉이 4,000만 원 이상 6,000만 원 미만인 남자 직장인 수는 3,720명이다.
㉢ 설문 대상자 중 연봉이 2,000만 원 미만인 직장인은 남자 직장인 수보다 여자 직장인 수가 더 많다.

① ㉠　② ㉢　③ ㉠, ㉡
④ ㉡, ㉢　⑤ ㉠, ㉡, ㉢

12 다음 [표]는 제품 일평균 사용시간에 따른 서비스 만족도의 상관관계에 대한 연도별 자료이다. 이를 참고해서 빈칸에 해당하는 값을 예측했을 때 가장 타당한 값을 고르면?

[표] 사용시간에 따른 서비스 만족도의 상관관계 (단위: 시간, 점)

구분	일평균 사용시간	서비스만족도
2019년	4.2	2.9
2020년	(㉠)	3.3
2021년	5	3.7
2022년	5.2	(㉡)

※ 서비스만족도 $=\left(\text{일평균 사용시간}+\frac{1}{a}\right)-b$

	㉠	㉡
①	4.5	3.7
②	4.5	3.9
③	4.6	3.8
④	4.6	3.9
⑤	4.8	3.8

13 다음 [표]는 A공장과 B공장의 생산량을 나타낸 자료이다. A공장과 B공장의 생산량은 매월 일정하게 변화하다고 할 때, B공장의 생산량이 A공장의 생산량의 2배 이상이 되는 시기는 언제인지 고르면?

[표] A공장과 B공장의 생산량 (단위: 만 개)

구분	1월	2월	3월	4월	5월
A공장	250	230	210	190	170
B공장	72	92	112	132	152

① 7월 ② 8월 ③ 9월
④ 10월 ⑤ 11월

14 다음 [표]는 A상품의 월별 판매량과 방문인원에 관한 자료이다. 이를 바탕으로 방문인 1인당 판매량 그래프를 작성하였을 때, 적절한 것을 고르면?

[표] 월별 판매량과 방문인원 (단위: 만 개, 만 명)

구분	1월	2월	3월	4월	5월	6월	7월	8월	9월	10월	11월	12월
판매량	40	56	60	90	63	90	160	183	96	69	48	110
방문인원	20	14	16	18	12	15	40	30	15	23	12	22

① (단위: 개)

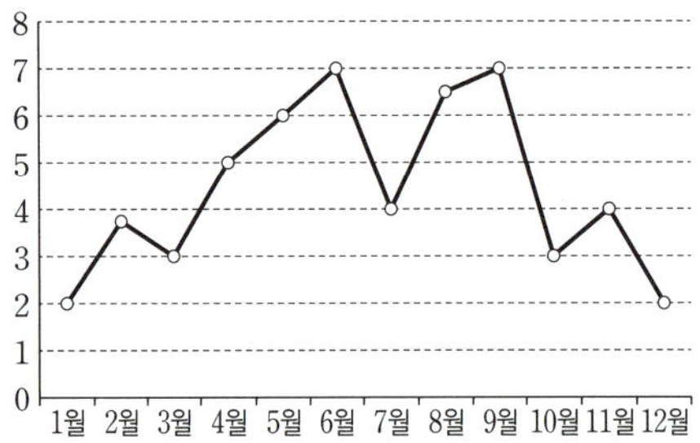

② (단위: 개)

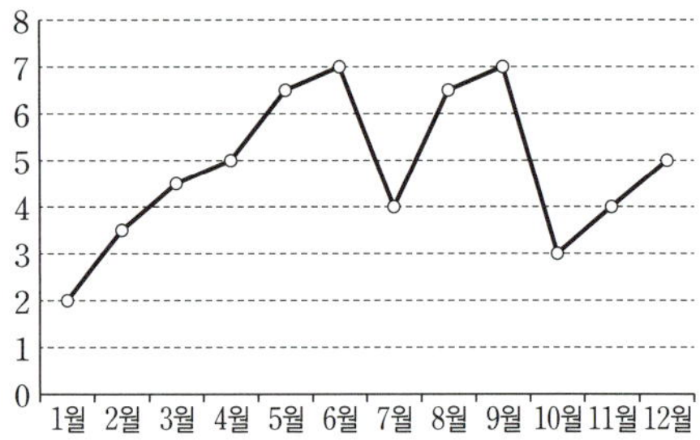

③ (단위: 개)

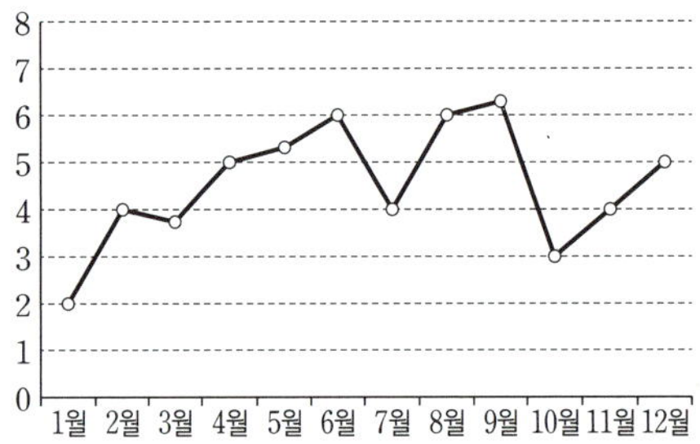

④ (단위: 개)

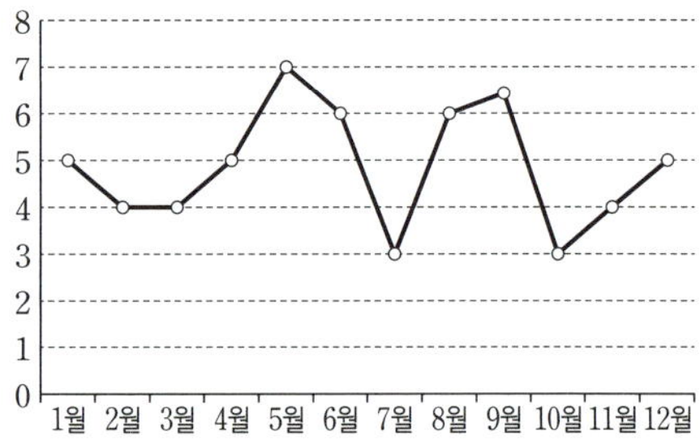

⑤ (단위: 개)

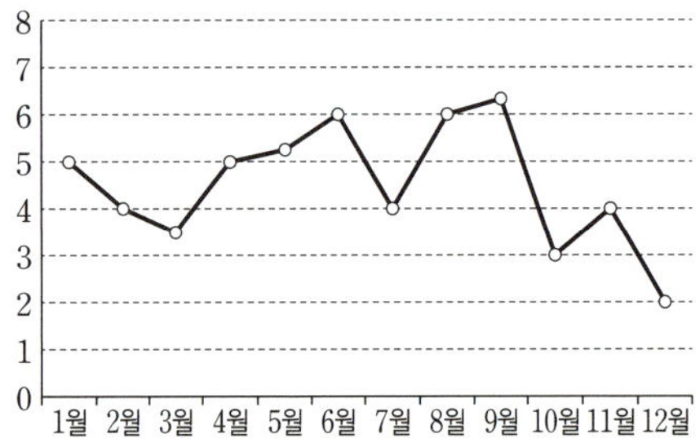

[15~16] 다음 [표]는 박물관과 미술관 보유자원 및 현황에 관한 자료이다. 이를 바탕으로 이어지는 질문에 답하시오.

[표1] 박물관 보유자원 및 이용 현황

구분	박물관 수 (개)	1개관당 직원 수 (명)	1개관당 학예직원 수 (명)	1개관당 소장자료 수 (점)	1개관당 연관람인원 수 (명)
수도권	300	15	6	20,000	30,000
지방	600	12	3	14,000	36,000
총계	900	(　)	4	(　)	34,000

[표2] 미술관 보유자원 및 이용 현황

구분	미술관 수 (개)	직원 수 (명)	학예직원 수 (명)	소장자료 수 (점)	연관람인원 수 (명)
수도권	110	1,700	480	67,000	3,600,000
지방	160	1,200	380	112,000	3,800,000
총계	270	2,900	(　)	179,000	(　)

15 다음 설명 중 옳지 않은 것을 고르면?

① 수도권 연관람인원 수는 박물관이 미술관보다 많다.
② 수도권에 있는 박물관 수는 지방에 있는 미술관 수보다 많다.
③ 수도권에 있는 미술관 직원 수는 지방에 있는 직원 수보다 많다.
④ 미술관의 소장자료 수는 수도권보다 지방이 많다.
⑤ 박물관의 지방 학예직원 수는 수도권 학예직원 수보다 적다.

16 다음 중 자료에 대한 설명으로 옳은 것을 [보기]에서 모두 고르면?

보기
㉠ 박물관 1개관당 평균 전체 직원 수는 14명이다.
㉡ 미술관 전체 학예직원 수는 860명이다.
㉢ 박물관 1개관당 평균 전체 소장자료 수는 16,000점이다.
㉣ 미술관 전체 연관람인원 수는 7,600,000명이다.

① ㉠, ㉡　② ㉠, ㉢　③ ㉡, ㉢
④ ㉡, ㉣　⑤ ㉢, ㉣

[17~18] 다음 [그래프]와 [표]는 중장기 세계 철강 수요량 전망에 대해 조사한 자료이다. 이를 바탕으로 이어지는 질문에 답하시오.

[그래프] 중장기 세계 철강 수요량 전망 (단위: 백만 톤)

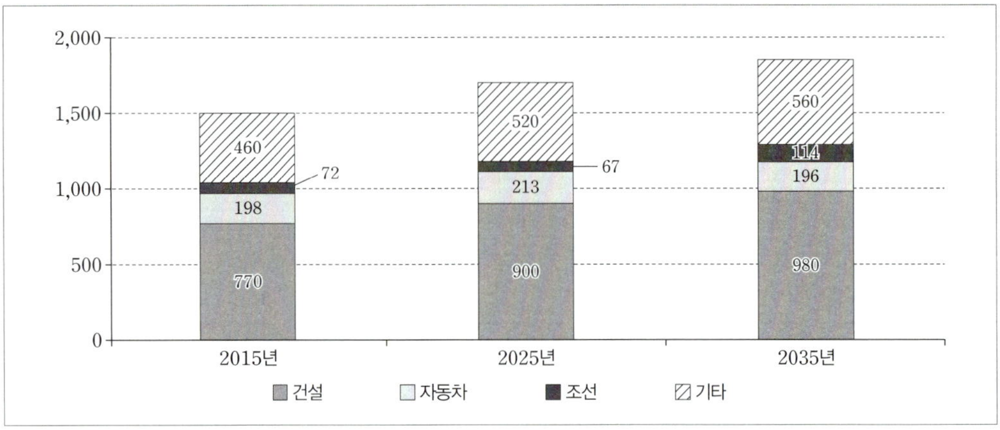

[표] 생산단위당 철강 사용량 전망

구분	2015년	2025년	2035년
건설	100	91	84
자동차	100	89	80
조선	100	97	90

※ (생산단위당 철강 사용량)$=\frac{\text{(사용량)}}{\text{(생산량)}}$

※ 2015년 생산단위당 철강 사용량을 기준으로 하여 지수로 나타낸 값임

17 다음 중 옳지 않은 것을 고르면?

① 2025년 세계 철강 수요량은 10년 전에 비해 200백만 톤 이상 많을 것으로 예상된다.
② 2025년 기준 자동차에 사용되는 철강 수요량은 10년 전보다 10년 후가 더 적을 것으로 예상된다.
③ 2015년 이후 건설에 사용되는 철강 수요는 2035년까지 매년 증가할 것으로 예상된다.
④ 2015년부터 10년마다 세계 철강 수요에서 건설, 자동차, 조선이 차지하는 비중 순위는 동일하다.
⑤ 2015년 이후 세계에서 필요로 하는 철강 수요는 2035년까지 전반적으로 증가할 것으로 예상된다.

18 다음 중 자료에 대한 설명으로 옳은 것을 [보기]에서 모두 고르면?

보기

㉠ 철강의 수요량과 사용량이 동일하다면, 2015년 자동차 철강 생산량은 조선 철강 생산량보다 많다.
㉡ 철강의 수요량과 사용량이 동일하다면, 건설 철강 생산량은 2025년보다 2035년에 더 많을 것이다.
㉢ 철강의 수요량과 사용량이 동일하다면, 2035년 자동차 철강 생산량은 조선 철강 생산량보다 더 많을 것이다.
㉣ 철강의 수요량과 사용량이 동일하다면, 자동차 철강 생산량은 2015년이 2025년보다 더 적을 것이다.

① ㉠, ㉡ ② ㉠, ㉢ ③ ㉡, ㉢
④ ㉡, ㉣ ⑤ ㉢, ㉣

19 다음 [표]는 국내의 수산물 관련 제품 수입과 수출 현황에 대한 자료이다. 이를 바탕으로 수산물 관련 제품의 무역수지를 나타낸 그래프를 작성하였을 때, 적절한 것을 고르면?

[표] 국내의 수산물 관련 제품 수입과 수출 현황 (단위: 천만 달러)

구분	2016년	2017년	2018년	2019년	2020년	2021년	2022년
수입액	362	465	420	500	470	515	440
수출액	290	392	345	480	495	572	515

※ (무역수지)=(수출액)−(수입액)

① (단위: 천만 달러)

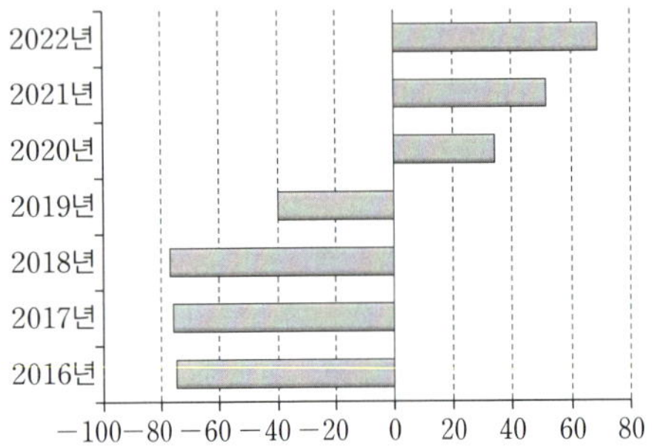

② (단위: 천만 달러)

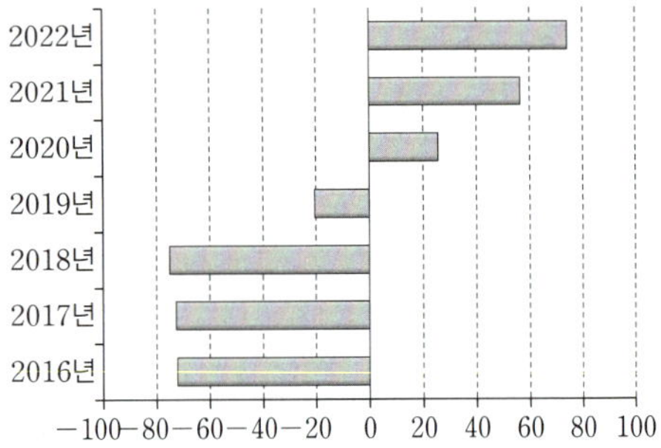

③ (단위: 천만 달러)

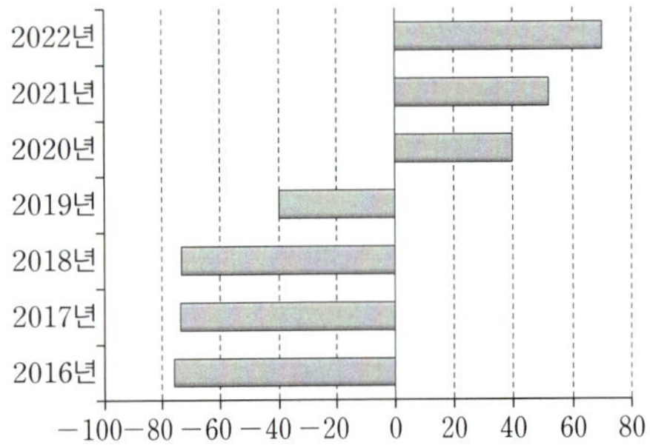

④ (단위: 천만 달러)

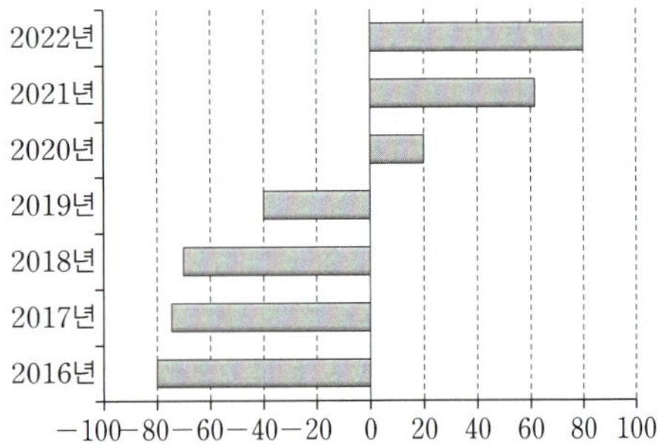

⑤ (단위: 천만 달러)

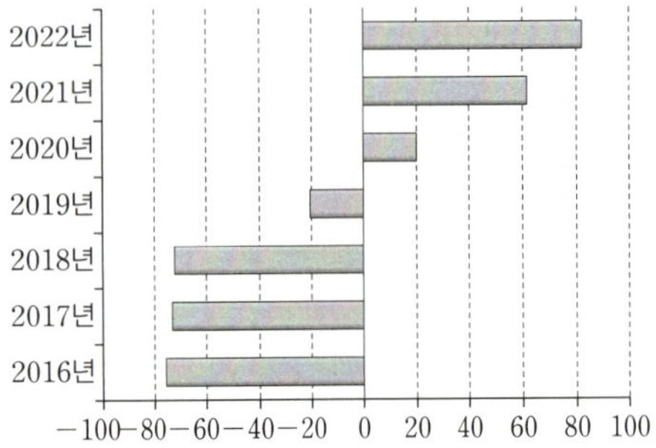

20 다음 [표]는 국내 여행객과 해외 여행객에 따른 숙박업소 매출액에 대한 자료이다. 이를 보고 빈칸에 해당하는 값을 예측했을 때 가장 타당한 값을 고르면?

[표] 국내 여행객과 해외 여행객에 따른 숙박업소 매출액 (단위: 만 명, 억 원)

구분	2019년	2020년	2021년	2022년	2023년
국내 여행객	4,200	5,000	4,600	5,000	(㉠)
해외 여행객	2,700	2,800	(㉡)	3,000	2,400
숙박업소 매출액	(㉢)	6,180	5,700	6,300	5,400

※ 숙박업소 매출액=(국내 여행객×a+해외 여행객)×b

	㉠	㉡	㉡
①	4,400	2,600	5,400
②	4,400	2,500	5,400
③	4,500	2,600	5,500
④	4,500	2,500	5,400
⑤	4,700	2,600	5,500

01 다음 전제를 보고 항상 참인 결론을 고르면?

전제1	숲을 좋아하는 어떤 사람은 여행을 좋아한다.
전제2	숲을 좋아하는 모든 사람은 물을 좋아한다.
결론	

① 여행을 좋아하는 모든 사람은 물을 좋아한다.
② 물을 좋아하는 어떤 사람은 여행을 좋아한다.
③ 여행을 좋아하는 어떤 사람은 물을 좋아하지 않는다.
④ 물을 좋아하는 어떤 사람은 여행을 좋아하지 않는다.
⑤ 물을 좋아하는 모든 사람은 여행을 좋아하지 않는다.

02 다음 전제를 보고 항상 참인 결론을 고르면?

전제1	참치가 많이 잡히면 연어가 많이 잡히지 않는다.
전제2	일본 경기가 좋지 않으면 연어가 많이 잡힌다.
결론	

① 일본 경기가 좋으면 참치가 많이 잡힌다.
② 참치가 많이 잡히면 일본 경기가 좋지 않다.
③ 일본 경기가 좋지 않으면 참치가 많이 잡힌다.
④ 참치가 많이 잡히지 않으면 일본 경기가 좋지 않다.
⑤ 일본 경기가 좋지 않으면 참치가 많이 잡히지 않는다.

03 다음 결론이 반드시 참이 되게 하는 전제를 고르면?

전제1	컴퓨터를 좋아하지 않는 모든 사람은 게임을 하지 않는다.
전제2	
결론	게임을 하는 모든 사람은 노트북을 좋아한다.

① 노트북을 좋아하지 않는 어떤 사람은 컴퓨터를 좋아한다.
② 노트북을 좋아하는 모든 사람은 컴퓨터를 좋아하지 않는다.
③ 컴퓨터를 좋아하는 어떤 사람은 노트북을 좋아한다.
④ 노트북을 좋아하는 모든 사람은 컴퓨터를 좋아한다.
⑤ 컴퓨터를 좋아하는 모든 사람은 노트북을 좋아한다.

04 5명의 친구 A~E가 번호표가 붙은 좌석에 앉으려고 한다. 다음에 주어진 [조건]을 바탕으로 항상 옳은 것을 고르면?

조건

- 좌석의 배치와 번호는 다음과 같다.

1번	2번	3번	4번	5번

- A~E는 각자 축구부, 야구부, 배구부, 농구부, 탁구부 중 하나에 속해 있으며, 모두 다른 곳에 속해 있다.
- A는 야구부이다.
- B의 양 옆에는 C와 D가 앉는다.
- C는 축구부이며, 3번에 앉는다.
- E는 농구부이며, 4번에 앉는다.
- 배구부는 양 끝에 앉지 않는다.

① B는 축구부이다.
② A는 5번에 앉는다.
③ C는 1번에 앉는다.
④ 가능한 경우의 수는 2가지이다.
⑤ C가 탁구부라면, D는 3번에 앉는다.

05 **민주는 기말고사에서 국어, 영어, 수학, 한국사, 물리, 지구과학의 6과목 시험을 치렀다. 다음 [조건]을 바탕으로 할 때, 82점인 과목과 75점인 과목을 차례로 나열한 것을 고르면?**

조건

- 민주가 받은 점수를 높은 순으로 나열하면 91점, 87점, 82점, 75점, 71점, 64점이다.
- 국어 점수가 두 번째로 높고, 물리 점수가 두 번째로 낮다.
- 지구과학 점수는 한국사 점수보다 낮지만, 수학 점수보다 높다.
- 한국사 점수는 영어 점수보다 낮지만, 물리 점수보다 높다.

① 영어, 물리　② 국어, 영어　③ 한국사, 지구과학
④ 한국사, 물리　⑤ 지구과학, 수학

06 **8인승 차량에 A~G 7명이 탑승하려고 한다. 주어진 [조건]을 바탕으로 항상 옳지 않은 것을 고르면?**(단, '줄'은 가로로 총 4개이며, 앞에서부터 첫 번째 줄이다.)

조건

[앞]

[뒤]

- 우측 첫 번째 좌석은 비어 있다.
- C는 우측 두 번째 좌석에 앉는다.
- A와 D는 같은 줄에 앉는다.
- F의 바로 뒷좌석에 G가 앉는다.

① G는 좌측에 앉는다.
② A는 세 번째 줄에 앉는다.
③ E와 F는 같은 줄에 앉는다.
④ B는 A의 바로 앞좌석에 앉는다.
⑤ 한 줄에 혼자 앉을 가능성이 있는 사람은 총 3명이다.

07 A~F 6명의 직원 중 입사 5년 차 이상 직원의 노트북을 교체하려고 한다. 주어진 [조건]을 바탕으로 노트북을 교체하는 직원을 모두 고르면?

조건

- A~F는 입사 1~6년 차로, 모두 연차가 다르다.
- B는 D보다 먼저 입사했다.
- B는 A보다 2년 전에 입사했다.
- F는 C보다 1년 전에 입사했다.
- A는 입사 3년 차이다.

① B, E ② B, F ③ C, D
④ C, E ⑤ D, F

08 재민, 은영, 정은, 상현, 민준이는 어느 공기업 최종 면접 지원자이다. 주어진 [조건]을 바탕으로 할 때, 항상 옳은 것을 고르면?

조건

- 은영이와 재민이 사이에 한 명의 지원자가 면접을 보았다.
- 상현이와 정은이 사이에 한 명의 지원자가 면접을 보았다.
- 민준이는 가장 마지막에 면접을 보았다.
- 은영이와 정은이는 첫 번째로 면접을 보지 않았다.

① 가능한 경우는 6가지이다.
② 상현이는 가장 먼저 면접을 보았다.
③ 재민이는 가장 먼저 면접을 보았다.
④ 은영이가 두 번째로 면접을 보았다면 정은이는 세 번째로 면접을 보았다.
⑤ 은영이가 세 번째로 면접을 보았다면 상현이는 두 번째로 면접을 보았다.

09 **G기업은 5층짜리 건물의 모든 층에 각각 부서를 하나씩 두고 있다. 주어진 [조건]을 바탕으로 할 때, 항상 거짓인 것을 고르면?**

조건

- G기업은 생산1팀, 생산2팀, 총무팀, 개발팀, 영업팀의 5개 부서로 구성되어 있다.
- 개발팀 아래층에는 어떤 부서도 없다.
- 영업팀은 두 생산팀 사이에 있다.
- 생산2팀은 개발팀과 총무팀 사이에 있다.

① 영업팀은 3층에 있다.
② 영업팀은 2층에 있다.
③ 생산1팀은 2층에 있다.
④ 가능한 모든 경우의 수는 3가지이다.
⑤ 총무팀은 3~5층 어디에도 있을 수 있다.

10 **A~E 5명의 대학생이 교양 과목을 하나씩 수강하였다. 주어진 [조건]을 바탕으로 항상 옳은 것을 고르면?**

조건

- 5명이 수강한 교양 과목은 중국어 기초, 사회 구조학, 심리학, 영문학의 이해, 서양 철학이다.
- A는 중국어 기초를 수강한 학생, 심리학을 수강한 학생과 같은 학과이다.
- B는 사회 구조학과 서양 철학을 수강하지 않았다.
- C는 심리학을 수강하지 않았고, 영문학의 이해를 수강한 학생과 같은 고등학교를 졸업하였다.
- D는 사회 구조학 또는 서양 철학을 수강하였다.
- E는 중국어 기초 또는 영문학의 이해를 수강하였다.

① E는 영문학의 이해를 수강하였다.
② 가능한 모든 경우의 수는 6가지이다.
③ C는 사회 구조학을 수강하지 않았다.
④ D가 서양 철학을 수강했다면 B는 심리학을 수강하였다.
⑤ A가 영문학의 이해를 수강했다면 D는 서양 철학을 수강하였다.

11 어느 프로그램의 보안 비밀번호는 서로 다른 4개의 숫자로 이루어져 있다. 주어진 [조건]을 바탕으로 알맞은 비밀번호를 고르면?

조건

[키패드]

1	2	3
4	5	6
7	8	9

- 비밀번호에 해당하는 4개의 수를 키패드에서 색칠하면 그 모양은 가로 또는 세로로 연결된다.
- 세 번째 자리의 수는 6이다.
- 비밀번호에 1이 포함된다.
- 첫 번째 자리의 수는 네 번째 자리의 수보다 작으며, 두 수의 합은 7이다.

① 2165 ② 3164 ③ 4163
④ 5162 ⑤ 5261

12 A는 월요일부터 일요일까지 유산소 운동 또는 무산소 운동을 꾸준히 하고 있다. 주어진 [조건]을 바탕으로 항상 옳지 <u>않은</u> 것을 고르면?

조건

- 운동을 하는 날에는 1회의 유산소 운동 또는 무산소 운동을 한다.
- 유산소 운동은 주 3회, 무산소 운동은 주 2회를 한다.
- 화요일은 운동을 하지 않는다.
- 수요일과 토요일은 같은 운동을 한다.
- 월요일은 유산소 운동을 한다.
- 금요일엔 무산소 운동을 하지 않는다.

① 토요일에 무산소 운동을 하는 경우는 3가지이다.
② 목요일에 운동을 하지 않는 경우는 1가지이다.
③ 일요일에 무산소 운동을 한다면 금요일엔 운동을 하지 않는다.
④ 수요일에 유산소 운동을 하는 경우는 3가지이다.
⑤ 금요일과 일요일에 모두 운동을 한다면, 두 운동의 종류는 같다.

13 A~H 8명의 직원이 정사각형 모양의 탁자 2개에 4명씩 나누어서 앉았다. 다음 [조건]을 바탕으로 항상 옳지 않은 것을 고르면?

> 조건
>
> • 탁자의 형태는 다음과 같다.
>
>  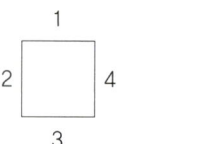 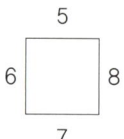
>
>
> • A는 1번 자리, B는 5번 자리, D는 8번 자리에 앉았다.
> • C는 2번 또는 3번 자리에 앉았다.
> • H와 D는 서로 다른 탁자에 앉았다.
> • E는 B의 맞은편에 앉았다.
> • H는 4번 자리에 앉지 않았다.

① D는 F의 맞은편에 앉았다.
② G는 H의 맞은편에 앉았다.
③ H는 A의 맞은편에 앉았다.
④ B와 C는 서로 다른 탁자에 앉았다.
⑤ F와 G는 서로 같은 탁자에 앉았다.

14 어느 회사에 도난 사건이 발생하였고, 용의자는 A~D 4명으로 압축되었다. 이들이 아래와 같이 진술하였는데, 범인이 아닌 2명은 참을 말하였고 범인 2명은 거짓을 말하였다. 이때, 도난 사건의 범인을 바르게 나타낸 것을 고르면?

> • A: "B가 범인 중 한 명이야."
> • B: "C가 범인 중 한 명이야."
> • C: "D가 범인 중 한 명이야."
> • D: "A가 범인 중 한 명이야."

① A, B ② A, C ③ A, D
④ B, C ⑤ C, D

15 다음에 주어진 도형을 보고 적용된 규칙을 찾아 '?'에 해당하는 적절한 도형을 고르면?

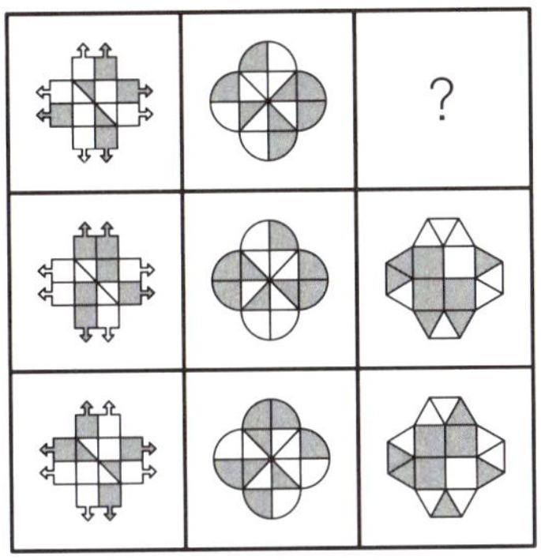

① 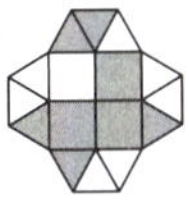

② 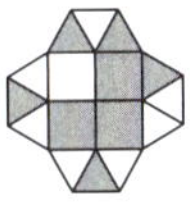

③ 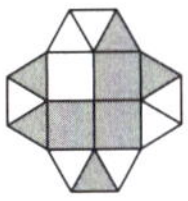

④ 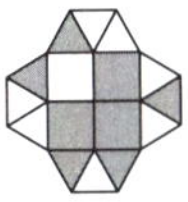

⑤ 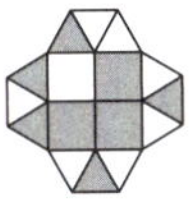

16 다음에 주어진 도형을 보고 적용된 규칙을 찾아 '?'에 해당하는 적절한 도형을 고르면?

① 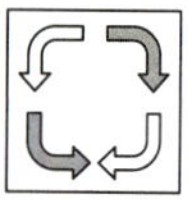

② 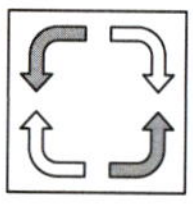

③ 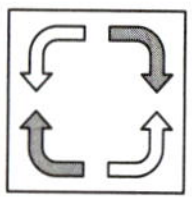

④ 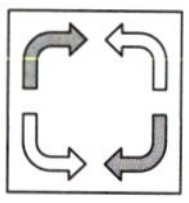

⑤ 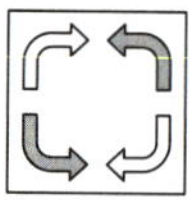

17 다음에 주어진 도형을 보고 적용된 규칙을 찾아 '?'에 해당하는 적절한 도형을 고르면?

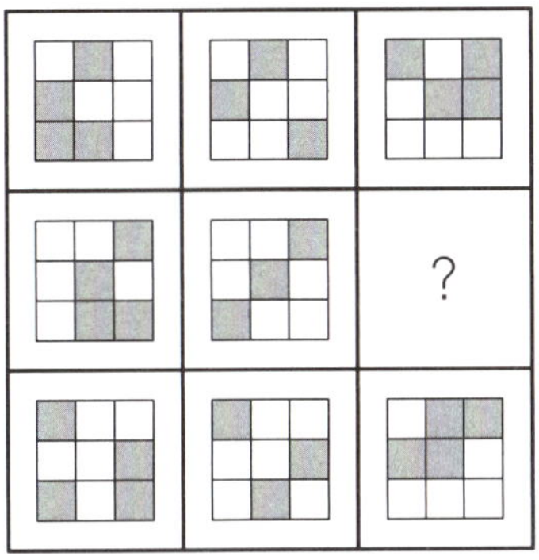

① 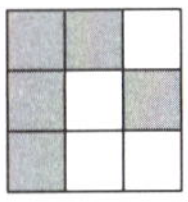

② 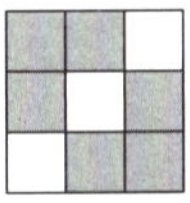

③ 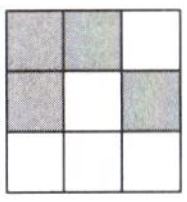

④ 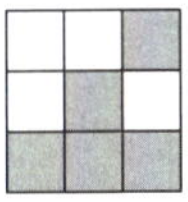

⑤ 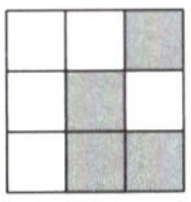

[18~21] 기호들이 하나의 규칙을 가지고 아래와 같이 문자나 숫자를 변화시킨다고 한다. 이때 다음 (?)에 들어갈 알맞은 것을 고르시오.(단, 가로와 세로 중 한 방향으로만 이동하며, Z 다음은 A, 9 다음은 0이다.)

		QWER		OLPT		JCPX				
		↓		↓		↓				
HKUY	→	□	→	△	→	☆	→	○	→	AWJM
		↓		↓		↓				
		TZHU		□		JCXP				
				↓						
				WSOR						

18

AKMU → △ → □ → (?)

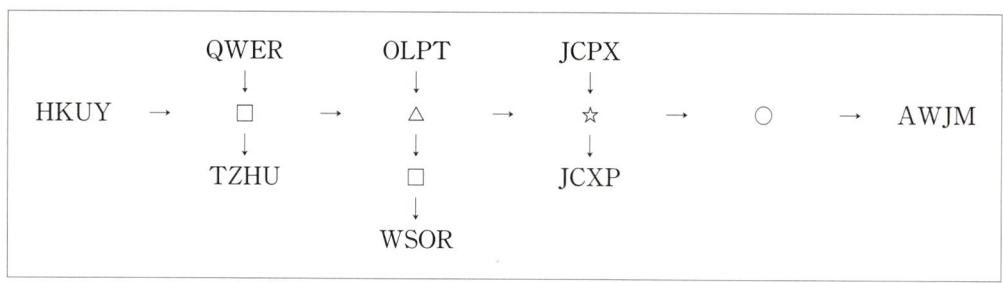

① XNPD ② XPND ③ PXND
④ PNXD ⑤ XPDN

19

DKVV → ☆ → ○ → △ → (?)

① TTBI ② TTCI ③ UUJC
④ TTIB ⑤ UUIC

20

(?) → □ → ○ → PUKP

① QVLO ② QLVQ ③ QVLQ
④ LQVL ⑤ LVQQ

21

(?) → ☆ → △ → □ → SJSK

① GPPH ② GHPH ③ HPPG
④ HPGP ⑤ HGPG

22 다음 문단을 논리적 순서에 맞게 배열한 것을 고르면?

[가] 학령인구의 감소와 고령화는 현대 사회에서 중대한 문제로 부각되고 있다. 학령인구 감소는 출생률 저하와 밀접하게 연결되어 있으며, 이는 교육 시스템과 노동 시장에 큰 변화를 초래하고 있다. 학교의 통합이나 폐교가 이루어지고 있으며, 이에 따른 교육 예산 조정이 필요하다. 노동력 감소는 경제 성장에 부담을 주며, 사회적 및 경제적 대응이 요구된다.

[나] 정부와 사회는 포괄적인 정책 마련이 필요하다. 출산율을 증가시키기 위한 육아 지원 정책과 일자리 창출, 고령층의 사회 참여를 촉진하기 위한 정책이 중요하다. 노인 복지 서비스 개선과 재정적 안정성을 확보하는 노력도 필수적이다. 이러한 종합적인 접근은 학령인구 감소와 고령화 문제를 완화하고 지속 가능한 사회를 구축하는 데 기여할 것이다.

[다] 고령화 사회에서는 노인 인구 증가로 인해 건강 관리, 연금, 사회 복지 서비스의 수요가 급증하고 있다. 이러한 변화는 재정적 부담을 증가시키고, 가족 구조와 일자리 시장에도 영향을 미친다. 젊은 세대와 노인 세대 간의 경제적 격차와 사회적 갈등이 심화될 수 있으며, 이는 사회적 통합과 노후 대비 정책의 중요성을 더욱 부각시킨다.

[라] 미래 사회의 대응 방안으로는 평생 교육과 직업 훈련의 중요성이 강조된다. 이는 고령층의 재취업과 지속적인 기술 습득을 지원하며, 자동화와 인공지능의 발전이 새로운 일자리 창출과 기존 일자리의 변화를 도울 수 있다. 노동 시장과 교육 분야에서의 변화는 모든 세대가 참여할 수 있는 정책적 노력을 필요로 한다.

① [가]－[나]－[다]－[라]
② [가]－[다]－[라]－[나]
③ [가]－[라]－[나]－[다]
④ [다]－[나]－[가]－[라]
⑤ [다]－[라]－[나]－[가]

23 다음 문단을 논리적 순서에 맞게 배열한 것을 고르면?

[가] 갈등론자들은 이와 달리 교육을 통하여 사회 평등을 실현하는 것은 불가능하며 오히려 교육이 기존의 불평등 구조를 재생산한다고 주장한다. 그들에 따르면, 교육은 지배 계급의 이익을 보장해 주는 장치이기 때문에 학교 교육의 기회가 확대된다고 하더라도 결코 사회 평등의 실현에 기여할 수 없다.

[나] 특히 하류 계층에게도 능력에 따라 적절한 수준의 학교 교육을 받게 하여 능력과 학력에 의한 사회적 계층 이동의 기회를 제공함으로써 사회 평등을 실현할 수 있다고 한다. 말하자면 학교 교육을 통하여 불평등의 세대 간 재생산을 감소시킬 수 있다는 것이다.

[다] 학교 교육 기회가 확대되어 점점 더 많은 사람들이 점점 더 오랫동안 학교에 다니게 되고, 학교 교육이 사회적 선발 체제로 확립되어 감에 따라서 많은 학자들이 학교 교육과 사회적 지위 획득의 관계를 설명하려는 노력을 기울여 왔다.

[라] 학교를 통해서 사회 평등을 실현할 수 있다는 믿음은 진보주의자 또는 자유주의자들에 의해 신봉되어 왔다. 그들은 교육 기회의 평등한 분배를 통하여 계층 이동이 원활해지고 결과적으로 사회 평등이 실현될 수 있다고 생각한다.

① [가]-[나]-[다]-[라]
② [가]-[나]-[라]-[다]
③ [가]-[다]-[라]-[나]
④ [다]-[라]-[나]-[가]
⑤ [라]-[나]-[가]-[다]

24 다음 글의 내용이 참일 경우, 반드시 거짓인 진술을 고르면?

> 인공지능(AI)의 발전은 현대 과학 기술의 주요 이정표로 평가받는다. AI는 복잡한 알고리즘을 통해 데이터를 처리하고 패턴을 인식하여 인간의 결정을 돕거나 다양한 작업을 자동화하는 기술이다. 최근 AI는 자연어 처리, 이미지 인식, 자율주행차 등 여러 분야에서 혁신을 이루어냈다. 특히, AI는 의료 분야에서 질병 진단과 치료 계획 수립에 큰 도움을 주며, 금융 분야에서는 대량의 데이터를 분석하여 시장 예측과 리스크 관리에 활용되고 있다.
>
> 하지만 AI의 급속한 발전은 몇 가지 문제를 동반한다. 개인정보 유출 및 수집 등의 보안 문제는 중요한 이슈로 부각되어 이에 대해 논의가 필요하다. 또한 AI가 인간의 일자리를 대체할 가능성에 대한 우려가 존재한다. 하지만 AI가 노동시장에 긍정적으로 작용할지, 부정적으로 작용할지는 아직 명확하지 않다.
>
> 따라서 AI 기술의 발전과 함께 적절한 규제와 윤리적 기준을 마련하는 것이 필요하다. AI는 많은 기회를 제공하지만, 이를 올바르게 활용하기 위해서는 신중한 접근이 필요하다. 기술 발전과 함께 사회적, 윤리적 고민도 함께 고려해야 한다.

① 인공지능 기술의 발전은 놀라운 혁신과 다양한 분야에 기회를 제공한다.
② 인공지능은 데이터 분석을 통해 경제 트렌드를 파악하여 시장 변동성을 예측한다.
③ AI의 발전과 관련하여 개인정보 보호와 같은 문제는 상대적으로 큰 관심을 받지 않는다.
④ 인공지능의 진전으로 기존 일자리가 감소하여 일터의 엄청난 지각변동이 일어날 것이다.
⑤ AI는 데이터의 품질이 낮거나 편향성을 학습하더라도 올바른 결정을 하도록 돕는다.

25 **다음 글의 내용이 참일 경우, 반드시 거짓인 진술을 고르면?**

> 방화벽은 용도 및 기능에 따라 몇 가지로 나뉜다. 우선 패킷 분석형 방화벽이 있다. 패킷은 네트워크를 통해 전송하기 쉽도록 자른 데이터의 전송 단위를 의미하는데, 패킷 분석형 방화벽은 가장 오래되고 간단한 방식의 방화벽 기술이다. 이 방식은 외부에서 내부 네트워크로 트래픽이 방화벽을 통과하려고 할 때, 관리자가 미리 설정한 보안 규칙과 비교하여 트래픽을 허용하거나 차단하는 기술로 처리 속도가 빠르다는 장점이 있다. 이 방식은 패킷의 헤더 주소만을 검사하여 미리 허용된 주소에 대해서는 차단하지 않고 예외적으로 방화벽을 통과하도록 허용하는 것으로, 벽에 일종의 구멍을 내는 것과 유사하다. 이 때문에 한번 열린 포트는 계속해서 열리게 되는 단점이 있다. 한편 프록시 방화벽은 내부 사용자가 외부 네트워크에 접속하려고 할 때 프록시 방화벽이 중간에서 그 역할을 대신 처리해 주는 방식이다. 프록시 방화벽은 내부 네트워크 사용자와 외부 네트워크 사이에서 서로의 요청과 응답을 대신 수행해 주기 때문에 허가되지 않은 사용자나 컴퓨터가 내부 네트워크 자원에 직접 접속하는 것을 차단할 수 있다. 따라서 패킷 분석형 방화벽보다 보안성을 높일 수 있지만, 처리 속도는 느리다.

① 패킷 분석형 방화벽은 가장 오래된 방화벽 기술이다.

② 프록시 방화벽은 패킷 분석형 방화벽보다 보안성이 높다.

③ 내부 네트워크 사용자와 외부 네트워크 사이에서 서로의 요청과 응답을 대신 수행하는 것은 프록시 방화벽이다.

④ 허가되지 않은 사용자나 컴퓨터가 내부 네트워크 자원에 직접 접속하는 것을 차단할 수 있는 것은 패킷 분석형 방화벽이다.

⑤ 패킷의 헤더 주소만을 검사하여 미리 허용된 주소에 대해서는 차단하지 않고 예외적으로 방화벽을 통과하도록 허용하는 방식을 사용하는 것은 패킷 분석형 방화벽이다.

26 다음 글의 내용이 참일 경우, 반드시 거짓인 진술을 고르면?

> 개인정보보호위원회가 구글과 메타에 약 1,000억 원의 과징금을 부과했다. 개인정보보호법 위반으로는 사상 최대 규모의 과징금이다. 그렇다면 개인정보보호위원회가 구글과 메타에 과징금을 부과한 이유는 무엇일까? 구글의 경우 서비스 가입 시에 이용자의 행태 정보를 수집하고 이용한다는 사실을 '옵션 더보기'라는 버튼을 눌러야 볼 수 있도록 해 놓은 것부터 문제로 지적되었다. 그리고 그 기본값으로 '구글 계정에 웹 및 앱 활동 저장'을 설정해 놨다. 사용자가 옵션 더보기를 눌러 내용을 확인하고 '저장하지 않음'을 선택하지 않으면 정보를 저장하여 활용할 수 있게 만들어 놓은 것이다. 메타가 운영하는 페이스북은 한 번에 다섯 줄밖에 보이지 않는 스크롤 화면에 695줄짜리 데이터 정책 전문을 올려놓은 것, 이외에 별도로 행태 정보의 수집을 고지하고 동의받지 않은 것이 문제였다. 최근 메타는 국내 사용자들에게 행태 정보 수집 등에 동의하지 않으면 서비스를 제한한다고 공지를 해 문제를 빚기도 했다.

① 구글과 메타 모두 사실상 고객의 동의 없이 이용자의 행태 정보를 수집했다.
② 구글과 메타 모두 행태 정보 수집 자체를 사실상 기본값으로 설정한 것이다.
③ 불법 행태 정보 수집은 플랫폼의 편법적인 방법과 이용자의 무관심이 합쳐진 결과이다.
④ 구글과 메타 모두 이용자의 행태 정보를 수집하고 이용한다는 사실이 잘 보이도록 해 놓았다.
⑤ 이전까지는 개인정보보호법 위반으로 인해 부과된 과징금이 1,000억 원을 넘는 경우는 없었다.

27 **다음 글의 내용이 참일 경우, 반드시 거짓인 진술을 고르면?**

> 생물체 바이오 기술은 생물학적 시스템과 생물체를 활용하여 인간의 삶에 유용한 제품과 서비스를 개발하는 과학 분야이다. 이 기술은 의약품 개발, 농업, 환경 보호 등 여러 분야에서 응용된다.
>
> 의약품 분야에서는 재조합 DNA 기술과 유전자 편집 기술이 신약 개발에 기여하고 있다. 예를 들어, CRISPR－Cas9 기술은 유전 질환 치료 가능성을 높이고, 단백질 기반 백신은 전염병 예방에 도움을 준다. 농업 분야에서는 유전자 조작 작물이 병해충 저항성을 높이고 영양가를 개선하는 데 도움을 주며, 미생물 기반 비료와 농약은 환경에 미치는 영향을 줄이는 데 기여한다. 환경보호 분야에서는 미생물이나 식물을 활용한 오염 정화 및 폐기물 관리 기술이 효과적으로 적용되고 있다. 이러한 기술들은 오염 물질의 분해를 촉진하고 폐기물 처리를 보다 효율적으로 만들어 환경 보호에 기여하고 있다.
>
> 그러나 이러한 생물체 바이오 기술의 발전에는 유전적 논란, 유전자 조작 생물체가 건강에 미치는 영향, 윤리적 문제와 안전성 문제를 동반할 수 있으며, 국제적인 규제와 윤리적 기준 마련이 중요하다. 생물체 바이오 기술은 인류의 삶을 개선하는 데 중요한 역할을 하며, 지속적인 연구와 균형 잡힌 접근이 필요하다.

① 생물체 바이오 기술은 유전적 질환, 감염병 등 치료하는 데 중요한 역할을 한다.
② 유전자 조작 기술은 환경에 미치는 영향은 줄이고 지속 가능한 농업을 지원한다.
③ 생물체 바이오 기술은 폐기물 분해를 지연시켜 환경에 부담을 준다.
④ 생물체 바이오 기술은 잠재적인 유전적 문제를 사전 파악하여 위험성을 줄일 수 있다.
⑤ 생물체 바이오 기술의 안전한 발전과 응용을 위해 지속적인 연구가 필요하다.

28 다음 글의 내용이 참일 경우, 반드시 거짓인 진술을 고르면?

아인슈페너는 아메리카노 위에 하얀 휘핑크림을 듬뿍 얹은 커피로, 독일어로 '말 한 마리가 끄는 마차'라는 뜻이다. 또한 아인슈페너는 비엔나 커피라고도 불리는데, 이는 오스트리아 빈(비엔나)에서 유래했기 때문이다. 옛날 오스트리아 빈의 마부들은 한 손은 고삐를 잡고 다른 한 손만으로 커피를 마셔야 했는데, 커피가 좌우로 흔들려 흘러내리는 것을 방지하고 효과적으로 피로를 풀기 위해 진한 커피 위에 설탕과 생크림을 듬뿍 얹은 것이 아인슈페너의 기원이라고 전해지고 있다.

아인슈페너는 본래 커피 위에 생크림과 설탕을 얹었는데, 이후 단맛이 더욱 강한 휘핑크림이 등장하면서 휘핑크림을 사용하게 됐다. 또한 아인슈페너는 에스프레소 위에 크림을 올린 에스프레소 콘파냐보다는 쓴맛이 덜해 조금 더 대중적인 맛을 낸다.

① 아인슈페너는 마부들로부터 유래되었다.
② 아인슈페너는 독일에서 유래된 음료이다.
③ 비엔나 커피는 아인슈페너의 다른 이름이다.
④ 에스프레소 콘파냐는 아인슈페너보다 더 쓰다.
⑤ 아인슈페너는 시간이 지남에 따라 그 재료가 바뀌었다.

29 다음 글과 [보기]를 읽고 한 추론 중 적절하지 않은 것을 고르면?

> 알레르기는 면역 시스템이 비정상적으로 반응하여 다양한 증상을 유발하는 질환이다. 주된 원인에는 꽃가루, 먼지, 음식, 동물의 털, 약물 등이 있으며, 증상으로는 가려움, 발진, 호흡 곤란 등이 있다. 심각한 경우 아나필락시스와 같은 생명 위협적인 상황도 발생할 수 있다. 만성 알레르기 비염이나 천식 등은 일상생활에 큰 영향을 미치며, 장기적으로 건강 문제를 초래할 수 있다. 효과적인 관리는 알레르겐을 피하고, 항히스타민제나 스테로이드 제제를 사용하여 증상을 완화하는 것이다. 조기 진단과 적절한 치료를 통해 알레르기 증상을 관리하고 만성 건강 문제를 예방할 수 있다.

보기

> 알레르기 예방은 알레르겐 회피와 면역 체계 강화가 핵심이다. 알레르겐과의 접촉을 줄이기 위해 특정 음식이나 환경 요인을 피하는 것이 필요하다. 면역 체계를 강화하려면 균형 잡힌 식사와 비타민 C, D, 오메가-3 지방산을 포함한 식품을 섭취해야 한다. 규칙적인 운동과 청결한 환경 유지, 손 씻기도 중요하다. 충분한 수면과 스트레스 관리는 면역 기능 회복에 도움을 준다. 알레르기 검사를 통해 민감한 물질을 파악하고, 이에 대한 예방 조치를 취하는 것이 유용하다. 물론 알레르기 검사에서조차 일부 원인은 검출되지 않을 수도 있다. 건강한 생활 습관을 유지하는 것은 알레르기 발병 위험을 줄이는 데 큰 도움이 된다.

① 면역 체계를 강화하는 방법에는 알레르겐의 접촉을 줄이는 것이 도움이 된다.
② 알레르기 검사로 원인을 파악하면 알레르기 증상의 종류에 따라 적절한 치료를 진행할 수 있다.
③ 알레르기 반응을 조기 진단해도 만성 건강 문제를 완전히 예방하기는 어렵다.
④ 알레르기 검사는 모든 유형의 알레르기 반응을 정확히 감지할 수 없다.
⑤ 알레르기 반응을 일으키는 특정 음식이나 환경 요인을 피하는 것이 필요하다.

30 다음 글과 [보기]를 읽고 한 추론 중 가장 적절한 것을 고르면?

대기오염은 산업 활동, 자동차 배기가스, 화석 연료의 연소 등으로 인해 발생하며 건강과 환경에 큰 영향을 미친다. 주된 오염물질로는 미세먼지, 질소산화물, 일산화탄소가 있으며, 이는 호흡기 및 심혈관 질환을 유발할 수 있다. 또한 대기오염은 온실가스 배출로 지구온난화와 기후 변화를 가속화한다. 도시 지역에서 오염은 더 심각하게 나타나며, 이를 해결하려면 배출 기준 강화, 청정 에너지 사용 촉진, 대중교통 장려 등의 정책이 필요하다. 가정에서는 에너지 절약과 재활용 실천 등을 통해 대기오염에 따른 영향을 줄일 수 있다.

보기

온실가스 배출과 대기오염 문제를 해결하기 위해 다음과 같은 방안이 필요하다. 첫째, 화석 연료를 대체할 청정 에너지원인 태양광과 풍력의 사용을 확대해야 한다. 둘째, 에너지 효율이 높은 기기와 건물 설계를 통해 에너지 소비를 줄이는 것이 중요하다. 셋째, 대중교통과 전기차의 사용을 촉진하여 자동차 배기가스를 줄여야 한다. 넷째, 산업에서의 배출 규제를 강화하고 기술적 혁신을 통해 대기오염을 관리해야 한다. 다섯째, 재활용과 폐기물 처리를 효율적으로 개선하여 온실가스 배출을 줄여야 한다. 여섯째, 산림 보호와 도시 내 녹지 공간 확대를 통해 대기질을 개선할 수 있다. 일곱째, 정책과 국제적인 협력을 통해 글로벌 차원의 대응을 강화해야 한다. 마지막으로, 공공 인식 제고와 교육을 통해 개인과 기업의 참여를 유도할 필요가 있다.

① 대기오염의 주된 원인은 산업 활동보다는 화석 연료의 연소이다.
② 대기오염으로부터 발생되는 질환을 예방하기 위해 개인 자동차를 늘리는 것이 좋다.
③ 자동차 배기가스로 대기오염 문제를 해결하기 위해 대중교통의 사용을 줄인다.
④ 청정 에너지의 사용은 지구온난화 대응과 지속 가능한 에너지 미래를 위한 중요한 전략이다.
⑤ 온실가스와 대기오염은 기후 변화에 미치는 영향과 초래하는 방식이 동일하다.

02 실전모의고사 2회

01 수리논리(20문항/30분)

정답과 해설 P. 114

01 작년에 H사의 남자 직원 수는 400명이었다. 올해는 작년에 비해 남자 직원 수는 10% 감소하고, 여자 직원 수는 30% 증가하여 총 직원 수가 20명 증가하였다. 올해의 여자 직원 수를 고르면?

① 200명 ② 240명 ③ 260명
④ 320명 ⑤ 360명

02 S연구원은 월요일부터 금요일까지 서로 다른 X샘플 2종류와 Y샘플 2종류를 하루에 한 가지씩 분석하려고 한다. 화요일에는 X샘플을 분석할 때, 주어진 샘플을 모두 분석하는 경우의 수를 고르면?(단, S연구원의 휴일은 수요일이다.)

① 12가지 ② 15가지 ③ 18가지
④ 20가지 ⑤ 24가지

03 다음 [그래프]는 F 회사의 2021년 분기별 제품 A, B, C의 매출액 및 총매출액을 조사한 자료이다. 이에 대한 설명으로 옳은 것을 [보기]에서 모두 고르면?

[그래프1] 2021년 분기별 제품 A, B, C의 매출액 (단위: 천만 원)

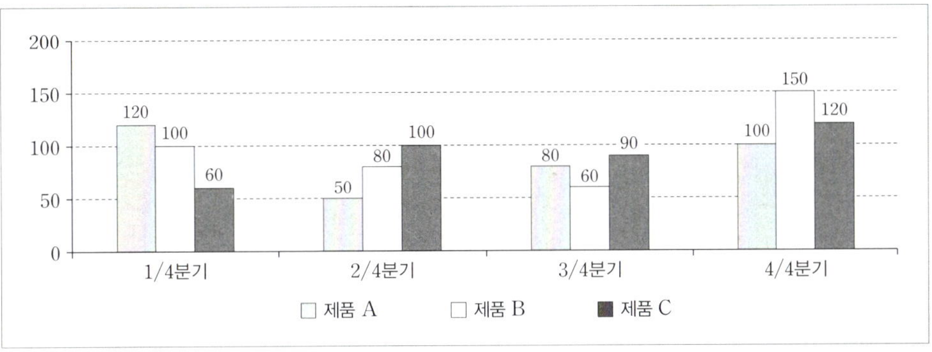

[그래프2] 2021년 분기별 총매출액 (단위: 억 원)

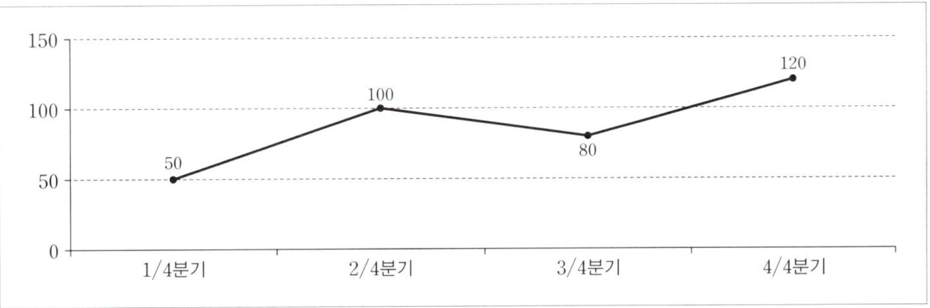

보기

㉠ 제품 A의 3/4분기 매출액은 1/4분기 대비 30% 미만으로 감소하였다.

㉡ 제품 C의 매출액이 총매출액에서 차지하는 비중은 2/4분기와 4/4분기가 같다.

㉢ 제품 A, B, C의 매출액 합계가 2021년 총매출액에서 차지하는 비중은 30% 이상이다.

㉣ 총매출액이 가장 큰 분기에 제품 B의 매출액은 직전 분기 대비 10억 원 이상 증가하였다.

① ㉠, ㉡ ② ㉠, ㉢ ③ ㉡, ㉢

④ ㉡, ㉣ ⑤ ㉢, ㉣

04 다음 [표]는 연령대별 하루 평균 게임 시간과 하루 평균 게임 시간대별 위험군을 조사한 자료이다. 이에 대한 설명으로 옳지 않은 것을 고르면?

[표1] 연령대별 하루 평균 게임 시간 비율 (단위: %)

구분	1시간 미만	1시간 이상 2시간 미만	2시간 이상 3시간 미만	3시간 이상 5시간 미만	5시간 이상	합계
초등학생	47.1	32.2	15.1	5	0.6	100
중학생	52.4	28.4	12.6	4.8	1.8	100
고등학생	38.6	24.5	19.8	10.4	6.7	100
성인	5.8	10.4	62.8	12.8	8.2	100

[표2] 하루 평균 게임 시간대별 위험군 기준

구분	잠재적 위험군	중위험군	고위험군
게임 시간	2시간 이상 3시간 미만	3시간 이상 5시간 미만	5시간 이상

① 잠재적 위험군의 비율은 성인이 가장 높다.
② 고위험군 비율은 성인이 고등학생보다 1.5% 더 높다.
③ 초등학생 중 3가지 위험군에 해당하는 비율의 합은 20% 이상이다.
④ 3가지 위험군에 해당하는 비율의 합은 고등학생이 중학생보다 높다.
⑤ 중학생 중 게임을 2시간 미만으로 하는 비율은 중학생의 80% 이상이다.

05 다음 [표]는 A~D도서관의 정보를 조사한 자료이다. 이에 대한 설명으로 옳은 것을 [보기]에서 모두 고르면?

[표] A~D도서관의 정보

구분	장서 수(권)		책상 수(개)	의자 수(개)	조명 수(개)	사서 수(명)
	단행본	시리즈물				
A도서관	205	384	32	109	36	3
B도서관	144	296	24	100	19	2
C도서관	333	285	32	117	35	4
D도서관	597	735	50	197	65	7

보기

㉠ 사서 1명당 의자 수는 B도서관이 가장 많다.
㉡ D도서관의 총장서 수는 B도서관의 3배 이상이다.
㉢ 조명 1개당 책상 수는 C도서관이 A도서관보다 많다.

① ㉠　② ㉢　③ ㉠, ㉡
④ ㉡, ㉢　⑤ ㉠, ㉡, ㉢

[06~07] 다음 [그래프]는 문화예술행사 관람률 및 분야별에 관한 자료이다. 이를 바탕으로 이어지는 질문에 답하시오.

[그래프1] 문화예술행사 관람률

(단위: %)

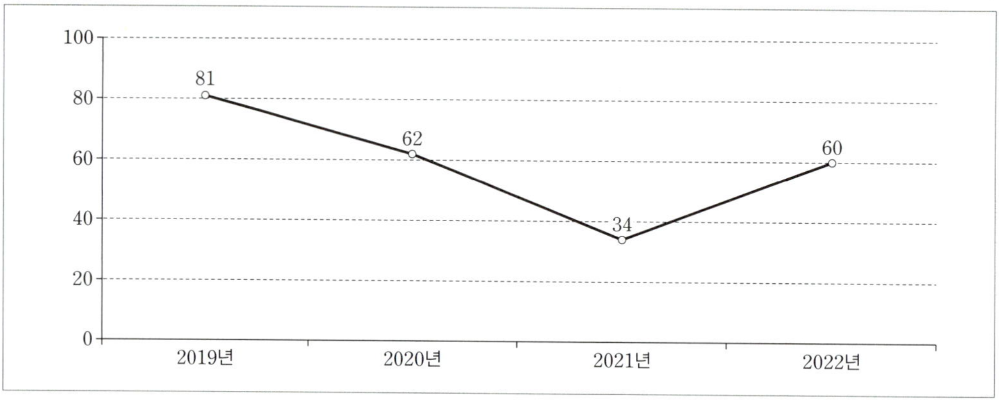

※ 문화예술행사 관람률은 13세 이상 인구 중 해당 연도에 문화예술행사(음악, 연극, 무용, 영화, 박물관, 미술관)를 관람한 적이 있는 사람들의 비율임

[그래프2] 분야별 관람률

(단위: %)

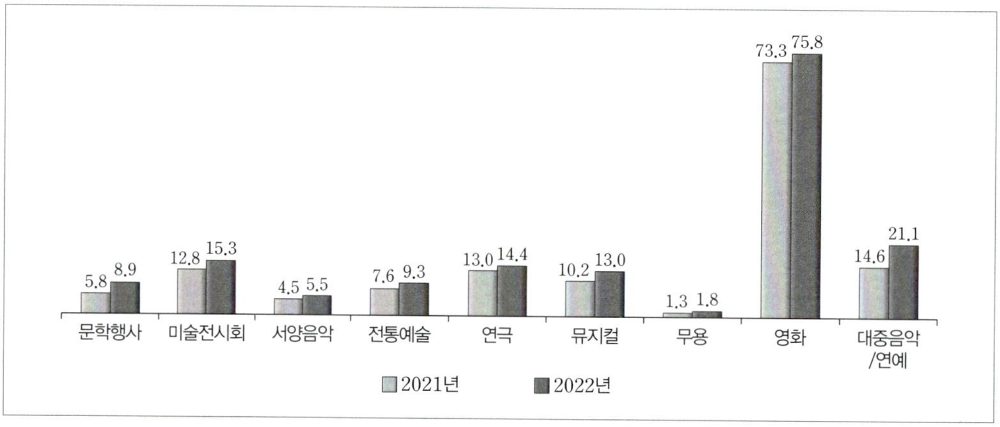

※ 분야별 관람률은 13세 이상 인구 중 해당 연도에 해당 문화예술행사를 관람한 적이 있는 사람들의 비율임

06 다음 중 옳은 것을 고르면?

① 2020~2022년 동안 문화예술행사 관람률은 매년 감소하였다.
② 2022년 관람률이 가장 높은 상위 3개 분야는 전년도와 동일하다.
③ 2021년 문화예술행사 관람률은 전년 대비 40% 이상 감소하였다.
④ 2022년 관람률이 가장 낮은 분야가 전년 대비 증가율이 가장 높다.
⑤ 2022년보다 2020년에 문화예술행사를 관람한 인원수가 더 많다.

07 다음 중 자료에 대한 설명으로 옳은 것을 [보기]에서 모두 고르면?

보기

㉠ 2021년과 2022년 13세 이상 인구수가 동일하다면, 2021년 연극 관람 인원수는 2022년 미술전시회 관람 인원수보다 적다.
㉡ 2021년과 2022년 13세 이상 인구수가 동일하다면, 2022년이 2021년보다 문화예술행사 관람한 인원은 2,600만 명 많다.
㉢ 2022년 13세 이상 인구수가 총 4,000만 명이라면, 문화예술행사를 관람한 인원은 240만 명이다.
㉣ 2021년 13세 이상 인구수가 총 3,000만 명이라면, 서양음악을 관람한 인원은 135만 명이다.

① ㉠, ㉡ ② ㉠, ㉢ ③ ㉠, ㉣
④ ㉡, ㉢ ⑤ ㉢, ㉣

[08~09] 다음 [그래프]와 [표]는 전 세계 스마트폰 판매량 및 공급업체별 판매량을 정리한 자료이다. 이를 바탕으로 이어지는 질문에 답하시오.

[그래프] 전 세계 스마트폰 판매량 (단위: 대)

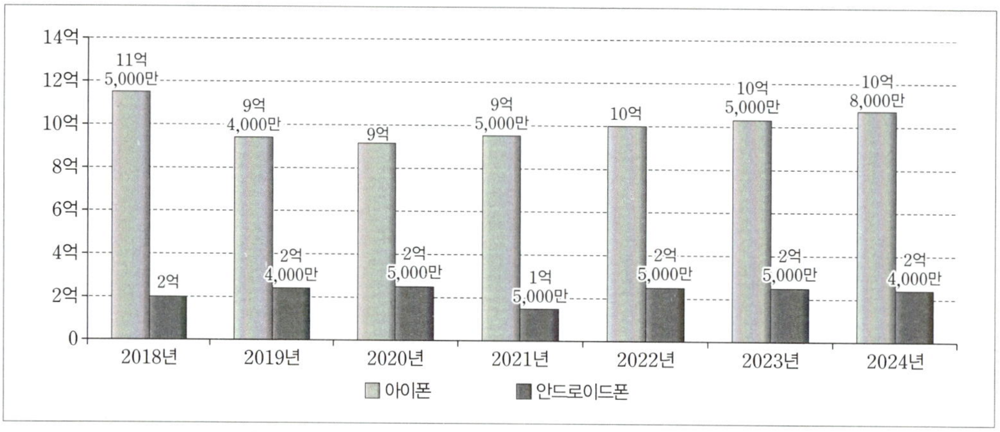

※ 2024년의 경우 예측치임

[표] 2019~2020년 전 세계 제조업체별 안드로이드폰 판매량 (단위: 만 대, %)

제조업체	2019년 판매량	2019년 시장점유율	2020년 판매량	2020년 시장점유율
A사	5,280	22	5,750	23
B사	4,800	20	5,500	22
C사	3,120	13	4,000	16
D사	2,400	10	3,250	13
E사	1,920	8	2,250	9
기타	6,480	27	4,250	17
총계	24,000	100	25,000	100

08 **다음 중 옳지 않은 것을 고르면?**(단, 계산 시 소수점 이하 둘째 자리에서 반올림한다.)

① 2024년에 전 세계 스마트폰 판매량에서 아이폰의 점유율은 전년 대비 감소할 것으로 예상된다.
② 2020년에 A~E사의 안드로이드폰 판매량은 모두 전년 대비 증가하였다.
③ 2022년과 2023년 안드로이드폰 판매량은 동일하다.
④ 안드로이드폰과 아이폰의 판매량의 합계가 가장 많은 해에 안드로이드폰의 판매량은 아이폰 판매량의 15% 이상이다.
⑤ 2019~2022년 동안 안드로이드폰의 점유율이 가장 높은 해는 2020년이다.

09 **다음 중 자료에 대한 설명으로 옳은 것을 [보기]에서 모두 고르면?**(단, 계산 시 소수점 이하 둘째 자리에서 반올림한다.)

보기

㉠ A~E사 중 2020년 판매량의 전년 대비 증가율이 가장 높은 제조업체는 C사이다.
㉡ 2020년 D사의 시장점유율은 3% 증가하였다.
㉢ 2020년 안드로이드폰과 아이폰의 판매량의 총합에서 A사의 안드로이드폰 판매량이 차지하는 비중은 5% 이하이다.
㉣ 기타를 제외하고, 2021년에 전년 대비 판매량이 800만 대 이상 증가한 안드로이드폰 제조업체는 총 2개사이다.

① ㉠, ㉡　② ㉠, ㉢　③ ㉡, ㉢
④ ㉡, ㉣　⑤ ㉢, ㉣

[10~11] 다음 [그래프]는 연도별 분만 건수 추이 및 2020년 요양기관 소재지별 분만 건수에 대한 자료이다. 이를 바탕으로 이어지는 질문에 답하시오.

[그래프1] 연도별 분만 건수 추이 (단위: 건)

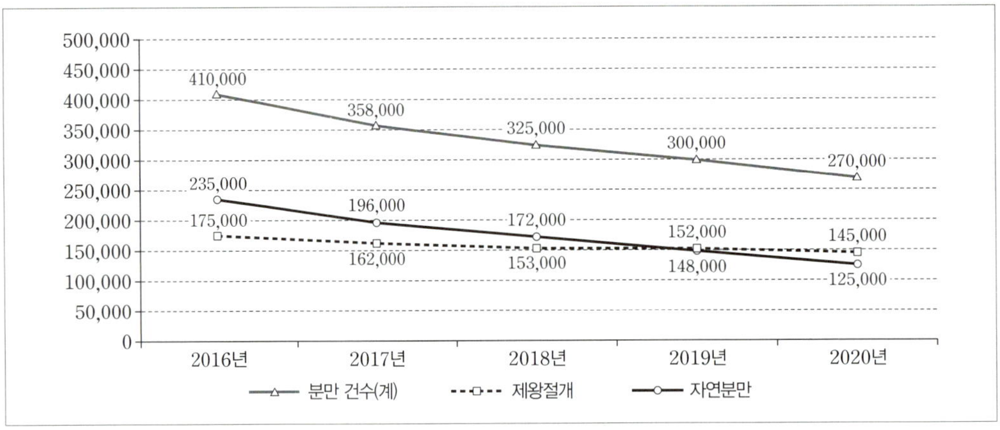

[그래프2] 2020년 요양기관 소재지별 분만 건수 (단위: 건)

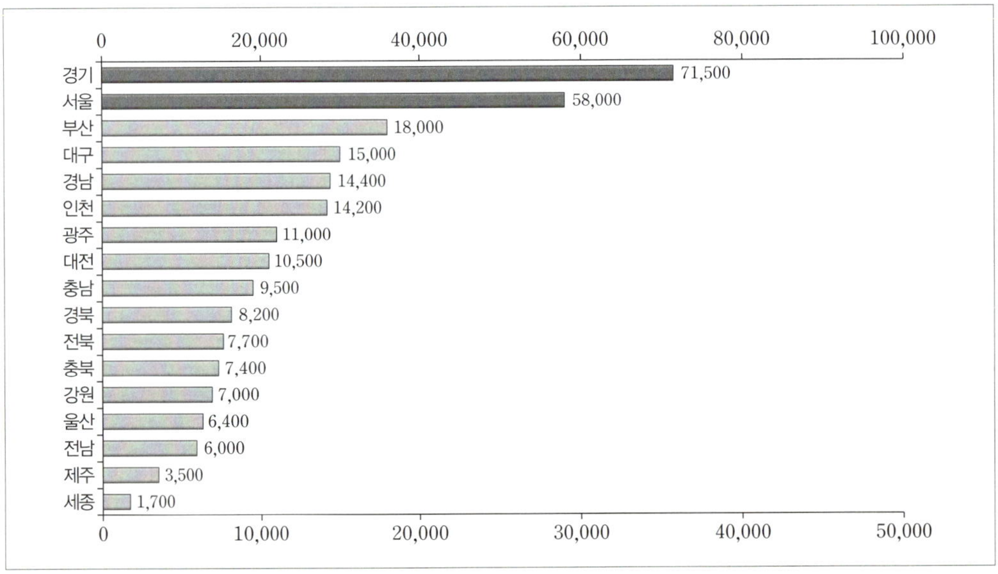

10 다음 중 옳지 않은 것을 고르면?

① 2017~2020년 제왕절개 분만 건수는 지속적으로 감소한다.
② 2016~2020년 동안 제왕절개 분만 건수가 자연분만 건수를 추월한 해는 2번이다.
③ 2016~2020년 동안 제왕절개와 자연분만을 제외한 다른 형태의 분만은 없다.
④ 2020년 분만 건수의 전년 대비 증감량은 2019년보다 적다.
⑤ 2017년 자연분만과 제왕절개 분만 건수의 차이는 전년 대비 감소한다.

11 다음 중 자료에 대한 설명으로 옳은 것을 [보기]에서 모두 고르면?

보기

㉠ 2020년 경기의 분만 건수는 수도권 지역(서울, 인천, 경기)에서 과반수가 아니다.
㉡ 2020년 부산, 대구, 울산, 경북, 경남의 분만 건수의 합은 서울의 분만 건수보다 많다.
㉢ 2020년 광주, 전북, 전남의 분만 건수의 합이 전체에서 차지하는 비중은 10%보다 높다.
㉣ 2020년 요양기관 소재지별 총 분만 건수는 269,000건 이상이다.

① ㉠, ㉡ ② ㉠, ㉢ ③ ㉡, ㉣
④ ㉠, ㉡, ㉣ ⑤ ㉡, ㉢, ㉣

[12~13] 다음 [표]는 자동차보험 입원외래별 심사실적과 요양기관별 심사실적을 조사한 자료이다. 이를 바탕으로 이어지는 질문에 답하시오.

[표1] 자동차보험 입원외래별 심사실적

구분	2021년		2022년		증감률	
	청구 건수 (천 건)	자동차보험 진료비 (백만 원)	청구 건수 (천 건)	자동차보험 진료비 (백만 원)	청구 건수 (%)	자동차보험 진료비 (%)
총계	19,520	2,426,000	19,900	2,530,000	1.9	4.3
입원	1,120	1,276,000	1,100	1,300,000	−1.8	1.9
외래	18,400	1,150,000	18,800	1,230,000	2.2	7.0

[표2] 자동차보험 요양기관종별 심사실적

구분	2021년		2022년		증감률	
	청구 건수 (천 건)	자동차보험 진료비 (백만 원)	청구 건수 (천 건)	자동차보험 진료비 (백만 원)	청구 건수 (%)	자동차보험 진료비 (%)
상급종합병원	220	190,000	200	185,000	−9.1	−2.6
종합병원	960	322,000	890	300,000	−7.3	−6.8
병원	1,770	248,000	1,600	220,000	−9.6	−11.3
의원	4,350	229,000	4,180	225,000	−3.9	−1.7
한방병원	4,540	655,000	5,400	808,000	18.9	23.4
한의원	7,580	711,000	7,540	728,000	−0.5	2.4

12 다음 중 옳지 않은 것을 고르면?

① 2021년 전체 청구 건수 중 외래 청구 건수가 차지하는 비중은 95%를 상회한다.
② 2022년 자동차보험 외래 진료비는 전년 대비 5% 이상 높다.
③ 2022년 외래 청구 건수의 전년 대비 증가량은 전체 청구 건수의 전년 대비 증가량보다 많다.
④ 2022년 전체 자동차보험 진료비는 전년도보다 1,000억 원 이상 높다.
⑤ 2022년 전체 청구 건수의 전년 대비 증가율은 전체 자동차보험 진료비의 전년 대비 증가율보다 낮다.

13 다음 중 자료에 대한 설명으로 옳은 것을 [보기]에서 모두 고르면?

보기
㉠ 2021년 자동차보험 청구 건수 상위 3개 요양기관의 청구 건수는 다음 해에 모두 감소했다.
㉡ 2022년 자동차보험 전체 진료비 중 각 요양기관이 차지하는 비중이 전년 대비 증가한 기관은 1곳이다.
㉢ 2022년 자동차보험 청구 건수가 2021년보다 감소한 요양기관은 5곳이다.
㉣ 2022년 상급종합병원의 청구 건당 자동차보험 진료비는 925만 원/건이다.

① ㉠, ㉡　② ㉠, ㉢　③ ㉡, ㉢
④ ㉡, ㉣　⑤ ㉡, ㉢, ㉣

[14~15] 다음 [그래프]와 [표]는 2020년 보안 전시회 참가자 관심 분야 및 주요국 CCTV 수입액에 관한 자료이다. 이를 바탕으로 이어지는 질문에 답하시오.

[그래프] 2020년 보안 전시회 참가자 관심 분야 (단위: %)

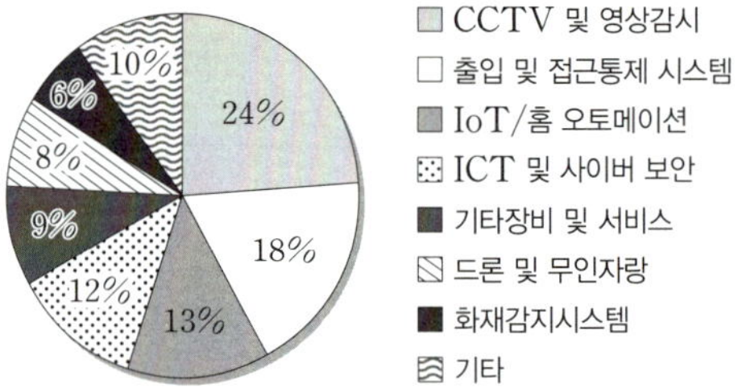

[표] 주요국 CCTV 수입액 (단위: 만 달러)

구분	2018년	2019년	2020년	비중(%)
중국	7,000	7,200	4,500	72.6
미국	750	1,400	325	5.2
말레이시아	400	450	300	4.8
태국	570	500	280	4.5
대만	140	120	200	3.2
베트남	100	180	120	1.9
독일	200	120	65	1.0
캐나다	90	130	52	0.8
스페인	210	380	50	0.8
일본	250	80	40	0.6
대한민국	54	40	25	0.4
세계	10,500	10,600	6,200	100

※ 제시된 국가는 2020년 기준 세계 CCTV 수입액 상위 11개국임

14 **다음 중 옳지 않은 것을 고르면?**

① 세계 CCTV 수입의 상위 3개국의 CCTV 수입액은 2018년보다 2019년에 더 많다.
② 2020년 보안전시회에서 IoT/홈 오토메이션에 대한 관심도는 ICT 및 사이버 보안 분야보다 높다.
③ 2020년 보안 전시회에서 CCTV 및 영상감시를 제외한 관심도 상위 5개 분야의 비중은 절반 이상이다.
④ 2020년 보안 전시회 참가자 중 기타 분야에 관심을 보인 인원은 620명이다.
⑤ 주요국 CCTV 수입액에서 말레이시아가 차지하는 비중은 2018년보다 2019년에 더 높다.

15 **다음 중 자료에 대한 설명으로 옳지 않은 것을 [보기]에서 모두 고르면?**

보기

㉠ 2020년 상위 11개국 중 전년보다 CCTV 수입액이 더 높아진 국가는 없다.
㉡ 주요국 CCTV 수입액에서 대한민국이 차지하는 비중은 2019년보다 2020년이 더 높다.
㉢ 2019년 상위 10개국 중 전년보다 CCTV 수입액이 더 낮아진 국가는 4개국이다.
㉣ 2020년 CCTV 수입액에서 상위 10개국이 차지하는 비중은 99.6%이다.

① ㉠, ㉡ ② ㉠, ㉢ ③ ㉠, ㉣
④ ㉡, ㉣ ⑤ ㉢, ㉣

[16~17] 다음 [표]는 연도별 주택보급률 및 주택마련 소요연수별 구성비를 조사한 자료이다. 이를 바탕으로 이어지는 질문에 답하시오.

[표] 연도별 주택보급률 및 주택마련 소요연수별 구성비 (단위: %)

연도	주택보급률	주택마련 소요연수별 구성비					
		3년 미만	3년 이상 5년 미만	5년 이상 10년 미만	10년 이상 15년 미만	15년 이상 20년 미만	20년 이상
2015년	100.7	34.1	9.9	20.8	15.5	7.7	12.0
2016년	100.5	29.8	10.4	22.2	17.5	9.3	10.8
2017년	101.1	30.8	9.5	23.0	17.8	9.5	9.4
2018년	101.9	42.8	8.6	18.9	13.6	6.8	9.3
2019년	102.6	43.0	9.4	19.6	13.1	6.4	8.5

※ (주택보급률)(%) $=\frac{\text{(주택 수)}}{\text{(일반가구 수)}}\times 100$

16 다음 중 옳은 것을 고르면?

① 매년 일반가구 수는 주택 수보다 더 많다.
② 매년 비율이 가장 낮은 주택마련 소요연수 기간은 3년 이상 5년 미만이다.
③ 주택마련 소요연수 기간이 5년 미만인 가구의 비중은 매년 증가하고 있다.
④ 주택마련 소요연수 기간이 5년 이상인 가구의 비중이 처음으로 50% 이하가 된 해는 2018년이다.
⑤ 다른 모든 조건이 동일할 때 2019년 일반가구 수가 1% 증가하면 2019년 주택보급률은 100% 이하로 떨어진다.

17 연도별 주택 수를 조사한 자료인 [표2]가 추가되었다. 이를 참고하여 일반가구 수가 가장 많은 연도를 고르면?

[표2] 연도별 주택 수 (단위: 천 채)

구분	2015년	2016년	2017년	2018년	2019년
주택 수	16,367	16,692	17,123	17,633	18,127

① 2015년 ② 2016년 ③ 2017년
④ 2018년 ⑤ 2019년

18 다음 [표]는 남녀 성비에 따른 남학생과 여학생 증가율에 대한 자료이다. 이를 바탕으로 빈칸에 해당하는 값을 예측했을 때, 가장 적절한 값을 고르면?

[표] 남학생과 여학생 증가율 (단위: %)

구분	2014년	2015년	2016년	2017년	2018년
남학생 증가율	−3	2	(㉠)	−1	3
여학생 증가율	2	(㉡)	1	2	−2

※ T=(남학생 증가율+여학생 증가율)^2−C^2

	㉠	㉡
①	−2	2
②	−2	1
③	1	−1
④	0	0
⑤	0	−3

19 다음 [표]는 A세포와 B세포의 배양 결과에 대한 자료이다. 세포 배양이 동일하게 계속 진행된다면, B세포의 개수가 A세포보다 많아지는 달은 언제인지 고르면?

[표] A세포와 B세포의 배양 결과 (단위: 개)

구분	1월	2월	3월	4월	5월
A세포	40	52	65	79	94
B세포	5	7	12	19	31

① 7월 ② 8월 ③ 9월
④ 10월 ⑤ 11월

20 **다음 [그래프]는 경제 성장률의 전분기 대비 변화량에 대한 내용이다. 이를 바탕으로 시기에 따른 경제 성장률 그래프를 작성하였을 때, 적절하지 않은 것을 고르면?**(단, 가장 좌측 값을 기준으로 하여 경제 성장률을 계산한다.)

[그래프] 경제 성장률 전분기 대비 변화량 (%p)

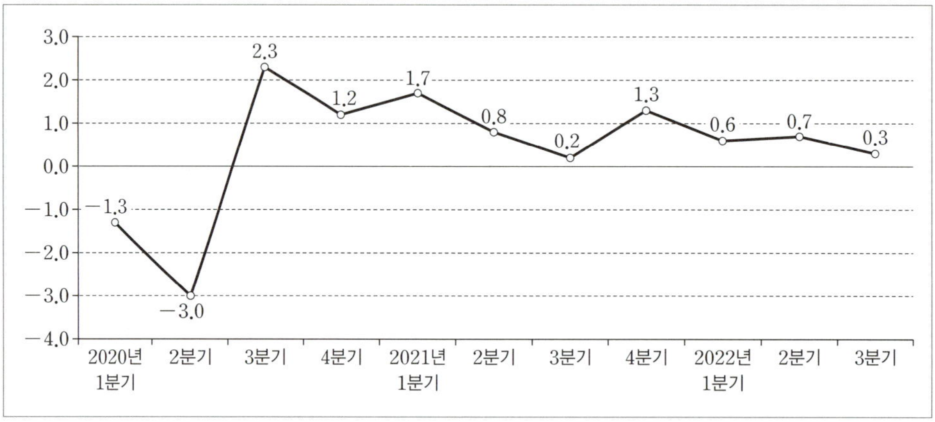

① (단위: %)

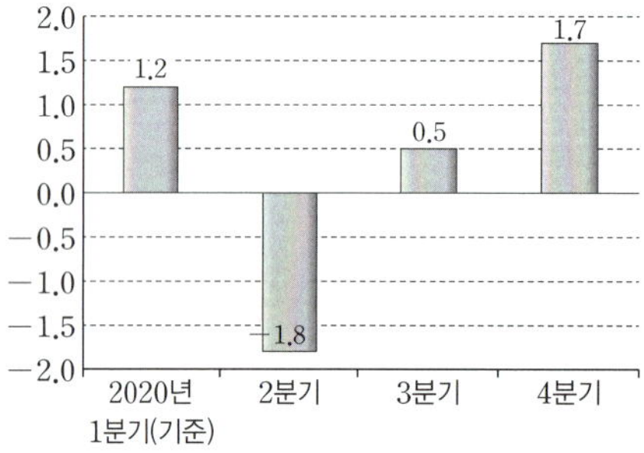

② (단위: %)

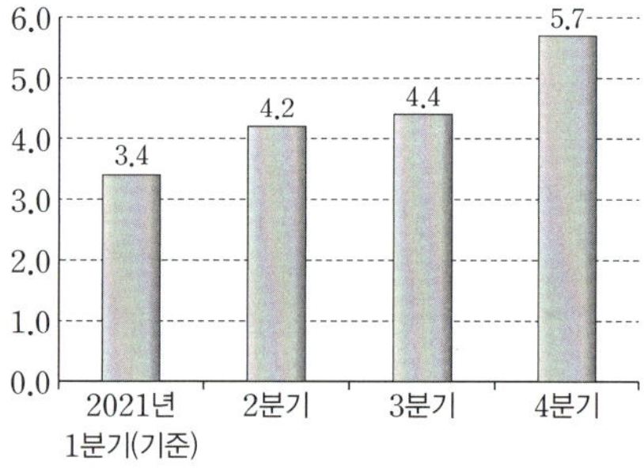

③ (단위: %)

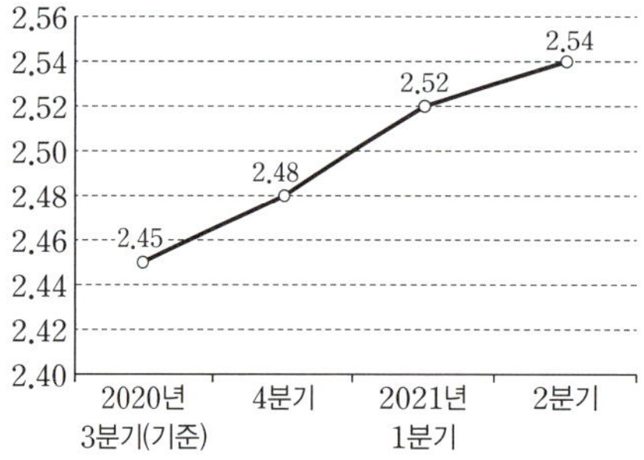

④ (단위: %)

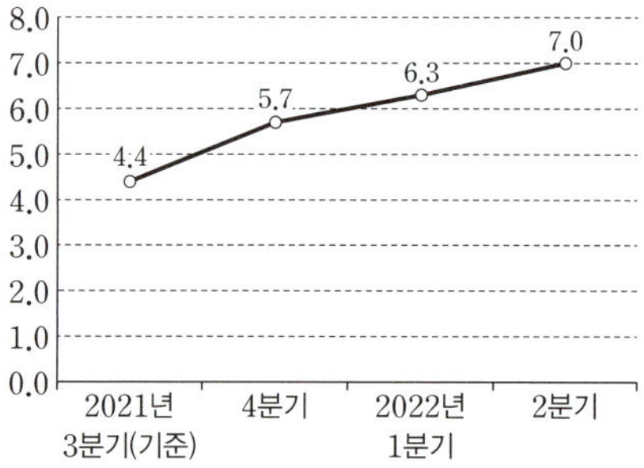

⑤ (단위: %)

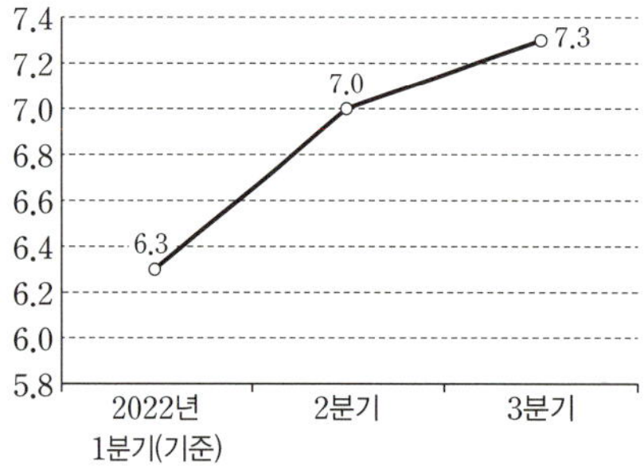

01 다음 전제를 보고 항상 참인 결론을 고르면?

전제1	엔지니어가 아니면 손기술이 좋지 않다.
전제2	모든 엔지니어는 부지런하다.
결론	

① 부지런한 사람은 모두 손기술이 좋다.
② 부지런한 사람은 모두 손기술이 좋지 않다.
③ 부지런하지 않은 사람은 모두 손기술이 좋다.
④ 손기술이 좋지 않은 사람은 모두 부지런하지 않다.
⑤ 부지런하지 않은 사람은 모두 손기술이 좋지 않다.

02 다음 전제를 보고 항상 참인 결론을 고르면?

전제1	잘생긴 어떤 사람은 모델이다.
전제2	모든 모델은 제2외국어에 능통하다.
결론	

① 잘생긴 어떤 사람은 제2외국어에 능통하다.
② 잘생긴 모든 사람은 제2외국어에 능통하다.
③ 잘생긴 어떤 사람은 제2외국어에 능통하지 않다.
④ 제2외국어에 능통한 어떤 사람은 잘생기지 않았다.
⑤ 제2외국어에 능통하지 않은 어떤 사람은 잘생겼다.

03 다음 결론이 반드시 참이 되게 하는 전제를 고르면?

전제1	운동을 좋아하지 않으면 연습하지 않는다.
전제2	
결론	연습하는 어떤 사람은 부상을 당한다.

① 운동을 좋아하는 모든 사람은 부상을 당한다.
② 부상을 당하는 모든 사람은 운동을 좋아한다.
③ 운동을 좋아하는 어떤 사람은 부상을 당한다.
④ 운동을 좋아하지 않는 어떤 사람은 부상을 당한다.
⑤ 부상을 당하지 않는 어떤 사람은 운동을 좋아한다.

04 김 부장, 김 과장, 이 과장, 김 대리, 이 대리, 박 대리, 김 사원, 이 사원이 직사각형 모양의 탁자에 4명씩 서로 마주 보고 앉아 있다. 다음 [조건]을 바탕으로 할 때, 이 사원의 바로 왼쪽 자리에 앉은 사람을 고르면?

조건
- 과장은 서로 마주 보고 앉는다.
- 김 과장과 이 대리의 오른쪽에는 아무도 없다.
- 모두 서로 다른 성을 가진 사람을 마주 보고 있다.
- 대리 3명은 모두 이웃하여 앉고, 사원은 이웃하여 앉지 않는다.

① 김 부장 ② 이 과장 ③ 김 대리
④ 박 대리 ⑤ 김 사원

05 A~E 5명은 월요일부터 토요일까지 정해진 요일에 러닝을 한다. 주어진 [조건]을 바탕으로 항상 옳은 것을 고르면?

조건

- A와 B는 항상 같은 요일에 러닝을 하며, 수요일에 러닝을 한다.
- 목요일은 5명이 모두 러닝을 한다.
- 목요일을 제외하고, 러닝하는 사람은 매일 2명이다.
- C는 월요일과 화요일에도 러닝을 한다.
- E는 1주일에 러닝을 나흘만 한다.
- E는 D가 러닝을 한 다음 날에는 반드시 러닝을 한다.

① 가능한 경우의 수는 1가지이다.
② A와 B가 러닝을 한 다음 요일에는 A, B 모두 러닝을 한다.
③ 금요일에 러닝을 하는 사람은 D와 E이다.
④ 5명 중 1주일 동안 러닝을 가장 많이 하는 사람은 1명이며, C이다.
⑤ C와 D가 운동을 같이 한 날은 최소한 이틀이다.

06 A~E는 전등을 하나씩 갖고 있다. 전등은 켜져 있거나, 전등의 액정이 깨져서 꺼져 있다. 켜진 전등을 가진 사람은 진실을 말하고, 액정이 깨져서 꺼진 전등을 가진 사람은 거짓을 말할 때, 주어진 [대화]를 바탕으로 항상 옳은 것을 고르면?

대화

- A: "C는 진실을 말하고 있어."
- B: "D의 전등은 액정이 깨져 있어."
- C: "D는 진실을 말하고 있어."
- D: "꺼진 전등은 2개 미만이야."
- E: "액정이 깨진 전등을 가진 사람은 한 명이야."

① 가능한 경우의 수는 4가지이다.
② 거짓을 말한 사람이 4명이라면, 진실을 말한 사람은 C이다.
③ D의 전등이 켜져 있다면, B의 전등도 켜져 있다.
④ A가 진실을 말한 경우는 2가지이다.
⑤ 켜진 전등을 가진 사람이 1명이라면 그 사람은 B이다.

07 **7명의 직원 A~G가 세 그룹으로 나누어 각각 아시아, 유럽, 북미로 출장을 나가려고 한다. 다음 [조건]을 바탕으로 항상 옳은 것을 고르면?**

조건

- 아시아에는 3명, 유럽과 북미에는 각각 2명씩 출장을 나간다.
- A와 B는 같은 지역으로 출장을 나간다.
- A와 C는 다른 지역으로 출장을 나간다.
- E와 F는 같은 지역으로 출장을 나간다.
- G는 북미로 출장을 나간다.

① C는 북미로 출장을 나간다.
② A는 유럽으로 출장을 나간다.
③ B와 D는 다른 지역으로 출장을 나간다.
④ D가 아시아로 출장을 나가는 경우의 수는 2가지이다.
⑤ E가 아시아로 출장을 나간다면, D는 북미로 출장을 나간다.

08 **기획부 대리, 기획부 사원, 홍보부 과장, 홍보부 대리, 홍보부 사원이 다음 주 평일에 당직을 서려고 한다. 다음 [조건]을 바탕으로 항상 옳지 <u>않은</u> 것을 고르면?**

조건

- 다섯 명의 직원은 월~금 중 각각 하나의 요일을 중복되지 않게 골라 당직을 선다.
- 기획부끼리는 서로 연속하여 당직을 서지 않는다.
- 과장은 대리보다 먼저 당직을 선다.
- 홍보부 사원은 화요일에 당직을 선다.
- 사원끼리는 서로 연속하여 당직을 선다.

① 기획부 대리는 목요일에 당직을 선다.
② 홍보부 사원과 기획부 대리는 연속하여 당직을 선다.
③ 기획부 사원은 홍보부 사원보다 먼저 당직을 선다.
④ 홍보부 대리와 홍보부 과장은 연속하여 당직을 선다.
⑤ 홍보부 과장은 가장 먼저 당직을 선다.

09 A~F의 6명 학생이 다음과 같은 버스 좌석에 앉았을 때, 주어진 [조건]을 바탕으로 항상 옳지 **<u>않은</u> 것을 고르면?**(단, 1, 2번 자리의 맞은편은 각각 5, 6번 자리이다.)

조건

	앞문	1	2	3	
앞	통로			4	뒤
	운전석	5	6	7	

- B는 C의 맞은편에 앉아 있다.
- A는 4번 자리에 앉아 있다.
- E는 맨 뒷자리에 앉아 있다.
- D는 F의 바로 뒤에 앉아 있다.

① 가능한 경우의 수는 2가지이다.
② F의 맞은편에 앉은 사람은 없다.
③ C보다 뒤에 앉은 사람은 4명이다.
④ D보다 앞에 앉은 사람은 3명이다.
⑤ B가 F의 바로 앞에 앉았다면 C의 바로 뒤에 앉은 사람은 없다.

10 **경찰이 주차장에 주차되어 있던 차를 치고 달아난 범인을 조사하고 있다. 사고 발생 당시 주차장에 있던 운전자 A~E가 용의선상에 올랐고, 이 중 한 명이 범인이며, 범인은 흰색 승합차를 타고 있었다. 사고 현장을 목격한 갑~정의 진술 중 한 명의 진술은 모두 거짓이고, 나머지의 진술은 모두 참일 때, 다음 [대화]를 바탕으로 거짓말을 한 사람과 범인을 알맞게 짝지은 것을 고르면?**(단, A~E 중 흰색 차가 2명, 검은색 차가 3명이고, 승용차가 3명, 승합차가 2명이다.)

대화

- 갑: "A는 검은색 차를 타고, B는 흰색 차를 탔어요."
- 을: "B는 승용차를 타고, C는 승합차를 탔어요."
- 병: "D는 흰색 차를 타고, E는 승용차를 탔어요."
- 정: "C는 흰색 차를 타고, A는 승합차를 탔어요."

① 갑, B ② 병, C ③ 병, D
④ 정, C ⑤ 정, D

11 A씨는 예전에 가입했던 인터넷 사이트의 암호를 풀려고 한다. 다음 [조건]을 바탕으로 할 때, 항상 옳지 않은 것을 고르면?

조건

- 암호는 네 자리의 자연수로 되어 있다.
- 일의 자리의 수는 천의 자리의 수의 2배이다.
- 천의 자리의 수에 5를 더하면 십의 자리의 수가 나온다.
- 백의 자리의 수와 일의 자리의 수의 합은 십의 자리의 수이다.

① 암호에 숫자 5는 없다.
② 암호가 될 수 있는 경우는 4가지이다.
③ 가능한 암호에서 가장 큰 숫자는 8이다.
④ 천의 자리의 수와 백의 자리의 수의 합은 항상 일정하다.
⑤ 천의 자리의 수가 4라면 각 자리의 수의 합이 20 이상이다.

12 A~D 4명은 S기업 최종 면접 합격자이다. 이들 중 1명만이 거짓을 말하고 나머지 3명은 모두 참을 말할 때, 다음 [대화]를 바탕으로 면접 점수가 높은 순서대로 나열한 것을 고르면?(단, 네 명의 면접 점수 중 동점은 없다.)

대화

- A: "B의 점수는 C의 점수보다 높다."
- B: "A는 두 번째로 점수가 높고 D의 점수가 가장 낮다."
- C: "나는 A의 바로 앞 등수이다."
- D: "C의 점수가 가장 높거나 A의 점수가 세 번째로 높다."

① A−B−C−D ② B−A−C−D ③ B−D−C−A
④ C−A−B−D ⑤ D−B−C−A

13 다음과 같이 4층으로 이루어진 K아파트에 A~E 5명이 서로 다른 집에 거주하고 있다. 다음 [조건]을 바탕으로 항상 옳은 것을 고르면?

조건

4층		
3층		
2층		
1층		
	1호	2호

- A와 E는 같은 층에 거주한다.
- B보다 높은 층에 거주하는 사람은 2명이다.
- C는 1층에 혼자 거주하며, D와 다른 호수 라인에 거주한다.
- 1호 라인에 거주하는 사람은 2명이다.
- 2층에 거주하는 사람은 없다.

① E는 D와 같은 호수 라인에 거주한다.
② A보다 낮은 층에 거주하는 사람은 2명이다.
③ D는 1층에 거주한다.
④ C는 2호 라인에 거주한다.
⑤ B와 같은 호수 라인에 거주하는 사람은 2명이다.

14 용의자 A~E 중 1명은 절도범이다. 용의자 중 흰색 옷을 입은 사람 3명은 진실을 말하고, 검은색 옷을 입은 사람 2명은 거짓을 말할 때, 다음 [대화]를 바탕으로 절도범을 고르면?

대화

- A: "검은색 옷을 입은 사람 중에 범인이 있습니다."
- B: "A는 절도범이 아닙니다."
- C: "D는 절도범이 아닙니다."
- D: "E는 진실을 말하고 있습니다."
- E: "A와 C는 같은 색 옷을 입고 있습니다."

① A ② B ③ C
④ D ⑤ E

15 다음에 주어진 도형을 보고 적용된 규칙을 찾아 '?'에 해당하는 적절한 도형을 고르면?

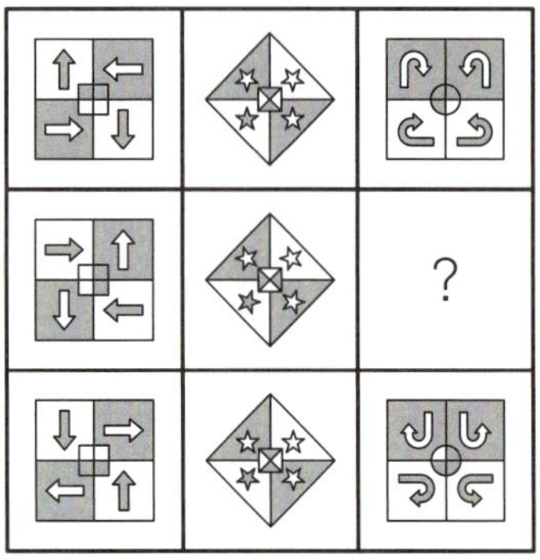

①
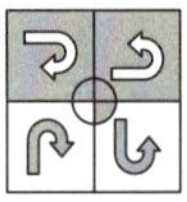
②
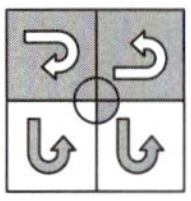
③
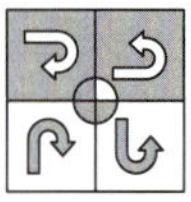
④
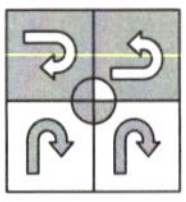
⑤
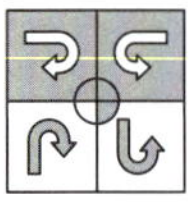

16 다음에 주어진 도형을 보고 적용된 규칙을 찾아 '?'에 해당하는 적절한 도형을 고르면?

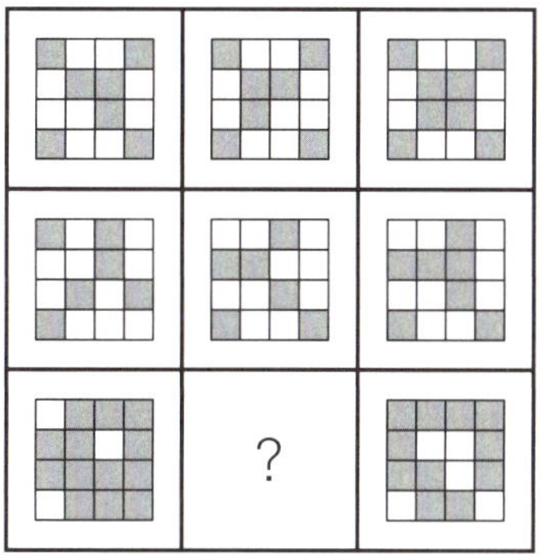

① 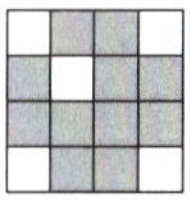

② 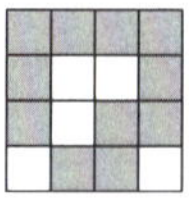

③ 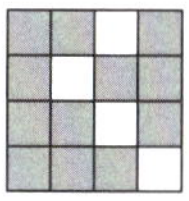

④ 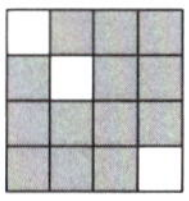

⑤ 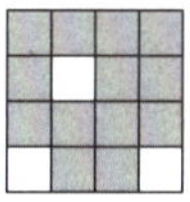

17 다음에 주어진 도형을 보고 적용된 규칙을 찾아 '?'에 해당하는 적절한 도형을 고르면?

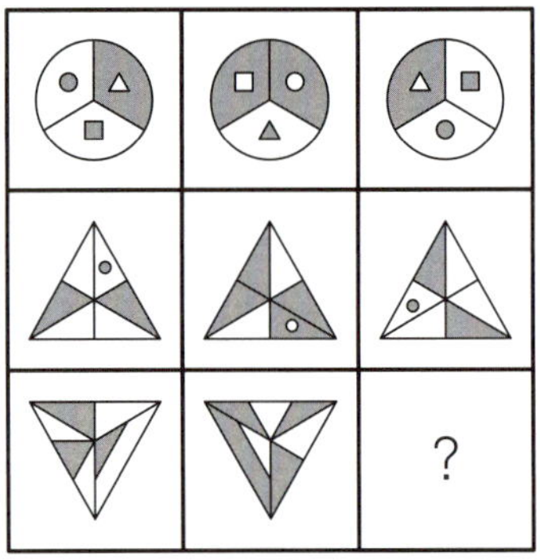

① 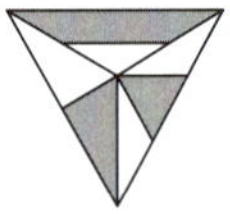
② 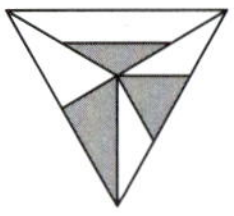
③ 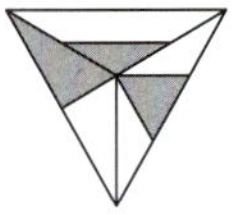
④ 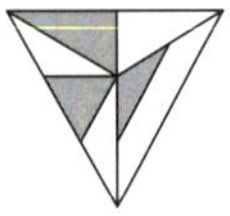
⑤ 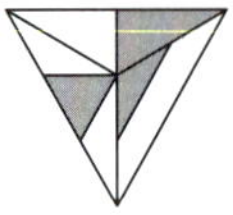

[18~21] 기호들이 하나의 규칙을 가지고 아래와 같이 문자나 숫자를 변화시킨다고 한다. 이때 다음 (?)에 들어갈 알맞은 것을 고르시오.(단, 가로와 세로 중 한 방향으로만 이동하며, Z 다음은 A, 9 다음은 0이다.)

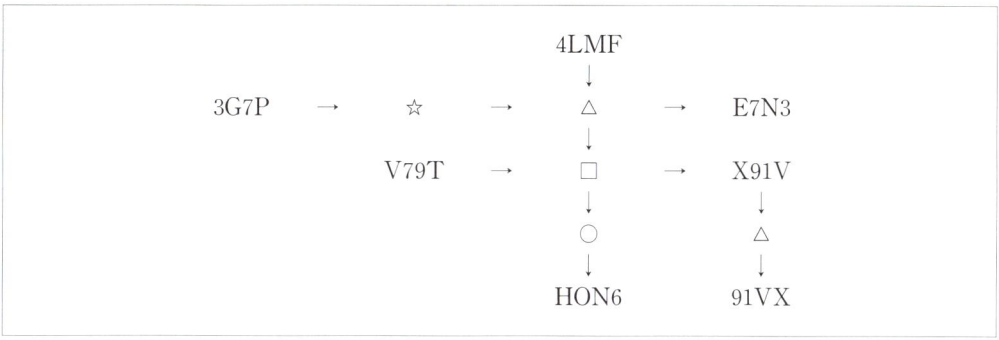

				4LMF		
				↓		
3G7P	→	☆	→	△	→	E7N3
				↓		
		V79T	→	□	→	X91V
				↓		↓
				○		△
				↓		↓
				HON6		91VX

18

5W3K → ☆ → □ → (?)

① 6W4I ② 6W5I ③ 7V5I
④ 7W4I ⑤ 7W5K

19

KU3W → ○ → ☆ → △ → (?)

① SDU4 ② KSU4 ③ KSU3
④ SKU3 ⑤ SUK3

20

(?) → ○ → ☆ → 5OP4

① PQ65 ② QP56 ③ RQ67
④ QP56 ⑤ PQ56

21

(?) → □ → ○ → △ → S9H4

① 1U3J ② 1U2F ③ 1U6J
④ 7Q2F ⑤ 7Q3J

22 다음 문단을 논리적 순서에 맞게 배열한 것을 고르면?

[가] 유전자 조작 식물의 주요 응용 분야 중 하나는 내병성 식물의 개발이다. 이러한 식물은 특정 질병이나 해충에 저항성을 가지도록 유전자가 조작되어, 농작물의 생산성과 품질을 유지할 수 있다. 예를 들어, BT 유전자를 삽입한 옥수수와 면화는 해충 저항성을 제공하며, 이는 농약 사용을 줄이고 지속 가능한 농업을 지원한다.

[나] 유전자 조작 식물의 개발과 상용화는 긍정적인 영향을 미치는 것 이외에 몇 가지 도전 과제와 논란을 동반한다. '환경적 영향' 문제로는 자연 생태계에 미치는 영향과 비의도적인 유전자 전이의 우려가 있으며, '윤리적 및 사회적 문제'로는 안전성과 장기적인 영향에 대한 우려, 상업적 이용이 초래할 수 있는 사회적 불평등 등이 있다. 따라서 이 기술의 발전과 활용에는 과학적, 윤리적, 사회적 측면에서 신중한 논의와 규제가 필요하다.

[다] 영양 강화 식물의 개발도 중요한 응용 분야이다. 식물의 유전자를 조작하여 비타민이나 미네랄 함량을 증가시키는 방법으로, 예를 들어 골든라이스는 비타민 A가 풍부하여 비타민 A 결핍 문제를 해결하는 데 도움을 준다. 이러한 영양 강화 식물은 개발도상국에서 영양 부족 문제를 완화하는 데 기여할 수 있다.

[라] 유전자 조작 식물은 특정 유전자를 인위적으로 삽입하거나 수정하여 식물에 새로운 특성을 부여하는 기술이다. 이 생명공학 기술은 식물의 생물학적 특성을 개선하고, 농업 생산성을 높이며, 환경 문제를 해결하는 데 기여할 수 있는 잠재력을 가지고 있다. 유전자 조작 식물의 개발은 식량 문제를 완화하고, 농업의 지속 가능성을 높이는 데 중요한 역할을 할 수 있다.

① [가]－[다]－[나]－[라]
② [가]－[다]－[라]－[나]
③ [가]－[라]－[다]－[나]
④ [라]－[가]－[다]－[나]
⑤ [라]－[나]－[가]－[다]

23 다음 문단을 논리적 순서에 맞게 배열한 것을 고르면?

[가] 샹그릴라 신드롬은 중장년층을 중심으로 노화를 최대한 늦추고 젊게 살고 싶은 욕구가 확산되는 현상을 일컫는 말이다.

[나] 이처럼 노화를 그저 순응해야 할 자연현상이 아니라 잘만 관리하면 극복할 수 있는 대상으로 여기는 샹그릴라 신드롬이 확산되면서 날로 증가하는 현상들이 있다.

[다] 이를테면 시간적·경제적 여유가 있는 40~50대를 중심으로 한 건강과 외모의 유지를 위한 의료 기술에의 의존, 또는 옷차림과 화장에 신경을 쓴다거나 또는 운동과 자기 개발에 힘쓴다거나 하는 현상 등이 이에 해당한다.

[라] 이 말은 1933년 출판된 제임스 힐턴(James Hilton)의 소설『잃어버린 지평선』에 등장하는 샹그릴라(Shangri-La)가 평생 늙지 않고 영원한 젊음을 누릴 수 있는 가상의 지상낙원으로 묘사되는 것으로부터 유래하였다.

① [가]-[나]-[다]-[라]
② [가]-[다]-[라]-[나]
③ [가]-[라]-[나]-[다]
④ [다]-[가]-[라]-[나]
⑤ [다]-[라]-[가]-[나]

24 **다음 글의 내용이 참일 경우, 반드시 거짓인 진술을 고르면?**

운동에만 의존하는 다이어트는 효과를 보기 어렵다. 운동을 많이 할수록 입맛이 좋아져 식사량이 늘기 때문이다. 35분간 2.8km 걷기, 15분간 2.4km 달리기와 같은 운동은 매일 하기도 벅차지만 한 번에 소모되는 에너지는 고작 150kcal에 불과하다. 체중 감량의 적정 속도인 월 2kg을 빼기 위해서는 매일 500kcal 정도가 더 소모되어야 하는데, 이 정도를 운동으로 할 수 있는 사람은 운동을 직업으로 하는 사람들 외에는 거의 없다고 해도 과언이 아니다. 또 몇몇 사람들은 요가나 필라테스 같은 유연성 운동을 통해 다이어트를 시도하기도 하지만 요가나 필라테스를 1시간 내내 힘들게 한다고 하더라도 사용되는 에너지는 200~250kcal에 불과하다. 아이스크림 2개와 같은 간단한 스낵으로도 그 고생이 수포로 돌아가버린다. 몸매를 가꾸기 위해 요가나 필라테스를 열심히 하는 것은 일리가 있으나, 살찐 사람이 체중을 빼는 방법으로는 어림없는 일이다. 그러니 차라리 운동은 적당히 하고 먹는 칼로리를 줄이는 것이 다이어트에 훨씬 효과적이다.

① 살찐 사람이 요가로 다이어트를 하기는 어렵다.
② 아이스크림 1개는 적어도 200kcal를 포함하고 있다.
③ 한 달 동안 체중을 2kg 줄이려면 매일 650kcal 이상 소모되어야 한다.
④ 운동을 열심히 하는 것보다는 먹는 칼로리를 줄이는 것이 체중 조절에 효과적이다.
⑤ 30분간 4.8km를 달렸다면 1시간 동안 필라테스를 한 것보다 칼로리 소모량이 많다.

25 **다음 글의 내용이 참일 경우, 반드시 거짓인 진술을 고르면?**

물가 상승의 순환 고리를 끊는 바람직한 방법은 금리 인상이다. 아무리 기업이 가격을 올리려 해도, 직원이 임금을 높이려 해도 금리가 오르면 가계 소비 등 총 수요가 줄어든다. 그러나 금리가 인상된다고 곧바로 가계 소비가 줄진 않는다. 물론 일반적으로 금리가 오를 땐 가계가 저축을 늘리고 소비를 줄이는 것은 맞지만 상황에 따라 달라질 수 있다.

우선 물가 상승률이 명목금리보다 높을 때, 즉 실질금리가 마이너스이면 저축할 유인이 크게 작아진다. 그리고 가계 자산 중 주식 비중이 높아도 소비 감소 효과가 잘 작동하지 않는다. 경제학적 관점에서 가계는 투자 기대 수익률이 좋을 때 소비를 줄여 저축이나 투자를 늘리려는 경향이 있다. 반면 기대 수익률이 낮아지면 투자를 늘릴 유인이 감소하므로 애써 소비를 줄일 필요도 못 느낀다. 마지막으로 물가 상승률이 높아지면 물가가 더 오르기 전에 서둘러 물건을 구매하려 한다. 이 점도 소비 감소를 막는 요인이다.

① 가계 자산 중 주식 비중이 높으면 소비가 잘 감소하지 않는다.
② 물가 상승을 막기 위해서 정부는 금리를 올리는 방법을 취한다.
③ 물가 상승이 가파르면 소비자들은 물건 구매를 서두르는 경향이 있다.
④ 물가 상승률이 명목금리보다 높으면 소비자들은 저축을 많이 하게 된다.
⑤ 금리가 오르면 소비가 줄어드는 것이 일반적이지만 예외가 있을 수 있다.

26 다음 글의 내용이 참일 경우, 반드시 거짓인 진술을 고르면?

> 클라우드 서비스란 타사 제공업체가 호스팅하여 인터넷을 통해 사용자에게 제공하는 인프라, 플랫폼 또는 소프트웨어를 의미한다. 클라우드는 가입하고 10분 내로 인프라를 도입해서 서비스 구축을 시작할 수 있다. 그만큼 인프라 도입에 들어가는 시간을 절약하고, 서비스 제공 시기를 앞당길 수 있다. 또한 클라우드는 서비스의 트래픽이 폭주하면 이에 맞춰 재빨리 인프라를 늘릴 수 있다. 트래픽 폭주로 서비스가 중단되는 사태를 걱정할 필요가 없어진 것이다. 이렇게 일상 생활에서 편리하게 사용할 수 있는 클라우드 서비스를 쾌적하게 제공하기 위해서 클라우드 사업자들은 데이터의 완벽한 보안이 어렵더라도 관련 기술을 가진 전문가들을 채용하고 인프라 관리자 등의 채용을 줄임으로써 기존보다 서비스 이용의 비용을 조금 더 높게 책정하더라도 완벽한 보안 서비스를 제공하기 위해 노력해야 한다.

① 클라우드 서비스는 기존의 플랫폼보다 서비스 이용의 비용이 증가할 수 있다.
② 클라우드 서비스는 서비스 제공에 장애가 없더라도 현재의 기술력으로는 공간적 제약을 극복하기 어렵다.
③ 클라우드 서비스는 데이터를 외부에 보관하는 과정에서 안정성이 확보되기 어렵다.
④ 클라우드 서비스는 보안 서비스와 관련된 전문가에 대한 의존도가 높아질 수 있다.
⑤ 클라우드 서비스로 인해 인프라를 관리하는 사람의 채용이 감소할 수 있다.

27 다음 글의 내용이 참일 경우, 반드시 참인 진술을 고르면?

> 디스플레이 기술의 발전은 가상현실(VR), 증강현실(AR), 혼합현실(MR) 등을 아우르는 확장현실(XR) 기술의 발전을 이끌고 있다. 고해상도, 낮은 지연 시간, 넓은 시야각 등 디스플레이 기술의 발전은 XR 기기의 몰입감을 높여 더욱 현실적인 가상 경험을 제공한다.
>
> XR 기술은 게임, 엔터테인먼트, 교육, 의료 등 다양한 분야에서 활용될 것으로 기대되며, 특히 코로나19 팬데믹 이후 비대면 문화의 확산으로 원거리 상호작용을 보완하는 역할로 주목을 받았다. OLED, Micro LED 등 새로운 디스플레이 기술의 등장은 XR 기기의 화질을 개선하고 소형화를 가능하게 하여 휴대성을 높인다.
>
> XR 기기는 헤드셋, 안경, 콘택트렌즈 등 다양한 형태로 발전하고 있으며, 이는 사용자의 선택의 폭을 넓히고 XR 기술의 대중화를 앞당길 것이다. 하지만 최신의 XR 기술의 발전과 함께 개인정보 보호, 윤리적 문제, 사회적 상호작용 감소, 고도화된 기술의 비용, 소형화로 발생되는 문제 등 해결해야 할 과제도 남아 있다.
>
> 디스플레이 기술과 XR 기술의 융합은 우리 삶을 더욱 풍요롭게 만들고 새로운 가능성을 열어줄 것이다. 앞으로 디스플레이 기술과 XR 기술의 발전을 통해 우리는 더욱 편리하고 몰입감 넘치는 미래를 맞이할 수 있을 것이다.

① 디스플레이 기술의 발전이 XR 기기의 기술적 한계를 완전히 제거한다.
② XR 기술이 대면 상호작용이 어려운 상황에서 대체 역할을 수행하였다.
③ 최신 기술이 적용된 소형화된 XR 기기는 작아진 만큼 가격이 절감된다.
④ XR 기술은 가상 환경과 현실 세계의 명확한 경계로 혼란을 일으키지 않는다.
⑤ XR 기기의 사용이 증가함에 따라 인간관계의 사회적 유대감이 강화된다.

28 다음 글에 대한 반론으로 가장 적절한 것을 고르면?

> 만 10세 이상 만 14세 미만의 미성년자 중 범법 행위자를 촉법소년(觸法少年)이라고 한다. 이 나이대의 미성년자들은 범죄를 저질러도 형사처벌을 받지 않는데, 그 대신 가정법원 등을 통해 감호위탁, 사회봉사, 소년원 송치 등의 보호처분을 받는다. 최근 이런 촉법소년의 범죄가 늘어나는 추세이며, 흉악범죄를 저지르는 사례도 많아 촉법소년의 나이 기준을 낮춰 형사처벌을 강화해야 한다는 목소리가 커지고 있다. 처벌 강화로 촉법소년이 줄어들고 재범률이 떨어진다면 촉법 연령을 낮추면 그만이지만, 현실은 그렇게 간단하지 않다. 해당 나이대의 청소년은 말 그대로 인격적·신체적으로 미성숙한 미성년자다. 이들은 가치 판단이나 선악에 대한 분별 능력이 부족하지만 범죄에는 노출되기 쉬운 시기에 있다. 이러한 성장과정에 있는 학생들은 사회 전체에서 책임을 느끼고 정상적인 성인이 되도록 이끌고 살펴줄 필요가 있다. 따라서 처벌 강화보다는 장기적으로 비행 청소년 및 촉법소년 대응 전문가를 육성하는 등 사회의 다양한 주체들이 중장기적 관점에서 지속적인 과제로 책임감을 가지고 촉법소년 문제에 대응해 나가려는 노력이 필요하다.

① 처벌을 강화하기보다는 오히려 소년교도소 및 보호관찰 기관에서의 열악한 교화 프로그램의 질을 높일 수 있도록 힘쓰는 것이 우선되어야 한다.

② 범죄를 저지른 행위에 대한 교화나 예방을 제쳐두고 응보적인 대가를 추구하는 조치는 오히려 재범의 원인을 높일 수 있다.

③ 처벌 수위가 낮다는 것을 인지한 채 악용하는 사례가 많아지는 것으로 볼 때 청소년 범죄는 단순히 감형을 시켜주고 교화를 한다고 해서 해결될 수 있는 일이 아니다.

④ 자신의 행위 자체에 대한 책임을 명확히 알지 못하는 상태에서 저지른 청소년 범죄는 당사자들의 처우 개선을 통해 충분히 해결이 가능한 문제이다.

⑤ 과거에 비해 청소년 범죄의 발생 비율이 늘었다고는 하지만 이는 가시적인 증가로 볼 수 있는 수치는 아니며, 저출산의 영향이 있다는 점도 감안해야 한다.

29 다음 글과 [보기]를 읽고 추론한 것 중 적절하지 않은 것을 고르면?

> 인간은 나이를 먹어가면서 정신적 변화를 겪는다. '연령대에 따라 어떤 변화가 일어나는지'에 대한 보편적인 인식도 있다. 우리가 일반적으로 인식하고 있는 나이는 '역 연령'이다. 역 연령은 세월의 흐름에 따른 실제 나이를 일컫는 말이다. 하지만 인간에게 찾아오는 변화는 완벽히 역 연령에 비례하지 않는다. 같은 나이라도 실제로 겪고 있는 심리적 변화는 사람마다 천차만별이고, 나이가 들어도 새로운 분야에 도전하는 사례도 종종 볼 수 있다.

보기

> 인지 연령은 심리적 나이를 뜻한다. 인지 연령은 생활 패턴의 변화와 노력을 통해 충분히 제어가 가능하며, 인지 연령은 인간의 사고와 행동에 미치는 영향이 크다. 인지 연령이 낮은 사람은 얼리어답터적 기질을 가진다. 활력이 높아 삶에 대한 만족도가 크다. 인지 연령의 이러한 특징은 조직 생활에서도 무시할 수 없는 영향을 미친다. 조직 행동의 많은 연구가 인지 연령이 낮은 사람일수록 새로운 과제에 대한 추진 의지가 월등하고, 창의적인 결과물을 더욱 많이 창출하며 동료들과의 관계가 좋다고 말하고 있다.

① 조직에서 인지 연령이 낮은 사람이 더 뛰어난 성과를 보일 것이다.
② 인지 연령이 역 연령보다 높은 사람도 있고 낮은 사람도 있을 것이다.
③ 역 연령이 중요한 사회에서는 연령에 따라 사람을 대우할 것이다.
④ 인지 연령은 개인이 어떤 노력과 생각을 하는지에 따라 역 연령과 차이가 생길 수 있다.
⑤ 연차나 나이에 따른 보상과 승진이 일반적인 회사에서는 인지 연령이 낮을수록 우대받을 것이다.

30 다음 글과 [보기]를 읽고 추론한 것 중 적절하지 않은 것을 고르면?

생수는 물의 원천에 따라 다양한 미네랄 성분을 포함하고 있으며, 이러한 미네랄은 생수의 맛과 건강 효과에 큰 영향을 미친다. 주요 미네랄로는 칼슘, 마그네슘, 나트륨, 칼륨, 염화물, 중탄산염이 있다. 칼슘은 뼈와 치아 건강을 지원하고, 마그네슘은 에너지 생성과 신경 및 근육 기능을 돕는다. 나트륨은 체액 균형과 신경 신호 전달에 중요하며, 칼륨은 심장 기능과 근육 수축에 기여한다. 염화물은 체내 수분 균형을 조절하고 소화에 도움을 주며, 중탄산염은 위산을 중화하고 체내 pH 조절을 돕는다. 이러한 미네랄의 함량은 생수의 출처와 지질학적 특성에 따라 다르므로, 특정 건강 요구에 맞는 생수를 선택하는 것이 중요하다. 예를 들어, 고혈압이 있는 사람은 나트륨 함량이 낮은 생수를 선택하는 것이 좋다.

보기

약수물과 생수는 물의 두 가지 주요 유형으로, 각각의 출처와 특성에서 차이를 보인다. 약수물은 지하에서 자연적으로 흐르는 물을 의미하며, 지하수층을 통해 다양한 미네랄 성분을 포함하고 있다. 이러한 미네랄은 건강에 긍정적인 영향을 미칠 수 있으며, 약수물은 종종 지역 전통의 음료로 여겨진다. 그러나 약수물의 미네랄 성분은 출처에 따라 다를 수 있어 일정하지 않다.

반면 생수는 자연에서 채취한 물을 정수 과정을 통해 불순물과 유해 물질을 제거한 후, 병에 담아 제공하는 물이다. 생수는 미네랄 함량이 상대적으로 낮거나 균일하게 조절되며, 이는 물의 순도를 높이고 일정한 품질을 유지하기 위함이다. 생수는 정수된 상태로 제공되기 때문에 약수물에 비해 미네랄 성분이 일정하고, 각기 다른 브랜드와 종류에 따라 그 특성이 달라질 수 있다. 따라서 개인의 건강 상태나 선호에 따라 약수물과 생수의 선택이 달라질 수 있다.

① 약수물의 미네랄 성분은 지하수의 출처와 지질학적 특성에 따라 다양하게 달라질 수 있다.
② 지하수층을 통해 다양한 미네랄을 포함한 약수물은 생수와 달리 미네랄이 일정하게 유지된다.
③ 고혈압이 있는 사람은 미네랄 변동성이 큰 약수물보다는 균일하게 유지된 생수가 낫다.
④ 약수물의 미네랄 성분은 개인의 건강 상태 요구에 따라 다르게 작용할 수 있다.
⑤ 생수는 약수물에 비해 물의 순도가 높아 일정한 품질과 안정적인 수분 공급이 가능하다.

03 실전모의고사 3회

01 수리논리(20문항/30분)

정답과 해설 P. 128

01 다음 [표]와 [그래프]는 2021년 하반기 월별 혼인 및 전국 이혼 현황을 조사한 자료이다. 이에 대한 설명으로 옳지 않은 것을 고르면?

[표] 2021년 하반기 월별 혼인 현황

(단위: 건)

구분	7월	8월	9월	10월	11월	12월
전국	15,700	14,700	13,700	15,000	17,000	20,000
서울	3,100	2,800	2,700	2,900	3,100	3,800
부산	760	820	780	850	1,000	1,200
대구	540	520	480	540	620	760
인천	1,030	820	760	850	870	1,100
광주	380	430	350	340	440	480
대전	440	370	370	500	470	540
울산	290	300	280	310	380	430

[그래프] 2021년 하반기 월별 전국 이혼 현황

(단위: 건)

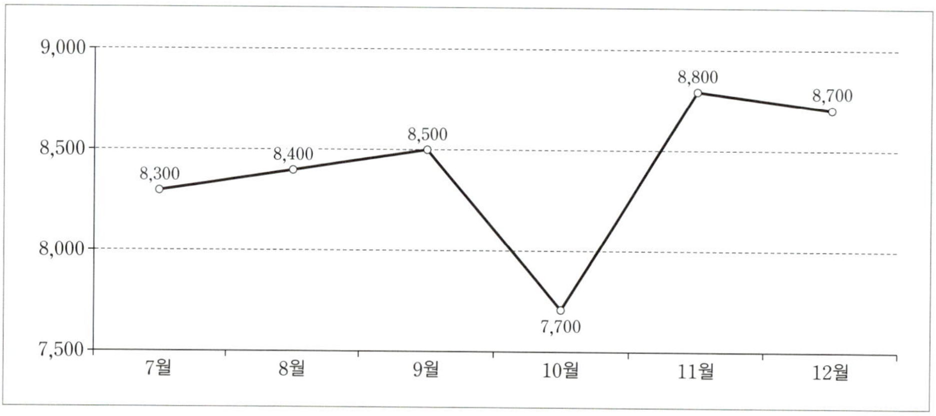

① 8월 인천과 대전의 혼인 건수의 합은 1,190건이다.

② 12월 부산의 혼인 건수는 전월 대비 30% 증가하였다.

③ 전월 대비 월별 혼인 건수의 증감 추이는 서울과 대구가 같다.

④ 전국 이혼 건수가 두 번째로 많은 월에 전국 혼인 건수는 가장 많다.

⑤ 월별 전국 혼인 건수와 월별 전국 이혼 건수의 차는 7월이 10월보다 더 크다.

02 **다음 [그래프]는 지방청별 직접세 및 간접세 납부 인원 현황을 조사한 자료이다. 이에 대한 설명으로 옳지 않은 것을 고르면?**(단, 각 세금의 납부 인원은 중복될 수도 있다.)

[그래프1] 직접세 세목별 납부 인원 현황 (단위: 천 명)

[그래프2] 간접세 세목별 납부 인원 현황 (단위: 백 명)

① 개별소비세 납부 인원은 대전청이 부산청보다 200명 더 많다.
② 광주청의 직접세, 간접세 납부 인원은 최대 129만 명 이상이다.
③ 직접세 납부 인원에서 중부청이 40% 이상을 차지하는 세목은 5개이다.
④ 증여세 납부 인원과 증권거래세 납부 인원의 차는 1만 6천 명 이상이다.
⑤ 양도소득세 납부 인원 중 대전청과 대구청이 차지하는 비율은 30% 이상이다.

[03~04] 다음 [그래프]는 파운드리 시장 규모 및 상위 5개 업체에 관한 자료이다. 이를 바탕으로 이어지는 질문에 답하시오.

[그래프1] 세계 파운드리 시장 규모 (단위: 억 달러)

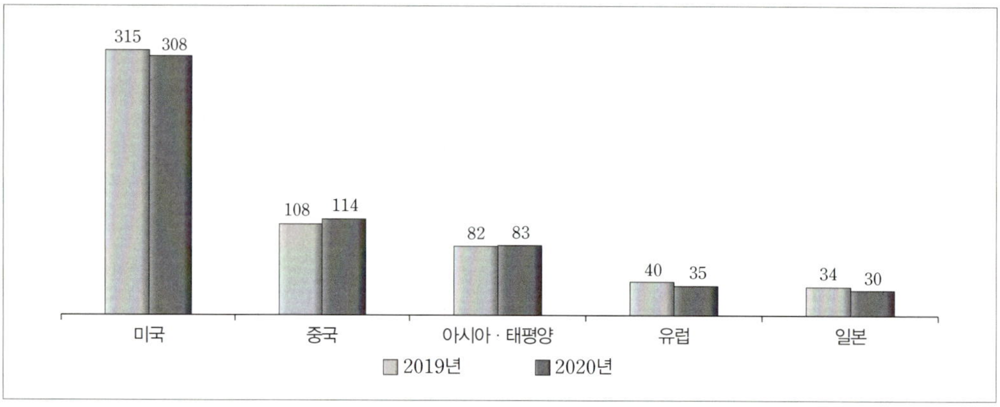

[그래프2] 2020년 1~3분기 파운드리 업계 상위 5개 업체 시장 점유율 (단위: %)

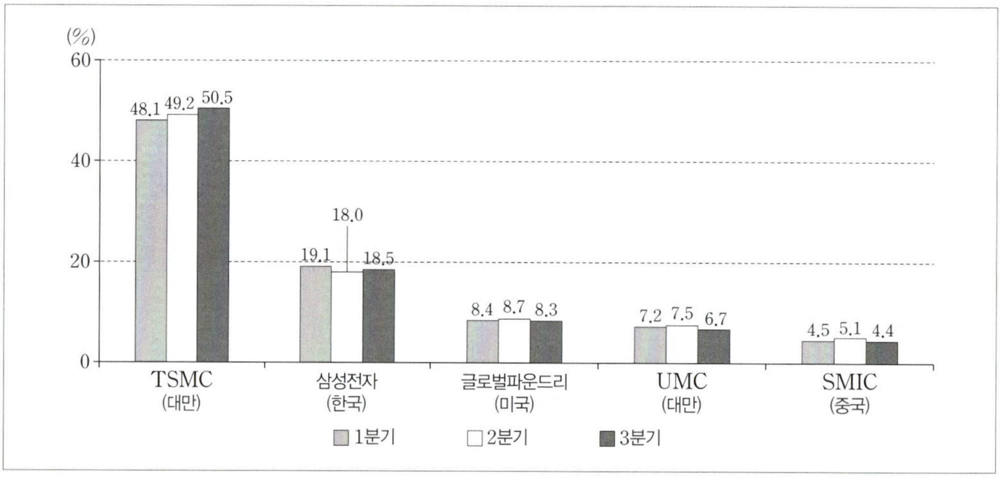

03 다음 중 옳은 것을 고르면?

① 세계 파운드리 전체 시장 규모는 2019년 대비 2020년에 증가하였다.
② 2019~2020년 국가별 파운드리 시장 규모는 모두 32억 달러 이상은 유지하였다.
③ 2020년 전년 대비 대만의 파운드리 시장 규모는 한국보다 더 많이 증가하였다.
④ 2020년 일본의 파운드리 시장 규모는 전년 대비 12% 이상 하락하였다.
⑤ 중국과 아시아 · 태평양을 제외하고, 2020년 파운드리 시장 규모는 전년 대비 모두 감소하였다.

04 다음 중 자료에 대한 설명으로 옳은 것을 [보기]에서 모두 고르면?

보기

㉠ 2020년 1~3분기 한국 업체를 제외하고, 파운드리 상위 4개 업체의 점유율 증감 추이는 동일하다.
㉡ 2020년 1~3분기 동안 파운드리 상위 5개 업체 중 대만 업체가 차지하고 있는 전체 점유율은 지속적으로 증가하였다.
㉢ 2020년 2분기 파운드리 상위 5개 업체의 점유율은 전체의 88% 이상을 차지한다.
㉣ 2020년 미국의 파운드리 시장 규모가 큰 데 반해 대만 업체의 점유율이 높은 이유는 대만 업체가 미국에 공장을 많이 지었기 때문이다.

① ㉠, ㉡　② ㉡, ㉢　③ ㉡, ㉣
④ ㉠, ㉡, ㉢　⑤ ㉡, ㉢, ㉣

[05~06] 다음 [그래프]는 개인별 디지털 자산 투자 규모 및 순자산 대비 디지털 자산 투자 비중에 관한 자료이다. 이를 바탕으로 이어지는 질문에 답하시오.

[그래프1] 개인별 디지털 자산 투자 규모 (단위: %)

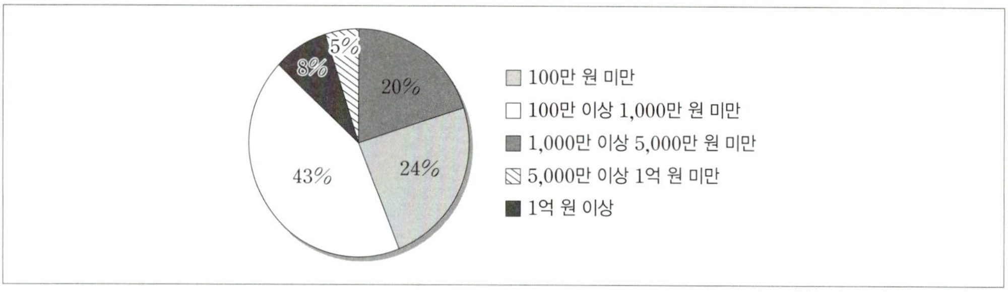

[그래프2] 순자산 대비 디지털 자산 투자 비중 (단위: %)

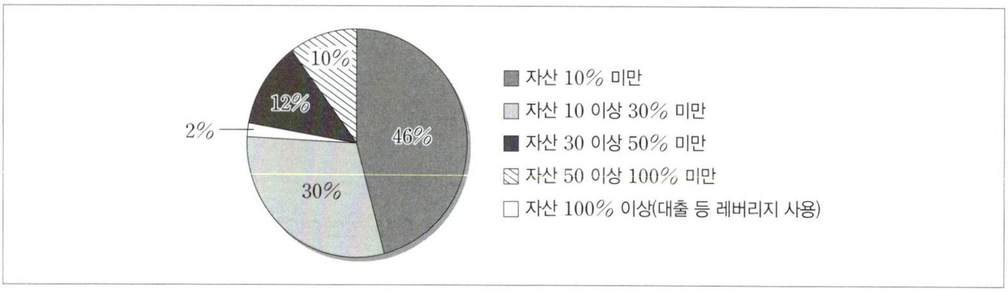

05 다음 중 옳은 것을 고르면?

① 개인의 디지털 자산 투자 규모가 클수록 전체 투자자에서 차지하는 비중은 낮아진다.
② 대출 등 레버리지를 사용하여 디지털 자산에 투자한 사람이 55,000명이라면 전체 투자 인원은 2,800,000명 이상이다.
③ 순자산 대비 디지털 자산이 10%도 미치지 못하는 투자자의 비중이 가장 높다.
④ 전체에서 개인별 디지털 투자자산이 100만 원 미만인 투자자의 비중은 1,000만 원 이상인 투자자의 비중보다 높다.
⑤ 개인별 디지털 자산 투자 규모의 비중이 가장 큰 항목은 전체에서 적어도 절반은 차지한다.

06 다음 중 자료에 대한 설명으로 옳은 것을 [보기]에서 모두 고르면?

보기

㉠ 순자산 대비 디지털 투자 비중이 자산의 30% 미만인 사람의 비중은 75% 이상이다.
㉡ 개인별 디지털 자산 투자자가 총 3,500명이었다면, 1,000만 이상 5,000만 원 미만인 사람은 총 700명이었을 것이다.
㉢ 순자산 대비 디지털 투자 비중이 자산의 30 이상 50% 미만인 경우는 10% 미만인 경우보다 4배 이상 많다.
㉣ 개인별 디지털 자산 투자자가 총 50,000명이고, 투자 규모가 100만 이상 1,000만 원 미만인 투자자 모두가 순자산 대비 디지털 자산 투자 비중 50 이상 100% 미만에 해당한다면, 순자산 대비 디지털 자산 투자자는 총 2,100,000명이다.

① ㉠, ㉡　　② ㉠, ㉢　　③ ㉡, ㉢
④ ㉠, ㉡, ㉣　　⑤ ㉡, ㉢, ㉣

[07~08] 다음 [그래프]는 2008년과 2018년 범죄자 성별 및 연령별 비중 변화에 관한 자료이다. 이를 바탕으로 이어지는 질문에 답하시오.

[그래프1] 범죄자 성별 비중 변화

(단위: %)

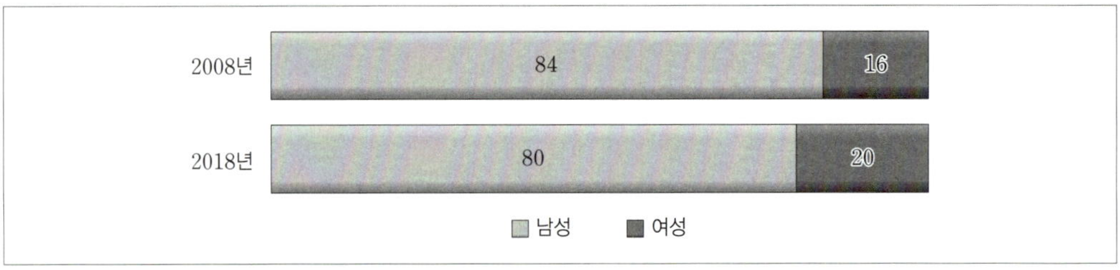

[그래프2] 범죄자 연령별 비중 변화

(단위: %)

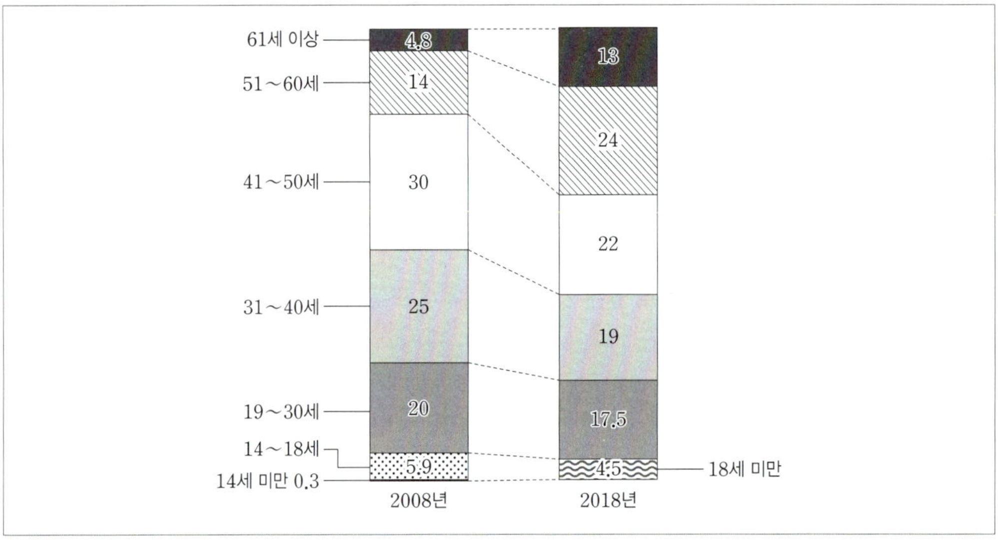

07 다음 중 옳은 것을 고르면?

① 2018년에 2008년 대비 남성 범죄자 수는 감소한다.
② 2018년 30세 이하 범죄자와 41~50세 범죄자 비중은 같다.
③ 41세 이상의 범죄자 수는 2008년보다 2018년이 더 많다.
④ 2018년에 10년 전 대비 여성 범죄자 수는 25% 증가한다.
⑤ 2008년과 2018년 모두 범죄자 수가 가장 많은 연령대는 41~50세이다.

08 다음 중 자료에 대한 설명으로 옳은 것을 [보기]에서 모두 고르면?

보기

㉠ 2018년 총 범죄자 수가 2,500명이라면, 61세 이상 범죄자 수는 31~40세보다 150명 더 많다.
㉡ 2008년과 2018년 총 범죄자 수가 동일하다면, 2018년에 19~30세 범죄자 수는 13% 이상 감소한다.
㉢ 2008년 총 범죄자 수가 2,000명이라면, 30세 이하 범죄자 수는 524명이다.
㉣ 31~40세 범죄자 수가 2008년과 2018년이 동일하다면, 2008년 총 범죄자 수는 2018년의 0.76배이다.

① ㉠, ㉡　② ㉠, ㉢　③ ㉠, ㉣
④ ㉡, ㉢　⑤ ㉢, ㉣

[09~10] 다음 [표]는 2020년과 2021년 분기별 가계신용 동향을 조사한 자료이다. 이를 바탕으로 이어지는 질문에 답하시오.

[표] 분기별 가계신용 동향 (단위: 조 원, %)

구분		2020년				2021년
		1분기	2분기	3분기	4분기	1분기
가계신용	금액	1,612	1,637	1,682	1,728	1,766
	전년 동기 증가액	72	81	109	127	154
	전년 동기 증가율	4.7	5.2	6.9	7.9	9.6
가계대출	금액	1,522	1,546	1,586	1,632	1,666
	전년 동기 증가액	70	78	104	127	144
	전년 동기 증가율	4.8	5.3	7.0	8.4	9.5
판매신용	금액	90	91	96	96	100
	전년 동기 증가액	2	3	5	0	10
	전년 동기 증가율	2.3	3.4	5.5	0.0	11.1

※ (가계신용)=(가계대출)+(판매신용)

09 **다음 중 옳지 않은 것을 고르면?**

① 2019년 1~4분기 중 가계신용이 가장 낮은 분기는 4분기이다.
② 2019년 4분기의 판매신용은 같은 해 3분기 판매신용보다 5조 원 더 높다.
③ 직전 분기 대비 가계대출 증가액은 2021년 1분기가 2020년 4분기보다 낮다.
④ 2020년 1분기부터 2021년 1분기까지 가계신용의 분기 평균 금액은 1,700조 원 미만이다.
⑤ 주어진 5개 분기 중 가계대출의 금액, 전년 동기 증가액 및 증가율 모두 가장 높은 분기는 2021년 1분기이다.

10 **다음 중 2020년 전체 가계신용의 전년 대비 증가율을 고르면?**(단, 백분율 계산은 소수점 둘째 자리에서 반올림한다.)

① 4.1%　② 4.6%　③ 5.2%
④ 5.7%　⑤ 6.2%

[11~12] 다음 [그래프]는 2022년 월별 생산 웨이퍼 두께 점유율 및 기업별 생산능력을 나타낸 자료이다. 이를 바탕으로 이어지는 질문에 답하시오.

[그래프1] 2022년 월별 생산 웨이퍼 두께 점유율 (단위: %)

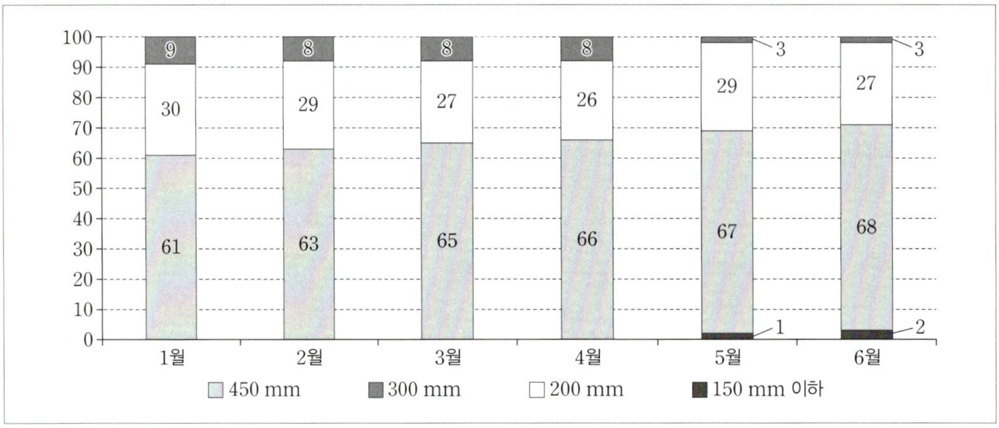

[그래프2] 2022년 웨이퍼 생산능력 상위 5개 기업 (단위: 만 장)

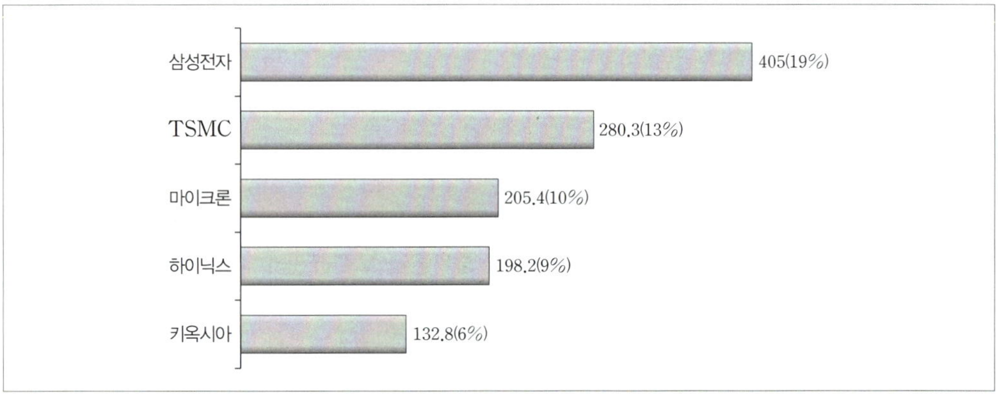

※ 괄호 안은 점유율을 의미함

11 다음 중 옳은 것을 고르면?

① 2022년 상반기 중 2월에서 4월까지 웨이퍼(150mm 이하)는 동일한 양으로 생산되었다.
② 2022년 웨이퍼 생산능력 상위 5개 기업은 전체 웨이퍼 생산량의 50%를 하회한다.
③ 2022년 상반기 동안 웨이퍼(300mm)의 생산량은 지속적으로 증가한다.
④ 2022년 삼성전자의 웨이퍼 생산능력은 상위 5개 기업 중 30% 이상을 차지한다.
⑤ 2022년 1~4월에 200mm 웨이퍼와 300mm 웨이퍼 생산량의 증감은 반대의 추이를 보인다.

12 다음 중 자료에 대한 설명으로 옳은 것을 [보기]에서 모두 고르면?

보기
㉠ 2022년 1~4월에는 450mm 웨이퍼를 제외하고, 매월 두꺼울수록 많이 생산된다.
㉡ 2022년 6월에 총 160만장이 생산되었다면, 450mm 웨이퍼를 제외하고 51만 장 이상이 생산된다.
㉢ 2022년 5월에 200mm 웨이퍼 전월 대비 생산량은 10% 이상 증가한다.
㉣ 2022년 전체 웨이퍼 생산량은 2,000만 장 이상이다.

① ㉠, ㉡
② ㉢, ㉣
③ ㉠, ㉡, ㉣
④ ㉠, ㉢, ㉣
⑤ ㉡, ㉢, ㉣

[13~14] 다음 [그래프]는 국내 금융 분야 인공지능(AI) 시장 규모 및 전망에 관한 자료이다. 이를 바탕으로 이어지는 질문에 답하시오.

[그래프1] 국내 금융 분야 인공지능(AI) 시장 규모 (단위: 십 억원)

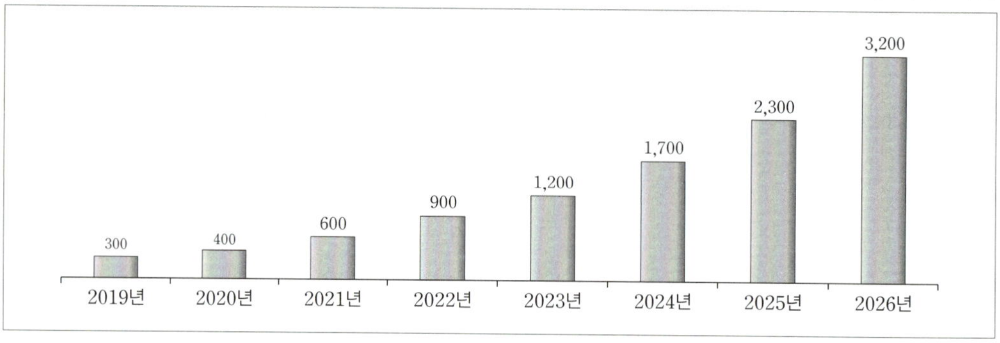

※ 2024년 이후는 예측치임

[그래프2] 국내 인공지능(AI) 시장 규모 전망 (단위: 십 억원)

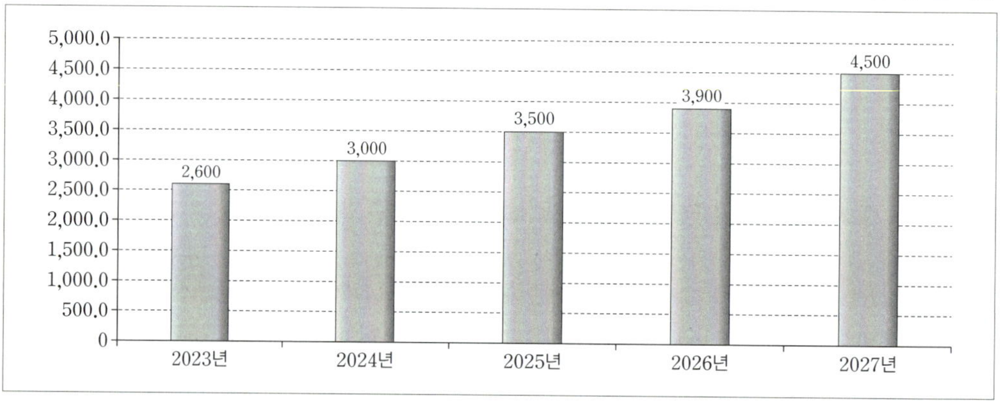

※ 2024년 이후는 예측치임

13 다음 중 옳지 않은 것을 고르면?

① 2026년까지 금융 분야 인공지능 시장 규모의 전년 대비 증가량은 매년 지속적으로 증가할 것으로 예상된다.

② 2025년보다 2026년에 전체 인공지능 시장에서 금융 분야가 차지하는 비중이 더 높아질 것으로 예상된다.

③ 2026년 금융 분야 인공지능 시장 규모의 전년 대비 증가율이 2027년과 동일하다면, 2027년 금융 분야 시장은 4조 4000억 원 이상이다.

④ 2024~2027년 동안 전체 인공지능 시장 규모는 매년 4,000억 원 이상 증가할 것으로 예상된다.

⑤ 2025년 금융 분야 인공지능 시장 규모는 2021~2023년 동안의 금융 분야 시장 규모의 합보다 적다.

14 다음 중 자료에 대한 설명으로 옳은 것을 [보기]에서 모두 고르면?

보기

㉠ 2027년 인공지능 시장에서 금융 분야가 80%를 차지한다면 전년 대비 4,000억 원 증가할 것으로 예측된다.

㉡ 2024년 금융 분야 인공지능 시장 규모는 3년 전보다 3배 크다.

㉢ 2023년 인공지능 시장 규모가 전년 대비 20% 증가했다면, 2027년 시장규모 예측치는 2022년의 2배 이상이다.

㉣ 2026년 인공지능 시장의 전년 대비 증가율은 11% 이상이다.

① ㉠, ㉡　② ㉠, ㉢　③ ㉡, ㉢

④ ㉠, ㉡, ㉣　⑤ ㉠, ㉢, ㉣

[15~16] 다음 [그래프]는 공장 A 자동화율의 전년 대비 증가율과 d값의 변동 추이를 조사한 자료이다. 이를 바탕으로 이어지는 질문에 답하시오.(단, 2021년 공장 B의 자동화율은 97.9%이다.)

[그래프1] 공장 A 자동화율의 전년 대비 증가율

(단위: %)

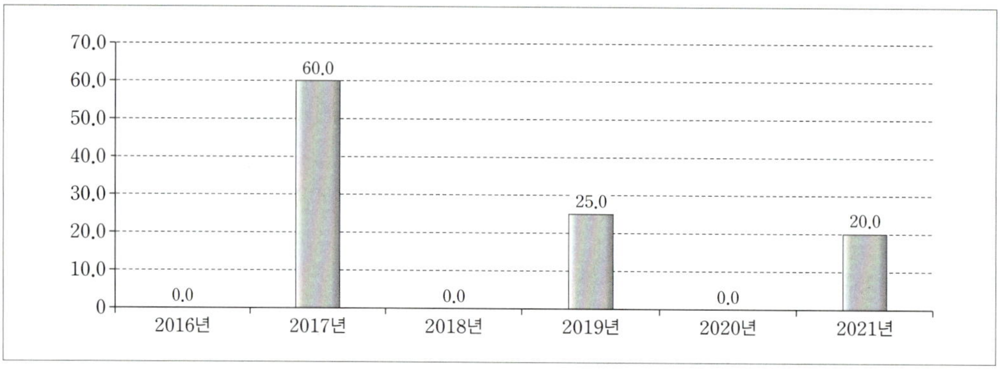

[그래프2] d값의 변동 추이

(단위: %p)

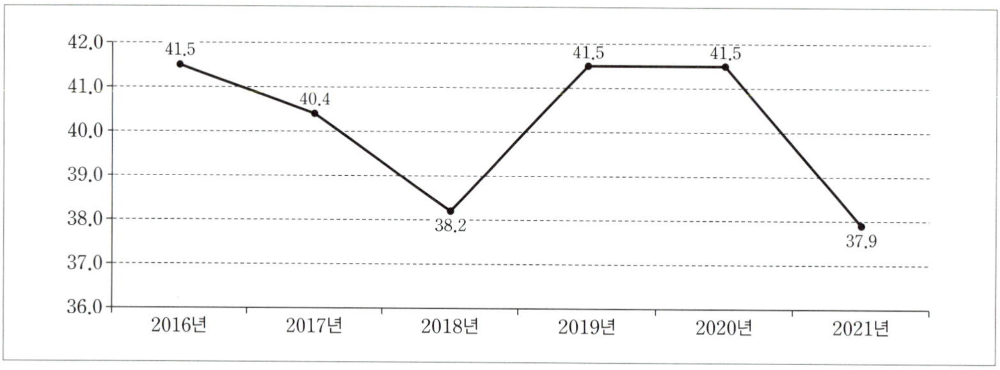

※ (d값)=(공장 B의 자동화율)−(공장 A의 자동화율)

15 다음 중 자료에 대한 설명으로 옳은 것을 [보기]에서 모두 고르면?

보기

㉠ 2021년 공장 A의 자동화율은 58%이다.
㉡ 2020년 공장 B의 자동화율은 91.5%이다.
㉢ 2020년 공장 B의 자동화율은 전년과 동일하다.
㉣ 2021년 공장 A의 자동화율은 2017년보다 낮다.

① ㉠, ㉡ ② ㉡, ㉢ ③ ㉢, ㉣
④ ㉠, ㉢, ㉣ ⑤ ㉡, ㉢, ㉣

PART 3 실전모의고사
01 02 03 04

16 다음 중 옳은 것을 고르면?

① 공장 A의 자동화율은 매년 증가하였다.
② 2021년 공장 A의 자동화율은 2016년의 2배이다.
③ 2019년 공장 B의 자동화율은 2016년과 동일하다.
④ 공장 B의 2017년과 2018년 자동화율 차이는 2.2%p이다.
⑤ 공장 A와 공장 B의 자동화율 차이가 가장 작은 해에 공장 A의 자동화율은 가장 낮다.

17 다음 [표]는 천연가스, 석탄에너지 생산 비중에 따른 재생에너지 생산량에 대한 자료이다. 이를 보고 빈칸에 해당하는 값을 예측했을 때, 가장 적절한 값을 고르면?

[표] 천연가스, 석탄 에너지 생산 비중에 따른 재생에너지 생산량 (단위: GWh, %)

구분	재생에너지 생산량	천연가스	석탄에너지
1990년	1,140	70	60
2000년	(㉠)	80	60
2010년	2,590	80	50
2020년	3,610	90	(㉡)

※ (재생에너지 생산량)$=a\times$(천연가스 비중)$^2-b\times$(석탄에너지 비중)^2

	㉠	㉡
①	2,000	45
②	2,020	45
③	2,040	50
④	2,050	50
⑤	2,060	55

18 다음 [표]는 사무실 공간에 따른 직원들의 협동력을 나타낸 자료이다. 이를 보고 빈칸에 해당하는 값을 예측했을 때, 가장 적절한 것을 고르면?

[표] 사무실 공간과 협동력 (단위: 평, 점)

사무실 공간	20	25	35	40
협동력	68	(㉠)	29	(㉡)

※ (협동력)$=0.8\times a-\frac{1}{5}${사무실 공간$\times$(b+3)}

	㉠	㉡
①	60	18
②	60	16
③	58	14
④	55	16
⑤	55	14

19 다음 [표]는 회사의 마케팅 비용과 그에 따른 기대 수익률을 나타낸 자료이다. 마케팅 비용에 따라 기대 수익률이 일정하게 변할 때, 수익률이 18%가 되기 위해 필요한 마케팅 비용을 고르면?(단, 현재 수익률은 15%이다.)

[표] 마케팅 비용 및 기대 수익률 (단위: 만 원, %p)

마케팅 비용	520	526	532	539	546
기대 수익률	1.2	1.4	1.6	1.8	2

① 570만 원 ② 571만 원 ③ 580만 원
④ 581만 원 ⑤ 590만 원

20 다음 [표]는 A~F지역 인구수, 세대수 및 세대당 인구를 나타낸 자료이다. 이를 바탕으로 그래프를 작성하였을 때, 옳은 것을 고르면?

[표] A~F지역 인구수, 세대수 및 세대당 인구 (단위: 명, 세대, 명/세대)

구분	인구수	세대수	세대당 인구
A지역	840,000	360,000	2.33
B지역	660,000	280,000	2.36
C지역	720,000	270,000	2.67
D지역	520,000	260,000	2.00
E지역	900,000	500,000	1.80
F지역	500,000	200,000	2.50

① (단위: 명, 세대, 명/세대)

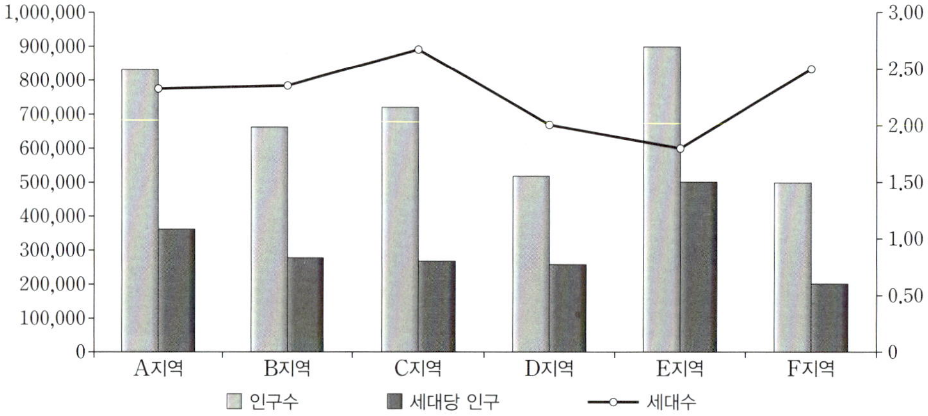

② (단위: 명, 세대, 명/세대)

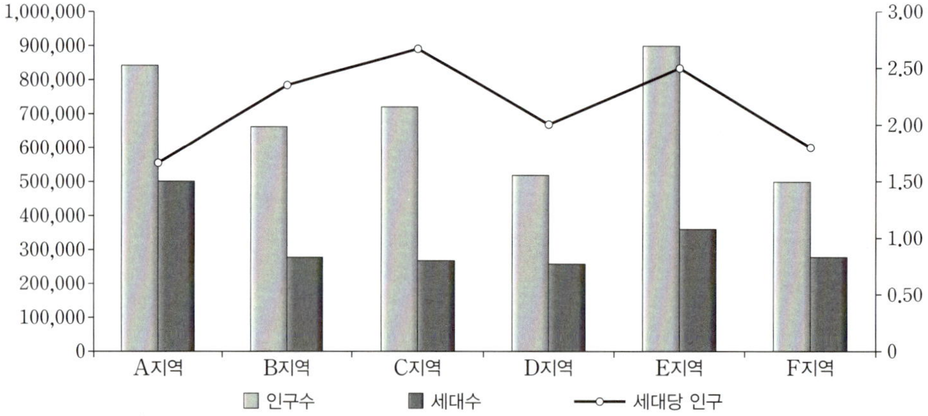

③

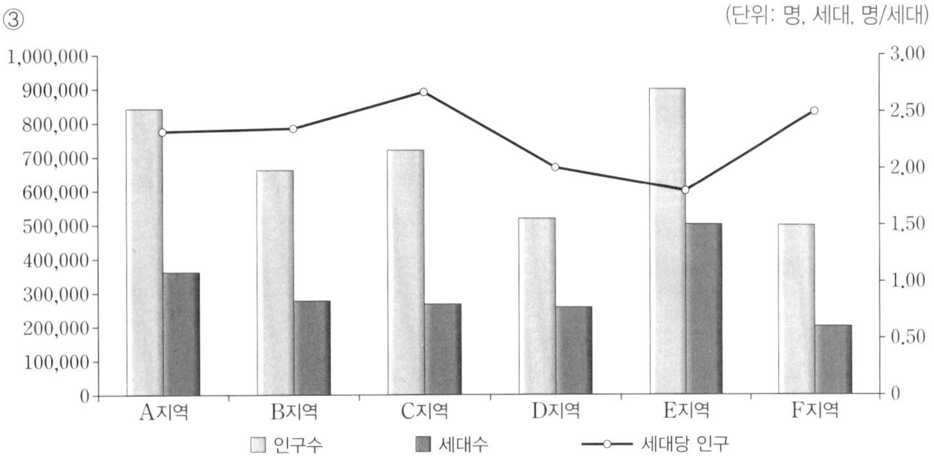
(단위: 명, 세대, 명/세대)
1,000,000
900,000
800,000
700,000
600,000
500,000
400,000
300,000
200,000
100,000
0
3.00
2.50
2.00
1.50
1.00
0.50
0
A지역
B지역
C지역
D지역
E지역
F지역
인구수
세대수
세대당 인구

④

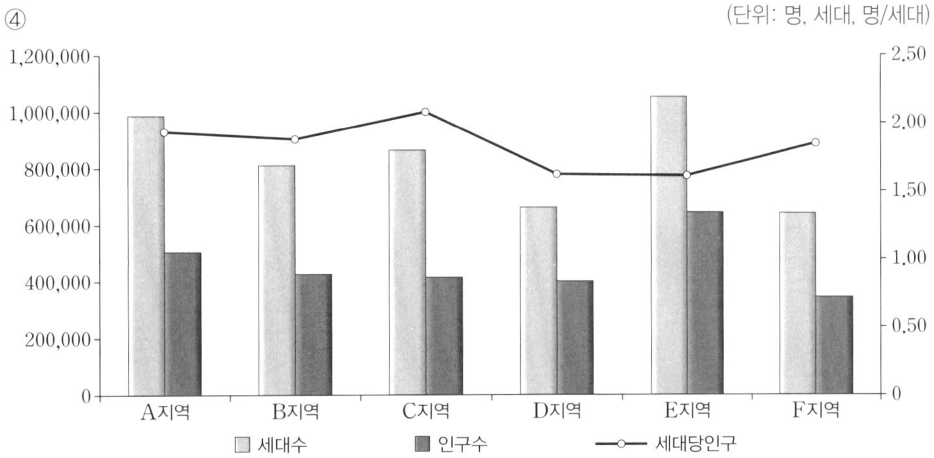
(단위: 명, 세대, 명/세대)
1,200,000
1,000,000
800,000
600,000
400,000
200,000
0
2.50
2.00
1.50
1.00
0.50
0
A지역
B지역
C지역
D지역
E지역
F지역
세대수
인구수
세대당인구

⑤

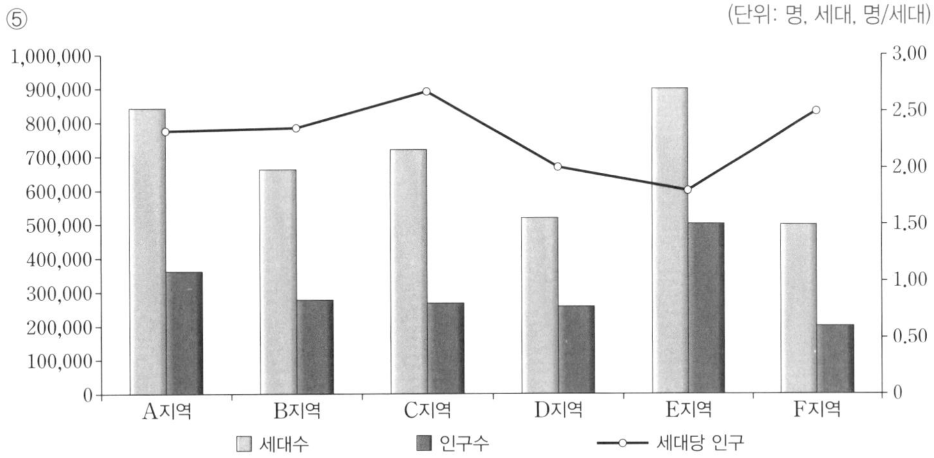
(단위: 명, 세대, 명/세대)
1,000,000
900,000
800,000
700,000
600,000
500,000
400,000
300,000
200,000
100,000
0
3.00
2.50
2.00
1.50
1.00
0.50
0
A지역
B지역
C지역
D지역
E지역
F지역
세대수
인구수
세대당 인구

01 다음 전제를 보고 항상 참인 결론을 고르면?

전제1	된장찌개를 좋아하는 사람은 해외여행을 좋아하지 않는다.
전제2	대한민국 국민이 아닌 사람은 해외여행을 좋아한다.
결론	

① 대한민국 국민은 된장찌개를 좋아한다.
② 대한민국 국민은 된장찌개를 좋아하지 않는다.
③ 대한민국 국민이 아닌 사람은 된장찌개를 좋아한다.
④ 된장찌개를 좋아하는 사람은 대한민국 국민이다.
⑤ 된장찌개를 좋아하는 사람은 대한민국 국민이 아니다.

02 다음 전제를 보고 항상 참인 결론을 고르면?

전제1	C언어를 하는 모든 사원은 파이썬을 한다.
전제2	JAVA언어를 하는 모든 사원은 C언어를 한다.
결론	

① 파이썬을 하는 사원은 JAVA언어를 한다.
② 파이썬을 하는 사원은 JAVA언어를 못한다.
③ 파이썬을 하는 어떤 사원은 JAVA언어를 한다.
④ 파이썬을 못하는 사원은 JAVA언어를 한다.
⑤ 파이썬을 못하는 사원은 JAVA언어를 못한다.

03 다음 결론이 반드시 참이 되게 하는 전제를 고르면?

전제1	한식을 좋아하는 사람은 중식을 좋아한다.
전제2	
결론	양식을 좋아하는 어떤 사람은 한식을 좋아하지 않는다.

① 중식과 양식을 모두 좋아하는 사람이 있다.
② 중식을 좋아하는 사람은 모두 양식을 좋아한다.
③ 양식을 좋아하는 사람은 모두 중식을 좋아한다.
④ 양식을 좋아하는 어떤 사람은 중식을 좋아하지 않는다.
⑤ 양식을 좋아하지 않는 사람은 모두 중식을 좋아하지 않는다.

04 A~F의 6명이 기숙사에서 생활하고 있다. 다음 [조건]을 바탕으로 항상 옳지 않은 것을 고르면?

조건

201호	202호	203호
101호	102호	103호

- A, D는 1층에서 생활하고, B, C는 2층에서 생활한다.
- F 위에 E가 생활하고, A 위에 C가 생활한다.
- D는 F의 옆 방에서 생활하고, B는 E의 옆 방에서 생활한다.

① 가능한 모든 경우의 수는 4가지이다.
② D는 1층 어디에서도 생활할 수 있다.
③ B가 201호에서 생활한다면 A는 101호에서 생활한다.
④ A가 103호에서 생활하면 E는 202호에서 생활할 수 있다.
⑤ C가 201호에서 생활한다면 가능한 경우의 수는 2가지이다.

05 갑~무 5명을 대상으로 이벤트를 진행하였고, 이 중 1명이 당첨되었다. 이벤트에 당첨되지 않은 사람은 진실을 말하고, 이벤트에 당첨된 사람은 거짓을 말할 때, 다음 [대화]를 바탕으로 이벤트에 당첨된 사람을 고르면?

대화

- 갑: "정은 이벤트에 당첨되지 않았습니다."
- 을: "저는 이벤트에 당첨되지 않았습니다."
- 병: "갑은 진실을 말하고 있습니다."
- 정: "무는 거짓을 말하고 있습니다."
- 무: "이벤트에 당첨된 사람은 을입니다."

① 갑 ② 을 ③ 병
④ 정 ⑤ 무

06 A~E 5명이 회사 직급에 관하여 대화하고 있다. 직급이 대리인 3명은 항상 거짓을 말하고 직급이 과장인 2명은 항상 참을 말한다고 한다. 다음 [대화]를 바탕으로 할 때, 직급이 과장인 두 명을 고르면?

대화

- A: "C의 발언은 거짓이다."
- B: "E의 발언은 거짓이다."
- C: "E의 직급은 과장이다."
- D: "나와 E의 직급은 대리이다."
- E: "B와 D의 직급은 대리이다."

① A, C ② B, C ③ B, D
④ C, E ⑤ D, E

07 어느 애플리케이션의 보안 비밀번호는 4자리로 이루어져 있다. 다음 [조건]을 바탕으로 옳은 비밀번호를 고르면?

조건

[키패드]

1	2	3
4	5	6
7	8	9
	0	

- 비밀번호 4자리 수는 모두 다른 수이다.
- 마지막 자리의 수는 1이다.
- 비밀번호에 8이 포함된다.
- 비밀번호 4자리의 수를 모두 더하면 20이다.
- 두 번째 자리의 수는 세 번째 자리의 수보다 4만큼 크다.
- 비밀번호에 해당하는 4개의 수를 키패드에서 색칠하면 그 모양은 가로 또는 세로로 연결되어 있다.

① 4871　② 7841　③ 8451
④ 5841　⑤ 8521

08 **다음은 어느 회사의 대회의실 시간표이다. 다음 [조건]을 바탕으로 항상 옳은 것을 고르면?**(단, X로 표시된 타임에는 대회의실을 사용할 수 없다.)

조건

[대회의실 시간표]

구분		월	화	수	목	금
오전	1타임				×	
	2타임	×		×		
오후	3타임			×	×	×
	4타임		×			

- 대회의실을 이용하는 팀은 인사팀, 물류팀, 개발팀, 총무팀, 영업팀으로 총 5개 팀이다.
- 개발팀을 제외한 모든 팀은 일주일에 2번 대회의실을 사용하며, 개발팀은 매일 사용한다.
- 물류팀은 오후에만 사용한다.
- 영업팀은 3타임에만 사용한다.
- 인사팀은 하루에 두 타임을 연속으로 사용한다.
- 총무팀은 월요일 오전에 1번, 화요일 오전에 1번 사용한다.

① 가능한 경우의 수는 4가지이다.
② 목요일 2타임은 총무팀이 사용한다.
③ 물류팀은 연속한 요일에 사용하지 않는다.
④ 총무팀이 1타임에만 사용하면 화요일 2타임은 개발팀이 사용한다.
⑤ 인사팀과 영업팀이 사용하는 요일은 다르지만 같은 타임이 존재한다.

09 8명의 탁구 선수 A~H는 토너먼트 본선에 진출하였고, 경기를 모두 끝마쳤다. 다음 [조건]을 바탕으로 항상 옳지 않은 것을 고르면?

조건

- B, C, E, H는 1조이고, A, D, F, G는 2조이다.
- 토너먼트 4강전에서 패배한 두 선수가 경기하여 3－4위전을 치렀다.
- 최종 우승자는 E이고, G는 3위를 기록했다.
- A, B, H, F는 8강전에서 탈락했다.

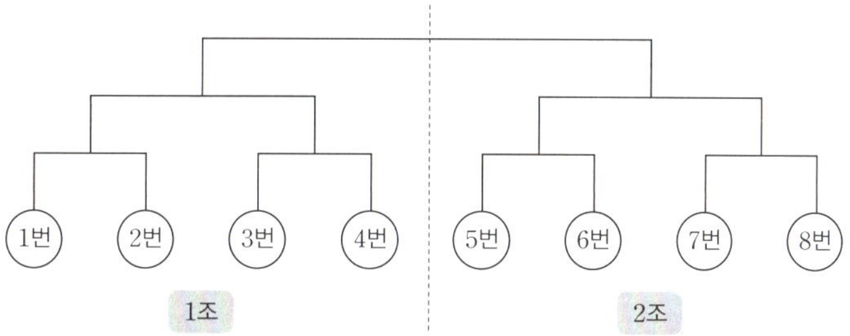

① C는 4위를 차지하였다.
② D는 준우승을 차지하였다.
③ A가 6번 자리에서 8강전을 치렀다면 D는 8번 자리에서 8강전을 치렀다.
④ H가 1번 자리에서 8강전을 치렀다면 C는 4번 자리에서 8강전을 치렀다.
⑤ G가 7번 자리에서 8강전을 치를 때, 2조의 자리 배치로 가능한 경우는 2가지이다.

10 A~F는 승합차를 타고 출장을 가려고 한다. 다음 [조건]을 바탕으로 항상 옳지 않은 것을 고르면?

조건

	1열	2열
	운전석	조수석
1행	1번	2번
2행	3번	4번
3행	5번	6번

- B가 앉은 좌석 번호는 F가 앉은 좌석 번호보다 작다.
- C와 E는 서로 다른 열의 좌석에 앉는다.
- A와 B는 2행의 좌석에 앉고, D는 1행의 좌석에 앉는다.

① D가 2번 좌석에 앉는다면 E는 5번 좌석에 앉는다.
② E가 1번 좌석에 앉는다면 C는 6번 좌석에 앉는다.
③ D가 1번 좌석에 앉는다면 E는 5번 좌석에 앉는다.
④ F가 5번 좌석에 앉을 때 4가지 경우가 존재한다.
⑤ 가능한 경우의 수는 8가지이다.

11 인기 아이돌 K가 9월 1일 대전, 9월 2일 대구, 9월 3일 부산, 9월 4일 광주, 9월 5일 울산에서 공연을 하였다. K의 팬인 A~J가 9월 1일~9월 5일 중 하루에 공연을 관람하였다. 다음 [조건]을 바탕으로 H가 공연을 본 장소를 고르면?

조건

- 매일 A~J 중 2명이 공연을 관람하였다.
- F는 A와 같은 장소에서 공연을 관람하였다.
- E는 울산에서 공연을 관람하였다.
- J는 9월 4일에 공연을 관람하였다.
- D는 I보다 먼저 공연을 관람하였고, 대구에서 공연을 관람하지 않았다.
- C는 9월 2일에 공연을 관람하지 않았다.
- G는 J와 같은 날 공연을 관람하였다.
- C는 B가 공연을 관람한 다음 날 공연을 관람하였다.

① 대전 ② 대구 ③ 부산
④ 광주 ⑤ 울산

12 A~E는 각자 좋아하는 과일을 하나씩 말하였는데, 좋아하는 과일이 서로 다르다는 것을 알게 되었다. 다음 [조건]을 바탕으로 할 때, A~E가 좋아하는 과일을 나타낸 것으로 항상 옳지 않은 것을 고르면?

조건

- 다섯 명이 좋아하는 과일은 사과, 바나나, 파인애플, 망고, 복숭아이다.
- A는 사과, 망고를 좋아하지 않는다.
- B는 파인애플, 바나나를 좋아하지 않는다.
- C는 복숭아, 사과, 파인애플, 바나나를 좋아하지 않는다.
- D는 바나나, 망고, 사과를 좋아하지 않는다.
- E는 파인애플, 복숭아, 바나나를 좋아하지 않는다.

① A－바나나　② B－망고　③ C－망고
④ D－파인애플　⑤ E－사과

13 새로운 사옥으로 이사를 가게 된 A사의 인사팀, 홍보팀, 영업팀, 기술팀, 자금팀의 직원 1명씩은 층별 부서 배치도를 확인하였다. 다음에 주어진 [대화]를 바탕으로 각자 2개의 진술 중 1개만이 진실일 때, 항상 옳은 것을 고르면?(단, 언급된 5개 팀은 6층~10층까지 층당 한 팀씩 배치되었다.)

대화

- 인사팀 직원: "우리 팀은 8층에 있고, 홍보팀은 6층에 있군요."
- 홍보팀 직원: "기술팀은 6층에 있고, 우리 팀은 9층이네요."
- 영업팀 직원: "자금팀은 가장 높은 층이고, 우리 팀은 가장 낮은 층이네요."
- 기술팀 직원: "우리 팀은 가장 높은 층이고, 자금팀은 8층입니다."
- 자금팀 직원: "우리 팀은 7층이고, 영업팀은 9층입니다."

① 영업팀은 7층에 배치되었다.
② 인사팀은 8층에 배치되었다.
③ 기술팀은 9층에 배치되었다.
④ 자금팀은 가장 높은 층에 배치되었다.
⑤ 홍보팀은 가장 낮은 층에 배치되었다.

14 김 차장, 한 과장, 김 대리, 오 대리, 박 주임, 김 사원이 원탁에 둘러앉아 회의하고 있다. 다음 [조건]을 바탕으로 할 때, 김 차장의 오른쪽 옆자리에 앉은 사람을 고르면?

조건

- 성 씨가 같은 사람들이 모두 이웃하여 앉아 있다.
- 김 사원의 왼쪽 옆자리에는 한 과장이 앉아 있다.
- 오 대리의 오른쪽 옆자리에는 박 주임이 앉아 있다.
- 박 주임은 2번 자리에 앉아 있고, 그의 맞은편에는 김 대리가 앉아 있다.

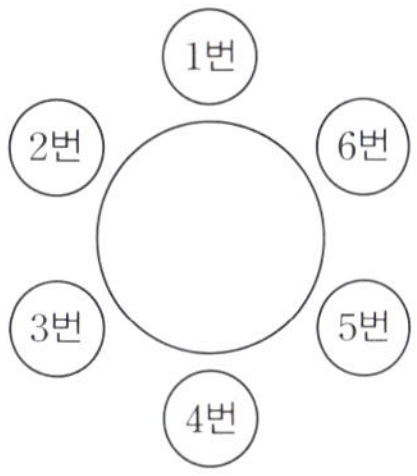

① 한 과장　② 김 대리　③ 오 대리
④ 박 주임　⑤ 김 사원

PART 3 실전모의고사
01
02
03
04

15 다음에 주어진 도형을 보고 적용된 규칙을 찾아 '?'에 해당하는 적절한 도형을 고르면?

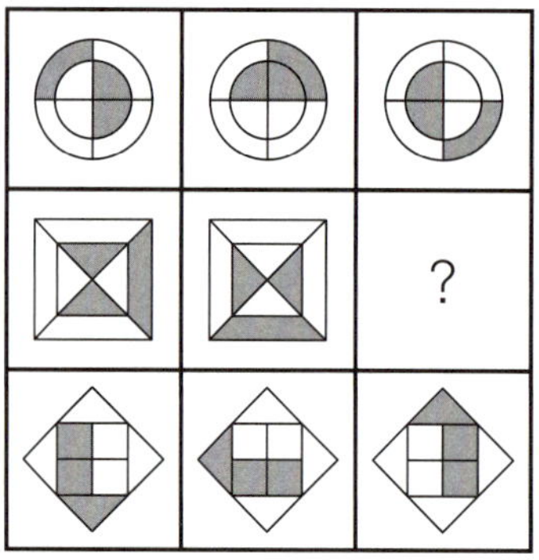

① 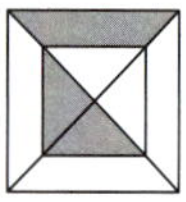

② 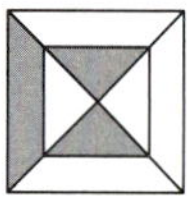

③ 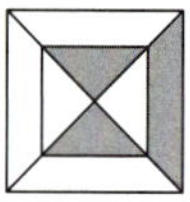

④ 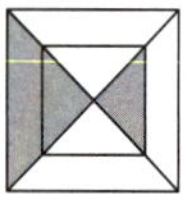

⑤ 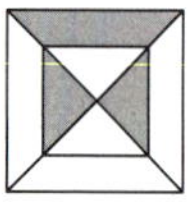

16 다음에 주어진 도형을 보고 적용된 규칙을 찾아 '?'에 해당하는 적절한 도형을 고르면?

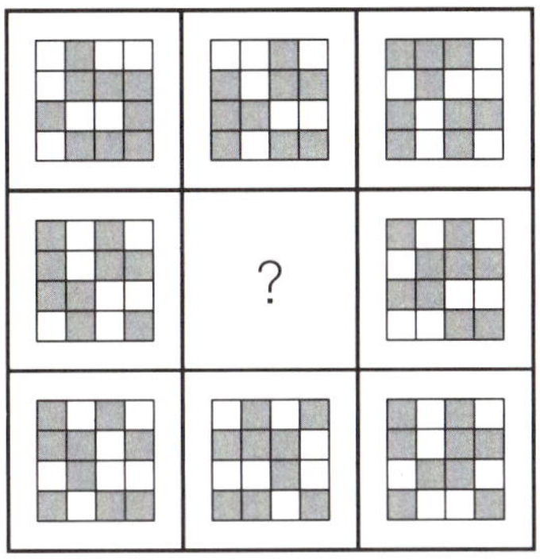

① 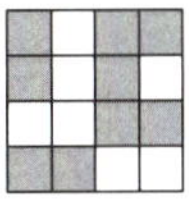

② 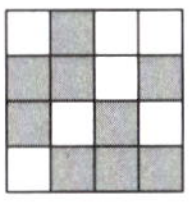

③ 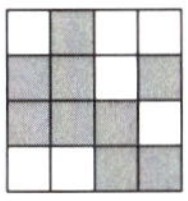

④ 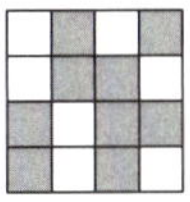

⑤ 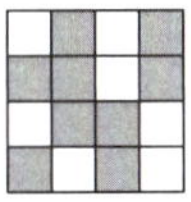

17 다음에 주어진 도형을 보고 적용된 규칙을 찾아 '?'에 해당하는 적절한 도형을 고르면?

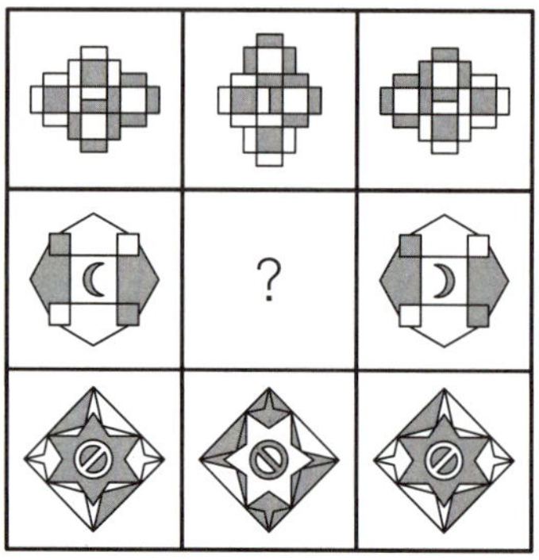

①
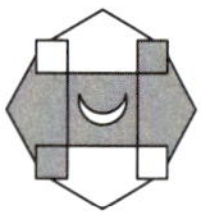

②
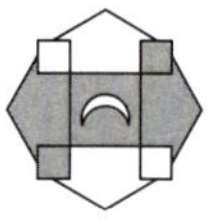

③
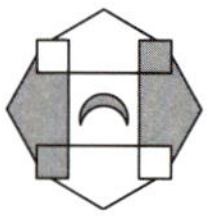

④
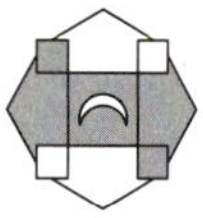

⑤
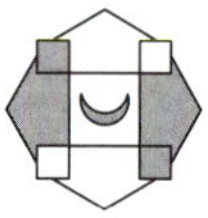

[18~21] 기호들이 하나의 규칙을 가지고 아래와 같이 문자나 숫자를 변화시킨다고 한다. 이때 다음 (?)에 들어갈 알맞은 것을 고르시오.(단, 가로와 세로 중 한 방향으로만 이동하며, Z 다음은 A, 9 다음은 0이다.)

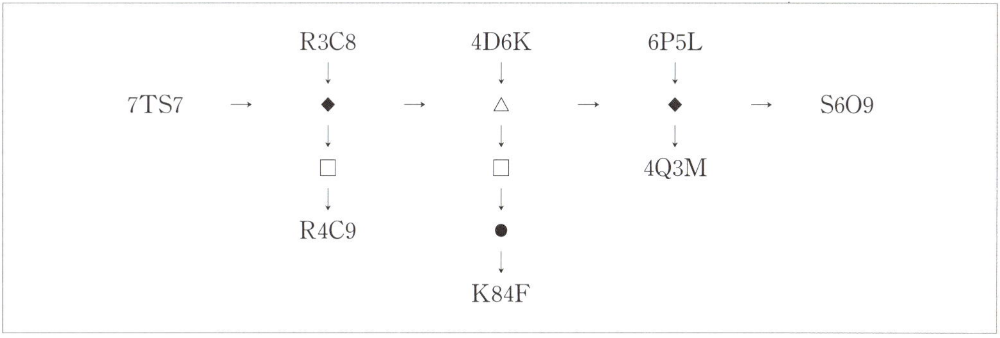

18

8921 → ◆ → □ → (?)

① 8002　② 8020　③ 8022
④ 8220　⑤ 8222

19

Y2S8 → △ → □ → ◆ → (?)

① 2ZS9　② 3SZ9　③ 2Z39
④ 3ZR9　⑤ 2SZ9

20

(?) → △ → ● → 7712

① 0278　② 1278　③ 1277
④ 2178　⑤ 2177

21

(?) → ◆ → ● → □ → H4W5

① 7T6E　② 7T5F　③ 7T6F
④ 6T6E　⑤ 6T5F

22 **다음 문단을 논리적 순서에 맞게 배열한 것을 고르면?**

[가] ESG 사업의 성공적인 실행을 위해서는 체계적인 관리와 지속적인 개선이 필요하다. 기업들은 ESG 관련 데이터를 투명하게 공개하고 성과를 정기적으로 평가하여 개선점을 찾아야 한다. 정부와 관련 기관은 정책적 지원과 인센티브를 통해 ESG 사업을 촉진하고, 기업들이 친환경 목표를 달성할 수 있도록 지원해야 한다. 이러한 노력은 ESG 사업이 보다 효과적으로 운영되도록 돕는다.

[나] 친환경 ESG(환경, 사회, 지배구조) 사업은 기업의 환경적 책임을 강화하고 지속 가능한 발전을 추구하는 데 중요한 역할을 한다. 재생 가능 에너지 사용, 친환경 제품 생산 등은 온실가스 배출을 줄이고 자원 사용을 최소화하는 데 기여한다. 이러한 노력은 기업의 긍정적인 이미지를 구축하며, 사회적 책임을 다하는 기업으로서 소비자와 투자자의 신뢰를 얻는 데 도움을 준다.

[다] ESG 사업의 한계 중 하나는 글로벌 기준의 부재이다. ESG 기준이 지역마다 다를 수 있어 국제적인 기준 마련이 필요하다. 글로벌 시장에서 일관된 ESG 전략을 수립하고 다양한 국가의 규제를 충족하기 위해서는 전 세계적인 협력과 정보 공유가 필수적이다. 이를 통해 ESG 사업이 보다 넓은 범위에서 환경 문제 해결에 기여할 수 있을 것이다.

[라] 하지만 ESG 사업은 몇 가지 도전과제를 안고 있다. 친환경 기술과 제품 개발에는 초기 투자 비용이 높아 중소기업에 부담이 될 수 있다. 또한, ESG 기준을 충족하기 위해서는 기업 내부 운영 방식을 개선해야 하며, 이 과정에서 시간과 자원이 소요된다. 환경적 영향을 줄이기 위한 노력에도 불구하고, 복합적인 환경 문제를 완전히 해결하기에는 한계가 있다.

① [가]－[나]－[라]－[다]
② [가]－[다]－[라]－[나]
③ [나]－[가]－[다]－[라]
④ [나]－[다]－[라]－[가]
⑤ [나]－[라]－[가]－[다]

23 다음 문단을 논리적 순서에 맞게 배열한 것을 고르면?

[가] 훈련의 핵심 요소 중 하나는 대응 계획 수립이다. 감염병 발생 시 행동 지침, 역할 분담, 자원 배분 등을 포함하는 계획을 수립하고, 이를 바탕으로 모의 상황에서 연습한다. 병원의 격리 절차나 환자 관리 방법을 실습하여 실제 상황에서의 대응 능력을 강화한다. 이러한 준비 과정은 위기 상황에서 신속하고 정확한 대응을 가능하게 한다.

[나] 감염병 위기관리 대응훈련은 감염병 발생 시 신속하고 효과적으로 대응하기 위한 전략과 절차를 연습하는 과정이다. 이 훈련은 공공 보건 기관, 병원, 기업, 지역 사회 등에서 수행되며, 위기 상황에서의 준비와 대응 능력을 향상시키는 것이 주요 목표이다. 감염병의 빠른 확산에 대비하기 위해 체계적인 훈련이 필요하다.

[다] 협력 체계와 지속적인 업데이트도 필수적이다. 감염병 대응에는 다양한 기관과 조직 간의 협력이 필요하다. 훈련을 통해 보건 당국, 의료 기관, 정부 등 다양한 주체 간의 정보 공유와 협력 방안을 모색하며, 감염병의 특성과 대응 방법은 변화할 수 있으므로, 훈련 결과를 분석하고 최신 정보를 반영하여 대응 계획을 지속적으로 업데이트하는 것이 중요하다. 이러한 체계적인 접근은 감염병의 확산을 방지하고 사회 전체의 건강을 보호하는 데 기여한다.

[라] 또한, 위기 대응 능력 향상이 중요하다. 훈련을 통해 위기 상황에서의 의사 결정 능력, 자원 관리, 상황 판단 등을 개선할 수 있다. 실제 사례를 기반으로 한 시뮬레이션을 통해 참가자들은 위기 상황에서의 역할을 명확히 하고, 예기치 못한 문제에 대처하는 능력을 기른다. 이를 통해 감염병 발생 초기의 신속하고 효과적인 대응이 가능해진다.

① [가]－[나]－[다]－[라]
② [가]－[다]－[라]－[나]
③ [가]－[라]－[다]－[나]
④ [나]－[가]－[다]－[라]
⑤ [나]－[가]－[라]－[다]

24 다음 글의 내용이 참일 경우, 반드시 거짓인 진술을 고르면?

> ‘워크플로우 러닝’은 새롭게 부상한 직장 교육 개념이다. 워크플로우 러닝은 학습자가 언제 어디서나 필요할 때 신속히 접근 가능한 자원을 바탕으로 구성원이 알아서 학습하고 성과를 내는 학습을 말한다. 기존의 교육 훈련은 강사나 교육 담당자가 주도했다면 워크플로우 러닝은 개인이 스스로 책임을 지는 자기주도형 학습이다. 훈련은 명확한 교육 목표가 있지만 워크플로우 러닝은 사전에 정해진 학습 목표가 없다. 업무를 하다가 학습하고, 또는 학습하면서 성과를 내는 등 학습자에게 최대한 많은 자유가 보장된다. 업무와 유기적인 연결도 워크플로우 러닝의 특징이다. 훈련은 업무를 중단하고 참가해야 하지만 워크플로우 러닝은 업무 수행 중에도 학습이 가능하다. 공간의 이동 역시 불필요해진다. 훈련이 집단 교육을 통해 여러 사람의 역량을 개발하는 데 초점이 있다면, 워크플로우 러닝은 개인 중심이기 때문이다. 필요하다면 소셜 네트워킹을 통한 협업도 가능하다.

① 워크플로우 러닝은 기존의 교육 훈련과 구분되는 직장 교육 개념이다.
② 워크플로우 러닝은 개인 중심의 교육이며, 소셜 네트워킹을 활용하여 협업도 가능하다.
③ 워크플로우 러닝은 업무 중에도 학습이 가능하고, 학습을 하면서 업무 성과를 낼 수 있다.
④ 워크플로우 러닝은 정해진 학습 목표도 없고, 교육을 주도하는 강사나 교육 담당자도 없다.
⑤ 워크플로우 러닝은 구성원을 집합시키기 위해 별도의 연수원이나 회사 내 특정 장소가 필요하다.

25 다음 글의 내용이 참일 경우, 반드시 거짓인 진술을 고르면?

> 바이오 기술의 범위는 매우 방대한데, 그 응용분야의 특색에 따라 레드 바이오, 그린 바이오, 화이트 바이오로 분류한다. 이 중에서 화이트 바이오는 환경·에너지 분야에서 활용되는 바이오 기술을 뜻한다. 옥수수나 콩, 사탕수수, 목재, 미생물, 효소 등의 바이오 매스를 활용하여 기존 화학제품을 대체하는 바이오 플라스틱, 바이오 에탄올 등을 만드는 식이다. 또한 에너지를 생성하는 것도 가능한데, 기존 발전 방식보다 이산화탄소 배출량이 획기적으로 적은 것이 특징이며, 최근에는 산업이나 가정에서 나온 폐기물을 바이오 매스로 활용하여 에너지를 생산하는 연구가 진행되고 있다. 이러한 특성들로 인해 최근 환경 이슈와 맞물려 가장 주목받는 산업으로 부상하고 있다.

① 환경 문제와 화이트 바이오는 서로 밀접한 관련이 있다.
② 가정에서 나온 폐기물은 바이오 매스 자원으로 고려되지 않는다.
③ 레드 바이오는 보건·의료 분야에서 활용되는 바이오 기술을 뜻한다.
④ 화이트 바이오 발전 방식을 활용하면 이산화탄소 배출 저감에 도움이 된다.
⑤ 화이트 바이오 기술을 활용하면 기존 화학제품을 대체하는 제품을 만들 수 있다.

26 다음 글의 내용이 참일 경우, 반드시 <u>거짓</u>인 진술을 고르면?

> 우주항공 기술의 발전은 인류의 미래를 형성하는 데 중요한 역할을 하고 있다. 20세기 중반 이후 우주 탐사는 단순한 과학적 호기심을 넘어서 인류 생존과 발전에 직결되는 분야로 자리 잡았다.
>
> 우주항공 기술은 지구 외 자원을 탐사하고 이용할 수 있는 가능성을 열어준다. 이는 자원 고갈과 환경오염 문제를 해결하는 데 기여할 수 있다. 예를 들어, 소행성에서 채굴한 자원은 지구의 산업 발전에 큰 기여를 할 수 있다. 또한, 인공위성은 기후 변화와 재난 관리를 위한 필수 도구로, 지구 환경을 보호하는 데 도움을 준다. 우주 탐사는 장기적인 생존을 위한 대안으로, 화성 탐사와 같은 프로젝트가 이에 해당한다. 우주항공 기술은 새로운 산업과 경제적 기회를 창출하여 경제 성장에 긍정적인 영향을 미친다.
>
> 그러나 막대한 비용과 자원 소모, 안전과 환경 문제, 기술적 격차 및 불평등 심화, 정치적 긴장, 윤리적 문제 등 해결해야 하는 도전 과제가 있으며, 이를 극복하기 위해 국제적인 협력과 연구 개발이 필수적이다. 결론적으로, 우주항공 기술의 발전은 인류의 미래를 결정짓는 중요한 요소이다.

① 인류의 장기적인 생존 가능성에 우주 항공 기술의 발전은 밀접한 관련성이 있다.
② 우주 탐사가 생존을 위한 중요한 대안으로서의 중요한 가치를 가진다.
③ 현재로서 우주 자원을 지구 자원으로 대체할 수 있을 정도로 개발되었다.
④ 우주 항공 기술의 발전은 신흥 산업 분야의 창출로 경제적 활력을 불어넣는다.
⑤ 우주항공 기술은 막대한 비용과 자원이 투입된 만큼 고도화된 기술력의 격차는 줄어든다.

27 다음 글의 내용이 참일 경우, 반드시 <u>거짓</u>인 진술을 고르면?

RDV 치료는 고주파 진동을 이용하여 근육과 결합 조직에 자극을 주어 통증을 완화하고 조직의 재생을 촉진하는 비침습적 치료 방법이다. 허리, 목, 어깨, 무릎 등 다양한 부위의 통증 완화에 효과적이며, 특히 만성 통증 환자나 수술 후 재활이 필요한 환자에게 적합하다.

RDV 치료의 가장 큰 장점은 비침습적이고 안전하다는 것이다. 약물이나 수술 없이 치료가 가능하며, 부작용이 적어 환자들의 부담을 줄여준다. 또한, 다른 치료 방법과 병행하여 시너지 효과를 얻을 수 있다는 점도 큰 장점이다.

하지만 모든 환자에게 동일한 효과를 보장하는 것은 아니며, 질환의 종류나 개인의 체질에 따라 효과가 다를 수 있다. 따라서 치료 전에 반드시 전문가와 상담하여 자신에게 맞는 치료 계획을 수립하는 것이 중요하다.

결론적으로, RDV 치료는 근골격계 질환의 치료에 있어 새로운 가능성을 제시하는 유망한 치료 방법이다. 하지만 개인의 상태에 따라 효과가 다를 수 있으므로, 전문가와의 상담을 통해 신중하게 결정해야 한다.

① RDV 치료는 근육과 결합 조직의 깊은 부분까지 진동이 도달하여 자극을 주어 치료한다.
② RDV 치료는 상대적으로 부작용이 적고 안전하게 근육 조직의 치유 과정을 가속화한다.
③ RDV 치료는 무릎보다는 허리 신체부위의 통증 완화에 더욱 효과적이다.
④ RDV 치료는 단독 치료법으로 다른 치료 방법과 병행하기 어렵다.
⑤ RDV 치료는 모든 환자에게 동일한 치료 결과를 보장하지 않는다.

28 다음 글에 대한 반론으로 가장 적절한 것을 고르면?

> 코로나19로 경기 침체가 장기화되면서 투잡(Two-job)족이 증가하는 추세다. 재택근무 등 일하는 형태가 다양화되고, 주 52시간제의 시행으로 여유시간이 늘어난 반면 근로소득이 줄어들거나 4차 산업혁명으로 현재 일자리에 대한 불안정성 높아진 것이 그 원인으로 꼽힌다. 그러나 회사의 입장은 다르다. 근로자가 업무시간 이외의 시간인 야간에 부업을 하는 야간 투잡을 뛰면 업무 효율성이 떨어질 수 있다는 것이다. 그러나 개인의 시간은 독립된 개인이 스스로 관리하는 것이다. 즉, 계약으로 명시된 근무시간이 아닌 야간 시간대에 주어진 업무를 마치고 하는 부업은 회사의 허가나 관리의 대상이 되어서는 안 된다. 만약 야간 투잡이 체력이나 정신력 소모로 근로시간 업무에 지장을 준다는 논리라면 야간에 축구나 농구 등 격한 체육활동도 금지해야 할 것이다. 게다가 플랫폼산업이 진전되면서 휴대폰 하나로도 충분히 가능한 부업도 늘고 있다. 따라서 회사에서 겸직을 금지하는 것은 계약 시간 이외의 시간을 개인이 자유 의지로 사용할 권리를 제한하는 행위다.

① 직원이 부업으로 회사에 끼친 손해에 대해 인과관계를 정확하게 밝히는 것은 쉽지 않기 때문에 이에 대한 기준이 마련되어야 한다.
② 업무시간 외의 시간은 자유의 영역에 속하는 부분이므로 이를 회사에서 제한하는 것은 개인의 행복 추구권을 침해하는 것이다.
③ 노동인구 감소와 코로나19 여파로 인한 실업률이 증가함에 따라 정부와 기업이 나서서 직장인의 부업 · 겸업을 장려해야 한다.
④ IT산업의 발달에 따라 플랫폼사업이 진전되면서 부업 활동 여건이 상당히 개선되었으므로 투잡이 본업에 영향을 미친다고 보기 어렵다.
⑤ 근로자들은 성실 근무의 의무가 있으며, 단순히 개인이 좋아하는 일을 하는 것과 부업을 할 때 주업에 미치는 영향이 같다고 볼 수 없다.

29 다음 글과 [보기]를 읽고 추론한 것 중 적절하지 <u>않은</u> 것을 고르면?

> 중세 회화는 눈에 보이는 외부 세계의 재현을 포기하고 정신세계의 아름다움을 담는 것을 추구했다. 12세기 초에 그려진 '성 클레멘트 성당 벽화'는 근원적인 세계를 드러내기 위해 실제적인 표현 대신 기하학적 제작 법칙을 사용했다. 인물의 눈, 코, 입은 세계의 동심원을 중심으로 만들어졌고, 인물 뒤의 커다란 타원은 두 개의 교차하는 원의 교집합이며, 그 중심에 인물의 배꼽이 위치하도록 했다. 중세 회화가 모든 사물을 기하학적 형태로 표현한 결과, 회화의 인물들은 저 하늘에 사는 사람들처럼 보이게 되었다.

보기

> 레오나르도 다빈치는 예술의 목적을 외부 세계의 과학적 인식에 두고, 예술에는 따라야 할 보편 법칙이 있다고 생각했다. 그래서 다빈치의 그림 속에는 원근법은 물론이고 해부학과 생리학 등 온갖 자연 과학적 요소가 모두 들어 있다. 특히 회화 영역에 치중한 그는 회화의 목적을 '가시적 세계를 인식'하는 데 두었다. 회화가 인식의 기능을 제대로 발휘하려면 자연을 뜯어고치려 하는 대신 되도록 '현실에 충실'해야 한다고 생각했으며, 예술적 창의력이란 '재현의 규칙을 발견하는 능력'이라고 여겼다.

① 중세 시대에 레오나르도 다빈치가 있었다면, 그의 그림은 예술적으로 인정받지 못했을 것이다.
② 레오나르도 다빈치가 그린 그림의 사람과 중세 회화에 그려진 사람은 서로 다른 모습을 하고 있을 것이다.
③ 레오나르도 다빈치는 완벽한 비율의 사람을 그리기 위해 중세 회화에서 사용한 기하학적 제작 법칙을 이용했다.
④ 레오나르도 다빈치는 '성 클레멘트 성당 벽화'는 인물의 신체 비례가 전혀 맞지 않아 훌륭한 그림이 아니라고 평가했을 것이다.
⑤ 레오나르도 다빈치는 표현 의도만 가지고 아름다움을 평가할 수 없으므로 '성 클레멘트 성당 벽화'를 아름답다고 평가하지 않았을 것이다.

30 다음 글과 [보기]를 읽고 추론한 것 중 가장 적절한 것을 고르면?

이미지 트레이닝 훈련은 심상 훈련 또는 시각화 훈련이라고도 불리며, 특정 기술이나 행동을 향상시키기 위해 뇌의 시각적 상상을 활용하는 방법이다. 이 훈련의 첫 단계는 달성하고자 하는 목표나 기술을 명확히 설정하는 것이다. 이후, 사용자는 목표를 성공적으로 달성하는 장면을 생생하게 상상하며, 이 과정에서 자세한 시각적 디테일과 감각적 경험을 포함시키는 것이 중요하다. 뇌는 이러한 상상된 행동을 실제 행동과 유사한 방식으로 연습할 수 있어, 실제 수행에서의 성과를 향상시킬 수 있다. 훈련 후에는 자신의 상상 과정을 분석하고 조정하여 기술 향상을 도모한다. 이미지 트레이닝은 스포츠, 음악, 학습 등 다양한 분야에서 효과적으로 활용되며, 연구에 따르면 실제 연습과 유사한 효과를 나타낼 수 있다. 이 방법은 신경 회로를 활성화시키고, 스트레스 감소와 자기 효능감을 높이는 데 도움을 줄 수 있다.

보기

이미지 트레이닝 훈련을 수행할 때, 뇌에서 여러 가지 중요한 변화가 일어난다. 우선, 뇌의 시각적 피질이 활성화되며, 이는 실제 시각적 자극이 없더라도 상상만으로 시각적 정보를 처리하는 데 관여한다. 이와 함께 운동 피질이 활성화되어, 상상한 동작을 실제로 실행하는 것과 유사한 신경적 패턴이 나타나게 된다. 이러한 과정은 신경 회로를 강화하고, 움직임의 세부 사항을 기억하는 데 도움을 준다. 또한, 이미지 트레이닝은 대뇌의 전두엽과 관련된 작업 기억과 계획 기능을 자극하여, 목표 달성을 위한 전략적 사고를 촉진한다. 연구에 따르면, 이 훈련은 스트레스와 불안을 감소시키고, 자기 효능감과 집중력을 향상시킬 수 있다. 이러한 뇌의 변화는 실제 행동 수행에서의 성과를 개선하는 데 기여하며, 신경 가소성을 통해 뇌의 적응력을 높이는 역할을 한다.

① 이미지 트레이닝 훈련 시에 뇌의 시각적 피질 활성화 정도는 사람마다 비슷하다.
② 이미지 트레이닝의 효과는 풍부하고 생동감있는 이미지를 잘 형성한 사람한테 효과가 크다.
③ 이미지 트레이닝은 실제 연습과 유사한 효과를 나타내기 위해 신체적 운동이 필요하다.
④ 실제 경험보다 이미지 트레이닝을 통해 문제 해결 능력이 더 효과적이다.
⑤ 이미지 트레이닝을 통해 여러 요인에서 벗어나 완벽한 감정 컨트롤 제어가 가능하다.

04 실전모의고사 4회

01 수리논리(20문항/30분)

정답과 해설 P. 141

01 배드민턴 동호회의 남자 회원과 여자 회원의 작년 인원은 총 120명, 올해는 116명이다. 올해 남자 회원 수는 30% 증가하였고, 여자 회원 수는 20% 감소하였다. 올해 남자 회원 수를 고르면?

① 40명　② 52명　③ 64명　④ 80명　⑤ 85명

02 새로운 프로젝트를 위해 TF팀 직원을 선발하고 있다. 남자 직원 4명과 여자 직원 3명 중에서 총 3명이 선발된다고 할 때, TF팀에 남자 직원이 적어도 한 명은 포함될 확률을 고르면?

① $\frac{4}{5}$　② $\frac{29}{35}$　③ $\frac{6}{7}$　④ $\frac{32}{35}$　⑤ $\frac{34}{35}$

03 다음 [표]와 [그래프]는 2022년 부문별 최종에너지 사용 비중 및 최종에너지 사용량 비중을 조사한 자료이다. 이에 대한 설명으로 옳지 않은 것을 [보기]에서 모두 고르면?

[표] 2022년 부문별 최종에너지 사용 비중 (단위: %)

산업용	금속	화공	요업	제지목재	식품	섬유	기타		
	40	25	5	2	1.5	1	25.5		
건축용	아파트	학교	백화점	상용	병원	호텔	연구소	공기업	기타
	20	15	12	10	10	8	8	5	12

[그래프] 2022년 최종에너지 사용량 비중 (단위: %)

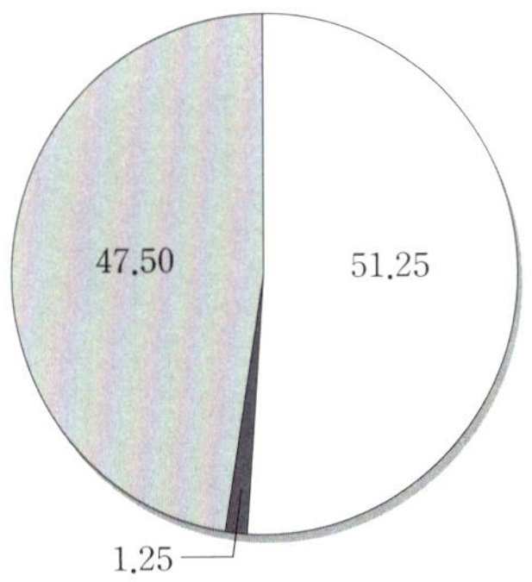

※ 2022년 최종에너지 사용량은 240,000천 TOE임

보기
㉠ 2022년 아파트 최종에너지 사용량은 600,000TOE이다.
㉡ 2022년 산업용 최종에너지 사용량은 123,000천 TOE이다.
㉢ 2022년 산업용 최종에너지 사용량이 두 번째로 많은 항목은 '화공'이다.
㉣ 2022년 금속과 화공 항목의 최종에너지 사용량은 80,000천 TOE 이상이다.

① ㉠, ㉡ ② ㉠, ㉢ ③ ㉡, ㉢
④ ㉡, ㉣ ⑤ ㉢, ㉣

04 다음 [표]는 2016년부터 2023년까지 남북한 1차 에너지 공급량을 조사한 자료이다. 2017~2023년 중 1차 에너지 총공급량과 1인당 공급량이 남북한 모두 전년 대비 증가한 해는 몇 개인지 고르면?

[표] 연도별 남북한 1차 에너지 공급량

구분	총공급량(천 TOE)		1인당 공급량(TOE)	
	북한	남한	북한	남한
2016년	9,910	294,650	0.40	5.75
2017년	11,240	300,660	0.45	5.84
2018년	10,890	300,780	0.43	5.85
2019년	9,850	301,040	0.39	5.85
2020년	8,960	301,200	0.38	5.86
2021년	10,540	302,600	0.42	5.89
2022년	9,960	307,810	0.39	5.90
2023년	10,250	320,560	0.43	6.02

① 1개 ② 2개 ③ 3개
④ 4개 ⑤ 5개

05 다음 [그래프]는 2018~2019년 1인 가구의 월급 분포를 조사한 자료이다. 이에 대한 설명으로 옳은 것을 [보기]에서 모두 고르면?

[그래프] 2018~2019년 1인 가구의 월급 분포 (단위: %)

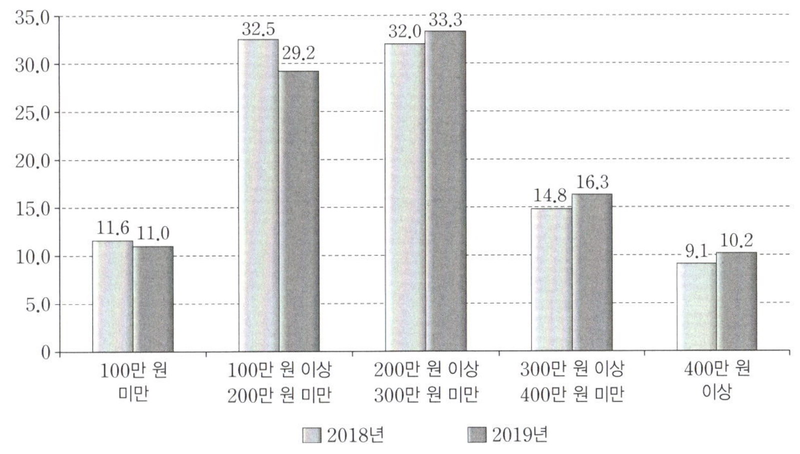

보기

㉠ 혼자 살고 있는 A씨가 2018~2019년 모두 300만 원의 월급을 받았다면 2018년에는 1인 가구 중 상위 25% 내에 속했지만 2019년에는 상위 25% 내에 속하지 못한다.

㉡ 월급 수준이 400만 원 미만인 1인 가구의 비중은 2018년보다 2019년에 더 낮다.

㉢ 월급 수준이 100만 원 이상 300만 원 미만인 1인 가구 수는 두 해 모두 전체 1인 가구 수의 절반에 미치지 못한다.

㉣ 2018~2019년 동안 비중이 가장 큰 폭으로 변화한 구간은 300만 원 이상 400만 원 미만 구간이다.

① ㉠, ㉡ ② ㉠, ㉢ ③ ㉡, ㉣
④ ㉠, ㉡, ㉢ ⑤ ㉡, ㉢, ㉣

[06~07] 다음 [그래프]와 [표]는 진료비 증가율 추이 및 기관별 진료비에 대한 자료이다. 이를 바탕으로 이어지는 질문에 답하시오.

[그래프] 진료비 증가율 추이

(단위: %)

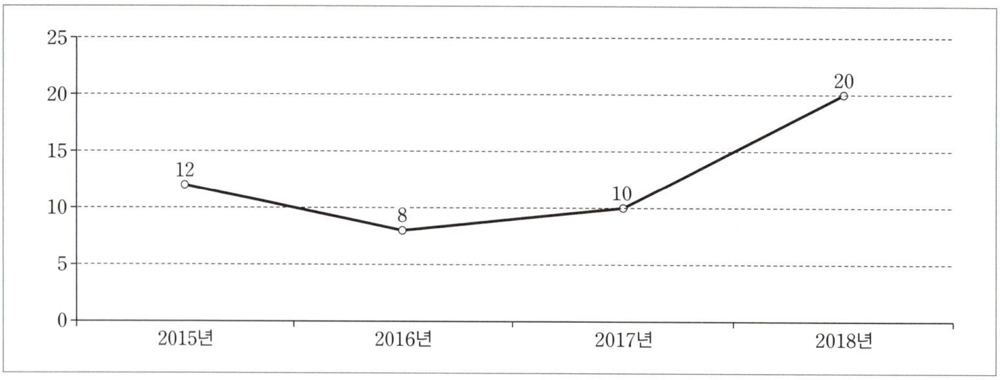

※ 진료비는 의과, 치과, 한방 진료비로 이루어져 있음

[표] 연도별 기관 진료비

(단위: 억 원)

구분	2018년	2019년	2020년	2021년	2022년
의과	12,500	12,200	12,100	10,800	10,400
치과	6,940	9,560	11,200	13,000	14,600
한방	60	30	100	80	90

06 다음 중 옳지 않은 것을 고르면?

① 2022년 진료비는 4년 전 대비 5,550억 원 이상 증가한다.
② 2018~2022년 동안 의과 진료비와 치과 진료비 추이는 매년 정반대이다.
③ 2018년부터 한방 진료비는 감소와 증가를 반복한다.
④ 2018년 진료비는 2016년 대비 30% 이상 증가한다.
⑤ 2015~2018년 동안 진료비는 2016년에 감소한 후 2018년까지 증가한다.

07 다음 중 자료에 대한 설명으로 옳은 것을 [보기]에서 모두 고르면?

보기

㉠ 2017년 진료비는 1조 6,500억 원을 넘는다.
㉡ 2020년 한방 진료비는 전년 대비 300% 이상 증가하였다.
㉢ 2018~2022년 동안 진료비는 지속적으로 증가하였다.
㉣ 2019~2022년 동안 의과에서 전년 대비 감소한 진료비보다 치과에서 증가한 진료비가 매년 더 크다.

① ㉠, ㉡　② ㉠, ㉢　③ ㉠, ㉣
④ ㉡, ㉢　⑤ ㉢, ㉣

[08~09] 다음 [그래프]는 A사의 사업부별 폴더블 디스플레이 매출 및 출하량과 폴더블 OLED 출하량 전망에 대한 자료이다. 이를 바탕으로 이어지는 질문에 답하시오.

[그래프1] 사업부별 폴더블 디스플레이 매출 및 출하량 전망 (단위: 백만 개, 백만 달러)

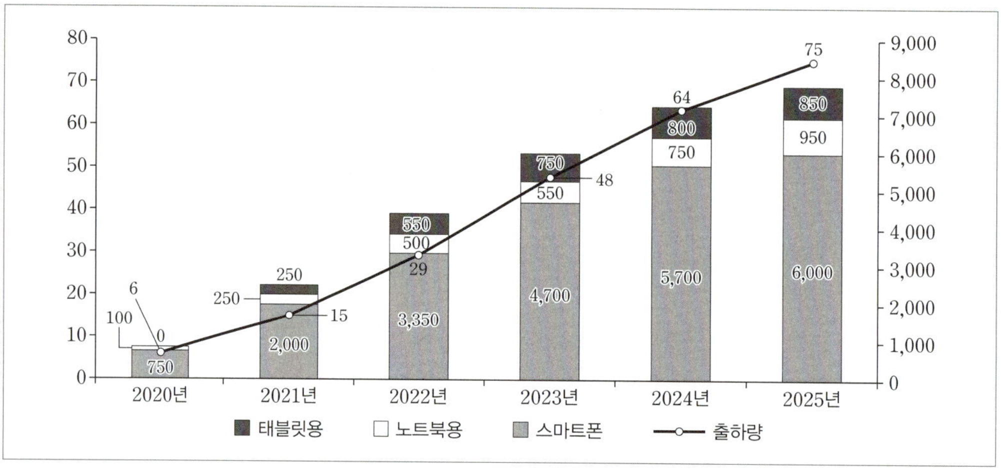

※ 2025년은 전망치임

[그래프2] 폴더블 OLED 출하량 전망 (단위: 만 대)

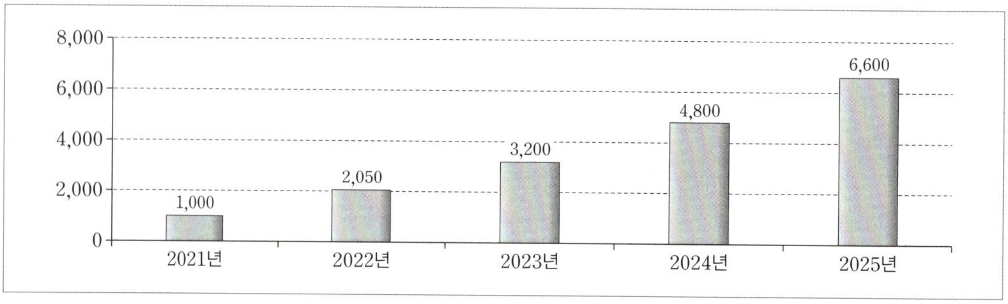

※ 2025년은 전망치임

08 다음 중 옳지 않은 것을 고르면?

① 2021~2024년 동안 폴더블 디스플레이 출하량에 대한 전년 대비 증가율은 지속적으로 감소한다.
② 2025년 스마트폰 폴더블 디스플레이 매출은 2020년 대비 8배가 될 것으로 예상된다.
③ 2022~2024년 동안 3개의 기기 중 스마트폰 폴더블 디스플레이 매출은 매년 50% 이상이다.
④ 2019년 이후 태블릿용 폴더블 디스플레이 매출은 지속적으로 증가한다.
⑤ 2025년 폴더블 디스플레이 총 매출은 7,700백만 달러를 상회할 것으로 예상된다.

09 다음 중 자료에 대한 설명으로 옳은 것을 [보기]에서 모두 고르면?

보기

㉠ 2022~2024년 동안 폴더블 OLED 출하량의 전년 대비 증가율은 매년 50% 이상이다.
㉡ 2023년 폴더블 디스플레이 전체 출하량에 대한 스마트폰, 노트북용, 태블릿용의 폴더블 디스플레이 개당 매출은 125달러이다.
㉢ 2021년 노트북용과 태블릿용 폴더블 디스플레이 출하량은 동일하다.
㉣ 폴더블 OLED가 모두 폴더블 디스플레이에 사용되었다면, 2023년 스마트폰 폴더블 디스플레이는 적어도 1,900만 대가 사용되었을 것으로 예상할 수 있다.

① ㉠, ㉡ ② ㉠, ㉢ ③ ㉡, ㉢
④ ㉡, ㉣ ⑤ ㉢, ㉣

[10~11] 다음 [그래프]는 2020년 노령연금 수급자 수의 월 수급 금액별 증가율 및 월 100만 원 이상 수급자 수에 관한 자료이다. 이를 바탕으로 이어지는 질문에 답하시오.

[그래프1] 2020년 노령연금 수급자 수의 월 수급 금액별 증가율 (단위: %)

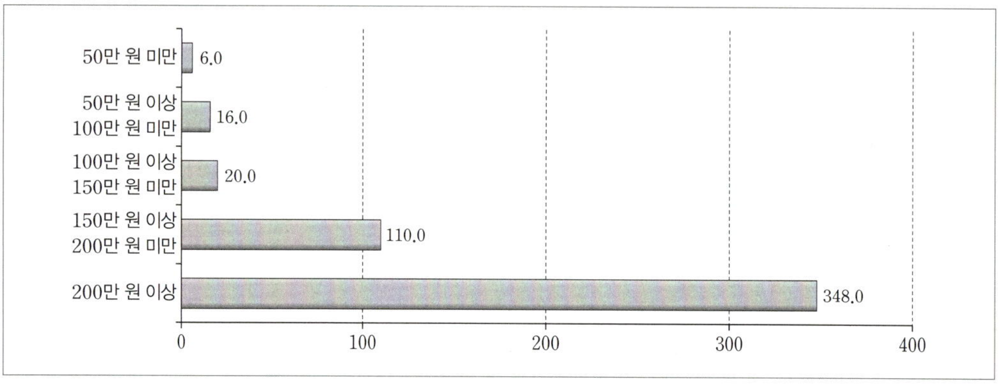

※ 2018년 대비 증가율을 의미함

[그래프2] 노령연금 월 100만 원 이상 수급자 수 (단위: 명)

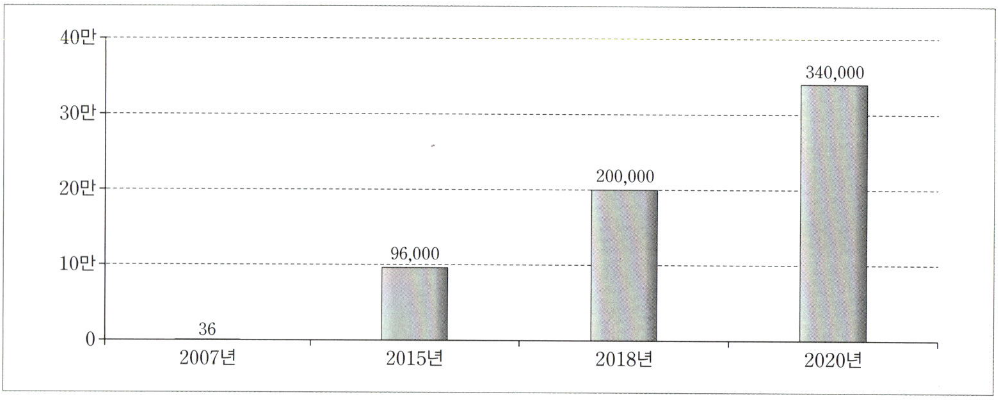

10 다음 중 옳은 것을 고르면?

① 2020년 노령연금 월 '50만 원 미만' 수급자 수는 2년 전 대비 가장 적게 증가하였다.
② 2020년 노령연금 수급자 중 월 '200만 원 이상' 수급자 수가 가장 많다.
③ 2020년 노령연금 월 '100만 원 이상 150만 원 미만' 수급자 수는 2년 전보다 18% 이상 증가하였다.
④ 2020년 노령연금 월 100만 원 미만 수급자 수는 2년 전보다 22% 증가하였다.
⑤ 2020년 노령연금 월 '150만 원 이상 200만 원 미만' 수급자 수는 '100만 원 이상 150만 원 미만' 수급자 수보다 5배 이상 많다.

11 다음 중 자료에 대한 설명으로 옳은 것을 [보기]에서 모두 고르면?

보기

㉠ 2020년에 월 '100만 원 이상' 수급자에 지급되는 총 노령연금은 최대 3,400억 원이다.
㉡ 2020년 노령연금 월 '100만 원 이상' 수급자 수는 2년 전보다 88% 이상 증가하였다.
㉢ 2015년 노령연금 월 '100만 원 이상' 수급자 수는 8년 전보다 95,974명 이상 증가하였다.
㉣ 2020년 노령연금 월 '100만 원 이상' 수급자 수는 5년 전 대비 3배 이상이다.

① ㉠, ㉡　② ㉠, ㉢　③ ㉠, ㉣
④ ㉡, ㉢　⑤ ㉢, ㉣

[12~13] 다음 [그래프]와 [표]는 세계 반도체 시장 매출액과 2021년 반도체 매출액 상위 5개 업체에 대한 자료이다. 이를 바탕으로 이어지는 질문에 답하시오.

[그래프] 세계 반도체 시장 매출액 (단위: 억 달러)

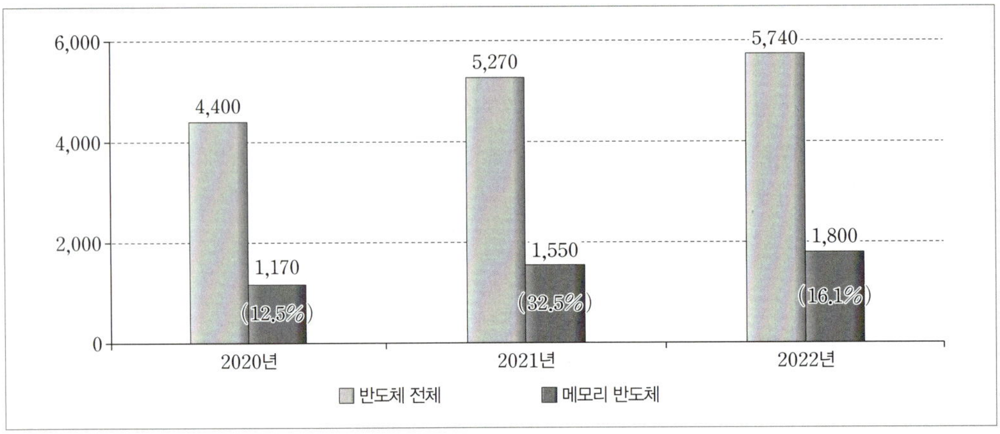

※ 괄호 안은 전년 대비 증가율임

[표] 2021년 반도체 매출액 상위 5개 업체 (단위: 백만 달러)

2021년 순위	2020년 순위	업체	2021년 매출	2020년 매출	시장점유율(%)
1위	2위	B업체	73,000	57,200	12.5
2위	1위	C업체	72,500	72,000	12
3위	3위	D업체	36,300	26,000	6
4위	5위	E업체	28,500	18,000	4.8
5위	4위	A업체	27,000	21,500	4.5

※ 순위는 매출에 따름
※ 시장점유율은 2021년 기준임

12 다음 중 옳지 않은 것을 고르면?

① 2021년 상위 5개 업체 중 2020년과 같은 순위를 기록한 업체는 1곳이다.
② 2019년 세계 반도체 시장에서 메모리 반도체 매출액은 1,020억 달러이다.
③ 상위 5개 업체의 2021년 총 매출액은 2,373억 달러이다.
④ 2022년 세계 반도체 시장에서 전년 대비 증가율은 메모리 반도체보다 전체 반도체가 더 높다.
⑤ 반도체 전체 매출액의 전년 대비 증가액이 2020년과 2021년에 동일하다면, 2019년 매출액은 3,500억 달러 이상이다.

13 다음 중 자료에 대한 설명으로 옳지 않은 것을 [보기]에서 모두 고르면?

보기
㉠ 2022년 전체 반도체 시장에서 메모리 반도체가 차지하는 비중은 2021년보다 더 크지 않다.
㉡ 상위 5개 반도체 업체 중 전년 대비 2021년 매출액 순위가 증가한 업체는 3곳이다.
㉢ 2021년 상위 5개 반도체 업체는 매출액이 많을수록 시장점유율과 순위가 높다.
㉣ 2021년 D업체의 매출액은 전년 대비 40% 이상 증가하였다.

① ㉠, ㉡　② ㉠, ㉣　③ ㉠, ㉡, ㉣
④ ㉠, ㉢, ㉣　⑤ ㉡, ㉢, ㉣

[14~15] 다음 [그래프]는 합계출산율 및 자연감소 인구수 전망에 관한 자료이다. 이를 바탕으로 이어지는 질문에 답하시오.

[그래프1] 합계출산율 전망 (단위: 명)

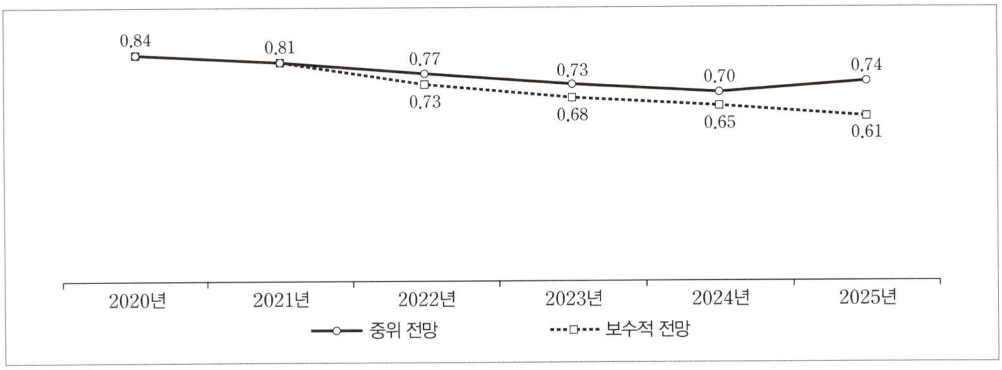

※ 합계출산율: 15~49세 여성 1명이 평생 낳을 것으로 예상되는 출생아 수의 평균

[그래프2] 자연감소 인구수 전망 (단위: 명)

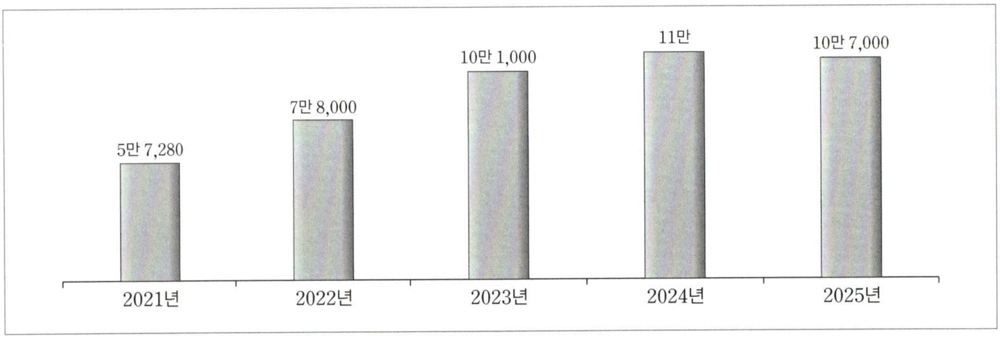

※ (자연감소)(명)=(연간사망자 수)−(연간출생자 수)

14 다음 중 옳지 않은 것을 고르면?

① 2021~2024년 동안 합계출산율 전망은 매년 감소한다.
② 2022~2025년 동안 자연감소 인구수 전망은 매년 증가하는 것은 아니다.
③ 2022년 이후 합계출산율은 중위 전망이 보수적 전망 보다 매년 높은 것으로 전망된다.
④ 2021년 중위 전망 합계출산율의 전년 대비 감소율은 3% 이상이다.
⑤ 2025년 합계출산율의 중위 전망과 보수적 전망의 평균값은 전년 대비 증가할 것으로 예상된다.

15 다음 중 자료에 대한 설명으로 옳은 것을 [보기]에서 모두 고르면?

보기
㉠ 연간사망자 수가 매년 동일하다면, 출생자 수는 2024년보다 2025년에 더 많다.
㉡ 연간출생자 수가 매년 동일하다면, 사망자 수는 2023년보다 2024년에 더 적다.
㉢ 연간사망자 수가 매년 동일하다면, 출생자 수는 2023년보다 2024년에 더 적다.
㉣ 연간출생자 수가 매년 동일하다면, 사망자 수는 2024년보다 2025년에 더 적다.

① ㉠, ㉡　② ㉠, ㉢　③ ㉡, ㉢
④ ㉠, ㉡, ㉣　⑤ ㉠, ㉢, ㉣

[16~17] 다음 [그래프]와 [표]는 두 제품 P, Q의 제품 판매 추이를 나타낸 자료이다. 이를 바탕으로 이어지는 질문에 답하시오.

[그래프] 전년 대비 제품 판매량 증가율 (단위: %)

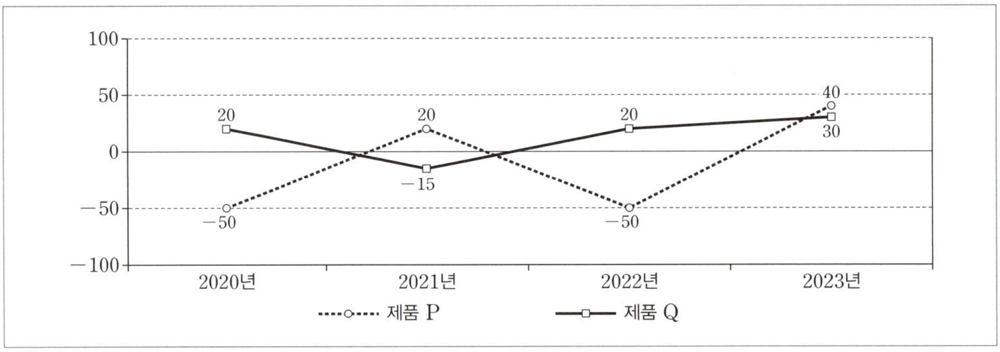

[표] 연도별 제품 판매량 (단위: 대)

구분	2000년	2005년	2010년	2015년	2020년
제품 P	9,000	10,200	12,500	20,000	10,000
제품 Q	6,000	8,000	15,000	16,000	12,000

16 다음 중 옳지 않은 것을 고르면?

① 2023년 제품 Q의 판매량은 16,000대 이상이다.
② 2020년 제품 Q의 판매량은 2005년 대비 50% 이상 증가하였다.
③ 2021년 제품 P의 판매량은 제품 Q의 판매량보다 1,800대 많다.
④ 2010년 두 제품 P, Q의 총판매량은 2005년 대비 50% 이상 증가하였다.
⑤ 2015년 두 제품 P, Q의 판매량 증가율은 2000년 대비 각각 100% 이상이다.

17 다음 중 자료에 대한 설명으로 옳은 것을 [보기]에서 모두 고르면?

보기
㉠ 2019년 제품 P의 판매량은 18,000대 이상이다.
㉡ 2019년 제품 Q의 판매량은 2005년 대비 25% 증가하였다.
㉢ 2023년 제품 P의 판매량은 제품 Q의 판매량 대비 50% 이상이다.

① ㉠ ② ㉢ ③ ㉠, ㉡
④ ㉡, ㉢ ⑤ ㉠, ㉡, ㉢

18 다음 [표]는 교육 수준에 따른 범죄자 인원에 대한 자료이다. 이를 바탕으로 그래프를 작성하였을 때, 옳은 것을 고르면?

[표] 교육 수준에 따른 범죄자 인원 (단위: 천 명)

구분	무학	초등학교	중학교	고등학교	대학 이상	합계
2000년	48	216	240	576	120	1,200
2005년	60	225	315	675	225	1,500
2010년	32	288	320	640	320	1,600
2015년	18	252	360	720	450	1,800
2020년	40	100	360	700	800	2,000

① 2000년 교육 수준에 따른 범죄자 비율

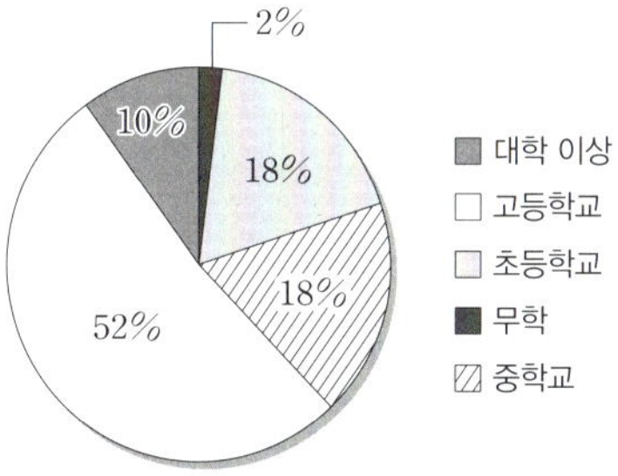

② 2005년 교육 수준에 따른 범죄자 비율

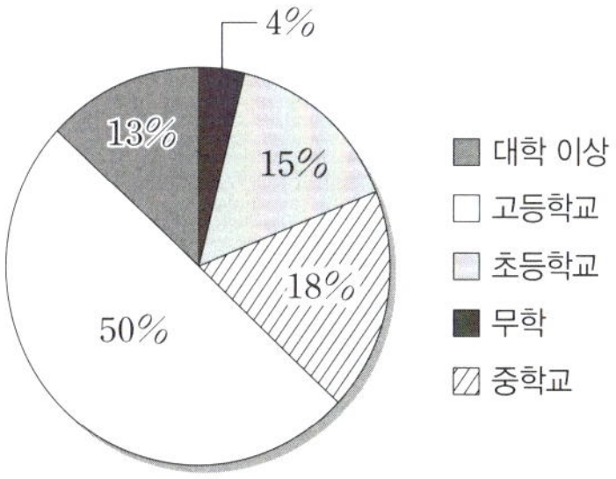

③ 2010년 교육 수준에 따른 범죄자 비율

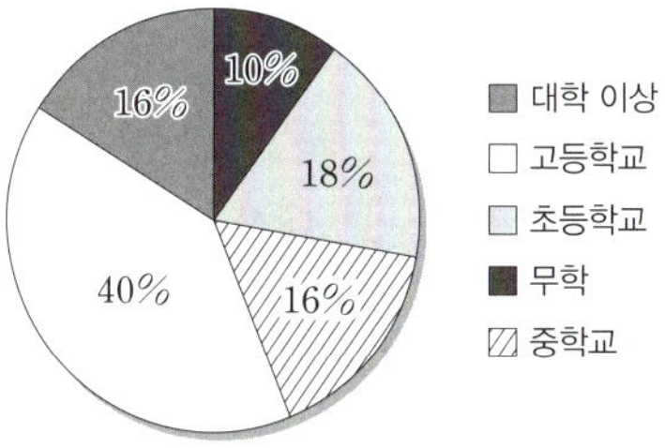

④ 2015년 교육 수준에 따른 범죄자 비율

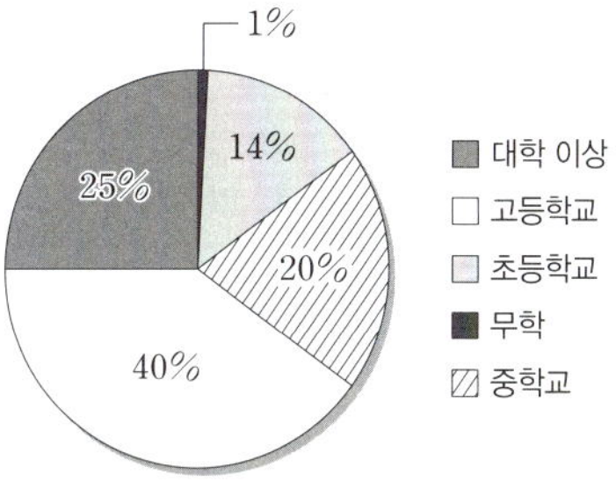

⑤ 2020년 교육 수준에 따른 범죄자 비율

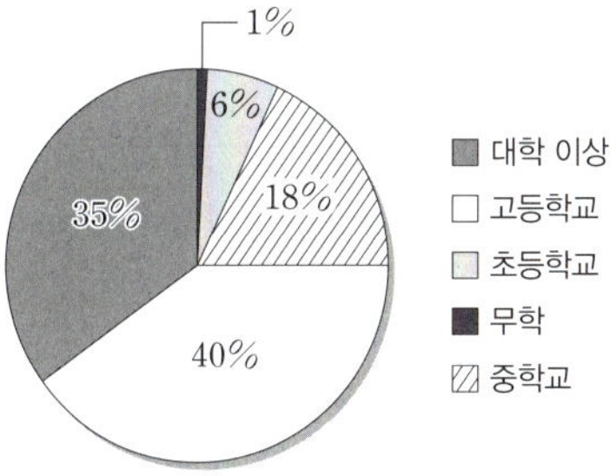

19 다음 [표]는 해외자원 개발 사업에 따른 누적회수율에 관한 자료이다. 이를 보고 빈칸에 해당하는 값을 예측했을 때, 가장 적절한 값을 고르면?

[표] 해외자원 개발 사업에 따른 누적회수율 (단위: 억 달러, %)

구분	2020년	2021년	2022년	2023년
누적투자액	200	350	250	300
누적회수액	240	(㉠)	120	450
누적회수율	50	50	20	(㉡)

※ (누적회수율)(%) $=\left(\dfrac{\text{누적회수액}\times b}{\text{누적투자액}\times a}\right)\times 100$

	㉠	㉡
①	390	62.5
②	400	60
③	400	64
④	420	60
⑤	420	62.5

20 다음 [표]는 독성 물질 A와 B의 해독제 처리 후 남아 있는 양에 대한 실험 결과이다. 물질 A와 B는 해독제 처리 후 시간에 따라 일정하게 양이 변할 때, 물질 A와 B의 총량이 3,000g 이하가 되는 시점이 언제인지 고르면?

[표] 해독제 처리 후 남아 있는 양 (단위: g)

구분	1시간 후	2시간 후	3시간 후	4시간 후	5시간 후
물질 A	6,000	5,800	5,500	5,100	4,600
물질 B	1,000	950	900	850	800

① 6시간 후 ② 7시간 후 ③ 8시간 후
④ 9시간 후 ⑤ 10시간 후

01 다음 전제를 보고 항상 참인 결론을 고르면?

전제1	커피를 좋아하는 모든 사람은 피곤하다.
전제2	우유를 좋아하는 모든 사람은 피곤하지 않다.
결론	

① 커피를 좋아하는 모든 사람은 우유를 좋아한다.
② 커피를 좋아하는 모든 사람은 우유를 좋아하지 않는다.
③ 우유를 좋아하는 모든 사람은 커피를 좋아한다.
④ 커피를 좋아하지 않는 모든 사람은 우유를 좋아한다.
⑤ 우유를 좋아하지 않는 모든 사람은 커피를 좋아한다.

02 다음 전제를 보고 항상 참인 결론을 고르면?

전제1	입이 큰 모든 강아지는 식탐이 많다.
전제2	입이 큰 어떤 강아지는 사료를 좋아한다.
결론	

① 사료를 좋아하는 모든 강아지는 식탐이 많다.
② 사료를 좋아하는 어떤 강아지는 식탐이 많다.
③ 식탐이 많은 모든 강아지는 사료를 좋아한다.
④ 사료를 좋아하는 어떤 강아지는 식탐이 많지 않다.
⑤ 식탐이 많은 어떤 강아지는 사료를 좋아하지 않는다.

03 다음 결론이 반드시 참이 되게 하는 전제를 고르면?

전제1	영어 교육을 듣는 어떤 사람은 반도체 교육을 듣는다.
전제2	
결론	중국어 교육을 듣는 어떤 사람은 반도체 교육을 듣는다.

① 중국어 교육을 듣는 사람은 영어 교육을 듣는다.
② 영어 교육을 듣는 사람은 중국어 교육을 듣는다.
③ 중국어 교육을 듣는 사람은 영어 교육을 듣지 않는다.
④ 영어 교육을 듣는 사람은 중국어 교육을 듣지 않는다.
⑤ 영어 교육을 듣지 않는 사람은 중국어 교육을 듣지 않는다.

04 동욱이는 월요일부터 토요일까지 취미 계획표를 세워 매일 음악감상, 독서, 운동 중 하나의 취미 생활을 한다. 다음 [조건]을 바탕으로 항상 옳지 않은 것을 고르면?

조건

[취미 계획표]

월요일	화요일	수요일	목요일	금요일	토요일
		음악감상			

- 주에 1번 이상 독서를 한다.
- 운동은 주에 3번하고, 연속한 요일에 하지 않는다.

① 가능한 경우의 수는 6가지이다.
② 화요일에 독서를 하면 3일 뒤에는 음악감상을 한다.
③ 월요일에 독서를 하는 경우는 2가지이다.
④ 화요일에 운동을 하면 금요일에 음악감상을 한다.
⑤ 연속한 요일에 음악감상을 하는 경우는 없다.

05 S중학교에 입학한 7명의 친구들은 모두 다른 반이 되었다. 다음 [조건]을 바탕으로 항상 옳지 않은 것을 고르면?

조건

- S중학교에 수희, 안나, 한슬, 지영, 은별, 예지, 다래가 입학하였다.
- 학급은 복도를 사이에 두고 왼쪽에 1~4반, 오른쪽에 5~7반으로 나뉘어 일렬로 위치한다.
- 지영이는 짝수반이 아니다.
- 은별이는 2반이 아니며, 복도를 기준으로 왼쪽에 있는 반이다.
- 예지는 홀수반이다.
- 한슬이는 가장 오른쪽 반이며, 수희와 서로 옆 반이 아니다.
- 안나는 5반이다.

1반	2반	3반	4반	복도	5반	6반	7반

① 수희는 2반이다.
② 다래는 4반이 아니다.
③ 예지는 한슬이와 서로 옆 반이다.
④ 수희와 지영이는 서로 옆 반이다.
⑤ 은별이와 한슬이는 서로 옆 반이 아니다.

06 어떤 주머니에 빨간색 공이 3개, 파란색 공이 3개 들어있다. A~F 6명이 주머니에서 A, B, C, D, E, F 순으로 차례로 공을 꺼냈고, 꺼낸 공은 다시 넣지 않았을 때, 다음 [조건]을 바탕으로 항상 옳지 않은 것을 고르면?

조건

- 빨간색 공은 연속해서 꺼내지 않았다.
- B는 두 번째로 공을 꺼냈고, 꺼낸 공의 색은 빨간색이다.
- D는 B와 같은 색 공을 꺼냈다.
- A는 C보다 먼저 공을 꺼냈고, A와 C의 순서 사이에 공을 꺼낸 사람은 2명이다.

① F가 빨간색 공을 꺼낸 경우는 없다.
② D보다 공을 먼저 꺼낸 사람은 3명이다.
③ E가 첫 번째로 공을 꺼낸 경우는 2가지이다.
④ A의 바로 다음 순서로 공을 꺼낸 사람은 B이다.
⑤ C가 여섯 번째로 공을 꺼내면 D는 네 번째로 공을 꺼낸다.

07 **어느 회사의 직원 8명이 비행기를 타고 해외 출장을 가게 되었다. 다음 [조건]을 바탕으로 항상 옳지 않은 것을 고르면?**

조건

- 해외 출장은 고 차장, 김 과장, 민 과장, 박 대리, 안 대리, 이 주임, 최 사원, 한 사원이 간다.
- 민 과장과 박 대리는 창문 쪽에 앉았다.
- 김 과장, 안 대리, 이 주임은 붙어 앉아 있다.
- 최 사원의 좌석 번호는 9B이고, 안 대리의 좌석 번호는 9E이다.
- 고 차장과 사원은 모두 복도 쪽에 앉았고, 이 주임은 복도 쪽에 앉지 않았다.

창문	9A	9B	복도	9C	9D	9E	9F	복도	9G	9H	창문

① 민 과장이 9A에 앉는 경우는 2가지이다.
② 고 차장이 9G에 앉는 경우는 4가지이다.
③ 한 사원이 9G에 앉는 경우는 4가지이다.
④ 이 주임이 앉을 수 있는 자리는 한 군데뿐이다.
⑤ 박 대리가 9H에 앉고 고 차장이 9C에 앉으면 8명의 자리가 모두 정해진다.

08 **A~F 6개의 전구에 각각 1번부터 6번까지 각각 1개의 스위치가 연결되어 있다. 각 전구에 연결된 스위치를 누르면 전구의 불이 켜질 때, 다음 [조건]을 바탕으로 항상 옳지 않은 것을 고르면?**

조건

A	B	C	D	E	F
1번	2번	3번	4번	5번	6번

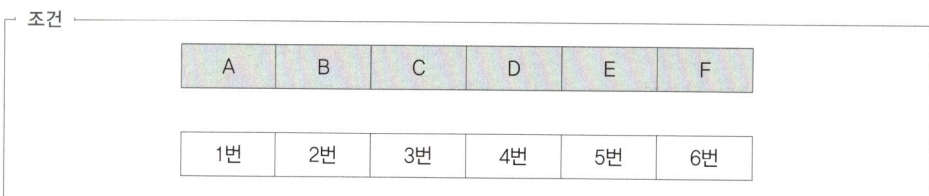

- 4번과 6번 스위치를 눌렀더니 C와 F의 전구에 불이 켜졌다.
- B와 연결된 스위치의 바로 오른쪽 스위치를 눌렀더니 F의 전구에 불이 켜졌다.
- D의 방과 연결된 스위치는 1번이다.
- A의 전구에 연결된 스위치가 E의 전구에 연결된 스위치보다 번호가 작다.

① 가능한 경우의 수는 2가지이다.
② 3번과 4번 스위치를 누르면 C와 E의 전구에 불이 켜진다.
③ A와 연결된 스위치는 D와 연결된 스위치의 바로 오른쪽에 있다.
④ E와 연결된 스위치의 바로 왼쪽 스위치를 누르면 C의 전구에 불이 켜진다.
⑤ 6번 스위치를 눌렀더니 F의 전구에 불이 켜졌다면, 5번 스위치를 누르면 B의 전구에 불이 켜진다.

09 어느 USB에 A~E 파일 5개가 들어있다. 다음 [조건]을 바탕으로 항상 옳지 않은 것을 고르면?

조건
- 파일의 종류는 PPT, 엑셀, 동영상이다.
- C는 엑셀 파일이고, D와 다른 종류의 파일이다.
- A는 엑셀 파일이 아니고, B는 PPT 파일이 아니다.
- 엑셀 파일과 PPT 파일은 2개씩이고, 동영상 파일은 1개이다.

① 가능한 모든 경우의 수는 3가지이다.
② E 파일 종류는 3가지 모두 가능하다.
③ A 파일 종류로 가능한 경우는 2가지이다.
④ D 파일 종류로 가능한 경우는 2가지이다.
⑤ B가 동영상 파일이라면 E는 엑셀 파일이다.

10 개발팀의 A 부장, B 차장, C 과장, D 대리, E 대리, F 대리, G 주임, H 주임이 원탁에 일정한 간격으로 둘러앉아 회의를 했다. 한 명씩 돌아가면서 의견을 제시하였는데, A 부장이 가장 먼저 발언하였다. 그다음부터는 다음 [조건]에 따라 A 부장의 시계 반대 방향으로 돌아가면서 발언을 했을 때, [보기] 중 옳은 것의 개수를 고르면?

조건
- D 대리는 대리 중에 가장 늦게 발언하였다.
- F 대리와 B 차장은 서로 마주 보고 앉아 있다.
- G 주임의 양옆에 앉은 두 사람의 직급은 서로 같다.
- C 과장은 차장 직전에 발언하였고, B 차장은 주임 직전에 발언하였다.
- A 부장의 양옆에는 대리가 앉아 있고, 주임끼리는 서로 마주 보고 앉아 있다.

보기
㉠ 세 번째로 발언하는 사람은 C 과장이다.
㉡ 가장 먼저 발언하는 대리는 E 대리이다.
㉢ B 차장의 오른쪽에는 C 과장이 앉아 있다.
㉣ 대리끼리는 누구라도 마주 보고 앉지 않았다.

① 0개　② 1개　③ 2개
④ 3개　⑤ 4개

11 **다음과 같이 번호가 새겨진 자리에 총 8대의 차를 주차할 수 있는 주차장이 있다. A~E 5명이 이 주차장에 먼저 들어온 순서대로 번호가 작을 때, 주차장에 들어온 순서로 옳은 것을 고르면?**(단, 주차장 입구로부터의 거리는 마주 보는 자리끼리 서로 같으며, 동시에 주차장을 들어온 사람은 없다.)

위쪽

	1번	3번	5번	7번
주차장 입구				
	2번	4번	6번	8번

아래쪽

- A는 2번에 주차했다.
- 위쪽에 주차한 사람은 D를 포함하여 2명이다.
- B는 C보다 주차장 입구에서 가까운 곳에 주차했다.
- E보다 주차장 입구에서 먼 곳에 주차한 사람은 없다.
- C는 D보다 먼저 주차장에 들어왔으며, C의 자리와 마주 보는 자리엔 주차된 차가 없다.

① A－B－C－D－E ② A－C－B－D－E ③ B－A－C－D－E
④ B－A－C－E－D ⑤ B－A－D－C－E

12 A~D는 각자 빨간색, 파란색, 노란색, 초록색 중 하나씩을 겹치지 않게 좋아한다. 다음 [조건]을 바탕으로 항상 옳은 것을 고르면?

조건
- A는 초록색을 좋아하지 않는다.
- D는 빨간색 또는 파란색을 좋아한다.
- C가 노란색을 좋아하지 않으면 D는 빨간색을 좋아한다.

① A가 파란색을 좋아하는 경우는 3가지이다.
② B가 초록색을 좋아하는 경우는 2가지이다.
③ C가 초록색을 좋아하는 경우는 1가지이다.
④ B가 초록색을 좋아하면 A는 빨간색을 좋아한다.
⑤ D가 파란색을 좋아하면 B는 초록색을 좋아한다.

13 어느 마술 페스티벌에 마술사 A~E 5명이 참가하여 공연 순서를 정하였다. 다음 [조건]을 바탕으로 항상 옳지 않은 것을 고르면?

조건
- A, B, C는 남자 마술사이고, D, E는 여자 마술사이다.
- B는 D보다 공연을 먼저 한다.
- A는 C보다 공연을 늦게 한다.
- 가장 처음 공연하는 마술사는 여자 마술사이다.
- 여자 마술사 2명의 공연 사이에 공연하는 남자 마술사는 2명이다.

① 가능한 경우의 수는 2가지이다.
② 세 번째로 공연하는 마술사는 C이다.
③ A보다 공연을 먼저 하는 여자 마술사는 2명이다.
④ E와 A의 공연 사이에 공연하는 남자 마술사는 1명이다.
⑤ B가 두 번째로 공연을 한다면, B와 D 사이에 공연하는 마술사는 1명이다.

14 **A~E 5명은 마우스와 키보드 중 하나만 구매하였다. 마우스를 구매한 사람은 진실을 말하고, 키보드를 구매한 사람은 거짓을 말할 때, 다음 [대화]를 바탕으로 항상 옳지 <u>않은</u> 것을 고르면?**

대화

- A: "키보드를 구매한 사람은 2명입니다."
- B: "A는 키보드를 구매했습니다."
- C: "D는 마우스를 구매했습니다."
- D: "E는 키보드를 구매했습니다."
- E: "마우스를 구매한 사람이 키보드를 구매한 사람보다 적습니다."

① 가능한 경우의 수는 3가지이다.
② C가 키보드를 구매했다면, E도 키보드를 구매했다.
③ E가 키보드를 구매했다면, A는 마우스를 구매했다.
④ B가 마우스를 구매했다면, 키보드를 구매한 사람은 3명이다.
⑤ D가 마우스를 구매했다면, 마우스를 구매한 사람은 3명이다.

15 다음에 주어진 도형을 보고 적용된 규칙을 찾아 '?'에 해당하는 적절한 도형을 고르면?

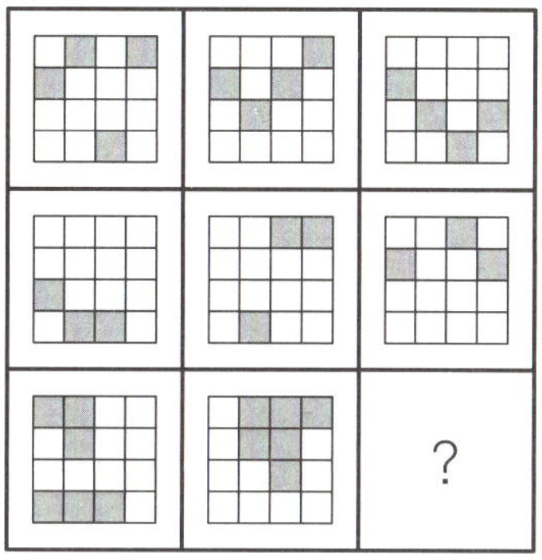

① 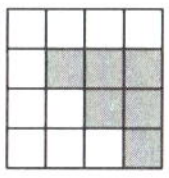

② 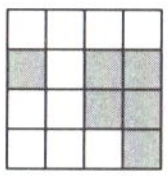

③ 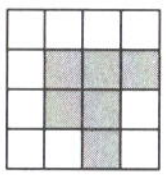

④ 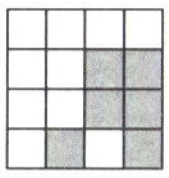

⑤ 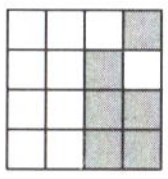

16 다음에 주어진 도형을 보고 적용된 규칙을 찾아 '?'에 해당하는 적절한 도형을 고르면?

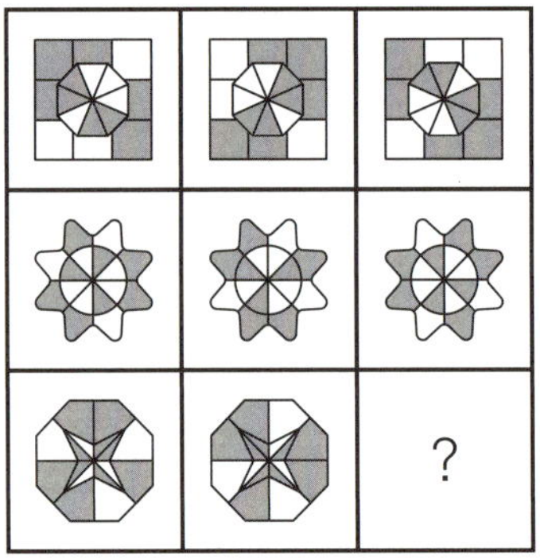

① 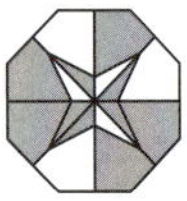

② 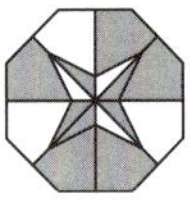

③ 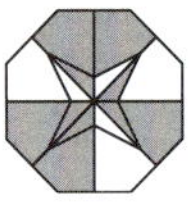

④ 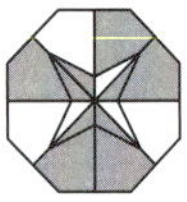

⑤ 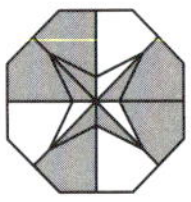

17 다음에 주어진 도형을 보고 적용된 규칙을 찾아 '?'에 해당하는 적절한 도형을 고르면?

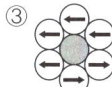

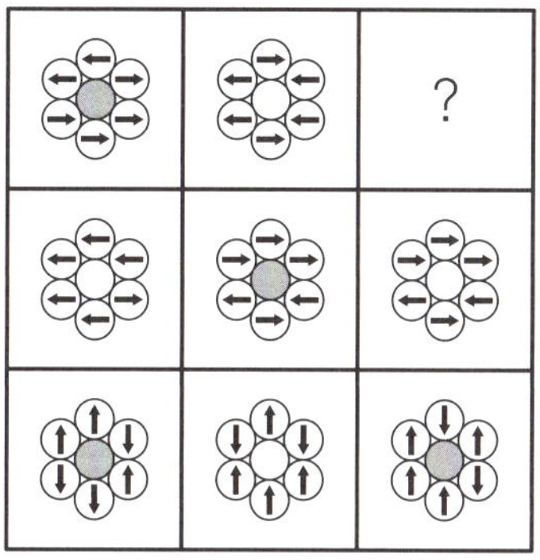

① 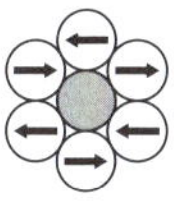

② 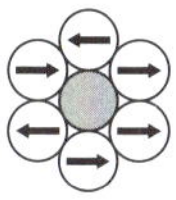

③ 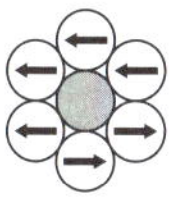

④ 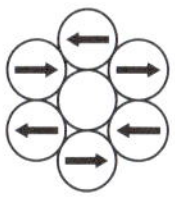

⑤ 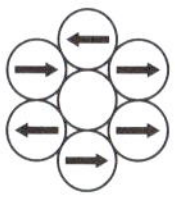

[18~21] 기호들이 각자 하나의 규칙을 가지고 아래와 같이 문자나 숫자를 변화시킨다고 한다. 이때 다음 (?)에 들어갈 알맞은 것을 고르시오.(단, 가로와 세로 중 한 방향으로만 이동하며, Z 다음은 A, 9 다음은 0이다.)

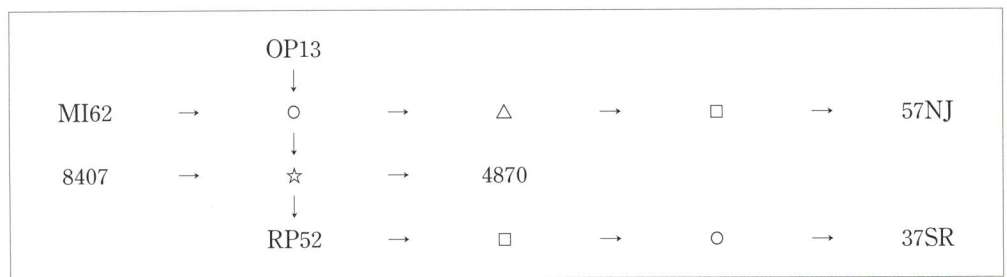

		OP13						
		↓						
MI62	→	○	→	△	→	□	→	57NJ
		↓						
8407	→	☆	→	4870				
		↓						
		RP52	→	□	→	○	→	37SR

18

OPPA → ☆ → ○ → (?)

① QPBR ② QPRB ③ QBRQ
④ QRQB ⑤ QQBR

19

PPAP → □ → ○ → △ → (?)

① BQSQ ② CQPS ③ QBQS
④ QCPS ⑤ QSPC

20

(?) → ☆ → □ → CHEF

① CEFH ② CFHE ③ FCEH
④ FECH ⑤ HCFE

21

(?) → △ → □ → ○ → 38SN

① RM61 ② RM62 ③ 26MR
④ 61RM ⑤ 62RM

22 다음 문단을 논리적 순서에 맞게 배열한 것을 고르면?

[가] 지구온난화에 효과적으로 대응하기 위해서는 개인과 공동체의 참여가 필수적이다. 에너지 소비 절감, 재활용 및 재사용 실천, 저탄소 제품 선택 등 일상에서의 작은 노력이 중요하며, 기후 변화의 심각성을 인식하고 정책 및 활동에 참여하는 것이 필요하다. 우리의 작은 실천들이 모여 큰 변화를 이룰 수 있음을 인식하고 관심을 가지고 노력을 기울여야 한다.

[나] 기후 변화의 영향은 지역과 국가마다 다르게 나타나며, 적응과 대응 전략을 세우는 데 복잡함이 따른다. 또한, 국제 사회의 협력이 필요하지만 각국의 이해관계와 경제적 부담으로 협력에 어려움을 겪고 있는 것이 사실이다. 따라서 각국은 자국 상황에 맞는 맞춤형 대응 방안을 마련하고 국제 협력을 통해 공동 목표를 달성해야 한다.

[다] 과학자들은 기후 데이터 분석을 바탕으로 온실가스 배출 감소 목표를 설정하고, 재생 가능 에너지 사용 확대, 에너지 효율 개선, 탄소 배출권 거래제 등 다양한 전략을 적용하고 있다. 이러한 노력은 기후 변화의 영향을 완화하고 지구 생태계를 보호하기 위한 중요한 조치이다. 이러한 당장의 조치 외에도 기후 변화 대응에 우리는 지속적으로 노력을 기울여야 한다.

[라] 지구온난화는 온실가스 배출 증가로 지구 평균 기온이 상승하며, 극단적인 기후 현상과 생태계 변화를 초래하는 심각한 환경 문제이다. 기후 데이터는 기온 상승, 해수면 상승, 강수량 변화 등을 분석하여 지구온난화의 진행 상황을 이해하고 예측하는 데 필수적이다. 이러한 데이터는 기후 변화의 패턴을 파악하고 대응 방안을 마련하는 데 중요한 역할을 한다.

① [다]－[나]－[라]－[가]
② [다]－[라]－[가]－[나]
③ [라]－[가]－[다]－[나]
④ [라]－[다]－[가]－[나]
⑤ [라]－[다]－[나]－[가]

23 다음 문단을 논리적 순서에 맞게 배열한 것을 고르면?

[가] 민원 챗봇은 민원 서비스의 접근성과 품질을 향상시키는 데 기여할 수 있다. 사용자 친화적인 인터페이스를 통해 민원인들이 쉽게 질문하고 문제를 해결할 수 있도록 도와주어 민원 처리의 불편함을 줄이고, 시민들의 만족도를 높이는 데 도움을 준다. 그러나 챗봇이 모든 민원 문제를 완벽히 해결할 수 있는 것은 아니므로, 복잡한 문제는 여전히 인간 상담원이 처리해야 하는 점도 고려해야 한다.

[나] 또한, 민원 대응 인력 부족과 업무 과중은 민원 해결에 큰 영향을 미친다. 많은 공공기관이 한정된 인력으로 많은 민원을 처리해야 하기 때문에 민원 처리 속도가 느려질 수 있다. 업무 과중은 공무원의 스트레스를 증가시키고, 민원 서비스의 품질에 악영향을 준다. 이러한 상황은 시민들의 불만을 초래하고, 공공기관의 신뢰성에도 부정적인 영향을 미칠 수 있다.

[다] 민원 해결은 공공 서비스 기관에서 중요한 역할을 하며, 시민들의 불만이나 요청을 신속하고 효과적으로 처리하는 것이 핵심이다. 그러나 민원 처리는 다양한 어려움에 직면해 있다. 민원은 복잡한 문제를 포함할 수 있으며, 이를 해결하기 위해서는 관련 법규와 절차를 정확히 이해하고 적용해야 한다. 이 과정에서 절차적 문제나 정보가 부족하게 되면 민원 해결을 지연시킬 수 있으며, 각 민원의 성격에 맞춘 적절한 대응과 교육이 필요하다.

[라] 이러한 문제를 해결하기 위해 민원 챗봇의 도입이 주목받고 있다. 민원 챗봇은 인공지능(AI)을 활용하여 민원 접수와 처리 과정을 자동화하고, 24시간 실시간으로 서비스를 제공할 수 있는 시스템이다. 챗봇은 자주 묻는 질문(FAQ)에 대한 답변을 신속하게 제공하고, 기본적인 절차나 정보를 자동으로 전달함으로써 공공기관의 업무 효율성을 높이고 민원 처리 속도를 개선할 수 있다.

① [가]－[다]－[라]－[나]
② [가]－[나]－[다]－[라]
③ [다]－[가]－[라]－[나]
④ [다]－[나]－[라]－[가]
⑤ [다]－[라]－[가]－[나]

24 다음 글의 내용이 참일 경우, 반드시 거짓인 진술을 고르면?

팬슈머(Fansumer)는 제품이나 콘텐츠의 생산 과정에 적극적으로 참여하고, 자신의 의견을 반영하려는 소비자를 의미한다. 이들은 단순히 제품을 소비하는 데 그치지 않고, 브랜드와 소통하며 제품 개발에 직접적인 영향을 미친다. 팬슈머는 주로 소셜 미디어를 통해 자신의 의견을 제시하며, 기업은 이러한 피드백을 반영해 제품을 개선하거나 새로운 제품을 출시하기도 한다. 이러한 팬슈머 현상은 특히 젊은 세대에서 두드러지며, 이들은 자신이 선호하는 브랜드와의 긴밀한 관계를 중요시한다. 기업들은 팬슈머의 요구를 충족시키기 위해 더 많은 자원을 투입하고 있으며, 일부 브랜드는 팬슈머의 아이디어를 바탕으로 제품을 공동 개발하거나, 팬슈머가 직접 참여하는 프로모션을 기획하는 등 소통을 강화하고 있다. 이러한 접근 방식은 기업에게도 긍정적인 영향을 미쳐, 소비자와의 관계를 강화하고 브랜드 충성도를 높이는 데 기여한다.

① 팬슈머는 자신의 의견이 제품 개발에 반영되도록 브랜드와의 소통을 적극적으로 시도한다.
② 기업들은 팬슈머의 요구를 충족시키기 위해 자원을 더 많이 투입하고 있다.
③ 팬슈머는 소셜 미디어와 같은 온라인 플랫폼을 통해 브랜드와 소통한다.
④ 팬슈머는 제품을 단순히 소비하는 데 그치지 않고, 생산 과정에 참여하려고 한다.
⑤ 팬슈머는 제품 소비에만 주력하기 때문에 기업의 영업 전략에 영향을 준다.

25 다음 글의 내용이 참일 경우, 반드시 거짓인 진술을 고르면?

인체는 에너지를 이용하여 생존하는데, 이때 여러 가지 노폐물이 발생하고 이 노폐물들은 인체 밖으로 배출되어야 한다. 그래야만 몸이 늘 일정한 상태, 즉 항상성을 유지하게 된다. 인체 내에서 노폐물을 몸 밖으로 내보내는 역할은 주로 신장이 한다.

신장의 주 역할은 노폐물을 걸러내어 오줌으로 내보내는 것이다. 이 일이 진행되는 곳은 네프론이라는 장치인데, 신장 하나에 100만 개 정도가 있다. 네프론은 사구체, 보먼주머니, 세뇨관으로 이루어지는데 이곳에서 노폐물이 여과되고, 필요한 영양분, 즉 포도당, 수분 등이 재흡수되기도 한다. 포도당은 100% 재흡수되는데, 당이 재흡수되지 않고 소변에 섞여 나오면 당뇨병을 의심해 볼 수 있다. 몸 안의 수분량에 따라 수분을 재흡수하는 양이 결정되므로 몸 안의 수분이 적으면 배출하는 수분의 양을 줄인다. 이 때문에 소변이 노랗게 되는데 이것은 몸의 수분이 적다는 신호이다.

① 신장은 인체가 항상성을 유지하도록 해준다.
② 인체에 수분이 부족하면 묽은 소변이 나온다.
③ 노란 소변이 나온다면 몸에 수분이 적다는 것을 의미한다.
④ 사람의 신체는 몸속에서 발생하는 노폐물을 밖으로 배출한다.
⑤ 포도당이 완전히 재흡수되지 않으면 몸에 문제가 있다는 것을 의미한다.

26 **다음 글의 내용이 참일 경우, 반드시 거짓인 진술을 고르면?**

> 첨단 레이저 가공 기술은 강력하고 집중된 빛 에너지를 이용하여 다양한 소재를 정밀하게 가공하는 혁신적인 기술이다. 레이저 빛은 특정 파장과 강도를 가지며, 물질과 상호작용하여 열, 빛, 플라즈마를 발생시킨다. 이러한 에너지를 이용하여 절단, 용접, 드릴링, 표면처리 등 다양한 기법을 통해 높은 정밀도로 금속, 세라믹, 플라스틱 등을 가공한다.
>
> 이 기술은 소재를 정밀하게 절단하거나 패턴을 새길 수 있어, 높은 품질의 가공 결과를 제공한다. 자동차, 항공우주, 전자, 의료 등 다양한 산업에서 활용되며, 특히 자동차 산업에서는 복잡하고 작은 부품의 가공, 항공우주 분야에서는 경량화와 내구성 강화에 기여한다.
>
> 글로벌 시장에서 첨단 레이저 가공 기술의 수요는 꾸준히 증가하고 있다. 중국, 일본, 독일, 미국 등 주요 국가들은 이 기술을 통해 세계 시장에서의 점유율을 확대하고 있다. 지속적인 연구 개발을 통해 복합 가공 기술도 개발되어 제조업의 글로벌 경쟁력을 높이며, 다양한 산업 분야의 생산 효율을 극대화한다.
>
> 결론적으로, 첨단 레이저 가공 기술은 고정밀성과 효율성을 제공하며, 글로벌 산업 발전에 중요한 역할을 하고 있으며 나노 기술 분야에서도 새로운 가능성을 열어줄 것이라 기대된다.

① 레이저 파장은 가공하는 물질의 소재의 종류, 두께 등 상호작용에 영향을 미친다.
② 첨단 레이저 가공 기술은 복잡한 패턴 소재보다는 작은 부품을 가공하는 것이 더 쉽다.
③ 가공하는 물질의 소재나 사용 목적에 따라 레이저의 특성과 종류가 다르게 적용된다.
④ 첨단 레이저 가공 기술은 기술의 복잡성에 제약이 있어 가공 활용 범위가 제한적이다.
⑤ 단단한 물질의 소재일 때보다 연한 소재일 때 정밀한 작업으로 가공 비용이 더 비싸다.

27 다음 글의 내용이 참일 경우, 반드시 <u>거짓</u>인 진술을 고르면?

> 네트워크상의 터널링(Tunneling)은 데이터 통신에서 보안성과 효율성을 높이기 위해 사용되는 기술이다. 이 기술은 가상의 터널을 생성하여 서로 다른 네트워크 프로토콜을 통해 데이터를 전송할 수 있게 한다.
>
> 데이터 보호와 기밀성에 강점을 둔 VPN(가상 사설망)과 데이터 전송의 효율성을 중시한 GRE(일반화된 터널링 프로토콜)이 주요 터널링 프로토콜이다. VPN은 공용 인터넷을 통해 사설 네트워크를 구성하여 데이터 암호화와 안전한 전송을 제공한다. 이를 통해 원격 근무 지원과 지사 간 안전한 연결이 가능하다. GRE는 여러 네트워크 프로토콜을 단일 프로토콜로 캡슐화하여 효율적인 데이터 전송을 지원한다. 터널링 기술은 네트워크 제약을 우회하거나 보안이 강화된 네트워크 환경을 제공한다. 예를 들어, 외부 공격 위험을 줄이기 위해 터널을 통해 통신한다. 그러나 터널링은 데이터 전송 지연과 네트워크 복잡성 증가를 초래할 수 있다.
>
> 또한, 모든 터널링 프로토콜이 동일한 수준의 보안을 제공하지는 않으므로, 적절한 보안 조치를 선택해야 한다. 결론적으로, 터널링 기술은 데이터 전송의 안전성과 효율성을 높이는 데 중요하며, 신중한 고려가 필요하다.

① VPN과 GRE 주요 터널링 프로토콜 중에서 VPN이 보다 진화된 성능을 제공한다.
② GRE는 다양한 유형의 네트워크 구조에서 데이터 전송을 용이하게 한다.
③ GRE는 데이터 암호화 기능을 내장하고 있어 보안 측면에서 뛰어나다.
④ VPN은 분산 된 지사간의 원활한 데이터 교류와 업무 협업이 가능하다.
⑤ 프로토콜의 특성을 고려하여 보완한다면 데이터 효율성과 보안성을 극대화할 수 있다.

28 **다음 글에 대한 반론으로 적절하지 않은 것을 고르면?**

> OLED는 전압이 가해지면 스스로 빛을 발하는 유기발광재료를 이용하여 화상을 표시하는 장치이다. LCD는 컬러필터에서 색을 표현하고 그것을 보여 주기 위해 뒤에서 빛을 쏘아주는 백라이트가 필수적이지만 OLED는 스스로 빛을 내는 소자이기 때문에 백라이트가 필요없다. 이 때문에 OLED는 LCD보다 더 얇고 가볍다. 그뿐만 아니라 같은 전압일 때도 훨씬 밝고 선명한 디스플레이 장치를 만들 수 있다. 또한 유리는 물론 플라스틱도 기판으로 사용할 수 있기 때문에 두루마리 디스플레이나 벽면 전체를 화면으로 만드는 기술도 가능하다. 반면 QLED는 스스로 빛나는 것이 아닌 백라이트가 필요한 LCD를 개선시킨 제품에 불과하다.

① OLED는 수명이 짧고, 패널의 크기가 커지면 커질수록 기술 개발에 한계가 있다.

② QLED는 10억분의 1m 크기의 퀀텀닷 소자를 활용하고 있으므로 기존의 LCD와 다른 기술이다.

③ OLED 역시 완벽한 기술이 아니며, 대표적인 문제점으로 화면에 잔상이 남는 번인 현상이 있다.

④ 상용화되고 있는 QLED 제품은 LCD 패널 앞에 퀀텀닷 필름을 껴서 생산한 것이다.

⑤ QLED는 유기물로 되어 있는 OLED와는 다르게 무기물이 발광하게 되어 있고, OLED보다 더 많은 색을 표현할 수 있다.

29 다음 글과 [보기]를 읽고 추론한 것 중 적절하지 않은 것을 고르면?

최근 북미에서 MZ세대를 대상으로 특정 상황이 주어졌을 때 의사 표현을 하겠냐고 물었는데 경영자가 추구하는 방향에 동의할 때는 85%가 적극 의사 표현을 하겠다고 했고, 경영자의 뜻에 반하는 의사 표현일지라도 82%가 의견을 개진하겠다고 응답했다. 이같이 자신의 생각을 말하는 것을 주저하지 않는 특성을 '구성원 행동주의'라고 한다. 국내외를 막론하고 MZ세대를 중심으로 나타나고 있는 현상이다. 이들은 단순히 본인의 직업안정성이나 경제적인 이익에 관해서만이 아니라 조직이 추진하는 사업 방향이나 조직문화 등 주제가 무엇이든 자신의 의견을 적극적으로 내세운다.

보기

최근 국내 한 그룹에서 MZ세대가 기존 노동조합과 다른 별도의 조합을 만들었다는 소식이 전해졌다. 예전에는 급여나 복리후생, 일하는 방식과 관련해 노동조합 같은 대표 집단이 이슈를 감지하고 의견을 수렴해 공동 대응에 나섰다면, 이제는 몇몇 대형 집단을 통한 이슈 파악이 어려워졌다. 또한 이슈가 외부로 확산돼 브랜드 이미지나 경쟁력에 영향을 미치는 경우도 많아졌다. 내부적으로는 작고 사소한 것처럼 여겨진 문제도 외부로 확산되는 과정에서 매우 크고 중요한 위협으로 변할 수 있다.

① MZ세대와 일하기 위해 조직의 방향성에 대해서 누구나 의견을 개진하고 피드백이 가능한 시스템이 마련되어야 한다.
② MZ세대와 일하기 위해 각종 설문조사나 면담기법 등을 이용하여 구성원들의 의견을 구하고 수렴하는 데 초점을 맞춘다.
③ MZ세대와 일하기 위해 조직의 모든 사업과 전략, 조직구조와 시스템 방향이 경영진뿐만 아니라 모든 구성원들에게 투명하게 공개되어야 한다.
④ MZ세대와 일하기 위해 채용 과정부터 우리 조직이 추구하는 가치를 분명히 하고 이것이 실제로 경험 가능한 환경임을 구직자들에게 제시한다.
⑤ MZ세대와 일하기 위해 조직은 구성원들이 중시하는 가치를 동일하게 추구함을 보여 주고, 일상과 업무에서 이 가치를 실제로 경험할 수 있도록 환경을 제공해야 한다.

30 다음 글과 [보기]를 읽고 추론한 것 중 적절하지 않은 것을 고르면?

> 제로 칼로리 제품은 칼로리를 거의 없애거나 극히 낮추어 체중 관리에 도움을 줄 수 있는 옵션이다. 이러한 제품들은 설탕 대신 인공 감미료를 사용하여 단맛을 제공하지만, 칼로리 섭취를 최소화한다. 그러나 인공 감미료의 장기적인 건강 영향에 대한 연구 결과는 상반될 수 있다. 일부 연구는 인공 감미료가 대사 건강에 부정적인 영향을 미칠 수 있으며, 식욕 조절에 문제를 일으킬 수 있다고 경고한다. 제로 칼로리 제품은 칼로리를 줄이는 데 효과적일 수 있지만, 영양소를 제공하지 않아 균형 잡힌 식단을 유지하는 데는 한계가 있다. 또한, 제로 칼로리 음료를 소비하는 것이 실제로 더 많은 식품 섭취로 이어질 수 있는 가능성도 존재한다. 따라서 제로 칼로리 제품은 체중 조절에 도움이 될 수 있지만, 건강 전반을 고려하여 신중히 선택해야 한다.

보기

> 제로 콜라는 설탕 대신 인공 감미료를 사용하여 칼로리를 거의 제거한 음료로, 체중 조절에 유리할 수 있다. 그러나 제로 콜라의 인공 감미료가 혈당 수치가 아닌 혈당 조절에 영향을 미칠 수 있으며, 장기적으로 대사 질환의 위험을 높일 수 있다는 연구 결과가 있다. 또한, 인공 감미료가 식욕을 자극하거나 과식으로 이어질 수 있어 체중 조절에 도움이 되지 않을 수 있다. 제로 콜라는 칼로리를 줄이는 데는 효과적일 수 있지만, 산성 성분으로 인해 치아 건강에 부정적인 영향을 미칠 수 있다. 이 음료는 건강에 대한 잠재적인 위험과 식이 조절의 어려움이 동반될 수 있음을 고려해야 한다.

① 제로 칼로리 제품은 칼로리를 최소화하므로 체중 조절에 유리할 수 있다.
② 제로 칼로리 제품은 영양소를 고르게 제공하여 균형 잡힌 식단을 유지하는 데 도움을 준다.
③ 인공 감미료는 입맛의 민감성을 자극 시켜 실제로 더 많은 음식을 섭취할 수 있다.
④ 인공 감미료는 직접적으로 혈당 수치를 올리는 데 영향을 주는 것은 아니다.
⑤ 인공 감미료가 단기적인 체중 관리에는 도움이 되나 장기적인 사용에는 신중해야 한다.

성명:

수험번호:

①

정답

②

정답

③

정답

④

정답

⑤

정답

성명:

수험번호:

SAMSUNG

⑥

정답

⑦

정답

⑧

정답

⑨

정답

⑩

정답

성명:

수험번호:

SAMSUNG

⑪

정답

⑫

정답

⑬

정답

⑭

정답

⑮

정답

성명:

수험번호:

SAMSUNG

⑯

정답

⑰

정답

⑱

정답

⑲

정답

⑳

정답

성명: 수험번호:

①

정답

②

정답

③

정답

④

정답

⑤

정답

⑥

정답

⑦

정답

⑧

정답

성명:

수험번호:

⑨

정답

⑩

정답

⑪

정답

⑫

정답

추 리

⑬

정답

⑭

정답

⑮

정답

⑯

정답

성명:

수험번호:

⑰

정답

⑱

정답

⑲

정답

⑳

정답

㉑

정답

㉒

정답

㉓

정답

㉔

정답

성명:

수험번호:

㉕

정답

㉖

정답

㉗

정답

㉘

정답

㉙

정답

㉚

정답

성명:

수험번호:

①

정답

②

정답

③

정답

④

정답

⑤

정답

성명:

수험번호:

⑥

정답

⑦

정답

⑧

정답

⑨

정답

⑩

정답

성명:

수험번호:

⑪

정답

⑫

정답

⑬

⑭

정답

정답

⑮

정답

성명:

수험번호:

⑯

정답

⑰

정답

⑱

정답

⑲

정답

⑳

정답

성명:

수험번호:

①

정답

②

정답

③

정답

④

정답

⑤

정답

⑥

정답

⑦

정답

⑧

정답

성명:

수험번호:

⑨

정답

⑩

정답

⑪

정답

⑫

정답

추리

⑬

정답

⑭

정답

⑮

정답

⑯

정답

성명:

수험번호:

⑰

정답

⑱

정답

⑲

정답

⑳

정답

㉑

정답

㉒

정답

㉓

정답

㉔

정답

성명:

수험번호:

㉕

정답

㉖

정답

㉗

정답

㉘

정답

㉙

정답

㉚

정답

성명:

수험번호:

①

정답

②

정답

③

정답

④

정답

⑤

정답

성명:

수험번호:

⑥

정답

⑦

정답

⑧

⑨

정답

정답

⑩

정답

성명: 수험번호:

⑪

정답

⑫

정답

⑬

정답

⑭

정답

⑮

정답

성명:

수험번호:

⑯

정답

⑰

정답

⑱

정답

⑲

정답

⑳

정답

성명:

수험번호:

SAMSUNG

①

정답

②

정답

③

정답

④

정답

⑤

정답

⑥

정답

⑦

정답

⑧

정답

성명:

수험번호:

⑨

정답

⑩

정답

⑪

정답

⑫

정답

⑬

정답

⑭

정답

⑮

정답

⑯

정답

성명: 수험번호:

⑰

정답

⑱

정답

⑲

정답

⑳

정답

㉑

정답

㉒

정답

㉓

정답

㉔

정답

성명: 수험번호:

㉕

정답

㉖

정답

㉗

정답

㉘

정답

㉙

정답

㉚

정답

성명:

수험번호:

①

정답

②

정답

③

정답

④

정답

⑤

정답

성명:

수험번호:

⑥

정답

⑦

정답

⑧

수리논리

⑨

정답

정답

⑩

정답

성명:

수험번호:

⑪

정답

⑫

정답

⑬

정답

⑭

정답

⑮

정답

성명:

수험번호:

⑯

정답

⑰

정답

⑱

⑲

정답

정답

⑳

정답

성명: 수험번호:

①

정답

②

정답

③

정답

④

정답

⑤

정답

⑥

정답

⑦

정답

⑧

정답

성명:

수험번호:

⑨

정답

⑩

정답

⑪

정답

⑫

정답

⑬

정답

⑭

정답

⑮

정답

⑯

정답

성명:

수험번호:

⑰

정답

⑱

정답

⑲

정답

⑳

정답

㉑

정답

㉒

정답

㉓

정답

㉔

정답

성명:

수험번호:

㉕

정답

㉖

정답

㉗

정답

㉘

정답

㉙

정답

㉚

정답

MEMO

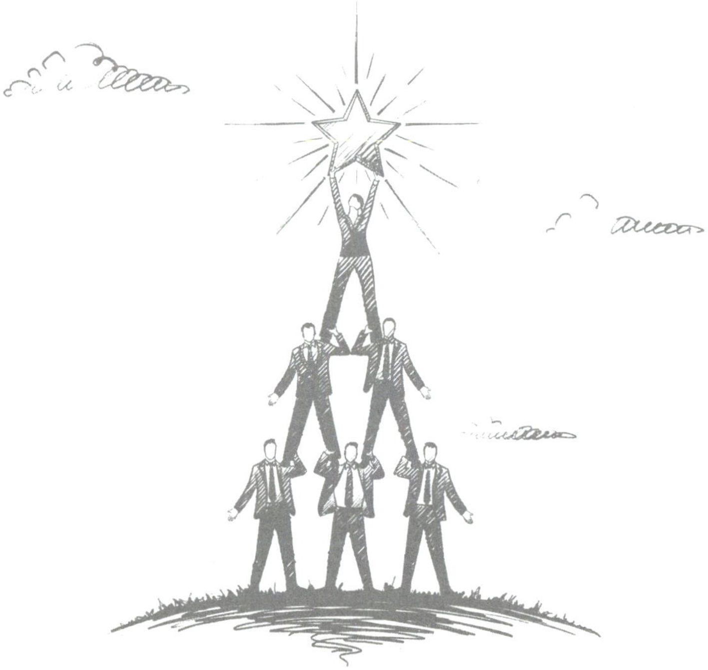

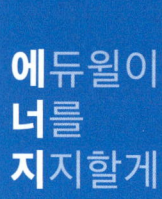

내가 꿈을 이루면
나는 누군가의 꿈이 된다.

– 이도준

여러분의 작은 소리
에듀윌은 크게 듣겠습니다.

본 교재에 대한 여러분의 목소리를 들려주세요.
공부하시면서 어려웠던 점, 궁금한 점,
칭찬하고 싶은 점, 개선할 점, 어떤 것이라도 좋습니다.

에듀윌은 여러분께서 나누어 주신 의견을
통해 끊임없이 발전하고 있습니다.

에듀윌 도서몰 book.eduwill.net
- 부가학습자료 및 정오표: 에듀윌 도서몰 → 도서자료실
- 교재 문의: 에듀윌 도서몰 → 문의하기 → 교재(내용, 출간) / 주문 및 배송

GSAT 삼성직무적성검사 통합 기본서

발 행 일	2025년 1월 5일 초판
편 저 자	에듀윌 취업연구소
펴 낸 이	양형남
개발책임	오용철, 윤은영
개 발	이정은, 윤나라
펴 낸 곳	(주)에듀윌
I S B N	979-11-360-3585-1
등록번호	제25100-2002-000052호
주 소	08378 서울특별시 구로구 디지털로34길 55 코오롱싸이언스밸리 2차 3층

www.eduwill.net
대표전화 1600-6700

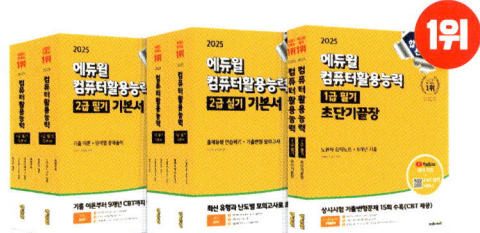

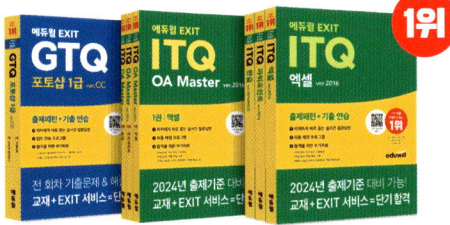

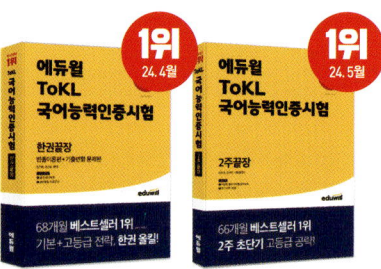

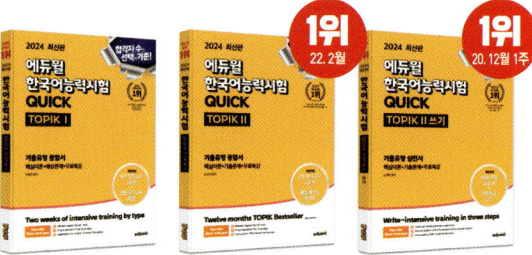

2025 최신판

에듀윌 취업 GSAT 삼성직무적성검사 통합 기본서

정답과 해설

eduwill

2025 최신판

에듀윌 취업 GSAT 삼성직무적성검사 통합 기본서

최신판

에듀윌 취업 GSAT 삼성직무적성검사 통합 기본서

정답과 해설

eduwill

PART 00

2024년 하반기 시행 GSAT 기출문제

CHAPTER 01 수리논리

수리논리									P.24
01	②	02	⑤	03	③	04	④	05	⑤
06	⑤	07	②	08	②	09	⑤	10	③
11	③	12	④	13	③	14	④	15	③
16	④	17	①	18	⑤	19	③	20	③

01 응용수리 정답 ②

| 정답풀이 |

웨어러블 기기와 가전제품의 작년 판매량을 각각 A, B로 하여 작년과 올해의 판매량을 정리하면 다음과 같다.

구분	웨어러블 기기	가전제품	전체 판매량
작년	A	B	5,000만 대
올해	1.2A	0.8B	0.8B×2

올해 전체 판매량은 $1.2A+0.8B=0.8B\times2$이므로

$1.2A=0.8B$

$\rightarrow 2:3=A:B$

비례식을 이용하여 작년 웨어러블 기기 판매량을 구하면 $5{,}000\times\frac{2}{5}=2{,}000$(만 대)이다.

따라서 올해 웨어러블 기기 판매량은 전년 대비 20% 증가한 $2{,}000\times1.2=2{,}400$(만 대)이다.

02 응용수리 정답 ⑤

| 정답풀이 |

건조기와 세탁기의 작년 판매량을 각각 A, B로 하여 작년과 올해의 판매량을 정리하면 다음과 같다.

구분	건조기	세탁기	전체 판매량
작년	A	B	220만 대
올해	0.85A	1.05B	1.05B×1.5

올해 $0.85A+1.05B=1.05B\times1.5$이므로

$0.85A=1.05B\times0.5$

$\rightarrow 1.7A=1.05B$

$\rightarrow 1.05:1.7=A:B$

$\rightarrow 21:34=A:B$

비례식을 이용하여 계산하면 작년 세탁기 판매량은 $220\times\frac{34}{55}=136$(만 대)이다.

따라서 올해 세탁기 판매량은 전년 대비 5% 증가한 $136+(136\times0.05)=142.8$(만 대)$=1{,}428$(천 대)이다.

03 응용수리 정답 ③

| 정답풀이 |

바형 스마트폰과 폴더블 스마트폰의 작년 판매량을 각각 A, B로 하여 작년과 올해의 판매량을 정리하면 다음과 같다.

구분	바형 스마트폰	폴더블 스마트폰	전체 판매량
작년	A	B	2,200만 대
전년 대비 증감량	0.2A	0.5B	500만 대

$\begin{cases} A+B=2{,}200 & \cdots ㉠ \\ 0.2A+0.5B=500 & \cdots ㉡ \end{cases}$

㉠$-2\times$㉡을 하면

$\therefore A=2{,}000,\ B=200$

올해 폴더블 스마트폰 판매량은 전년 대비 50% 증가하였으므로 $200\times1.5=300$(만 대)이다.

04 응용수리 정답 ④

| 정답풀이 |

조건에 따라 가 그룹에 직원 A, 나 그룹에 직원 B가 배치한 후 직원 C~F를 각 그룹에 배치한다.

가 그룹		나 그룹		다 그룹	
직원 A		직원 B			

먼저 가 그룹에 직원 C, D, E, F 중 1명을 배치할 경우의 수는 ${}_4C_1=4$(가지)이고, 다음 나 그룹에 나머지 직원 3명 중 1명을 배치할 경우의 수는 ${}_3C_1=3$(가지)이다. 남은 2명은 자동으로 다 그룹에 배치된다.

따라서 경우의 수는 $4\times3=12$(가지)이다.

05 응용수리 정답 ⑤

| 정답풀이 |

7개의 부품 중 3개의 부품이 선택하는 모든 경우의 수는 ${}_7C_3=\frac{7\times6\times5}{3\times2\times1}=35$(가지)이다.

- A~D부품 4개 중 1개를 선택할 경우의 수

  ${}_4C_1\times{}_3C_2=\frac{4}{1}\times\frac{3\times2}{2\times1}=12$(가지)

- A~D부품 4개 중 2개를 선택할 경우의 수

  ${}_4C_2\times{}_3C_1=\frac{4\times3}{2\times1}\times\frac{3}{1}=18$(가지)

- A~D부품 4개 중 3개를 선택할 경우의 수

  ${}_4C_3=\frac{4\times3\times2}{3\times2\times1}=4$(가지)

따라서 A~D부품 4개 중 적어도 하나를 선택할 확률은 $\frac{12+18+4}{35}=\frac{34}{35}$이다.

시험장풀이

7개의 부품 중 적어도 A~D부품이 적어도 1개가 선택되어야 하므로 A~D부품 모두 선택되지 않는 확률을 구하여 전체 확률 1에서 빼주면 된다.(여사건)

A~D부품 4개 모두 선택되지 않을 경우의 수는 ${}_3C_3=\frac{3\times2\times1}{3\times2\times1}=1$(가지)이므로 확률은 $\frac{1}{35}$이다.

따라서 여사건을 이용하면 $1-\frac{1}{35}=\frac{34}{35}$이다.

06 자료해석 정답 ⑤

| 정답풀이 |

2021년 4분기의 생산량을 100개라고 가정하고 분기별 생산량을 구하면 다음과 같다.

(단위: 개)

2021년	2022년				2023년
4분기	1분기	2분기	3분기	4분기	1분기
100	100×1.1 =110	110×0.9 =99	99×0.9 =89.1	89.1×1.1 =98.01	98.01 ×1.1 ≒107.8

2022년부터 2024년 1분기까지 전분기 대비 증감률은 10% → −10% → −10% → 10%로 동일하게 변화하므로, 전년 동분기 대비 증감률은

$\frac{100\times(1.1\times0.9\times0.9\times1.1)-100}{100}\times100=-1.99(\%)$

로 일정하다.

전년 동분기 대비 증감률이 같으므로, 증가·감소하기 전의 값이 클수록 증감량도 크다. 2022년 4분기 생산량은 98.01개이고, 2023년 1분기 생산량은 약 107.8개이므로 2023년 4분기는 2024년 1분기보다 전년 동분기 대비 반도체 생산 감소량이 적다.

| 오답풀이 |

① 2021년 4분기 생산량은 2022년 1분기 생산량보다 적으므로, 2022년 4분기는 2023년 1분기보다 전년 동분기 대비 반도체 생산 감소량이 적다.

② 2022년 1분기 생산량은 2022년 2분기 생산량보다 많으므로, 2023년 1분기는 2023년 2분기보다 전년 동분기 대비 반도체 생산 감소량이 많다.

③ 2022년 2분기 생산량은 2022년 3분기 생산량보다 많으므로, 2023년 2분기는 2023년 3분기보다 전년 동분기 대비 반도체 생산 감소량이 많다.

④ 2022년 3분기 생산량은 2022년 4분기 생산량보다 적으므로, 2023년 3분기는 2023년 4분기보다 전년 동분기 대비 반도체 생산 감소량이 적다.

07 자료해석 정답 ②

| 정답풀이 |

'매우 만족'에 응답한 비율은 1분기에 $\frac{300}{1,000}\times100=30$(%), 2분기에 $\frac{450}{1,200}\times100=37.5$(%)로 2분기가 더 높다.

| 오답풀이 |

① 응답자 수는 4분기에 360+330+360+180+270=1,500(명)이고 3분기에 400+200+420+130+250=1,400(명)이므로, 응답자 수는 4분기가 3분기보다 많다.

③ 1분기 이후 '매우 불만족'의 응답자 수는 100명 → 150명 → 250명 → 270명으로 분기마다 증가한다.

④ '만족'의 응답자 수는 전 분기에 비해 $\frac{300-250}{250}\times100=20$(%)만큼 증가하였다.

⑤ '매우 만족'과 '만족'의 응답자 수는 2분기가 1분기와 3분기보다 많으므로, 2분기와 4분기만 비교하면 된다. 2분기의 '매우 만족' 점수는 450×5=2,250(점), '만족' 점수는 300×4=1,200(점)으로 총 3,450점이고, 4분기의 '매우 만족' 점수는 360×5=1,800(점), '만족' 점수는 330×4=1,320(점)으로 총 3,120점이다. 따라서 2분기에 '만족'과 '매우 만족' 점수 총합이 가장 크다.

08 자료해석 정답 ②

| 정답풀이 |

2022년에 시장 점유율은 전년 대비 10% 증가하였고,

2023년에 2022년 대비 5% 감소했으므로 2023년은 2021년 대비 1.1×0.95=1.045(배), 즉 4.5% 증가하였다. 2021년은 2019년 대비 1.12×0.9=1.008(배), 즉 0.8% 증가하였다.
따라서 2019년 시장 점유율이 가장 낮다.

| 오답풀이 |

① 2019년과 2020년의 증감률은 0%보다 크므로 2019년 이후 2년 동안 시장 점유율은 증가하였다.
③ 2022년 시장 점유율은 2020년 대비 0.9×1.1=0.99(배)로 1% 감소하였다.
④ 2023년 시장 점유율은 2019년 대비 1.12×0.9×1.1×0.95≒1.05(배), 약 5% 증가하였다.
⑤ 2023년 시장 점유율이 전년 대비 5% 감소했을 때, 2023년 시장 점유율은 19%이면 2022년 시장 점유율은 $\frac{19}{95}\times100=20(\%)$이다.

09 자료해석 정답 ⑤

| 정답풀이 |

65세 이상 인구수는 2020년에 5,000×0.16=800(명), 2021년에 5,100×0.17=867(명), 2022년에 5,050×0.18=909(명)으로 지속적으로 증가하였다.

| 오답풀이 |

① 15세 미만 인구수는 2020년에 5,000×0.14=700(명), 2021년에 5,100×0.13=663(명), 2022년에 5,050×0.12=606(명), 2023년 5,120×0.11=563.2(명)으로 매년 가장 적다.
② 2022년과 2023년 15~24세 인구수 비중은 동일하고, 총인구는 2023년이 더 많으므로 2023년 15~24세 인구수가 가장 적지 않다.
③ 2020년과 2021년 25~49세 인구수의 비중이 동일하므로, 증감률은 총인구의 증감률과 같다. 따라서 증감률은 $\frac{5,100-5,000}{5,000}\times100=2(\%)$이다.
④ 2023년 50~64세 인구수는 5,120×0.2=1,024(명)으로 1,200명 미만이다.

10 자료해석 정답 ③

| 정답풀이 |

2020년 C기업 성과액은 2,160−1,870=290(억 원), 2022년 B기업 성과액은 2,985−2,595=390(억 원)이다.

| 오답풀이 |

① 2022년 A기업 성과액은 2,910−2,540=370(억 원), 2022년 C기업 성과액은 2,670−2,400=270(억 원)이다.
② 2021년 B기업 성과액은 2,595−2,265=330(억 원), 2021년 D기업 성과액은 2,730−2,410=320(억 원)이다.
④ 2022년 D기업 성과액은 3,110−2,730=380(억 원), 2020년 A기업 성과액은 2,270−2,020=250(억 원)이다.
⑤ 2020년 D기업 성과액은 2,410−2,130=280(억 원), 2021년 C기업 성과액은 2,400−2,160=240(억 원)이다.

11 자료해석 정답 ③

| 정답풀이 |

㉠ A~D연구소의 총개발비를 구하면 다음과 같다.

(단위: 만 원)

구분	A연구소	B연구소	C연구소	D연구소
총개발비	125×20 =2,500	140×30 =4,200	200×17 =3,400	160×25 =4,000

따라서 총개발비가 가장 큰 곳은 B연구소이다.
㉢ A연구소의 1인당 개발비가 2배가 되면 125×20×2=5,000(만 원)이고, C연구소는 200×17=3,400(만 원)이므로 A연구소의 총개발비가 더 많다.

| 오답풀이 |

㉡ 연구원 수는 A연구소<B연구소<D연구소<C연구소 순으로 많고, 1인당 개발비는 C연구소<A연구소<D연구소<B연구소 순으로 많다. 따라서 연구원 수가 적을수록 1인당 개발비가 많지 않다는 것은 옳지 않다.

12 자료해석 정답 ④

| 정답풀이 |

응시 인원은 D자격증<B자격증<A자격증<C자격증 순으로 많고, 최종(2차 시험) 합격자 수는 B자격증<D자격증<A자격증<C자격증 순으로 많다. 따라서 응시 인원이 많을수록 최종 합격자 수가 많지 않다.

| 오답풀이 |

① 1차 시험 A자격증 합격률은 $\frac{252}{600}\times100=42(\%)$이고, 1차 시험 C자격증 합격률은 $\frac{288}{720}\times100=40(\%)$이므로 A자격증의 합격률이 C자격증보다 높다.
② 1차 시험 합격자 수가 가장 많은 자격증과 응시 인원

이 가장 많은 자격증은 모두 C자격증이다.

③ 전체 응시자 인원은 600+560+720+480=2,360(명)이므로 2,400명을 넘지 않는다.

⑤ 1차 시험 합격자 대비 2차 시험 합격자 수는 A자격증 $\frac{168}{252}\times100\fallingdotseq66.7(\%)$보다 C자격증 $\frac{252}{288}\times100=87.5(\%)$이 더 높다.

시험장풀이

⑤ 분수 비교를 할 때, 3가지 단계를 이용하면 빠르게 풀어낼 수 있다.

[분수비교]

1. 분자와 분모의 증감 비교
   → 분자 증가, 분모 증가이므로 확인 불가
2. 곱하는 수 비교
   → 분자: 165×대략 1.5=252 / 분모: 252×1.초반 =288
   즉, 분자의 증가율이 분모의 증가율보다 더 크다. $\left(\frac{168}{252}<\frac{252}{288}\right)$
3. 분자와 분모의 각각 증가율을 직접 구해 비교
   2단계에서 정확하게 계산하지 않아도 분자의 증가율이 분모의 증가율보다 크므로 분수의 크기를 비교할 수 있다.

13 자료해석 정답 ③

| 정답풀이 |

㉢ C자격증 응시 인원은 600×1.2=720(명)이므로 A자격증 대비 20% 이상이다.

| 오답풀이 |

㉠ A~D자격증 최종 합격자는 168+140+252+144 =704(명)이므로 비율은 $\frac{704}{2,360}\times100\fallingdotseq29.8(\%)$으로 30% 이하이다.

㉡ 응시 인원 대비 최종 합격률은 D자격증 $\frac{144}{480}\times100=30(\%)$보다 A자격증 $\frac{168}{600}\times100=28(\%)$이 더 높다.

14 자료해석 정답 ④

| 정답풀이 |

기타를 제외한 상 · 하반기 시장 점유율은 다음과 같다.

- 상반기: A기업>B기업>C기업>D기업>E기업
- 상반기: A기업>B기업>D기업>C기업>E기업

따라서 상 · 하반기 시장 점유율 순위는 동일하지 않다.

| 오답풀이 |

① 상반기 B기업 시장 점유율은 18%이므로 D기업 시장 점유율의 2배이다.

② 상반기 시장 점유율 상위 3개 기업은 A, B, C기업이고, 시장 점유율 합계는 28+18+10=56(%)로 전체 시장의 55% 이상이다.

③ A기업의 시장 규모는 상반기에 5,000×0.28 =1,400(천만 달러)이고, 하반기에 6,000×0.26=1,560(천만 달러)이다.

⑤ 상반기 시장 점유율 상위 5개 기업의 시장 규모는 기타를 제외한 모든 기업의 시장 점유율 합계이므로 5,000×(1−0.3)=3,500(천만 달러), 즉 350억 달러이다.

15 자료해석 정답 ③

| 정답풀이 |

㉠ B기업의 시장 규모는 상반기에 5,000×0.18=900(천만 달러)이고, 하반기에 6,000×0.21=1,260(천만 달러)이므로 상반기 대비 하반기에 시장 규모가 $\frac{1,260-900}{900}\times100=40(\%)$ 증가하였다.

㉡ 상반기에 E기업의 시장 규모는 5,000×0.05=250(천만 달러)이고, 상위 5개 기업에서 차지하는 비중은 $\frac{250}{3,500}\times100\fallingdotseq7.14(\%)$이다. 하반기에 E기업의 시장 규모는 6,000×0.05=300(천만 달러)이고, 상위 5개 기업의 시장 규모는 6,000×0.75=4,500(천만 달러)이다. 하반기에 E기업이 상위 5개 기업에서 차지하는 비중은 $\frac{300}{4,500}\times100\fallingdotseq6.67(\%)$이다. 따라서 E기업이 상위 5개 기업에서 차지하는 비중은 상반기보다 하반기에 낮다.

| 오답풀이 |

㉢ 기타의 시장 규모는 상반기에 5,000×0.3=1,500(천만 달러)이고, 하반기에 6,000×0.25=1,500(천만 달러)으로 상 · 하반기 시장 규모가 동일하다.

16 자료해석 정답 ④

| 정답풀이 |

2020년과 2022년의 사고건수와 위험도를 주어진 식에 대입하면

$$80=100-\left(\frac{a}{3}\right)-b$$

$88=100-\left(\frac{a}{9}\right)-b$

연립하여 풀면 $a=36$, $b=8$이다.

2021년 자료를 대입하면 ㉠$=100-\left(\frac{36}{6}\right)-8$, ㉠$=86$

2023년 자료를 대입하면 ㉡$=100-\left(\frac{36}{12}\right)-8$, ㉡$=89$

따라서 ㉠은 86, ㉡은 89인 ④가 정답이다.

17 자료해석 정답 ①

| 정답풀이 |

1분기와 3분기를 이용하여 주어진 식에 대입하면

$59=(70\times a)+0.1\times(60+b)$

$47=(40\times a)+0.1\times(30+b)$이다.

연립하여 풀면 $a=0.3$, $b=320$이다.

2분기 자료를 대입하면, ㉠$=(60\times 0.3)+0.1\times(40+320)$,

㉠$=54$

4분기 자료를 대입하면, $40=($㉡$\times 0.3)+0.1\times(20+320)$,

㉡$=20$

따라서 ㉠은 54, ㉡은 20인 ①이 정답이다.

18 자료해석 정답 ⑤

| 정답풀이 |

2022~2023년 전분기 대비 증감률을 구하면 다음과 같다.

구분	2021년	2022년				2023년			
	4분기	1분기	2분기	3분기	4분기	1분기	2분기	3분기	4분기
인도량	–	28%	−12.5%	25%	20%	−4.8%	12.5%	11.1%	−10.0%

따라서 가장 적절한 그래프는 ⑤이다.

19 자료해석 정답 ③

| 정답풀이 |

전체 매출액에서 소형 배터리 매출액이 차지하는 비중은 다음과 같다.

$(\text{소형배터리 비중})(\%)=\frac{(\text{소형배터리 매출})}{(\text{전체 매출})}\times 100$

(단위: 십억 원)

구분	2018년	2019년	2020년	2021년	2022년	2023년
소형 배터리	650	1,200	1,760	2,000	2,400	2,640
대형 배터리	1,950	1,800	1,440	2,000	600	1,760
전체	2,600	3,000	3,200	4,000	3,000	4,400
비중	25%	40%	55%	50%	80%	60%

따라서 가장 적절한 그래프는 ③이다.

20 자료해석 정답 ③

| 정답풀이 |

공기청정기는 2년마다 20, 25, 30, …씩 늘어나며 증가량의 차이는 5이다.

무선청소기는 2년마다 12, 15, 18, …씩 늘어나며 증가량의 차이는 3이다.

(단위: 만 대)

구분	2016년	2018년	2020년	2022년	2024년	2026년	2028년	2030년
공기 청정기	112	132	157	187	222	262	307	357
증가량	–	20	25	30	35	40	45	50
무선 청소기	52	64	79	97	118	142	169	199
증가량	–	12	15	18	21	24	27	30

따라서 2030년 총판매량은 $357+199=556$(만 대)이다.

CHAPTER 02 추리

추리 P.42

01	⑤	02	③	03	①	04	⑤	05	⑤
06	⑤	07	⑤	08	④	09	①	10	⑤
11	①	12	④	13	①	14	①	15	②
16	③	17	⑤	18	③	19	③	20	④
21	①	22	③	23	⑤	24	⑤	25	④
26	③	27	②	28	⑤	29	①	30	②

01 명제 정답 ⑤

| 정답풀이 |

전제2의 대우명제와 전제1을 고려하면 다음과 같은 벤다이어그램을 그릴 수 있다.

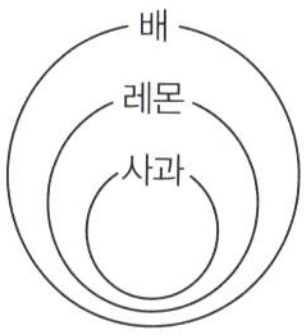

'배'가 '사과'를 포함하고 있으므로 '사과 → 배'가 항상 성립한다.

시험장풀이

전제1과 전제2 모두 some 개념이 등장하지 않으므로 삼단논법을 사용하여 문제를 풀 수 있다. 사과를 좋아하는 사람을 '사', 레몬을 좋아하는 사람을 '레', 배를 좋아하는 사람을 '배'라고 표시하고 전제1과 전제2를 다시 써보면 다음과 같다.

- 전제1: 사 → 레
- 전제2: ~배 → ~레

전제1과 전제2에서 모두 '레'가 등장하므로 '레'가 전제1과 전제2를 연결하는 연결고리, 즉 매개념이다. 매개념을 이용하기 위해 전제2의 대우명제를 구해보면 '레 → 배'이므로, 전제2의 대우명제와 전제1을 서로 연결하면 '사 → 배'라는 결론을 내릴 수 있다. 따라서 정답은 ⑤이다.

02 명제 정답 ③

| 정답풀이 |

전제1을 만족하는 가장 기본적인 벤다이어그램은 [그림1]과 같다.

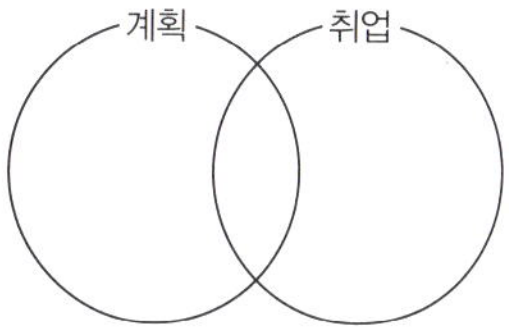

[그림1]

이 상태에서 '계획'과 '바쁨' 사이에 공통영역이 존재한다는 결론을 반드시 만족하기 위해선 [그림2]와 같이 '바쁨'이 '취업'을 포함하고 있으면 된다.

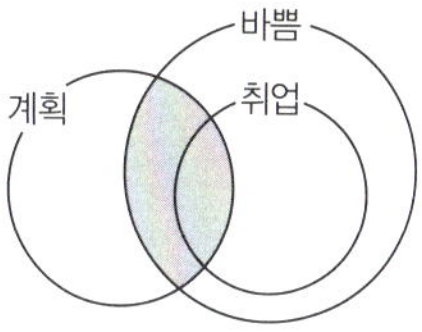

[그림2]

'바쁨'이 '취업'을 포함하고 있으면 [그림2]의 색칠된 부분이 반드시 존재하게 되므로, '계획'과 '바쁨' 사이에 공통영역이 존재한다는 결론을 반드시 만족하게 된다.
따라서 정답은 '취업 → 바쁨'의 대우명제인 ③이다.

시험장풀이

전제1과 결론에 some 개념이 있으므로 벤다이어그램을 활용한다. 계획적인 사람을 '계', 취업을 잘하는 사람을 '취', 바쁜 사람을 '바'라고 표시하자. 우선 전제1을 만족하는 가장 기본적인 벤다이어그램은 [그림3]과 같으며, 색칠된 부분이 반드시 존재해야 한다.

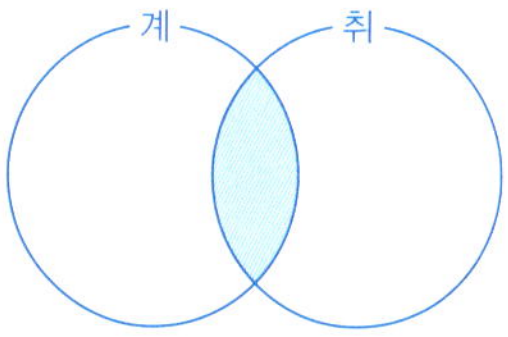

[그림3]

이 상태에서 ①을 만족하도록 '바'의 벤다이어그램을 그려보도록 하자. ①을 만족하기 위해 '취'과 '바'의 공통부분이 존재하기만 하면 되므로 [그림4]와 같은 벤다이어그램도 그릴 수 있다.

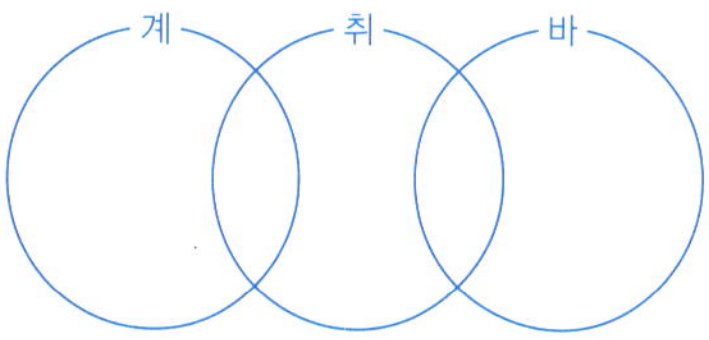

[그림4]

이 경우 전제1과 ①을 모두 만족하지만 결론을 만족하지 못한다. 즉, ①을 전제2로 세울 경우 항상 결론이 도출되는 것은 아니므로 ①은 전제2로 적절하지 않다.
이와 같은 방식으로 전제1과 ②~⑤를 만족하는 벤다이어그램을 각각 그렸을 때, 결론을 위배하는 반례가 하나라도 발생한다면 해당 선택지를 소거할 수 있다.
②, ④는 [그림5], ⑤는 [그림6]을 반례로 들 수 있다.

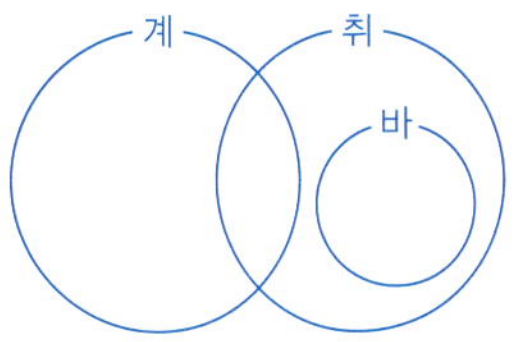

[그림5]

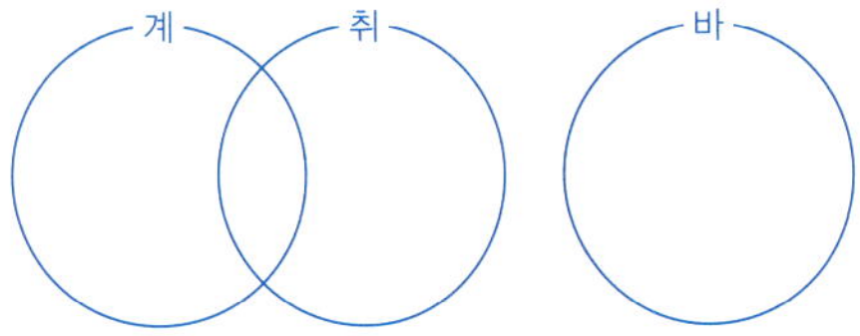

[그림6]

반면 ③은 전제2로 세웠을 때 항상 결론을 만족하므로 정답은 ③이다.

03 조건추리 정답 ①

| 정답풀이 |

구매하려는 영양제는 A~F 중 3가지이고, 이 중 E는 구매하지 않고 F는 구매한다. 이에 따라 A, B, C, D 중 2가지를 구매한다.

- A를 구매하는 경우
  A를 구매하면 B는 구매하지 않으므로 C 또는 D를 구매한다.
- B를 구매하는 경우
  B를 구매하면 A와 C는 구매하지 않으므로 D를 구매한다.
- C를 구매하는 경우
  B는 구매하지 않고 A를 구매하는 경우는 위의 경우에 포함되므로 D를 구매하는 경우만 존재한다.

이에 따라 가능한 경우는 다음과 같다.

A	C	F
A	D	
B	D	
C	D	

따라서 경우의 수는 총 4가지이다.

| 오답풀이 |

②, ⑤ A, C, F를 구매하는 경우가 있다.
③, ④ C, D, F를 구매하는 경우가 있다.

04 조건추리 정답 ⑤

| 정답풀이 |

D는 9이고 (B+D)는 짝수이므로 B는 홀수이다. 'AC'는 홀수이므로 C도 홀수이다. B는 C보다 큰 수이므로 B는 3, 5, 7, 9 중 하나고 (A+B)는 6 이하이므로 B는 3, 5 중 하나이다. 이에 따라 가능한 경우는 다음과 같다.

A	B	C	D
1	3	1	9
2	3	1	
3	3	1	
1	5	1	
1	5	3	

따라서 A가 C보다 작은 수일 때 비밀번호는 1539이고 (A+D)는 10이므로 짝수이다.

| 오답풀이 |

① 가능한 경우의 수는 5가지이다.
② B는 5일 수 있다.
③ C는 3일 수 있다.
④ 비밀번호가 3319이면 (A+C)는 B보다 크다.

05 조건추리 정답 ⑤

| 정답풀이 |

금요일에는 배구를 하고, 같은 운동을 연속된 요일에 하지 않으며, 클라이밍을 하면 다음 날에는 복싱을 하므로 목요일에는 복싱만 한다. 이에 따라 클라이밍을 하는 요일은 월요일부터 수요일만 가능하므로 클라이밍을 하는 요일에 따라 가능한 경우는 다음과 같다.

- 클라이밍을 월요일에 하는 경우
  클라이밍을 월요일에 하면 다음 날인 화요일에는 복싱을 한다. 목요일에 복싱을 하므로 수요일에는 클라이밍 또는 배구를 한다.
- 클라이밍을 화요일에 하는 경우
  클라이밍을 화요일에 하면 수요일에 복싱을 해야 하는데 목요일에 복싱을 하므로 같은 운동을 연속된 요일에 하게 되므로 모순이다.
- 클라이밍을 수요일에 하는 경우
  클라이밍을 수요일에 하면 월요일에는 배구 또는 복싱, 화요일에는 복싱 또는 배구를 한다.

월	화	수	목	금
클라이밍	복싱	클라이밍	복싱	배구
클라이밍	복싱	배구	복싱	
배구	복싱	클라이밍	복싱	
복싱	배구	클라이밍	복싱	

따라서 수요일에 클라이밍을 하는 경우는 3가지이다.

| 오답풀이 |

① 화요일에 배구를 하면 그 다음 날에 클라이밍을 한다.
② 모든 경우에서 일주일에 복싱은 2번 한다.
③ 수요일에 클라이밍을 하면 그 직전 날에 배구를 한다.
④ 가능한 경우의 수는 4가지이다.

06 조건추리 정답 ⑤

| 정답풀이 |

A는 빨간색을 받았고 D는 빨간색을 받지 않았으므로 D가 받은 색상은 파란색 또는 검은색이다.

- D가 파란색을 받은 경우

  D가 파란색을 받으면 B와 E는 같은 색 노트북을 받았고 신입사원이 받은 노트북 중 파란색은 2개이므로 B와 E는 파란색을 받을 수 없다. 즉 B와 E는 빨간색 또는 검은색을 받았는데 만약 빨간색을 받았다면 모든 색상을 적어도 1개씩은 받아야 하므로 C는 검은색을 받아야 하지만 이렇게 되면 파란색이 1개이므로 조건이 성립하지 않는다. B와 E가 검은색을 받았다면 파란색이 2개이어야 하므로 C는 파란색을 받았다.

A	B	C	D	E
빨간색	검은색	파란색	파란색	검은색

- D가 검은색을 받은 경우

  D가 검은색을 받으면 파란색을 받은 신입사원이 2명이어야 하므로 B와 E는 파란색을 받아야 하고 C는 빨간색 또는 검은색을 받아야 한다.

A	B	C	D	E
빨간색	파란색	빨간색	검은색	파란색
빨간색	파란색	검은색	검은색	파란색

따라서 세 명이 같은 색의 노트북을 받은 경우는 없다.

| 오답풀이 |

① C가 빨간색 노트북을 받았다면 신입사원이 받은 노트북 중 빨간색은 2개이다.
② 가능한 경우의 수는 3가지이다.
③ D가 검은색 노트북을 받고 C가 빨간색 노트북을 받은 경우가 있다.
④ E가 파란색 노트북을 받고 A와 C가 같은 색인 빨간색 노트북을 받은 경우가 있다.

07 조건추리 정답 ⑤

| 정답풀이 |

A, B, C는 각자 과일을 3개씩 구매했고, 각 과일이 바구니에 2개씩 담겨 있으며, B는 노란색 과일만 구매했으므로 B가 구매한 과일은 바나나 2개와 망고 1개 또는 바나나 1개와 망고 2개이다. 이에 따라 가능한 경우는 다음과 같다.

- B가 바나나 2개, 망고 1개를 구매한 경우

  A는 모든 색의 과일을 다 구매했으므로 빨간색 바구니에선 사과 또는 토마토 중 1개를 구매했고, 노란색 바구니에선 망고 1개, 보라색 바구니에선 포도 1개를 구매했다. C는 사과 또는 토마토 중 2개, 포도 1개를 구매하거나 사과 또는 토마토 중 3개를 구매했다.

<table>
<tr><th>구분</th><th>A</th><th>B</th><th colspan="2">C</th></tr>
<tr><td>노란색 바구니</td><td>망고 1개</td><td>바나나 2개, 망고 1개</td><td colspan="2">–</td></tr>
<tr><td rowspan="4">빨간색 바구니</td><td rowspan="2">사과 1개</td><td rowspan="4">–</td><td>사과 1개, 토마토 1개</td><td rowspan="2">사과 1개, 토마토 2개</td></tr>
<tr><td>토마토 2개</td></tr>
<tr><td rowspan="2">토마토 1개</td><td>사과 1개, 토마토 1개</td><td rowspan="2">사과 2개, 토마토 1개</td></tr>
<tr><td>사과 2개</td></tr>
<tr><td>보라색 바구니</td><td>포도 1개</td><td>–</td><td>포도 1개</td><td>–</td></tr>
</table>

- B가 바나나 1개, 망고 2개를 구매한 경우

  A는 모든 색의 과일을 다 구매했으므로 빨간색 바구니에선 사과 또는 토마토 중 1개를 구매했고, 노란색 바구니에선 바나나 1개, 보라색 바구니에선 포도 1개를 구매했다. C는 사과 또는 토마토 중 2개, 포도 1개를 구매하거나 사과 또는 토마토 중 3개를 구매했다.

<table>
<tr><th>구분</th><th>A</th><th>B</th><th colspan="2">C</th></tr>
<tr><td>노란색 바구니</td><td>바나나 1개</td><td>바나나 1개, 망고 2개</td><td colspan="2">–</td></tr>
<tr><td rowspan="4">빨간색 바구니</td><td rowspan="2">사과 1개</td><td rowspan="4">–</td><td>사과 1개, 토마토 1개</td><td rowspan="2">사과 1개, 토마토 2개</td></tr>
<tr><td>토마토 2개</td></tr>
<tr><td rowspan="2">토마토 1개</td><td>사과 1개, 토마토 1개</td><td rowspan="2">사과 2개, 토마토 1개</td></tr>
<tr><td>사과 2개</td></tr>
<tr><td>보라색 바구니</td><td>포도 1개</td><td>–</td><td>포도 1개</td><td>–</td></tr>
</table>

따라서 C가 모두 다른 종류의 과일을 구매했으면 그중 1개는 포도이다.

| 오답풀이 |

① C는 노란색 바구니에서 과일을 구매하지 않았다.
② 가능한 경우의 수는 12가지이다.
③ A가 사과를 1개 구매하고 C가 토마토를 1개만 구매하는 경우가 있다.
④ C가 같은 색의 과일만 구매하고 A가 바나나가 아닌 망고 1개를 구매하는 경우가 있다.

08 조건추리 정답 ④

| 정답풀이 |

E는 영어를 수강하고 A와 C는 같은 과목을 수강하므로 A와 C는 영어 또는 일본어를 수강한다. 이에 따라 가능한 경우는 다음과 같다.

• A와 C가 영어를 수강하는 경우
영어는 최대 수강 인원이 되었고, B와 D는 다른 과목을 수강하므로 둘 중 한 명은 일본어, 다른 한 명은 중국어를 수강한다.

<table>
<tr><th>A</th><th>B</th><th>C</th><th>D</th><th>E</th></tr>
<tr><td>영어</td><td>일본어</td><td>영어</td><td>중국어</td><td rowspan="2">영어</td></tr>
<tr><td>영어</td><td>중국어</td><td>영어</td><td>일본어</td></tr>
</table>

• A와 C가 일본어를 수강하는 경우
일본어는 최대 수강 인원이 되었고, B와 D는 다른 과목을 수강하므로 둘 중 한 명은 영어, 다른 한 명은 중국어를 수강한다.

<table>
<tr><th>A</th><th>B</th><th>C</th><th>D</th><th>E</th></tr>
<tr><td>일본어</td><td>영어</td><td>일본어</td><td>중국어</td><td rowspan="2">영어</td></tr>
<tr><td>일본어</td><td>중국어</td><td>일본어</td><td>영어</td></tr>
</table>

따라서 B가 중국어를 수강하는 경우는 2가지이다.

| 오답풀이 |

① 각 과목마다 수강하는 인원은 적어도 1명 이상이다.
② D가 영어를 수강하고 B는 중국어를 수강하는 경우가 있다.
③ C가 일본어를 수강하고 B와 E가 같은 과목인 영어를 수강하는 경우가 있다.
⑤ 가능한 경우의 수는 4가지이다.

09 조건추리 정답 ①

| 정답풀이 |

점수가 높은 순서는 A, B, C, D 순이고, D의 점수는 35점 이상이므로 A, B, C의 점수는 40점 이상이다. C의 점수는 15의 배수이므로 45점, 60점, 75점, 90점 중 하나인데 A와 B의 점수의 합은 140점이므로 B의 최대 점수는 140점의 절반보다 5점 적은 65점이고 A의 최소 점수는 140점의 절반보다 5점 많은 75점이다. 이에 따라 C의 점수는 45점 또는 60점이므로 C의 점수에 따라 가능한 경우는 다음과 같다.

• C의 점수가 45점인 경우
D는 35점 또는 40점이고, B는 65점 이하이므로 50점, 55점, 60점, 65점이다. 이에 따라 A의 점수는 90점, 85점, 80점, 75점이다.

<table>
<tr><th>A</th><th>B</th><th>C</th><th>D</th></tr>
<tr><td>90점</td><td>50점</td><td rowspan="4">45점</td><td rowspan="4">35점 또는 40점</td></tr>
<tr><td>85점</td><td>55점</td></tr>
<tr><td>80점</td><td>60점</td></tr>
<tr><td>75점</td><td>65점</td></tr>
</table>

• C의 점수가 60점인 경우
D는 35점, 40점, 45점, 50점, 55점 중 하나이고, B는 65점 이하이므로 65점이다. 이에 따라 A의 점수는 75점이다.

<table>
<tr><th>A</th><th>B</th><th>C</th><th>D</th></tr>
<tr><td rowspan="5">75점</td><td rowspan="5">65점</td><td rowspan="5">60점</td><td>35점</td></tr>
<tr><td>40점</td></tr>
<tr><td>45점</td></tr>
<tr><td>50점</td></tr>
<tr><td>55점</td></tr>
</table>

따라서 C와 D의 점수의 합이 100점이면 A의 점수는 75점이므로 15의 배수이다.

| 오답풀이 |

② B의 점수가 20의 배수일 확률은 B의 점수가 60점일 확률과 같으므로 $\frac{2}{13}$이다.
③ 가능한 경우의 수는 13가지이다.
④ D의 점수가 40점 이하인 경우는 C의 점수가 45점인 경우의 8가지와 C의 점수가 60점인 경우에서 2가지로 총 10가지이므로 D의 점수가 40점 이하인 확률은 $\frac{10}{13}$이다.
⑤ A와 C의 점수의 차가 $75-45=30$(점)일 때 B와 D의 점수의 차가 $65-40=25$(점)일 수 있다.

10 조건추리 정답 ⑤

| 정답풀이 |

한 달에 제공하는 디저트 종류는 2개이고, 마카롱은 연속된 달에 제공하지 않으므로 마카롱을 제공하는 달에 따라 가능한 경우는 다음과 같다.

- 마카롱을 1월에 제공하는 경우
  1월에는 마카롱과 타르트 또는 쿠키슈, 2월에는 마카롱을 제공하지 못하므로 타르트와 쿠키슈, 3월에는 마카롱, 타르트, 쿠키슈 중 2개를 제공한다. 이때 타르트보다 쿠키슈를 제공하는 달이 더 많으려면 1월은 반드시 쿠키슈를 제공하고, 3월은 타르트와 쿠키슈를 제공하거나 마카롱과 쿠키슈를 제공해야 한다.

1월	2월	3월
마카롱, 쿠키슈	타르트, 쿠키슈	타르트, 쿠키슈
		마카롱, 쿠키슈

- 마카롱을 2월에 제공하는 경우
  1월과 3월에 마카롱을 제공하지 못하므로 1월과 3월 모두 타르트와 쿠키슈를 제공한다. 이때 2월에는 마카롱과 쿠키슈를 제공한다.

1월	2월	3월
타르트, 쿠키슈	마카롱, 쿠키슈	타르트, 쿠키슈

- 마카롱을 3월에 제공하는 경우
  1월과 2월 모두 타르트와 쿠키슈를 제공하고, 3월에는 마카롱과 쿠키슈를 제공한다.

1월	2월	3월
타르트, 쿠키슈	타르트, 쿠키슈	마카롱, 쿠키슈

따라서 3개월 동안 마카롱보다 타르트를 제공하는 달이 더 많은 경우는 3가지이다.

| 오답풀이 |

① 가능한 경우의 수는 4가지이다.
② 2월에 마카롱을 제공하면 2월에 쿠키슈도 제공한다.
③ 3월에 타르트를 제공하고 1월에 마카롱을 제공하는 경우가 있다.
④ 쿠키슈는 1~3월 모두 제공한다.

11 조건추리 정답 ①

| 정답풀이 |

화력은 4번 자리가 3번 자리보다 2단계 낮으므로 3번 자리의 화력은 3단계 이상이고, 2번 자리와 4번 자리의 화력의 차는 3단계이므로 3번 자리의 화력에 따라 가능한 경우는 다음과 같다.

- 3번 자리의 화력이 3단계인 경우
  4번 자리의 화력은 1단계이고, 2번 자리의 화력은 4단계이다. 이때 5개의 화구 중 5번 자리의 화력의 단계가 가장 높으므로 5번 자리의 화력은 5, 6, 7단계 중 하나이다. 만약 5번 자리의 화력이 5단계라면 1번 자리가 5번 자리보다 3단계 낮으므로 2단계이다.

1번	2번	3번	4번	5번
2단계	4단계	3단계	1단계	5단계

  만약 5번 자리의 화력이 6단계라면 1번 자리가 3단계이어야 하는데 3번이 이미 3단계이므로 불가능하다. 만약 5번 자리의 화력이 7단계라면 1번 자리가 4단계이어야 하는데 2번이 이미 4단계이므로 불가능하다.

- 3번 자리의 화력이 4단계인 경우
  4번 자리의 화력은 2단계이고, 2번 자리의 화력은 5단계이다. 이때 5번 자리의 화력은 6, 7단계 중 하나이다. 만약 5번 자리의 화력이 6단계라면 1번 자리가 3단계이다.

1번	2번	3번	4번	5번
3단계	5단계	4단계	2단계	6단계

  만약 5번 자리의 화력이 7단계라면 1번 자리가 4단계이어야 하는데 3번이 이미 4단계이므로 불가능하다.

- 3번 자리의 화력이 5단계인 경우
  4번 자리의 화력은 3단계이고, 2번 자리의 화력은 6단계이다. 이때 5번 자리의 화력은 7단계이므로 1번 자리의 화력은 4단계이다.

1번	2번	3번	4번	5번
4단계	6단계	5단계	3단계	7단계

- 3번 자리의 화력이 6단계인 경우
  4번 자리의 화력은 4단계이고, 2번 자리의 화력은 5번 자리 때문에 7단계가 불가능하므로 1단계이다. 이때 5번 자리의 화력은 7단계이므로 1번 자리의 화력은 4단계이어야 하는데 4번이 이미 4단계이므로 불가능하다.

따라서 가능한 경우의 수는 3가지이다.

| 오답풀이 |

② 4번 자리의 화력이 1단계이면 5번 자리의 화력은 5단계이다.
③ 2번 자리의 화력이 5단계이면 1번 자리의 화력은 3단계이다.
④ 4번 자리의 화력과 5번 자리의 화력의 차는 4단계이다.
⑤ 1번 자리의 화력과 2번 자리의 화력의 차는 2단계이다.

12 조건추리 정답 ④

| 정답풀이 |

B는 본인보다 휴가를 빨리 사용한 사람이 없다고 말했고, D는 휴가를 가장 먼저 사용한 사람이 C라고 말하였으므로 둘 중 하나는 거짓을 말하고 있다. 이에 따라 A, C, E의 말은 모두 참이다.

만약 B의 말이 참이라면, 첫 번째로 휴가를 사용한 사람은 B이고 거짓을 말한 D는 세 번째로 휴가를 사용했다. 이때 A는 E보다 늦게 휴가를 사용했고, E는 D보다 휴가를 늦게 사용했으므로 E가 네 번째, A가 다섯 번째로 사용하고 마지막으로 C가 두 번째로 휴가를 사용해야 하는데 C는 휴가를 홀수 번째로 사용했으므로 모순이 발생한다.

만약 D의 말이 참이라면, 첫 번째로 휴가를 사용한 사람은 C이고 거짓을 말한 B는 세 번째로 휴가를 사용했다. 이때 A는 E보다 휴가를 늦게 사용했고, E는 D보다 휴가를 늦게 사용했으므로 D가 두 번째, E가 네 번째, A가 다섯 번째로 휴가를 사용했다.

첫 번째	두 번째	세 번째	네 번째	다섯 번째
C	D	B	E	A

따라서 두 번째로 휴가를 사용한 사람은 D이다.

13 조건추리 정답 ①

| 정답풀이 |

전원 버튼은 화면과 가장 가까운 곳에 있으므로 전원 버튼의 숫자는 3 또는 6이고, 시간 예약 버튼은 화면에서 가장 먼 곳에 있으므로 1 또는 4이다. 이때 음소거 버튼의 양 옆에는 다른 숫자 버튼이 존재하므로 음소거 버튼의 숫자는 2 또는 5이다. 음소거 버튼의 숫자에 따라 가능한 경우는 다음과 같다.

- 음소거 버튼의 숫자가 2인 경우

  전원 버튼의 숫자가 3이라고 가정하자. 온도 조절 버튼의 숫자는 짝수이므로 4 또는 6이 가능한데 만약 4라면 바람 세기 조절 버튼과 바람 방향 조절 버튼은 서로 이웃하므로 5, 6에 이 두 기능이 부여되고, 나머지 1에 시간 예약 기능이 부여된다.

1	2	3
시간 예약	음소거	전원
4	5	6
온도 조절	바람 방향 조절 또는 바람 세기 조절	

  만약 온도 조절 버튼의 숫자가 6이면 시간 예약 버튼의 숫자는 1이고 바람 세기 조절 버튼과 바람 방향 조절 버튼은 4, 5에 기능이 부여된다.

1	2	3
시간 예약	음소거	전원
4	5	6
바람 방향 조절 또는 바람 세기 조절		온도 조절

  전원 버튼의 숫자가 6이라면 온도 조절 버튼의 숫자가 4인데 이 상태에선 바람 세기 조절 버튼과 바람 방향 조절 버튼은 이웃할 수 없으므로 불가능하다.

- 음소거 버튼의 숫자가 5인 경우

  전원 버튼의 숫자는 3 또는 6이므로 3이라고 가정하자. 시간 예약 버튼은 1 또는 4인데 만약 1이라면 바람 세기 조절 버튼과 바람 방향 조절 버튼이 이웃하지 않으므로 시간 예약 버튼의 숫자는 4이고 바람 세기 조절 버튼과 바람 방향 조절 버튼의 숫자가 1, 2에, 온도 조절 버튼은 6에 기능이 부여된다.

1	2	3
바람 방향 조절 또는 바람 세기 조절		전원
4	5	6
시간 예약	음소거	온도 조절

  만약 전원 버튼의 숫자가 6이고 시간 예약 버튼의 숫자가 4이면 2가 온도 조절 버튼이므로 바람 세기 조절 버튼과 바람 방향 조절 버튼이 이웃할 수 없어 불가능하다. 시간 예약 버튼의 숫자가 1이면 4에 온도 조절 버튼, 2, 3에 바람 세기 조절 버튼과 바람 방향 조절 버튼이 가능하다.

1	2	3
시간 예약	바람 방향 조절 또는 바람 세기 조절	
4	5	6
온도 조절	음소거	전원

따라서 가능한 경우의 수는 8가지이다.

| 오답풀이 |

② 1이 시간 예약 버튼이면 5는 음소거나 바람 세기 조절 버튼일 수 있다.

③ 6이 온도 조절 버튼이면 5는 바람 방향 조절이나 바람 세기 조절 버튼일 수 있다.

④ 온도 조절 버튼의 숫자가 4이면 시간 예약 버튼과 상하로 이웃한다.

⑤ 전원 버튼의 숫자가 6일 때 바람 세기 조절 버튼의 숫자가 2이면 이웃하지 않는다.

14 도형추리 정답 ①

| 정답풀이 |

1열에서 2열로, 2열에서 3열로 이동할 때, 음영이 있는 칸이 시계 방향으로 한 칸씩 이동한다.

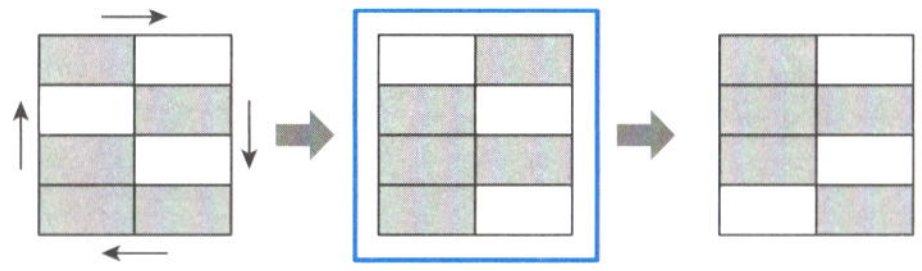

15 도형추리 정답 ②

| 정답풀이 |

1열과 2열의 같은 위치의 음영의 유·무가 3열 음영 유·무를 결정한다.

1열	2열	3열
음영(○)	음영(○)	음영(×)
음영(○)	음영(×)	음영(×)
음영(×)	음영(○)	음영(×)
음영(×)	음영(×)	음영(○)

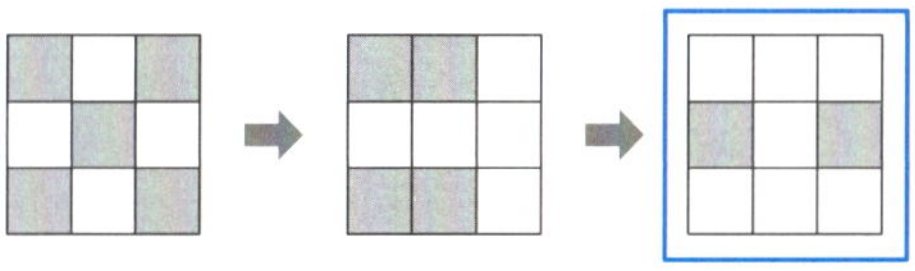

16 도형추리 정답 ③

| 정답풀이 |

1열과 2열의 도형에서 같은 사분면의 음영 유·무가 3열 음영 유·무를 결정한다.

1열	2열	3열
음영(○)	음영(○)	음영(○)
음영(○)	음영(×)	음영(×)
음영(×)	음영(○)	음영(×)
음영(×)	음영(×)	음영(○)

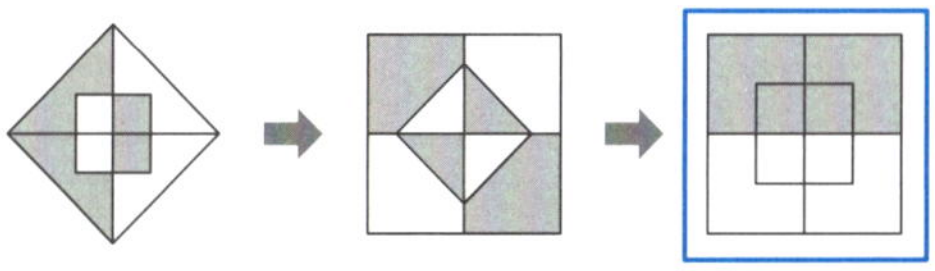

17 도형추리 정답 ⑤

| 정답풀이 |

1열에서 2열로, 2열에서 3열로 이동할 때, 총 사각형 16칸(4×4) 중 중앙 4칸(2×2)을 제외한 나머지 12칸의 대각선이 반전된다. 그리고 음영이 있는 도형의 외부에 음영을 삽입한다.

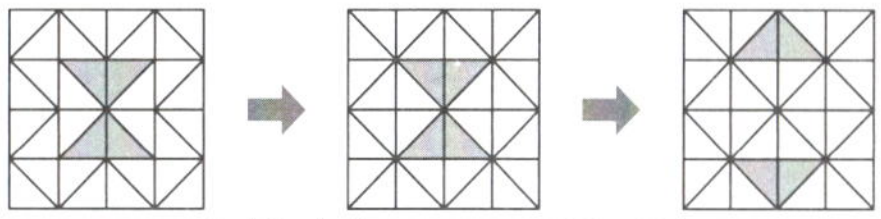

대각선 반전 음영 삽입

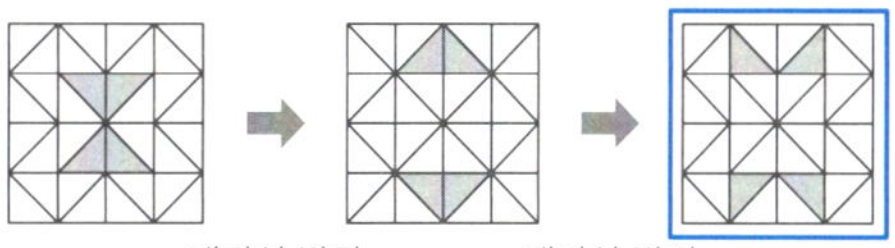

대각선 반전
음영 삽입 대각선 반전

18 도식추리 정답 ③

| 정답풀이 |

주어진 기호의 규칙은 다음과 같다.

기호	규칙
♠	(+4, +3, +2, +1)
△	ABCD → ADCB
○	(−1, −1, −1, −1)
◇	ABCD → CABD

BC95 → ♠ → FF16 → ○ → (**EE05**)

시험장풀이

다음과 같이 문자표를 일단 적어놓는다.

A	B	C	D	E	F	G	H	I	J	K	L	M
N	O	P	Q	R	S	T	U	V	W	X	Y	Z

주어진 도식을 보면 ○ → ◇ → ♠ → △ 순으로 규칙을 파악해야 한다.

- ○: U3R7 → T2Q6로 추론할 수 있다. 명백한 숫자연산 규칙으로, (−1, −1, −1, −1)이다.
- ◇: O38R에 ○을 역으로 적용하면 P49S이다. 따라서 ◇는 49PS → P49S로 추론할 수 있다. 순서 바꾸기 또는 숫자연산 규칙 모두 가능하지만, 숫자연산 규칙이라면 너무 극단적인 덧셈뺄셈이 되어버린다. 따라서 순서 바꾸기 규칙이라고 가정하면, ABCD → CABD이다.

- ♠: 7JO2에 ◇을 역으로 적용하면 JO72이다. JO72에 ○을 역으로 적용하면 KP83이다. 따라서 ♠는 GM62 → KP83로 추론할 수 있다. 명백한 숫자연산 규칙으로, (+4, +3, +2, +1)이다.
- △: QLTV에 ♠를 적용하면 UOVW이다. 따라서 △는 UOVW → UWVO로 추론할 수 있다. 순서 바꾸기 또는 숫자연산 규칙 모두 가능하지만, 숫자연산 규칙이라면 너무 극단적인 덧셈뺄셈이 되어버린다. 따라서 순서 바꾸기 규칙이라고 가정하면, ABCD → ADCB이다.

19 도식추리 정답 ③

| 정답풀이 |

YGHV → △ → YVHG → ♠ → CYJH → ◇ → (JCYH)

20 도식추리 정답 ④

| 정답풀이 |

(7Z9T) → ○ → 6Y8S → △ → 6S8Y

21 도식추리 정답 ①

| 정답풀이 |

(I36G) → ○ → H25F → ◇ → 5H2F → △ → 5F2H

22 문단배열 정답 ③

| 정답풀이 |

주어진 글은 표적세포에 대해 설명하고 있다. 먼저 표적세포가 무엇인지 예를 들며 설명하는 [나] 문단과 약물이 인체의 호르몬의 역할처럼 표적세포와 결합할 수 있다는 내용을 설명하는 [가] 문단이 제시되어야 한다. 그리고 이러한 약물을 이용한 암 치료 방법인 표적 치료에 대한 설명 문단인 [라] 문단이 이어지고 마지막으로 [다] 문단의 표적 치료에 대한 예시로 마무리되어야 한다.

따라서 논리적으로 순서에 맞게 배열하면 [나]-[가]-[라]-[다] 순으로 와야 한다.

23 문단배열 정답 ⑤

| 정답풀이 |

주어진 글은 레그테크에 대해 설명하고 있다. 먼저 레그테크의 개념을 설명하는 [라] 문단이 제시되고, 레그테크의 중요성이 부각된 배경을 설명하는 [나] 문단이 이어져야 한다. 이에 대한 부연 설명을 하는 [다] 문단이 이어지고 마지막으로 컴프테크라는 레그테크의 구체적인 영역을 소개하는 [가] 문단으로 마무리되어야 한다.

따라서 논리적인 순서에 맞게 배열하면 [라]-[나]-[다]-[가] 순으로 와야 한다.

24 참 · 거짓 판단 정답 ⑤

| 정답풀이 |

장아찌류나 자반류 모두 소금을 첨가하여 수분을 제거하는 것이다. 이름이 다르게 불리는 까닭은 장아찌류는 채소를 재료로 하고 자반류는 어류를 재료로 하기 때문이다.

| 오답풀이 |

① 1문단에 식품 자체가 지니고 있는 산소의 작용으로 시간이 지남에 따라 식품의 성분이 소실된다고 하였다.
② 2문단에 건조법은 저장법 중에서 가장 역사가 오래된 것으로 추측된다고 하였다.
③ 2문단에 건조법은 말리는 재료에 따라 건과법, 건어법, 나물 말리기 등으로 분류할 수 있다고 하였다.
④ 3문단에 염장법은 소금의 삼투작용에 의해 식품이 탈수되어 세균이 생육하는 데 필요한 수분이 감소되고, 식품에 붙어 있던 세균도 삼투압에 의해 원형질 분리가 일어나 미생물의 생육이 억제되는 원리를 이용한 저장법이라 하였다.

25 참 · 거짓 판단 정답 ④

| 정답풀이 |

스마트 링이 스마트 워치보다 착용자의 건강 데이터를 더 많이 수집할 수 있는 이유는 스마트 링이 스마트 워치에 비해 착용시 불편감이 적어 오랫동안 착용할 수 있기 때문이다. 착용하지 않으면 사용자의 건강 데이터를 수집할 수 없다.

| 오답풀이 |

① 1문단에 스마트 링은 논스크린(Non-Screen)을 지향하는 웨어러블 디바이스로 테크 트렌드가 전환되면서 관심이 높아졌다고 했다. 즉 스마트 링에는 스크린이 없다.
② 2문단에 스마트 링은 손목보다 모세혈관이 많은 손가락에 착용하기 때문에 스마트 워치나 스마트 밴드에 비해 높은 정확도가 기대된다고 했다.

③ 2문단에 스마트 링은 착용감이 스마트 워치에 비해 좋아 더 오래 착용할 수도 있다고 했다.
⑤ 2문단에 스마트 링에 근거리 무선 통신(NFC) 기능을 더하면 삼성페이처럼 손쉽게 결제가 가능해 보다 간결하고 편리한 라이프스타일을 누릴 수 있다고 했다.

26 참 · 거짓 판단 정답 ③

| 정답풀이 |

2문단에 따르면 소프트웨어의 초기 부팅 관련 부분, 프린터 작동에 관여하는 펌웨어 명령 등 변하지 않는 컴퓨터 부품에는 ROM으로 비휘발성 메모리를 사용하므로 휘발성 메모리가 아니다.

| 오답풀이 |

① 1문단에 따르면 휘발성 메모리는 모듈에 한시적으로 저장된 정보는 컴퓨터를 재시작하거나 종료할 때 삭제된다고 했다.
② 휘발성 메모리는 컴퓨터 시스템의 제일 중요한 작업 공간으로 다양한 종류가 있는지는 주어진 글에서는 알 수가 없다. 즉 반드시 거짓이라고 보기 어렵다.
④ 2문단에 따르면 비휘발성 메모리는 데이터 저장에 전류에 의존하지 않고, 바이너리 코드를 사용해 개별 셀에 쓰이기 때문에 영구 저장된다고 나와 있다.
⑤ 2문단에서 컴퓨터 전원을 끈다 해도 비휘발성 메모리에는 영향을 주지 않으며 비휘발성 메모리는 사용자가 변경할 수 없다고 나와 있다.

27 참 · 거짓 판단 정답 ②

| 정답풀이 |

1문단을 보면, GAN은 서로 다른 두 개의 네트워크를 적대적으로 학습시키며 실제 데이터와 비슷한 데이터를 생성해 낸다. 그리고 이렇게 생성된 데이터에 정해진 레이블 값이 없기 때문에 비지도 학습 기반 생성모델로 분류된다고 했다. 이를 통해 GAN은 사람의 감독 없이 데이터를 통해 학습함을 알 수 있다.

| 오답풀이 |

① GAN은 가짜 데이터를 판별하는 AI 기술이 아니라 가짜 데이터를 생성하는 기술이다.
③ GAN의 G와 D는 협력이 아니라 경쟁을 통해 학습한다.
④ GAN의 G가 가짜 분포를 생성하고, D가 이것의 참 · 거짓 여부를 결정한다.
⑤ GAN은 판별기가 진짜인지 가짜인지 판단하지 못하는 것을 오류로 보는 것이 아니라 최적의 솔루션으로 본다.

28 비판적 사고 정답 ⑤

| 정답풀이 |

주어진 글에서는 폐배터리 재활용 시장이 성장할 것이라는 의견만 제시되고 있다. 따라서 폐배터리 재활용 시장의 성장을 저해하는 요인이 있으므로 이를 근거로 폐배터리 재활용 시장이 무조건 성장하기 어렵다고 반박하는 것이 가장 적절하다.

| 오답풀이 |

① 폐배터리 생산 과정에서 환경오염이 일어나는 것은 사실이나 그렇다고 해서 아예 배터리 생산을 금지해야 한다는 주장은 적절한 반박이 아니다.
② 폐배터리 재활용 시장은 환경 및 경제적 편익에 모두 도움이 된다고 했다. 리튬, 니켈, 망간, 코발트 등의 핵심 원료를 안정적으로 활용할 수 있고 희토류 고갈에 대한 해결책이기도 하기 때문이다. 따라서 근거가 적절하지 않다.
③ 미국 환경보호국(EPA)의 지침 등에 따라 글로벌 폐배터리 재활용 시장이 성장할 것으로 예측된다고 했다. 미국 같은 선진국에서 환경보호에 대한 지침이 없다고 보기 어렵다.

29 비판적 사고 정답 ①

| 정답풀이 |

주어진 글을 보면 유기반도체는 용액 기반 기술을 사용하여 만들어지는데, 이러한 방법은 일반적으로 전통적인 반도체 제조에 사용되는 고온 진공 증착 기술보다 저렴하다고 했다. 또 단단한 실리콘 기반 반도체와 다르다 했다. 이를 종합하여 볼 때 유기반도체가 무기반도체보다 고온과 고압을 잘 견딘다는 추론은 적절하지 않다.

| 오답풀이 |

② 유기반도체는 유연하고 가벼우며, 다양한 형태로 가공할 수 있는 장점이 있다고 했다. 이를 통해 유기반도체로 유연하고 착용 가능한 전자 장치, 롤러블 디스플레이를 만들 수 있음을 추론할 수 있다.
③ 유기반도체는 제조 공정과 재료에서도 무기반도체보다 저렴하다고 했다. 즉 유기반도체를 사용하는 기기가 무기반도체를 사용하는 기기보다 저렴할 수 있다.
④ 유기반도체는 전통적인 무기반도체에 비해 전하 이동성이 낮아 전자기기의 속도와 효율성을 제한할 수 있

다고 했다. 즉 무기반도체를 사용하는 기기는 유기반 도체를 사용하는 기기보다 속도와 효율성이 좋다고 추론할 수 있다.

⑤ 유기반도체 소재는 산소, 수분, 열, 빛 등에 노출될 때 분해되거나 변질될 수 있다고 했다. 이러한 안정성 문제를 유기반도체에서 해결해야 한다고 했으므로 유기반도체를 사용하는 기기가 침수되었을 경우 무기반도체를 사용하는 기기보다 고장이 더 쉽다고 추론할 수 있다.

30 추론 정답 ②

| 정답풀이 |

주어진 글을 통해 침 속에 아밀라아제가 단백질을 분해하지 못한다고 알기 어렵고, 또 그렇다 해서 아미노산이 흡수되지 않고 배설된다는 추론은 적절하지 않다. 단백질은 소화 효소가 나오는 곳, 즉 위에서 분해되며 아미노산은 다시 단백질로 결합된다.

| 오답풀이 |

① 주어진 글에서 페니실린은 세균이 세포벽을 합성할 때 사용하는 효소와 비슷한 역할을 한다고 했다. 즉 세포에게 효소처럼 촉매반응을 하여 실제 효소 작용을 반응할 것이다.

③, ⑤ [보기]에서 효소는 단백질의 일종이라 했다. 그리고 아미노산이 결합되어 단백질이라는 고분자가 된다고 했다. 이를 통해 음식물 속의 단백질이 효소로 인해 아미노산으로 분해되면 그 아미노산으로 새로운 단백질이 만들어진다는 것을 알 수 있다. 그리고 이러한 순환 과정에서 몸속의 단백질이 부족하면 효소 역시 부족해져서 소화가 안 되거나 면역력이나 저항력이 떨어질 수 있다.

④ 주어진 글에 인체 세포 내에 효소가 없으면 이런 반응들이 너무 느리게 진행되어 아무런 의미가 없다고 했다. [보기]에서 언급한 트립신, 펩신, 키모트립신은 단백질 분해 효소이다. 이들이 나오지 않으면 신체 내부에서 단백질을 분해하는 데 오랜 시간이 걸린다.

PART 01 수리논리

CHAPTER 01 응용수리 역대 기출문제

응용수리 P.73

01	④	02	①	03	⑤	04	①	05	④
06	⑤	07	④	08	②	09	①	10	②
11	③	12	⑤	13	③	14	②	15	⑤
16	④	17	④	18	①	19	①	20	⑤
21	③	22	①	23	①	24	②	25	④
26	①	27	④	28	②	29	③	30	⑤
31	②	32	④	33	②	34	③	35	②
36	①	37	⑤	38	①	39	①	40	②
41	②								

01 응용수리 정답 ④

| 정답풀이 |

A의 속력을 xm/분, B의 속력을 ym/분 이라고 하면, A와 B가 같은 방향으로 동시에 출발 후 50분 후에 만날 때, 이동 거리의 차는 한 바퀴(1,000m)이고, 다른 방향으로 동시에 출발 후 20분 후에 만날 때, 이동 거리의 합은 한 바퀴(1,000m)이므로 다음과 같다.

$(x-y)\times50=1,000$

$(x+y)\times20=1,000$

$\therefore x=35,\ y=15$

A의 속력은 35m/분이므로 30분 동안 이동한 거리는 $35\times30=1,050$(m)이다.

시험장풀이

트랙을 따라 같은 방향, 다른 방향으로 달리는 경우 출발하여 멈출 때까지 움직이는 시간은 동일하다. 또한, 트랙을 따라 같은 방향으로 출발하여 다시 마주치는 경우 항상 1바퀴가 차이나고, 다른 방향에서 출발하여 만나는 경우 이동거리의 합이 항상 1바퀴(또는 출발하기 시작할 때 기준으로 거리의 차)가 된다.

02 응용수리 정답 ①

| 정답풀이 |

C제품이 맨 앞에 진열되었으므로, 나머지 제품은 A제품(1대), B제품(2대), D제품(1대)으로 총 4대이다.

4대의 제품을 일렬로 진열하는 방법은 4!이고 B제품 2대는 동일하므로 $\frac{4!}{2!}=\frac{4\times3\times2\times1}{2\times1}=12$(가지)이다.

따라서 나머지 제품을 진열하는 경우의 수는 12가지이다.

03 응용수리 정답 ⑤

| 정답풀이 |

5장의 카드를 임의로 나열했을 때, 그 수가 23,000 이상이어야 하므로 맨 앞자리에 올 수 있는 수는 2, 3, 4, 5이다. 이때 맨 앞자리가 2라면 다음 자리의 수는 3 이상이어야 한다. 이에 따라 가능한 경우는 다음과 같다.

- 맨 앞자리가 2인 경우
  맨 앞자리가 2이므로 다음 자리의 수는 3, 4, 5 중 하나이고 나머지 자리는 모든 수가 가능하다. 이에 따라 가능한 경우의 수는 $3\times3\times2\times1=18$(가지)이다.
- 맨 앞자리가 3, 4, 5인 경우
  맨 앞자리가 3, 4, 5이면 나머지 자리의 수는 모든 수가 가능하다. 이에 따라 가능한 경우의 수는 $3\times4\times3\times2\times1=72$(가지)이다.

따라서 전체 경우의 수는 $5!=120$(가지)이므로 구하는 확률은 $\frac{18+72}{120}=\frac{3}{4}$이다.

시험장풀이

5장의 카드를 나열했을 때 23,000 미만인 경우는 맨 앞자리가 1 또는 2인 경우인데, 2라면 다음 자리에 가능한 수는 1뿐이다. 이에 따라 23,000 미만인 경우의 수는 맨 앞자리가 1인 경우인 $4!=24$(가지), 2인 경우인 $3!=6$(가지)이므로 $24+6=30$(가지)이다. 따라서 구하고자 하는 확률은 $1-\frac{30}{120}=\frac{3}{4}$이다.

04 응용수리 정답 ①

| 정답풀이 |

올해 전체 직원 수가 전년 대비 100명 증가했는데, 여성

직원 수가 60명 증가하였으므로 남성 직원 수는 40명 증가했다. 이때 남성 직원 수는 전년 대비 20% 증가하였으므로 작년 남성 직원 수는 $40\div0.2=200$(명)이고, 전체 직원 수는 전년 대비 100명 증가하여 600명이 되었으므로 작년 전체 직원 수는 500명이다. 즉, 작년 여성 직원 수는 $500-200=300$(명)이다.
따라서 작년 남성 직원 수와 여성 직원 수의 차는 $300-200=100$(명)이다.

05 응용수리 정답 ④

| 정답풀이 |

매월 갑 대리가 뽑힐 확률은 $\frac{1}{3}$이다. 이러한 추첨을 4개월 동안 진행했으므로 갑 대리가 뽑힐 확률을 정리하면 다음과 같다.

- 갑 대리가 한 번 뽑힐 확률
  4개월 중 한 번만 뽑히고 나머지는 뽑히지 않으므로
  $_4C_1\times\frac{1}{3}\times\frac{2}{3}\times\frac{2}{3}\times\frac{2}{3}=\frac{32}{81}$
- 갑 대리가 두 번 뽑힐 확률
  4개월 중 두 번만 뽑히고 나머지는 뽑히지 않으므로
  $_4C_2\times\frac{1}{3}\times\frac{1}{3}\times\frac{2}{3}\times\frac{2}{3}=\frac{8}{27}$
- 갑 대리가 세 번 뽑힐 확률
  4개월 중 세 번만 뽑히고 나머지는 뽑히지 않으므로
  $_4C_3\times\frac{1}{3}\times\frac{1}{3}\times\frac{1}{3}\times\frac{2}{3}=\frac{8}{81}$
- 갑 대리가 네 번 뽑힐 확률
  4개월 중 네 번 모두 뽑히므로
  $_4C_4\times\frac{1}{3}\times\frac{1}{3}\times\frac{1}{3}\times\frac{1}{3}=\frac{1}{81}$

따라서 갑 대리가 최소 한 번이라도 뽑힐 확률은
$\frac{32}{81}+\frac{8}{27}+\frac{8}{81}+\frac{1}{81}=\frac{65}{81}$ 이다.

시험장풀이

갑 대리가 한 번도 뽑히지 않을 확률은
$\frac{2}{3}\times\frac{2}{3}\times\frac{2}{3}\times\frac{2}{3}=\frac{16}{81}$이다. 따라서 갑 대리가 최소 한 번이라도 뽑힐 확률은 $1-\frac{16}{81}=\frac{65}{81}$이다.

06 응용수리 정답 ⑤

| 정답풀이 |

해당 회사의 2023년 수출액은 $10,000\times1.41=14,100$(만 원)이고 수입액은 $8,000\times1.5=12,000$(만 원)이다.
따라서 이 회사의 2023년 무역수지는 $14,100-12,000=2,100$(만 원)이고, 흑자이다.

07 응용수리 정답 ④

| 정답풀이 |

첫 번째에 A가 쓰인 공이 나오는 사건을 A, 두 번째에 A가 쓰인 공이 나오는 사건을 B라 하자.

- 첫 번째에 A가 쓰인 공이 나오고 두 번째에도 A가 쓰인 공이 나올 확률
  $\mathrm{P}(A\cap B)=\mathrm{P}(A)\mathrm{P}(B|A)=\frac{5}{8}\times\frac{4}{7}=\frac{5}{14}$
- 첫 번째에 B가 쓰인 공이 나오고 두 번째에 A가 쓰인 공이 나올 확률
  $\mathrm{P}(A^C\cap B)=\mathrm{P}(A^C)\mathrm{P}(B|A^C)=\frac{3}{8}\times\frac{5}{7}=\frac{15}{56}$

따라서 구하는 확률은 $\frac{5}{14}+\frac{15}{56}=\frac{5}{8}$이다.

08 응용수리 정답 ②

| 정답풀이 |

2022년 계열사 A의 임직원 수를 a명, 계열사 B의 임직원 수를 b명이라고 하면 2022년에 20,000명이었으므로
$a+b=20,000$ …… ㉠
2023년 계열사 A의 임직원이 작년 대비 40% 증가하였고 계열사 B는 10% 감소하여 임직원이 20% 증가하였으므로 $0.4a-0.1b=20,000\times0.2$
양변에 10을 곱하고 식을 정리하면
$4a-b=40,000$ …… ㉡
㉠+㉡을 하면 $5a=60,000$ $\therefore a=12,000$
따라서 2022년 계열사 A의 임직원 수는 12,000명이다.

09 응용수리 정답 ①

| 정답풀이 |

작년 제품 A의 생산량을 a대, 제품 B의 생산량을 b대라고 하면 작년 두 제품의 총생산량이 670대이므로
$a+b=670$ …… ㉠
올해 제품 A의 생산량은 30대 늘고 제품 B의 생산량은 10% 감소하여 제품 A가 제품 B보다 130대 더 많이 생산되었으므로 $a+30=(1-0.1)b+130$
식을 정리하면 $a-0.9b=100$ …… ㉡
㉠−㉡을 하면 $1.9b=570$ $\therefore b=300$
따라서 작년 제품 B의 생산량은 300대이다.

10 응용수리 정답 ②

| 정답풀이 |

10명의 직원을 5명씩 두 팀으로 나누는 방법의 수는

$\frac{{}_{10}C_5}{2!}=\frac{1}{2}\times\frac{10\times9\times8\times7\times6}{5\times4\times3\times2\times1}=126$(가지)이다.

재무팀 직원 3명을 한 묶음으로 생각하여 어느 한 팀에 배정하면, 나머지 7명 중에서 2명을 선택하여 재무팀 직원들과 같은 팀에 배정하면 된다. 즉, 7명 중 2명을 선택하는 경우의 수는 ${}_7C_2=\frac{7\times6}{2\times1}=21$(가지)이다.

따라서 구하는 확률은 $\frac{21}{126}=\frac{1}{6}$이다.

11 응용수리 정답 ③

| 정답풀이 |

작년 기업 A의 직원 수를 a명, 기업 B의 직원 수를 b명이라고 하면 올해 기업 A의 직원 수는 $0.8a$명, 기업 B의 직원 수는 $1.3b$명이다. 작년과 올해 두 기업의 직원 수가 4,000명으로 똑같으므로

$$\begin{cases} a+b=4{,}000 & \cdots\cdots ㉠ \\ 0.8a+1.3b=4{,}000 & \cdots\cdots ㉡ \end{cases}$$

10×㉡−8×㉠을 하면 $5b=8{,}000$ $\therefore b=1{,}600$

따라서 올해 기업 B의 직원 수는 $1{,}600\times1.3=2{,}080$(명)이다.

12 응용수리 정답 ⑤

| 정답풀이 |

6명이 원탁에 일정한 간격으로 둘러앉는 경우의 수는

$(6-1)!=5\times4\times3\times2\times1=120$(가지)이다.

이때, A와 B가 이웃하여 앉으려면 두 사람을 한 묶음으로 생각하여 5명이 원탁에 둘러앉으면 된다. 즉, 경우의 수는 $(5-1)!=4\times3\times2\times1=24$(가지)이다.

그런데 두 사람이 자리를 바꿀 수 있으므로

$24\times2=48$(가지)이다.

따라서 구하는 확률은 $\frac{48}{120}=\frac{2}{5}$이다.

13 응용수리 정답 ③

| 정답풀이 |

작년 회사 A의 임직원 수를 a명, 회사 B의 임직원 수를 b명이라고 하면 $a+b=600$이다. 이때 올해 회사 A의 임직원 수는 전년 대비 10% 증가, 회사 B의 임직원 수는 전년 대비 20% 감소하여 두 회사 임직원 수의 합이 총 60명 감소하였으므로 $0.1a-0.2b=-60$이다. 이를 연립하여 계산하면 다음과 같다.

$$\begin{cases} a+b=600 & \cdots ㉠ \\ 0.1a-0.2b=-60 & \cdots ㉡ \end{cases}$$

㉠−10×㉡을 하면 $3b=1{,}200$

$\therefore a=200,\ b=400$

따라서 작년 A, B 두 회사 임직원 수의 차이는 $400-200=200$(명)이다.

14 응용수리 정답 ②

| 정답풀이 |

1명당 1개의 회의실을 예약할 수 있으므로 6명이 서로 다른 4개의 회의실을 예약하는 경우의 수는

${}_6P_4=6\times5\times4\times3=360$(가지)이다.

이때 갑과 무가 회의실을 예약하는 경우의 수는 4개의 회의실 중 2개의 회의실을 갑과 무가 예약하는 경우의 수인 ${}_4P_2=4\times3=12$(가지)와 나머지 4명이 남은 2개의 회의실을 예약하는 경우의 수인 ${}_4P_2=4\times3=12$(가지)의 곱이므로 $12\times12=144$(가지)이다.

따라서 갑과 무가 회의실 예약을 성공할 확률은 $\frac{144}{360}=\frac{2}{5}$이다.

15 응용수리 정답 ⑤

| 정답풀이 |

인원 이동 전 회계팀의 인원을 a명이라고 하면 재무팀 160명 중 16명이 회계팀으로 이동했을 때 회계팀의 인원이 20% 증가하였으므로 $0.2a=16 \rightarrow a=80$(명)이다. 이때 재무팀 인원은 $160-16=144$(명)이고, 회계팀 인원은 $80+16=96$(명)이다. 이후 재무팀에서 회계팀으로 10명이 더 이동하면 이동 후의 재무팀 인원은 $144-10=134$(명)이고, 회계팀 인원은 $96+10=106$(명)이다.

따라서 이동 후의 재무팀과 회계팀의 인원 차이는 $134-106=28$(명)이다.

16 응용수리 정답 ④

| 정답풀이 |

6명을 3개의 조로 나누고 각 조에 최소 1명이 배정되도록 나누는 1명/1명/4명, 1명/2명/3명, 2명/2명/2명 총 3가지이다.

- 1명/1명/4명으로 나누는 경우

  첫 번째 1명인 조에 들어갈 사람을 6명 중에 뽑고, 두 번째 1명인 조에 들어갈 사람을 나머지 5명 중에 뽑

고, 나머지 4명은 4명인 조에 들어가는 경우를 곱하면 된다. 이때 1명인 조가 2개이므로 경우가 중복되지 않게 2!으로 나누면 $\frac{{}_6C_1 \times {}_5C_1 \times {}_4C_4}{2!}=15$(가지)이다.

- 1명/2명/3명으로 나누는 경우
  첫 번째 1명인 조에 들어갈 사람을 6명 중에 뽑는 경우, 나머지 5명 중 두 번째 2명인 조에 들어갈 사람을 뽑는 경우, 나머지 3명은 3명인 조에 들어가는 경우를 곱하면 된다. 이때 각 조의 인원이 모두 달라서 중복되는 경우가 없으므로 ${}_6C_1 \times {}_5C_2 \times {}_3C_3=60$(가지)이다.
- 2명/2명/2명으로 나누는 경우
  6명 중 첫 번째 2명인 조에 들어갈 사람을 뽑는 경우, 나머지 4명 중 두 번째 2명인 조에 들어갈 사람을 뽑는 경우, 나머지 2명은 마지막 2명인 조에 들어가는 경우를 곱하면 된다. 이때 2명인 조가 3개이므로 경우가 중복되지 않게 3!으로 나누면 $\frac{{}_6C_2 \times {}_4C_2 \times {}_2C_2}{3!}=15$(가지)이다.

따라서 6명을 3개의 조로 나누는 경우의 수는 $15+60+15=90$(가지)이다.

시험장풀이

서로 다른 3개를 나열할 때와 같은 것 2개, 다른 것 1개를 나열할 때의 경우의 수는 다음과 같이 다르다.

㉠ A, B, C를 나열하는 경우의 수
→ [A, B, C], [A, C, B], [B, A, C], [B, C, A], [C, A, B], [C, B, A] : $3\times2\times1=6$(가지)

㉡ A, A, B를 나열하는 경우의 수
→ [A, A, B], [A, B, A], [B, A, A] : $\frac{3\times2\times1}{2!}=3$(가지)

㉡에서는 C를 A가 대신하였는데 이에 따라 중복되는 경우가 생긴다. 예를 들어 ㉠에서는 [A, B, C]와 [C, B, A]가 다른 경우라 2가지로 세어지지만 ㉡에서는 C를 A가 대신하여 두 경우가 [A, B, A]의 경우 1가지로 세어진다. 정리하면 다음과 같다.

- 같은 것이 있는 순열
  n개 중 같은 것이 각각 a개, b개, …, c개씩 있을 때 n개를 일렬로 나열하는 경우의 수
  → $\frac{n!}{a!\times b!\cdots\times c!}$

17 응용수리 정답 ④

| 정답풀이 |

전년도 A공장 실비 대수를 a대, B공장 실비 대수를 b대라고 하면, A공장 설비 9대를 B공장으로 옮겼더니 A공장의 설비 대수가 전년 대비 10% 감소하고, B공장의 설비 대수는 전년 대비 15% 증가하였으므로 $0.1a=9=0.15b$이다. 이를 계산하면 $a=90$(대), $b=60$(대)이다. 따라서 전년도 A공장과 B공장의 설비 대수 차이는 $90-60=30$(대)이다.

18 응용수리 정답 ①

| 정답풀이 |

경품은 4개월 동안 매달 1명씩 추첨하므로 총 4번의 추첨 기회가 있다. 이때 A가 경품을 1개 이상 받을 경우의 수를 구해야 하므로 A가 1개, 2개, 3개, 4개의 경품을 받는 경우의 수를 모두 더하면 된다.

- A가 경품을 1개 받는 경우
  4번의 추첨 중 1번만 A가 경품을 받고, 나머지 3번은 B~D가 경품을 받는 경우이므로 ${}_4C_1\times3^3=108$(가지)이다.
- A가 경품을 2개 받는 경우
  4번의 추첨 중 2번만 A가 경품을 받고, 나머지 2번은 B~D가 경품을 받는 경우이므로 ${}_4C_2\times3^2=54$(가지)이다.
- A가 경품을 3개 받는 경우
  4번의 추첨 중 3번만 A가 경품을 받고, 나머지 1번은 B~D가 경품을 받는 경우이므로 ${}_4C_3\times3^1=12$(가지)이다.
- A가 경품을 4개 받는 경우
  4번의 추첨 중 4번 모두 A가 경품을 받고, B~D는 경품을 받지 못하는 경우이므로 ${}_4C_4\times3^0=1$(가지)이다.

따라서 4개월 동안 A가 경품을 1개 이상 받을 경우의 수는 $108+54+12+1=175$(가지)이다.

시험장풀이

여사건을 이용하면 쉽게 계산할 수 있다.
4번의 추첨 기회 중 A가 경품을 1번 이상 받는 경우의 수는 반대로 생각하면 전체 경우의 수에서 A가 한 번도 경품을 받지 못하는 경우의 수를 뺀 것과 같다. 따라서 4명이 경품을 받는 전체 경우의 수는 $4^4=256$(가지)이고, A가 한 번도 경품을 받지 못하는 경우의 수는 $3^4=81$(가지)이므로 A가 경품을 1개 이상 받을 경우의 수는 $256-81=175$(가지)임을 쉽게 구할 수 있다.

19 응용수리 정답 ①

| 정답풀이 |

제품 1개를 만드는 데 재료 A는 3kg, 재료 B는 2kg이 필요하고, 재료 A의 1kg당 원가가 800원이므로 재료 B의 1kg당 원가를 x원이라고 하면 제품 1개를 만들 때의

원가는 다음과 같다.

$3\times800+2\times x=2,400+2x$(원)

이때 제품 20개를 만들 때의 원가는 72,000원이므로 다음과 같은 식이 성립한다.

$20\times(2,400+2x)=72,000$

$\rightarrow 2x+2,400=3,600 \qquad \therefore x=600$

따라서 재료 B의 1kg당 원가는 600원이다.

20 응용수리 정답 ⑤

| 정답풀이 |

A제품 1개의 원가를 x원, B제품 1개의 원가를 y원이라고 하면 A제품을 1개 판매할 경우의 이익은 $0.1x$원이고, B제품을 1개 판매할 경우 이익은 $0.2y$원이다. 이때 두 제품을 각각 2개씩 판매하여 얻은 이익이 총 4,400원이므로 다음과 같은 식을 세울 수 있다.

$x+y=14,000$ … ㉠

$0.2x+0.4y=4,400$ … ㉡

$10\times$㉡$-2\times$㉠을 계산하면 $x=6,000$, $y=8,000$이다.

따라서 B제품 1개의 원가는 8,000원이다.

21 응용수리 정답 ③

| 정답풀이 |

1월부터 4월까지 4개월 동안 매월 한 명씩 당첨될 때 5명 중 A가 두 번, B가 한 번 당첨된다면 나머지 한 번은 C, D, E 중 한 명이 당첨되어야 한다. C, D, E 중 한 명을 뽑는 경우의 수는 ${}_3C_1=3$(가지)이고, 1월부터 4월까지 A가 두 번, B가 한 번 당첨되는 경우의 수는 A, A, B, (C 또는 D 또는 E)를 나열하는 경우의 수와 같으므로 $\frac{4!}{2!}=12$(가지)이다.

따라서 A가 두 번, B가 한 번 당첨되는 경우의 수는 $3\times12=36$(가지)이다.

22 응용수리 정답 ①

| 정답풀이 |

작년 재무부 사원 수는 37명이고 올해 재무부 사원 수는 작년 대비 5명 증가했으므로 $37+5=42$(명)이다.

작년 영업부 사원 수를 x명이라고 하면 올해는 전년 대비 4명 증가하였으므로 올해 영업부 사원 수는 $x+4$명이고, 올해 영업부 사원 수의 1.2배가 올해 재무부 사원 수이므로 다음과 같은 식이 성립한다.

$1.2\times(x+4)=42$

$\rightarrow x+4=35 \qquad \therefore x=31$

따라서 작년 영업부 사원 수는 31명이다.

23 응용수리 정답 ①

| 정답풀이 |

1층부터 3층까지 총 6개의 공간으로 나누어진 건물에 A~F의 6개 팀이 각각 한 공간에 한 팀씩 들어가는 경우의 수는 $6!=720$(가지)이다. 또한 A팀과 B팀이 2층에 들어가는 경우의 수는 나머지 1층과 3층에 C, D, E, F의 4개 팀이 들어가는 경우의 수와 같으므로 $4!=24$(가지)인데 A팀과 B팀이 2층에서 서로 공간을 바꿀 수 있으므로 총 경우의 수는 $24\times2=48$(가지)이다.

따라서 A팀과 B팀이 이 건물의 2층에 들어갈 확률은 $\frac{48}{720}=\frac{1}{15}$이다.

24 응용수리 정답 ②

| 정답풀이 |

기존 Z부서 직원 수를 x명, 기존 기술개발팀 직원 수를 y명이라고 하면 기존 Z부서에서 인사이동으로 인해 12명이 나간 현재 Z부서 직원 수는 기존 직원 수 대비 6% 감소하였으므로 $0.06x=12$가 되어 $x=200$(명)이고, 12명이 늘어난 현재 기술개발팀의 직원 수는 기존 직원 수 대비 10% 증가하였으므로 $0.1y=12$가 되어 $y=120$(명)이다. 이에 따라 현재 직원 수는 Z부서가 $200-12=188$(명), 기술개발팀이 $120+12=132$(명)이다.

따라서 인사이동 후 Z부서와 기술개발팀의 직원 수의 차는 $188-132=56$(명)이다.

25 응용수리 정답 ④

| 정답풀이 |

8명 중에서 3명을 뽑는 경우의 수는 ${}_8C_3=\frac{8\times7\times6}{3\times2\times1}=56$(가지)이고 A, B, C의 세 그룹에서 각각 1명씩 뽑는 경우의 수는 ${}_4C_1\times{}_2C_1\times{}_2C_1=4\times2\times2=16$(가지)이다.

따라서 8명 중 3명을 뽑을 때 각 그룹에서 1명씩 뽑을 확률은 $\frac{16}{56}=\frac{2}{7}$이다.

26 응용수리 정답 ①

| 정답풀이 |

제품 X를 1개 생산하는 데 기계 B가 6시간이 걸리므로 60시간 동안 10개를 생산한다. 두 기계 B, C가 60시간 동안 21개의 제품 X를 생산한다고 하였으므로 기계 C는 60시간 동안 제품 X를 21−10=11(개) 생산한다.
이때, 기계별로 360시간 동안 제품 X의 생산량을 확인해 보면 다음과 같다.

• 기계 A: 360÷15=24(개)
• 기계 B: 360÷6=60(개)
• 기계 C: 360÷60×11=66(개)

따라서 360시간 동안 세 기계 A, B, C가 생산하는 제품 X의 개수는 24+60+66=150(개)이다.

시험장풀이

제품 X를 1개 생산하는 데 기계 A는 15시간이 걸리므로 1시간당 생산량은 $\frac{1}{15}$개이고, 기계 B, C는 제품 X를 21개 생산하는 데 60시간이 걸리므로 1시간당 생산량은 $\frac{21}{60}$개이다. 따라서 기계 A, B, C가 360시간 동안 생산하는 제품 X의 개수는 $\left(\frac{1}{15}+\frac{21}{60}\right)\times360=$ 150(개)이다.

27 응용수리 정답 ④

| 정답풀이 |

20대가 적어도 한 명 포함될 확률은 전체의 확률 1에서 20대가 한 명도 포함되지 않을 확률을 빼면 구할 수 있다.
6명 중 3명을 선택하는 전체 경우의 수가 ${}_6C_3=\frac{6\times5\times4}{3\times2\times1}$ =20(가지)이고, 20대가 한 명도 포함되지 않는 경우는 30대로만 3명을 모두 선택하는 경우 1가지이다.
따라서 20대가 적어도 한 명 포함될 확률은 $1-\frac{1}{20}=\frac{19}{20}$ 이다.

28 응용수리 정답 ②

| 정답풀이 |

2018년 전체 직원 수는 300명이었고, 2019년에는 전년 대비 25% 감소하였으므로 2019년 전체 직원 수는 300×(1−0.25)=225(명)이다. 또한 2020년 전체 직원 수는 2019년 대비 20% 증가하였으므로 2020년 전체 직원 수는 225×(1+0.2)=270(명)이다.
따라서 2018년 대비 감소한 2020년 A회사 전체 직원 수는 300−270=30(명)이다.

29 응용수리 정답 ③

| 정답풀이 |

10명 중 3명을 뽑는 전체 경우의 수는 ${}_{10}C_3=\frac{10\times9\times8}{3\times2\times1}$ =120(가지)이고 제조팀에서 2명을 뽑는 경우의 수는 ${}_6C_2=\frac{6\times5}{2\times1}$=15(가지), 영업팀에서 1명을 뽑는 경우의 수는 ${}_4C_1$=4(가지)이다.
따라서 구하는 확률은 $\frac{15\times4}{120}=\frac{1}{2}$이다.

30 응용수리 정답 ⑤

| 정답풀이 |

'8자리의 의자에 대해 A, B, C, D 네 명 중 A가 첫 번째 자리에 앉는 경우의 수'는 '7자리의 의자에 대해 B, C, D 세 명이 앉는 경우의 수'와 동일하다. B, C가 서로 붙어서 앉으므로 둘을 1명으로 생각하면 B, C와 D가 6자리의 의자 중 앉을 2개의 의자를 고르는 경우의 수는 ${}_6C_2$= 15(가지)이다. 이때 B와 C가 자리를 바꿀 수 있고, B, C와 D가 자리를 바꿀 수 있다.
따라서 구하는 경우의 수는 15×2×2=60(가지)이다.

31 응용수리 정답 ②

| 정답풀이 |

제시된 상황을 벤다이어그램으로 나타내면 다음과 같다.

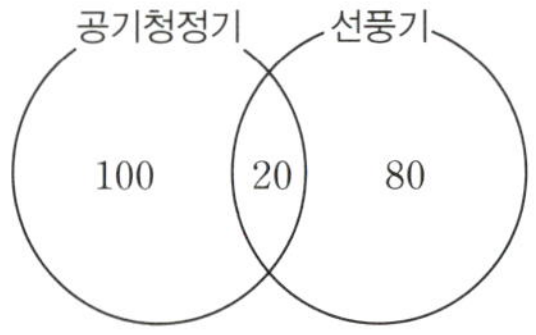

따라서 총판매액은 100×15+80×7+20×(15+7−2)=2,460(만 원)이다.

32 응용수리 정답 ④

| 정답풀이 |

전년도 A본부, B본부의 사원 수를 각각 x, y라고 하면 다음과 같은 연립방정식이 성립한다.

$$\begin{cases} x+y=1,038-58=980 \\ 0.2x+(-0.1y)=58 \end{cases}$$
$\rightarrow x=520,\ y=460$

따라서 전년도 B본부의 사원 수는 460명이다.

33 응용수리 정답 ②

| 정답풀이 |

경품을 받으면 바로 다음 회차 추첨에서 제외되므로 총 3회의 추첨 중 경품에 두 번 당첨되려면 첫 번째, 세 번째 추첨에서 당첨되어야 한다.

- 첫 번째 추첨에서 당첨될 확률: $\frac{1}{10}$
- 세 번째 추첨에서 당첨될 확률: $\frac{1}{9}$($\because$ 세 번째 추첨에서는 두 번째 추첨에서 당첨된 사람이 제외된다.)

따라서 구하는 확률은 $\frac{1}{10}\times\frac{1}{9}=\frac{1}{90}$이다.

34 응용수리 정답 ③

| 정답풀이 |

30대 직원 수를 x라고 하면 20대 직원 수는 $\frac{1}{2}x$, 40대 직원 수는 $x+15$이다. 20대, 30대, 40대를 모두 합하면 100명이므로 다음 식이 성립한다.

$\frac{1}{2}x+x+x+15=\frac{5}{2}x+15=100 \rightarrow x=34$

따라서 30대 직원 수는 34명이다.

35 응용수리 정답 ②

| 정답풀이 |

전체 경우의 수부터 구하면 첫 번째로 대표를 뽑을 땐 6가지, 두 번째로 대표를 뽑을 땐 첫 번째 대표가 뽑힐 수 없으므로 5가지, 세 번째로 대표를 뽑을 땐 두 번째 대표가 뽑힐 수 없으므로 5가지이다. 이에 따라 $6\times5\times5=150$(가지)이다.

3번 중에 A가 대표를 2번 하기 위해선 첫 번째와 세 번째에 뽑혀야 한다. 이에 따라 A가 대표를 2번 하는 경우의 수는 첫 번째와 세 번째는 A 1가지로 고정되고, 두 번째로 대표를 뽑을 땐 A를 제외한 5가지이므로 경우의 수는 $1\times5\times1=5$(가지)이다.

따라서 구하고자 하는 확률은 $\frac{5}{150}=\frac{1}{30}$이다.

시험장풀이

첫 번째로 대표를 뽑을 때 A가 뽑힐 확률은 $\frac{1}{6}$이고, 세 번째로 대표를 뽑을 때는 두 번째 대표가 후보에서 제외되므로 A가 뽑힐 확률은 $\frac{1}{5}$이다. 따라서 구하고자 하는 확률은 $\frac{1}{6}\times\frac{1}{5}=\frac{1}{30}$이다.

36 응용수리 정답 ①

| 정답풀이 |

기존에 A공정을 거치는 시간을 a, B공정을 거치는 시간을 b라고 하면 다음 식이 성립한다.

$$\begin{cases} a+b=100 & \cdots ㉠ \\ 0.7a+0.5b=64 & \cdots ㉡ \end{cases}$$

2×㉡−㉠을 하면 $0.4a=28$

$\therefore a=70,\ b=30$

따라서 A공정에서 단축된 시간은 $70\times0.3=21$(시간)이다.

37 응용수리 정답 ⑤

| 정답풀이 |

같은 나이대로만 조를 구성하는 경우의 수는 20대끼리 한 조, 30대끼리 한 조, 40대끼리 한 조를 구성하는 1가지밖에 없다. 한편 총 6명이 2명씩 짝을 짓는 전체 경우의 수는 ${}_6C_2\times{}_4C_2\times{}_2C_2\times\frac{1}{3!}=15$(가지)이다.

시험장풀이

3!로 나눠주는 이유는 6명을 단순히 3개의 조로 나누기만 하는 '분할'이기 때문이다. 가령 A, B, C, D라는 4개의 원소를 2개씩 짝지을 때, 2!로 나눠주지 않고 ${}_4C_2$로만 처리하면 A, B를 선택하여 나뉜 {(A, B), (C, D)}와 C, D를 선택하여 나뉜 {(C, D), (A, B)}를 다른 경우로 헤아리게 된다. 만약 단순하게 2개씩 짝짓기만 하는 것이 아니라, 2개씩 짝을 지어 한 그룹은 X라는 방에 들어가고 나머지 그룹은 Y라는 방에 들어가는 등 그룹을 구분 짓는 장치를 둔다면 {(A, B), (C, D)}와 {(C, D), (A, B)}를 다른 경우로 볼 수 있다. 그러나 단순히 2개의 그룹으로 나누기만 한다면 {(A, B), (C, D)}와 {(C, D), (A, B)}는 같은 경우이므로 2!로 나누는 과정이 필요하다. 또한 이 문제에서처럼 A~F 6개의 원소를 2개씩 짝지어 3개의 그룹으로 나눈다면 서로 중복되는 그룹이 3그룹 나오므로 3!으로 나눠줘야 한다.

따라서 구하고자 하는 확률은 $\frac{1}{15}$이다.

38 응용수리 정답 ①

| 정답풀이 |

스마트폰만 팔린 대수를 a, 스마트워치만 팔린 대수를 b, 세트로 팔린 대수를 c라고 하면 다음이 성립한다.

$$\begin{cases} 80a+17b+91c=4,554 & \cdots ㉠ \\ b+c=40 & \cdots ㉡ \end{cases}$$

㉠$-17\times$㉡을 하면 $80a+74c=3,874$

a와 c는 자연수 또는 0만 가능한데, 이 식을 만족시키는 자연수 쌍은 $a=29$, $c=21$밖에 없다.

따라서 스마트폰과 스마트워치가 함께 팔린 세트의 수는 21세트이다.

시험장풀이

80a+74c=3,874를 만족하는 자연수 쌍을 찾는 작업은 쉽지 않은 일이다. 하지만 객관식 시험이므로 선택지를 대입하면 쉽게 정답을 찾을 수 있다.

찾고자 하는 수는 c인데, c에 21을 대입하면 양변의 일의 자릿수가 4로 일치함을 확인할 수 있다. 반면 c에 23이나 25, 27, 29를 대입하면 양변의 일의 자릿수가 일치하지 않는다. 따라서 ①이 정답임을 쉽게 알 수 있다.

39 응용수리 정답 ①

| 정답풀이 |

주식 A, B에 투자한 금액을 각각 a, b라 하면 다음이 성립한다.

$$\begin{cases} a+b=100 & \cdots ㉠ \\ 0.1a+0.06b=7 & \cdots ㉡ \end{cases}$$

㉡$-0.06\times$㉠을 하면 $0.04a=1$

따라서 주식 A에 투자한 금액은 $\frac{1}{0.04}=25$(억 원)이다.

40 응용수리 정답 ②

| 정답풀이 |

조건부 확률 문제이다. 두 인공지능 모두 같은 타입의 문제를 하나씩만 틀리는 경우는 다음과 같다.

- 모두 P타입을 틀리고 Q타입을 맞힐 확률

$\frac{1}{10}\times\frac{8}{10}\times\frac{2}{10}\times\frac{6}{10}=\frac{6}{625}$

- 모두 P타입을 맞히고 Q타입을 틀릴 확률

$\frac{9}{10}\times\frac{2}{10}\times\frac{8}{10}\times\frac{4}{10}=\frac{36}{625}$

두 인공지능 모두 같은 타입의 문제를 하나씩만 틀릴 확률은 다음과 같다.

$\frac{6}{625}+\frac{36}{625}=\frac{42}{625}$

따라서 구하고자 하는 확률은 $\frac{\frac{6}{625}}{\frac{42}{625}}=\frac{1}{7}$이다.

41 응용수리 정답 ②

| 정답풀이 |

A, B, C는 서로 연달아 이수할 수 없으므로 다음과 같이 4개의 화살표 중 3개를 골라 위치시켜야 한다.

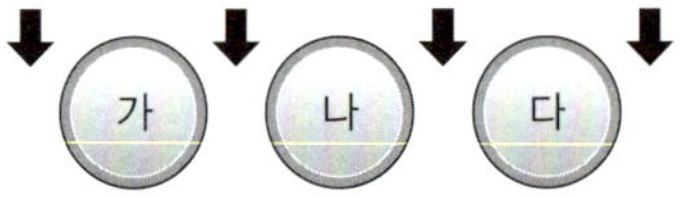

그리고 다음의 수를 곱하면 정답이 된다.

- ${}_4C_3$: 4개의 화살표 중 A, B, C가 위치할 3개를 고르는 경우의 수
- 3! : A, B, C끼리 자리를 바꾸는 경우의 수
- 3! : 가, 나, 다끼리 자리를 바꾸는 경우의 수

따라서 연수 프로그램을 이수하는 경우의 수는 ${}_4C_3\times3!\times3!=144$(가지)이다.

CHAPTER 02 **자료해석 역대 기출문제**

자료해석 P.94

01	②	02	③	03	③	04	④	05	⑤
06	③	07	④	08	①	09	⑤	10	⑤
11	④	12	②	13	②	14	②	15	②
16	③	17	①	18	③	19	④	20	⑤
21	④	22	①	23	③	24	④	25	①
26	②	27	②	28	⑤	29	④	30	③
31	②	32	④	33	④	34	③	35	⑤
36	④	37	③	38	②	39	②	40	⑤
41	④	42	②	43	⑤	44	④	45	①
46	③	47	②	48	①	49	③	50	②
51	①	52	③	53	⑤	54	③		

01 자료해석 정답 ②

| 정답풀이 |

제조업 생산성이 OECD 국가 평균인 125,000달러 미만인 국가는 일본, 독일, 영국, 프랑스로 4개국이다.

| 오답풀이 |

① 조사기간 동안 국내 5개 산업 중에서 전산업에 종사하는 종업원 수가 가장 많다.

③ 2005년 전산업 종업원 수는 국내 5개 산업 종업원 수의 합인 11,000+3,500+800+30+15,000=30,330(명)의 절반인 15,165명보다 적으므로 비중도 절반을 넘지 않는다.

④ 일본의 서비스업 생산성 순위는 독일보다 높지만 제조업 대비 서비스업 생산성 비중 순위는 낮다.

구분	서비스업 생산성 순위	제조업 대비 서비스업 생산성 비중 순위
한국	6	6
미국	1	1
일본	5	4
독일	4	5
영국	3	3
프랑스	2	2

⑤ 2015년 대비 2020년에 5개 산업별 종업원 수가 모두 증가하였다.

02 자료해석 정답 ③

| 정답풀이 |

㉠ 설비 투자 하위 3순위는 전기장비, 금속제품, 비금속 광물로 총 6+5+3=14(%)이므로, 1,200×0.14=168(천만 달러)이다.

㉣ 2023년 2분기부터 4분기의 전분기 대비 증감률과 그 합계는 다음과 같다.

구분	2023년 2분기	2023년 3분기	2023년 4분기	합계
소매판매액	2.0%	1.0%	-3.0%	0%
전산업생산액	-5.0%	5.0%	4.5%	4.5%
설비투자액	-3.0%	1.0%	2.0%	0%

100에서 10% 감소한 후 다시 100이 되려면 적어도 11%는 증가해야 100이 되므로, 각 전분기 대비 증감률의 합은 적어도 0보다는 커야 1분기 대비 4분기에 증가한다. 따라서 2023년 1분기 대비 4분기에 증가한 산업활동은 전산업생산액이다.

| 오답풀이 |

㉡ 2023년 4분기에 전산업생산액, 설비투자액은 3분기 대비 증가하였으나, 소매판매액은 감소하였다. 또한, 2분기 대비 3분기 증감률이 모두 양수이므로 2분기 값은 3분기보다 모두 낮았을 것이다. 따라서 4분기가 모두 같다면, 2분기에 소매판매액이 가장 높을 것이라고 예측할 수 있다.

㉢ 전기장비 대비 운송장비 비중은 $\frac{15}{6}\times100=250(\%)$이다.

03 자료해석 정답 ③

| 정답풀이 |

A사의 수주실적은 63억 달러 → 94억 달러 → 109억 달러로 지속적으로 증가하나, A사의 매출액은 6조 6,220억 원 → 5조 9,450억 원 → 8조 원으로 감소한 후 증가한다.

따라서 A사의 수주 실적과 매출액 추이는 동일하지 않다.

| 오답풀이 |

① C사의 2023년 1~8월 월 평균 수주 실적은 $\frac{155}{8}$=19.375(억 달러)이고 2022년은 $\frac{241}{12}$≒20(억 달러)이므로 2023년 1~8월 월 평균 수주 실적은 2022년 월 평균 수주 실적보다 낮다.

② 최근 3년 동안 전체 수주 실적은 A사는 63+94+

122=279(억 달러), B사는 15+105+109=229(억 달러)이다. 따라서 A사 수주 실적은 B사보다 높다.

④ 2022년 C사 수주 실적의 전년 대비 증가율은 $\frac{241-229}{229}\times100 \fallingdotseq 5.24(\%)$이므로 5% 이상이다.

⑤ 영업이익에 대한 전년 대비 감소폭이 클수록 매출액 감소폭도 크다.

구분	영업이익	매출액
2020년 전년 대비 감소폭	10,540−6,170 =4,370(억 원)	73,500−68,600 =4,900(억 원)
2021년 전년 대비 감소폭	13,120−10,540 =2,580(억 원)	68,600−66,220 =2,380(억 원)

04 자료해석 정답 ④

| 정답풀이 |

㉠ 매출액은 2012년부터 증가−감소−감소하고, 영업이익은 증가−감소−증가하므로, 증감 추이는 동일하지 않다.

㉢ 2020년 2분기의 영업이익이 1분기에 비해 큰 데 반해 매출액은 1분기가 2분기보다 더 크므로 영업이익이 큰 분기일수록 매출액도 큰 것은 아니다.

㉣ 매출액이 가장 큰 해는 2021년이고, 영업이익이 가장 큰 해는 2018년이므로, 매출액이 가장 큰 해에 영업이익이 가장 큰 것은 아니다.

| 오답풀이 |

㉡ Z사의 영업이익률은 다음과 같다.

2017년	2018년
$\frac{53조\ 6{,}500억}{239조\ 5{,}800억}\times100 \fallingdotseq 22(\%)$	$\frac{58조\ 8{,}900억}{243조\ 7{,}700억}\times100 \fallingdotseq 24(\%)$

따라서 2018년 영업이익률이 더 높다.

시험장풀이

㉡ $\frac{53조\ 6500억}{239조\ 5800억}$ VS $\frac{58조\ 8900억}{243조\ 7700억}$이므로 분자는 약 5조, 분모는 약 4조 증가하므로 분자증가율(5~10%)이 분모증가율(1~5%)보다 높으므로 2017년<2018년이다.

05 자료해석 정답 ⑤

| 정답풀이 |

세계 전기차 1~5위 업체의 판매량은 105+71+52+50+34=312(만 대)이고, 10위권의 판매량은 312+33+31+29+28+25=458(만 대)이다. 비중은 $\frac{312}{458}\times100 \fallingdotseq 68.1(\%)$이므로 70% 미만이다.

| 오답풀이 |

① 10위까지 업체의 판매량은 458만 대이고, 2021년 전체 판매량은 670만 대로 비중은 $\frac{458}{670}\times100 \fallingdotseq 72(\%)$이므로 70% 이상이다.

② 세계 전기차 판매량은 [그래프1]을 보면 2019년 대비 2020년에 39.1%, 2020년 대비 2021년에 109% 증가하였다.

③ 직전 2년간의 총 판매량은 1,410+1,050=2,460(만 대)이므로 2024년 예상 판매량은 직전 2년간의 총 판매량보다 적다.

④ 2023년까지 판매량이 가장 높은 해는 2023년이고, 전년 대비 증가율이 가장 높은 해는 2021년이다.

시험장풀이

⑤ 비중을 정확하게 구하기보다는 458만 대의 70%를 이용하는 것이 더 빠르다.
320.6만 대(=458만 대×0.7)보다 312만 대(1~5순위)는 더 적으므로 70% 이하이다.

06 자료해석 정답 ③

| 정답풀이 |

㉡ (해외 의존도)(%)$=\frac{(수출량)+(수입량)}{(총\ 공급량)}\times100$에서 수출량과 수입량의 합이 일정하다면, 총 공급량과 해외의존도는 반비례 관계이다. 즉, 해외 의존도가 높을수록 총 공급량이 적다. 따라서 총 공급량이 가장 적은 핵심소재는 음극재이다.

㉢ 2020년 양극재 시장점유율의 전년 대비 증가율은 $\frac{19.5-17.4}{17.4}\times100 \fallingdotseq 12(\%)$이다.

| 오답풀이 |

㉠ 2019년 해외 의존도는 음극재>분리막>전해액>양극재 순으로 높고, 2019년 국내 기업 시장점유율은 양극재>분리막>전해액>음극재 순으로 높으므로, 해외 의존도가 높은 소재일수록 국내 기업 시장점유율이 높은 것은 아니다.

㉣ 분리막의 해외 의존도는 2019년이 2020년보다 $\frac{69.5-61.5}{61.5}\times100 \fallingdotseq 13(\%)$ 더 높다.

07 자료해석 정답 ④

| 정답풀이 |

'불만족'에 응답한 직원 수는 A계열사는 12,500×0.2=2,500(명), B계열사는 14,000×0.18=2,520(명)으로 B계열사가 A계열사보다 더 많다.

| 오답풀이 |

① '만족'에 응답한 비율은 A계열사(27%), B계열사(26%)이므로 A계열사가 B계열사보다 높다.

② A계열사의 응답자 수는 보통>만족>불만족>매우 만족>매우 불만족 순이고, B계열사는 보통>만족>불만족>매우 만족>매우 불만족 순이므로 차례대로 나열하면 같다.

③ 가장 많은 직원들이 응답한 항목은 A계열사와 B계열사 모두 '보통'으로 동일하다.

⑤ A계열사에서 '보통', '불만족', '매우 불만족'에 응답한 비율은 33+20+7=60(%)로 해당되는 직원 수는 12,500×0.6=7,500(명)이다.

시험장풀이

⑤ 여사건을 이용하는 것이 더 빠르다.
100−13(매우 만족)−27(만족)=60(%)

08 자료해석 정답 ①

| 정답풀이 |

㉠ 주어진 [표]에서 A Line의 생산량 증가율이 20%일 때, 생산량 증가분은 80개/시간이므로 A Line의 1일(10시간) 생산량은 $\frac{80}{0.2}\times10=4,000$(개)이다.

구분	생산량 증가분(개/시간)	시간당 생산량(개)	1일(10시간) 생산량(개)
A Line	−	80÷0.2=400	400×10=4,000
B Line	80 (A Line → B Line)	400+80=480	480×10=4,800
C Line	72 (B Line → C Line)	480+72=552	552×10=5,520
D Line	138 (C Line → D Line)	552+138=690	690×10=6,900

㉡ 전체 설비 Line 100대를 보유하고 있다면 각 Line의 대수는 [그래프]의 비율과 동일하다. 이때, C Line이 가장 많은 양을 생산해 낼 수 있다.

구분	시간당 생산량(개)	보유대수(대)	시간당 생산량(개)
A Line	400	30	400×30=12,000
B Line	480	25	480×25=12,000
C Line	552	35	552×35=19,320
D Line	690	10	690×10=6,900

| 오답풀이 |

㉢ B Line은 하루에 한 대당 4,800개를 생산한다. 불량품 4,800×0.05=240(개)를 제외하면 정상제품은 4,800−240=4,560(개)이다.

㉣ A Line을 제외하고 불량률은 B(5%), C(10%), D(15%)로 높아지지만, 총 원가 절감률은 B(50%), C(20%), D(25%)이므로 낮아지는 것은 아니다.

09 자료해석 정답 ⑤

| 정답풀이 |

2022년 12월 판매 대수가 100대일 때, 전월 대비 증가율로 2023년 1월 판매 대수를 구하면 다음과 같다.

구분	2022년 12월	2023년 1월
전월 대비 증가율	−	2.0%
판매 대수	100대	100×(1+0.02)=102(대)

2023년 1월 판매 대수가 102대라면 전년 동월 대비 증가율로 2022년 1월 판매 대수를 구하면 다음과 같다.

구분	2022년 1월	2023년 1월
전년 동월 대비 증가율	−	1.5%
판매 대수	$\frac{102}{(1+0.015)}$≒100.5(대)	102대

따라서 2022년 1월 판매 대수보다 2022년 12월 판매 대수가 적다.

| 오답풀이 |

① 2023년 1월의 판매 대수를 100대라고 하면, 1월이 4월보다 더 많다.

구분	1월	2월	3월	4월
전월 대비 증가율	2.0%	−1.0%	1.0%	0.0%
판매 대수	100대	99대	99.99대	99.99대

② 2023년 3월은 2월 대비 1% 증가했고, 2022년 3월 대비 1% 증가했으므로, 2023년 2월과 2022년 3월의 판매 대수는 같다.

③ 2023년 1월의 판매 대수를 100대라고 하면, 6월은 5월 대비 감소했으므로 2023년 상반기 판매 대수는 5월이 가장 많다.

구분	1월	2월	3월	4월	5월
전월 대비 증가율	2.0%	−1.0%	1.0%	0.0%	2.0%
판매 대수	100대	99대	99.99대	99.99대	약 102대

④ 2022년 4월의 판매 대수를 100대라고 하면, 2022년 4월 판매 대수는 5월 판매 대수보다 더 적다.

구분	2023년 4월	2023년 5월
전월 대비 증가율	0.0%	2.0%
판매 대수	99대	100.98대

구분	2022년 5월	2023년 5월
전년 동월 대비 증가율	−	−2.0%
판매 대수	$\frac{100.98}{(1-0.02)}$≒103.4(대)	100.98대

시험장풀이

③ [그래프1]에서 판매 대수의 전월 대비 증감률을 보면, 2023년 2월에는 1월 대비 −1%, 3월에 1%이고, 4월에는 변동이 없었으며, 5월에는 2%이므로 계산하지 않아도 5월의 판매 대수는 1월에 비해 증가했을 것이라고 예측할 수 있다.
만약 1월의 판매 대수가 100대이고, 두 달 동안 1% 감소했다가 1% 증가하는 상황을 가정한다면 다음과 같다.
100대 → (1% 감소) 99대 → (1% 증가) 99.99대
⇒ 두 달 후 초깃값인 100대보다 감소
만약 1월의 판매 대수가 100대이고, 두 달 동안 1% 증가했다가 1% 감소하는 상황을 가정한다면 다음과 같다.
100대 → (1% 증가) 101대 → (1% 감소) 99.99대
⇒ 두 달 후 초깃값인 100대보다 감소
이처럼 동일한 비율로 증가·감소할 때, 결괏값은 초깃값보다 낮아진다는 것을 고려한다면 빠르게 선택지를 판별할 수 있다.

10 자료해석 정답 ⑤

| 정답풀이 |

구분	P상품	Q상품
총 수량(천 개)	490+450+500+560 =2,000	500+500+600+500 =2,100
X지역 판매수량 (천 개)	2,000×35%=700	2,100×25%=525

X지역에서 판매되는 P상품은 700천 개, Q상품은 525천 개이므로 P상품이 더 많이 판매된다.

| 오답풀이 |

① 각 공장에서 생산하는 총 수량은 다음과 같다.

구분	A공장	B공장	C공장	D공장
총 수량(천 개)	1,540	1,550	1,550	1,560

② X지역과 Z지역에서 가장 많이 팔리는 상품은 모두 R상품이다.

(단위: %)

구분	P상품	Q상품	R상품
X지역	35	25	(40)
Y지역	40	(45)	15
Z지역	(25)	30	45

③ 생산 수량이 가장 적은 상품은 P상품이다.

구분	P상품	Q상품	R상품
총 수량 (천 개)	490+450+500 +560=2,000	500+500+600 +500=2,100	550+600+450 +500=2,100

④ C공장에서 가장 많이 생산하는 상품은 Q상품이고, Q상품은 Y지역에서 가장 많이 팔린다.

시험장풀이

두 수의 곱을 비교할 때는 두 값을 동일하게 만들 때 적게 곱해주는 식이 더 큰 값이다.
2,000×35%와 2,100×25%를 비교하면
2,000×1.05=2,100이고, 35%=25%×1.4이므로
→ 2,000×1.05×35%=2,100×25%×1.4
따라서 2,000×35%>2,100×25%이다.

11 자료해석 정답 ④

| 정답풀이 |

가격에 따른 A상품과 B상품의 판매량 합계는 다음과 같다.

(단위: 개)

구분	300원	320원	360원	420원	500원
A상품 + B상품 판매량 합계	4,560	4,650	4,730	4,800	4,860

가격이 300원일 때, 전체 판매량은 4,560개이므로, 5,000개가 되려면 440개가 더 필요하다.
가격이 일정하게 오를 때마다 일정하게 상품 판매량이 변화하므로 각 차이를 구한 후 규칙에 따라 나열하면 다음과 같다.

(단위: 개)

구분	가격 차이					
	20원	40원	60원	80원	…	160원
A상품 판매량 변화	−60	−120	−180	−240	…	−480
B상품 판매량 변화	150	200	250	300	…	500
A상품과 B상품 판매량 변화 합	90	80	70	60	…	20

가격 차이가 160원일 때 필요한 전체 판매량은 90+80+70+60+50+40+30+20=440(개)가 된다. 따라서 300+(20+40+60+80+100+120+140+160)=1,020(원)일 때 총 판매량 합이 5,000개 이상이다.

시험장풀이

1+2+⋯+10=55이므로, 10+20+⋯+100=550 이다. 550−100−10=440(개)이므로 300+(20+40+60+80+100+120+140+160)으로 1,020원이 된다.

12 자료해석 정답 ②

| 정답풀이 |

볼링과 배드민턴의 전월 대비 변화량은 다음과 같다.

구분	2월	3월	4월	4월
볼링	15명	15명	15명	15명
배드민턴	−5명	0명	−5명	0명
합계	10명	15명	10명	15명

이때, 평균=(볼링+배드민턴)÷2이므로 볼링과 배드민턴 회원 수의 평균이 250이 된다는 것은 합계가 500이 된다는 것을 의미한다.

구분	1월	2월	3월	4월	...	7월	8월
인원 수 합계	420	430	445	455	...	495	505
전월 대비 변화량	−	10	15	10	...	15	10

따라서 평균 회원 수 250명 이상인 월은 8월이다.

시험장풀이

인원 수 합계가 10, 15씩 번갈아 증가하므로 한 번 25(=10+15)씩 계산하면 420+25×4=520>500이 된다. 25×3+10이므로 1월+(2달×3)+(1달)=8(월)이 된다.

13 자료해석 정답 ②

| 정답풀이 |

㉠ 2021년 전산조직 SW 인력의 전년 대비 증가율은 제조업이 서비스업보다 25−24=1(%p) 더 높다. 백분율 간의 차는 %p로 나타내어야 한다.

㉢ 2021년 서비스업 중 SW 인력의 전년 대비 증가율이 두 번째로 높은 조직은 40%인 CDO이고, 이 조직의 2021년 SW 인력은 서비스업이 제조업보다 550−350=200(명) 더 적다.

| 오답풀이 |

㉡ 2021년 제조업이 서비스업보다 SW 인력이 많은 조직은 CDO, 연구소, 현업부서, 전산조직 총 4개이다.

㉣ 2021년 제조업과 서비스업의 SW 인력 차가 가장 큰 조직은 54,000−25,000=29,000(명)인 현업부서이다.

14 자료해석 정답 ②

| 정답풀이 |

2021년 제조업과 서비스업의 SW 인력 합이 가장 적은 조직은 550+350=900(명)인 CDO이다. CDO에서 제조업과 서비스업의 2021년 SW 인력의 전년 대비 증가율은 각각 10%, 40%이므로 2020년 SW 인력은 제조업 CDO가 550÷1.1=500(명), 서비스업 CDO가 350÷1.4=250(명)이므로 그 합은 500+250=750(명)이다.

15 자료해석 정답 ②

| 정답풀이 |

2019년 이후 인원수의 증감 추이는 통신전자가 증가−증가−증가이고, 함정이 증가−증가−감소이므로 서로 다르다.

| 오답풀이 |

① 2021년 항공유도 인원수는 2019년 대비 10,700−10,000=700(명) 증가하였다.

③ 2020년 기동의 인원수는 2019년 대비 $\frac{4,000-3,000}{4,000}\times 100=25(\%)$ 감소하였다.

④ 2018년 화생방의 업체 1개당 인원수는 $\frac{300}{5}=60$(명)이다.

⑤ 2021년 전체 방산업체 수는 $15+10+10+15+15+10+5+10=90$(개)이므로 화력 업체 수가 전체 방산업체 수에서 차지하는 비중은 $\frac{10}{90}\times 100 \fallingdotseq 11.1(\%)$이다. 즉, 10% 이상이다.

시험장풀이

선택지 중 확인이 가장 쉬운 선택지부터 접근한다. 계산이 필요하지 않은 선택지 ②를 가장 먼저 확인하면, 나머지 선택지를 확인하지 않고도 답을 빠르게 구할 수 있다.

16 자료해석 정답 ③

| 정답풀이 |

2018년 업체 수당 인원수는 항공유도가 $\frac{9,500}{20}=475$(명), 함정이 $\frac{4,000}{10}=400$(명)이므로 그 차는 $475-400=75$(명)이다.

17 자료해석 정답 ①

| 정답풀이 |

2018년 이후 종업원 수가 매년 전년 대비 증가하는 산업인 나노코팅체의 2018년 이후 종업원 수의 전년 대비 증가율은 2018년에 약 2.6%, 2019년에 약 2.5%, 2020년에 약 34.1%, 2021년에 약 1.8%이다.
따라서 옳은 그래프는 ①이다.

18 자료해석 정답 ③

| 정답풀이 |

디램의 월별 판매액의 전월 대비 증가량은 2월부터 20억 원, 25억 원, 30억 원, 35억 원, 40억 원이므로 증가량이 매월 5억 원씩 증가한다.
낸드플래시의 월별 판매액의 전월 대비 증가량은 매월 30억 원이다.
이에 따라 7월 이후 디램과 낸드플래시의 월별 판매액은 다음과 같다.

(단위: 억 원)

구분	7월	8월	9월	10월
디램	245	295	350	410
낸드플래시	330	360	390	420
총합	575	655	740	830

따라서 디램과 낸드플래시의 월별 판매액의 합이 처음으로 800억 원을 초과하는 달은 10월이다.

시험장풀이

월별 판매액의 증가량은 낸드플래시는 일정하고 디램만 5억 원씩 증가하므로 디램과 낸드플래시의 월별 판매액 합의 증가량도 5억 원씩 증가한다. 디램과 낸드플래시의 월별 판매액의 합은 6월에 500억 원이고, 전월 대비 증가량은 40+30=70(억 원)이므로 7월에는 75억 원, 8월에는 80억 원, 9월에는 85억 원 등으로 증가함을 알 수 있다. 이를 바탕으로 합을 계산하면 7월에 575억 원, 8월에 655억 원, 9월에 740억 원, 10월에 830억 원이므로 답은 10월임을 쉽게 알 수 있다.

19 자료해석 정답 ④

| 정답풀이 |

2023년 영업이익은 $800-360-280=160$(억 원)이므로 매출액 대비 $\frac{160}{800}\times 100=20(\%)$이다.

| 오답풀이 |

① 2022년 영업이익은 $720-300-350=70$(억 원)이다.

② 2021년 매출액은 전년 대비 20억 감소하였다.

③ 2021년 영업이익은 $680-280-320=80$(억 원)이므로 100억 원 미만이다.

⑤ 2020년 대비 2022년 매출원가 증가율은 $\frac{300-250}{250}\times 100=20(\%)$이고 판매관리비의 증가율은 $\frac{350-300}{300}\times 100 \fallingdotseq 17(\%)$이므로 매출원가 증가율이 더 높다.

시험장풀이

⑤ 매출원가와 판매관리비 각각 2020년 대비 2022년에 50억 원씩 증가하였다. 따라서 증가율을 계산할 때 분모가 큰 판매관리비의 증가율이 더 낮다는 것을 직접 계산하지 않고도 알 수 있다.

20 자료해석 정답 ⑤

| 정답풀이 |

㉡ 2019~2020년 C기업의 제품 판매량 증가율이 모두 음수이므로 제품 판매량은 전년 대비 감소하였음을 알 수 있다.

㉢ A기업의 제품 판매량 증가율이 2019~2021년에 양수이므로 제품 판매량은 꾸준히 증가하였다. 그리고 2022~2023년에는 음수이므로 제품 판매량이 감소하였다.

㉣ 2021년 B기업의 제품 판매량 증가율은 전년 대비 $\frac{6.5-4.0}{4.0}=62.5(\%)$ 증가하였으므로 60% 이상 증가하였다.

| 오답풀이 |

㉠ 2023년 C기업의 제품 판매량 증가율이 5%, 즉 양수이므로 제품 판매량은 전년 대비 증가하였다.

21 자료해석 정답 ④

| 정답풀이 |

㉠ 2017년 무역수지는 $3.0-1.4=1.6$(조 원)이고 2022년 무역수지는 $5.1-1.7=3.4$(조 원)이다.
$1.6\times2=3.2<3.4$이므로 2022년 무역수지는 5년 전 대비 2배 이상이다.

㉡ 2018년부터 2022년까지 수요량을 확인하면 다음과 같다.
- 2018년: $5.7+3.1=8.8$(조 원)
- 2019년: $5.6+3.4=9.0$(조 원)
- 2020년: $5.5+4.3=9.8$(조 원)
- 2021년: $6.0+4.6=10.6$(조 원)
- 2022년: $6.5+5.1=11.6$(조 원)

따라서 2018~2022년의 수요량은 전년 대비 꾸준히 증가하였다.

㉢ 2019년 공급량은 $7.6+1.3=8.9$(조 원)이고 2020년 공급량은 $8.5+1.5=10.0$(조 원)이므로 2020년 공급량은 2019년 대비 1.1조원 증가하였다.

| 오답풀이 |

㉣ 국내 판매량은 2017년에 $7.2-3.0=4.2$(조 원)이고, 2018년에는 $7.5-3.1=4.4$(조 원)이다. 따라서 2018년 국내 판매량은 2017년 대비 $\frac{4.4-4.2}{4.2}\times100≒4.8$(%) 증가하였으므로 5% 미만으로 증가하였다.

시험장풀이

㉡ (수요)=(내수)+(수출)인데, 주어진 [그래프]에서 수출량이 꾸준히 증가함을 눈으로 바로 확인할 수 있다. 그리고 [표]에서 2019년과 2020년 내수량이 전년 대비 감소하였는데, 단위가 같으므로 수출량의 증가량에 비추어볼 때, 수요량이 증가하였음을 쉽게 알 수 있다. 따라서 해설과 같이 직접 계산하지 않더라도 ㉡의 내용이 옳다는 것을 알 수 있다.

㉣ 국내 판매량이 2017년에 4.2조 원이고 2018년에 4.4조 원이므로 증가율을 계산할 때, $\frac{1}{21}\times100$을 하면 된다. 이때, $\frac{1}{20}\times100=5(\%)$임을 이용하면 구하는 값은 5% 미만임을 쉽게 알 수 있다.

22 자료해석 정답 ①

| 정답풀이 |

2017년부터 2021년까지 공급량을 확인하면 다음과 같다.
- 2017년: $7.2+1.4=8.6$(조 원)
- 2018년: $7.5+1.4=8.9$(조 원)
- 2019년: $7.6+1.3=8.9$(조 원)
- 2020년: $8.5+1.5=10.0$(조 원)
- 2021년: $9.2+1.6=10.8$(조 원)

2017년부터 2021년까지 수요량을 확인하면 다음과 같다.
- 2017년: $5.6+1.4=7.0$(조 원)
- 2018년: $5.7+3.1=8.8$(조 원)
- 2019년: $5.6+3.4=9.0$(조 원)
- 2020년: $5.5+4.3=9.8$(조 원)
- 2021년: $6.0+4.6=10.6$(조 원)

이때, 2017년부터 2021년까지 공급량보다 수요량이 많았던 해는 2019년 1개이다.

23 자료해석 정답 ③

| 정답풀이 |

2019년부터 2022년까지 연도별로 두 제품 P, Q의 판매량을 확인해보면 다음과 같다.

1) 제품 P
- 2019년: $10,000\times0.8=8,000$(개)
- 2020년: $8,000\times1.5=12,000$(개)
- 2021년: $12,000\times1.1=13,200$(개)
- 2022년: $13,200\times0.7=9,240$(개)

2) 제품 Q
- 2019년: $12,000\times1.3=15,600$(개)
- 2020년: $15,600\times0.6=9,360$(개)
- 2021년: $9,360\times1.2=11,232$(개)
- 2022년: $11,232\times1.5=16,848$(개)

㉢ 제품 Q의 2018년 판매량은 12,000개이고, 2022년 판매량은 16,848개이다. 따라서 16,848−12,000 =4,848(개) 증가하였으므로 옳지 않다.

| 오답풀이 |

㉠ 2022년 제품 P의 판매량은 9,240개이므로 9,200개 이상이다.

㉡ 2020년 제품 P의 판매량은 12,000개이므로 2년 전인 10,000개보다 20% 증가하였다.

시험장풀이

주어진 [보기]의 선택지 ㉠, ㉢에서 2022년 두 제품 P, Q의 판매량을 확인하는 내용이 있으므로 [그래프]의 증감률을 통해 빠르게 두 제품의 판매량을 계산해야 함을 인지해야 한다. 만약 시간이 부족하거나 계산이 빠르지 않다고 판단되면 무리하지 않고 넘어가는 것도 하나의 방법이 될 수 있다.

24 자료해석 정답 ④

| 정답풀이 |

2021년과 2023년 제품 D의 판매 비중을 구하면 다음과 같다.

• 2021년: $\frac{200}{500+450+350+200}\times100≒13.3(\%)$

• 2023년: $\frac{400}{700+600+800+400}\times100=16(\%)$

따라서 2023년의 판매 비중이 더 높다.

| 오답풀이 |

① 4년간 제품 C의 총판매량은 200+350+550+800 =1,900(대)이다. 따라서 판매량 평균은 $\frac{1,900}{4}$= 475(대)이다.

② 2020년 전체 제품 판매량이 800+700+200+300 =2,000(대)이므로 제품 B의 판매량 비중은 $\frac{700}{2,000}$ ×100=35(%)이다.

③ 2022년 두 제품 A, C의 판매 비중을 구하면 다음과 같다.

• 제품 A: $\frac{650}{650+500+550+300}\times100=32.5(\%)$

• 제품 C: $\frac{550}{650+500+550+300}\times100=27.5(\%)$

따라서 제품 A의 판매 비중은 제품 C보다 5%p 더 높다.

⑤ 4년간 제품 A의 판매량은 800+500+650+700= 2,650(대)이다. 따라서 2023년 판매량이 차지하는 비중은 $\frac{700}{2,650}\times100≒26.4(\%)$이므로 25% 이상이다.

시험장풀이

④ 제품 D의 판매량이 2021년에 200대이고, 2023년에는 400대이므로 2배 증가하였다. 그런데 전체 주력 제품 판매량은 2021년에 1,500대이고, 2023년에는 2,500대이므로 2배 미만으로 증가하였다. 따라서 직접 계산하지 않더라도 제품 D가 차지하는 비중이 증가하였음을 알 수 있다.

⑤ 4년간 제품 A의 판매량이 2,650대이고, 2023년 판매량은 700대이다. 이때, 전체 판매량이 2023년 판매량의 4배 미만이므로 2023년 판매량이 차지하는 비중이 25% 이상이라는 것을 해설과 같이 직접 계산하지 않고도 알 수 있다.

25 자료해석 정답 ①

| 정답풀이 |

1년 동안 5권 이하로 책을 읽는 사람 중 한 권도 읽지 않는 사람의 비중을 연도별로 구하면 다음과 같다.

• 2020년: $\frac{800}{800+1,200}\times100=40(\%)$

• 2021년: $\frac{1,000}{1,000+1,500}\times100=40(\%)$

• 2022년: $\frac{1,200}{1,200+1,800}\times100=40(\%)$

따라서 이를 바르게 나타낸 그래프는 ①이다.

26 자료해석 정답 ②

| 정답풀이 |

회사 A의 직원 수는 해마다 30명 씩 증가하고, 회사 B의 직원 수는 +20, −10씩 증가와 감소를 반복한다. 이에 따라 두 회사 직원 수를 2020년부터 2029년까지 확인해 보면 다음과 같다.

[표] 두 회사 A, B의 직원 수 변화 (단위: 명)

구분	2020년	2021년	2022년	2023년	2024년	2025년	2026년	2027년	2028년	2029년
회사 A	270	300	330	360	390	420	450	480	510	540
회사 B	240	230	250	240	260	250	270	260	280	270

따라서 2029년 두 회사의 직원 수의 합은 540+270= 810(명)이다.

27 자료해석 정답 ②

| 정답풀이 |

㉠ 8~12월 중 전월 대비 수출액 증가량이 가장 큰 달은 2,700−2,450=250(백만 달러) 증가한 8월이다.

㉢ 11월 수출액의 전월 대비 증가율은 $\frac{3,000-2,800}{2,800}\times100\fallingdotseq7.1(\%)$이므로 5% 이상이다.

| 오답풀이 |

㉡ 8월, 11월, 12월의 수입액은 전월 대비 증가하지 않았다.

㉣ 제시된 기간에 수출액과 수입액의 차이는 다음과 같다.

(단위: 백만 달러)

7월	8월	9월	10월	11월	12월
50	550	650	500	700	800

따라서 수출액과 수입액의 차이가 가장 큰 달은 12월이다.

28 자료해석 정답 ⑤

| 정답풀이 |

2019년 매출액 상위 2개 회사의 매출액 합은 326+172=498(억 달러)로 500억 달러 미만이다.

| 오답풀이 |

① 2020년 매출액이 전년 대비 감소한 회사는 C회사 1개이다.

② 2020년과 2021년에 전년 대비 시장 점유율이 증가한 회사는 B, D, E 3개 회사이다.

③ 2021년 시장 점유율 상위 3개 회사인 A, B, C회사의 합산 점유율은 29.5+18.5+9.5=57.5(%)이다.

④ 2021년 점유율 하위 2개 회사인 D와 E는 2021년 전년 대비 매출액이 각각 $\frac{99.8-78.1}{78.1}\times100\fallingdotseq27.8(\%)$, $\frac{84.9-64.4}{64.4}\times100\fallingdotseq31.8(\%)$ 증가했다.

시험장풀이

④ 2021년 D와 E의 매출액은 모두 전년 대비 20억 달러 이상 증가했고, 2020년 매출액은 두 회사 모두 100억 달러 미만이므로 2021년 매출액은 각각 20% 이상 증가했음을 쉽게 알 수 있다.

29 자료해석 정답 ④

| 정답풀이 |

㉡ 5개 회사의 시장 점유율의 총합은 2019년에 30.9+16.3+9.4+6.4+5.6=68.6(%)에서 2020년 31.9+16.5+9.1+7.4+6.1=71(%)로 증가했다.

㉣ 매출액 하위 2개 회사인 D, E회사의 매출액 합은 2019년에 67.5+59.1=126.6(억 달러), 2020년에 78.1+64.4=142.5(억 달러), 2021년에 99.8+84.9=184.7(억 달러)로 매년 매출액 상위 2번째 회사인 B회사의 매출액보다 적다.

| 오답풀이 |

㉠ 2021년 A회사의 매출액은 전년 대비 $\frac{368.2-336.5}{336.5}\times100\fallingdotseq9.4(\%)$ 증가했다.

㉢ 2020년 5개 회사 매출액의 전년 대비 증가율을 각각 구하면 다음과 같다.

A회사	B회사	C회사	D회사	E회사
3.2%	1.2%	−3.2%	15.7%	9.0%

따라서 증가율이 가장 높은 회사는 D이다.

시험장풀이

㉢ 2019년 대비 2020년 매출액의 증가량을 구하면 A회사가 10.5억 달러, B회사가 2.1억 달러, C회사가 −3.2억 달러, D회사가 10.6억 달러, E회사가 5.3억 달러인데 A~C회사는 D회사보다 매출액이 높지만 증가량은 적으므로 D회사 또는 E회사의 매출액 증가율이 가장 높다. 이때 2019년 매출액은 D회사와 E회사가 비슷하지만 2020년 매출액의 증가량은 D회사가 E회사의 약 2배이므로 D회사의 증가율이 가장 높다는 것을 쉽게 알 수 있다.

30 자료해석 정답 ③

| 정답풀이 |

2021년 디스플레이 시장 점유율은 중국이 대만보다 41.5−23.0=18.5(%p) 더 크므로 규모는 1,570×0.185=290.45(억 달러) 더 크다. 따라서 규모는 중국이 대만보다 300억 달러 미만 더 크다.

| 오답풀이 |

① 2021년 국가별 디스플레이 시장 점유율은 중국이 41.5%로 가장 크다.

② 2021년 디스플레이 시장에서 한국이 차지하는 규모는 1,570×0.332=521.24(억 달러)이므로 500억 달

러 이상이다.

④ 디스플레이 시장 규모 전망 중 총합에서 LCD가 차지하는 비중은 2024년에 $\frac{830}{1,350}\times 100 \fallingdotseq 61.5(\%)$에서 2025년에 $\frac{810}{1,360}\times 100 \fallingdotseq 59.6(\%)$로 감소할 것이다.

⑤ 디스플레이 시장 규모 전망 중 총합에서 AMOLED가 차지하는 비중은 2022년에 $\frac{450}{1,270}\times 100 \fallingdotseq 35.4(\%)$에서 2023년에 $\frac{490}{1,300}\times 100 \fallingdotseq 37.7(\%)$로 증가할 것이다.

시험장풀이

④ 디스플레이 시장 규모 전망에서 2025년 총합은 전년 대비 증가하지만 LCD의 시장 규모는 전년 대비 감소하므로 총합에서 LCD가 차지하는 비중은 전년 대비 감소할 것임을 쉽게 알 수 있다.

⑤ 디스플레이 시장 규모 전망에서 2023년 총합은 전년 대비 30억 달러 증가하고, 총합의 일부인 AMOLED의 시장 규모는 40억 달러 증가하여 총합보다 많이 증가하므로 총합에서 AMOLED가 차지하는 비중은 전년 대비 증가함을 쉽게 알 수 있다.

31 자료해석 정답 ②

| 정답풀이 |

㉠ 2024년 AMOLED의 시장 규모는 중소형이 대형보다 420−100=320(억 달러) 더 클 것이다.

㉢ LCD와 AMOLED의 중소형 시장 규모 합은 2022년에 170+380=550(억 달러)에서 2023년에 160+410=570(억 달러)로, 570−550=20(억 달러) 증가할 것이다.

| 오답풀이 |

㉡ 2025년 AMOLED 중소형의 시장 규모는 2022년 대비 420−380=40(억 달러) 증가할 것이다.

㉣ LCD에서 중소형이 차지하는 비중은 2021년 $\frac{220}{1,140}\times 100 \fallingdotseq 19.3(\%)$에서 2022년 $\frac{170}{820}\times 100 \fallingdotseq 20.7(\%)$으로 증가할 것이다.

32 자료해석 정답 ④

| 정답풀이 |

$(\text{표준점수})=a\times\left(\frac{(\text{원점수})-(\text{전체평균점수})}{20}\right)+b$이므로 영어와 직업탐구의 원점수, 전체평균점수, 표준점수를 대입하면 다음과 같은 연립방정식을 세울 수 있다.

$108=a\times\left(\frac{94-86}{20}\right)+b$ … ⓐ

$110=a\times\left(\frac{92-82}{20}\right)+b$ … ⓑ

ⓑ−ⓐ를 계산하면 $a=20$, $b=100$임을 알 수 있다.

㉠ 국어의 원점수는 88점, 전체평균점수는 76점이므로 식에 대입하면 표준점수는 $20\times\left(\frac{88-76}{20}\right)+100=112$(점)이다.

㉡ 수학의 원점수는 84점, 표준점수는 116점이므로 식에 대입하면 $116=20\times\left(\frac{84-㉡}{20}\right)+100$이다. 이를 계산하면 전체평균점수는 68점이다.

따라서 ㉠은 112, ㉡은 68인 ④가 정답이다.

33 자료해석 정답 ④

| 정답풀이 |

$(\text{납기준수율})=\left(a-\frac{(\text{납기지연건})}{(\text{총출하건})}\right)\times 100$이므로 B사의 납기지연건, 총출하건, 납기준수율을 대입하면 다음과 같이 a를 구할 수 있다.

$75=\left(a-\frac{20}{80}\right)\times 100 \rightarrow a=1$

㉠ A사의 납기지연건은 6건, 총출하건은 120건이므로 식에 대입하면 납기준수율은 $\left(1-\frac{6}{120}\right)\times 100=95(\%)$이다.

㉡ C사의 총출하건은 70건, 납기준수율은 80%이므로 식에 대입하면 $80=\left(1-\frac{㉡}{70}\right)\times 100$이다. 이를 계산하면 납기지연건은 14건이다.

따라서 ㉠은 95, ㉡은 14인 ④가 정답이다.

34 자료해석 정답 ③

| 정답풀이 |

전월 대비 증가한 방문자 수는 4월에 200명, 5월에 400명, 6월에 600명이므로 매월 증가하는 방문자 수가 200명씩 증가함을 알 수 있다.

전월 대비 증가한 구독자 수는 4월에 300명, 5월에 300명, 6월에 300명이므로 매월 증가하는 구독자 수는 300명임을 알 수 있다.

이에 따라 7월 이후 방문자 수와 구독자 수를 구하면 다음과 같다.

(단위: 명)

구분	7월	8월	9월
방문자 수	2,400	3,400	4,600
구독자 수	1,500	1,800	2,100
구독자 수의 2배	3,000	3,600	4,200

따라서 처음으로 방문자 수가 구독자 수의 2배 이상이 되는 시기는 9월이다.

35 자료해석 정답 ⑤

| 정답풀이 |

전년 대비 증가한 수출액은 2020년에 12백만 원, 2021년에 24백만 원, 2022년에 48백만 원이므로 전년 대비 증가한 수출액은 매년 2배로 커졌음을 알 수 있다.

전년 대비 증가한 수입액은 2020년에 20백만 원, 2021년에 40백만 원, 2022년에 60백만 원이므로 전년 대비 증가한 수입액은 매년 20백만 원씩 증가함을 알 수 있다.

이에 따라 2023년 이후 수출액과 수입액을 구하면 다음과 같다.

(단위: 백만 원)

구분	2023년	2024년	2025년	2026년	2027년
수출액	192	384	768	1,536	3,072
수입액	1,240	1,340	1,460	1,600	1,760

따라서 수출액이 수입액보다 처음으로 많아지는 연도는 2027년이다.

36 자료해석 정답 ④

| 정답풀이 |

전년 대비 증가한 A제품의 판매량은 2023년에 20개, 2024년에 20개, 2025년에 20개이므로 매년 증가하는 판매량은 20개임을 알 수 있다.

전년 대비 증가한 B제품의 판매량은 2023년에 10개, 2024년에 20개, 2025년에 30개이므로 매년 증가하는 판매량은 10개씩 증가함을 알 수 있다.

전년 대비 증가한 C제품의 판매량은 2023년에 30개, 2024년에 60개, 2025년에 90개이므로 매년 증가하는 판매량은 30개씩 증가함을 알 수 있다.

이에 따라 2026년 이후 제품별 판매량을 구하면 다음과 같다.

(단위: 개)

구분	2026년	2027년	2028년	2029년
A제품	230	250	270	290
B제품	320	370	430	500
C제품	360	510	690	900
A+B+C	910	1,130	1,390	1,690

따라서 A~C제품의 합산 판매량이 처음으로 1,500개 이상이 되는 연도는 2029년이다.

37 자료해석 정답 ③

| 정답풀이 |

시장 규모는 메모리가 500+320+230+40+10+5+15=1,120(억 달러), 비메모리가 670+330+210+210+120+120+1,380=3,040(억 달러)이므로 비메모리가 메모리보다 3,040−1,120=1,920(억 달러) 더 크다.

| 오답풀이 |

① 반도체 시장에서 삼성전자의 시장 규모는 500+120=620(억 달러)이고, 그 외 기업은 시장 규모가 670억 달러인 인텔을 제외하고 모두 삼성전자보다 시장 규모가 작으므로 반도체 시장 점유율 1위는 인텔이다.

② 메모리 시장에서 삼성전자의 점유율은
$$\frac{500}{500+320+230+40+10+5+15}\times 100 \fallingdotseq 45(\%)$$
이므로 40% 이상이다.

④ 비메모리 시장 규모는 TSMC가 삼성전자보다 330−120=210(억 달러) 더 크다.

⑤ 메모리 시장 규모와 비메모리 시장 규모 모두 상위 6위 이내인 기업은 삼성전자 1개이다.

38 자료해석 정답 ②

| 정답풀이 |

2021년 인터넷 접속이 가능한 가구는 전체의 99.9%이므로 인터넷 접속이 가능하지 않은 가구는 전체의 0.1%이다. 따라서 2021년 전체 가구 수는 184+6+5+1+4−1+7=206(십만 가구)이므로 인터넷 접속이 가능하지 않은 가구는 (206십만 가구)×0.001=(0.206십만 가구)=20,600(가구)이다.

| 오답풀이 |

① 2021년 우리나라 전체 가구 수는 184+6+5+1+4+(−1)+7=206(십만 가구)이다.

③ 2019년과 2020년 모두 인터넷 접속 가능 가구 비율

이 99.7%로 동일하지만 전체 가구 수는 2020년에 전년 대비 1십만 가구 감소하였으므로 인터넷 접속이 가능한 가구 수는 2019년에 2020년보다 많다.
④ 2019년 전체 가구 수는 184+6+5+1+4=200(십만 가구)이고 인터넷 접속은 가능하지만 컴퓨터는 보유하지 않은 가구의 최소 비율은 99.7−71.7=28.0(%)이므로 가구 수는 최소 200×0.28=56(십만 가구)이다.
⑤ 2016년 이후 인터넷 접속 가능 가구 비율과 컴퓨터 보유 가구 비율이 모두 전년 대비 증가한 해는 2021년 1개이다.

39 자료해석 정답 ②

| 정답풀이 |

$x=1$, $y=2$일 때, 제품 P의 생산량은 120개이고, $x=2$, $y=3$일 때, 제품 P의 생산량은 176개이므로 이를 식으로 세우면 다음과 같다.

$\frac{1}{a}+5b^2=120$ … ⓐ

$\frac{2}{a}+6b^2=176$ … ⓑ

2×ⓐ−ⓑ를 계산하면 $b^2=16$, $\frac{1}{a}=40$이다. 즉, 제품 P의 생산량$=40x+16(y+3)$이 된다.

㉠ $x=3$, 제품 P의 생산량은 216개이므로 $216=40\times3+16(y+3)$이고 이를 계산하면 $y=3$이다.
㉡ $x=4$, $y=3$이므로 제품 P의 생산량은 $40\times4+16(3+3)=256$(개)이다.

따라서 ㉠은 3, ㉡은 256인 ②가 정답이다.

40 자료해석 정답 ⑤

| 정답풀이 |

$x=2$일 때 불량률은 3.2이고, $x=3$일 때 불량률은 3.4이므로 이를 식으로 세우면 다음과 같다.

$\frac{4}{a}+\frac{b}{2}=3.2$ … ⓐ

$\frac{9}{a}+\frac{b}{3}=3.4$ … ⓑ

3×ⓑ−2×ⓐ를 계산하면 $\frac{1}{a}=0.2$, $b=4.8$이다. 즉, 불량률$=0.2x^2+\frac{4.8}{x}$이 된다.

㉠ $x=4$이므로 불량률은 $0.2\times4^2+\frac{4.8}{4}=4.4$이다.

㉡ $x=6$이므로 불량률은 $0.2\times6^2+\frac{4.8}{6}=8.0$이다.

따라서 ㉠은 4.4, ㉡은 8.0인 ⑤가 정답이다.

41 자료해석 정답 ④

| 정답풀이 |

종량제방식 등 혼합배출의 생활폐기물 발생 현황은 2019년에 20,972톤/일, 2020년에 22,033톤/일이다. 이를 이용하여 생활폐기물 발생 전년 대비 증가량을 나타내면 다음과 같다.

구분	생활폐기물 전년 대비 증가량
종량제방식 등 혼합배출	22,033−20,972=1,061(톤/일)
재활용 가능자원 분리배출	12,575−11,805=770(톤/일)
음식물류 폐기물 분리배출	12,796−13,139=−343(톤/일)

따라서 2020년 재활용 가능자원 분리배출의 생활폐기물 발생 전년 대비 증가량은 770톤/일이므로 가장 적절하지 않은 것은 ④이다.

| 오답풀이 |

① 종량제방식 등 혼합배출의 생활폐기물 발생 현황은 2019년에 18,033+2,405+250+284=20,972(톤/일), 2020년에 18,985+2,335+500+213=22,033(톤/일)이다.
② 2020년 종량제방식 등 혼합배출 생활폐기물의 전년 대비 증가량은 다음과 같다.

구분	생활폐기물의 전년 대비 증가량
가연성	18,985−18,033=952(톤/일)
불연성	2,335−2,405=−70(톤/일)
건설폐재류	500−250=250(톤/일)
기타	213−284=−71(톤/일)

③ 2020년 종량제방식 등 혼합배출 생활폐기물의 세부 항목별 비중은 다음과 같다.

구분	비중
가연성	$\frac{18,985}{22,033}\times100≒86(\%)$
불연성	$\frac{2,335}{22,033}\times100≒11(\%)$
건설폐재류	$\frac{500}{22,033}\times100≒2(\%)$
기타	$\frac{213}{22,033}\times100≒1(\%)$

⑤ 연도별 전체 생활폐기물 중 음식물류 폐기물 분리배출 생활폐기물 비중은 다음과 같다.

구분	2019년	2020년
음식물류 폐기물 분리배출	$\frac{13,139}{45,916}\times100≒$ 28.6(%)	$\frac{12,796}{47,404}\times100≒$ 27.0(%)

42 자료해석 정답 ②

| 정답풀이 |

A는 개당 순이익이 2023년부터 2026년까지 매년 300원, 600원, 900원, 1,200원씩 증가하므로 개당 순이익의 증가량이 매년 300원씩 증가함을 알 수 있다. 이에 따라 (2022+N)년 A의 개당 순이익은 $7,100+300(1+2+3+\cdots+N)=7,100+300\times\frac{N(N+1)}{2}=150N^2+150N+7,100$이다.

B는 개당 순이익이 매년 200원씩 증가함을 알 수 있다. 이에 따라 (2022+N)년 B의 개당 순이익은 13,100+200N(원)이다.

2022년 A와 B의 개당 순이익 차이는 6,000원인데 둘의 차이는 점점 작아지다가 A의 개당 순이익이 B의 개당 순이익보다 많아지는 시점부터 차이가 점점 커지므로 그 차이가 15,000원이 되려면 A−B의 값을 구해야 한다.

$A-B=150N^2-50N-6,000=15,000$

$\rightarrow 50(3N^2-N-120)=15,000$

$\rightarrow 3N^2-N-120=300$

$\rightarrow 3N^2-N-420=(3N+35)(N-12)=0$

따라서 N=12이므로 제품 A와 B의 개당 순이익의 차이가 15,000원이 되는 해는 2022년으로부터 12년 뒤인 2034년이다.

43 자료해석 정답 ⑤

| 정답풀이 |

프랜차이즈 A의 개수는 전년 대비 2개, 4개, 6개, 8개, 10개씩 증가하므로 프랜차이즈 개수의 전년 대비 증가량이 매년 2개씩 증가함을 알 수 있다. 이에 따라 2038년 프랜차이즈 A의 개수는 $38+(12+14+16+18+20+22+24+26)=38+\frac{8(12+26)}{2}=190$(개)이다.

프랜차이즈 B의 개수는 전년 대비 1개, 2개, 3개, 4개, 5개씩 증가하므로 프랜차이즈 개수의 전년 대비 증가량이 매년 1개씩 증가함을 알 수 있다. 이에 따라 2038년 프랜차이즈 B의 개수는 $30+(6+7+8+9+10+11+12+13)=30+\frac{8(6+13)}{2}=106$(개)이다.

따라서 2038년 프랜차이즈 A와 B의 개수의 합은 190+106=296(개)이다.

시험장풀이

항의 개수가 n개, 초항이 a, 마지막 항이 l인 등차수열의 합을 S라고 하면 다음 식이 성립한다.

$$S=\frac{n(a+l)}{2}$$

위의 공식을 이용하면 등차수열의 합을 더욱 빠르게 구할 수 있다.

44 자료해석 정답 ④

| 정답풀이 |

영업1팀의 담당 고객 수는 전월 대비 32명, 31명, 30명, 29명씩 증가하므로 전월 대비 증가하는 담당 고객 수는 매월 1명씩 감소하고 있다. 또한 영업2팀의 담당 고객 수는 전월 대비 매월 4명씩 증가하고 있다. 이에 따라 2022년 8월 이후 영업1팀과 영업2팀의 담당 고객 수는 다음과 같다.

구분	22년 8월	22년 9월	22년 10월	22년 11월	22년 12월	23년 1월
영업1팀	320	347	373	398	422	445
영업2팀	410	414	418	422	426	430

따라서 영업1팀의 담당 고객 수가 처음으로 영업2팀의 담당 고객 수보다 많아지는 시기는 2023년 1월이다.

45 자료해석 정답 ①

| 정답풀이 |

연도별 A~D부서의 매출액 합은 다음과 같다.

(단위: 백만 원)

구분	2017년	2018년	2019년	2020년
매출액 합	1,496	1,538	1,616	1,630

이에 따라 매출액 합이 가장 큰 연도는 2020년이므로 2021년 A~D부서의 매출액은 다음과 같다.

(단위: 백만 원)

구분	A부서	B부서	C부서	D부서
2021년 매출액	350×1.1 =385	380×1.05 =399	200×1.1 =220	700×0.95 =665

따라서 2021년 A~D부서의 매출액 합은 385+399+220+665=1,669(백만 원)이다.

46 자료해석 정답 ③

| 정답풀이 |

(청년 실업자 수)=(청년 경제활동인구)×(청년 실업률)÷100이므로 이를 이용하여 5월과 10월의 청년 실업자 수를 구하면 다음과 같다.

- 5월의 청년 실업자 수: 430×9.0÷100=38.7(만 명)
- 10월의 청년 실업자 수: 420×5.5÷100=23.1(만 명)

따라서 5월 대비 10월의 청년 실업자 수의 감소율은

01 수리논리

$\frac{38.7-23.1}{38.7}\times100≒40.3(\%)$이다.

47 자료해석 정답 ②

| 정답풀이 |

2017~2020년 동안 전년 대비 검사 건수 증가율은 다음과 같다.

- 2017년: $\frac{630-900}{900}\times100=-30(\%)$
- 2018년: $\frac{560-630}{630}\times100≒-11(\%)$
- 2019년: $\frac{610-560}{560}\times100≒9(\%)$
- 2020년: $\frac{570-610}{610}\times100≒-7(\%)$

따라서 연도별 전년 대비 검사 건수 증가율의 전년 대비 증감량은 2018년에 $-11-(-30)=19(\%p)$, 2019년에 $9-(-11)=20(\%p)$, 2020년에 $-7-9=-16(\%p)$이다.

48 자료해석 정답 ①

| 정답풀이 |

Q지원자의 최종점수 계산을 통해 다음과 같이 A를 구할 수 있다.

$A+\frac{74}{5}+\left(\frac{24}{4}\right)^2=65.8 \rightarrow A+14.8+36=65.8$

$\rightarrow A=15$

이에 따라 ㉠, ㉡의 값은 각각 다음과 같다.

- $15+\frac{77}{5}+\left(\frac{㉠}{4}\right)^2=94.4 \rightarrow \left(\frac{㉠}{4}\right)^2=64 \rightarrow ㉠=32$
- $15+\frac{84}{5}+\left(\frac{28}{4}\right)^2=㉡ \rightarrow ㉡=80.8$

따라서 ㉠은 32, ㉡은 80.8인 ①이 정답이다.

49 자료해석 정답 ③

| 정답풀이 |

A사의 매출액은 매년 1,500백만 원, 1,400백만 원, 1,300백만 원, 1,200백만 원이 증가하므로 A사의 매출액은 계차수열이다. 더해지는 값은 초항이 1,500, 공차가 −100인 등차수열이므로 2018년 기준으로 n년 후 A사의 매출액은 $3,500+\frac{n\{3,000-100(n-1)\}}{2}$(백만 원)이다.

B사의 매출액은 매년 600백만 원이 더해지므로 2018년 기준으로 n년 후 B사의 매출액은 1,500+600n이다.

B사의 매출액이 A사의 매출액의 2분의 1을 초과하는 것은 B사의 매출액의 2배가 A사의 매출액보다 큰 것을 의미한다.

$2(1,500+600n)>3,500+\frac{n\{3,000-100(n-1)\}}{2}$

이를 정리하면 $n^2-7n-10>0$이다.

따라서 n=8일 때, 64−56−10=−2이고, n=9일 때, 81−63−10=8이므로 2018년을 기준으로 9년 뒤인 2027년에 처음으로 B사의 매출액이 A사의 매출액의 2분의 1을 초과한다.

50 자료해석 정답 ②

| 정답풀이 |

㉠ A산업의 전년 대비 생산금액 성장률은 매년 양수이므로 생산금액은 매년 증가하였다.

㉣ A, B산업 모두 전년 대비 생산금액 성장률이 매년 양수이다. 따라서 A산업과 B산업은 매년 생산금액이 증가하는 동일한 증감 추이를 보인다.

| 오답풀이 |

㉡ C산업의 전년 대비 생산금액 성장률은 매년 B산업보다 높지만, 생산금액도 매년 큰지는 알 수 없다.

㉢ 2019년에 C산업이 A산업의 전년 대비 생산금액 성장률을 추월하였지만, 생산금액도 추월하였는지는 알 수 없다.

51 자료해석 정답 ①

| 정답풀이 |

2016~2020년 A국의 전년 대비 GDP 성장률의 부호는 차례대로 (+), (−), (+), (+), (−)이므로, A국의 GDP 증감 추이는 상승−하락−상승−상승−하락이다. 따라서 이와 매년 반대의 경향은 하락−상승−하락−하락−상승이며, 이러한 증감 추이를 보이는 그래프는 ①이다.

52 자료해석 정답 ③

| 정답풀이 |

- A부서: (70,000+270,000)×1.1=374,000(원)
- B부서: 140,000+270,000=410,000(원)
- C부서: (280,000+90,000)×1.1=407,000(원)

따라서 374,000+410,000+407,000=1,191,000(원)이므로 정답은 ③이다.

시험장풀이

A부서와 C부서의 상반기 비품 소비 예정액은 각각 40만 원 미만이므로 10%를 증액해야 한다. 이때, A부서와 C부서의 비품 소비 예정액 합을 모두 더한 뒤 10%를 증액하면 다음과 같이 곱셈을 한 번만 하여 계산할 수 있다.

$(7+27+28+9)\times 1.1=78.1$(만 원)

따라서 A, B, C부서의 상반기 비품 소비 예정액 합은 모두 $78.1+41=119.1$(만 원)$=1,191,000$(원)이다.

53 자료해석 정답 ⑤

| 정답풀이 |

각 세포 수의 계차를 구하면 다음과 같다.

(단위: 개)

구분	2~3회차	3~4회차	4~5회차	5~6회차
A세포	4	9	14	19
B세포	1	2	4	8

이에 따라 각 세포 수의 규칙은 다음과 같다.

- A세포: 계차수열이 공차가 5인 등차수열인 수열
- B세포: 계차수열이 공비가 2인 등비수열인 수열

위의 규칙을 바탕으로 7~11회차 세포 수를 구하면 다음과 같다.

(단위: 개)

구분	7회차	8회차	9회차	10회차	11회차
A세포	72	101	135	174	218
B세포	33	65	129	257	513

따라서 11회차에서 A, B세포 수의 합은 $218+513=731$(개)이므로 정답은 ⑤이다.

54 자료해석 정답 ③

| 정답풀이 |

A는 n월에 2^n인 수열이고, B는 +7, +11, +7, +11만큼 커지는 수열이다. 6월부터 A와 B, B의 4배는 다음과 같다.

구분	6월	7월	8월	9월
A	64	128	256	512
B	45	56	63	74
4B	180	224	252	296

따라서 8월에 처음으로 A가 B의 4배보다 커진다.

01 수리논리

PART 02

추리

CHAPTER 01 언어추리 역대 기출문제

명제 P.142

01	①	02	⑤	03	②	04	②	05	①
06	⑤	07	⑤	08	②	09	③	10	⑤
11	②	12	①	13	①	14	③	15	①
16	⑤	17	④	18	④	19	①	20	①
21	②	22	③	23	④	24	③	25	②
26	②	27	③	28	④	29	②	30	②
31	③	32	④						

01 명제 정답 ①

| 정답풀이 |

전제1의 대우명제와 전제2를 고려하면 다음과 같은 벤다이어그램을 그릴 수 있다.

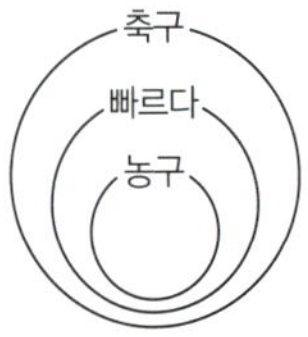

'축구'가 '농구'를 포함하고 있으므로 '농구 → 축구'가 항상 성립한다.
따라서 정답은 ①이다.

시험장풀이

전제1과 전제2 모두 some 개념이 등장하지 않으므로 삼단논법을 사용하여 문제를 풀 수 있다. 축구를 좋아하는 사람을 '축', 달리기가 빠른 사람을 '달', 농구를 좋아하는 사람을 '농'이라고 표시하고 전제1과 전제2를 다시 써보면 다음과 같다.

- 전제1: ~축 → ~달
- 전제2: 농 → 달

전제1과 전제2에서 모두 '달'이 등장하므로 '달'이 전제1과 전제2를 연결하는 연결고리, 즉 매개념이다. 매개념을 이용하기 위해 전제1의 대우명제를 구해보면 '달 → 축'이므로, 전제1의 대우명제와 전제2를 서로 연결하면 '농 → 축'이라는 결론을 내릴 수 있으므로 정답은 ①이다.

02 명제 정답 ⑤

| 정답풀이 |

전제2의 대우명제를 만족하는 벤다이어그램은 [그림1]과 같다.

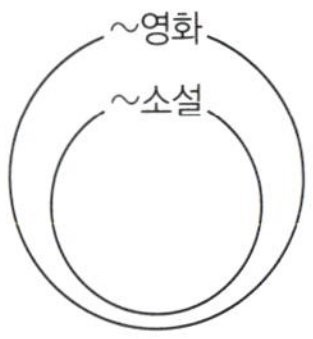

[그림1]

여기에 전제1을 덧붙인 기본적인 벤다이어그램은 [그림2]와 같이 나타낼 수 있으며, '수필'과 '~소설'의 공통영역에 해당하는 색칠된 부분이 반드시 존재해야 한다.

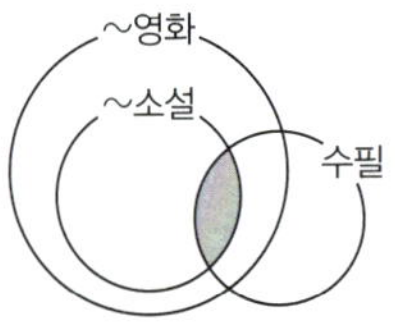

[그림2]

[그림2]에서 매개념 '소설'을 제외한 '~영화'와 '수필' 사이의 관계를 보면, 둘 사이에 뚜렷한 포함관계가 존재하진 않으나 최소한 색칠한 부분만큼은 '수필'과 '~영화' 모두 공통으로 포함하고 있다는 것을 알 수 있다. 즉, '수필'과 '~영화' 사이에는 반드시 공통영역이 존재한다.
따라서 정답은 ⑤이다.

03 명제 정답 ②

| 정답풀이 |

전제1을 만족하는 가장 기본적인 벤다이어그램은 [그림1]과 같다.

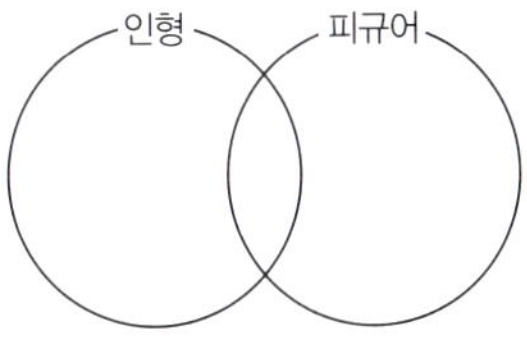

[그림1]

이 상태에서 '화분'과 '피규어' 사이에 공통영역이 존재한다는 결론을 반드시 만족하기 위해서는 [그림2]와 같이 '화분'이 '인형'을 포함하고 있으면 된다.

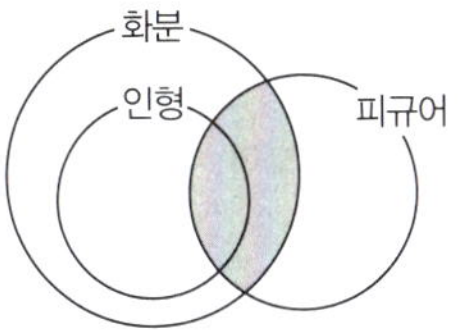

[그림2]

'화분'이 '인형'을 포함하고 있으면 [그림2]의 색칠된 부분이 반드시 존재하게 되므로, '화분'과 '피규어' 사이에 공통영역이 존재한다는 결론을 반드시 만족하게 된다.
따라서 정답은 ②이다.

04 명제 정답 ②

| 정답풀이 |

[전제1]에서 떡볶이를 먹지 않는 어떤 사람은 학생이 아니라는 것은 모든 학생이 떡볶이를 먹는다는 것이다.
전제1을 만족하는 벤다이어그램은 [그림1]과 같다.

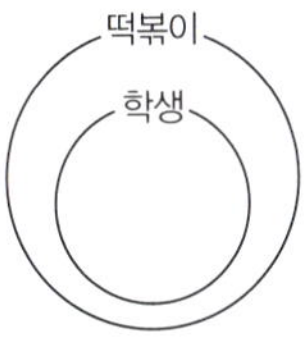

[그림1]

이 상태에서 '떡볶이'와 '분식집' 사이에 공통영역이 존재한다는 결론을 반드시 만족하기 위해서는 [그림2]와 같이 '학생'과 '분식집' 사이에 공통영역이 존재하면 된다.

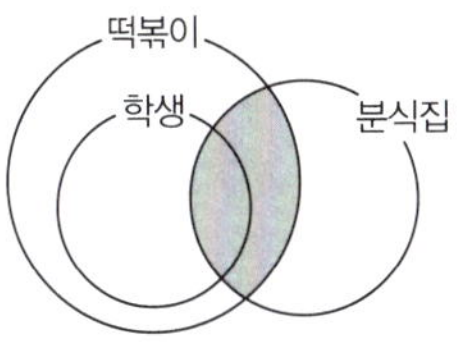

[그림2]

'학생'과 '분식집' 사이에 공통영역이 존재하면 [그림2]의 색칠된 부분이 반드시 존재하게 되므로, '분식집'과 '떡볶이' 사이에 공통영역이 존재한다는 결론을 반드시 만족하게 된다.

따라서 정답은 ②이다.

| 오답풀이 |

①, ③, ④, ⑤ [그림3]을 반례로 세울 수 있으므로 결론이 참이 되게 하는 전제가 될 수 없다.

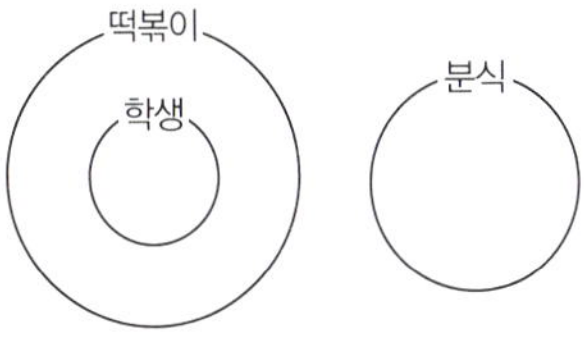

[그림3]

05 명제 정답 ①

| 정답풀이 |

전제1과 전제2의 대우명제를 고려하면 다음과 같은 벤다이어그램을 그릴 수 있다.

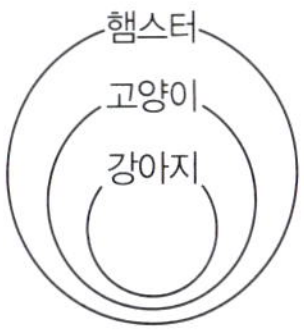

'햄스터'가 '강아지'를 포함하고 있으므로 '강아지' → '햄스터'가 항상 성립한다.
따라서 정답은 ①이다.

시험장풀이

전제1과 전제2 모두 some 개념이 등장하지 않으므로 삼단논법을 사용하여 문제를 풀 수 있다. 강아지를 키우는 사람을 '강', 고양이를 키우는 사람을 '고', 햄스터를 키우는 사람을 '햄'이라고 표시하고 전제1과 전제2를 다시 써보면 다음과 같다.

- 전제1: 강 → 고
- 전제2: ~햄 → ~고

전제1과 전제2에서 모두 '고'가 등장하므로 '고'가 전제1과 전제2를 연결하는 연결고리, 즉 매개념이다. 매개념을 이용하기 위해 전제2의 대우명제를 구해보면 '고 → 햄'이므로, 전제1과 전제2를 서로 연결하면 '강 → 햄'이라는 결론을 내릴 수 있다. 따라서 정답은 ①이다.

06 명제 정답 ⑤

| 정답풀이 |

전제1과 전제2를 고려하면 다음과 같은 벤다이어그램을 그릴 수 있다.

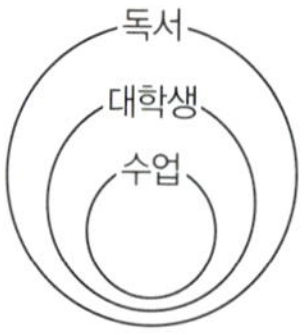

[그림1]

'독서'가 '수업'을 포함하고 있으므로 '수업' → '독서'가 성립하고, 대우명제인 '~독서' → '~수업'도 항상 성립한다.

따라서 정답은 ⑤이다.

| 오답풀이 |

① [그림1]과 같이 독서하는 어떤 사람이 수업을 듣지 않을 수 있으므로 항상 참인 결론은 아니다.

②, ④ [그림2]를 반례로 세울 수 있으므로 항상 참인 결론은 아니다.

[그림2]

③ [그림1]과 [그림2]와 같이 수업을 듣는 모든 사람은 독서하므로 항상 거짓인 결론이다.

시험장풀이

전제1과 전제2 모두 some 개념이 등장하지 않으므로 삼단논법을 사용하여 문제를 풀 수 있다. 대학생을 '대', 독서를 '독', 수업을 듣는 사람을 '수'라고 표시하고 전제1과 전제2를 다시 써보면 다음과 같다.

• 전제1: 대 → 독

• 전제2: 수 → 대

전제1과 전제2에서 모두 '대'가 등장하므로 '대'가 전제1과 전제2를 연결하는 연결고리, 즉 매개념이다. 전제1과 전제2를 서로 연결하면 '수 → 독'이라는 결론을 내릴 수 있다. 이것의 대우명제인 '~독 → ~수'도 성립하므로 따라서 정답은 ⑤이다.

07 명제 정답 ⑤

| 정답풀이 |

전제1을 만족하는 벤다이어그램은 [그림1]과 같다.

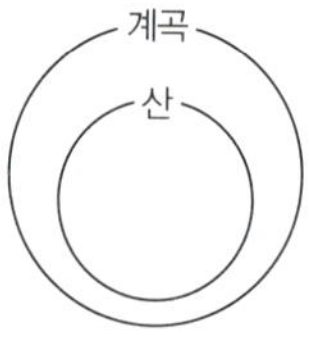

[그림1]

여기에 전제2를 덧붙인 기본적인 벤다이어그램은 [그림2]와 같이 나타낼 수 있으며, '산'과 '바다'의 공통영역에 해당하는 색칠된 부분이 반드시 존재해야 한다.

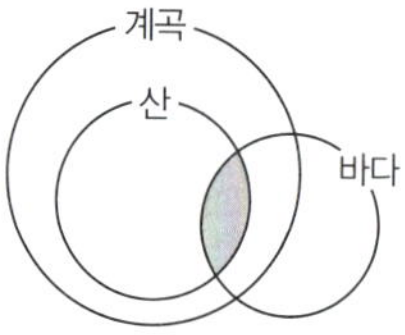

[그림2]

[그림2]에서 매개념 '산'을 제외한 '계곡'과 '바다' 사이의 관계를 보면, 둘 사이에 뚜렷한 포함관계가 존재하진 않으나 최소한 색칠한 부분만큼은 공통으로 포함하고 있다는 것을 알 수 있다. 즉, '계곡'과 '바다' 사이에는 반드시 공통영역이 존재한다.

따라서 정답은 ⑤이다.

시험장풀이

전제2에 "어떤 ~는 ~이다."라는 some 개념이 있으므로 벤다이어그램을 활용한다. 산을 좋아하는 사람을 '산', 계곡을 좋아하는 사람을 '계', 바다를 좋아하는 사람을 '바'라고 표시하자. some 개념이 없는 전제1부터 벤다이어그램으로 표현하면 [그림3]과 같다.

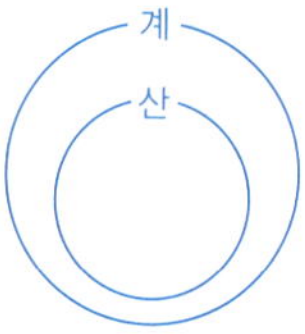

[그림3]

여기에 전제2를 덧붙인 기본적인 벤다이어그램은 [그림4]와 같이 나타낼 수 있으며, '산'과 '바'의 공통영역에 해당하는 색칠된 부분이 반드시 존재해야 한다.

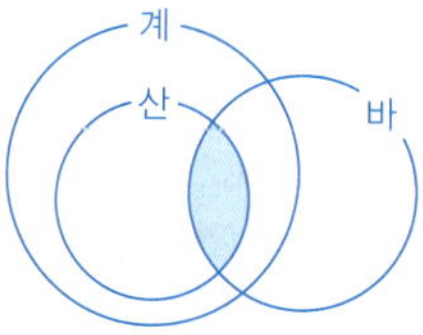

[그림4]

여기서 소거법을 사용하여 정답을 찾아보자. [그림4]를 보면 ①, ③은 옳지 않다는 것을 알 수 있다. 한편 [그림4]의 색칠된 부분이 존재하기만 하면 '바'의 범위를 [그림5]와 같이 더 늘릴 수도, [그림6]과 같이 더 줄일 수도 있다.

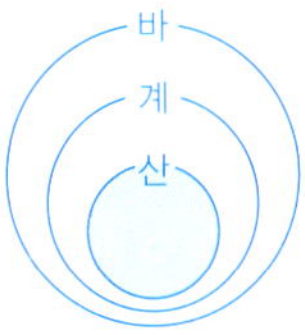

[그림5]

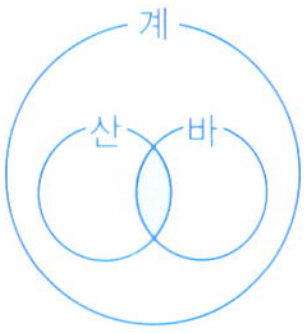

[그림6]

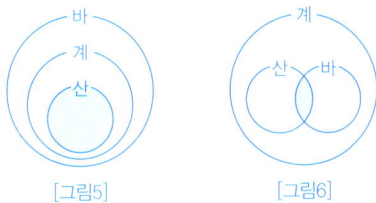

[그림5]의 경우 ④가 옳지 않다는 것을 알 수 있고 [그림6]의 경우 ②가 옳지 않다는 것을 알 수 있다. 어떠한 경우에도 항상 참인 결론을 골라야 하므로 ①~④는 정답이 될 수 없고 소거법에 의해 ⑤가 정답임을 알 수 있다.

08 명제

정답 ②

| 정답풀이 |

전제1을 만족하는 가장 기본적인 벤다이어그램은 [그림1]과 같다.

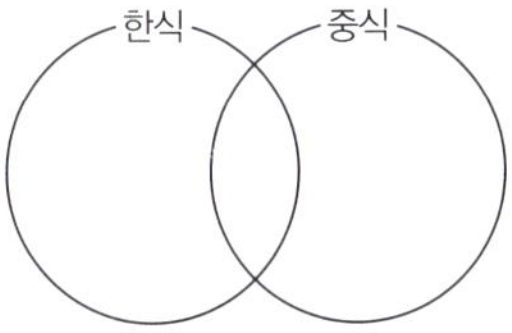

[그림1]

이 상태에서 '일식'과 '중식' 사이에 공통영역이 존재한다는 결론을 반드시 만족하기 위해서는 [그림2]와 같이 '일식'이 '한식'을 포함하고 있으면 된다.

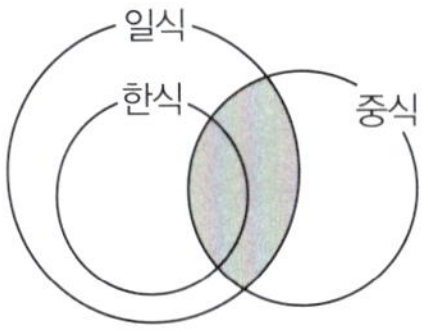

[그림2]

'일식'이 '한식'을 포함하고 있으면 [그림2]의 색칠된 부분이 반드시 존재하게 되므로, '일식'과 '중식' 사이에 공통영역이 존재한다는 결론을 반드시 만족하게 된다.
따라서 정답은 '한식 → 일식'을 문장으로 바꾼 ②이다.

시험장풀이

전제1과 결론에 some 개념이 있으므로 벤다이어그램을 활용한다. 한식을 좋아하는 사람을 '한', 중식을 좋아하는 사람을 '중', 일식을 좋아하는 사람을 '일'이라고 표시하자. 우선 전제1을 만족하는 가장 기본적인 벤다이어그램은 [그림3]과 같으며, 색칠된 부분이 반드시 존재해야 한다.

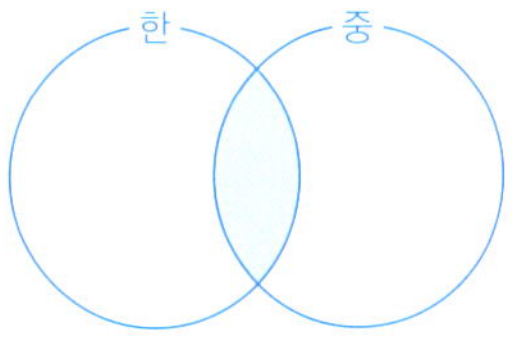

[그림3]

이 상태에서 ①을 만족하도록 '일'의 벤다이어그램을 그려보도록 하자. ①을 만족하기 위해 '한'과 '일'의 공통 부분이 존재하기만 하면 되므로 [그림4]와 같은 벤다이어그램도 그릴 수 있다.

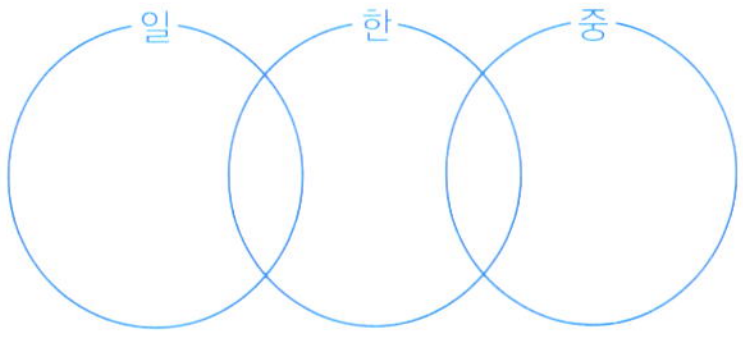

[그림4]

이 경우 전제1과 ①을 모두 만족하지만 결론을 만족하지 못한다. 즉, ①을 전제2로 세울 경우 항상 결론이 도출되는 것은 아니므로 ①은 전제2로 적절하지 않다.
이와 같은 방식으로 전제1과 ②~⑤를 만족하는 벤다이어그램을 각각 그렸을 때, 결론을 위배하는 반례가 하나라도 발생한다면 해당 선택지를 소거할 수 있다. ③~⑤는 [그림5]를 반례로 들 수 있다.

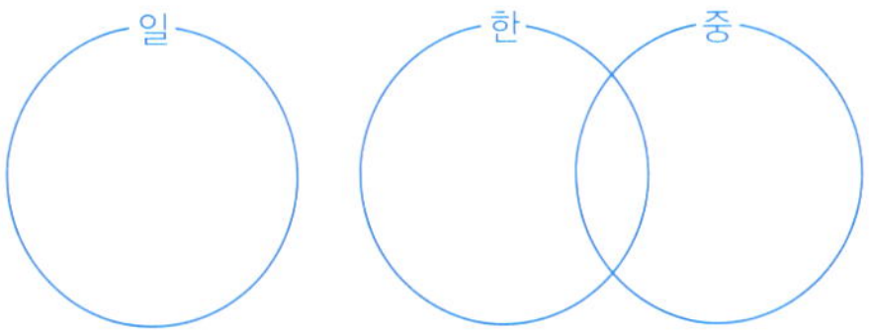

[그림5]

반면 ②는 전제2로 세웠을 때 항상 결론을 만족하므로 정답은 ②이다.

09 명제

정답 ③

| 정답풀이 |

전제1을 만족하는 벤다이어그램은 [그림1]과 같다.

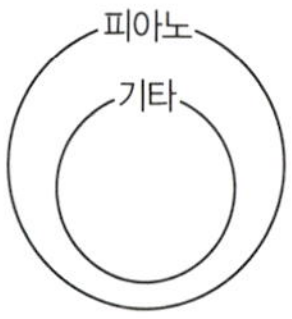

[그림1]

여기에 전제2를 덧붙인 기본적인 벤다이어그램은 [그림2]와 같이 나타낼 수 있으며, '기타'와 '~드럼'의 공통영역에 해당하는 색칠된 부분이 반드시 존재해야 한다.

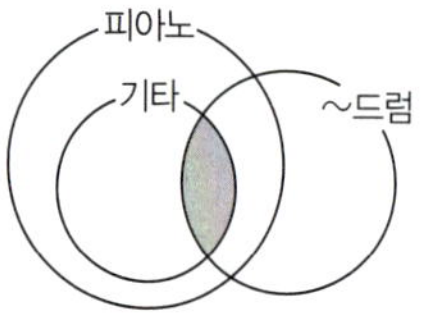

[그림2]

[그림2]에서 매개념 '기타'를 제외한 '피아노'와 '~드럼' 사이의 관계를 보면, 둘 사이에 뚜렷한 포함관계가 존재하진 않으나 최소한 색칠한 부분만큼은 공통으로 포함하고 있다는 것을 알 수 있다. 즉, '피아노'와 '~드럼' 사이에는 반드시 공통영역이 존재한다.
따라서 정답은 ③이다.

시험장풀이

전제2에 "어떤 ~는 ~이다."라는 some 개념이 있으므로 벤다이어그램을 활용한다. 기타를 좋아하는 사람을 '기', 피아노를 좋아하는 사람을 '피', 드럼을 좋아하는 사람을 '드'라고 표시하자. some 개념이 없는 전제1부터 벤다이어그램으로 표현하면 [그림3]과 같다.

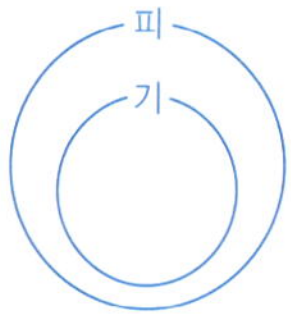

[그림3]

여기에 전제2를 덧붙인 기본적인 벤다이어그램은 [그림4]와 같이 나타낼 수 있으며, '기'와 '~드'의 공통영역에 해당하는 색칠된 부분이 반드시 존재해야 한다.

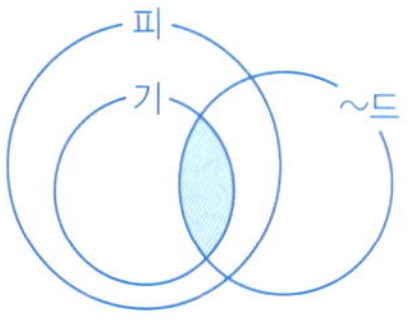

[그림4]

여기서 소거법을 사용하여 정답을 찾아보자. [그림4]를 보면 ①, ④는 옳지 않다는 것을 알 수 있다. 한편 [그림4]의 색칠된 부분이 존재하기만 하면 '~드'의 범위를 [그림5]와 같이 더 늘리거나, [그림6]과 같이 더 줄일 수도 있다.

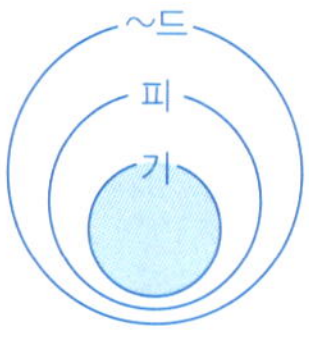

[그림5]

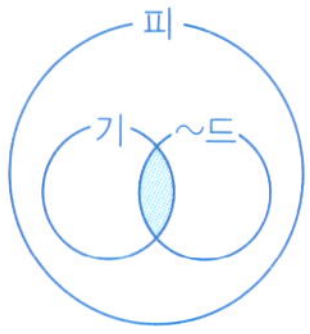

[그림6]

[그림5]의 경우 기타를 좋아하는 사람이 드럼을 좋아하지 않는 것으로 되었지만, some 개념은 all 개념을 포함하므로 전제2를 위배하는 것은 아니다. [그림5]의 경우 ②가 옳지 않으며, [그림6]의 경우 ⑤가 옳지 않다는 것을 알 수 있다. 어떠한 경우에도 항상 참인 결론을 골라야 하므로 ①, ②, ④, ⑤는 정답이 될 수 없고 소거법에 의해 ③이 정답임을 알 수 있다.

10 명제 정답 ⑤

| 정답풀이 |

전제2를 만족하는 벤다이어그램은 [그림1]과 같다.

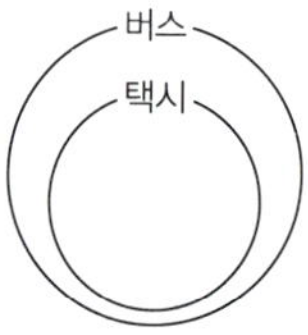

[그림1]

여기에 전제1을 덧붙인 기본적인 벤다이어그램은 [그림2]와 같이 나타낼 수 있으며, '지하철'과 '버스' 바깥의 공통영역에 해당하는 색칠된 부분이 반드시 존재해야 한다.

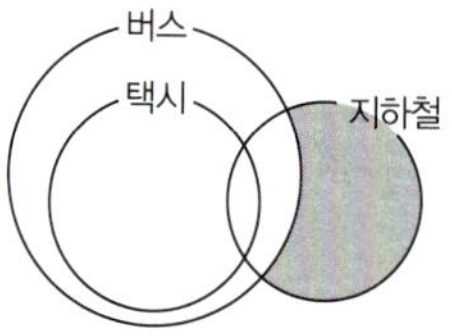

[그림2]

[그림2]에서 매개념 '버스'를 제외한 '택시'와 '지하철' 사이의 관계를 보면, 둘 사이에 뚜렷한 포함관계가 존재하진 않으나 최소한 색칠한 부분만큼은 '지하철'과 '~택시' 모두 공통으로 포함하고 있다는 것을 알 수 있다. 즉, '지하철'과 '~택시' 사이에는 반드시 공통영역이 존재한다.
따라서 정답은 ⑤이다.

시험장풀이

전제1에 "~ 중에 ~이 있다."라는 some 개념이 있으므로 벤다이어그램을 활용한다. 버스를 타는 사람을

'버', 지하철을 타는 사람을 '지', 택시를 타는 사람을 '택'이라고 표시하자. some 개념이 없는 전제2부터 벤다이어그램으로 표현하면 [그림3]과 같다.

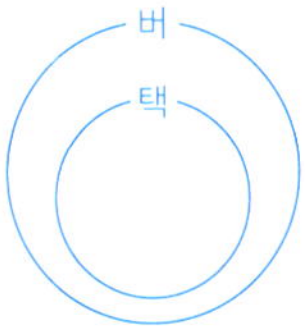

[그림3]

여기에 전제1을 덧붙인 기본적인 벤다이어그램은 [그림4]와 같이 나타낼 수 있으며, '지'와 '버' 바깥의 공통 영역에 해당하는 색칠된 부분이 반드시 존재해야 한다.

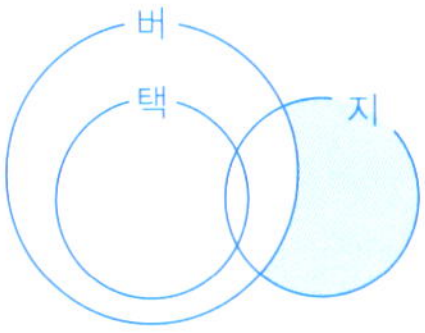

[그림4]

여기서 소거법을 사용하여 정답을 찾아보자. [그림4]를 보면 ①은 옳지 않다는 것을 알 수 있다. 한편 [그림4]의 색칠된 부분이 존재하기만 하면 '지'의 범위를 [그림5]와 같이 더 줄이거나, [그림6]과 같이 더 늘릴 수도 있다.

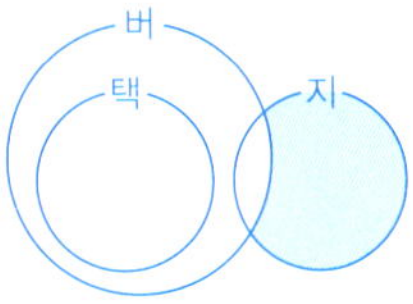

[그림5]

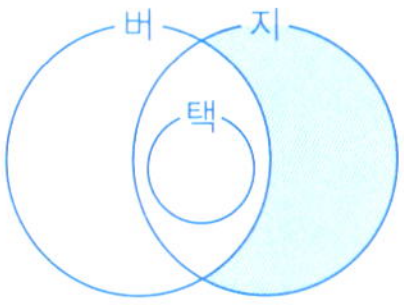

[그림6]

[그림5]의 경우 ②가 옳지 않으며, [그림6]의 경우 ③, ④가 옳지 않다는 것을 알 수 있다. 어떠한 경우에도 항상 참인 결론을 골라야 하므로 ①~④는 정답이 될 수 없고 소거법에 의해 ⑤가 정답임을 알 수 있다.

11 명제 정답 ②

| 정답풀이 |

우선 전제1을 만족하는 가장 보편적인 벤다이어그램은 [그림1]과 같고, 색칠된 영역이 반드시 존재해야 한다.

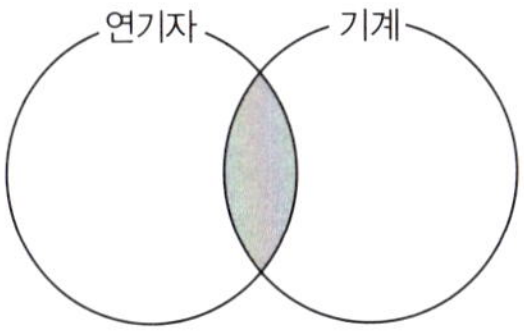

[그림1]

이 상태에서 '연기자'와 '인센' 사이에 공통 영역이 존재한다는 결론을 반드시 만족하기 위해서는 [그림2]와 같이 '인센'이 '기계'를 포함하면 된다.

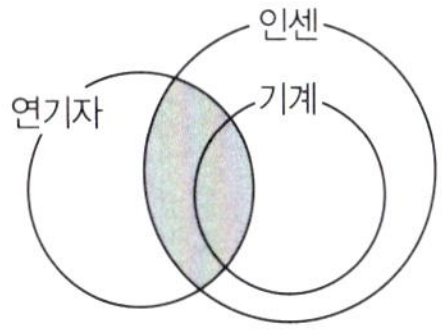

[그림2]

'인센'이 '기계'를 포함하고 있으면 [그림2]의 색칠된 영역이 반드시 존재하므로, '연기자'와 '인센' 사이에 공통 영역이 존재한다는 결론을 반드시 만족한다. 따라서 정답은 '기계 → 인센'을 문장으로 바꾼 ②이다.

시험장풀이

전제1의 가장 보편적인 벤다이어그램인 [그림1]의 상태에서 ③을 만족하도록 '~인'의 벤다이어그램을 그려보도록 하자. ③을 만족하기 위해서는 '~인'과 '기' 사이에 공통 영역이 존재하면 되므로 [그림3]과 같이 벤다이어그램을 그릴 수 있다.

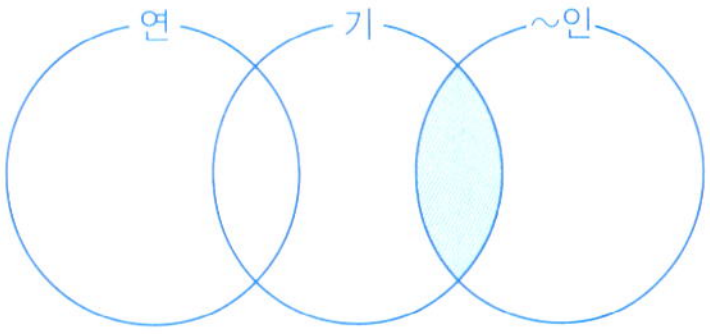

[그림3]

이 경우 '연'과 '인' 사이에 공통 영역이 존재하여 결론을 만족한다. 그러나 [그림3]의 색칠된 영역이 존재하기만 하면 '~인'의 범위를 [그림4]와 같이 더 키울 수도 있다.

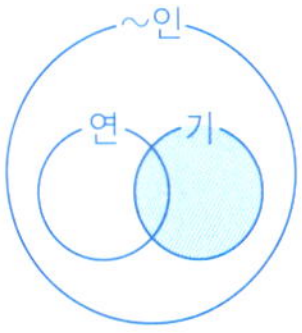

[그림4]

some 개념은 all 개념을 포함하므로 [그림4]의 경우 기계체조를 배우는 모든 사람이 인센티브를 타지 못하게 되었지만, 여전히 ③을 위배하지 않는다. 그런데 [그림4]와 같은 경우 전제1과 ③을 모두 만족하지만 결론을 만족하지 못한다. 따라서 ③을 전제2로 세울 경우 항상 결론이 도출되는 것은 아니므로 ③은 전제2로 적절하지 않다.

이와 같은 방식으로 전제1과 제시된 선택지를 만족하는 벤다이어그램을 각각 그렸을 때, 결론을 위배하는 반례가 하나라도 발생한다면 해당 선택지를 소거할 수 있다. ①은 [그림5]을 반례로 들 수 있고, ④, ⑤는 [그림4]를 반례로 들 수 있다.

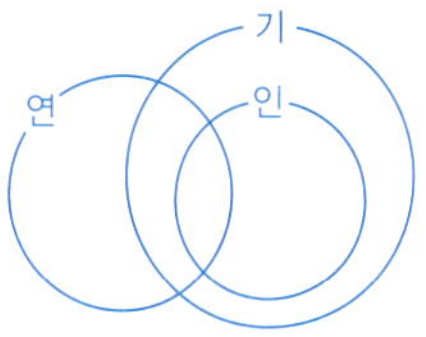

[그림5]

반면 ②는 전제2로 세웠을 때 항상 결론을 만족하므로 정답은 ②이다.

12 명제 정답 ①

| 정답풀이 |

전제1의 벤다이어그램은 [그림1]과 같다.

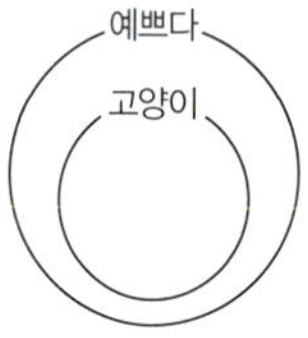

[그림1]

이때, '고양이'와 '간식' 사이에 공통 영역이 존재한다는 결론을 반드시 만족하기 위해서는 [그림2]와 같이 '간식'이 '예쁘다'를 포함하면 된다.

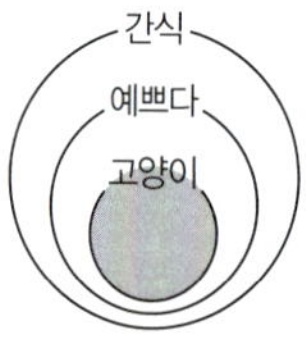

[그림2]

'간식'이 '예쁘다'를 포함하면 [그림2]의 색칠된 영역이 반드시 존재하므로 '고양이'와 '간식' 사이에 공통 영역이 존재한다는 결론을 반드시 만족하게 된다. 따라서 정답은 ①이다.

| 오답풀이 |

나머지 선택지는 [그림1]의 벤다이어그램 상태에서 항상 참인 결론을 만들지 못하는 경우가 존재한다. 아래의 [그림3]은 ②, ③, ④에 해당하고, [그림4]는 ④, ⑤에 해당한다.

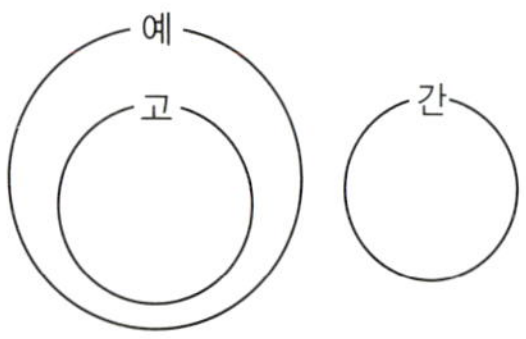

[그림3]

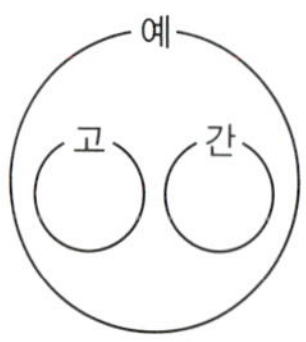

[그림4]

13 명제 정답 ①

| 정답풀이 |

전제1의 대우명제를 고려하면 다음과 같은 벤다이어그램을 그릴 수 있다.

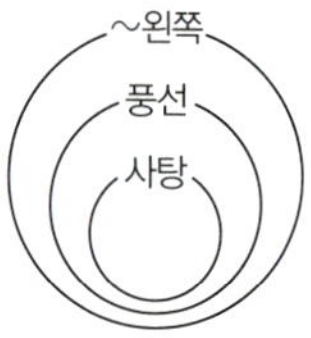

'~왼쪽'이 '사탕'을 포함하고 있으므로 "사탕을 물고 있는 모든 사람은 왼쪽 길로 가지 않는다."가 항상 참이라는 것을 알 수 있다. ①에 '모든'이 없더라도 '어떤'과 같은 some 개념의 수식어가 없다면 all 개념으로 해석해야 하므로 정답은 ①이다.

시험장풀이

전제1과 전제2 모두 some 개념이 등장하지 않으므로 대우명제를 사용하여 문제를 풀 수 있다. 왼쪽 길로 가는 사람을 '왼', 풍선을 들고 있는 사람을 '풍', 사탕을 물고 있는 사람을 '사'라고 표시하고 전제1과 전제2를 다시 쓰면 다음과 같다.

- 전제1: 왼 → ~풍
- 전제2: 사 → 풍

전제1과 전제2 모두 '풍'이 등장하므로 '풍'이 매개념이다. '풍'을 매개로 전제1과 전제2를 연결하기 위해 전제2의 대우명제를 구해보면 '~풍 → ~사'이다. 따라서 '왼 → ~사'라는 결론을 내릴 수 있다. 이에 해당하는 문장이 선택지에 없으므로 대우명제인 '사 → ~왼'에 해당하는 ①이 정답이다.

14 명제 정답 ③

| 정답풀이 |

전제1에서 모든 맛집은 조미료를 사용하지 않아야 하므로 [그림1]과 같이 벤다이어그램을 그릴 수 있다.

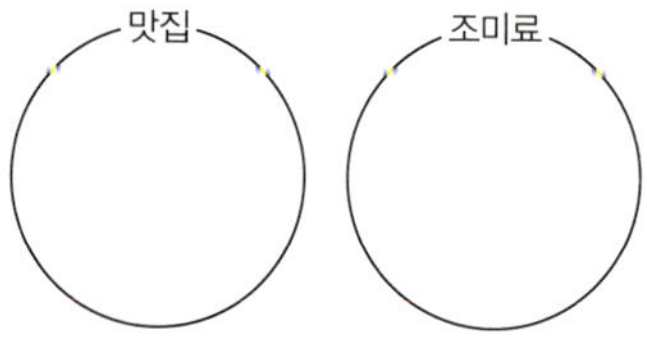

[그림1]

이때, 전제2에 의해 TV에 나오는 모든 음식점이 맛집이므로 [그림2]와 같이 벤다이어그램을 그릴 수 있다.

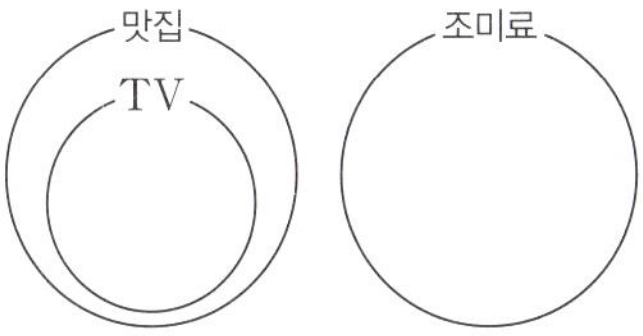

[그림2]

이때, TV에 나오는 음식점은 맛집이고, 맛집은 조미료를 사용하지 않으므로 삼단논법에 따라 TV에 나오는 음식점은 조미료를 사용하지 않음을 알 수 있다. 즉, 정답은 ③이다.

| 오답풀이 |

① 조미료를 사용하면 맛집이 아니므로 TV에 나올 수 없다.
② 맛집은 조미료를 사용하지 않는다.
④ 조미료를 사용하지 않고 TV에 나오지 않는 맛집은 [그림2]에서 다음과 같이 색칠된다.

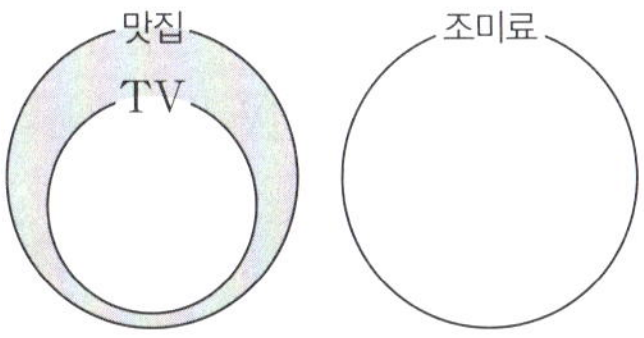

⑤ TV에 나오는 음식점은 맛집이므로 조미료를 사용하지 않는다.

15 명제 정답 ①

| 정답풀이 |

전제1과 전제2를 고려하면 다음과 같은 벤다이어그램을 그릴 수 있다.

'안전교육'이 '반도체'를 포함하고 있으므로 '반도체 → 안전교육'이 항상 성립한다.
따라서 정답은 ①이다.

시험장풀이

전제1과 전제2 모두 some 개념이 등장하지 않으므로 삼단논법을 사용하여 문제를 풀 수 있다. 반도체 생산공정을 '반', 화학적 처리가 포함되는 과정을 '화', 직원 안전교육을 '안'이라고 표시하고 전제1과 전제2를 다시 써보면 다음과 같다.

- 전제1: 반 → 화
- 전제2: 화 → 안

전제1과 전제2에서 모두 '화'가 등장하므로 '화'가 전제1과 전제2를 연결하는 연결고리, 즉 매개념이다. 매개념을 이용하여 전제1과 전제2를 서로 연결하면 '반 → 안'이라는 결론을 내릴 수 있다. 따라서 정답은 ①이다.

16 명제 정답 ⑤

| 정답풀이 |

전제1과 결론의 벤다이어그램은 각각 [그림1], [그림2]와 같다.

[그림1]

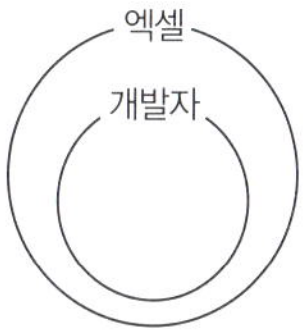

[그림2]

[그림1]의 상태에서 '엑셀'이 '머신러닝'을 포함하고 있다면 자연스럽게 [그림2]처럼 '개발자'가 '엑셀' 안에 포함될 것임을 알 수 있다. 즉, 전제2는 '엑셀'이 '머신러닝'을 포함하는 명제인 '머신러닝 → 엑셀'이 되어야 한다.
따라서 대우명제인 '~엑셀 → ~머신러닝'에 해당하는 ⑤가 정답이다.

시험장풀이

전제1과 결론 모두 some 개념이 등장하지 않으므로 삼단논법을 사용하여 문제를 풀 수 있다. 개발자를 '개', 머신러닝을 다룰 줄 아는 사람을 '머', 엑셀을 다룰 줄 아는 사람을 '엑'이라고 표시하고 전제1과 결론을 다시 쓰면 다음과 같다.

- 전제1: 개 → 머
- 결론: 개 → 엑

결론이 '개'로 시작하여 '엑'으로 끝나고, 전제1이 '개'로 시작하므로 전제2는 '엑'으로 끝나야 할 것이다. 즉, 전제2를 '머 → 엑'으로 두면 전제1과 결합하여 '개 → 엑'이라는 결론을 얻을 수 있다. 따라서 '머 → 엑'의 대우명제인 '~엑 → ~머'에 해당하는 ⑤가 정답이다.

17 명제 정답 ④

| 정답풀이 |

전제2의 대우명제와 전제1을 고려하면 다음과 같은 벤다이어그램을 그릴 수 있다.

02
추리

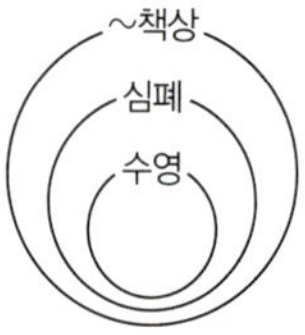

'~책상'이 '수영'을 포함하고 있으므로 '수영 → ~책상'이 항상 성립한다.
따라서 정답은 ④이다.

시험장풀이

전제1과 전제2 모두 some 개념이 등장하지 않으므로 삼단논법을 사용하여 문제를 풀 수 있다. 수영을 잘하는 사람을 '수', 심폐지구력이 좋은 사람을 '심', 책상 앞에 오래 앉아있는 사람을 '책'이라고 표시하고 전제1과 전제2를 다시 써보면 다음과 같다.

- 전제1 : 수 → 심
- 전제2 : 책 → ~심

전제1과 전제2에서 모두 '심'이 등장하므로 '심'이 전제1과 전제2를 연결하는 연결고리, 즉 매개념이다. 매개념을 이용하기 위해 전제2의 대우명제를 구하면 '심 → ~책'이므로, 전제2의 대우명제와 전제1을 서로 연결하면 '수 → ~책'이라는 결론을 내릴 수 있다. 따라서 정답은 ④이다.

18 명제 정답 ④

| 정답풀이 |

전제1을 만족하는 기본적인 벤다이어그램은 [그림1]과 같으며, '유리'와 '자외선'의 공통영역에 해당하는 색칠된 부분이 반드시 존재해야 한다.

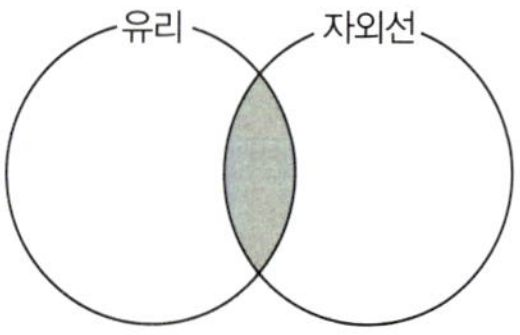

[그림1]

여기에 전제2를 덧붙인 기본적인 벤다이어그램은 [그림2]와 같이 나타낼 수 있다.

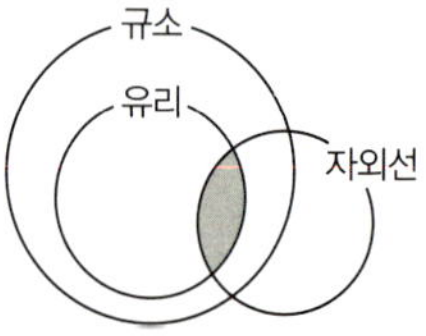

[그림2]

[그림2]에서 '유리'를 제외한 '규소'와 '자외선' 사이의 관계를 보면, 둘 사이에 뚜렷한 포함관계가 존재하진 않으나 최소한 색칠된 부분만큼은 공통으로 포함하고 있다는 것을 알 수 있다. 즉, '규소'와 '자외선' 사이에는 반드시 공통영역이 존재한다.
따라서 정답은 ④이다.

시험장풀이

전제1에 "어떤 ~는 ~이다."라는 some 개념이 있으므로 벤다이어그램을 활용한다. 유리창을 '유', 자외선을 반사시키는 것을 '자', 규소가 포함되어 있는 것을 '규'라고 표시하자. some 개념이 없는 전제2부터 벤다이어그램으로 표현하면 [그림3]과 같다.

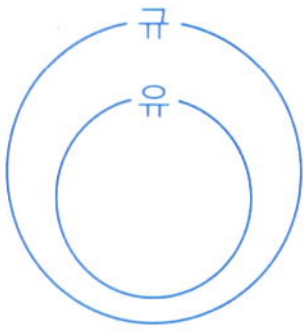

[그림3]

여기에 전제1을 덧붙인 기본적인 벤다이어그램은 [그림4]와 같이 나타낼 수 있으며, '유'와 '자'의 공통영역에 해당하는 색칠된 부분이 반드시 존재해야 한다.

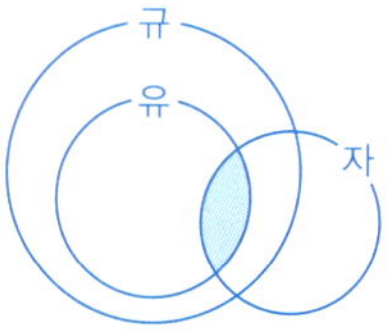

[그림4]

여기서 소거법을 사용하여 정답을 찾아보자. [그림4]를 보면 ①, ②는 옳지 않다는 것을 알 수 있다. 한편 [그림4]의 색칠된 부분이 존재하기만 하면 '자'의 범위를 [그림5]와 같이 더 줄이거나 [그림6]과 같이 더 늘릴 수도 있다.

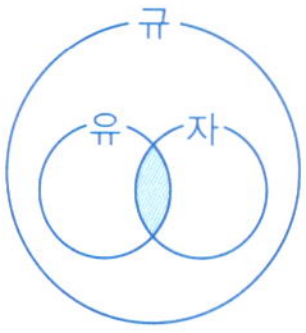

[그림5]

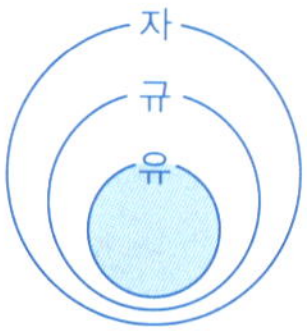

[그림6]

③의 경우 [그림5]를, ⑤의 경우 [그림6]을 반례로 내세울 수 있다. 반면 ④의 경우 '자'의 범위를 아무리 변형해도 항상 참이므로 정답은 ④이다.

19 명제 정답 ①

| 정답풀이 |

전제1을 만족하는 벤다이어그램은 [그림1]과 같다.

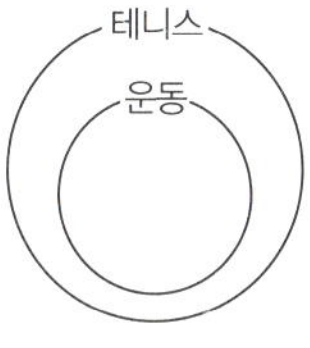

[그림1]

이 상태에서 '스마트워치'와 '테니스' 사이에 공통영역이 존재한다는 결론을 반드시 만족하기 위해서는 [그림2]와 같이 '운동'과 '스마트워치' 사이에 공통영역이 존재하면 된다.

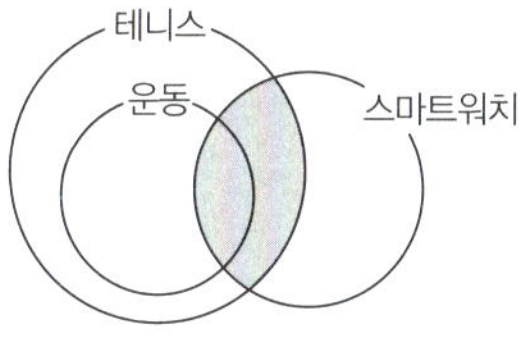

[그림2]

'운동'과 '스마트워치' 사이에 공통영역이 존재하면 [그림2]의 색칠된 부분이 반드시 존재하게 되므로, '스마트워치'와 '테니스' 사이에 공통영역이 존재한다는 결론을 반드시 만족하게 된다.
따라서 정답은 ①이다.

시험장풀이

결론에 some 개념이 있으므로 벤다이어그램을 활용한다. 운동하는 사람을 '운', 테니스를 하는 사람을 '테', 스마트워치를 찬 사람을 '스'라고 표시하자. 우선 전제1을 만족하는 벤다이어그램은 [그림3]과 같다.

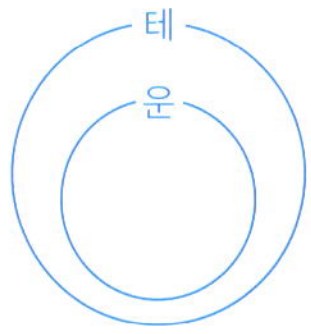

[그림3]

이 상태에서 ①을 만족하는 '스'의 벤다이어그램을 그려보면 [그림4], [그림5], [그림6]이 모두 가능하다.

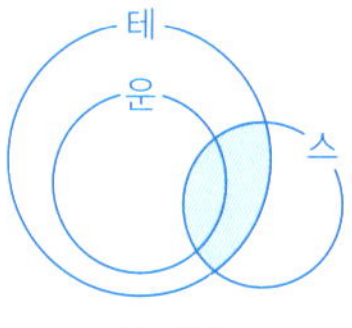

[그림4]

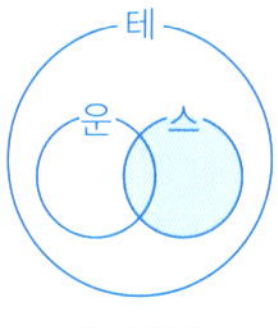

[그림5]

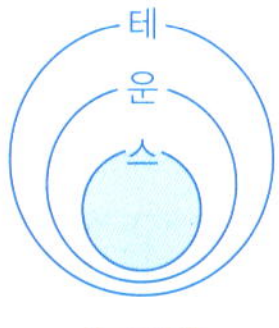

[그림6]

이 경우 색칠된 부분이 반드시 존재하게 되므로, '스'와 '테' 사이에 공통영역이 존재한다는 결론을 반드시 만족하게 된다. 즉, ①을 전제2로 세우면 어떠한 경우에도 결론이 성립한다.
반면 ②를 만족하도록 '스'의 벤다이어그램을 그려보면 [그림7]과 같다.

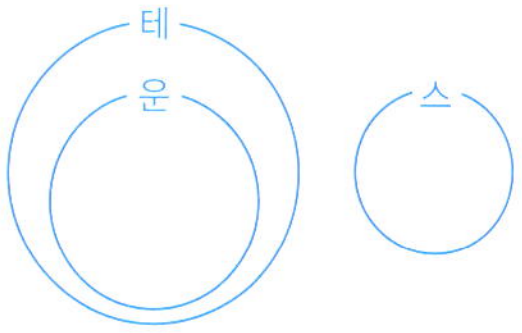

[그림7]

이 경우 전제1과 ②를 모두 만족하지만 결론을 만족하지 못한다. 즉, ②를 전제2로 세울 경우 반드시 결론이 도출되는 것은 아니므로 ②는 전제2로 적절하지 않다.
이와 같은 방식으로 전제1과 ③~⑤를 만족하는 벤다이어그램을 각각 그렸을 때, 결론을 위배하는 반례가 하나라도 발생한다면 해당 선택지를 소거할 수 있다. ③~⑤ 모두 [그림7]을 반례로 세울 수 있으므로 정답이 될 수 없다. 따라서 결론이 반드시 참이 되게 하는 전제는 ①이다.

20 명제 정답 ①

| 정답풀이 |

전제1과 전제2를 고려하면 다음과 같은 벤다이어그램을 그릴 수 있다.

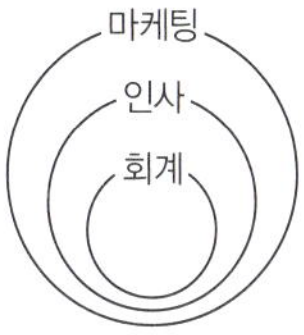

'마케팅'이 '회계'를 포함하고 있으므로 '회계' → '마케팅'이 항상 성립한다.
따라서 정답은 ①이다.

시험장풀이

전제1과 전제2 모두 some 개념이 등장하지 않으므로 삼단논법을 사용하여 문제를 풀 수 있다. 회계 업무를 해 본 사람을 '회', 인사 업무를 해 본 사람을 '인', 마케팅 업무를 해 본 사람을 '마'라고 표시하고 전제1과 전제2를 다시 써보면 다음과 같다.

- 전제1: 인 → 마
- 전제2: 회 → 인

전제1과 전제2에서 모두 '인'이 등장하므로 '인'이 전제1과 전제2를 연결하는 연결고리, 즉 매개념이다. 매개념을 이용하여 두 전제를 연결하면 '회 → 마'라는 결론을 내릴 수 있다. 따라서 정답은 ①이다.

21 명제 정답 ②

| 정답풀이 |

전제1과 결론의 벤다이어그램은 각각 [그림1], [그림2]와 같다.

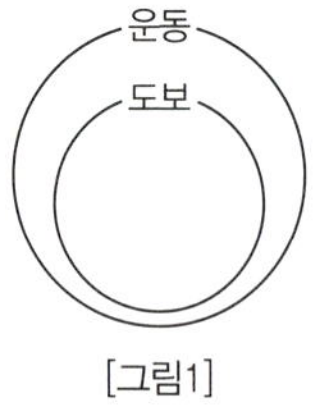

[그림1]

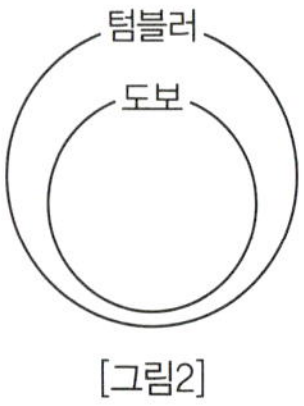

[그림2]

[그림1]의 상태에서 '텀블러'가 '운동'을 포함하고 있다면 자연스럽게 [그림2]처럼 '도보'가 '텀블러' 안에 포함될 것임을 알 수 있다. 이에 따라 전제2는 '텀블러'가 '운동'을 포함하고 있는 명제인 '운동' → '텀블러'가 되어야 한다.
따라서 정답은 ②이다.

시험장풀이

전제1과 전제2 모두 some 개념이 등장하지 않으므로 삼단논법을 사용하여 문제를 풀 수 있다. 도보로 걸어 다니는 사람을 '도', 운동을 즐겨하는 사람을 '운', 텀블러를 들고 다니는 사람을 '텀'이라고 표시하고 전제1과 결론을 다시 써보면 다음과 같다.

- 전제1: 도 → 운
- 결론: 도 → 텀

결론이 '도'로 시작하여 '텀'으로 끝나고, 전제1이 '도'로 시작하므로 전제2는 '텀'으로 끝나야 할 것이다. 이에 따라 전제2를 '운 → 텀'으로 두면 전제1과 결합하여 '도 → 텀'이라는 결론을 얻을 수 있다. 따라서 정답은 ②이다.

22 명제 정답 ③

| 정답풀이 |

전제1과 전제2의 대우명제를 고려하면 다음과 같은 벤다이어그램을 그릴 수 있다.

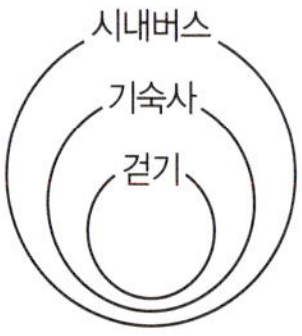

'시내버스'가 '걷기'를 포함하고 있으므로 '걷기' → '시내버스'가 항상 성립한다.
따라서 정답은 ③이다.

시험장풀이

전제1과 전제2 모두 some 개념이 등장하지 않으므로 삼단논법을 사용하여 문제를 풀 수 있다. 걷기를 좋아하는 사람을 '걷', 기숙사에 사는 사람을 '기', 시내버스로 통근하는 사람을 '시'라고 표시하고 전제1과 전제2를 다시 써보면 다음과 같다.

- 전제1: 걷 → 기
- 전제2: ~시 → ~기

전제1과 전제2에서 모두 '기'가 등장하므로 '기'가 전제1과 전제2를 연결하는 연결고리, 즉 매개념이다. 매개념을 이용하기 위해 전제2의 대우명제를 구해보면 '기 → 시'이므로, 전제1과 전제2를 서로 연결하면 '걷 → 시'라는 결론을 내릴 수 있다. 따라서 정답은 ③이다.

23 명제 정답 ④

| 정답풀이 |

전제2를 만족하는 벤다이어그램은 [그림1]과 같다.

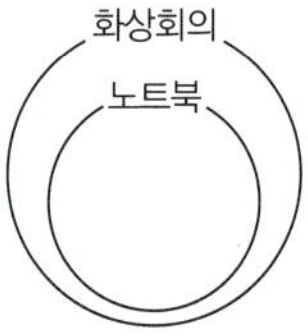

[그림1]

여기에 전제1을 덧붙인 기본적인 벤다이어그램은 [그림2]와 같이 나타낼 수 있으며, '노트북'과 '보안 교육'의 공통영역에 해당하는 색칠된 부분이 반드시 존재해야 한다.

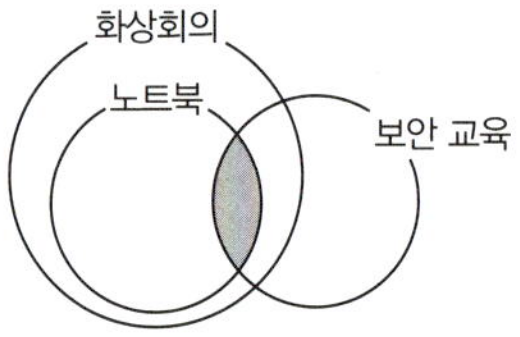

[그림2]

[그림2]에서 매개념 '노트북'을 제외한 '화상회의'와 '보안 교육' 사이의 관계를 보면, 둘 사이에 뚜렷한 포함관계가 존재하진 않으나 최소한 색칠한 부분만큼은 공통으로 포함하고 있다는 것을 알 수 있다. 즉, '화상회의'와 '보안 교육' 사이에는 반드시 공통영역이 존재한다.
따라서 정답은 ④이다.

시험장풀이

전제1에 "어떤 ~는 ~이다."라는 some 개념이 있으므로 벤다이어그램을 활용한다. 보안 교육을 듣는 사람을 '보', 노트북이 있는 사람을 '노', 화상회의에 참석하는 사람을 '화'라고 표시하자. some 개념이 없는 전제2부터 벤다이어그램으로 표시하면 [그림3]과 같다.

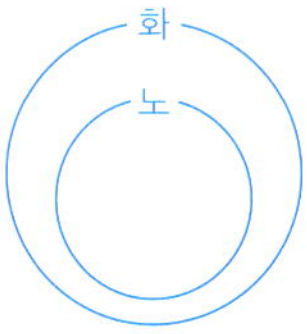

[그림3]

여기에 전제1을 덧붙인 기본적인 벤다이어그램은 [그림4]와 같이 나타낼 수 있으며, '노'와 '보'의 공통영역에 해당하는 색칠된 부분이 반드시 존재해야 한다.

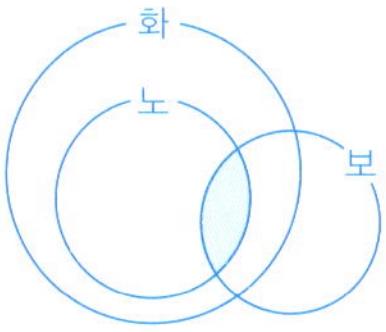

[그림4]

여기서 소거법을 사용하여 정답을 찾아보자. [그림4]를 보면 ①, ②는 옳지 않다는 것을 알 수 있다. 한편 [그림4]의 색칠된 부분이 존재하기만 하면 '보'의 범위를 [그림5]와 같이 더 늘리거나, [그림6]과 같이 더 줄일 수도 있다.

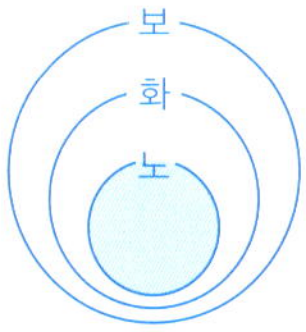

[그림5]

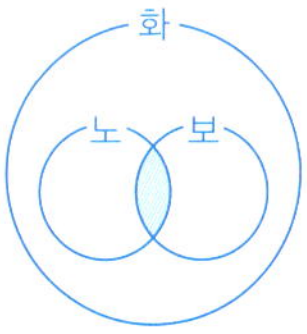

[그림6]

[그림5]를 보면 ③이 옳지 않으며, [그림6]을 보면 ⑤가 옳지 않다는 것을 알 수 있다. 어떠한 경우에도 항상 참인 결론을 골라야 하므로 ①, ②, ③, ⑤는 정답이 될 수 없고 소거법에 의해 ④가 정답임을 알 수 있다.

24 명제

정답 ③

| 정답풀이 |

전제1과 전제2를 만족하는 기본적인 벤다이어그램의 형태는 [그림1]과 같다.

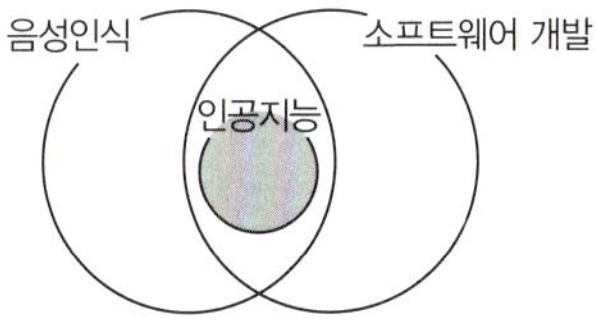

[그림1]

'음성인식'과 '소프트웨어 개발'은 모두 '인공지능'을 포함하고 있으므로 [그림1]의 색칠된 부분은 '음성인식'과 '소프트웨어 개발'이 항상 공통으로 포함하고 있는 영역이다. 즉, '음성인식'과 '소프트웨어 개발' 사이에는 반드시 공통영역이 존재한다.

따라서 정답은 ③이다.

시험장풀이

전제1과 전제2 모두 some 개념이 등장하지 않으므로 일단 삼단논법을 사용하여 문제를 풀어보자. 인공지능을 연구하는 사람을 '인', 음성인식을 연구하는 사람을 '음', 소프트웨어 개발을 하는 사람을 '소'라고 표시하고 전제1과 전제2를 다시 써보면 다음과 같다.

- 전제1: 인 → 음
- 전제2: 인 → 소

전제1과 전제2에서 모두 '인'이 등장하므로 '인'이 전제1과 전제2를 연결하는 연결고리, 즉 매개념이다. 이때 전제1과 전제2가 모두 '인'으로 시작하므로 전제1과 전제2를 서로 연결할 수 없다. 이렇게 매개념이 매개의 역할을 하지 못할 경우에는 벤다이어그램을 그려야 한다. 이 경우 벤다이어그램의 기본적인 형태는 [그림2]와 같다.

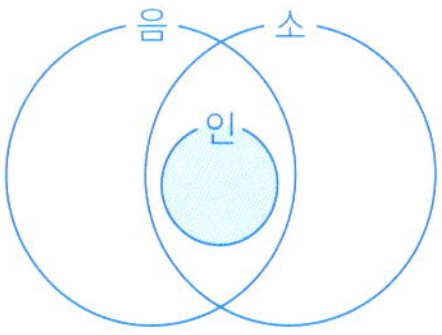

[그림2]

여기서 소거법을 사용하여 정답을 찾아보자. [그림2]를 보면 ①, ②는 옳지 않다는 것을 알 수 있다. 한편 [그림2]의 색칠된 부분이 존재하기만 하면 '소'의 범위를 [그림3]과 같이 더 줄일 수도, [그림4]와 같이 더 늘릴 수도 있다.

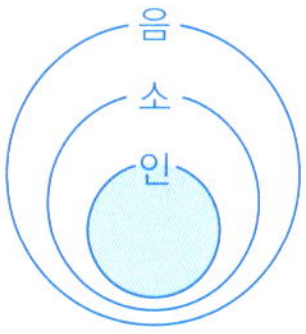

[그림3]

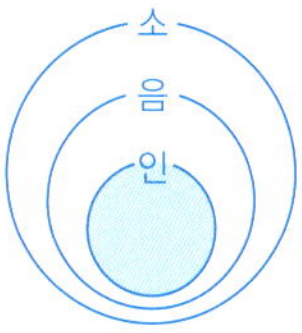

[그림4]

[그림3]의 경우 ④가 옳지 않다는 것을 알 수 있으며, [그림4]의 경우 ⑤가 옳지 않다는 것을 알 수 있다. 어떠한 경우에도 항상 참인 결론을 골라야 하므로 ①, ②, ④, ⑤는 정답이 될 수 없고 소거법에 의해 ③이 정답임을 알 수 있다.

25 명제 정답 ②

| 정답풀이 |

전제1을 만족하는 벤다이어그램은 [그림1]과 같다.

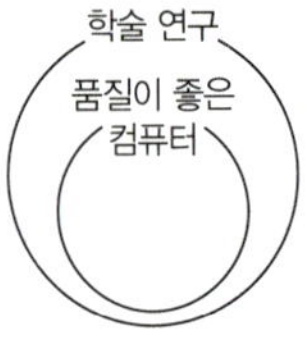

[그림1]

여기에 전제2를 덧붙인 기본적인 벤다이어그램은 [그림2]와 같이 나타낼 수 있으며, '품질이 좋은 컴퓨터'와 '실내에서 연구'의 공통영역에 해당하는 색칠된 부분이 반드시 존재해야 한다.

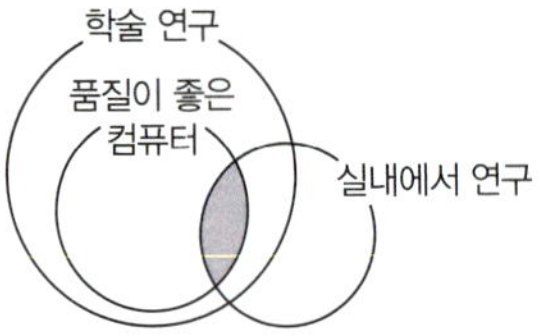

[그림2]

[그림2]에서 매개념 '품질이 좋은 컴퓨터'를 제외한 '학술 연구'와 '실내에서 연구' 사이의 관계를 보면, 둘 사이에 뚜렷한 포함관계가 존재하진 않으나 최소한 색칠한 부분만큼은 공통으로 포함하고 있다는 것을 알 수 있다. 즉, '학술 연구'와 '실내에서 연구' 사이에는 반드시 공통영역이 존재한다.
따라서 정답은 ②이다.

시험장풀이

전제2에 "어떤 ~는 ~이다."라는 some 개념이 있으므로 벤다이어그램을 활용한다. 품질이 좋은 컴퓨터를 사용하는 사람을 '품', 학술 연구를 잘하는 사람을 '학', 실내에서 연구하는 사람을 '실'이라고 표시하자. some 개념이 없는 전제1부터 벤다이어그램으로 표시하면 [그림3]과 같다.

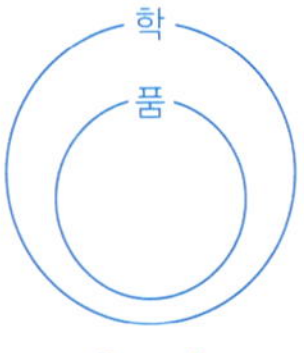

[그림3]

여기에 전제2를 덧붙인 기본적인 벤다이어그램은 [그림4]와 같이 나타낼 수 있으며, '품'과 '실'의 공통영역에 해당하는 색칠된 부분이 반드시 존재해야 한다.

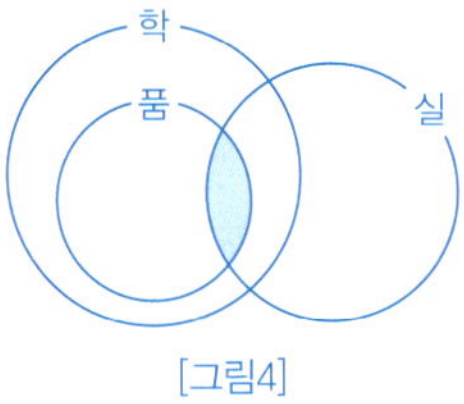

[그림4]

여기서 소거법을 사용하여 정답을 찾아보자. [그림4]를 보면 ①, ③은 옳지 않다는 것을 알 수 있다. 한편 [그림4]의 색칠된 부분이 존재하기만 하면 '실'의 범위를 [그림5]와 같이 더 늘리거나, [그림6]과 같이 더 줄일 수도 있다.

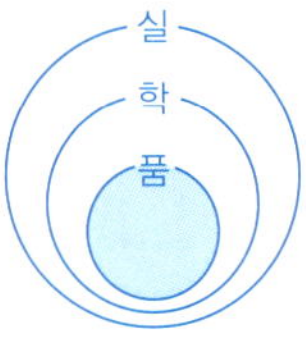

[그림5]

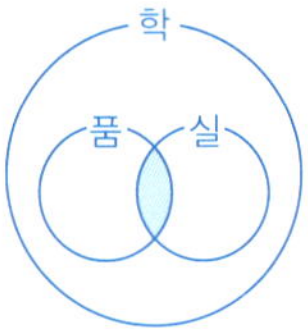

[그림6]

[그림5]를 보면 ④가 옳지 않으며, [그림6]을 보면 ⑤가 옳지 않다는 것을 알 수 있다. 어떠한 경우에도 항상 참인 결론을 골라야 하므로 ①, ③, ④, ⑤는 정답이 될 수 없고 소거법에 의해 ②가 정답임을 알 수 있다.

26 명제 정답 ②

| 정답풀이 |

전제2를 만족하는 벤다이어그램은 [그림1]과 같다.

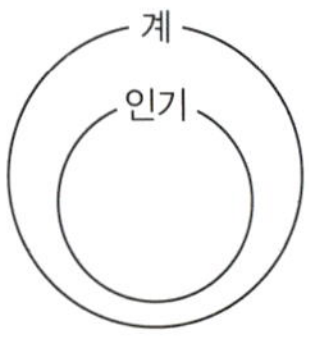

[그림1]

여기에 전제1을 덧붙인 기본적인 벤다이어그램은 [그림2]와 같이 나타낼 수 있으며, '인기'와 '비'의 공통영역에 해당하는 색칠된 부분이 반드시 존재해야 한다.

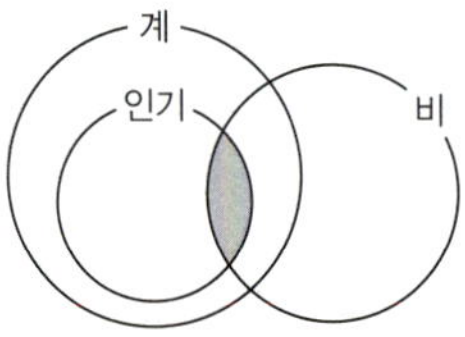

[그림2]

[그림2]에서 매개념 '인기'를 제외한 '계'와 '비' 사이의 관계를 보면, 둘 사이에 뚜렷한 포함관계가 존재하진 않으나 최소한 색칠된 부분만큼은 공통으로 포함하고 있다는 것을 알 수 있다. 즉, '계'와 '비' 사이에는 반드시 공통영역이 존재한다.

따라서 정답은 ②이다.

시험장풀이

전제1에 "어떤 ~는 ~이다."라는 some 개념이 있으므로 벤다이어그램을 활용한다. 인기가 많은 사람을 '인', 계를 하는 사람을 '계', 비를 좋아하는 사람을 '비'라고 표시하자. some 개념이 없는 전제2부터 벤다이어그램으로 표현하면 [그림3]과 같다.

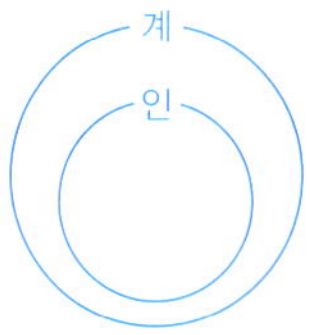

[그림3]

여기에 전제1을 덧붙인 기본적인 벤다이어그램은 [그림4]와 같이 나타낼 수 있으며, '인'과 '비'의 공통영역에 해당하는 색칠된 부분이 반드시 존재해야 한다.

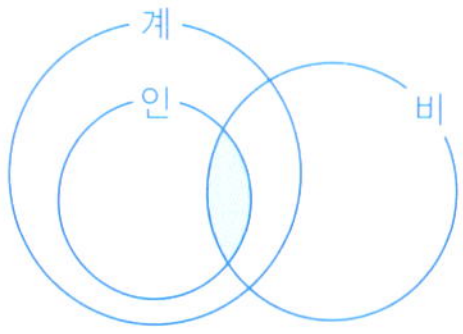

[그림4]

여기서 소거법을 사용하여 정답을 찾아보자. [그림4]를 보면 ①, ③은 옳지 않다는 것을 알 수 있다. 한편 [그림4]의 색칠된 부분이 존재하기만 하면 '비'의 범위를 [그림5]와 같이 더 늘리거나, [그림6]과 같이 더 줄일 수도 있다.

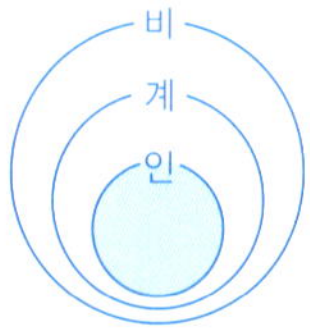

[그림5]

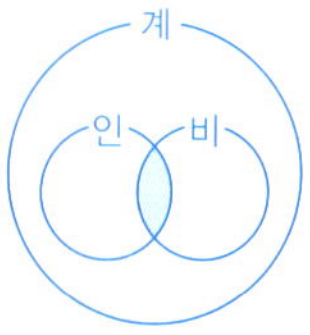

[그림6]

[그림5]의 경우 인기가 많은 모든 사람이 비를 좋아하는 것이 되었지만, some 개념은 all 개념을 포함하므로 전제1을 위배하는 것은 아니다. [그림5]의 경우 ④가 옳지 않으며, [그림6]의 경우 ⑤가 옳지 않다는 것을 알 수 있다. 어떠한 경우에도 항상 참인 결론을 골라야 하므로 ①, ③, ④, ⑤는 정답이 될 수 없고 소거법에 의해 ②가 정답임을 알 수 있다.

27 명제

정답 ③

| 정답풀이 |

전제1을 만족하는 벤다이어그램은 [그림1]과 같다.

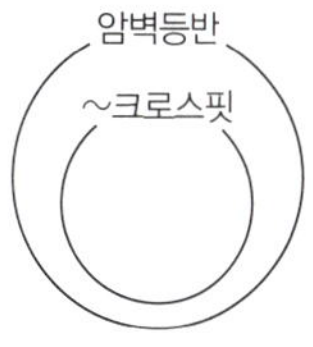

[그림1]

이 상태에서 '~크로스핏'과 '~배드민턴' 사이에 공통영역이 존재한다는 결론을 반드시 만족하기 위해서는 [그림2]와 같이 '~배드민턴'이 '암벽등반'을 포함하면 된다.

[그림2]

[그림2]의 경우 크로스핏이 취미가 아닌 모든 사람이 배드민턴이 취미가 아닌 것이 되었지만, some 개념은 all 개념을 포함하므로 결론을 위배하는 것은 아니다.
따라서 정답은 ③이다.

시험장풀이

결론에 "어떤 ~는 ~이다."라는 some 개념이 있으므로 벤다이어그램을 활용한다. 크로스핏이 취미인 사람을 '크', 암벽등반이 취미인 사람을 '암', 배드민턴이 취미인 사람을 '배'라고 표시하자. 전제1을 벤다이어그램으로 표현하면 [그림3]과 같다.

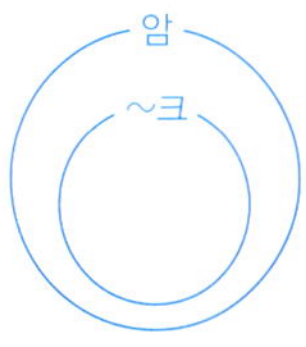

[그림3]

이 상태에서 ①을 만족하도록 '배'의 벤다이어그램을 그려보면 [그림4]와 같다.

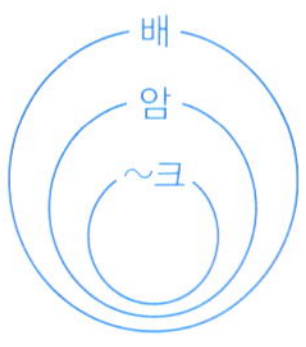

[그림4]

이 경우 전제1과 ①을 모두 만족하지만 결론을 만족하지 못한다. 즉, ①을 전제2로 세울 경우 항상 결론이 도출되는 것은 아니므로 ①은 전제2로 적절하지 않다.
이와 같은 방식으로 전제1과 ②~⑤를 만족하는 벤다이어그램을 각각 그렸을 때, 결론을 위배하는 반례가 하나라도 발생한다면 해당 선택지를 소거할 수 있다.

④는 [그림5]를 반례로 들 수 있고, ②, ⑤는 [그림6]을 반례로 들 수 있다.

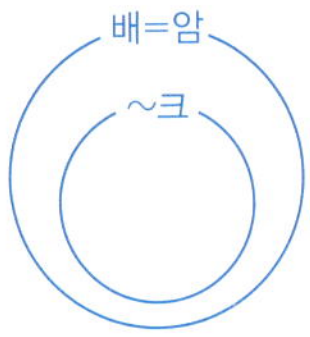

[그림5]

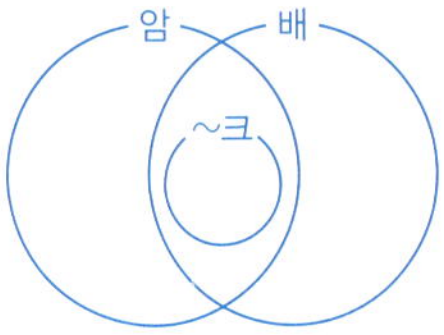

[그림6]

반면 ③은 전제2로 세웠을 때 항상 결론을 만족하므로 정답은 ③이다.

28 명제 정답 ④

| 정답풀이 |

전제2의 대우명제와 전제1을 고려하면 다음과 같은 벤다이어그램을 그릴 수 있다.

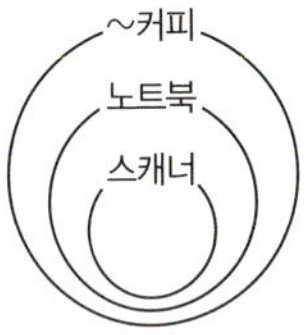

'~커피'가 '스캐너'를 포함하고 있으므로 '스캐너 → ~커피'가 항상 성립하여 대우명제인 '커피 → ~스캐너'도 항상 성립한다.

따라서 정답은 ④이다.

시험장풀이

전제1과 전제2 모두 some 개념이 등장하지 않으므로 삼단논법을 사용하여 문제를 풀 수 있다. 스캐너를 가진 사람을 '스', 노트북을 가진 사람을 '노', 커피를 마신 사람을 '커'라고 표시하고 전제1과 전제2를 다시 써보면 다음과 같다.

- 전제1: 스 → 노
- 전제2: 커 → ~노

전제1과 전제2에서 모두 '노'가 등장하므로 '노'가 전제1과 전제2를 연결하는 연결고리, 즉 매개념이다. 매개념을 이용하기 위해 전제2의 대우명제를 구하면 '노 → ~커'이므로, 전제1과 전제2를 서로 연결하면 '스 → ~커'라는 결론을 내릴 수 있다. 따라서 정답은 이의 대우명제인 ④이다.

29 명제 정답 ②

| 정답풀이 |

전제1을 만족하는 벤다이어그램은 [그림1]과 같다.

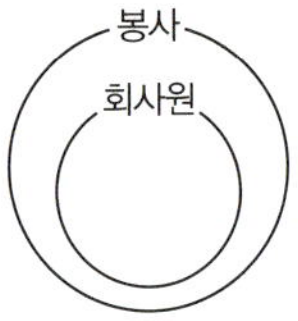

[그림1]

여기에 전제2를 덧붙인 기본적인 벤다이어그램은 [그림2]와 같이 나타낼 수 있으며, '회사원'와 '~소풍'의 공통영역에 해당하는 색칠된 부분이 반드시 존재해야 한다.

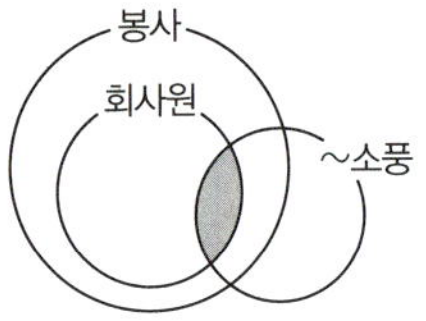

[그림2]

[그림2]에서 매개념 '회사원'을 제외한 '봉사'와 '~소풍' 사이의 관계를 보면, 둘 사이에 뚜렷한 포함관계가 존재하진 않으나 최소한 색칠된 부분만큼은 공통으로 포함하고 있다는 것을 알 수 있다. 즉, '봉사'와 '~소풍' 사이에는 반드시 공통영역이 존재한다.

따라서 정답은 ②이다.

시험장풀이

전제2에 "어떤 ~는 ~이다."라는 some 개념이 있으므로 벤다이어그램을 활용한다. 회사원을 '회', 봉사를 좋아하는 사람을 '봉', 소풍을 좋아하는 사람을 '소'라고 표시하자. some 개념이 없는 전제1부터 벤다이어그램으로 표현하면 [그림3]과 같다.

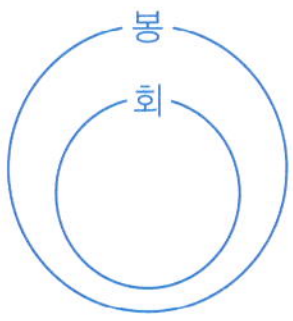

[그림3]

여기에 전제2를 덧붙인 기본적인 벤다이어그램은 [그림4]와 같이 나타낼 수 있으며, '회'와 '~소'의 공통영역에 해당하는 색칠된 부분이 반드시 존재해야 한다.

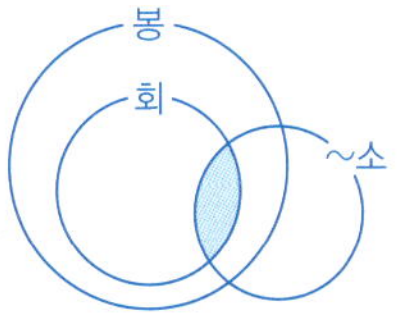

[그림4]

여기서 소거법을 사용하여 정답을 찾아보자. [그림4]를 보면 ③, ④는 옳지 않다는 것을 알 수 있다. 한편 [그림4]의 색칠된 부분이 존재하기만 하면 '~소'의 범위를 [그림5]와 같이 더 늘리거나, [그림6]과 같이 더 줄일 수도 있다.

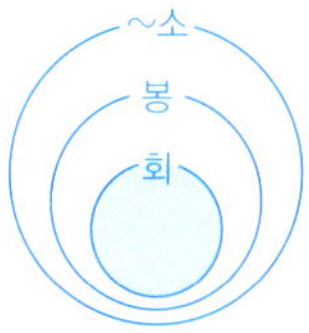

[그림5]

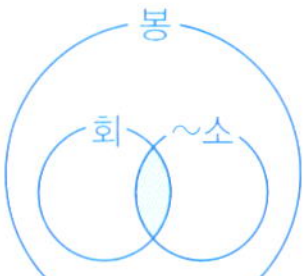

[그림6]

[그림5]의 경우 모든 회사원이 소풍을 좋아하지 않는 것이 되었지만, some 개념은 all 개념을 포함하므로 전제2를 위배하는 것은 아니다. [그림5]의 경우 ①이 옳지 않으며, [그림6]의 경우 ⑤가 옳지 않다는 것을 알 수 있다. 어떠한 경우에도 항상 참인 결론을 골라야 하므로 ①, ③~⑤는 정답이 될 수 없고 소거법에 의해 ②가 정답임을 알 수 있다.

30 명제 정답 ②

| 정답풀이 |

전제1을 만족하는 벤다이어그램은 [그림1]과 같다.

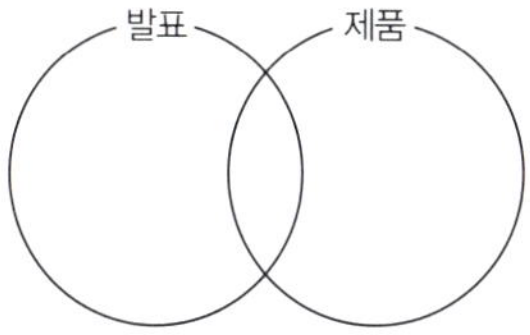

[그림1]

여기에 전제2를 덧붙인 기본적인 벤다이어그램은 [그림2]와 같이 나타낼 수 있으며, '발표'와 '제품'의 공통영역에 해당하는 색칠된 부분이 반드시 존재해야 한다.

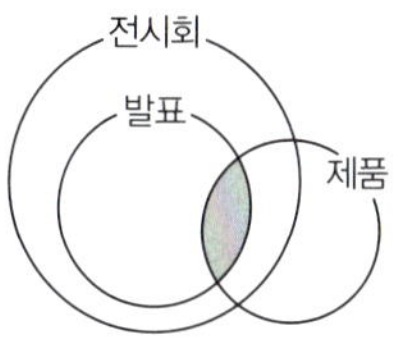

[그림2]

[그림2]에서 매개념 '발표'를 제외한 '전시회'와 '제품' 사이의 관계를 보면, 둘 사이에 뚜렷한 포함관계가 존재하진 않으나 최소한 색칠된 부분만큼은 공통으로 포함하고 있다는 것을 알 수 있다. 즉, '전시회'와 '제품' 사이에는 반드시 공통영역이 존재한다.
따라서 정답은 ②이다.

시험장풀이

전제1에 "어떤 ~는 ~이다."라는 some 개념이 있으므로 벤다이어그램을 활용한다. 발표를 잘하는 사람을 '발', 제품을 잘 만드는 사람을 '제', 전시회를 여는 사람을 '전'이라고 표시하자. some 개념이 없는 전제2부터 벤다이어그램으로 표현하면 [그림3]과 같다.

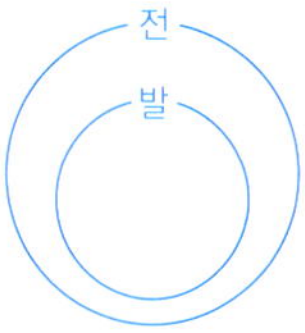

[그림3]

여기에 전제1을 덧붙인 기본적인 벤다이어그램은 [그림4]와 같이 나타낼 수 있으며, '발'과 '제'의 공통영역에 해당하는 색칠된 부분이 반드시 존재해야 한다.

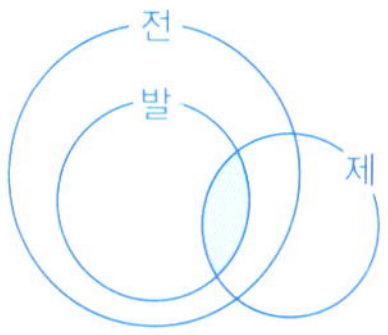

[그림4]

여기서 소거법을 사용하여 정답을 찾아보자. [그림4]를 보면 ①, ③, ④는 옳지 않다는 것을 알 수 있다. 한편 [그림4]의 색칠된 부분이 존재하기만 하면 '제'의 범위를 [그림5]와 같이 더 줄일 수 있다.

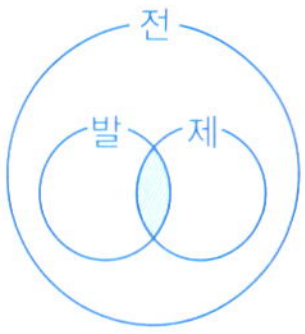

[그림5]

[그림5]의 경우 ⑤가 옳지 않다는 것을 알 수 있다. 어떠한 경우에도 항상 참인 결론을 골라야 하므로 ①, ③~⑤는 정답이 될 수 없고 소거법에 의해 ②가 정답임을 알 수 있다.

31 명제 정답 ③

| 정답풀이 |

전제1을 만족하는 가장 기본적인 벤다이어그램은 [그림1]과 같다.

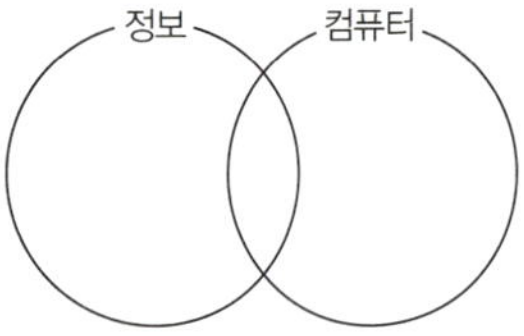

[그림1]

이 상태에서 '정보'와 '중국어' 사이에 공통영역이 존재한다는 결론을 반드시 만족하기 위해서는 [그림2]와 같이 '중국어'가 '컴퓨터'를 포함하고 있으면 된다.

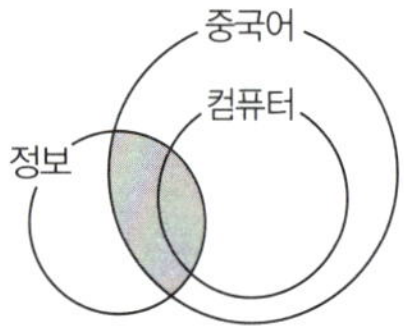

[그림2]

'중국어'가 '컴퓨터'를 포함하고 있으면 [그림2]의 색칠된 부분이 반드시 존재하게 되므로, '정보'와 '중국어' 사이에 공통영역이 존재한다는 결론을 반드시 만족하게 된다.
따라서 정답은 '컴퓨터 → 중국어'를 문장으로 바꾼 ③이다.

시험장풀이

전제1과 결론에 some 개념이 있으므로 벤다이어그램을 활용한다. 정보 수업을 듣는 사람을 '정', 컴퓨터 수업을 듣는 사람을 '컴', 중국어 수업을 듣는 사람을 '중'이라고 표시하자. 우선 전제1을 만족하는 가장 기본적인 벤다이어그램은 [그림3]과 같으며, 색칠된 부분이 반드시 존재해야 한다.

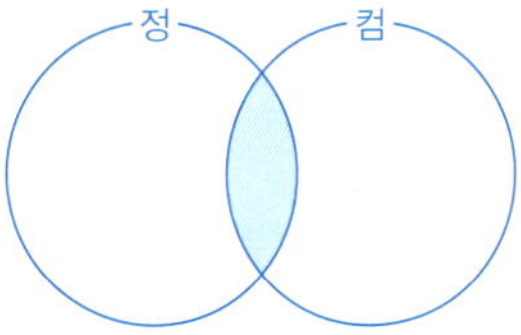

[그림3]

이 상태에서 ①을 만족하도록 '중'의 벤다이어그램을 그려보도록 하자. ①을 만족하기 위해 '중'이 '컴' 안에 포함되기만 하면 되므로 [그림4]와 같은 벤다이어그램도 그릴 수 있다.

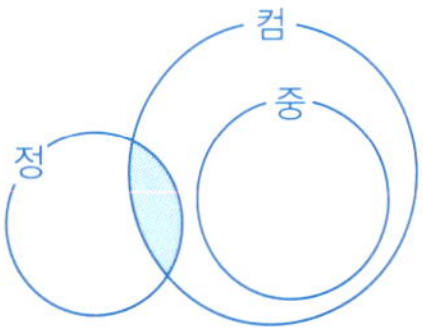

[그림4]

이 경우 전제1과 ①을 모두 만족하지만 결론을 만족하지 못한다. 즉, ①을 전제2로 세울 경우 항상 결론이 도출되는 것은 아니므로 ①은 전제2로 적절하지 않다.
이와 같은 방식으로 전제1과 ②~⑤를 만족하는 벤다이어그램을 각각 그렸을 때, 결론을 위배하는 반례가 하나라도 발생한다면 해당 선택지를 소거할 수 있다. ②, ④, ⑤는 [그림5]를 반례로 들 수 있다.

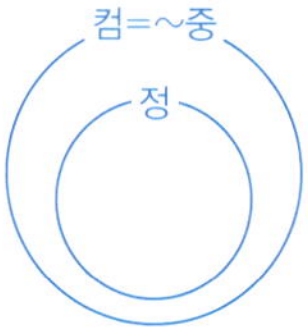

[그림5]

반면 ③은 전제2로 세웠을 때 항상 결론을 만족하므로 정답은 ③이다.

32 명제 정답 ④

| 정답풀이 |

전제1과 전제2를 만족하는 기본적인 벤다이어그램의 형태는 [그림1]과 같다.

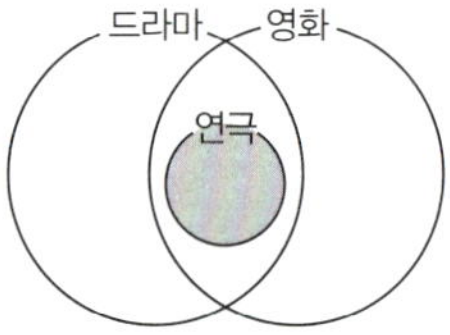

[그림1]

'드라마'와 '영화'는 모두 '연극'을 포함하고 있으므로 [그림1]의 색칠된 부분은 '드라마'와 '영화'가 항상 공통으로 포함하고 있는 영역이다. 즉, '드라마'와 '영화' 사이에는 반드시 공통영역이 존재한다.
따라서 정답은 ④이다.

시험장풀이

전제1과 전제2 모두 some 개념이 등장하지 않으므로 일단 삼단논법을 사용하여 문제를 풀어보자. 드라마를 좋아하는 아이를 '드', 영화를 좋아하는 아이를 '영', 연극을 좋아하는 아이를 '연'이라고 표시하고 전제1과 전제2를 다시 써보면 다음과 같다.

- 전제1: 연 → 드
- 전제2: 연 → 영

전제1과 전제2에서 모두 '연'이 등장하므로 '연'이 전제1과 전제2를 연결하는 연결고리, 즉 매개념이다. 이때 전제1과 전제2가 모두 '연'으로 시작하므로 전제1과 전제2를 서로 연결할 수 없다. 이렇게 매개념이 매개의 역할을 하지 못할 경우에는 벤다이어그램을 그려야 한다. 이 경우 벤다이어그램의 기본적인 형태는 [그림2]와 같다.

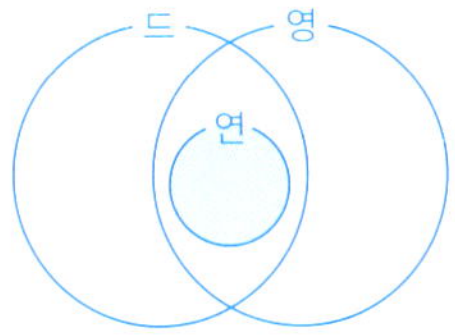

[그림2]

여기서 소거법을 사용하여 정답을 찾아보자. [그림2]를 보면 ①, ③은 옳지 않다는 것을 알 수 있다. 한편 [그림2]의 색칠된 부분이 존재하기만 하면 '영'의 범위를 [그림3]과 같이 더 늘릴 수도, [그림4]와 같이 더 줄일 수도 있다.

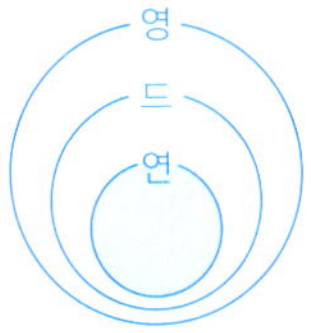

[그림3]

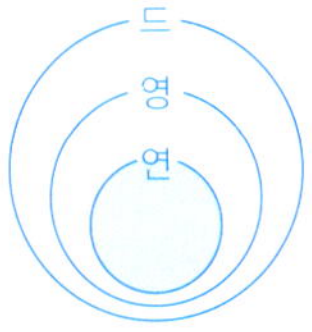

[그림4]

[그림3]의 경우 ②가 옳지 않다는 것을 알 수 있으며, [그림4]의 경우 ⑤가 옳지 않다는 것을 알 수 있다. 어떠한 경우에도 항상 참인 결론을 골라야 하므로 ①~③, ⑤는 정답이 될 수 없고 소거법에 의해 ④가 정답임을 알 수 있다.

조건추리 P.158

01	⑤	02	⑤	03	③	04	③	05	①
06	④	07	③	08	④	09	①	10	④
11	④	12	①	13	④	14	④	15	②
16	③	17	⑤	18	②	19	③	20	⑤
21	②	22	①	23	④	24	①	25	③
26	⑤	27	②	28	④	29	③	30	②
31	③	32	③	33	②	34	③	35	①
36	③	37	⑤	38	②	39	⑤	40	④
41	⑤	42	③	43	③	44	⑤	45	①
46	③	47	④	48	②	49	②	50	②
51	①	52	②						

01 조건추리 정답 ⑤

| 정답풀이 |

i) A가 거짓을 말한 경우

• B가 참을 말한 경우

구분	뉴욕	파리	베를린	싱가포르
A		×	×	×
B	×	×	×	○
C	×	×	○	×
D	×		×	×

이때, A는 뉴욕을 다녀왔고, D는 파리를 다녀왔음을 알 수 있다. 그런데 C의 발언에서 참과 거짓이 섞여 있으므로 모순이다.

• B가 거짓을 말한 경우

A와 B가 모두 거짓을 말하였으므로 C와 D가 모두 참을 말한 것이다. 그런데 C는 A가 뉴욕을 다녀왔다고 하였고, D는 B가 뉴욕을 다녀왔다고 하였으므로 모순이다.

ii) A가 참을 말한 경우

C와 D는 거짓을 말한 것이므로 다음과 같다.

구분	뉴욕	파리	베를린	싱가포르
A	×	○	×	×
B	×	×		
C	×	×		×
D	○	×	×	

그리고 참말을 한 사람이 2명이므로 B의 말은 참이 된다. 따라서 다음과 같이 표를 완성할 수 있다.

구분	뉴욕	파리	베를린	싱가포르
A	×	○	×	×
B	×	×	×	○
C	×	×	○	×
D	○	×	×	×

이때, 뉴욕을 여행하고 온 사람은 D이고, 베를린을 여행한 사람은 C이므로 순서대로 짝지은 것은 ⑤이다.

02 조건추리 정답 ⑤

| 정답풀이 |

가격이 가장 저렴한 음료는 에스프레소이고, 병이 주문하였다. 이때 갑은 정이 주문한 음료인 아메리카노보다 비싼 오렌지주스를 주문하였고, 무는 레몬에이드를 주문하지 않았으므로 레몬에이드를 주문한 사람은 을, 카페모카를 주문한 사람은 무이다. 가격이 5,000원 이상인 음료는 2종류이고, 을은 세 번째로 비싼 음료를 주문하였으므로 가능한 경우는 다음과 같다.

1) 첫 번째로 비싼 음료가 카페모카인 경우

구분	5,000원 이상		5,000원 미만		
	첫 번째	두 번째	세 번째	네 번째	다섯 번째
음료	카페모카	오렌지주스	레몬에이드	아메리카노	에스프레소
주문자	무	갑	을	정	병

2) 두 번째로 비싼 음료가 카페모카인 경우

구분	5,000원 이상		5,000원 미만		
	첫 번째	두 번째	세 번째	네 번째	다섯 번째
음료	오렌지주스	카페모카	레몬에이드	아메리카노	에스프레소
주문자	갑	무	을	정	병

3) 네 번째로 비싼 음료가 카페모카인 경우

구분	5,000원 이상		5,000원 미만		
	첫 번째	두 번째	세 번째	네 번째	다섯 번째
음료	오렌지주스	아메리카노	레몬에이드	카페모카	에스프레소
주문자	갑	정	을	무	병

따라서 무가 5,000원 미만인 음료인 카페모카를 주문했다면 두 번째로 비싼 음료는 아메리카노이다.

| 오답풀이 |

① 가능한 경우의 수는 3가지이다.

② 을이 주문한 음료인 레몬에이드가 아메리카노보다 저렴한 경우가 존재한다.

③ 갑이 무보다 저렴한 음료를 주문한 경우는 첫 번째로 비싼 음료가 카페모카일 때 1가지뿐이다.

④ 경우1)~3) 모두 레몬에이드가 오렌지주스보다 항상 저렴하다.

03 조건추리 정답 ③

| 정답풀이 |

토요일을 제외하고 매일 1회 코딩 공부 또는 마케팅 공부를 하고, 월요일과 목요일은 같은 공부를 하므로 다음과 같이 경우를 나누어 생각할 수 있다.

• 월요일과 목요일에 코딩 공부를 하는 경우
목요일과 연속된 요일에는 목요일에 하는 공부와 다른 공부를 하므로 수요일과 금요일에 마케팅 공부를 한다. 이때 화요일과 수요일은 다른 공부를 하므로 화요일은 코딩 공부를 한다.

월	화	수	목	금	토	일
코딩	코딩	마케팅	코딩	마케팅	×	코딩 또는 마케팅

• 월요일과 목요일에 마케팅 공부를 하는 경우
목요일과 연속된 요일에는 목요일에 하는 공부와 다른 공부를 하므로 수요일과 금요일에 코딩 공부를 한다. 이때 화요일과 수요일은 다른 공부를 하므로 화요일은 마케팅 공부를 한다.

월	화	수	목	금	토	일
마케팅	마케팅	코딩	마케팅	코딩	×	코딩 또는 마케팅

따라서 일요일을 제외한 요일인 월요일부터 금요일까지 코딩 공부 3일, 마케팅 공부 2일 또는 코딩 공부 2일, 마케팅 공부 3일을 하므로 일요일에 코딩 공부 또는 마케팅 공부를 하면 그 공부를 1주일에 총 3일 이상을 한다.

| 오답풀이 |

① 가능한 경우의 수는 4가지이다.

② 화요일과 일요일에 하는 공부는 다를 수도 있다.

④ 월요일에 마케팅 공부를 하면 금요일에는 코딩 공부를 한다.

⑤ 수요일에 코딩 공부를 하고, 일요일에 마케팅 공부를 하면, 1주일에 코딩 공부는 총 2일을 할 수 있다.

04 조건추리 정답 ③

| 정답풀이 |

위생은 작은 책상을 배치하였고, 안전을 배치한 책상과 건강을 배치한 책상의 크기는 다르므로 보안을 배치한 책상은 큰 책상이다.

A	B	C	D
안전/건강	보안	위생	건강/안전
보안	안전/건강	위생	건강/안전
안전/건강	보안	건강/안전	위생
보안	안전/건강	건강/안전	위생

따라서 건강을 배치한 책상이 B인 경우는 2가지이다.

| 오답풀이 |

① 가능한 경우의 수는 8가지이다.

② 안전을 배치한 책상이 D일 때, 보안을 배치한 책상은 B일 수 있다.

④ 보안을 배치한 책상과 안전을 배치한 책상의 크기는 큰 책상으로 같을 수 있다.

⑤ 위생을 배치한 책상과 안전을 배치한 책상의 크기가 같은 경우는 4가지이다.

05 조건추리 정답 ①

| 정답풀이 |

E의 최종 성적은 2승 1패이므로 E는 2조에 배치되어 결승전에서 패배하였고, 이때 우승자는 B이므로 B는 1조에 배치되어 2승으로 우승하였다. C는 1조에 배치되었고, A는 부전승이 아니므로 2조에, D는 부전승 하였다. 이에 따라 가능한 경우는 다음과 같다.

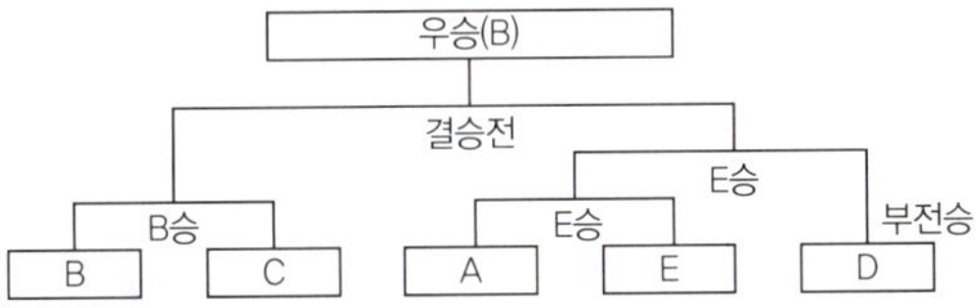

따라서 우승자는 B이므로 1조에서 나왔다.

| 오답풀이 |

② 부전승 한 사람은 D이다.

③ D가 진행한 경기는 1경기이다.

④ A의 최종 성적은 1패이다.

⑤ C와 E는 서로 다른 조이며, C는 1조에서 B에게 만나 패배하였으므로 C와 E는 서로 만나지 않았다.

06 조건추리 정답 ④

| 정답풀이 |

직장예절 교육은 1층 대강당에서 진행하고, 나머지 교육은 모두 2층 소강당에서 진행한다고 하였다. 그리고 C강당을 사용할 수 없고 G강당은 사용해야 하며, 2층 소강당에서 진행되는 교육은 모두 이웃한 강당에서 진행해야 한다. 전문성 함양 교육은 F강당에서 진행하므로 2층 소강당에서는 E, F, G강당을 사용하거나 F, G, H강당을 사용한다.

• E, F, G강당을 사용하는 경우

2층	D강당 ×	E강당	F강당	G강당	H강당 ×

1층	A강당	B강당	C강당 ×

• F, G, H강당을 사용하는 경우

2층	D강당 ×	E강당 ×	F강당	G강당	H강당

1층	A강당	B강당	C강당 ×

H강당에서 전산업무 교육을 진행하면 G강당에서 업무관리 교육이 진행되어야 하고, A, B강당 중에서 직장예절 교육이 진행되므로 가능한 경우의 수는 2가지이다.

| 오답풀이 |

① 경우 i)에 의해 E강당이 사용될 수 있다.

②, ③ 직장예절 교육을 1층 대강당에서 진행하므로 A 또는 B강당에서 직장예절 교육을 진행하고, 나머지 세 교육을 2층 소강당에서 진행한다면 업무관리 교육, 전산업무 교육, 전문성 함양 교육이 i)과 같이 E, F, G강당에 배정되거나 ii)와 같이 F, G, H강당에 배정되어야 한다. 전문성 함양 교육은 F강당에서 진행하므로 경우의 수는 $2\times2=4$(가지)이다.

⑤ H강당에서 전문성 함양 교육을 진행할 때 직장예절 교육은 B강당에서도 진행될 수 있다.

07 조건추리 정답 ③

| 정답풀이 |

월요일 발언에서 목요일에는 아침에 영양제를 먹었다고 하였고, 목요일 발언에서 목요일은 월요일과 같은 시간인 아침에 영양제를 먹었다고 하였으므로 두 발언은 모두 참이거나 모두 거짓이다.

이때 두 발언이 모두 거짓이라면 나머지 발언은 모두 참이어야 하는데 화요일 발언에서 수요일에는 거짓을 말했다고 하였으므로 모순이 발생한다. 즉, 월요일과 목요일 발언은 모두 참이고, 월요일과 목요일은 아침에 영양제를 먹는다.

월	화	수	목	금
아침			아침	

• 화요일 저녁에 영양제를 먹는 경우

월	화	수	목	금
아침	저녁	아침/점심	아침	점심/아침

위의 상황에서 만약 금요일 점심에 영양제를 먹었다면 금요일 발언이 참이 되어 모순이고, 수요일 점심에 영양제를 먹었다면 수요일 발언이 참이 되어 모순이다.

• 화요일 점심에 영양제를 먹는 경우

월	화	수	목	금
아침	점심	아침/저녁	아침	저녁/아침

위의 상황에서 만약 수요일 아침에 영양제를 먹었다면 수요일 발언이 거짓이 되어 모순이고, 수요일 저녁에 영양제를 먹었다면 수요일 발언이 거짓이 되고, '수요일에는 거짓을 말한다'는 화요일 발언이 참이 되어 모순이다.

• 화요일 아침에 영양제를 먹는 경우

월	화	수	목	금
아침	아침	점심/저녁	아침	저녁/점심

위의 상황에서 만약 수요일 점심에 영양제를 먹었다면 모순이 발생하지 않는다. 수요일 저녁에 영양제를 먹었다면 금요일 발언이 거짓이 되어 모순이다.

이에 따라 가능한 경우는 다음과 같다.

월	화	수	목	금
아침	아침	점심	아침	저녁

따라서 점심에 영양제를 먹는 요일은 수요일이다.

08 조건추리 정답 ④

| 정답풀이 |

D와 E는 연속한 요일에 야간 근무를 하므로 월요일과 화요일 또는 화요일과 수요일에 야간 근무를 한다. 이때 B는 C보다 야간 근무를 먼저 하므로 C는 금요일에 야간 근무를 한다. 이에 따라 가능한 경우는 다음과 같다.

<table>
<tr><th>월</th><th>화</th><th>수</th><th>목</th><th>금</th></tr>
<tr><td>D</td><td>E</td><td rowspan="2">B</td><td rowspan="4">A</td><td rowspan="4">C</td></tr>
<tr><td>E</td><td>D</td></tr>
<tr><td rowspan="2">B</td><td>D</td><td>E</td></tr>
<tr><td>E</td><td>D</td></tr>
</table>

따라서 D가 화요일에 야간 근무를 하는 경우는 2가지이다.

| 오답풀이 |

① 가능한 경우의 수는 4가지이다.
② B가 E보다 야간 근무를 먼저 하는 경우가 존재한다.
③ C가 A보다 야간 근무를 먼저 하는 경우는 없다.
⑤ B와 D가 연속한 요일에 야간 근무를 하는 경우는 2가지이다.

09 조건추리 정답 ①

| 정답풀이 |

가장 많이 선택된 색상은 빨간색뿐이고, 하늘색을 선택한 사람은 3명 이상이므로 빨간색은 4개 이상 선택되었다. 이때 모든 색상은 적어도 1개는 선택되었고, 같은 수만큼 선택된 색상은 2가지이므로 가능한 경우는 다음과 같다.

1) 같은 수만큼 선택된 두 색상이 1개씩 선택된 경우

노란색 또는 검은색		하늘색	빨간색
1	1	3	7
1	1	4	6

2) 같은 수만큼 선택된 두 색상이 2개씩 선택된 경우

노란색 또는 검은색		하늘색	빨간색
2	2	3	5

3) 같은 수만큼 선택된 두 색상이 3개씩 선택된 경우

노란색 또는 검은색		하늘색	빨간색
1	3	3	5
2	3	3	4

따라서 하늘색을 선택한 사람이 3명인 경우는 경우 1)에서 1가지, 경우 2)에서 1가지, 경우 3)에서 $2+2=4$(가지)로 총 6가지이다.

| 오답풀이 |

② [조건]에 따라 노란색은 최대 2명한테 선택되므로 3명 이하이다.
③ 검은색을 선택한 사람이 2명일 때, 빨간색을 선택한 사람은 4명 또는 5명일 수 있다.
④ 경우 3)과 같이 검은색과 하늘색이 모두 3개씩 선택

되는 경우로 총 2가지이다.

⑤ 빨간색을 선택한 사람이 7명이고, 노란색을 선택한 사람이 1명일 때, 차이가 6으로 가장 크다.

10 조건추리 정답 ④

| 정답풀이 |

1번과 3번 스위치를 눌렀더니 B와 C의 방에 불이 켜졌으므로 B와 C에 연결된 스위치는 1번 또는 3번이다. 이때 C와 연결된 스위치의 바로 오른쪽 스위치를 눌렀더니 E의 방에 불이 켜졌고, A의 방과 연결된 스위치는 5번이므로 가능한 경우는 다음과 같이 2가지이다.

A	B	C	D	E
5번	1번	3번	2번	4번
	3번	1번	4번	2번

따라서 4번 스위치를 눌렀더니 D의 방에 불이 켜졌다면, 3번 스위치를 누르면 B의 방에 불이 켜진다.

11 조건추리 정답 ④

| 정답풀이 |

가장 처음 공연하는 가수는 그룹이므로 A 또는 B이다. 이때 네 번째로 공연하는 팀은 E이고, D는 C보다 공연을 먼저 하고, C와 A 사이에 공연하는 가수는 한 팀이므로 가능한 경우는 다음과 같다.

첫 번째	두 번째	세 번째	네 번째	다섯 번째
A	D	C	E	B
B	D	C		A
	D	A		C

따라서 B와 E 사이에 공연하는 가수는 한 팀도 없거나 두 팀이다.

| 오답풀이 |

① 가능한 경우는 총 3가지이다.

② 세 번째로 공연하는 팀이 A일 수 있다.

③ B가 첫 번째로 공연을 한다면 마지막에 공연하는 팀이 A일 수 있다.

⑤ 마지막에 공연하는 팀이 C인 경우가 존재하므로 솔로 가수일 수 있다.

12 조건추리 정답 ①

| 정답풀이 |

E는 2번에 앉아있고, D만 뒷자리의 가운데 자리에 앉아 있다. 오른쪽에 앉은 사람은 C를 포함하여 2명이므로 A 또는 B가 오른쪽에 앉아 있으며, A는 B보다 앞쪽에 앉아있고, B는 C보다 먼저 탑승했으므로 A−B−C 순서로 탑승했다. 이때 B의 바로 앞자리에는 아무도 앉지 않았으므로 B는 왼쪽, A는 오른쪽에 앉아있다.

오른쪽

앞	운전석		A		C	D	뒤
		통로					
		E		B			

왼쪽

따라서 버스를 탑승한 순서는 E−A−B−C−D이다.

13 조건추리 정답 ④

| 정답풀이 |

2호 라인 3층과 5층에 거주하는 사람은 없고, D는 3층에 거주하므로 D는 1호 라인 3층에 거주한다. B와 C는 같은 층에 거주하며, E보다 높은 층에 거주하는 사람은 3명이므로 B와 C는 4층에 거주한다. D는 C와 다른 라인에 거주하므로 B는 1호 라인 4층, C는 2호 라인 4층에 거주한다. 마지막으로 2호 라인에 거주하는 사람은 2명이므로 E는 2호 라인 1층 또는 2층에 거주한다.

	1호	2호
5층		
4층	B	C
3층	D	
2층		E
1층	A	

	1호	2호
5층		
4층	B	C
3층	D	
2층		
1층	A	E

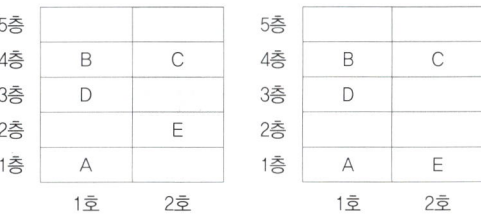

따라서 E는 2호 라인에 거주한다.

| 오답풀이 |

① E가 2층에 거주하면 A와 같은 층에 거주하는 사람이 없을 수도 있다.

② B보다 낮은 층에 거주하는 사람은 D, A, E로 총 3명이다.

③ C는 2호 라인 4층에 거주한다.

⑤ 1호 라인 2층에는 아무도 거주하지 않는다.

14 조건추리 정답 ④

| 정답풀이 |

영어는 2교시에만 진행하며, 영어만 일주일에 세 번 진행하므로 화, 목, 금 2교시에는 영어를 진행한다. 중국어는 같은 요일의 오후에 수업을 진행하므로 화요일 4교시에 진행하며, 프랑스어는 목요일 오전에 한 번, 오후에 한 번 진행하면서 4교시 수업은 일주일 동안 한 번뿐이므로 목요일 3교시와 5교시에 프랑스어를 진행한다. 또한 화요일과 수요일 이외의 모든 요일에는 오전에 수업을 2번 이상 진행하므로 월요일 1교시와 3교시에는 일본어 또는 독일어를 진행한다.

구분		월	화	수	목	금
오전	1교시	일 또는 독			×	독
	2교시	×	영	일	영	영
	3교시	독 또는 일		×	프	
오후	4교시	×	중	×	×	×
	5교시		중		프	

따라서 수요일에 수업을 진행하는 과목은 일본어 1개이다.

15 조건추리 정답 ②

| 정답풀이 |

공정 A는 한가운데에 진행되고, 두 단계 뒤에는 공정 C가 진행된다고 하였으므로 다음과 같이 생각할 수 있다.

첫 번째	두 번째	세 번째	네 번째	다섯 번째
		A		C

공정 E는 공정 D보다 세 단계 앞에 있다고 하였으므로 가장 먼저 진행되고, 공정 B의 바로 앞에 진행된다고 하였으므로 다음과 같이 공정이 진행됨을 알 수 있다.

첫 번째	두 번째	세 번째	네 번째	다섯 번째
E	B	A	D	C

따라서 두 번째로 진행되는 공정은 B이다.

16 조건추리 정답 ③

| 정답풀이 |

주어진 [조건]에 따라 당직을 설 수 있는 날을 확인하면 다음과 같다.

월	화	수	목	금
A, D, G	A	B, C	B, C, F	D, G

이때, 화요일에 당직을 설 수 있는 사람이 A뿐이므로 A는 화요일에 당직을 서야 한다.

| 오답풀이 |

① C는 목요일에 F와 당직을 설 수 있다.
② 화요일에는 A 혼자 당직을 서야 한다.
④ 월요일에 A와 G가 함께 당직을 설 수 있다.
⑤ B는 수요일 또는 목요일만 당직을 설 수 있으므로 사흘 동안 당직을 설 수 없다.

17 조건추리 정답 ⑤

| 정답풀이 |

맨 앞과 맨 뒤에는 우산을 쓴 사람이 서 있고, C는 우산을 쓴 사람 중에 가장 앞에 서 있다.

순서	1 (맨 앞)	2	3	4	5	6 (맨 뒤)
사람	C					
우산	○					○

우산을 쓰지 않은 B 뒤에는 우산을 쓴 사람 1명만 서 있다.

순서	1 (맨 앞)	2	3	4	5	6 (맨 뒤)
사람	C				B	
우산	○				×	○

우산을 쓴 사람 사이에는 우산이 없는 사람이 3명 서 있다고 했으므로 두 번째는 우산을 쓴 사람임을 알 수 있다.

순서	1 (맨 앞)	2	3	4	5	6 (맨 뒤)
사람	C				B	
우산	○	○	×	×	×	○

우산을 쓰지 않은 A의 양 옆에는 우산을 쓴 D와 우산을 쓰지 않은 E가 서 있다고 했으므로 A의 자리는 세 번째, D는 두 번째, E는 네 번째이다. 따라서 마지막에 서 있는 사람은 F이다.

순서	1 (맨 앞)	2	3	4	5	6 (맨 뒤)
사람	C	D	A	E	B	F
우산	○	○	×	×	×	○

18 조건추리 정답 ②

| 정답풀이 |

C가 다른 사람이 거짓이라고 이야기하므로 C를 기준으

로 살펴본다. C가 참이면 D는 거짓이고, C가 거짓이면 D는 참이 된다.

i) C가 참인 경우

D가 거짓이므로 F는 면접에 합격하였다. 따라서 F의 진술은 참이고, 면접에 불합격한 회원은 D뿐이다. 따라서 D를 제외한 모두의 진술이 참이어야 하는데, E는 면접에 합격한 회원이 총 4명이라고 하므로 모순이 발생한다. 즉, C가 참이라는 가정은 잘못되었다.

ii) C가 거짓인 경우

D가 참이므로 F는 면접에 불합격하였다. 즉, F의 진술은 거짓이다. 만약 B의 진술이 거짓이라면 E의 진술도 거짓이 된다. 이 경우 거짓을 말하는 사람이 B, C, E, F이므로 6명 중 3명 이상이 면접에 합격하였다는 조건을 위배하게 된다. 따라서 B의 진술은 참이어야 하고, E의 진술도 참이다. E의 진술에 따르면 면접에 합격한 회원이 4명이어야 하므로 A도 합격하였다. 그러므로 면접에 불합격한 회원은 C와 F이다.

시험장풀이

진실과 거짓 유형에서는 한 사람이 참일 때 다른 사람은 반드시 거짓이 되는 경우에서부터 출발하는 것이 편하다. 이 경우에 들어맞는 것이 바로 C처럼 다른 사람이 거짓을 말하고 있다는 진술이다. 따라서 C에서부터 출발하는 것이 좋다.

한편 B는 다른 한 사람이 참이라고 이야기하여 B가 참이면 다른 사람도 참이므로 시작하기에 적절하지 않다. E와 F의 경우 E가 참이면 F는 거짓이고, F가 참이면 E가 거짓이긴 하지만, 두 사람의 발언이 상대방을 제외한 특정인의 참과 거짓을 결정하지 못하므로 역시 시작점으로 적절하지 않다. A같이 자기 자신을 긍정하는 경우가 특수한데, A가 참이라고 가정해도 모순이 없고, A가 거짓이라고 가정해도 모순이 없다. 따라서 이런 경우는 확장성이 전혀 없고 참, 거짓을 판별하기 위해서는 외부의 조건이 추가로 필요하기에 출발점으로 좋지 않으며 가장 마지막에 고려하는 것이 낫다.

19 조건추리 정답 ③

| 정답풀이 |

우선 확정적인 문장부터 확인해보면, 부서 A보다 먼저 회의하는 부서는 없으므로 부서 A는 월요일 오전에 회의하고, 부서 B가 회의하는 날 오전에 회의가 없으므로 부서 B는 화요일 오후, 부서 C는 수요일 오후에 회의한다. 또한 부서 F는 부서 B보다 먼저 회의하므로 월요일 오후에 회의한다. 이를 정리하면 다음과 같다.

구분	월	화	수	목	금
오전	A	×			
오후	F	B	C	×	

이때, 부서 H와 부서 E는 같은 날 회의하는데, 오전과 오후가 모두 비어 있는 요일은 금요일밖에 없으므로 부서 H와 부서 E는 금요일에 회의한다. 남은 부서 D와 부서 G는 수요일 오전이나 목요일 오전에 회의한다. 따라서 최종적으로 가능한 경우는 다음과 같다.

구분	월	화	수	목	금
오전	A	×	D/G	G/D	E/H
오후	F	B	C	×	H/E

따라서 부서 E는 항상 부서 D보다 늦게 회의하므로 항상 거짓이다.

| 오답풀이 |

① 수/목요일에 2가지, 금요일에 2가지가 가능하다. 따라서 가능한 경우는 총 $2\times2=4$(가지)이므로 항상 옳다.

② 부서 G는 수요일 오전 또는 목요일 오전에 회의하므로 항상 옳다.

④ 부서 H가 금요일 오후에 회의하면 가장 늦게 회의하게 되므로 옳다.

⑤ 부서 D가 목요일 오전에 회의하면 오후에는 회의가 없으므로 옳다.

20 조건추리 정답 ⑤

| 정답풀이 |

총 7개의 전구가 켜져 있으므로 2개만 꺼져 있는 상태이고, 1번, 5번, 8번 LED 전구는 켜져 있으므로 [그림1]과 같이 나타낼 수 있다.

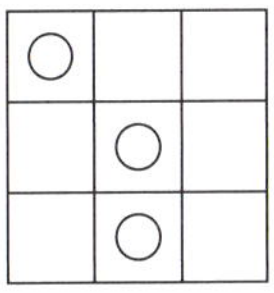

[그림1]

이때, 가로와 세로의 어느 한 줄에도 LED 전구가 2개씩 켜져 있다고 하였으므로 2번 LED 전구는 꺼져 있고, 3번 LED 전구는 켜져 있으므로 가능한 경우는 2가지이다.

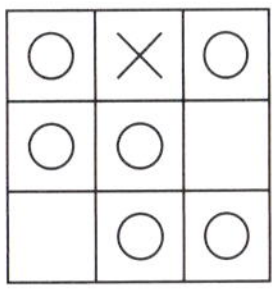

[그림2]

or

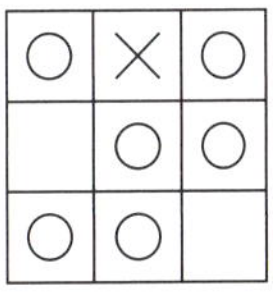

[그림3]

따라서 7번 LED 전구가 켜져 있다면 4번 전구가 꺼져야 하므로 [그림3]과 같이 나타낼 수 있고, 가능한 경우의 수는 1가지이다.

| 오답풀이 |

①, ② 가로와 세로의 어느 한 줄에도 LED 전구가 2개씩 켜져 있다고 하였으므로 6번과 9번 LED 전구는 동시에 켜지거나 꺼질 수 없다.

③ 6번 LED 전구가 꺼졌다면 가로와 세로의 어느 한 줄에도 LED 전구가 2개씩 켜져 있어야 하므로 3번과 9번 LED 전구는 켜져 있어야 하고 7번 LED 전구는 반드시 꺼져 있어야 한다.

④ 2번 LED 전구가 꺼져있을 때, 가능한 경우는 2가지임을 알 수 있다.

21 조건추리 정답 ②

| 정답풀이 |

D는 가장 먼저 사용됐고 C보다 왼쪽에 사용된 알파벳은 3개이므로 이를 그림으로 나타내면 다음과 같다.

D		가		C		

이때 B와 E 사이에는 3개의 알파벳이 사용됐고, A는 C와 연이어 사용됐으므로 B와 E는 두 번째 또는 마지막에 사용됐고, A는 세 번째 또는 다섯 번째로 사용됐다. 나머지 한 자리는 F가 사용됐다.

D	B 또는 E	가	A	C	F	E 또는 B
D	B 또는 E	가	F	C	A	E 또는 B

따라서 F는 세 번째 또는 다섯 번째로 사용됐으므로 C와 연이어 사용됐다.

| 오답풀이 |

① D는 첫 번째, F는 세 번째 이후에 사용되므로 연이어 사용되지 않았다.

③ B는 두 번째 또는 마지막으로 사용된다.

④ 차량 번호판이 DB가FCAE일 경우, E와 A는 연이어 사용된다.

⑤ 가능한 차량 번호판의 조합은 총 4가지이다.

22 조건추리 정답 ①

| 정답풀이 |

우선 위치가 고정된 TV와 액자를 기준으로 생각하면 액자는 왼쪽에서 두 번째, TV는 오른쪽에서 세 번째에 위치하므로 다음과 같이 물건의 위치를 정리할 수 있다.

	액자			TV		

이때 조명과 화분은 바로 옆자리이고, 서랍장은 가장 왼쪽에 위치하지 않으며, 서랍장 오른쪽으로 3개 이상의 물건이 위치하므로 조명과 화분은 오른쪽에서 첫 번째 또는 두 번째에 위치한다. 또한 의자는 양 끝에 위치하지 않으므로 다음과 같은 두 가지 경우가 가능하다.

청소기	액자	서랍장	의자	TV	조명 또는 화분	화분 또는 조명

청소기	액자	의자	서랍장	TV	조명 또는 화분	화분 또는 조명

따라서 가장 오른쪽에 위치할 수 있는 물건은 조명 또는 화분이다.

23 조건추리 정답 ④

| 정답풀이 |

대각선으로 연결된 3개 칸 숫자의 합은 모두 14이므로 왼쪽 위, 중앙, 오른쪽 아래 칸 숫자의 합과 오른쪽 위, 중앙, 왼쪽 아래 칸 숫자의 합은 모두 14이다. 이에 따라 왼쪽 아래 칸 숫자는 1이고, 왼쪽 위 칸과 오른쪽 아래 칸의 숫자는 2 또는 4이다.

2 또는 4	6	5
	8	
1		4 또는 2

이때 남은 숫자는 3, 7, 9인데, 가장 오른쪽 3개 칸 숫자의 합은 10 이하이므로 오른쪽 중간 칸의 숫자는 3, 오른쪽 아래 칸 숫자는 2만 가능하다. 이에 따라 왼쪽 위 칸의 숫자는 4이고, 나머지 2개의 칸에 들어갈 숫자는 7 또는 9이다.

4	6	5
7 또는 9	8	3
1	9 또는 7	2

따라서 쓰여있는 숫자를 확실하게 알 수 있는 칸은 7개이다.

| 오답풀이 |

① 가장 왼쪽 3개 칸 숫자의 합은 12 또는 14이다.

② 오른쪽 가운데 칸에 들어갈 숫자는 3이다.

③ 가장 아래쪽 3개 칸 숫자의 합은 10 또는 12이다.

⑤ 가장 위쪽 3개 칸 숫자의 합은 15이고, 가장 아래쪽 3개 칸 숫자의 합은 10 또는 12이므로 위쪽의 합이 아래쪽보다 더 크다.

24 조건추리 정답 ①

| 정답풀이 |

길이가 짧은 경로를 왼쪽부터 나열하면 B의 길이는 A보다 짧고, C의 바로 다음으로 길이가 더 짧은 경로는 B이며, B의 길이는 가장 짧지 않으므로 다음과 같이 나타낼 수 있다.

첫 번째	두 번째	세 번째	네 번째	다섯 번째
	B	C	A	
	B	C		A
		B	C	A

이때 길이가 짧은 순서로 경로를 나열하면 A와 C의 순서 차이는 B와 D의 순서 차이와 같은데 만약 A와 C의 순서 차이가 하나라면 B의 바로 다음으로 길이가 짧은 경로는 D가 되어 D, B, C, A, E 또는 E, D, B, C, A 순이어야 한다. 하지만 경로의 길이가 가장 긴 것은 E가 아니고, D와 E의 순서는 연속하지 않으므로 불가능하다. 이에 따라 A와 C의 순서 차이가 둘이라면 B와 D의 순서 차이도 둘이므로 E, B, C, D, A가 가능하다.
따라서 길이가 가장 짧은 경로는 E이다.

| 오답풀이 |

② C보다 길이가 긴 경로는 D와 A 2개이다.
③ 조건에 따라 길이가 짧은 경로를 순서대로 나열하면 E, B, C, D, A로 정확하게 알 수 있다.
④ 길이가 짧은 순서로 경로를 나열하면 A와 D는 네 번째, 다섯 번째로 연이어 나열된다.
⑤ 길이가 짧은 순서로 경로를 나열하면 B와 A의 사이에는 C와 D 2개의 경로가 있다.

25 조건추리 정답 ③

| 정답풀이 |

B는 7월에 서울로 휴가를 가며, E와 휴가지가 동일하므로 E도 서울로 휴가를 가는데 서울로 휴가를 가는 직원은 가장 빠르거나 가장 늦은 월에 가므로 E는 7월 또는 10월에 휴가를 간다. 이때 세 장소와 네 개의 월에는 모두 휴가자가 있고, 제주도로 휴가를 가는 직원은 1명이며, A와 D는 휴가지가 동일하므로 C의 휴가지는 제주도이고 A와 D의 휴가지는 부산이다.

구분	A	B	C	D	E
휴가지	부산	서울	제주도	부산	서울
휴가 기간		7월			7월 또는 10월

또한 D와 E의 휴가 기간이 동일한데 만약 E의 휴가 기간이 7월이라면 D도 7월이 되어 네 개의 월(月)에는 모두 휴가자가 있다는 조건에 부합하지 않게 된다. 이에 따라 E와 D는 10월에 휴가를 가고, A와 C는 8월 또는 9월에 휴가를 간다.

구분	A	B	C	D	E
휴가지	부산	서울	제주도	부산	서울
휴가 기간	8월 또는 9월	7월	9월 또는 8월	10월	10월

따라서 제주도로 휴가를 가는 직원인 C는 8월 또는 9월에 휴가를 가므로 가장 빠른 기간에 휴가를 가지 않는다.

| 오답풀이 |

① A는 8월 또는 9월에 휴가를 가며, D는 10월에 휴가를 간다.
② 10월에 휴가를 가는 직원은 D와 E 2명이다.
④ 5명의 휴가지와 휴가 기간으로 가능한 경우의 수는 A와 C의 휴가 기간에 따른 2가지이다.
⑤ A가 8월에 휴가를 간다면, C는 9월에 휴가를 가게 되어 A는 C보다 먼저 휴가를 가는 것이 된다.

26 조건추리 정답 ⑤

| 정답풀이 |

1101호를 가장 먼저 청소하고, 1108호를 가장 마지막에 청소하며, 1104호는 앞에서 세 번째로 청소하고, 1103호는 끝에서 세 번째로 청소하므로 전체 순서를 다음과 같이 나타낼 수 있다.

첫 번째	두 번째	세 번째	네 번째	다섯 번째	여섯 번째	일곱 번째	여덟 번째
1101호		1104호			1103호		1108호

여기서 1104호는 1106호보다 나중에 청소하므로 1106호를 두 번째로 청소한다. 이때 어느 한 방을 청소한 뒤에 바로 다음에 맞은편 방을 청소하지 않으므로 일곱 번째로 청소하는 방은 1102호 또는 1105호인데 1105호는 1102호보다 나중에 청소하므로 1105호를 일곱 번째로 청소한다. 또한 1103호 바로 이전에 청소하는 방의 호수는 1103보다 낮으므로 다섯 번째로 청소하는 방은 1102호, 네 번째로 청소하는 방은 1107호이다.

첫 번째	두 번째	세 번째	네 번째	다섯 번째	여섯 번째	일곱 번째	여덟 번째
1101호	1106호	1104호	1107호	1102호	1103호	1105호	1108호

따라서 네 번째로 청소하는 방은 1107호이다.

27 조건추리 정답 ②

| 정답풀이 |

A~E는 빨간색, 노란색, 파란색, 검은색, 흰색 중 하나의 색인 옷을 서로 다르게 입었고, 27인치, 32인치, 50인치 TV 중 하나를 구입했다. 조건에 따르면 B는 흰색 옷을 입었고, D와 E는 빨간색과 검은색 옷을 입지 않았으므로 A와 C가 빨간색 또는 검은색 옷을 입었고, D와 E가 노란색 또는 파란색 옷을 입었다. 이때 27인치 TV는 빨간색과 검은색 옷을 입은 사람이 구입하였으므로 A와 C는 27인치 TV를 구입하였다.

구분	A	B	C	D	E
옷 색깔	빨간색 또는 검은색	흰색	검은색 또는 빨간색	노란색 또는 파란색	파란색 또는 노란색
구입 TV	27인치		27인치		

또한 노란색 옷을 입은 사람은 50인치 TV를 구입하지 않았으므로 27인치 또는 32인치 TV를 구입하였는데 만약 27인치 TV를 구입하였으면 50인치 TV를 구입한 사람이 2명이므로 32인치 TV를 구입한 사람이 없어 모순이다. 이에 따라 노란색 옷을 입은 사람은 32인치 TV를 구입하였고, 50인치 TV를 구입한 사람이 2명이므로 B와 파란색 옷을 입은 사람이 50인치 TV를 구입했다.

구분	A	B	C	D	E
옷 색깔	빨간색 또는 검은색	흰색	검은색 또는 빨간색	노란색 또는 파란색	파란색 또는 노란색
구입 TV	27인치	50인치	27인치	32인치 또는 50인치	50인치 또는 32인치

따라서 B는 50인치 TV를 구입하였다.

| 오답풀이 |

① C는 검은색 또는 빨간색 옷을 입었다.

③ D는 32인치 또는 50인치 TV를 구입하였다.

④ A는 빨간색 또는 검은색 옷을 입었으므로 파란색 옷을 입지 않았다.

⑤ A와 C는 27인치 TV를 구입하였다.

28 조건추리 정답 ④

| 정답풀이 |

점들에 숫자를 대입하면 다음과 같은 그림을 그릴 수 있다.

1	2	3
4	5	6
7	8	9

이때 패턴은 네 개의 홀수 점으로 구성되므로 1, 3, 5, 7 또는 1, 3, 5, 9 또는 1, 3, 7, 9 또는 1, 5, 7, 9 또는 3, 5, 7, 9를 연결한 형태인 총 5가지가 가능하며, 패턴은 숫자가 작은 점부터 큰 점을 순서대로 연결한 형태이다. 각 경우를 숫자가 작은 순서대로 점을 연결하면 다음과 같다.

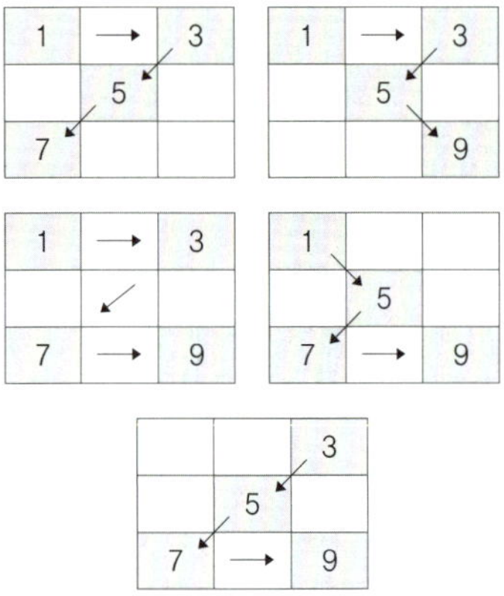

한편 패턴에 사용된 대각선은 2개인데, 1, 3, 7, 9는 대각선이 1개만 사용되었고 나머지 경우는 모두 사용된 대각선이 2개이다.

따라서 가능한 패턴의 경우의 수는 1, 3, 7, 9를 제외한 4가지이다.

29 조건추리 정답 ③

| 정답풀이 |

3열의 1행과 2행은 이미 다른 사람의 휴대전화가 놓여 있고, 3행 1열은 고장이므로 충전이 불가능하다. 이때 B는 3행에서 휴대전화를 충전하였는데 D는 B와 같은 열에서 휴대전화를 충전하였으므로 B는 3행 2열에서 휴대전화를 충전하였다. 그리고 E는 2열에서 휴대전화를 충전하였으므로 2열에서 휴대전화를 충전한 사람은 B, D, E이고, 다음과 같이 나타낼 수 있다.

	D 또는 E	×
	E 또는 D	×
고장	B	

또한 A는 1행에서 휴대전화를 충전하였으므로 A는 1행 1열에서 충전하였고, C는 n행 n열에서 휴대전화를 충전하였으므로 3행 3열에서 휴대전화를 충전하였다.

A	D 또는 E	×
	E 또는 D	×
고장	B	C

따라서 C의 휴대전화 위치는 3행 3열로 정확하게 알 수 있다.

| 오답풀이 |

① D와 E의 위치에 따라 가능한 경우의 수는 2가지이다.
② A는 1행 1열에서 휴대전화를 충전하였다.
④ D의 휴대전화 위치는 1행 2열 또는 2행 2열이므로 정확하게 알 수 없다.
⑤ E가 2행 2열에서 휴대전화를 충전했다면, D는 1행 2열에서 휴대전화를 충전하였다.

30 조건추리 정답 ②

| 정답풀이 |

헬기와 버스는 각각 월요일부터 금요일까지 하루에 한 번 오전과 오후 중 선택하여 이용할 수 있다. 월요일은 오후 버스만 이용할 수 있고 목요일은 오전 헬기만 이용할 수 있으며, 화요일 오전, 수요일 오후, 금요일 오전에는 헬기와 버스를 모두 이용할 수 없다.

구분	월	화	수	목	금
오전	×	×		헬기	×
오후	버스		×		

여기서 A, E는 헬기를 이용할 수 없으므로 버스를 이용하고, C, D는 버스를 이용할 수 없으므로 헬기를 이용한다. 이때 헬기는 한번에 2명이 이용해야 하는데 B가 헬기를 이용한다면 헬기를 이용하는 사람이 3명이 되어 모순이므로 B는 버스를 이용하는 것을 알 수 있다. 또한 A와 C는 출장을 오전에 가는데 A는 버스를 이용하므로 수요일 오전에 출장을 가고, C는 목요일 오전에 D와 함께 출장을 간다. 나머지 B는 월요일, E는 금요일에 출장을 가지 않으므로 B는 화요일 또는 금요일, E는 월요일 또는 화요일에 버스로 출장을 간다.

<table>
<tr><th colspan="2">구분</th><th>월</th><th>화</th><th>수</th><th>목</th><th>금</th></tr>
<tr><td colspan="2">오전</td><td>×</td><td>×</td><td>버스(A)</td><td>헬기(C, D)</td><td>×</td></tr>
<tr><td rowspan="3">오후</td><td>1</td><td>버스(E)</td><td>버스(B)</td><td rowspan="3">×</td><td rowspan="3">×</td><td></td></tr>
<tr><td>2</td><td>버스(E)</td><td></td><td>버스(B)</td></tr>
<tr><td>3</td><td></td><td>버스(E)</td><td>버스(B)</td></tr>
</table>

따라서 가능한 경우의 수는 3가지이다.

| 오답풀이 |

① B는 버스를 이용한다.
③ 오전에 출장을 가는 사람은 A, C, D의 3명이다.
④ 금요일에 출장을 갈 수 있는 사람은 B 1명뿐이다.
⑤ E가 화요일에 출장을 가는 것과 상관없이 A는 수요일에 출장을 간다.

31 조건추리 정답 ③

| 정답풀이 |

C와 E가 서로 모순되는 대답을 하였으므로 둘 중 한 명은 거짓을 말했고, 5명 중 가장 높은 곳에 거주한다. 이에 따라 A, B, D의 말은 참이므로 A는 6층에 거주하며, B는 E보다 한 층 아래에 거주하면서 D는 B보다 두 층 아래에 거주한다. 이를 바탕으로 C와 E의 말이 각각 거짓인 경우로 나누어 생각하면 다음과 같다.

i) C의 말이 거짓인 경우

E의 말이 진실이므로 C는 9층에 거주 중이고, 가능한 경우는 다음과 같다.

경우	1	2	3
10층			
9층	C	C	C
8층	E		
7층	B		
6층	A	A	A
5층	D	E	
4층		B	E
3층			B
2층		D	
1층			D

ii) E의 말이 거짓인 경우

C의 말이 진실이므로 C는 2층에 거주 중이고, 가능한 경우는 다음과 같다.

경우	1	2
10층	E	
9층	B	
8층		E
7층	D	B
6층	A	A
5층		D
4층		
3층		
2층	C	C
1층		

따라서 D는 1층에 거주할 수 있다.

| 오답풀이 |

① D는 1층, 2층, 5층, 7층에 거주할 수 있으므로 3층에 거주하지 않는다.

② 가능한 경우는 모두 5가지이다.

④ E가 8층에 거주한다면 가능한 경우는 2가지이다.

⑤ A의 말은 항상 참이므로 A는 확실히 6층에 거주 중이다.

32 조건추리 정답 ③

| 정답풀이 |

전자기기 X, Y, Z는 각각 2대씩 있고, 이 중 세 명이 나눠 가진 전자기기는 총 4대이므로 나누어 가질 수 있는 전자기기로 가능한 경우는 XXYY, XXYZ, XXZZ, YYXZ, YYZZ, ZZXY 총 6가지이다. 이때 전자기기를 나누어 갖지 못한 사람은 없으므로 1명은 반드시 전자기기 2대를 갖게 된다. 또한 전자기기 2대를 가진 사람은 X를 반드시 1대 이상 갖고, B는 Z를, C는 Y를 1대 이상 가지므로 나누어 가진 전자기기에 X, Y, Z는 각각 적어도 1개씩은 존재한다. 이에 따라 나누어 가질 수 있는 전자기기로 가능한 경우는 XXYZ, YYXZ, ZZXY 3가지이다.

전자기기 종류		A	B	C
XXYZ	1	X, X	Z	Y
	2	X	X, Z	Y
	3	X	Z	X, Y
YYXZ	4	X, Y	Z	Y
	5	Y	X, Z	Y
	6	Y	Z	X, Y
ZZXY	7	X, Z	Z	Y
	8	Z	X, Z	Y
	9	Z	Z	X, Y

따라서 A가 전자기기 2개를 갖는 경우는 3가지이다.

| 오답풀이 |

① B가 X를 갖는 경우는 3가지이다.

② C가 Z를 갖는 경우는 없다.

④ A와 B가 같은 개수의 전자기기를 갖는 경우는 3가지이다.

⑤ B와 C가 같은 개수의 전자기기를 갖는 경우는 3가지이다.

33 조건추리 정답 ②

| 정답풀이 |

A타입 포트는 2개, B타입 포트는 3개, C타입 포트는 3개를 연결할 수 있는 허브가 있는데 같은 타입의 포트여도 데이터가 전송되는 속도는 서로가 모두 다르므로 8개의 포트 모두 전송되는 속도가 다름을 알 수 있다. 각 포트에 연결할 수 있는 기기는 1개인데 A타입 포트 2개 중 데이터 전송 속도가 가장 느린 곳에 갑이, B타입 포트 3개 중 데이터 전송 속도가 가장 빠른 곳에 을이, C타입 포트 3개 중 데이터 전송 속도가 두 번째로 빠른 곳에 병이 기기를 연결했다. 포트별로 왼쪽으로 갈수록 데이터 전송 속도가 빠르다고 가정하면 다음과 같이 나타낼 수 있다.

A		B			C		
1	2	1	2	3	1	2	3
	갑	을				병	

이때 각 포트에 연결할 수 있는 기기는 1개이므로 정이 연결할 수 있는 포트는 A-1, B-2, B-3, C-1, C-3에 해당하는 포트이다.

따라서 정이 A타입 포트를 제외한 포트에 기기를 1개 연결할 수 있는 경우는 B-2, B-3, C-1, C-3에 연결할 수 있는 경우인 4가지이다.

| 오답풀이 |

① 정이 A타입 포트에 기기를 1개 연결할 수 있는 경우의 수는 A-1의 1가지이다.

③ 정이 A~C타입 기기가 1개씩 있다면 허브에 기기를 연결할 수 있는 경우의 수는 A타입은 A-1에 연결하는 1가지, B타입은 B-2와 B-3에 연결하는 2가지, C타입은 C-1과 C-3에 연결하는 2가지로 총 $1\times2\times2=4$(가지)이다.

④ 정이 A타입, C타입의 기기가 1개씩 있다면 허브에 기기를 연결할 수 있는 경우의 수는 A타입은 A-1에 연결하는 1가지, C타입은 C-1과 C-3에 연결하는 2가지로 총 $1\times2=2$(가지)이다.

⑤ 정이 B타입 기기 1개가 있다면 을보다 전송 속도가 느린 포트에 기기를 연결하는 경우의 수는 B-2, B-3에 연결하는 경우인 2가지이다.

34 조건추리 정답 ③

| 정답풀이 |

A와 B는 1층에서 텅 빈 엘리베이터에 탑승했고, C는 3층에서 탑승했으며, D는 혼자 탑승했는데 9층에서 탑승한 사람은 없으므로 D는 5층 또는 7층에서 탑승했다. C

는 7층에서 내렸고, 엘리베이터가 9층에 도착했을 때 A와 D를 포함하여 3명이 내렸으므로 D가 탑승하는 층에 따라 경우를 나누면 다음과 같다.

• D가 5층에서 타는 경우
B와 D가 탑승한 층의 사이에 있는 층에서 2명이 타고 1명이 내렸으므로 E가 3층에서 탑승했고, B가 3층에서 내렸다. 이에 따라 E는 9층에서 내렸다.

구분	탑승	하차
9층		A, D, E
7층		C
5층	D	
3층	C, E	B
1층	A, B	

• D가 7층에서 타는 경우
위의 경우와 마찬가지로 경우를 구하면 다음과 같다.

구분	탑승	하차
9층		A, D, E
7층	D	C
5층		
3층	C, E	B
1층	A, B	

구분	탑승	하차
9층		A, D, B 또는 E
7층	D	C
5층		E 또는 B
3층	C, E	
1층	A, B	

구분	탑승	하차
9층		A, D, E
7층	D	C
5층	E	
3층	C	B
1층	A, B	

구분	탑승	하차
9층		A, D, E
7층	D	C
5층	E	B
3층	C	
1층	A, B	

따라서 D가 탑승할 때 누군가 내린 경우는 D가 7층에서 탑승한 경우인 5가지이다.

| 오답풀이 |

① 가능한 경우의 수는 6가지이다.
② 9층에서 내리는 사람이 A, D, E인 경우가 있다.
④ D가 5층에서 탑승하면 E는 3층에서 탑승한다.
⑤ 3층에서 내리는 사람이 있다면 B뿐이고 1명이다.

35 조건추리 정답 ①

| 정답풀이 |

우선 사원증 줄의 재질은 총무, 마케팅, 영업 부서가 플라스틱이고, 지원 부서만 고무이다. 이때 부서별로 사원증 줄의 색깔은 각각 빨강, 노랑, 파랑, 검정 중 하나이며, 부서끼리 서로 다른데 총무 부서는 빨강 또는 검정이고, 마케팅 부서는 파랑이 아니며, 지원 부서는 노랑 또는 검정이므로 영업 부서가 파랑임을 알 수 있다. 만약 총무 부서가 빨강이면 마케팅과 지원 부서가 노랑 또는 검정이고, 총무 부서가 검정이면 지원 부서가 노랑이고 마케팅 부서가 나머지 빨강이다.

구분		총무	영업	마케팅	지원
재질		플라스틱	플라스틱	플라스틱	고무
색깔	1	빨강	파랑	검정	노랑
	2	빨강		노랑	검정
	3	검정		빨강	노랑

따라서 가능한 경우는 3가지이다.

| 오답풀이 |

② 사원증 줄의 재질이 플라스틱인 부서는 총무, 영업, 마케팅 총 3개이다.
③ 영업 부서의 사원증 줄의 색은 파랑으로 정확히 알 수 있다.
④ 사원증 줄의 재질이 플라스틱인 부서인 마케팅 부서의 사원증 줄의 색깔은 검정 또는 노랑 또는 빨강이므로 노랑일 수 있다.
⑤ 지원 부서 사원증 줄의 색이 노랑일 때 총무 부서 사원증 줄의 색은 빨강일 수 있다.

36 조건추리 정답 ③

| 정답풀이 |

B는 오전에 리더십 교육을 수료하므로 A와 C는 오전에 명상 또는 금융 교육을 수료한다.
A가 오전에 명상, C가 오전에 금융 교육을 수료한 경우 오후에 A와 C가 금융 교육을 수료하지 않으므로 B가 금융 교육을 수료한다. 또한 A는 오후에 명상 교육도 수료하지 않으므로 리더십 교육을 수료하고, C가 오후에 명상 교육을 수료한다.

구분	오전	오후
A	명상	리더십
B	리더십	금융
C	금융	명상

A가 오전에 금융, C가 오전에 명상 교육을 수료한 경우 B가 오후에 금융 교육을 수료했다면 C는 오후에 명상 교육을 수료할 수 없으므로 리더십 교육을 수료하고, A가 오후에 명상 교육을 수료한다. 만약 C가 오후에 금융 교육을 수료했다면 B는 오후에 리더십 교육을 수료할 수 없으므로 명상 교육을 수료하고, A가 오후에 리더십 교육을 수료한다.

구분	오전	오후
A	금융	명상
B	리더십	금융
C	명상	리더십

구분	오전	오후
A	금융	리더십
B	리더십	명상
C	명상	금융

따라서 C가 오후에 명상 교육을 수료하면 A는 오전에 명상 교육을 수료한다.

| 오답풀이 |

① 가능한 경우는 모두 3가지이다.
② B가 오후에 금융 교육을 수료하면 C는 오후에 명상 또는 리더십 교육을 수료한다.
④ B가 금융 교육을 수료하지 않으면 오전에 리더십, 오후에 명상 교육을 수료하는 것이므로 C는 오전에 명상 교육을 수료한다.
⑤ A가 오전에 금융 교육을 수료하는 경우가 있다.

37 조건추리 정답 ⑤

| 정답풀이 |

1행 3열, 3행 1열에는 아무 장비를 설치하지 않고, 3행 2열에 B장비를 설치하면 다음과 같다.

1행 1열	1행 2열	×
2행 1열	2행 2열	2행 3열
×	B	3행 3열

C장비는 같은 행에 2대를 이어서 설치하므로 1행 1열, 1행 2열 또는 2행 1열, 2행 2열 또는 2행 2열, 2행 3열에 설치한다. 만약 C장비를 2행 1열, 2행 2열에 설치하면 A장비는 같은 열에 2대를 이어서 설치하므로 2행 3열, 3행 3열에 설치해야 하고, 만약 C장비를 2행 2열, 2행 3열에 설치하면 A장비는 1행 1열, 2행 1열에 설치해야 하는데 두 경우 모두 2행에 3대의 장비가 설치되므로 한 행에 최대 2대의 장비를 설치한다는 조건에 위배된다. 이에 따라 C장비는 1행 1열, 1행 2열에 설치하고, A장비는 2행 3열, 3행 3열에 설치한다. 나머지 B장비 하나는 2행 1열 또는 2행 2열에 설치한다.

C	C	×
B	×	A
×	B	A

,

C	C	×
×	B	A
×	B	A

따라서 A장비는 항상 3열에 설치한다.

| 오답풀이 |

① B장비를 1행에 설치하는 경우는 없다.
② B장비를 같은 행에 2대를 이어서 설치하는 경우는 없다.
③ B장비를 2행 1열, 3행 2열에 설치하는 경우가 있다.
④ C장비를 1행에 설치하고, 2행 1열에는 아무 장비도 설치하지 않는 경우가 있다.

38 조건추리 정답 ②

| 정답풀이 |

흰색이 상판이라면 하판에 하늘색은 사용할 수 없고, 회색과도 조합할 수 없으며, 분홍색은 베이지색과만 조합이 가능하므로 흰색이 상판이라면 하판으로는 베이지색만 올 수 있다.
하늘색이 상판이라면 하판에 분홍색은 사용할 수 없고, 흰색을 사용할 경우에는 상판이 베이지색이어야 하므로 흰색도 하판에 올 수 없다. 이에 따라 베이지색과 회색이 하판으로 올 수 있다.
베이지색이 상판이라면 분홍색과 흰색을 하판에 사용할 수 있다. 또한 회색도 하판에 사용할 수 있으며 하늘색은 하판에 사용할 수 없으므로 베이지색이 상판일 때 하판으로 분홍색, 흰색, 회색이 올 수 있다.
분홍색이 상판이라면 분홍색은 베이지색과만 조합이 가능하므로 하판은 베이지색이다.
회색이 상판이라면 하판에 흰색이 올 수 없고, 분홍색, 하늘색도 올 수 없으므로 베이지색만 올 수 있다. 이에 따라 가능한 조합은 다음과 같다.

구분	상판	하판
1	흰색	베이지색
2	하늘색	베이지색
3	하늘색	회색
4	베이지색	분홍색
5	베이지색	흰색
6	베이지색	회색
7	분홍색	베이지색
8	회색	베이지색

따라서 분홍색이 상판에 오는 경우가 있다.

39 조건추리 정답 ⑤

| 정답풀이 |

J는 아메리카노를 주문하지 않았으므로 카페라떼를 주문하였다. 이에 따라 B는 아메리카노를 주문하였고, A도 아메리카노를 주문하였다. C는 D와 다른 음료를 주

문하였으므로 C와 D 중 한 명이 카페라떼, 한 명이 아메리카노를 주문하였다. 즉, 현재까지 아메리카노를 주문한 사람은 A, B, C 또는 A, B, D이고, 카페라떼를 주문한 사람은 C, J 또는 D, J이다.
만약 A, B, C가 아메리카노, D, J가 카페라떼를 주문하였다면 I도 카페라떼를 주문하였다. 이때 E가 아메리카노를 주문하였다면 아메리카노를 4명이 주문한 것이므로 F, G, H는 카페라떼를 주문하고, E가 카페라떼를 주문하였다면 F, G, H는 아메리카노를 주문한다.
만약 A, B, D가 아메리카노, C, J가 카페라떼를 주문하였다면 I도 아메리카노를 주문한다. 이 경우 E는 아메리카노를 주문할 수 없으므로 카페라떼를 주문하고, G, H는 아메리카노를 주문해야 한다. F는 아메리카노를 주문할 수도 있고, 카페라떼를 주문할 수도 있다.
이에 따라 가능한 경우는 다음과 같다.

구분	아메리카노	카페라떼
1	A, B, C, E	D, F, G, H, I, J
2	A, B, C, F, G, H	D, E, I, J
3	A, B, D, F, G, H, I	C, E, J
4	A, B, D, G, H, I	C, E, F, J

따라서 E와 G는 항상 서로 다른 음료를 주문한다.

| 오답풀이 |

① D가 아메리카노를 주문하는 경우는 A, B, D, F, G, H, I 또는 A, B, D, G, H, I가 아메리카노를 주문하는 경우 2가지이다.
② F가 아메리카노를 주문하면 G는 항상 아메리카노를 주문한다.
③ E가 아메리카노를 주문하는 경우는 A, B, C, E가 아메리카노를 주문하는 경우 1가지이다.
④ C가 카페라떼를 주문할 때 C, E, J 세 명이 카페라떼를 주문하는 경우가 있다.

40 조건추리 정답 ④

| 정답풀이 |

일반쓰레기 수거함의 위치는 주어져 있으므로 나머지 수거함들의 위치만 생각한다. 비닐 수거함은 종이 수거함과 이웃한다. 만약 비닐 수거함 또는 종이 수거함이 왼쪽에서 첫 번째 또는 두 번째에 있다면 캔 수거함은 플라스틱 수거함의 왼쪽에 있으므로 캔 수거함은 왼쪽에서 세 번째, 플라스틱 수거함은 왼쪽에서 네 번째에 위치한다.
비닐 수거함 또는 종이 수거함이 왼쪽에서 두 번째 또는 세 번째에 있다면 캔 수거함은 가장 왼쪽, 플라스틱 수거함은 왼쪽에서 네 번째에 위치한다.
비닐 수거함 또는 종이 수거함이 왼쪽에서 세 번째 또는 네 번째에 있다면 캔 수거함은 가장 왼쪽, 플라스틱 수거함은 왼쪽에서 두 번째에 위치한다. 이때 일반쓰레기 수거함과 종이 수거함은 이웃하지 않으므로 비닐 수거함이 왼쪽에서 네 번째, 종이 수거함이 왼쪽에서 세 번째에 위치해야 한다. 이에 따라 가능한 경우는 다음과 같다.

1	비닐	종이	캔	플라스틱	일반쓰레기
2	종이	비닐	캔	플라스틱	일반쓰레기
3	캔	비닐	종이	플라스틱	일반쓰레기
4	캔	종이	비닐	플라스틱	일반쓰레기
5	캔	플라스틱	종이	비닐	일반쓰레기

따라서 종이 수거함이 세 번째에 위치하면 플라스틱 수거함은 비닐 수거함과 이웃하지 않는다.

| 오답풀이 |

① 경우 3~5에 따라 캔 수거함이 비닐 수거함보다 왼쪽에 위치하는 경우는 3가지이다.
② 경우 5에 따라 옳은 설명이다.
③ 캔 수거함이 종이 수거함보다 오른쪽에 있는 경우는 캔 수거함이 세 번째에 위치하는 경우이다. 이 경우 종이 수거함이 비닐 수거함보다 왼쪽에 위치하는 경우도 있다.
⑤ 캔 수거함은 항상 왼쪽에서 네 번째에 위치하지 않는다.

41 조건추리 정답 ⑤

| 정답풀이 |

E는 D가 당첨되지 않았다고 하였다. 만약 이 말이 참이라면 E가 참을 말한 것이므로 E는 당첨되지 않았고, D도 당첨되지 않았으므로 D가 참을 말하는 것이다. 만약 E가 거짓말을 한 것이라면 E는 당첨되었고, D도 당첨되었으므로 D가 거짓말을 하는 것이다. 즉, D와 E는 당첨 여부가 동일하다.
만약 D와 E가 당첨되었다면 D, E가 거짓말을 하는 것이므로 A, B, C는 참을 말하는 것이다. E의 발언이 거짓이므로 D의 발 사이즈는 280mm이고, B의 발언이 참이므로 E의 발 사이즈는 275mm이다. A의 발언에 따라 B와 E의 발 사이즈가 같으므로 B도 275mm이고, C의 발언에 따라 C도 275mm이다. 이때 A는 280mm이다. 이 경우 모순이 생기지 않는다.
만약 D와 E가 당첨되지 않았다면 D, E가 참을 말하는 것이고, D의 발 사이즈가 275mm, 거짓말을 하는 두 사람의 발 사이즈가 275mm, 참을 말하는 나머지 두 사람의 발 사이즈가 280mm이다. 즉, E의 발 사이즈는 280mm이다. D의 발언이 참이라면 B의 발언은 거짓이

02

추리

므로 B의 발 사이즈는 275mm이다. 이때 B와 E의 발 사이즈가 다르므로 A의 발언도 거짓이고, A의 발 사이즈도 275mm이다. A와 B가 거짓이라면 C의 발언은 참이므로 C의 발 사이즈는 275mm이어야 하는데 275mm인 사람이 A, B, C, D 네 명이 되므로 주어진 조건에 위배된다.
따라서 당첨된 사람은 D와 E이다.

42 조건추리 정답 ③

| 정답풀이 |
C의 왼쪽에 E가 위치하고, 시료가 담긴 샘플 4개는 서로 이웃하므로 C를 기준으로 C를 포함해 오른쪽으로 시료가 담긴 샘플이 4개, E를 기준으로 E를 포함해 물이 담긴 샘플이 4개가 위치한다. 이때 A와 B는 서로 이웃하지 않고, A－D－B－C의 경우에는 A와 E가 마주보게 되므로 B－D－A－C 순으로 위치하며, A는 G와 마주 보고, B는 E와 마주 본다. 이에 따라 E에는 10ml가 담겨져 있다. F에는 20ml가 담겨져 있고, 15ml가 담긴 샘플은 D와 마주 보므로 F는 C와 마주 보고, C에는 20ml가 담겨져 있으며, H가 15ml가 담긴 샘플로 D와 마주 본다. A와 G에는 5ml가 담겨져 있다.

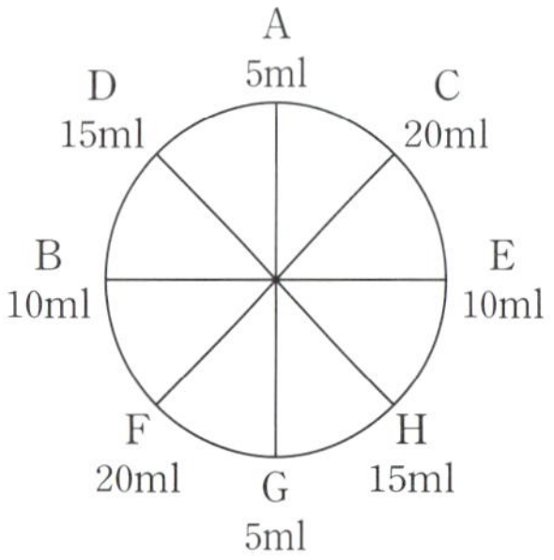

따라서 H에는 15ml가 담겨져 있다.

| 오답풀이 |
① A의 왼쪽에 C가 있다.
② F는 C와 마주 본다.
④ C에는 20ml가 담겨져 있다.
⑤ B는 G와 이웃하지 않는다.

43 조건추리 정답 ③

| 정답풀이 |
103호에 F가 입주하였으므로 1층에 남자, 2층에 여자가 입주한다.
201호에 B대리가 입주하였다면 대리 바로 위의 기숙사에는 대리가 입주하지 않으므로 101호에는 D과장이 입주하고, 102호에는 E대리가 입주한다. 202호에는 과장이 입주하지 않았으므로 C주임이 입주하고, 203호에 A과장이 입주한다.
202호에 B대리가 입주하였다면 102호에는 D과장이 입주하고, 101호에는 E대리가 입주한다. A과장 또는 C주임은 201호 또는 203호에 입주한다.
203호에 B대리가 입주하였다면 202호에 C주임, 201호에 A과장이 입주한다. D과장 또는 E대리는 101호 또는 102호에 입주한다.
이에 따라 가능한 경우는 다음과 같다.

B	C	A
D	E	F

,

A	B	C
E	D	F

C	B	A
E	D	F

,

A	C	B
D	E	F

A	C	B
E	D	F

따라서 과장이 201호에 입주하는 경우는 A가 입주하는 경우인 3가지이다.

[오답풀이]
① B는 201호 또는 202호 또는 203호에 입주한다.
② C가 202호에 입주하는 경우는 3가지이다.
④ E가 102호에 입주하는 경우, B는 201호 또는 203호에 입주한다.
⑤ A과장이 201호, D과장이 101호에 입주하는 경우가 있다.

44 조건추리 정답 ⑤

| 정답풀이 |
A가 빨간 벽돌을 선택하고, 초록 벽돌을 선택하지 않았으므로 주황, 노란, 파란 벽돌 중 두 개를 선택한다. 이때 노란, 파란 벽돌을 선택한다면 B와 겹치는 색상이 2가지이므로 주황, 노란 또는 주황, 파란 벽돌을 선택해야 한다. 이 경우 A와 B가 겹치는 색이 노랑 또는 파랑이므로 B는 주황, 빨간 벽돌을 선택하지 않고, 노란, 초록, 파란 벽돌을 선택한다.
만약 A가 빨간, 주황, 노란 벽돌을 선택하고, A가 2층에 주황, 3층에 노란 벽돌을 쌓았다면 B는 1층과 2층에 노란 또는 초록 벽돌을 쌓는다. A가 2층에 노란, 3층에 주황 벽돌을 쌓았다면 B는 1층에 노란, 2층에 초록 벽돌을 쌓아야 한다.
만약 A가 빨간, 주황, 파란 벽돌을 선택했다면 3층에 파란 벽돌을 쌓을 수 없으므로 3층에 주황, 2층에 파란 벽돌을 쌓는다. B는 1층과 2층에 노란 또는 초록 벽돌을 쌓아야 한다.
이에 따라 가능한 경우는 다음과 같다.

A	B
노랑	파랑
주황	초록
빨강	노랑

,

A	B
노랑	파랑
주황	노랑
빨강	초록

,

A	B
주황	파랑
노랑	초록
빨강	노랑

A	B
주황	파랑
파랑	초록
빨강	노랑

,

A	B
주황	파랑
파랑	노랑
빨강	초록

따라서 B는 초록 벽돌을 선택한다.

| 오답풀이 |

① 가능한 경우는 모두 5가지이다.
② 빨간 벽돌과 주황 벽돌이 같은 층에 위치하는 경우는 없다.
③ A와 B가 모두 파란 벽돌을 선택하는 경우는 2가지이다.
④ 주황 벽돌과 노란 벽돌이 모두 2층에 위치하는 경우가 있다.

45 조건추리 정답 ①

| 정답풀이 |

노란색 봉투가 102호, 103호에 배송된다면 초록색 봉투는 파란색 봉투의 바로 위에 배송되어야 하므로 초록색 봉투가 3층, 파란색 봉투가 2층에 배송된다. 이 경우 초록색 봉투가 서로 같은 층에 배송되므로 모순이다.
노란색 봉투가 201호, 202호 또는 202호, 203호에 배송된다면 초록색 봉투 하나는 2층, 하나는 3층에 배송되어야 하므로 초록색 봉투가 2층 남은 호수에 배송된다. 이 경우 2층에 빨간색 봉투가 배송될 수 없으므로 빨간색 봉투가 위아래로 이웃하여 배송된다는 조건에 위배되어 모순이다.
노란색 봉투가 301호, 302호에 배송된다면 201호에 빨간색 또는 초록색 또는 파란색 봉투가 배송되어야 하는데 각각 윗층에 노란색 봉투가 배송될 수 없으므로 모순이다.
노란색 봉투가 302호, 303호에 배송된다면 초록색 봉투 하나는 301호에 배송되고, 파란색 봉투 하나는 201호에 배송된다. 이에 따라 빨간색 봉투 2개가 102호, 202호, 초록색 봉투 하나가 203호, 파란색 봉투 하나가 103호에 배송되거나 초록색 봉투 하나가 202호, 파란색 봉투 하나가 102호, 빨간색 봉투 2개가 103호, 203호에 배송된다.

이에 따라 가능한 경우는 다음과 같다.

초록	노랑	노랑
파랑	빨강	초록
×	빨강	파랑

,

초록	노랑	노랑
파랑	초록	빨강
×	파랑	빨강

따라서 201호에는 항상 파란색 봉투가 배송된다.

| 오답풀이 |

② 103호에 파란색 봉투가 배송되면 102호 또는 202호에 빨간색 봉투가 배송된다.
③ 303호에는 항상 노란색 봉투가 배송된다.
④ 203호에는 초록색 또는 빨간색 봉투가 배송된다.
⑤ 파란색 봉투와 빨간색 봉투는 3층을 제외한 같은 층에 배송된다.

46 조건추리 정답 ③

| 정답풀이 |

만약 A의 금액이 가장 높다면 A의 발언이 거짓이다. 이때 자신의 상품권이 A의 상품권 금액보다 크다는 D의 발언도 거짓이 되어 모순이다.
만약 B의 금액이 가장 높다면 B의 발언이 거짓이다. 이에 따라 B의 상품권 금액은 두 번째로 커야 하는데 상품권 금액이 가장 높으면서 두 번째로 높을 수 없으므로 모순이다.
만약 C의 금액이 가장 높다면 C의 발언이 거짓이다. 이에 따라 A와 D의 발언에 의해 A<B, A<D이다. 그런데 B의 상품권 금액이 두 번째로 크지 않으므로 A<B<D가 되어야 한다. 이에 따라 A<B<D<C가 가능하고, 모순이 생기지 않는다.
만약 D의 금액이 가장 높다면 D의 발언이 거짓이 되어 D는 A보다 상품권 금액이 낮아야 하므로 모순이다.
따라서 C가 거짓이고, 상품권 금액은 A<B<D<C 순이다.
이때 x, y가 양수일 때, A의 상품권 금액을 a, B의 상품권 금액을 $a+x$, D의 상품권 금액을 b, C의 상품권 금액을 $b+y$라고 하면 A+D$=a+b$, B+C$=a+b+x+y$이다.
따라서 B와 C의 상품권 금액의 합이 항상 A와 D의 상품권 금액의 합보다 크다.

| 오답풀이 |

① A<B<D<C이므로 거짓말을 하고 있는 사람은 C이다.
② A가 1만 원, B가 2만 원, D가 3만 원, C가 14만 원인 경우 A와 C의 상품권 금액의 합은 B와 D의 상품권 금액의 합보다 크다.
④ A<B<D<C이므로 옳다.

⑤ 네 사람의 상품권 금액의 합은 20만 원인데 만약 네 사람의 상품권 금액이 동일하다면 모두 5만 원이어야 한다. 이때 네 명의 금액은 모두 다르고, A의 금액이 가장 낮으므로 A의 상품권 금액은 5만 원 미만이다.

47 조건추리 정답 ④

| 정답풀이 |

A는 D 바로 다음으로 포장이 완료되었고, C가 네 번째로 포장이 완료되었으므로 D, A가 첫 번째, 두 번째 또는 두 번째, 세 번째로 포장이 완료되었다. A는 D의 바로 아래 행이므로 D와 A는 1행, 2행 또는 2행, 3행에 배치된다. 2행에는 상품 하나만 배치하는데 A 또는 D가 2행에 배치되므로 다른 상품은 2행에 배치할 수 없다.
만약 D, A가 첫 번째, 두 번째로 포장이 완료되었다면 2열에 있는 상품은 1개이므로 1, 4 또는 3, 6에 배치된다. E는 1열에 배치해야 하고, D, A보다 뒤 숫자에 배치해야 하므로 반드시 7에 배치해야 한다. 또한 이미 2행에 A를 배치하였으므로 C는 3행에 배치해야 하고, 네 번째 순서이므로 9에 배치할 수 없고, 8에 배치해야 한다. 마지막으로 B는 9에 배치해야 한다.
만약 D, A가 두 번째, 세 번째로 포장이 완료되면 C가 네 번째로 포장이 완료되므로 B와 E가 첫 번째 또는 다섯 번째로 포장이 완료된다. 그런데 B는 3행에 진열하므로 첫 번째로 포장이 완료될 수 없고, E가 첫 번째로 완료된다.
E는 1열에 배치하고, 2행, 3행이 될 수 없으므로 1에 배치해야 한다. D, A는 2열에 배치할 수 없으므로 3, 6에 배치한다. 2열에는 상품이 1개 배치되어야 하므로 C를 7, B를 8에 배치하거나 C를 8, B를 9에 배치해야 한다. 또는 A와 D를 4, 7에 배치할 수 있고, 이 경우 C를 8, B를 9에 배치한다.
이에 따라 가능한 경우는 다음과 같다.

1)

D		
A		
E	C	B

2)

		D
		A
E	C	B

3)

E		D
		A
C	B	

4)

E		D
		A
	C	B

5)

E		
D		
A	C	B

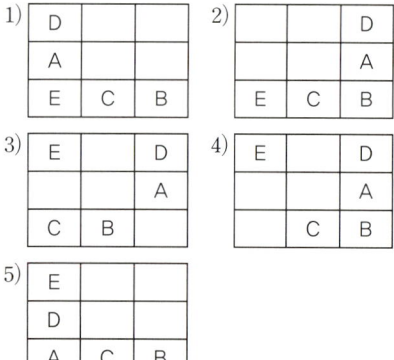

따라서 모든 경우에서 C는 A의 바로 아래에 진열되지 않는다.

| 오답풀이 |

① 다섯 번째 경우에 A가 3행에 진열된다.
② 세 번째 경우에 C가 1열에 진열된다.
③ 세 번째 경우에 B가 8번에 진열된다.
⑤ 다섯 번째 경우에 E가 D의 바로 위에 진열된다.

48 조건추리 정답 ②

| 정답풀이 |

1번 밸브를 열면 B용기에 2기압의 아르곤이 존재하므로 A용기 또는 B용기에 아르곤 4기압이 존재한다. 5번 밸브를 열면 C용기와 F용기의 압력이 3기압이 되므로 C용기 또는 F용기의 압력이 2기압 또는 4기압이다. 7번 밸브를 열면 E용기와 F용기의 압력이 변하지 않는다. 아르곤 4기압이 A용기 또는 B용기이고, F용기는 2기압 또는 4기압이므로 E용기와 F용기의 압력이 같으려면 모두 2기압이어야 한다. 이에 따라 C용기는 질소 4기압이다. 6번 밸브를 열면 D용기에 질소만 존재하므로 D는 진공이고, E용기는 질소 2기압이다. 그러므로 F용기는 아르곤 2기압이다. 4번 밸브를 열면 E용기의 기체 종류에 변화가 없는데 B용기가 아르곤 4기압이면 E용기의 기체 종류에도 변화가 생기므로 B용기는 진공이다. 이에 따라 A용기가 아르곤 4기압이다.

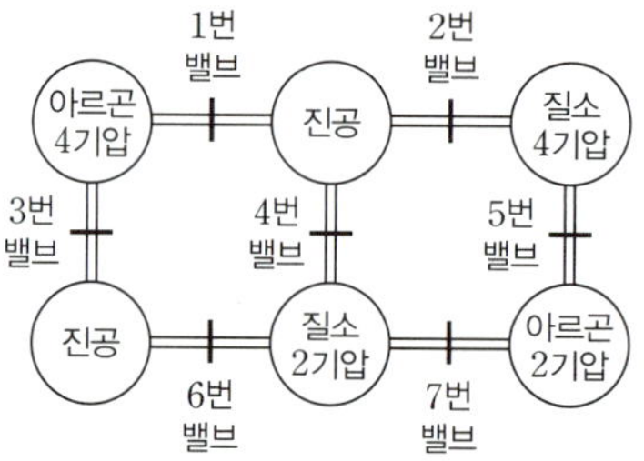

따라서 밸브를 열기 전 B용기는 진공이다.

| 오답풀이 |

① 밸브를 열기 전 C용기의 압력은 4기압이다.
③ 3번 밸브를 열면 A용기에 아르곤만 존재한다.
④ 밸브를 열기 전 F용기에는 아르곤 2기압이 채워져 있다.
⑤ 2번 밸브를 열면 B용기의 압력은 2기압이 된다.

49 조건추리 정답 ②

| 정답풀이 |

냉장고를 가장 앞에 진열하면 에어컨을 세 번째로 진열한다. 세탁기와 건조기는 연달아 진열하므로 청소기를 두 번째로 진열하고, 네 번째, 다섯 번째로 세탁기 또는 건조기를 진열한다.

냉장고를 두 번째로 진열하면 첫 번째로 에어컨 또는 청소기를 진열한다. 첫 번째로 에어컨을 진열하면 세탁기를 네 번째로 진열한다. 이 경우 건조기 또는 청소기를 세 번째 또는 다섯 번째로 진열한다. 첫 번째로 청소기를 진열하면 건조기는 세 번째로 진열할 수 없다. 건조기를 네 번째로 진열하면 세 번째 또는 다섯 번째로 세탁기 또는 에어컨을 진열하고, 건조기를 다섯 번째로 진열하면 세탁기를 네 번째, 에어컨을 세 번째로 진열한다.
냉장고를 세 번째로 진열하면 청소기를 네 번째로 진열한다. 이에 따라 첫 번째 또는 두 번째로 세탁기 또는 건조기를 진열하고 마지막에 에어컨을 진열한다.
냉장고를 네 번째로 진열하면 에어컨을 첫 번째로 진열 시 세탁기를 네 번째로 진열해야 하므로 에어컨은 첫 번째로 진열할 수 없다. 에어컨을 두 번째로 진열하면 세탁기와 건조기를 연달아 진열할 수 없으므로 에어컨을 두 번째로 진열할 수 없다. 에어컨을 세 번째로 진열하면 청소기는 다섯 번째로 진열하고, 세탁기와 건조기를 첫 번째 또는 두 번째로 진열한다. 에어컨을 다섯 번째로 진열하면 건조기를 세 번째로 진열할 수 없으므로 첫 번째 또는 두 번째로 건조기를 진열한다. 건조기를 첫 번째로 진열하면 세탁기를 두 번째로 진열하고, 청소기를 세 번째로 진열한다. 건조기를 두 번째로 진열하면 세탁기 또는 청소기를 첫 번째 또는 세 번째로 진열한다.
이에 따라 가능한 모든 경우는 다음과 같다.

경우	첫 번째	두 번째	세 번째	네 번째	다섯 번째
1	냉장고	청소기	에어컨	세탁기	건조기
2	냉장고	청소기	에어컨	건조기	세탁기
3	에어컨	냉장고	건조기	세탁기	청소기
4	에어컨	냉장고	청소기	세탁기	건조기
5	청소기	냉장고	세탁기	건조기	에어컨
6	청소기	냉장고	에어컨	건조기	세탁기
7	청소기	냉장고	에어컨	세탁기	건조기
8	세탁기	건조기	냉장고	청소기	에어컨
9	건조기	세탁기	냉장고	청소기	에어컨
10	건조기	세탁기	에어컨	냉장고	청소기
11	세탁기	건조기	에어컨	냉장고	청소기
12	건조기	세탁기	청소기	냉장고	에어컨
13	세탁기	건조기	청소기	냉장고	에어컨
14	청소기	건조기	세탁기	냉장고	에어컨

따라서 에어컨은 두 번째로 진열하지 않는다.

| 오답풀이 |

① 가능한 경우는 총 14가지이다.
③ 경우 3에서는 청소기를 다섯 번째로 진열하면 냉장고를 두 번째로 진열한다.
④ 건조기를 가장 앞에 진열하는 경우는 경우 9, 10, 12 세 가지이다.
⑤ 경우 3에서는 세탁기를 네 번째로 진열하면 건조기를 세 번째로 진열한다.

50 조건추리 정답 ②

| 정답풀이 |

G와 E가 3, 4위전, B와 D가 결승전에서 경기하였으므로 B, D, E, G는 예선에서 승리하였다. 이 중 E는 부전승이다. G와 E가 3, 4위전에서 경기하려면 G와 E는 준결승에서 만나지 않는다. 이에 따라 G는 1조 또는 2조인데 B가 2조이므로 G는 1조이고, D는 3조이다. A는 예선전에서 G와 경기하였으므로 A는 1조이고, D와 F는 시합을 하지 않았으므로 F는 2조, C가 3조이다.
따라서 A와 G는 1조이다.

51 조건추리 정답 ①

| 정답풀이 |

천의 자리 수를 A, 백의 자리 수를 B, 십의 자리 수를 C, 일의 자리 수를 D라고 하면 $A+B=14$, $C+D=12$이다. A, B, C, D는 1~9 중 서로 다른 수이므로 (A, B)=(9, 5), (8, 6), (6, 8), (5, 9)가 가능하다. 백의 자리 수가 천의 자리 수보다 크므로 (6, 8), (5, 9)가 가능하고 $C+D=12$이므로 (C, D)=(9, 3), (8, 4), (7, 5), (5, 7), (4, 8), (3, 9)가 가능하다. 만약 (A, B)=(5, 9)라면 (C, D)는 (8, 4) 또는 (4, 8)이 된다. 이때, 백의 자리 수가 십의 자리 수보다 1만큼 작을 수 없으므로 옳지 않다. 이에 따라 (A, B)=(6, 8)이다. 백의 자리 수는 십의 자리 수보다 1만큼 작으므로 십의 자리 수는 9가 되고, 일의 자리 수는 3이다.
따라서 비밀번호는 6893이고, 일의 자리 수와 백의 자리 수의 차는 $8-3=5$이다.

| 오답풀이 |

② $3+8=11$이다.
③ 일의 자리 수가 3으로 가장 작은 수이다.
④ $8+9=17$이다.
⑤ 천의 자리 수와 일의 자리 수의 차는 $6-3=3$이다.

52 조건추리 정답 ②

| 정답풀이 |

A는 아침에 회사 정류장에서 E를 만난다고 하였고, C는 아침에 회사 정류장에서 D를 만난다고 하였다. 만약 A와 C의 발언이 모두 참이면 셔틀 버스로 출근하는 사

람이 총 네 명 이상이 되므로 조건에 위배된다.
만약 A와 C의 발언이 모두 거짓이면 A와 C는 자가용으로 출근하고, B, D, E의 발언이 참이므로 D는 셔틀 버스로, B는 도보로 출근한다. D가 E를 정류장에서 보지 못했으므로 E는 도보로 출근한다.
만약 A의 발언이 참이고 C의 발언이 거짓이면 A와 E는 셔틀 버스로, C는 자가용으로 출근한다. D는 자신이 셔틀 버스로 출근한다고 하였고, 정류장에서 E를 보지 못했다고 하였으므로 거짓이다. 이에 따라 D는 자가용으로 출근하고, B는 도보로 출근한다.
만약 C의 발언이 참이고 A의 발언이 거짓이면 C와 D는 셔틀 버스로 출근하고, A는 자가용으로 출근한다. D는 E를 보지 못했다고 하였으므로 E는 셔틀 버스로 출근하지 않는다. 즉, B가 거짓이면 B가 자가용, E가 도보로 출근하고, E가 거짓이면 B가 도보, E가 자가용으로 출근한다.
이에 따라 가능한 모든 경우는 다음과 같다.

자가용	셔틀 버스	도보
A, C	D	B, E
C, D	A, E	B
A, B	C, D	E
A, E	C, D	B

따라서 도보로 출근하는 사람은 적어도 1명이다.

| 오답풀이 |
① 셔틀 버스로 출근하는 사람이 1명일 수 있다.
③ A는 셔틀 버스로 출근할 수 있다.
④ B는 자가용으로 출근할 수 있다.
⑤ E는 자가용 또는 도보로 출근할 수 있다.

CHAPTER 02 **도형·도식추리 역대 기출문제**

도형추리

P.192

01	③	02	②	03	④	04	④	05	④
06	①	07	⑤	08	⑤	09	③	10	③
11	②	12	④						

01 도형추리 정답 ③

| 정답풀이 |

오른쪽으로 한 칸씩 이동할 때마다 도형 전체가 시계 방향으로 90° 회전하고, 도형 전체의 색이 반전된다.

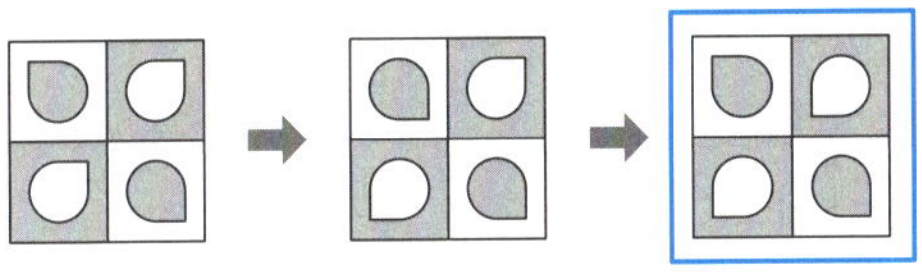

시계 90° 색반전 / 시계 90° 색반전

02 도형추리 정답 ②

| 정답풀이 |

오른쪽으로 한 칸씩 이동할 때마다 내부도형은 반시계 방향으로 90° 회전, 외부도형은 시계 방향으로 90° 회전한다.

내부도형 시계 90° 외부도형 반시계 90° / 내부도형 시계 90° 외부도형 반시계 90°

03 도형추리 정답 ④

| 정답풀이 |

1열에서 2열로, 2열에서 3열로 이동할 때, 각 행이 한 칸씩 위로 이동한다.

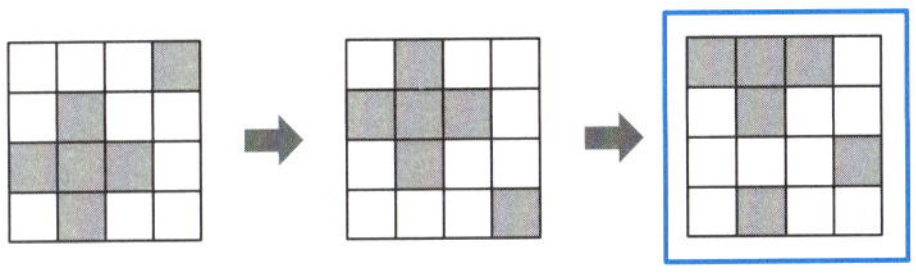

위로 1칸 / 위로 1칸

시험장풀이

동일한 모양(정사각형, 원 등)으로 3×3, 4×4와 같은 동일한 형태의 모양에서 출제되는 규칙은 행(음영) 또는 열(음영)의 이동, 행(음영)과 열(음영)의 음영의 합이 자주 출제된다는 것을 기억하자.

04 도형추리 정답 ④

| 정답풀이 |

오른쪽으로 한 칸씩 이동할 때마다 내부도형은 반시계 방향으로 90° 회전하고, 외부도형의 색은 반전된다.

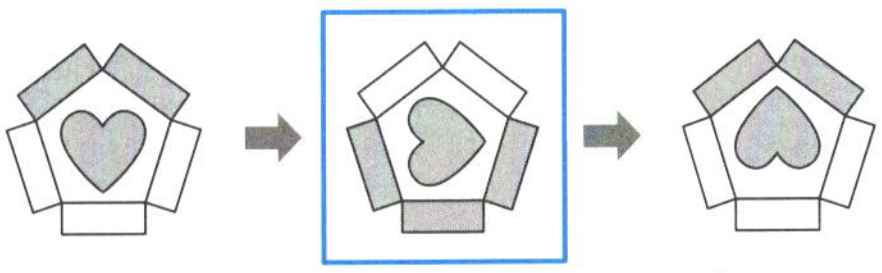

내부 반시계 90° 외부 색반전 / 내부 반시계 90° 외부 색반전

시험장풀이

시계 방향 90°나 반시계 방향 90° 회전 시 모양이 동일하지 않은 도형을 기준으로 접근한다.

05 도형추리 정답 ④

| 정답풀이 |

오른쪽 열로 이동할 때마다 3×3 도형 내부에 있는 그림이 1칸씩 아래로 이동한다.

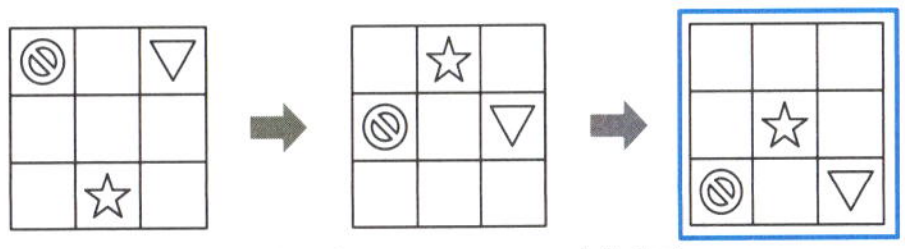

아래 1칸 / 아래 1칸

06 도형추리 정답 ①

| 정답풀이 |

오른쪽으로 한 칸씩 이동할 때마다 도형 전체가 반시계 방향으로 90° 회전하고, 도형 전체의 색이 반전된다.

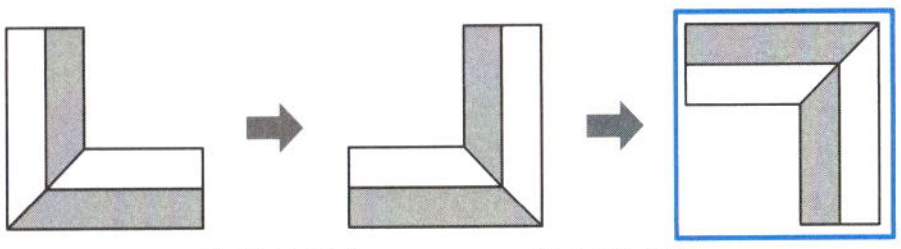

반시계 90° 색반전 / 반시계 90° 색반전

07 도형추리

정답 ⑤

| 정답풀이 |

오른쪽으로 한 칸씩 이동할 때마다 도형 전체가 시계 방향으로 90° 회전한다.

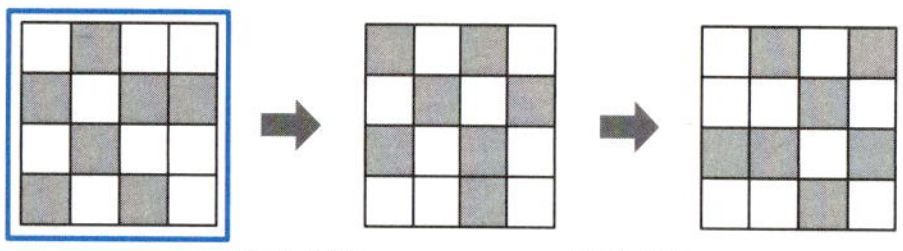

08 도형추리

정답 ⑤

| 정답풀이 |

- 1열에서 2열으로 갈 때, 3×3 도형은 시계 방향으로 90° 회전한다.
- 2열에서 3열으로 갈 때, 3×3 도형은 상하 반전한다.

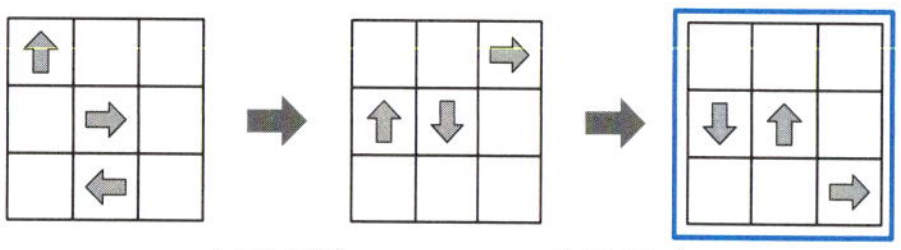

09 도형추리

정답 ③

| 정답풀이 |

1열에서 2열로 갈 때, 2열에서 3열로 갈 때, 외부 도형의 음영은 시계 방향으로 한 칸씩 이동하며, 내부 도형의 음영도 시계 방향으로 한 칸씩 이동한다.

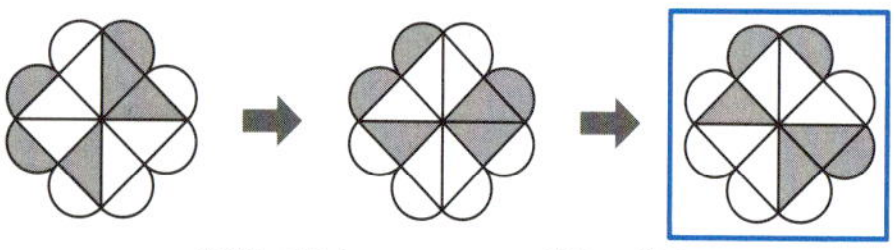

10 도형추리

정답 ③

| 정답풀이 |

오른쪽으로 한 칸씩 이동할 때마다 도형 전체가 반시계 방향으로 90° 회전하고, 내부도형의 색이 반전된다.

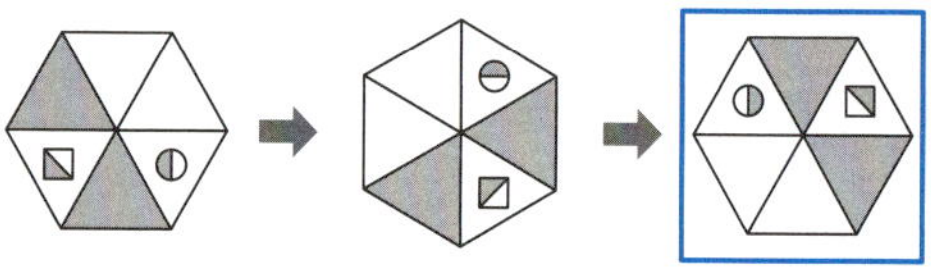

11 도형추리

정답 ②

| 정답풀이 |

오른쪽으로 한 칸씩 이동할 때마다 내부음영은 시계 방향으로 90° 회전, 외부음영은 반시계 방향으로 90° 회전한다.

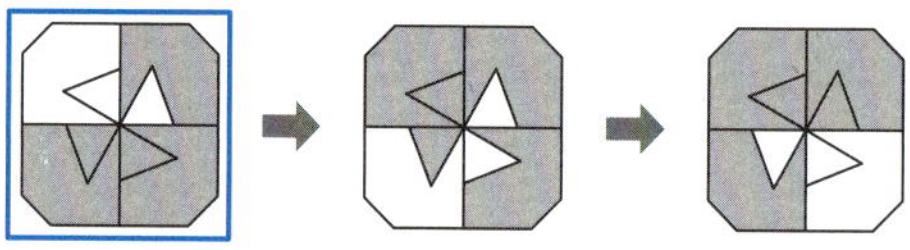

12 도형추리

정답 ④

| 정답풀이 |

1행과 2행의 내부 사각형 중 한 번만 색칠이 되어있는 사각형에만 색을 칠한 것이 3행이다.

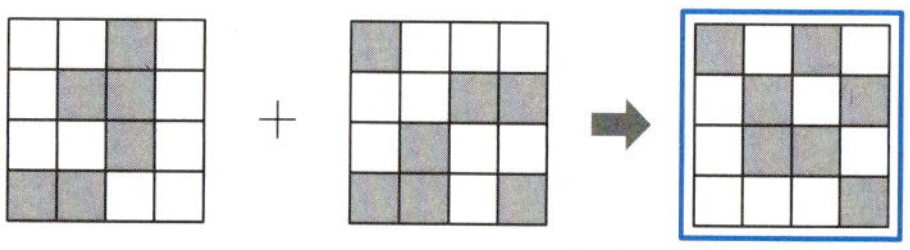

도식추리 P.204

01	②	02	①	03	②	04	⑤	05	⑤
06	①	07	④	08	③	09	④	10	③
11	①	12	①	13	①	14	③	15	①
16	②	17	⑤	18	③	19	②	20	①
21	④	22	⑤	23	①	24	⑤	25	④
26	①	27	⑤	28	④	29	③	30	①
31	⑤	32	④	33	④	34	①	35	②
36	⑤	37	③	38	③	39	⑤	40	①
41	①	42	①	43	②	44	③	45	②
46	⑤	47	①	48	②	49	②	50	⑤
51	④	52	①	53	③	54	④	55	③
56	④								

01 도식추리 정답 ②

| 정답풀이 |

주어진 기호의 규칙은 다음과 같다.

기호	규칙
□	(+1, −1, +1, −1)
△	ABCD → CBDA
◆	(+1, +2, +3, +4)
●	ABCD → BADC

9072 → ● → 0927 → △ → (**2970**)

시험장풀이

다음과 같이 문자표를 일단 적어놓는다.

A	B	C	D	E	F	G	H	I	J	K	L	M
N	O	P	Q	R	S	T	U	V	W	X	Y	Z

주어진 도식을 보면 □ → ● → △ → ◆순으로 규칙을 파악해야 한다.

- □: E8K0 → F7L9로 추론할 수 있다. 명백한 숫자연산 규칙으로, (+1, −1, +1, −1)이다.
- ●: WHLR → HWRL로 추론할 수 있다. 순서 바꾸기 또는 숫자연산 규칙 모두 가능하지만, 숫자연산 규칙이라면 너무 극단적인 덧셈뺄셈이 되어버린다. 따라서 순서 바꾸기 규칙이라고 가정하면, ABCD → BADC이다.
- △: FQSR에 ●을 역으로 적용하면 QFRS이다. 그리고 RGPS에 □을 적용하면 SFQR이다. 따라서 △는 SFQR → QFRS로 추론할 수 있다. 순서 바꾸기 또는 숫자연산 규칙 모두 가능하지만, 숫자연산 규칙이라면 너무 극단적인 덧셈뺄셈이 되어버린다. 따라서 순서 바꾸기 규칙이라고 가정하면, ABCD → CBDA이다.
- ◆: JML9에 △를 적용하면 LM9J이다. LM9J에 □를 적용하면 ML0I이다. 따라서 ◆는 ML0I → NN3M로 추론할 수 있다. 명백한 숫자연산 규칙으로, (+1, +2, +3, +4)이다.

02 도식추리 정답 ①

| 정답풀이 |

74TG → □ → 83UF → ● → 38FU → ◆ → (**40IY**)

03 도식추리 정답 ②

| 정답풀이 |

(**XPSD**) → ● → PXDS → □ → QWER

04 도식추리 정답 ⑤

| 정답풀이 |

(**9025**) → △ → 2059 → □ → 3968 → ◆ → 4192

05 도식추리 정답 ⑤

주어진 기호의 규칙은 다음과 같다.

기호	규칙
♧	ABCD → CBAD
△	ABCD → DACB
□	(+1, −2, +1, −2)
☆	(0, +1, −2, +3)

STAR → ♧ → ATSR → ☆ → (**AUQU**)

시험장풀이

다음과 같이 문자표를 일단 적어놓는다.

A	B	C	D	E	F	G	H	I	J	K	L	M
N	O	P	Q	R	S	T	U	V	W	X	Y	Z

주어진 도식을 보면 ♧ → △ → □ → ☆ 순으로 규칙을 파악해야 한다.

- ♧: 6715 → 1765로 추론할 수 있다. 순서 바꾸기 또는 숫자연산 규칙 모두 가능하지만, 숫자연산 규칙이라면 너무 극단적인 덧셈뺄셈이 되어버린다. 따라서 순서 바꾸기 규칙이라고 가정하면, ABCD →

CBAD이다.

• △: 4L3O에 ♧를 역으로 적용하면 3L4O이다. 따라서 △는 LO43 → 3L4O로 추론할 수 있다. 명백한 순서 바꾸기 규칙으로, ABCD → DACB이다.
• □: UK7O에 ♧를 역으로 적용하면 7KUO이다. 7KUO에 △를 역으로 적용하면 KOU7이다. 따라서 □는 J2T9 → KOU7로 추론할 수 있다. 명백한 숫자연산 규칙으로, (+1, −2, +1, −2)이다.
• ☆: TKRE에 □를 역으로 적용하면 SMQG이다. 따라서 ☆은 SLSD → SMQG로 추론할 수 있다. 명백한 숫자연산 규칙으로, (0, +1, −2, +3)이다.

06 도식추리 정답 ①

| 정답풀이 |

E6W8 → □ → F4X6 → ☆ → F5V9 → △ → (**9FV5**)

07 도식추리 정답 ④

| 정답풀이 |

(**NMND**) → □ → OKOB → △ → BOOK

08 도식추리 정답 ③

| 정답풀이 |

(**7399**) → △ → 9793 → ♧ → 9793 → ☆ → 9876

09 도식추리 정답 ④

| 정답풀이 |

주어진 기호의 규칙은 다음과 같다.

기호	규칙
□	ABCD → DCBA
◇	(0, +1, 0, +1)
☆	(−1, −1, −1, −1)
○	(+1, +2, +3, +4)

493T → □ → T394 → ○ → (**U528**)

시험장풀이

다음과 같이 문자표를 일단 적어놓는다.

A	B	C	D	E	F	G	H	I	J	K	L	M
N	O	P	Q	R	S	T	U	V	W	X	Y	Z

주어진 도식을 보면 □ → ◇ → ☆ → ○ 순으로 규칙을 파악해야 한다.

• □: 47DA → AD74로 추론할 수 있다. 명백한 순서 바꾸기 규칙으로, ABCD → DCBA이다.
• ◇: B9M7 → □ → 7M9B이므로 ◇는 7M9B → 7N9C로 추론할 수 있다. 명백한 숫자연산 규칙으로, (0, +1, 0, +1)이다.
• ☆: 8HS4 → ◇ → 8IS5이므로 ☆은 8IS5 → 7HR4로 추론할 수 있다. 명백한 숫자연산 규칙으로, (−1, −1, −1, −1)이다.
• ○: B8K4 → ☆ → A7J3이므로 ○는 A7J3 → B9M7로 추론할 수 있다. 명백한 숫자연산 규칙으로, (+1, +2, +3, +4)이다.

10 도식추리 정답 ③

| 정답풀이 |

FD6I → ☆ → EC5H → ◇ → ED5I → □ → (**I5DE**)

11 도식추리 정답 ①

| 정답풀이 |

(**3976**) → □ → 6793 → ◇ → 6894

12 도식추리 정답 ①

| 정답풀이 |

(**6WE3**) → ○ → 7YH7 → ☆ → 6XG6 → ◇ → 6YG7

13 도식추리 정답 ①

| 정답풀이 |

주어진 기호의 규칙은 다음과 같다.

기호	규칙
◉	(−1, +2, −1, +2)
▶	ABCD → CDAB
◆	(+1, −1, −1, +1)
◈	ABCD → BADC

5TG8 → ▶ → G85T → ◆ → (**H74U**)

시험장풀이

다음과 같이 문자표를 일단 적어놓는다.

A	B	C	D	E	F	G	H	I	J	K	L	M
N	O	P	Q	R	S	T	U	V	W	X	Y	Z

주어진 도식을 보면 ◆ → ◉ → ◈ → ▶ 순으로 규칙을 파악해야 한다.

- ◆ : SKZC → TJYD로 추론할 수 있다. 명백한 숫자연산 규칙으로, (+1, −1, −1, +1)이다.
- ◉ : 36LH → ◆ → 45KI이므로 ◉는 45KI → 37JK로 추론할 수 있다. 명백한 숫자연산 규칙으로, (−1, +2, −1, +2)이다.
- ◈ : DYJT에 역으로 ◉을 적용하면 EWKR이므로 ◈은 WERK → EWKR로 추론할 수 있다. 명백한 순서 바꾸기 규칙으로, ABCD → BADC이다.
- ▶ : TJYD에 역으로 ◈을 적용하면 JTDY이므로 ▶는 DYJT → ▶ → JTDY로 추론할 수 있다. 명백한 순서 바꾸기 규칙으로, ABCD → CDAB이다.

14 도식추리 정답 ③

| 정답풀이 |

6JRE → ◈ → J6ER → ◆ → K5DS → ◉ → **(J7CU)**

15 도식추리 정답 ①

| 정답풀이 |

(2J9E) → ◈ → J2E9 → ▶ → E9J2

16 도식추리 정답 ②

| 정답풀이 |

(5356) → ◉ → 4548 → ◆ → 5439 → ▶ → 3954

17 도식추리 정답 ⑤

| 정답풀이 |

주어진 기호의 규칙은 다음과 같다.

기호	규칙
♡	(−1, 0, −1, 0)
♠	ABCD → DCAB
♣	(0, +1, 0, +1)
◇	ABCD → DABC

FALW → ♣ → FBLX → ♠ → **(XLFB)**

시험장풀이

다음과 같이 문자표를 일단 적어놓는다.

A	B	C	D	E	F	G	H	I	J	K	L	M
N	O	P	Q	R	S	T	U	V	W	X	Y	Z

주어진 도식을 보면 ♡ → ♠ → ♣ → ◇ 순으로 규칙을 파악해야 한다.

- ♡ : YIHU → XIGU로 추론할 수 있다. 명백한 숫자연산 규칙으로, (−1, 0, −1, 0)이다.
- ♠ : TGDP에 ♡를 역으로 적용하면 UGEP이다. 따라서 ♠는 EPGU → UGEP로 추론할 수 있다. 순서 바꾸기 또는 숫자연산 규칙 모두 가능하지만, 숫자연산 규칙이라면 너무 극단적인 덧셈뺄셈이 되어버린다. 따라서 순서 바꾸기 규칙이라고 가정하면, ABCD → DCAB이다.
- ♣ : XDUT에 ♠를 역으로 적용하면 UTDX이다. 따라서 ♣는 USDW → UTDX로 추론할 수 있다. 명백한 숫자연산 규칙으로, (0, +1, 0, +1)이다.
- ◇ : HDSL에 ♠를 적용하면 LSHD, DMSI에 ♣를 역으로 적용하면 DLSH이다. 따라서 ◇는 LSHD → DLSH로 추론할 수 있다. 순서 바꾸기 또는 숫자연산 규칙 모두 가능하지만, 숫자연산 규칙이라면 너무 극단적인 덧셈뺄셈이 되어버린다. 따라서 순서 바꾸기 규칙이라고 가정하면, ABCD → DABC이다.

18 도식추리 정답 ③

| 정답풀이 |

CIDE → ♣ → CJDF → ◇ → FCJD → ♡ → **(ECID)**

19 도식추리 정답 ②

| 정답풀이 |

(UEPV) → ♡ → TEOV → ♠ → VOTE

20 도식추리 정답 ①

| 정답풀이 |

(SALQ) → ♠ → QLSA → ♡ → PLRA → ◇ → APLR

21 도식추리 정답 ④

| 정답풀이 |

주어진 기호의 규칙은 다음과 같다.

기호	규칙
□	ABCD → CADB
○	(+1, +1, +1, +1)
◇	ABCD → CDBA
☆	(+2, +2, +2, +2)

0B2I → □ → 20IB → ☆ → **(42KD)**

시험장풀이

다음과 같이 문자표를 일단 적어놓는다.

A	B	C	D	E	F	G	H	I	J	K	L	M
N	O	P	Q	R	S	T	U	V	W	X	Y	Z

주어진 도식을 보면 □ → ○ → ◇ → ☆ 순으로 규칙을 파악해야 한다.

- □: G7S3 → SG37로 추론할 수 있다. 명백한 순서 바꾸기 규칙으로, ABCD → CADB이다.
- ○: MUTK에 □를 역으로 적용하면 UKMT이다. 따라서 ○는 TJLS → UKMT로 추론할 수 있다. 명백한 숫자연산 규칙으로, (+1, +1, +1, +1)이다.
- ◇: ZMLP에 ○를 적용하면 ANMQ이다. 따라서 ◇는 ANMQ → MQNA로 추론할 수 있다. 순서 바꾸기 또는 숫자연산 규칙 모두 가능하지만, 숫자연산 규칙이라면 너무 극단적인 덧셈뺄셈이 되어버린다. 따라서 순서 바꾸기 규칙이라고 가정하면, ABCD → CDBA이다.
- ☆: SG37에 ◇를 역으로 적용하면 73SG이다. 따라서 ☆는 51QE → 73SG로 추론할 수 있다. 명백한 숫자연산 규칙으로, (+2, +2, +2, +2)이다.

22 도식추리 정답 ⑤

| 정답풀이 |

ORGC → ◇ → GCRO → ○ → HDSP → □ → **(SHPD)**

23 도식추리 정답 ①

| 정답풀이 |

(42AP) → ☆ → 64CR → ○ → 75DS

24 도식추리 정답 ⑤

| 정답풀이 |

(BVYK) → □ → YBKV → ◇ → KVBY → ☆ → MXDA

25 도식추리 정답 ④

| 정답풀이 |

주어진 기호의 규칙은 다음과 같다.

기호	규칙
□	ABCD → DACB
≡	(−1, +2, −1, +2)
♧	ABCD → ABDC
☆	(+1, +3, +1, +3)

FJBX → ♧ → FJXB → ≡ → **(ELWD)**

시험장풀이

다음과 같이 문자표를 일단 적어놓는다.

A	B	C	D	E	F	G	H	I	J	K	L	M
N	O	P	Q	R	S	T	U	V	W	X	Y	Z

주어진 도식을 보면 □ → ≡ → ♧ → ☆ 순으로 규칙을 파악해야 한다.

- □: H3E8 → 8HE3로 추론할 수 있다. 명백한 순서 바꾸기 규칙으로, ABCD → DACB이다.
- ≡: VBOS에 □를 역으로 적용하면 BSOV이다. 따라서 ≡는 CQPT → BSOV로 추론할 수 있다. 명백한 숫자연산 규칙으로, (−1, +2, −1, +2)이다.
- ♧: H3E8에 ≡를 적용하면 G5D0이다. 따라서 ♧는 G5D0 → G50D로 추론할 수 있다. 명백한 순서 바꾸기 규칙으로, ABCD → ABDC이다.
- ☆: DTWQ에 ♧를 역으로 적용하면 DTQW이다. 따라서 ☆는 CQPT → DTQW로 추론할 수 있다. 명백한 숫자연산 규칙으로, (+1, +3, +1, +3)이다.

26 도식추리 정답 ①

| 정답풀이 |

P74B → ☆ → Q05E → □ → EQ50 → ≡ → **(DS42)**

27 도식추리 정답 ⑤

| 정답풀이 |

(3RK5) → □ → 53KR → ☆ → 66LU

28 도식추리 정답 ④

| 정답풀이 |

(EIHA) → ≡ → DKGC → ♧ → DKCG → ☆ → ENDJ

29 도식추리 정답 ③

| 정답풀이 |

주어진 기호의 규칙은 다음과 같다.

기호	규칙
☆	(+1, +1, −1, −1)
◇	ABCD → CBAD
○	(0, −1, −2, −3)
□	ABCD → ACBD

KING → ◇ → NIKG → ☆ → **(OJJF)**

시험장풀이

다음과 같이 문자표를 일단 적어놓는다.

A	B	C	D	E	F	G	H	I	J	K	L	M
N	O	P	Q	R	S	T	U	V	W	X	Y	Z

주어진 도식을 보면 ☆ → ◇ → ○ → □ 순으로 규칙을 파악해야 한다.

- ☆: RVCN → SWBM으로 추론할 수 있다. 명백한 숫자연산 규칙으로 (+1, +1, −1, −1)이다.
- ◇: TCGB에 ☆를 적용하면 UDFA이다. 따라서 ◇는 UDFA → FDUA로 추론할 수 있다. 순서 바꾸기 또는 숫자연산 규칙 모두 가능하지만, 숫자연산 규칙이라면 너무 극단적인 덧셈뺄셈이 되어 버린다. 따라서 순서 바꾸기 규칙이라고 가정하면 ABCD → CBAD이다.
- ○: EWRQ에 ◇를 적용하면 RWEQ이다. 따라서 ○는 RWEQ → RVCN로 추론할 수 있다. 명백한 숫자연산 규칙으로, (0, −1, −2, −3)이다.
- □: KJTB에 ○를 적용하면 KIRY이다. 따라서 □는 KIRY → KRIY로 추론할 수 있다. 순서 바꾸기 또는 숫자연산 규칙 모두 가능하지만, 숫자연산 규칙이라면 너무 극단적인 덧셈뺄셈이 되어 버린다. 따라서 순서 바꾸기 규칙이라고 가정하면 ABCD → ACBD이다.

30 도식추리 정답 ①

| 정답풀이 |

IAWN → ☆ → JBVM → □ → JVBM → ○ → **(JUZJ)**

31 도식추리 정답 ⑤

| 정답풀이 |

(QPPK) → ◇ → PPQK → ○ → POOH

32 도식추리 정답 ④

| 정답풀이 |

(EHBR) → □ → EBHR → ☆ → FCGQ → ◇ → GCFQ

33 도식추리 정답 ④

| 정답풀이 |

주어진 기호의 규칙은 다음과 같다.

기호	규칙
△	(+2, +1, +1, +2)
○	ABCD → BDAC
☆	(−1, +1, −1, +1)
□	ABCD → DBCA

8H26 → □ → 6H28 → ☆ → **(5I19)**

시험장풀이

다음과 같이 문자표를 일단 적어놓는다.

A	B	C	D	E	F	G	H	I	J	K	L	M
N	O	P	Q	R	S	T	U	V	W	X	Y	Z

주어진 도식을 보면 △ → ○ → ☆ → □ 순으로 규칙을 파악해야 한다.

- △: JJDG → LKEI로 추론할 수 있다. 명백한 숫자연산 규칙으로, (+2, +1, +1, +2)이다.
- ○: BY48에 △을 적용하면 DZ50이다. 따라서 ○은 DZ50 → Z0D5로 추론할 수 있다. 명백한 순서 바꾸기 규칙으로, ABCD → BDAC이다.
- ☆: 6S1K에 ○을 적용하면 SK61이다. 따라서 ☆은 SK61 → RL52로 추론할 수 있다. 명백한 숫자연산 규칙으로, (−1, +1, −1, +1)이다.
- □: LKEI에 ☆을 적용하면 KLDJ이다. 따라서 □은 KLDJ → JLDK로 추론할 수 있다. 순서 바꾸기 또는 숫자연산 규칙 모두 가능하지만, 숫자연산 규칙이라

02

추리

면 너무 극단적인 덧셈뺄셈이 되어버린다. 따라서 순서 바꾸기 규칙이라고 가정하면, ABCD → DBCA이다.

34 도식추리 정답 ①

| 정답풀이 |

WXYZ → ○ → XZWY → △ → ZAXA → ☆ → **(YBWB)**

35 도식추리 정답 ②

| 정답풀이 |

(A0U6) → ○ → 06AU → □ → U6A0

36 도식추리 정답 ⑤

| 정답풀이 |

(6512) → △ → 8624 → □ → 4628 → ☆ → 3719

37 도식추리 정답 ③

| 정답풀이 |

주어진 기호의 규칙은 다음과 같다.

기호	규칙
△	(+1, +2, +1, +2)
○	ABCD → DCBA
☆	(+0, +1, +0, −1)
□	ABCD → ACBD

CHRY → □ → CRHY → △ → **(DTIA)**

시험장풀이

다음과 같이 문자표를 일단 적어놓는다.

A	B	C	D	E	F	G	H	I	J	K	L	M
N	O	P	Q	R	S	T	U	V	W	X	Y	Z

주어진 도식을 보면 △ → ○ → ☆ → □ 순으로 규칙을 파악해야 한다.

- △: MIN4 → NKO6으로 추론할 수 있다. 명백한 숫자연산 규칙으로, (+1, +2, +1, +2)이다.
- ○: TEUC에 △을 역으로 적용하면 SCTA이다. 따라서 ○은 ATCS → SCTA로 추론할 수 있다. 순서 바꾸기 또는 숫자연산 규칙 모두 가능하지만, 숫자연산 규칙이라면 너무 극단적인 덧셈뺄셈이 되어버린다. 따라서 순서 바꾸기 규칙이라고 가정하면, ABCD → DCBA이다.
- ☆: 3H2J에 ○을 역으로 적용하면 J2H3이다. 따라서 ☆은 J1H4 → J2H3으로 추론할 수 있다. 명백한 숫자연산 규칙으로, (+0, +1, +0, −1)이다.
- □: ATCS에 ☆을 적용하면 AUCR이다. 따라서 □은 AUCR → ACUR로 추론할 수 있다. 순서 바꾸기 또는 숫자연산 규칙 모두 가능하지만, 숫자연산 규칙이라면 너무 극단적인 덧셈뺄셈이 되어버린다. 따라서 순서 바꾸기 규칙이라고 가정하면, ABCD → ACBD이다.

38 도식추리 정답 ③

| 정답풀이 |

GSAT → ○ → TASG → □ → TSAG → ☆ → **(TTAF)**

39 도식추리 정답 ⑤

| 정답풀이 |

(F9K7) → ○ → 7K9F → ☆ → 7L9E

40 도식추리 정답 ①

| 정답풀이 |

(7549) → △ → 8751 → □ → 8571 → ○ → 1758

41 도식추리 정답 ①

| 정답풀이 |

주어진 기호의 규칙은 다음과 같다.

기호	규칙
○	ABCD → DABC
△	(−1, −1, +1, +1)
☆	(−1, +0, +0, +1)
□	ABCD → BCAD

5213 → □ → 2153 → △ → **(1064)**

시험장풀이

다음과 같이 문자표를 일단 적어놓는다.

A	B	C	D	E	F	G	H	I	J	K	L	M
N	O	P	Q	R	S	T	U	V	W	X	Y	Z

주어진 도식을 보면 ○ → △ → ☆ → □ 순으로 규칙을 파악해야 한다.

- ○ : K3J9 → 9K3J로 추론할 수 있다. 명백한 순서 바꾸기 규칙으로, ABCD → DABC이다.
- △ : JJ47에 ○을 적용하면 7JJ4이다. 따라서 △는 7JJ4 → 6IK5로 추론할 수 있다. 명백한 숫자연산 규칙으로, (−1, −1, +1, +1)이다.
- ☆ : MNQU에 △를 역으로 적용하면 NOPT이다. 따라서 ☆는 OOPS → NOPT로 추론할 수 있다. 명백한 숫자연산 규칙으로, (−1, +0, +0, +1)이다.
- □ : 024H에 △를 적용하면 915I, 059J에 ☆를 역으로 적용하면 159I이다. 따라서 □는 915I → 159I로 추론할 수 있다. 명백한 순서 바꾸기 규칙으로, ABCD → BCAD이다.

42 도식추리 정답 ①

| 정답풀이 |

AB34 → ○ → 4AB3 → ☆ → 3AB4 → □ → **(AB34)**

43 도식추리 정답 ②

| 정답풀이 |

(CPNG) → ☆ → BPNH → △ → AOOI

44 도식추리 정답 ③

| 정답풀이 |

(JIAL) → □ → IAJL → ○ → LIAJ → △ → KHBK

45 도식추리 정답 ②

| 정답풀이 |

주어진 기호의 규칙은 다음과 같다.

기호	규칙
☆	(+1, +2, +3, +4)
□	ABCD → CDAB
○	(−2, +2, −1, +1)
△	ABCD → DCBA

V44K → ☆ → W67O → △ → **(O76W)**

시험장풀이

다음과 같이 문자표를 일단 적어놓는다.

A	B	C	D	E	F	G	H	I	J	K	L	M
N	O	P	Q	R	S	T	U	V	W	X	Y	Z

주어진 도식을 보면 ☆ → □ → ○ → △ 순으로 규칙을 파악해야 한다.

- ☆ : K7G8 → L9J2로 추론할 수 있다. 명백한 숫자연산 규칙으로, (+1, +2, +3, +4)이다.
- □ : 41NH에 ☆를 역으로 적용하면 39KD이다. 따라서 □는 KD39 → 39KD로 추론할 수 있다. 명백한 순서 바꾸기 규칙으로, ABCD → CDAB이다.
- ○ : K7G8에 ☆를 역으로 적용하면 J5D4, J5D4에 □를 역으로 적용하면 D4J5이다. 따라서 ○는 F2K4 → D4J5로 추론할 수 있다. 명백한 숫자연산 규칙으로, (−2, +2, −1, +1)이다.
- △ : 7N1K에 ○를 역으로 적용하면 9L2J, 9L2J에 □를 역으로 적용하면 2J9L이다. 따라서 △는 L9J2 → 2J9L로 추론할 수 있다. 명백한 순서 바꾸기 규칙으로, ABCD → DCBA이다.

46 도식추리 정답 ⑤

| 정답풀이 |

8120 → ○ → 6311 → ☆ → 7545 → □ → **(4575)**

47 도식추리 정답 ①

| 정답풀이 |

(DE69) → △ → 96ED → ☆ → 08HH

48 도식추리 정답 ②

| 정답풀이 |

(W74K) → ○ → U93L → □ → 3LU9 → △ → 9UL3

49 도식추리 정답 ②

| 정답풀이 |

주어진 기호의 규칙은 다음과 같다.

기호	규칙
□	(+0, −1, +0, +1)
△	(+1, −2, +3, −4)
○	ABCD → DCAB
☆	(+1, +1, +1, +1)

35CR → ○ → RC35 → ☆ → **(SD46)**

시험장풀이

다음과 같이 문자표를 일단 적어놓는다.

A	B	C	D	E	F	G	H	I	J	K	L	M
N	O	P	Q	R	S	T	U	V	W	X	Y	Z

주어진 도식을 보면 □ → △ → ○ → ☆ 순으로 규칙을 파악해야 한다.

- □: 7777 → 7678로 추론할 수 있다. 명백한 숫자연산 규칙으로, (+0, −1, +0, +1)이다.
- △: ZLOL에 □를 역으로 적용하면 ZMOK이다. 따라서 △는 YOLO → ZMOK로 추론할 수 있다. 명백한 숫자연산 규칙으로, (+1, −2, +3, −4)이다.
- ○: 6RM9에 △를 역으로 적용하면 5TJ3이다. 따라서 ○는 J3T5 → 5TJ3으로 추론할 수 있다. 명백한 순서 바꾸기 규칙으로, ABCD → DCAB이다.
- ☆: GOLF에 △를 적용하면 HMOB, CPIN에 ○를 역으로 적용하면 INPC이다. 따라서 ☆는 HMOB → INPC로 추론할 수 있다. 명백한 숫자연산 규칙으로, (+1, +1, +1, +1)이다.

기호	규칙
☆	(+1, −1, +1, −1)
○	ABCD → BADC
□	ABCD → DCAB
△	(+1, +1, −1, −1)

YF41 → ○ → FY14 → △ → **(GZ03)**

시험장풀이

다음과 같이 문자표를 일단 적어놓는다.

A	B	C	D	E	F	G	H	I	J	K	L	M
N	O	P	Q	R	S	T	U	V	W	X	Y	Z

주어진 도식을 보면 ☆ → ○ → □ → △ 순으로 규칙을 파악해야 한다.

- ☆: ZXCV → AWDU로 추론할 수 있다. 명백한 숫자연산 규칙으로, (+1, −1, +1, −1)이다.
- ○: 3I0Z에 ☆를 역으로 적용하면 2J9A이다. 따라서 ○는 J2A9 → 2J9A로 추론할 수 있다. 명백한 순서 바꾸기 규칙으로, ABCD → BADC이다.
- □: 0ZI3에 ○를 역으로 적용하면 Z03I이다. 따라서 □는 3I0Z → Z03I로 추론할 수 있다. 명백한 순서 바꾸기 규칙으로, ABCD → DCAB이다.
- △: MT26에 ○를 적용하면 TM62, 15UN에 □를 역으로 적용하면 UN51이다. 따라서 △는 TM62 → UN51로 추론할 수 있다. 명백한 숫자연산 규칙으로, (+1, +1, −1, −1)이다.

50 도식추리 정답 ⑤

| 정답풀이 |

2870 → △ → 3606 → ○ → 6036 → □ → **(6937)**

51 도식추리 정답 ④

| 정답풀이 |

(K37D) → ○ → D7K3 → ☆ → E8L4

52 도식추리 정답 ①

| 정답풀이 |

(HMSU) → □ → HLSV → △ → IJVR → ○ → RVIJ

53 도식추리 정답 ③

| 정답풀이 |

주어진 기호의 규칙은 다음과 같다.

54 도식추리 정답 ④

| 정답풀이 |

3554 → ☆ → 4463 → ○ → 4436 → △ → **(5525)**

55 도식추리 정답 ③

| 정답풀이 |

(H3N4) → □ → 4NH3 → ☆ → 5MI2

56 도식추리 정답 ④

| 정답풀이 |

(X86K) → △ → Y95J → ○ → 9YJ5 → □ → 5J9Y

CHAPTER 03 문단배열 역대 기출문제

문단배열 P.220

01	④	02	⑤	03	①	04	②	05	⑤
06	②								

01 문단배열 정답 ④

| 정답풀이 |
주어진 글은 미켈란젤로의 화법을 설명하고 있다. 우선, 미켈란젤로와 그의 기법을 전반적으로 소개하는 [다] 문단이 가장 처음에 배치되어야 한다. 그리고 주요 기법 중 하나인 '스푸마토' 기법을 설명하는 [라] 문단과 '드로잉' 기법을 통해 인체를 연구하고 묘사한 방법을 언급하고 있는 [나] 문단이 와야 하고, '키아로스쿠로' 기법을 통해 미켈란젤로가 강한 명암 대비와 깊이감을 부여한 방식에 대해 다루는 [마] 문단과 이어져야 한다. 마지막으로 미켈란젤로의 기법이 예술적 비전과 기술적 숙련도를 반영하여, 그의 작품이 예술사에서 중요한 위치를 차지하고 있다는 종합적인 평가를 내리는 [가] 문단으로 마무리하는 것이 자연스럽다.
따라서 [다]－[라]－[나]－[마]－[가] 순으로 와야 한다.

02 문단배열 정답 ⑤

| 정답풀이 |
주어진 글은 한국 디저트의 글로벌 시장 진출과 그에 따른 과제를 설명하고 있다. 우선 한국 전통 디저트의 문화적 가치와 역사적 의미를 강조하여 관광 상품으로 활용될 때 글로벌 이미지를 강화할 수 있다는 [나] 문단이 가장 처음에 배치되어야 한다. 그리고 디저트를 관광 상품으로 활용함으로써 지역 경제에 미치는 긍정적인 역할을 할 수 있다는 [라] 문단과 '그러나'라는 역접을 통해 상업화에 따라 시장에서 직면하게 될 도전 과제에 대해 설명하는 [다] 문단과 이어져야 한다. 마지막으로 환경적인 측면도 고려하여 한국의 디저트가 지속 가능한 방향으로 발전해야 할 필요성을 설명하는 [가] 문단으로 마무리하는 것이 자연스럽다.
따라서 [나]－[라]－[다]－[가] 순으로 와야 한다.

03 문단배열 정답 ①

| 정답풀이 |
주어진 글은 압전효과를 설명하고 있다.
우선 압전소자의 개념과 활용에 대해 언급하고 있는 [가] 문단이 가장 먼저 나와야 한다. 그리고 [가] 문단에서 언급한 쌍극자라는 개념에 대해 설명하고, 압전효과에 대해 설명하는 [라] 문단과 [마] 문단이 순서대로 이어져야 한다. 그 후에는 [마] 문단에서 언급한 퀴리 형제의 압전효과 발견과 지속적인 연구를 통해 압전효과를 얻을 수 있는 결정구조가 발견되었음을 언급하는 [나] 문단이 이어지고, 그 결정구조 중 하나인 페로브스카이트에 대해 설명하는 [다] 문단이 이어지는 것이 자연스럽다.
따라서 문단을 논리적인 순서에 맞게 배열하면 [가]－[라]－[마]－[나]－[다]이다.

04 문단배열 정답 ②

| 정답풀이 |
주어진 글은 자이가르닉 효과와 그 예시 등에 관한 내용을 설명하고 있다.
먼저, 자이가르닉 효과에 관한 설명을 하는 [나] 문단이 가장 처음에 배치되어야 한다. 그리고 자이가르닉 효과에 관한 부연 설명을 하는 [라] 문단이 그다음에 와야 한다. 한편, [가], [나], [라] 문단이 일반적인 자이가르닉 효과에 관한 내용을 다루고 있지만, [다] 문단은 자이가르닉 효과가 의도치 않게 부정적으로 발현될 수도 있음을 나타내고 있다. 따라서 문맥상 가장 뒤에 [다] 문단이 와야 함을 알 수 있다.
따라서 논리적 순서에 맞게 배열하면 [나]－[라]－[가]－[다] 순으로 와야 한다.

05 문단배열 정답 ⑤

| 정답풀이 |
주어진 글은 야수주의의 탄생과 뜻, 그리고 야수주의가 미친 영향에 관하여 설명하고 있다.
우선 야수주의의 탄생과 그에 대하여 설명하는 [다] 문단이 가장 처음에 배치되어야 하고, 야수주의에 관하여 전반적인 부연 설명을 하는 [라] 문단이 그다음에 배치되어야 한다. [가] 문단과 [나] 문단은 야수주의가 끼친 영향에 관한 내용을 다루고 있는데, [가] 문단의 첫 번째 문장에서 '야수주의가 끼친 또 다른 영향은~'이라는 표현을 볼 때 [나] 문단 다음에 [가] 문단이 배치되어야 함을 알 수 있다.
따라서 논리적 순서에 맞게 배열하면 [다]－[라]－[나]－[가] 순으로 와야 한다.

02 추리

06 문단배열 정답 ②

| 정답풀이 |

주어진 글은 난청 및 골전도 이어폰 사용에 관한 내용을 설명하고 있다.

먼저, 객관적 근거를 제시하며 최근 이어폰 사용 실태에 관한 내용으로 글 전체의 도입을 제시하는 [가] 문단이 처음에 배치되어야 하고, 이에 따른 예가 제시되는 [나] 문단이 그 뒤에 와야 한다. [나] 문단에서 A 씨가 청력 보호를 위해 골전도 이어폰을 구매했다는 내용이 있고 [라] 문단에서 전문가들이 골전도 이어폰 또한 청력 보호에 효과적이지 않다는 것을 설명하고 있으므로 [나] 문단 뒤에 [라] 문단이 와야 한다. 그리고 [라] 문단에 관한 내용을 부연 설명하는 [다] 문단이 [라] 문단 다음에 배치되어야 한다.

따라서 논리적 순서에 맞게 배열하면 [가]－[나]－[라]－[다] 순으로 와야 한다.

CHAPTER 04 독해추론 역대 기출문제

참·거짓 판단									P.230
01	②	02	①	03	②	04	①	05	④
06	①	07	①	08	④	09	③	10	⑤
11	②	12	③	13	⑤	14	⑤	15	②
16	③	17	④	18	④	19	②	20	②
21	③	22	④	23	③	24	①	25	⑤
26	④	27	②	28	⑤				

01 참 · 거짓 판단 정답 ②

| 정답풀이 |

디지털 기기와 클라우드 컴퓨팅의 확산으로 데이터 저장 수요가 급증하고 있으며, SSD와 IoT, AI 기술의 발전이 낸드플래시의 중요성을 높이고 있다. 일회성 메모리 수요가 증가하는 것이 아닌 빠른 데이터 접근 속도와 높은 저장 용량을 제공하는 저장 장치가 인기가 있다.

| 오답풀이 |

① 메모리는 SLC, MLC, TLC, QLC 등으로 구분되며, 저장 용량과 속도, 내구성에서 차이가 난다고 언급하지만 구체적인 비교가 없어 주어진 글만으로는 알 수 없다.

③ 낸드플래시는 스마트폰, 태블릿, SSD 등 다양한 전자기기에 사용되며 빠른 데이터 접근 속도와 높은 저장 용량을 제공한다.

④ SSD와 HDD의 데이터의 수명 차이, 고장이 날 가능성의 여부는 주어진 글만으로는 알 수 없다.

⑤ 낸드플래시는 데이터 저장 장치에서 핵심적인 역할을 하며 사업 가치가 증가하고 있으므로 시장의 수요에 따라 중요성이 높아진다.

02 참 · 거짓 판단 정답 ①

| 정답풀이 |

프레스코 기법은 젖은 회반죽 위에 안료를 덧칠하여 그림을 그리는 기법으로 벽면이 완전히 마르기 전에 작업해야 안료가 회반죽과 깊숙이 결합되어 오랜 시간 보존이 가능하다. 만약 벽면이 완전히 마른 상태에서 안료를 덧칠하면 안료가 회반죽과 제대로 결합하지 못하고 쉽게 떨어질 수 있다.

| 오답풀이 |

② 프레스코 기법으로 그린 벽화는 안료가 벽면과 깊게 결합되면서 내구성이 강해진다.
③ 습기가 있는 상태에서 안료는 상회반죽과 화학 반응을 일으켜 단단하게 결합된다.
④ 작업 시에 습도, 온도 조절, 세밀함 등이 프레스코 기법을 성공적으로 완성하도록 돕는다.
⑤ 프레스코 기법의 특징인 안료와 벽면의 깊은 결합으로 인해 안료를 떼어내거나 교체하는 것이 어려워 불필요한 개입은 최소화해야 하며, 그렇기 때문에 보수와 복원에 어려움이 있다.

03 참 · 거짓 판단 정답 ②

| 정답풀이 |

플로팅 게이트 메모리는 데이터를 저장할 때 전압 조절과 전자의 이동을 통해 데이터를 정하므로 오직 열만을 이용하는 것은 아니다.

| 오답풀이 |

① 플로팅 게이트는 비휘발성 메모리의 핵심요소로, 전원이 꺼졌다가 켜져도 데이터가 유지된다.
③ 플로팅 게이트의 전기적 상태는 저장된 전자의 양에 따라 달라진다.
④ 플로팅 게이트는 데이터 저장 및 유지에 중요한 역할을 한다.
⑤ 플로팅 게이트는 신뢰성과 우수한 데이터 보존 기능으로 인해 다양한 전자기기에서 메모리 기술로 널리 사용되고 채택되어 중요한 역할을 하고 있다.

04 참 · 거짓 판단 정답 ①

| 정답풀이 |

HMB의 효과는 개인의 유전적 특성, 운동 강도, 식단, 건강 상태 등 개인에 따라 달라질 수 있다. 모든 사람에게 동일한 효과를 보장하지 않는다.

| 오답풀이 |

② HMB는 근육 단백질 합성을 촉진하고 근육 회복을 가속화하며, 근육 성장을 돕는 역할을 한다.
③ HMB는 근육의 염증을 줄이고 근육통을 완화하는 데 도움을 준다.
④ 과도한 섭취가 부작용을 유발할 수 있으므로 전문가와 상담하여 적절한 용량을 정하는 것이 중요하다.
⑤ HMB는 운동 성능 향상과 건강 증진에 도움을 줄 수 있다.

05 참 · 거짓 판단 정답 ④

| 정답풀이 |

사인 및 와이어 본딩은 다이싱 블레이드로 웨이퍼를 절단을 완료한 후, 진행되는 본딩 공정이다.

| 오답풀이 |

① 반도체 제조에서 웨이퍼를 개별 칩으로 나누는 관정에는 다양한 다이싱 기법이 사용되며, 각 기법은 칩의 설계, 생산 비용, 공정 속도에 따라 선택된다.
② 와이어 다이싱 기법과 밀링 기법은 두꺼운 웨이퍼 절단에 적합하나 어느 것이 상대적으로 더 빠른지 주어진 글만으로는 알 수 없다.
③ 밀링 기법은 회전하는 커터로 웨이퍼와 접촉하여 절단하는 방식이다.
⑤ 다이아몬드 블레이드는 날카로운 다이아몬드 결정을 사용하여 웨이퍼를 미세하게 절단하기 때문에 높은 정밀도를 요구하는 반도체 제조 공정에 적합하다.

06 참 · 거짓 판단 정답 ①

| 정답풀이 |

크로마토그래피는 혼합물의 성분을 분리하는 것뿐만 아니라 각 성분의 종류와 양을 분석하는 중요한 목적을 지닌 기법이다. 단순히 분리하는 데 그치는 것이 아닌, 분리된 성분에 대한 정성 및 정량 분석까지 수행한다.

| 오답풀이 |

② 크로마토그래피는 시료의 종류, 성질, 분석 목적에 따라 다양한 기법과 조건을 선택하여 사용하며, 얻을 수 있는 정보 역시 달라진다.
③ 크로마토그래피 사업은 장비, 소모품, 유지보수 서비스 등 다양한 부분에서 수익을 창출하며, 어떤 부분이 주요 수익원인지는 글의 내용을 통해 알 수 없다.
④ 신약 개발과 품질 관리에 사용됨으로써 안전성 관리와 소비자 건강에 기여한다.
⑤ 크로마토그래피는 신약 개발, 식품 안전성 검사 등 다양한 분야에서 중요한 역할과 동시에 소비자의 안전과 건강에 기여한다.

07 참 · 거짓 판단 정답 ①

| 정답풀이 |

낙하 충격이나 침수와 같은 극한 환경이 제품의 성능에 미치는 영향을 설명하며, 이런 상황을 평가하는 것이 중요하므로 반드시 참인 진술이다.

| 오답풀이 |

② 낙하 시험과 침수 시험은 다양한 제품에 적용되므로 일부 제품에 한하여 수행된다고 할 수 없다.

③ 낙하 시험과 침수 시험이 주로 제품의 내구성 및 방구 성능을 평가한다고 설명하고 있으며, 외관 평가를 포함하지 않는다.

④ 침수 시험은 제품이 물에 잠겼을 때의 방수 성능을 평가하는 것이며, 떨어진 높이와는 관련이 없다.

⑤ 성능 평가를 통해 제품의 취약점을 파악하고 개선하여 신뢰성을 높일 수 있다고 설명하고 있으므로 신뢰를 회복하기 어렵다고 볼 수 없다.

08 참 · 거짓 판단 정답 ④

| 정답풀이 |

PPI가 높을수록 픽셀 간의 간격이 정밀하여 화면의 선명도와 디테일이 향상되고 반대로 픽셀 간의 간격이 넓어지면 PPI가 낮아지고 화면의 선명도와 디테일이 감소한다.

| 오답풀이 |

① PPI는 디스플레이의 픽셀 밀도를 측정하는 단위로 색상 품질을 측정하지 않는다. PPI가 높을수록 해상도가 높지만, 색상 품질과는 관련이 없다.

② PPI는 CRT 모니터 시대에는 고려되지 않았고 그 이후 LCD와 LED 디스플레이 기술이 보편화되면서 PPI 개념이 중요해졌다.

③ PPI는 픽셀 밀도를 측정하는 단위로 디스플레이의 물리적 크기를 줄이는 것과 관련이 없다. PPI가 높으면 픽셀 밀도가 높아져 해상도가 좋아지지만, 물리적 크기와는 관련이 없다.

⑤ 가상현실(VR)이나 증강현실(AR) 분야에서는 높은 PPI가 필수적이다. 높은 PPI는 더 사실적인 시각적 경험을 제공하기 때문에 가상현실, 증강현실에서는 사실적 경험을 제공하고 의료 분야에서도 고해상도로 더욱 정확한 진단과 치료를 할 수 있다.

09 참 · 거짓 판단 정답 ③

| 정답풀이 |

6,600만 년 전의 소행성 충돌로 공룡이 멸종하였으므로 5,000만 년 전에는 공룡이 존재할 수 없다.

| 오답풀이 |

① 소행성과 혜성이 태양계 형성 당시에 구성된 물질의 냉동 보관 창고 및 화석이라고 했지만 0℃ 이하에서 존재하는지는 알 수 없다.

② 소행성의 충돌로 당시 공룡을 비롯한 많은 생명이 멸종하였다.

④ 소행성이나 혜성에는 태양계 형성 당시에 구성된 물질의 단서가 있을 수 있다.

⑤ 소행성과 혜성으로 태양계 형성 당시를 알 수도 있으나, 태양계가 형성될 당시에 많은 소행성과 혜성이 만들어졌는지는 알 수 없다.

10 참 · 거짓 판단 정답 ⑤

| 정답풀이 |

키나피의 작용 원리에 관한 이해가 부족한 결과, 남용되는 문제를 가져왔다고 진술되어 있으므로 원인과 결과가 전도되어 확실한 거짓이다.

| 오답풀이 |

① '기원후 5세기에 만들어진 한 문헌에는 유럽에서의 말라리아 유행에 대한 기록이 남아 있다.'라고 하였으므로 옳은 내용이다.

② 말라리아에 대한 '보다' 효과적인 치료법이 17세기가 되어서야 나타났으므로, 그 이전에도 효과적인 치료법이 있었다는 진술은 옳다.

③ '1633년 안토니오 신부에 의하면 현재 에투아도르로 알려진 잉카 제국의 일부에서 자라는 나무의 껍질이 말라리아에 효과가 있었다. 그러나 당시 의사들은 이 새로운 약의 신빙성을 의심했는데, 이 약이 종교적 단체로부터 도입되었기 때문이었다.'라고 하였으므로 치료 효과와 관련이 적음을 알 수 있다.

④ 말라리아가 고대 유럽에서의 주요한 사망원인만 아니었을 뿐, 사망의 한 원인임에는 분명하므로 확실히 옳다.

11 참 · 거짓 판단 정답 ②

| 정답풀이 |

2문단의 첫 번째 문장에서 '우리나라는 반도체 설계나 신약 개발에서는 미국에 뒤처졌지만~'이라고 하였다. 따라서 우리나라가 신약 개발 분야에서 미국보다 앞서 있다는 것은 거짓이다.

| 오답풀이 |

① 2문단에서 우리나라가 미국에 이어 바이오의약품 생산량 2위라고 하였으므로 미국은 바이오의약품 생산량이 전 세계에서 1위임을 알 수 있다.

③ 2문단에서 우리나라는 '시스템반도체 파운드리(위탁생산) 분야에선 대만에 이어 세계 2위'라고 하였으므로 중국보다 순위가 높다는 것을 알 수 있다.

④ 2문단에서 '한국과 중국이 양분하는 전기자동차 배터리 시장'이라고 하였으므로, 전기자동차 배터리 분야에서 우리나라는 전 세계적으로 위상이 높은 편임을 알 수 있다.
⑤ 1문단의 전반적인 내용에 비추어 볼 때, 우리나라는 BBC 산업에 관련하여 미국이 요구하는 바를 충분히 긍정적으로 검토할 것임을 알 수 있다.

12 참 · 거짓 판단 정답 ③

| 정답풀이 |
1문단 마지막 문장에서 '메모리 반도체 경기 침체에도 포토마스크 가격이 오르는 건 이례적이다.'라고 하였으므로 반도체 경기가 활성화되면서 포토마스크 가격이 급등하고 있다는 내용은 거짓이다.

| 오답풀이 |
① 1문단의 두 번째 문장에서 '2024년에도 공급 부족으로 가격이 최대 25%까지 급등하고~'라고 하였고, 두 번째 문단에서도 제품 가격의 오름세가 지속된다고 하였으므로 옳은 내용이다.
② 1문단의 내용을 통해 알 수 있다.
④ 2문단의 마지막 문장에서 '반도체 IC를 생산하는 파운드리 업체들은 협력사로부터 외주 공급 물량을 늘리는 방식으로 포토마스크 수급에 대응하고 있다.'라고 하였으므로 옳은 내용이다.
⑤ 2문단의 두 번째 문장에서 '저스펙 제품은 납기 일이 평상시보다 갑절로 늘었다.'라고 하였으므로 옳은 내용이다.

13 참 · 거짓 판단 정답 ⑤

| 정답풀이 |
행성의 경우 녹색으로 보인다면 그 별의 지표나 대기에 어떤 성분이 나타내는 색이 녹색이기 때문이다. 그러나 별은 수소와 그 핵융합 반응의 산물인 헬륨, 이 두 물질이 구성 성분의 거의 대부분을 차지하고 있다고 하였다. 따라서 별의 색은 온도에 의해 결정되므로 지표나 대기의 성분이 나타내는 색 때문이라는 내용은 거짓이다.

| 오답풀이 |
① 2문단의 마지막 문장에서 '지구의 바다가 푸르게 보이는 것은 태양빛 중 파장이 긴 붉은색이 물에 흡수되어 사라지는 반면 파장이 짧은 푸른색은 물분자에 의해 산란 · 반사되어 우리 눈에 잘 들어오기 때문'이라고 하였다. 이는 바닷물은 원래 특정한 색을 나타내지 않고, 태양 빛에 의한 결과임을 알 수 있다.
② 2문단에서 '별은 푸를수록 뜨겁고 붉을수록 차갑다.'라고 하였으므로 옳은 내용이다.
③ 1문단에서 '화성이 붉게 보이는 것은 산화철 성분 때문에 지표의 흙이 붉기 때문'이라고 하였다. 즉, 화성의 지표에 있는 흙에는 산화철 성분이 많이 섞여 있고, 이로 인해 붉게 보이는 것이다.
④ 1문단에서 '지구가 푸른 것은 물로 된 넓은 바다와 엽록소를 가진 삼림이 퍼져 있기 때문이다.'라고 하였으므로 옳은 내용이다.

14 참 · 거짓 판단 정답 ⑤

| 정답풀이 |
PPG 센서에서 피부로 빛을 쏠 때, 혈류량에 따라 흡수되는 빛의 양이 다르다고 하였고, 빛이 얼마나 흡수됐는지를 측정하면 혈액량의 변화를 알 수 있다고 하였다. 따라서 혈류량이 다르면 피부에서 흡수되는 빛의 양도 다르다는 것을 알 수 있다.

| 오답풀이 |
① 심장에서 나온 혈액이 손가락 끝에 닿기까지는 약 1~2초가 걸리지만, 맥파는 약 0.16초가 걸린다고 하였으므로 맥파가 혈류 속도보다 빠르다.
② 심장이 피를 보내기 위해 뛸 때도 혈관을 따라 미세한 변화가 생기는데 이것을 '맥파'라고 하며, PPG는 이런 맥파를 측정하는 것이므로 PPG는 심장이 뛸 때 생기는 혈관의 변화를 측정하는 것으로 볼 수 있다.
③ PPG로 맥파를 계속 측정하면 심장 건강 상태나 체력 수준을 짐작할 수도 있다고 하였다.
④ 맥파가 움직이는 속도는 동맥의 두께, 혈액의 밀도 같은 혈관 상태에 영향을 받는다고 하였다. 따라서 혈액의 밀도 차이가 큰 두 사람에게서 측정된 PPG 수치는 전혀 다를 것이다.

15 참 · 거짓 판단 정답 ②

| 정답풀이 |
마지막 문장에서 '컬러볼륨이 100%이더라도 Lab 색 공간의 전체 영역을 표시한다는 의미는 아니다.'라고 하였다. 따라서 컬러볼륨이 100%이더라도 색 공간 전체 영역을 나타낼 수는 없음을 알 수 있다.

| 오답풀이 |
① '우리가 실제로 보는 색과 동일한 색을 디스플레이에서 구현하기 위해서는 기존 색 재현율에 밝기를 더한 3차원 그래프가 필요하다'라고 하였다. 따라서 색 재현율을 2차원 그래프로 나타낼 수 있음을 알 수 있다.

③ ‘UHD 해상도나 HDR 같은 기술이 등장하면서 색 재현율이라는 기준이 나아가야 할 방향과 목표도 달라졌다.’라고 하였다. 따라서 기술의 발달이 디스플레이 및 색 재현에 관한 기준을 바꾸었음을 알 수 있다.
④ 1문단의 마지막에서 ‘팔레트에서 사용할 수 있는 파란색 물감의 종류가 더 많으면 실제 바다와 더 비슷한 색깔로 그림을 완성할 수 있다’라고 하였고, 2문단의 두 번째 문장에서 ‘색 재현율이란 디스플레이에서 사용하는 물감과 팔레트라 할 수 있고, 이 색 재현율이 높을수록 사용하는 물감의 수가 많은 셈이다’라고 하였으므로 결국 색 재현율이 높은 디스플레이일수록 실제와 비슷하게 보여질 것임을 알 수 있다.
⑤ ‘우리 눈에 바다가 파란색으로 보이는 이유는 태양 빛의 수많은 색 중 파란색을 바다가 반사하기 때문이다.’라고 하였다. 따라서 노을 진 하늘의 색이 붉게 보이는 건 대기가 태양 빛 중 빨간색을 반사하기 때문임을 알 수 있다.

16 참 · 거짓 판단 정답 ③

| 정답풀이 |

로봇청소기는 실내에서 스스로 돌아다니므로 공간 지도를 작성하는 슬램 기술이, 네비게이션에는 SD 카드와 GPS 기술이 적용되고 있다.

| 오답풀이 |

① 네비게이션에는 슬램 기술이 아니라 SD카드와 GPS 기술이 적용된다.
② GPS는 인공위성의 도움으로 사용되는 기술이다.
④, ⑤ 슬램은 주변의 환경을 인식하여 자신의 위치를 계산하고 스스로 공간 지도를 만드는 기술이다. 따라서 로봇청소기에는 주변 환경을 인식하기 위한 센서가 장착되어 있어야 한다.

17 참 · 거짓 판단 정답 ④

| 정답풀이 |

냄비를 데우기 위해 불에서 가장 뜨거운 부분인 위에 둔다고 했다. 따라서 아궁이에서 냄비를 데울 때 불 옆에 둔다는 것은 거짓이다.

| 오답풀이 |

① 온돌은 연기와 불을 나눈 구조로, 실내에 연기를 발생시키지 않는다고 했다.
② 서양의 벽난로는 가장 뜨거운 불 윗부분을 굴뚝을 통해 바로 내보내고, 불 옆 부분만을 이용한다고 했다.
③ 아궁이에서 불을 때면 뜨거워진 공기가 고래를 통해 지나간다고 했다.
⑤ 아궁이에서 불을 때면 방바닥에 열이 ‘전도’되고, 뜨거워진 구들은 열을 방출하는 ‘복사’ 현상을 일으키며, 방에서는 ‘대류’ 현상으로 인해 방 전체가 따뜻해진다고 했다.

18 참 · 거짓 판단 정답 ④

| 정답풀이 |

카메라는 빛의 간섭을 잘 받아들이는 것이 아니라 잘 처리하는지가 중점인 센서이고, 카메라 부분의 픽셀 밀도를 떨어뜨려 전체화면으로 영상 등을 실행하면 일체감이 있음을 알 수 있다.

| 오답풀이 |

① UDC에 사용된 지금까지의 방법은 셀피 카메라 부분이 약간 어둡게 보인다는 것을 알 수 있다.
② 카메라 위의 망사 스크린은 셀피 촬영에 큰 악영향을 주고, 이는 좋은 품질의 셀피 사진을 얻기 어려운 요인임을 알 수 있다.
③ 팝업 카메라 자체는 훌륭한 방식이지만 그만큼 부품 수가 늘어나면 고장의 위험이 점점 높아지는 문제가 있음을 알 수 있다.
⑤ UDC는 화면 아래에 카메라를 숨기는 기술로, 좋은 카메라를 탑재해도 빛을 가리고 있는 위 화면 때문에 좋은 품질의 셀피 사진을 얻기 어려움을 알 수 있다.

19 참 · 거짓 판단 정답 ②

| 정답풀이 |

모바일 플랫폼에 가장 친화적인 Z세대가 주 고객층이 되자, 기업들은 자신들의 앱을 더 편리하고, 친숙하게 발전시켰음을 알 수 있으므로 기성세대들의 이용을 위한 것이 아님을 알 수 있다.

| 오답풀이 |

① ‘자이낸스’는 새로운 세대의 라이프스타일 중 금융과 관련된 어떤 상징이 되었고, 이로 인해 모바일 금융 플랫폼의 영역이 더 확장될 수 있었음을 알 수 있다.
③ Z세대에 의해 견인되고, 생산되는 금융을 일컬어 ‘자이낸스(Zinance)’라 일컫고, 이는 Z세대의 ‘Z’와 ‘finance(금융)’를 결합한 신조어임을 알 수 있다.
④ Z세대는 대출이라는 것을 두려워하지 않고, 빚도 재산이라 생각하며 소비와 투자에 더 적극적으로 뛰어든다는 것을 알 수 있다.
⑤ Z세대는 ‘영끌(영혼을 끌어 모은)’ 대출로 주식과 암호화폐 시장에 뛰어들었고, 이 움직임에 의해 상승장이

주도되기도 하는 상황이 종종 발생했음을 알 수 있다.

20 참 · 거짓 판단 정답 ②

| 정답풀이 |

중력으로 인해 감염원으로부터 2m 이내의 거리에 대부분 떨어지는 것은 상대적으로 큰 비말임을 알 수 있고, 에어로졸의 경우 더 멀리 이동함을 알 수 있다.

| 오답풀이 |

① 비말이 이동하는 거리는 대화, 기침, 재채기에 따라 달라질 수 있으며, 이 중 재채기는 가장 멀리 비말을 보낼 수 있는 수단임을 알 수 있다.
③ 비말에 의한 감염은 비말을 직접적으로 흡입하거나, 접촉 매개물을 거쳐 간접적으로 일어날 수 있음을 알 수 있다.
④ 크기에 따라 입자의 지름이 5~10μm보다 크면 '비말', 5μm보다 작으면 '비말핵' 혹은 '에어로졸'로 정의하고, 에어로졸은 부유하고 있는 입자를 총칭함을 알 수 있다.
⑤ 호흡기 감염을 유발하는 바이러스는 여러 가지 크기의 입자를 통해 전파가 가능함을 알 수 있다.

21 참 · 거짓 판단 정답 ③

| 정답풀이 |

인메모리 컴퓨팅은 메모리 내 대량의 데이터를 이동 없이 메모리 내에서 병렬 연산하여 전력 소모를 크게 줄일 수 있는 칩 기술이므로 전력 소모가 크다는 서술은 거짓이다.

| 오답풀이 |

① MRAM은 인메모리 컴퓨팅에 활용할 수 있는 비휘발성 메모리들 중 하나이므로 여러 종류의 비휘발성 메모리가 있음을 알 수 있다.
② S전자 연구진은 낮은 저항값을 가져 그간 인메모리 컴퓨팅에 구현되지 못했던 MRAM의 한계를 기존 방식이 아닌 새로운 개념의 인메모리 컴퓨팅 구조를 적용해 설계에 성공했다.
④ 기존 컴퓨터에서 데이터의 저장은 메모리 반도체가, 연산은 프로세서가 담당한다.
⑤ MRAM 기반 인메모리 칩의 성능을 인공지능 계산에 응용했을 때, 숫자 분류에서는 최대 98%, 얼굴 검출에서는 93%의 정확도를 보였다.

22 참 · 거짓 판단 정답 ④

| 정답풀이 |

카탈라아제 유전자를 하나 더 갖고 있는 대장균은 매우 높은 활성 산소에 대한 저항성을 보였음을 알 수 있다.

| 오답풀이 |

① 병원성 세균에 대한 저항력이 감소하는 이유가 미생물의 특정 유전물질에 있음을 최초로 밝혀냈음을 알 수 있다.
② 장내 세균의 특이 유전자 중 하나인 카탈라아제가 감염성 세균의 증식을 증가시킬 수 있고, 관련 질환에 대한 예측 연구가 가능할 것으로 기대됨을 알 수 있다.
③ 항생제 처리를 통한 공생세균을 분석한 결과 특이한 유전 형질을 가진 대장균이 폭발적으로 증가됨을 알 수 있다.
⑤ 특정 유전 형질을 갖는 소수의 대장균은 선택적이고 능동적인 증식을 할 수 있음을 알 수 있다.

23 참 · 거짓 판단 정답 ③

| 정답풀이 |

코즈 마케팅은 사회적 이슈를 연계해 소비자들의 호의적인 참여를 이끌어내는 마케팅으로, 소비에 있어 가격과 성능 같은 단편적인 특징뿐만 아니라 브랜드 및 제품에 부여된 가치와 신념 등과 같은 면까지 고려한다.

| 오답풀이 |

① 미닝아웃과 가치소비는 현대사회를 대표하는 키워드로, 소비자들은 소비 시 가격과 성능뿐만 아니라 브랜드 및 제품에 부여된 가치와 신념 등을 고려한다.
② 1984년 미국의 아메리칸익스프레스사의 자유의 여신상 복원을 위한 기부 연계 프로젝트는 코즈 마케팅의 첫 사례로 꼽힌다.
④ 코즈 마케팅은 미닝아웃과 가치소비 성향의 소비자들을 겨냥한 마케팅 중 하나다.
⑤ 소비를 통한 소비자들의 기부 활동은 코즈 마케팅의 가장 기본적인 유형이다.

24 참 · 거짓 판단 정답 ①

| 정답풀이 |

아보카도는 나무에 달린 채 완전히 자라지만 익지는 않는다. 따라서 인간의 능력으로 후숙시키므로 인위적으로 후숙시킬 필요가 없다는 진술은 거짓이다.

| 오답풀이 |

② 아보카도가 나무에 달린 채 완전히 다 자라면 수확 및 유통, 판매까지 이어짐을 알 수 있다.

③ 아보카도를 눌러 익은 정도를 확인하는 기준이 사람마다 다름은 알 수 있지만, 표준화할 필요에 대해서는 주어진 글만으로는 알 수 없다.

④ 아보카도를 골라내는 책임이 거의 100% 소비자에게 돌아가기 때문에 엄지손가락으로 가볍게 눌러 보는 것이 익은 정도를 판단하는 일반적인 방법임을 알 수 있다.

⑤ 아보카도의 껍질 밑이 압박으로 멍을 입는 것은 알 수 있지만, 다른 부위가 익었는지 덜 익었는지는 주어진 글만으로는 알 수 없다.

25 참 · 거짓 판단 정답 ⑤

| 정답풀이 |

4문단에서 공격팀은 수비진영에서 숨을 멈춘 상태에서 자기 진영으로 돌아가지 못하면 공격자는 퇴장당함을 알 수 있다. 공격권을 상대에게 넘겨주는 경우는 수비진영의 보크 라인이란 선을 넘었다가 돌아가는 경우이다.

| 오답풀이 |

① 1문단에서 카바디는 수 세기 전부터 인도에서 해왔던 변형 투기 종목이고, 3문단에서 동전을 던져 공수를 정함을 알 수 있다.

② 3문단에서 공격팀은 '카바디'라는 말을 반복해서 빠르게 외쳐야 하고, 공격수가 의도적으로 '카바디'를 느리게 외치면 파울이 선언됨을 알 수 있다.

③ 4문단에서 수비팀은 공격자가 자신들을 터치한 후에 자기 팀으로 무사히 돌아가지 못하도록 막아야 하는 것은 알 수 있지만, 지나치게 수비적인 경기를 하면 불이익을 받을 수 있는지는 주어진 글만으로는 알 수 없다.

④ 4문단에서 수비팀은 공격수를 붙잡는 등 적극적으로 저지함은 알 수 있지만, 몸싸움이 일어나고 격렬한 경우가 발생하는지는 주어진 글만으로는 알 수 없다.

26 참 · 거짓 판단 정답 ④

| 정답풀이 |

2문단에서 최신 항공기에는 대부분 윈드시어 감지 장치가 장착되어 있음을 알 수 있고, 이 장치에서 경보가 울리면 그 즉시 복행을 해야 함을 알 수 있다.

| 오답풀이 |

① 1문단과 2문단에서 제주도 같은 경우에는 윈드시어가 자주 발생하고, 항공기가 무더기로 결항한 것이 윈드시어 때문임을 알 수 있다.

② 3문단에서 비행기의 비행에는 안개, 바람 등 모든 기상 여건이 비행에 절대적인 영향을 끼치는데, 그 중에서도 바람이 가장 위협적임을 알 수 있다.

③ 2문단에서 과학이 이렇게 발달했음에도 불구하고 윈드시어에 대처할 수 있는 방법은 현재 없음을 알 수 있다. 하지만 과학의 발달이 지속적으로 이루어지면 대처할 수 있는 방법을 만들어낼 수 있는지는 주어진 글만으로는 알 수 없다.

⑤ 3문단에서 양력이 작아지면 비행기가 잘 날지 못함을 알 수 있지만, 비행기를 밀어주는 힘이 강하면 자연스럽게 비행기가 위로 떠오를 수 있는지는 주어진 글만으로는 알 수 없다.

27 참 · 거짓 판단 정답 ②

| 정답풀이 |

마지막 문단을 보면 열을 제거한 다음에도 메타 렌즈는 똑같이 선명한 이미지를 만들어 냄을 알 수 있다.

| 오답풀이 |

① 메타 렌즈에 레이저로 열을 가하면 물질이 가열된 후 원자 구조가 바뀌고 이에 반응하여 메타 표면은 빛의 방향을 바꾸어 더 먼 물체에 초점을 맞춘다.

③ 메타 렌즈가 유리 렌즈가 없어도 선명한 이미지를 찍어주는 새로운 개념이기는 하지만 메타 렌즈에 유리가 사용되었는지는 주어진 글만으로는 알 수 없다.

④ 메타 렌즈는 레이저 펄스로 가열하면 내부 구조가 바뀌며, 이 특성을 이용해 만든 CD는 저장된 데이터를 지우고 다시 쓸 수 있는 기능이 생긴다고 했으므로 메타 렌즈가 사용되지 않는 CD는 저장된 데이터를 지우고 다시 쓸 수 없음을 알 수 있다.

⑤ 메타 렌즈가 앞으로 다양한 열 카메라에 사용될 전망이기는 하지만 현재 다양한 카메라에 활용되고 있는지는 주어진 글만으로는 알 수 없다.

28 참 · 거짓 판단 정답 ⑤

| 정답풀이 |

2문단에서 마그마의 바닷속에는 지금의 마그마보다 훨씬 더 많은 산소가 들어있었음을 알 수 있다.

| 오답풀이 |

① 1문단에서 지구 내부의 마그마는 지구 표면에서 액체 상태로 바닷물처럼 부유하고 있었음을 알 수 있다.

② 3문단에서 지구 생성 초기 마그마의 산화와 환원 상태에서 비롯된 마그마의 바다에서 분출된 다양한 가스로 지금의 대기권이 형성되었음을 알 수 있다.
③ 3문단에서 다양한 물질들의 산화와 환원이라는 화학 작용을 바탕으로 지구를 설명하고 있음은 알 수 있지만, 이에 관심을 가짐으로써 다양한 지구 형성 과정을 설명하는 것이 가능해졌는지는 알 수 없다.
④ 1문단에서 마그마가 1100℃가 넘는 고온임은 알 수 있지만, 외부 행성체들과의 끊임없는 충돌이 원인임은 알 수 없다.

비판적 사고 P.254

01	④	02	①	03	⑤	04	⑤	05	②
06	②	07	①	08	②	09	④	10	④
11	④								

01 비판적 사고 정답 ④

| 정답풀이 |
SEI 층의 중요성을 인정하면서도, SEI 층이 지나치게 두꺼워지면 리튬이온의 이동을 방해할 수 있다는 점을 지적하여 주장의 논점을 반박하는 내용이다. 따라서 SEI 층의 중요성에 대한 반론으로 가장 적절하다.

| 오답풀이 |
① SEI 층의 중요성을 강조하는 내용으로, 반론이 아닌 주장을 강화하는 내용이다.
②, ⑤ SEI 층의 필요성을 강조하는 내용으로 반론으로 적절하지 않다.
③ SEI 층이 자연스럽게 형성된다는 사실을 설명하는 내용으로 반론으로 적절하지 않다.

02 비판적 사고 정답 ①

| 정답풀이 |
박리법의 장점을 설명하는 내용이므로 반론으로 적절하지 않다.

| 오답풀이 |
② 박리법이 초기 연구에 기여했지만 대량 생산에는 적합하지 않다는 점을 지적하므로 적절한 반론이다.
③ 박리법의 경제성과 간편함을 인정하면서도, 대량 생산에 대한 한계를 지적하고 있기 때문에 반론으로 적절하다.
④ 박리법의 대량 생산 적합성에 대한 문제를 반박하고 화학적 증착법을 대안으로 제시하고 있다.
⑤ 박리법이 연구용으로 유용하지만 산업적 응용에는 한계가 있다는 글의 내용을 반박하고 있다.

03 비판적 사고 정답 ⑤

| 정답풀이 |
eRAM이 모바일 장치에서도 중요한 역할을 한다고 언급된 내용을 반박하는 내용이다. 따라서 반론으로 적절하다.

| 오답풀이 |

①, ④ eRAM의 장점과 한계를 모두 언급하고 있다 이는 글에 대한 반론이 아니라 글의 내용을 보완하는 진술이다.

② DRAM과 eRAM의 차이점을 지적하며, 글의 내용을 강화하고 있다. 따라서 반론으로 적절하지 않다.

③ 글에서 설명한 플래시 메모리의 특성을 그대로 반영하며, 글의 내용을 강화한다. 따라서 반론으로 적절하지 않다.

04 비판적 사고 정답 ⑤

| 정답풀이 |

주어진 글은 광고가 얼핏 소비자에게 선택의 기회를 넓혀 주는 것 같지만, 사실은 특정 상품에 대한 구매를 강조함으로써 결국에는 소비자들에게 선택의 여지를 박탈하고 있다고 주장하고 있다. 즉 광고가 소비자 즉 우리를 조종하고 있다는 것이다.

이에 대한 적절한 반론으로는 소비자가 광고에 의해 조종되는 것이 아니라, 소비자가 광고에 지대한 영향을 끼칠 수 있음을 드러내야 한다. 이에 가장 타당한 것은 ⑤이다.

| 오답풀이 |

① 소비자를 설득하는 방법이 쉽지 않다는 것은 소비자가 광고에 의해 조종을 당하는 것은 맞지만, 그 조종이 어려워지는 경우도 있다는 것이므로 반론으로 적절하지 않다.

②, ③ '즐거움, 공감대' 형성은 모두 소비자를 조종하기 위한 방편이므로 반론으로 적절하지 않다.

④ 직접적으로 광고가 소비자를 세뇌한다는 것은 이 글의 주제가 아니므로 반론으로 적절하지 않다.

05 비판적 사고 정답 ②

| 정답풀이 |

주어진 글은 사이버 공간의 '폐쇄성과 단절성'에 대해 강조하고 있고, 사이버 공간을 '따뜻한 정'이 없는, 표정이 없는 공간으로 규정하고 있다. 이에 대한 반론으로는 사이버 공간에서도 '정'이 있을 수 있다는 점에 초점을 맞춰야 하므로 가장 적절한 반론은 ②이다.

| 오답풀이 |

①, ⑤ 주어진 글과 관련성이 없다.

③ 주어진 글은 사이버 공간이 철저하게 개인적인 것을 요구한 것은 맞으나, '심각한 개인주의'의 원인을 사이버 공간의 탓으로 돌리고 있지는 않다.

④ 사이버 공간의 특성 중 하나가 '폐쇄성'이 있기는 하지만, 그 기원과 유래를 찾는 것을 타당한 반론으로 볼 수는 없다.

06 비판적 사고 정답 ②

| 정답풀이 |

주어진 글은 어떤 물질도 존재하지 않지만 '나' 자신은 영혼 상태로 존재하는 세계를 상상할 수 있고, 상상할 수 있으므로 그 세계가 가능하기에 자신의 본질은 물질이 아니라고 주장한다. 즉, 자신의 본질은 물질이 아니기 때문에 영혼이라는 것이다. 화자는 이와 같이 주장할 수 있는 근거가 '상상'이기 때문이다. 따라서 이 글에 대한 반론으로 가장 적절한 것은 ②이다.

07 비판적 사고 정답 ①

| 정답풀이 |

주어진 글은 소수의 지배자의 통치가 필요하다고 주장하고 있으며, 이러한 주장의 밑바탕에는 소수의 지배자들은 대중들의 행복을 위해 선한 의도로 선전을 이용할 것이라는 전제가 깔려있다. 따라서 이에 대한 반론으로는 "지배자가 악한 의도를 가질 수 있으며, 이를 간과하고 있다."라는 의견을 낼 수 있다.

시험장풀이

추론 중 반론과 근거를 찾는 문제에서 가장 중요한 것은 주어진 글의 '핵심 주장'을 찾는 것이며, 그 반론을 뒷받침해 주는 근거가 적절한지는 그다음 문제이다. 대부분의 반론은 필자의 핵심 주장에 대한 것이기 때문이다.

08 비판적 사고 정답 ②

| 정답풀이 |

무라벨 제품은 재활용을 위해 별도로 라벨을 뜯어야 하는 번거로움을 없앰으로써 소비자의 편의를 도모했으므로 분리수거를 하는 사람들에게 불편을 야기하지 않는다. 따라서 적절한 반론이 아니다.

| 오답풀이 |

① 환경을 위해서는 페트병 사용을 줄여야 하는데 무라벨 페트병이라고 해도 플라스틱을 사용하는 것은 변하지 않으므로 적절한 반론이다.

③ 무라벨 페트병을 홍보하기 위해 스티커와 포스터를 붙여놓는다면 환경에 오히려 해가 될 수 있으므로 적절한 반론이다.
④ 주어진 글에 무라벨 제품의 사용으로 연간 최대 2,640톤의 플라스틱 발생량이 줄어든다고 했다. 그런데 연간 플라스틱 페트병 생산량이 총 30만 톤이 넘는다는 사실을 고려하면, 이는 정말 적은 수에 불과하다. 따라서 적절한 반론이다.
⑤ 무라벨 생수의 경우, 필수적으로 제품명, 유통기한, 수원지 등의 의무 사항을 기재해야 하기 때문에 묶음 판매만 가능하며, 이를 위해 비닐 포장이 또다시 사용된다면 쓰레기가 배출되는 것은 동일하다. 따라서 적절한 반론이다.

09 비판적 사고 정답 ④

| 정답풀이 |

오프라인 시장 활성화를 위한 대안으로 다양한 서비스에 비콘을 적용해야 함을 주장하고 있으므로 주어진 글에 대한 반론으로 보기 어렵다.

| 오답풀이 |

① IT 기술 기반인 비콘에 발생할 수 있는 해킹, 복제 등의 위험성을 들고 있으므로 적절한 반론이다.
② 사용자의 개인정보보호와 관련한 논란이 발생할 수 있다고 지적하고 있으므로 적절한 반론이다.
③ 수동적인 작업 없이 연결되는 비콘으로 인한 불편함을 지적하고 있으므로 적절한 반론이다.
⑤ 비콘 서비스 오남용 시 불필요한 비용이 발생할 수 있다는 점을 들어 비콘 사용 범위를 제한해야 한다는 내용이므로 적절한 반론이다.

10 비판적 사고 정답 ④

| 정답풀이 |

공유경제는 서비스를 이용하는 사람들을 서로 연결해주는 플랫폼으로 국내에서는 법률적인 문제로 도입이 미뤄졌음을 언급하고 있으므로 개인정보 유출은 적절한 반론이라고 할 수 있다.

| 오답풀이 |

① 주어진 글의 주장에 오히려 힘을 실어주는 내용이다.
②, ③ 주어진 글의 주장과 관련 없는 내용이다.
⑤ 주어진 글의 주장을 수용하고 그 후속 대처를 요구하는 내용이므로 반론으로 적절하지 않다.

11 비판적 사고 정답 ④

| 정답풀이 |

크라우드소싱의 특징으로 인한 영향력으로 수익이 높아지는 것인지는 알 수 없으므로 적절한 반론이 아니다.

| 오답풀이 |

① 자신의 만족감보다 금전적인 보상을 더 중시해서 크라우드펀딩에 투자할 수 있다는 가능성을 제시하며 글의 주장을 반박하고 있다.
② 소비자가 기업활동의 전 과정에 참여하면서 기업의 자율성이 침해될 수 있다는 가능성을 제시하며 글의 주장을 반박하고 있다.
③ 문제 해결보다는 일종의 성취감만으로 팬슈머가 발생할 수 있다는 가능성을 제시하며 글의 주장을 반박하고 있다.
⑤ 생산자가 올린 상품에 소비자가 적극적으로 참여하지 않으면 경제 활동으로 이어지지 않을 수 있다는 가능성을 제시하며 글의 주장을 반박하고 있다.

추론									P.263
01	④	02	③	03	①	04	③	05	⑤
06	②	07	④	08	①	09	①	10	⑤
11	④	12	④	13	⑤				

01 추론 정답 ④

| 정답풀이 |

CAR-T 세포 치료는 주로 혈액암에서 효과를 보이며, 고형암에 대한 연구와 개발이 진행 중이다. 고형암 치료에서 CAR-T 치료가 성공하면, 면역 억제 기술이 널리 인정받고, 치료 표준으로 확립될 것이라는 추론은 적절하다.

| 오답풀이 |

① CAR-T 치료는 현재 주로 혈액암과 B세포 림프종, 급성 림프구성 백혈병에 효과적이라고 언급되어 있다. 고형암에 대한 연구가 진행 중이지만 현재 모든 암종에서 승인 받은 것은 아니다.

② 정밀 의학은 유전자 분석을 통해 맞춤형 치료를 제공하지만, 부작용이 없다는 것은 알 수 없다.

③ CAR-T 세포 치료는 환자의 T세로를 유전자 변형하여 특정 암세포를 인식하고 공격하도록 하는 방식이다. 모든 세포를 공격한 후에 선별하는 것이 아니라 변형된 T세포가 암세포를 목표로 한다.

⑤ 동일한 암종을 가진 환자들이 같은 수준의 치료 결과를 반드시 얻을 수 있는지는 주어진 글만으로는 추론하기 어렵다.

02 추론 정답 ③

| 정답풀이 |

두 현상 모두 반도체 소자의 성능과 신뢰성에 중요한 영향을 미친다. 터널링 현상은 절연막 손상과 관련이 있고, 핫 캐리어 효과는 소자의 물리적, 화학적 특성에 영향을 미친다.

| 오답풀이 |

① 터널링 현상이 반도체 소자의 내구성과 신뢰성을 저하시킬 수 있다.

② 터널링 기술이 플래시 메모리와 나노미터 크기의 트랜지스터에서 중요한 역할을 한다.

④ 터널링 현상은 전자가 양자역학적으로 에너지 장벽을 통과하는 현상이고 핫 캐리어 효과는 전자가 높은 에너지를 가지면서 반도체 내에서 이동할 때 발생한다. 서로 반대되는 전압이 아닌 특정 전압 상황에서 발생한다고 설명하는 것이 더 적절하다.

⑤ 터널링 현상과 핫 캐리어 효과가 서로 다른 전자적 현상이므로 두 현상은 서로 대체 가능한 것이 아니다.

03 추론 정답 ①

| 정답풀이 |

[보기]에서 '볼록렌즈는 빛을 한 점에 모으는 성질이 있다.'라고 하였으므로 볼록렌즈로 빛을 모을 수 있다는 것을 알 수 있다. 하지만 주어진 글에서 '구조상 빛을 모아주는 주경 역할을 하는 오목 거울'이라는 것을 통해 볼록 거울은 빛을 모으기에 용이한 구조가 아님을 추론할 수 있다.

| 오답풀이 |

② [보기]의 마지막 문장에서 '볼록렌즈의 초점에 있는 광원에서 나온 빛이 평행하게 나아가는 성질을 이용하여 자동차의 헤드라이트나 탐조등을 만든다.'라고 하였다.

③ [보기]에서 '볼록렌즈의 초점에 있는 광원에서 나온 빛이 평행하게 나아가는 성질'이라고 언급한 내용을 통해 볼록렌즈의 초점을 지난 빛은 볼록렌즈를 통과하면서 평행하게 나아간다는 것을 추론할 수 있다.

④ [보기]에서 '볼록렌즈는 빛을 한 점에 모으는 성질이 있다. 햇빛과 같은 평행 광선을 볼록렌즈의 축에 평행으로 비추었을 때 굴절된 빛이 모이는 점을 렌즈의 초점이라고 한다.'라고 하였으므로 올바른 추론이다.

⑤ 주어진 글의 마지막 문장에서 '같은 구경의 렌즈와 반사경을 비교해보면 렌즈의 제작이 더 힘들고 비용도 많이 들어간다.'라고 한 것을 통해 추론할 수 있다.

04 추론 정답 ③

| 정답풀이 |

2문단의 두 번째 줄을 통해 필라멘트에서 방출된 열전자가 수은 입자에 충돌하면 자외선이 발생하고, 이 자외선이 형광 물질과 반응하여 빛으로 바뀐다는 것을 알 수 있다. 즉, 필라멘트에서 방출되는 것은 수은이 아닌 열전자이므로 옳지 않은 추론이다.

| 오답풀이 |

① 주어진 글에서 '필라멘트에 전압을 가하면 뜨거워진 필라멘트에서 일부 에너지가 전자기파의 형태로 방출된다. 이 전자기파의 파장은 연속 스펙트럼을 갖는데, 이 중 빛은 10% 정도이고 나머지는 열의 형태인 적외선이다.'라고 하였으므로 올바른 추론이다.

② 주어진 글에서 '약간 더 복잡한 구조이다.'라고 나와 있으며, 마지막 줄의 '수명도 5~6배 정도 길다.'를 통해 수명이 길다는 것을 추론할 수 있다.
④ 주어진 글에서 '이 자외선이 형광등 안쪽에 발린 형광 물질에 닿으면 빛으로 바뀐다. 이때 형광 물질의 종류에 따라 빛의 색이 바뀌고'를 통해 추론할 수 있다.
⑤ [보기]의 내용을 통해 추론할 수 있다.

05 추론 정답 ⑤

| 정답풀이 |

주어진 글에서 "처벌은 사회 전체의 이득을 생각해서, 다른 사회 구성원들을 교육하고 범죄자를 교화하는 기능을 수행해야 한다."라고 제시되어 있다. 그런데 [보기]의 내용은 주어진 글의 주장에 대한 반박으로 범죄자에 대한 처벌의 교화 효과에 의문을 제기하고, 특히 장기 징역형을 받은 죄수들은 처벌에 의한 교화 효과가 보이지 않음을 지적하고 있다. 이러한 [보기]의 내용에 대하여 반박할 수 있는 것은, 효과가 없다고 부정만 하지 말고 장기복역수 역시 교화할 수 있는 방안을 모색해야 함을 주장하는 것이다.

| 오답풀이 |

① 단기 징역형과 장기 징역형의 차이점을 고려해야 하는 것도 있지만, 주요 논지에서 벗어나는 서술이므로 정답으로 옳지 않다.
② [보기]가 아닌, 주어진 글을 반박하는 것이므로 적절하지 않다.
③ 주어진 글은 사회 전체의 이익을 전제로 하고 있으므로 개인적 측면을 고려한다고 반박하는 것은 주어진 글의 논지와 모순된다.
④ 특정 범죄에 대한 교화 방안을 말한 것이 아니므로 '다양한 범죄에 적용할 수 있는 교화 방안'을 제시하는 것은 반박으로 적절하지 않다.

06 추론 정답 ②

| 정답풀이 |

주어진 글에서는 미국 사회학자의 논문 내용을 통해 강한 유대관계를 가진 사람보다 약한 유대관계를 지닌 사람들에게서 풍부한 정보를 얻을 수 있다는 것이 실제로 증명되었음을 확인할 수 있다. 또한 [보기]의 글에서는 약한 유대관계의 사람과 정보를 공유하여 유의미한 결과를 얻게 된 사례가 주어져 있다. 즉, 정보의 공유와 확산에 있어, 약한 유대관계가 더욱 강한 힘을 발휘한다는 것을 보여주고 있다. 따라서 깊이 있고 유용한 정보가 강한 유대관계가 정보의 공유 및 확산에 유용하다는 내용은 적절하지 않다.

| 오답풀이 |

① 약한 유대관계를 통해 도움을 받을 수 있다.
③ 주어진 글을 근거로 삼아 펼칠 수 있는 내용이다.
④ 주어진 글의 핵심 주장에 해당하는 내용이다.
⑤ 페이스북은 약한 유대관계의 네트워크를 이용해 큰 인기를 얻은 것으로 볼 수 있다.

07 추론 정답 ④

| 정답풀이 |

주어진 글은 유관 전문 기관에 따르면 고기를 대체하는 대체육 비중이 늘어나면서 기존 육류 소비 비율이 떨어지고, 대체육 소비가 확장될 것이라는 내용을 제시하고 있다. 그런데 [보기]의 글은 대체육이 기존의 육류에 비해 여러 가지 면에 있어 문제를 안고 있기에 대체육 시장의 열기가 식고 있다는 연구원의 말을 나타내고 있다. 이때, 주어진 글에 따르면 국제연합식량농업기구(FAO)에서는 2025년에는 육류 소비가 기존 육류 90%, 식물성 대체육류 10%로 봤지만, 2040년에는 기존 육류 40%, 식물성 대체육류 25%, 배양육 35%로, 대체육 소비는 확장될 것으로 분석했다고 하였으므로 적절한 추론이다.

| 오답풀이 |

① 제시된 내용만으로는 추론하기 어렵다.
② [보기]의 글에 따르면 대체육류는 기존 육류 제품보다 포화지방 · 나트륨 과다, 동물성 · 식물성 단백질간 차이 등의 문제를 안고 있어 건강에 좋다고 하기에는 어렵다고 하였다.
③ [보기]의 내용만으로는 대체육류의 소비가 줄어들 수 있을 것으로 추론할 수 있지만, 위에 주어진 글에 의하면 대체육류의 소비가 늘 것으로 전망되는 상황이므로 적절한 추론으로 보기 어렵다.
⑤ 육류 관련 기관에서는 전체 육류 소비량에서 대체육이 차지하는 비중이 늘 것으로 전망한다.

08 추론 정답 ①

| 정답풀이 |

[보기]에서 'ESD 내성이 높은 반도체를 사용한다고 해서 시스템의 ESD 특성이 좋다고 볼 수 없다.'라고 하였고, '이에 따라 국제정전기협회(www.esda.org)에서는 반도체와 시스템에 대한 ESD 평가는 별개로 보고 있

으며, 평가 방법 및 요구사항을 별도 관리하고 있다.'라고 하였다. 따라서 ESD에 대한 내성이 높은 반도체라고 해서 좋은 평가를 받는다고 추론할 수 없다.

| 오답풀이 |

② [보기]의 첫 번째 문장을 통해 알 수 있다.

③ 주어진 글에서 복사기, 먼지집진기 등의 기계들은 ESD 현상을 이용하여 우리의 생활을 윤택하게 한다고 하였다.

④ [보기]에서 '국제정전기협회(www.esda.org)에서는 반도체와 시스템에 대한 ESD 평가는 별개로 보고 있으며, 평가 방법 및 요구사항을 별도 관리하고 있다.'라고 하였으므로 적절하다.

⑤ 주어진 글에서 '반도체에서는 주요 고장을 유발하는 커다란 위협 요소이다.'라고 하였고, [보기]에서 '반도체가 PCB 위에 실장되고 나면, 보유하고 있던 반도체의 내성은 주변 회로와 결합하여 더 이상 유효하지 않다.'라고 하였으므로 적절한 추론이다.

09 추론 정답 ①

| 정답풀이 |

지름의 크기가 작아 녹음 시간이 상대적으로 짧았던 기존 SP의 쇠퇴를 20분 이상의 장기간 녹음이 가능한 LP가 불러왔으므로 SP의 녹음 시간은 LP보다 짧음을 알 수 있다.

| 오답풀이 |

② LP는 약 12인치 정도 되는 지름 한 면에 20분 이상의 장시간 녹음이 가능하여 지름의 크기가 작은 SP의 쇠퇴를 가져왔다고 하였다. 그리고 EP는 7인치 크기의 싱글 음반용으로 2~3곡 정도를 녹음할 수 있다고 하였으므로 LP는 EP나 SP보다 크기가 크다는 것을 알 수 있다.

③ LP의 등장으로 인하여 SP가 쇠퇴하였으므로 LP는 SP 이후에 제작되었음을 알 수 있다.

④ 녹음 시간이 상대적으로 짧았던 SP는 20분 이상의 장시간 녹음이 가능한 LP의 등장으로 쇠퇴하였고, 2~3곡 정도를 수록할 수 있는 EP는 싱글 음반용으로 LP와 경쟁하였다고 하였다. 이는 재생 시간에 따라 바이닐의 용어가 다르다는 것을 의미한다.

⑤ LP는 20분 이상의 장시간 녹음이 가능하다고 하였으므로 정규 음반을 제작할 때는 주로 LP를 사용하게 된다.

10 추론 정답 ⑤

| 정답풀이 |

전압을 가했을 때 압전소자가 변형이 되는 성질은 역압전효과에 의한 것이다. 따라서 적절하지 않은 추론이다.

| 오답풀이 |

① 어떤 결정에 힘을 가하면 힘에 비례하는 전하가 생긴다.

② [보기]에서 전기라이터 내부에 압전소자가 있음을 알 수 있다.

③ 압전소자에 외력을 가하면 전기분극이 일어나서 전위차가 생김을 알 수 있다.

④ [보기]에서 작은 망치가 압전소자를 때리면 높은 전압의 전기가 발생한다고 하였으므로 적절한 추론이다.

11 추론 정답 ④

| 정답풀이 |

다익스트라 알고리즘은 특정 정점에서 갈 수 있는 모든 정점들까지의 최단 경로를 구하는 알고리즘이라고 했다. 한편 A* 알고리즘은 시작 노드와 목적지 노드를 분명히 지정해서 다익스트라 알고리즘과 다르게 빠른 탐색을 수행한다고 했다. 이 둘을 종합해 보면 다익스트라 알고리즘이 가진 한계를 추론할 수 있는데 모든 정점들까지의 최단 경로를 탐색하므로 출발지와 목적지의 거리가 길어지면 길어질수록 결과를 출력하는 데 시간이 길어질 것임을 알 수 있다.

| 오답풀이 |

① 다익스트라 알고리즘의 방식으로 그래프가 큰 경우에도 사용이 불가능한지는 알 수 없다. 실제로는 사용이 가능하며, 다만 시간이 다소 걸린다.

② 다익스트라 알고리즘은 실생활에서도 많이 쓰인다고 하고 있으므로 지하철 노선을 알려주는 것 말고는 활용되는 경우가 거의 없다는 것을 추론하기 어렵다. 다익스트라 알고리즘은 지하철 노선 이외에도 네비게이션에도 사용되는 알고리즘이다.

③ 다익스트라 알고리즘은 복잡한 네트워크에서는 최단 경로를 전혀 구축하지 못하게 되는 경우가 많은지는 주어진 글만으로는 알 수 없다.

⑤ 다익스트라 알고리즘으로 빠른 탐색을 수행한다면, 최단경로가 아닌 경로를 최단경로로 결정하는 일이 있는지는 주어진 글만으로는 알 수 없다.

12 추론 정답 ④

| 정답풀이 |

주어진 글과 [보기]로 생체 인식 시스템에서 홍채와 지문을 제외하고는 사용할 만한 생체 정보가 없다고 추론하기는 어렵다.

| 오답풀이 |

① 지문은 그 형태가 개인마다 다르고, 홍채도 일란성 쌍둥이의 경우라도 좌우의 홍채 패턴이 각각 달라 서로 다른 고유성을 가지므로 지문과 홍채는 모두 개인마다 다르다는 추론은 적절하다.

② 한 사람의 홍채는 측정 가능한 266개의 특징을 가지고 있다고 했는데 지문은 빛을 이용한 인증을 한다고 했으므로 홍채가 지문보다 신뢰성이 높다는 추론은 적절하다.

③ 최근 지문인식의 경우 젤라틴을 이용한 가짜 지문으로 기계를 속였다고 나와 있지만 홍채인식은 살아 있는 눈만 가능하다고 했으므로 지문인식은 기계를 속일 수 있지만 홍채인식은 불가능하다는 추론은 적절하다.

⑤ 최근 젤라틴을 이용한 가짜 지문으로 지문인식 시스템을 속였다고 했으므로 살아 있는 손의 지문에서만 볼 수 있는 부가적인 정보를 감지해 내는 기술이 필요하다는 추론은 적절하다.

13 추론 정답 ⑤

| 정답풀이 |

그레이수소에 포함되는 부생수소는 나프타를 분해해 석유화학 제품 원료를 만드는 과정에서 부수적으로 발생하는 수소로 생산량에는 한계가 있으나 경제성이 뛰어나다는 장점이 있다고 하였다. 따라서 '생산 단가'가 높은 그린수소에 비해 생산 단가가 낮은 것으로 추론할 수 있다.

| 오답풀이 |

① 최근 친환경성이 보다 강조되면서 국내를 비롯한 전 세계에서 그린 · 블루수소로 기술 개발에 집중하고 있다고 하였으므로 블루수소가 그레이수소보다 친환경적임을 추론할 수 있다.

② 탄소를 전혀 배출하지 않는 그린수소만을 수소경제의 궁극적인 목표로 해야 한다는 주장을 통해 그린수소를 제외한 종류의 수소의 생산 과정에는 탄소가 배출됨을 알 수 있다.

③ 수소경제의 궁극적인 목표인 그린수소로의 전환을 달성하기 위해 블루수소산업이 그 길목 역할을 할 것으로 보인다고 하였으므로 수소산업에서 브라운수소의 입지는 블루수소보다 좁을 것임을 추론할 수 있다.

④ 주어진 글에서 수소법 일부 개정 법률안에서 그린 · 블루수소를 청정수소로 규정하도록 한 것에 대해 반발이 일면서 그린수소만 청정수소로 규정해야 한다는 주장이 제기되었다는 내용을 통해 그레이수소는 수소법 개정 법률에서 청정수소로 규정되지 않을 것임을 알 수 있다.

PART 03

실전모의고사

CHAPTER 01 실전모의고사 1회 자존감 UP

수리논리 P.278

01	②	02	③	03	②	04	①	05	③
06	①	07	⑤	08	⑤	09	②	10	⑤
11	①	12	④	13	③	14	③	15	⑤
16	③	17	③	18	④	19	②	20	①

01 응용수리 정답 ②

| 정답풀이 |

반도체를 생산하는 A공법과 B공법의 작년 생산량을 각각 x, y라고 하면 다음과 같은 연립방정식이 성립한다.

$$\begin{cases} x+y=7,500 \\ 0.4x-0.2y=3,500 \end{cases}$$

$\rightarrow x=4,000,\ y=3,500$

따라서 올해 B공법으로 제조한 반도체 생산량은 $3,500-(3,500\times0.2)=2,800$(개)이다.

02 응용수리 정답 ③

| 정답풀이 |

전체 10명 중 3명이 주말에 당직으로 근무해야 한다. 이때, 적어도 남자 2명 이상이 당직 근무를 해야 하므로 가능한 남자 인원은 2명 또는 3명이다.

- 남자 2명을 뽑는 경우
  ${}_5C_2\times{}_5C_1=50$(가지)
- 남자 3명을 뽑는 경우
  ${}_5C_3\times{}_5C_0=10$(가지)

따라서 총 $50+10=60$(가지)이다.

03 자료해석 정답 ②

| 정답풀이 |

2020년 중국 국적을 가진 난민 신청자 수의 2017년 대비 증가율은 $\frac{1,413-360}{360}\times100=292.5(\%)$이므로 300% 미만이다.

| 오답풀이 |

① 나이지리아 국적을 가진 난민 신청자 수는 2020년에 486명이고, 2019년에 324명이므로 $486-324=162$(명) 증가하였다.

③ 기타를 제외하고 난민 신청자가 세 번째로 많았던 국적은 2015~2016년에 나이지리아, 2017년에 중국, 2018년에 시리아, 2019~2020년에 파키스탄으로 매년 동일하지는 않다.

④ 2017년 기타를 제외하고 난민 신청자가 가장 많았던 국적은 이집트이며, 가장 적었던 국적은 나이지리아이므로 $\frac{568}{201}\fallingdotseq2.8$(배)이다.

⑤ 중국 국적을 가진 난민 신청자 수는 매년 전년 대비 증가한다.

04 자료해석 정답 ①

| 정답풀이 |

1990년 이후 전체 학생 수가 2020년까지 감소한 경향을 확인할 수 있지만, 매년 감소했는지는 확인할 수 없다.

| 오답풀이 |

② 유치원 학급당 학생 수는 10년마다 7명, 5명, 6명 감소하였으므로 5명 이상 감소한다.

③ 2020년 전체 학생 수는 $900-770=130$(만 명) 감소한다.

④ 중학교와 고등학교 모두 1990~2010년 동안 10년마다 모두 감소하였으므로 증감 추이는 동일하다.

⑤ 다음과 같이 초등학교와 고등학교의 10년 전 대비 감소한 학생 수는 2010년의 경우보다 적었다.

(단위: 명)

구분	초등학교	고등학교
2010년	37−27=10	44−29=15
2020년	27−21=6	29−24=5

05 자료해석 정답 ③

| 정답풀이 |

ⓛ 학교급별 학생 수는 (학교급별 학급당 학생 수×학교급별 학급 수)이므로, 전체 학생 수는 (유치원 학급당

학생 수×유치원 학급 수)+(초등학교 학급당 학생 수×초등학교 학급 수)+(중학교 학급당 학생 수×중학교 학급 수)+(고등학교 학급당 학생 수×고등학교 학급 수)이다.

2000년 학교급별 학급 수가 모두 x로 동일하다면 전체 학생 수는

$x\times(29+39+40+44)=900$(만 명)이라는 식이 성립하므로 x는 $900\div(29+39+40+44)\fallingdotseq5.9$(만 개)이다.

㉢ 2010년 학교급별 학급 수가 모두 동일하다면, 학교급별 학급 수는 $770\div(24+27+30+29)=7$(만 개)이므로 총학급 수는 $7\times4=28$(만 개)이다.

| 오답풀이 |

㉠ 1990년 학교급별 학급 수가 모두 동일하다면, 학교급별 학급 수는

$1{,}000\div(36+41+50+53)\fallingdotseq5.6$(만 개)이므로 총학급 수는 $5.6\times4=22.4$(만 개)이다.

㉣ 2020년 학교급별 학급 수가 모두 동일하다면, 학교급별 학급 수는 $600\div(18+21+27+24)\fallingdotseq6.7$(만 개)이다.

06 자료해석 정답 ①

| 정답풀이 |

평일과 휴일의 스마트 기기 활용 여가시간 비중의 차이는 2022년에 $37.8-32.7=5.1$(%p)으로 가장 적고, 휴일의 스마트 기기 활용 여가시간 비중은 2019년에 29.6%으로 가장 낮다.

| 오답풀이 |

② 2022년 평일 스마트 기기 활용 여가시간 비중의 전년 대비 감소율은 $\frac{50.0-37.8}{50.0}\times100\fallingdotseq24.4$(%)이다.

③ OTT를 통한 문화예술행사 관람률이 두 번째로 낮은 해는 2020년이고, 2020년 스마트 기기 활용 여가시간 휴일 비중도 가장 높다.

④ 2020년 스마트 기기 활용 여가시간 비중의 전년 대비 증가량은 평일($54.1-37.1=17.0$(%p))이 휴일($41.1-29.6=11.5$(%p))보다 많다.

⑤ [그래프1]에서 2019~2022년 모두 스마트 기기 활용 여가시간 비중은 평일이 휴일보다 더 높다.

07 자료해석 정답 ⑤

| 정답풀이 |

㉠, ㉡ [그래프2]는 20세 이상 성인 10,000명을 대상으로 한 조사 자료이므로 OTT를 통한 문화예술행사를 관람한 20세 이상 전체 성인 수는 알 수 없다.

㉢ 조사 대상 10,000명에 대한 2019년과 2022년의 차이는 알 수 있으나, OTT를 통해 문화예술행사를 관람한 20세 이상 전체 성인 수를 알 수 없다.

㉣ 조사 대상이 10,000명이라는 것만 제시되어 있으므로 20세 이상 전체 성인 수를 구할 수 없다.

08 자료해석 정답 ⑤

| 정답풀이 |

규모가 300인 이상인 업체보다 100~299인 업체의 '필요한 사람은 모두 사용 가능'의 비율이 더 높다.

| 오답풀이 |

① 임금 근로자 일자리 비중은 사업체 규모가 100~299인 업체(12%)보다 500인 이상인 업체(15%)가 높다.

② '필요한 사람 중 일부만 사용 가능'의 비율은 업체 규모와 상관없이 '필요한 사람도 전혀 사용 불가능'의 비율보다 높다.

③ 임금 근로자 비중이 가장 높은 규모는 임금 근로자 비중이 20%인 10~29인 업체이다.

④ 전체 종사자 일자리 비중이 가장 높은 사업체의 규모는 10~29인이고, 10~29인 '필요한 사람도 전혀 사용 불가능' 비율은 30~99인 사업체의 그 비율의 $\frac{6}{5}=1.2$이므로 1.2배 이상이다.

09 자료해석 정답 ②

| 정답풀이 |

㉠ 30~99인 사업체의 출산전후 휴가제도를 필요로 하는 사람 중 일부만 사용 가능한 인원은 12%로 8명이라면, '필요한 사람도 전혀 사용 불가능'은 5%이므로 ($0.12:8=0.05:x$)라는 비례식으로 몇 명인지 구할 수 있다. x는 약 3.3이므로 2명보다 많다.

㉢ 100~299인 출산전후 휴가제도를 필요로 하는 인원이 180명이라면, 일부만 사용 가능한 인원은 180명 $\times0.09=16.2$(명)이다.

| 오답풀이 |

㉡ 전체 종사자 일자리 비중은 500인 이상 사업체는 11.5%이고, 1~4인 사업체는 33%이다. 33×0.33

=10.89(%)이므로 500인 이상 사업체는 1~4인 사업체보다 전체 종사자 비중이 33% 이상 높다.

㉣ 각 규모별 전체 종사자 일자리 비중 대비 임금 근로자 비중은 30~99인 이상일 때 가장 높다.

(단위: %)

구분	1~4인	5~9인	10~29인	30~99인	100~299인	300~499인	500인 이상
비율	16/33 ≒0.48	14/12 ≒1.17	20/16 =1.25	19/14 ≒1.36	12/10 =1.2	4/3.5 ≒1.14	15/11.5 ≒1.3

10 자료해석 정답 ⑤

| 정답풀이 |

설문 대상자 중 남자 직장인 수는 20,000×0.6=12,000(명)이다. 이때, 연봉이 2,000만 원 이상 4,000만 원 미만인 남자 직장인이 차지하는 비중이 43%이므로 그 수는 12,000×0.43=5,160(명)이다. 즉, 5,000명 이상이다.

| 오답풀이 |

①, ②, ④ 주어진 자료로는 알 수 없는 내용이다.

③ 설문 대상자 중 남자 직장인 수가 12,000명이므로 여자 직장인 수는 20,000−12,000=8,000(명)이다. 이때, 연봉이 6,000만 원 이상인 여자 직장인이 차지하는 비중이 6%이므로 그 수는 8,000×0.06=480(명)이다. 즉, 500명 미만이다.

11 자료해석 정답 ①

| 정답풀이 |

㉠ 설문 대상자 중 연봉이 6,000만 원 이상인 남자 직장인 수는 12,000×0.14=1,680(명)이고 여자 직장인 수는 8,000×0.06=480(명)이다. 따라서 설문 대상자 중 연봉이 6,000만 원 이상인 직장인은 1,680+480=2,160(명)이므로 전체의 $\frac{2,160}{20,000}\times100=10.8$(%)이다. 즉, 11% 미만이다.

| 오답풀이 |

㉡ 연봉이 4,000만 원 이상 6,000만 원 미만인 남자 직장인 수는 12,000×0.31=3,720(명)이다.

㉢ 설문 대상자 중 연봉이 2,000만 원 미만인 남자 직장인 수는 12,000×0.12=1,440(명)이고, 여자 직장인 수는 8,000×0.22=1,760(명)이므로 옳다.

시험장풀이

㉠ 연봉이 6,000만 원 이상인 직장인 수가 2,160명으로 계산되었다면 20,000명에 대한 11%가 2,200명이므로 11% 미만임을 직접 계산하지 않고도 알 수 있다.

12 자료해석 정답 ④

| 정답풀이 |

일평균 사용시간과 서비스 만족도의 관계를 이용하여 식을 세우면, 다음과 같다.

• 2019년: $2.9=\left(4.2+\frac{1}{a}\right)-b$

$\rightarrow -1.3=\frac{1}{a}-b$

• 2020년: $3.3=\left(㉠+\frac{1}{a}\right)-b$

$\rightarrow 3.3=㉠+\left(\frac{1}{a}-b\right)=㉠-1.3$

$\rightarrow ㉠=4.6$

• 2022년: $㉡=\left(5.2+\frac{1}{a}\right)-b$

$\rightarrow ㉡=5.2+\left(\frac{1}{a}-b\right)=5.2-1.3$

$\rightarrow ㉡=3.9$

따라서 ㉠은 4.6, ㉡은 3.9인 ④가 정답이다.

13 자료해석 정답 ③

| 정답풀이 |

A공장의 생산량은 20만 개씩 감소하고, B공장의 생산량은 20만 개씩 증가하므로 표로 정리하면 다음과 같다.

(단위: 만 개)

구분	1월	2월	3월	4월	5월	6월	7월	8월	9월
A공장	250	230	210	190	170	150	130	110	90
B공장	72	92	112	132	152	172	192	212	232

따라서 B공장의 생산량이 A공장의 생산량의 2배 이상이 되는 시기는 9월이다.

14 자료해석 정답 ③

| 정답풀이 |

방문인원 1인당 판매량을 구하면 다음과 같다.

(단위: 개)

구분	1월	2월	3월	4월	5월	6월	7월	8월	9월	10월	11월	12월
방문인원 1인당 판매량	2	4	3.75	5	5.25	6	4	6.1	6.4	3	4	5

따라서 정답은 ③번이다.

시험장풀이

선택지에 제시된 그래프의 수치가 정확하게 제시되어 있지 않은 경우에는 추세만을 보고 판단해야 한다. 구하는 값이

- '1월<2월'이므로 ④, ⑤번은 해당되지 않는다.
- '11월<12월'이므로 ①번은 해당되지 않는다.
- '2월>3월'이므로 ②번은 해당되지 않는다.

15 자료해석 정답 ⑤

| 정답풀이 |

[표1]의 직원 수, 학예직원 수, 소장자료 수, 연관람인원 수 모두 1개관당 값이 제시되어 있으므로, 수도권과 지방에 있는 학예직원 수는 (각 항목×박물관 수)에 의해 결정된다.

- 박물관의 수도권 학예직원 수: 300×6=1,800(명)
- 박물관의 지방 학예직원 수: 600×3=1,800(명)

따라서 박물관의 학예직원 수는 수도권과 지방이 동일하다.

| 오답풀이 |

① 수도권 박물관 연관람인원 수는 300×30,000=9,000,000(명)으로 미술관 연관람인원 수(3,600,000명)보다 많다.

② 수도권 박물관 수(300개)가 지방 미술관 수(160개)보다 많다.

③ 수도권 미술관 직원 수(1,700명)는 지방 미술관 직원 수(1,200명)보다 많다.

④ 미술관 소장자료 수는 수도권(67,000점)보다 지방(112,000점)이 많다.

16 자료해석 정답 ③

| 정답풀이 |

㉡ 미술관 전체 학예직원 수는 480+380=860(명)이다.

㉢ 박물관 1개관당 평균 전체 소장자료 수는 16,000점이다.

(단위: 점)

구분	수도권	지방
소장자료 수	20,000×300 =6,000,000	14,000×600 =8,400,000
1개관당 평균 전체 소장자료 수	(6,000,000+8,400,000)÷(300+600) =16,000	

| 오답풀이 |

㉠ 박물관 1개관당 평균 전체 직원 수는 13명이다.

(단위: 명)

구분	수도권	지방
직원 수	15×300 =4,500	12×600 =7,200
1개관당 평균 전체 직원 수	(4,500+7,200)÷(300+600)=13	

㉣ 미술관 전체 연관람인원 수는 3,600,000+3,800,000=7,400,000(명)이다.

17 자료해석 정답 ③

| 정답풀이 |

건설에 사용되는 철강 수요량은 10년마다 증가(770 → 900 → 980)하고 있기 때문에 전체적인 추이는 증가할 것으로 보이나 매년 증가하는지는 예상할 수 없다.

| 오답풀이 |

① 2025년 세계 철강 수요량은 520+67+213+900=1,700(백만 톤)이고, 2015년은 460+72+198+770=1,500(백만 톤)이므로 10년 전에 비해 1,700−1,500=200(백만 톤) 더 많을 것으로 예상된다.

② 자동차에 사용되는 철강 수요량은 2015년(10년 전) 198백만 톤, 2035년(10년 후) 196백만 톤이므로 10년 전보다 10년 후가 더 적을 것으로 예상된다.

④ 2015년, 2025년, 2035년의 철강 수요량은 모두 건설>자동차>조선 순으로 동일하다.

⑤ [그래프]에서 2035년까지 철강 수요가 증가하고 있으므로 전체적인 추이는 증가할 것으로 예상된다.

18 자료해석 정답 ④

| 정답풀이 |

㉡ 철강의 수요량과 사용량이 동일하다면,

$(\text{생산량}) = \frac{(\text{사용량})}{(\text{생산단위당 철강 사용량})}$이므로 다음과 같이 비교하면, 2035년 건설 철강 생산량은 2025년보다 더 많을 것으로 예상된다.

(단위: 백만 톤)

구분	2025년	2035년
건설 사용량(수요량)	900	980
생산단위당 건설 철강 사용량	91	84
건설 생산량	9.89	11.67

03 실전모의고사

㉣ 다음과 같이 비교하면, 자동차 철강 생산량은 2015년에 2025년보다 더 적을 것으로 예상된다.

(단위: 백만 톤)

구분	2015년	2025년
자동차 사용량(수요량)	198	213
생산 단위당 자동차 철강 사용량	100	89
자동차 생산량	1.98	2.39

| 오답풀이 |

㉠, ㉢ [표]는 2015년 건설, 자동차, 조선 생산단위당 철강 사용량을 기준으로 하여 지수로 나타낸 값이므로 각 연도의 건설, 자동차, 조선의 생산량을 비교할 수 없다. 즉, 같은 항목을 기준으로 연도별 비교만 가능하다.

19 자료해석 정답 ②

| 정답풀이 |

(무역수지)=(수출액)−(수입액)이므로 2016~2022년 무역수지를 구하면 다음과 같다.

(단위: 천만 달러)

구분	2016년	2017년	2018년	2019년	2020년	2021년	2022년
무역수지	−72	−73	−75	−20	25	57	75

2016~2018년 동안 무역수지가 계속 감소하고, 막대그래프의 길이는 2020년에 가장 길어야 하므로, 정답은 ②번이다.

20 자료해석 정답 ①

| 정답풀이 |

숙박업소 매출액 관련 식을 이용하면, $6,300=(5,000a+3,000)\times b$와 $6,180=(5,000a+2,800)\times b$이므로 $a=1.5$, $b=0.6$이다.

- 2019년: ㉢$=(4,200\times1.5+2,700)\times0.6$ 이므로,
  → ㉢$=5,400$
- 2021년: $5,700=(4,600\times1.5+$㉡$)\times0.6$ 이므로,
  → ㉡$=2,600$
- 2023년: $5,400=($㉠$\times1.5+2,400)\times0.6$ 이므로,
  → ㉠$=4,400$

따라서 ㉠은 4,400, ㉡은 2,600, ㉢은 5,400인 ①이 정답이다.

추리 P.294

01	②	02	⑤	03	⑤	04	②	05	③
06	③	07	①	08	④	09	②	10	④
11	①	12	④	13	⑤	14	②	15	⑤
16	③	17	③	18	②	19	③	20	②
21	③	22	②	23	④	24	③	25	④
26	④	27	③	28	②	29	①	30	④

01 명제 정답 ②

| 정답풀이 |

전제2를 만족하는 벤다이어그램은 [그림1]과 같다.

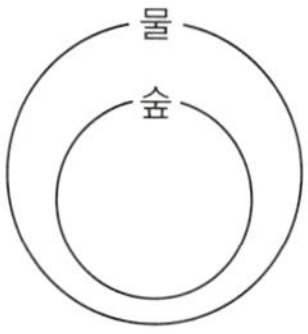

[그림1]

여기에 전제1을 덧붙인 기본적인 벤다이어그램은 [그림2]와 같이 나타낼 수 있으며, '숲'과 '여행'의 공통영역에 해당하는 색칠된 부분이 반드시 존재해야 한다.

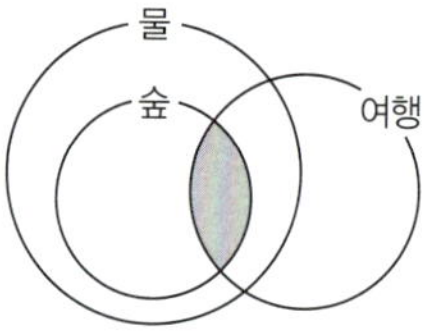

[그림2]

[그림2]에서 매개념 '숲'을 제외한 '물'과 '여행' 사이의 관계를 보면, 둘 사이에 뚜렷한 포함관계가 존재하진 않으나 최소한 색칠한 부분만큼은 공통으로 포함하고 있다는 것을 알 수 있다. 즉, '물'과 '여행' 사이에는 반드시 공통영역이 존재한다.
따라서 정답은 ②이다.

시험장풀이

전제2에 "어떤 ~는 ~이다."라는 some 개념이 있으므로 벤다이어그램을 활용한다. 숲을 좋아하는 사람을 '숲', 여행을 좋아하는 사람을 '여', 물을 좋아하는 사람을 '물'이라고 표시하자. some 개념이 없는 전제2부터 벤다이어그램으로 표현하면 [그림3]과 같다.

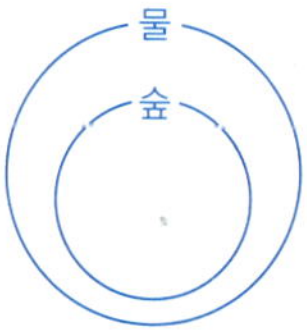

[그림3]

여기에 전제1을 덧붙인 기본적인 벤다이어그램은 [그림4]와 같이 나타낼 수 있으며, '물'과 '여'의 공통영역에 해당하는 색칠된 부분이 반드시 존재해야 한다.

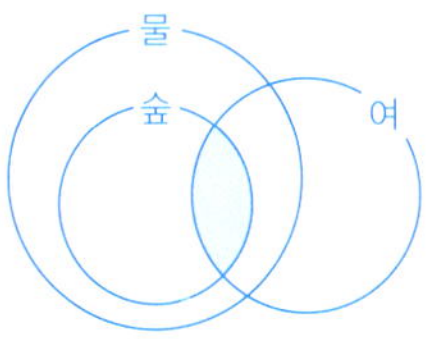

[그림4]

여기서 소거법을 사용하여 정답을 찾아보자. [그림4]를 보면 ①, ⑤는 옳지 않다는 것을 알 수 있다. 한편 [그림4]의 색칠된 부분이 존재하기만 하면 '여'의 범위를 [그림5]와 같이 더 늘릴 수도, [그림6]과 같이 더 줄일 수도 있다.

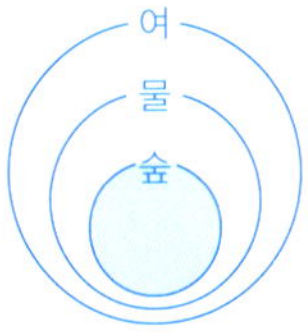

[그림5]

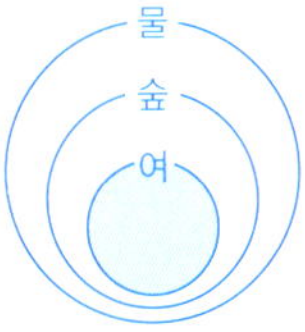

[그림6]

[그림5]의 경우 ④가 옳지 않다는 것을 알 수 있고, [그림6]의 경우 ③이 옳지 않다는 것을 알 수 있다. 어떠한 경우에도 항상 참인 결론을 골라야 하므로 ①, ③~⑤는 정답이 될 수 없고 소거법에 의해 ②가 정답임을 알 수 있다.

02 명제 정답 ⑤

| 정답풀이 |

전제2의 대우명제와 전제1을 고려하면 다음과 같은 벤다이어그램을 그릴 수 있다.

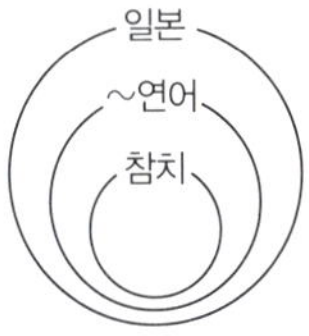

'일본'이 '참치'를 포함하고 있으므로 '참치 → 일본'이 항상 성립한다.
따라서 정답은 '참치 → 일본'의 대우명제인 ⑤이다.

시험장풀이

전제1과 전제2 모두 some 개념이 등장하지 않으므로 삼단논법을 사용하여 문제를 풀 수 있다. 참치가 많이 잡히는 것을 '참', 연어가 많이 잡히는 것을 '연', 일본 경기가 좋은 것을 '일'이라고 표시하고 전제1과 전제2를 다시 써보면 다음과 같다.

- 전제1: 참 → ~연
- 전제2: ~일 → 연

전제1과 전제2에서 모두 '연'이 등장하므로 '연'이 전제1과 전제2를 연결하는 연결고리, 즉 매개념이다. 매개념을 이용하기 위해 전제2의 대우명제를 구해보면 '~연 → 일'이므로 이를 전제1과 연결하면 '참 → 일'이라는 결론을 내릴 수 있다. 따라서 정답은 '참 → 일'의 대우명제인 ⑤이다.

03 명제 정답 ⑤

| 정답풀이 |

전제1의 대우명제와 결론의 벤다이어그램은 [그림1], [그림2]와 같다.

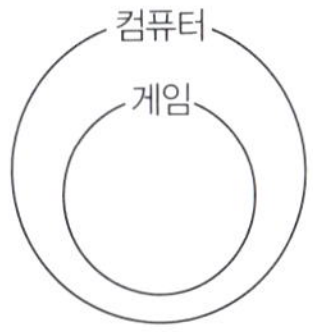

[그림1]

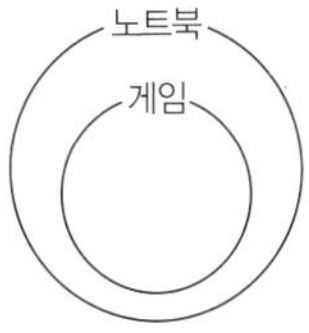

[그림2]

[그림1]의 상태에서 '노트북'이 '컴퓨터'를 포함하고 있다면 자연스럽게 [그림2]처럼 '게임'이 '노트북' 안에 포함될 것임을 알 수 있다. 즉, 전제2는 '노트북'이 '컴퓨터'를 포함하는 명제인 '컴퓨터→노트북'이 되어야 하므로 ⑤가 정답이다.

시험장풀이

전제1과 결론 모두 some 개념이 등장하지 않으므로 삼단논법을 사용하여 문제를 풀 수 있다. 컴퓨터를 좋아하는 사람을 '컴', 게임을 하는 사람을 '게', 노트북을 좋아하는 사람을 '노'라고 표시하고 전제1과 결론을 다시 써보면 다음과 같다.

- 전제1: ~컴 → ~게
- 결론: 게 → 노

결론이 '게'로 시작하여 '노'로 끝나고, 전제1의 대우명제가 '게'로 시작하므로 전제2는 '노'로 끝나야 할 것이다. 즉, 전제2를 '컴 → 노'로 두면 전제1과 결합하여 '게 → 노'라는 결론을 얻을 수 있다. 따라서 '컴 → 노'에 해당하는 ⑤가 정답이다.

04 조건추리 정답 ②

| 정답풀이 |

E는 농구부이며 4번에 앉고, C는 축구부이며 3번에 앉으므로, 다음과 같이 나타낼 수 있다.

1번	2번	3번	4번	5번
		축구부	농구부	
		C	E	

배구부는 양 끝에 앉지 않으므로 2번에 앉는다. 또한 B의 양 옆에는 C와 D가 앉으므로, B는 2번에 앉고 D는 1번에 앉는다.

1번	2번	3번	4번	5번
	배구부	축구부	농구부	
D	B	C	E	

나머지 5번에는 야구부인 A가 앉으므로 1번은 탁구부이다.

1번	2번	3번	4번	5번
탁구부	배구부	축구부	농구부	야구부
D	B	C	E	A

따라서 A는 5번에 앉는다.

| 오답풀이 |

① B는 배구부이다.

③ C는 3번에 앉는다.

④ 가능한 경우의 수는 1가지이다.

⑤ C는 축구부이며, C가 속한 곳과 상관없이 D는 1번에 앉는다.

05 조건추리 정답 ③

| 정답풀이 |

국어 점수가 두 번째로 높고, 물리 점수가 두 번째로 낮다고 하였으므로 다음과 같이 나타낼 수 있다.

91점	87점	82점	75점	71점	64점
	국어			물리	

이때, 지구과학 점수는 한국사 점수보다 낮지만, 수학 점수보다 높다고 하였으므로 한국사 > 지구과학 > 수학 순서이다. 그리고 한국사 점수는 영어 점수보다 낮지만, 물리 점수보다 높다고 하였으므로 영어 > 한국사 > 물리 순서이다. 이를 정리하면 다음과 같다.

91점	87점	82점	75점	71점	64점
영어	국어	한국사	지구과학	물리	수학

따라서 82점인 과목은 한국사이고 75점인 과목은 지구과학이다.

06 조건추리 정답 ③

| 정답풀이 |

확정적인 [조건]부터 적용하면 다음과 같다.

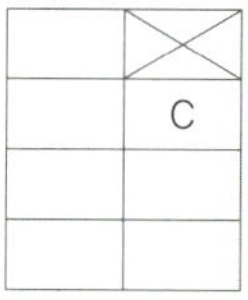

A와 D는 같은 줄에 앉으므로 세 번째 또는 네 번째 줄에 앉을 수 있으며, F와 G는 앞뒤로 붙어 앉으므로 반드시 좌측에 앉을 수밖에 없다.

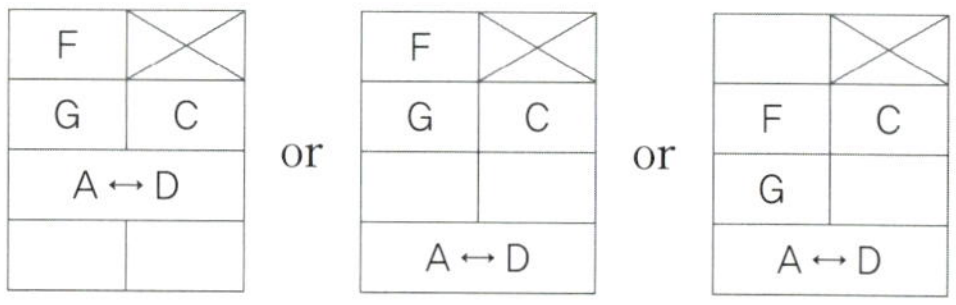

남은 B와 E는 빈칸에 앉을 수 있다.

따라서 F는 혼자 앉거나 C와 같은 줄에 앉으므로 정답은 ③이다.

| 오답풀이 |

① G는 반드시 좌측에 앉는다.

② A가 세 번째 줄에 앉을 수도 있다.

④ B는 A의 바로 앞좌석에 앉을 수도 있다.

⑤ 한 줄에 혼자 앉을 가능성이 있는 사람은 B, E, F로 총 3명이다.

07 조건추리 정답 ①

| 정답풀이 |

세 번째 및 마지막 [조건]에 따르면 다음과 같다.

1년 차	2년 차	3년 차	4년 차	5년 차	6년 차
		A		B	

F는 C보다 1년 전에 입사했으므로 C가 1년 차, F가 2년 차이다.

1년 차	2년 차	3년 차	4년 차	5년 차	6년 차
C	F	A		B	

D는 B보다 늦게 입사했으므로 4년 차이고, 남은 E는 6년 차이다.

따라서 노트북을 교체하는 직원은 입사 5년 차 이상인 B, E이다.

08 조건추리 정답 ④

| 정답풀이 |

민준이는 가장 마지막에 면접을 보았고, 은영이와 정은이는 첫 번째로 면접을 보지 않았다고 하였으므로 첫 번째에 상현이가 면접을 보았다고 하자. 이때 상현이와 정은이 사이에 한 명의 지원자가 면접을 보았다고 하였으므로 다음과 같이 생각할 수 있다.

1	2	3	4	5
상현	은영/재민	정은	재민/은영	민준

그리고 첫 번째에 재민이가 면접을 보았다고 하면 다음과 같이 생각할 수 있다.

1	2	3	4	5
재민	상현/정은	은영	정은/상현	민준

따라서 은영이가 두 번째로 면접을 보았다면 상현－은영－정은－재민－민준 순서대로 면접이 진행되었으므로 정은이는 세 번째로 면접을 보았다.

| 오답풀이 |

① 가능한 경우는 2×2=4(가지)이므로 항상 옳지 않다.
② 재민이가 가장 먼저 면접을 볼 수 있다.
③ 상현이가 가장 먼저 면접을 볼 수 있다.
⑤ 은영이가 세 번째로 면접을 보았을 때 상현이는 두 번째 또는 네 번째로 면접을 보게 된다.

09 조건추리 정답 ②

| 정답풀이 |

개발팀 아래층에는 어떤 부서도 없으므로 1층에 있다. 그리고 생산2팀은 개발팀과 총무팀 사이에 있다고 하였으므로 생산2팀이 2~4층에 있을 때로 나누어 생각해보자.

i) 생산2팀이 2층인 경우
생산2팀이 개발팀과 총무팀 사이에 있고, 영업팀이 두 생산팀 사이에 있으려면 다음과 같이 위치해야 한다.

생산1팀
영업팀
총무팀
생산2팀
개발팀

경우 1)

생산1팀
총무팀
영업팀
생산2팀
개발팀

경우 2)

ii) 생산2팀이 3층인 경우
생산2팀이 개발팀과 총무팀 사이에 있어야 하므로 총무팀은 4~5층에 있어야 하는데, 이때 영업팀이 두 생산팀 사이에 있을 수가 없다.

iii) 생산2팀이 4층인 경우
생산2팀이 개발팀과 총무팀 사이에 있어야 하므로 총무팀은 5층에 있어야 하고, 영업팀이 두 생산팀 사이에 있으려면 다음과 같이 위치해야 한다.

총무팀
생산2팀
영업팀
생산1팀
개발팀

경우 3)

따라서 영업팀은 2층에 있을 수 없으므로 항상 거짓이다.

| 오답풀이 |

① 영업팀은 3층에 있을 수 있다.
③ 생산1팀은 2층에 있을 수 있다.
④ 가능한 모든 경우의 수는 경우 1)~3)의 3가지이다.
⑤ 경우 1)~3)에서 총무팀은 3~5층 어디에도 있을 수 있다.

10 조건추리 정답 ④

| 정답풀이 |

A~E가 교양 과목인 중국어 기초, 사회 구조학, 심리학, 영문학의 이해, 서양 철학을 하나씩 수강하였으므로 다음과 같이 표로 나타낼 수 있다.

구분	중국어 기초	사회 구조학	심리학	영문학의 이해	서양 철학
A					
B					
C					
D					
E					

A는 중국어 기초를 수강한 학생, 심리학을 수강한 학생과 같은 학과라고 하였으므로 해당 두 과목을 수강하지 않았다. B는 사회 구조학과 서양 철학을 수강하지 않았고, C는 심리학을 수강하지 않았다. 그리고 C가 영문학의 이해를 수강한 학생과 같은 고등학교를 졸업하였으므로 영문학의 이해를 수강하지 않았음을 알 수 있다. 따라서 다음과 같이 표를 채울 수 있다.

03 실전모의고사

구분	중국어 기초	사회 구조학	심리학	영문학의 이해	서양 철학
A	×		×		
B		×			×
C			×	×	
D					
E					

이때, D가 사회 구조학 또는 서양 철학을 수강하였으므로 두 가지로 나눠 생각할 수 있다.

1) D가 사회 구조학을 수강하였을 때

구분	중국어 기초	사회 구조학	심리학	영문학의 이해	서양 철학
A	×	×	×		
B		×			×
C		×	×	×	
D	×	○	×	×	×
E		×			

그런데 E가 중국어 기초 또는 영문학의 이해를 수강하였으므로 우선 중국어 기초를 수강했다고 하면 다음과 같이 표를 채울 수 있다.

구분	중국어 기초	사회 구조학	심리학	영문학의 이해	서양 철학
A	×	×	×	○	×
B	×	×	○	×	×
C	×	×	×	×	○
D	×	○	×	×	×
E	○	×	×	×	×

그리고 E가 영문학의 이해를 수강했다고 하면 다음과 같이 표를 채울 수 있다.

구분	중국어 기초	사회 구조학	심리학	영문학의 이해	서양 철학
A	×	×	×	×	○
B	×	×	○	×	×
C	○	×	×	×	×
D	×	○	×	×	×
E	×	×	×	○	×

2) D가 서양 철학을 수강하였을 때

구분	중국어 기초	사회 구조학	심리학	영문학의 이해	서양 철학
A	×		×		×
B		×			×
C			×	×	×
D	×	×	×	×	○
E					×

그런데 E가 중국어 기초 또는 영문학의 이해를 수강하였으므로 우선 중국어 기초를 수강했다고 하면 다음과 같이 표를 채울 수 있다.

구분	중국어 기초	사회 구조학	심리학	영문학의 이해	서양 철학
A	×	×	×	○	×
B	×	×	○	×	×
C	×	○	×	×	×
D	×	×	×	×	○
E	○	×	×	×	×

그리고 E가 영문학의 이해를 수강했다고 하면 다음과 같이 표를 채울 수 있다.

구분	중국어 기초	사회 구조학	심리학	영문학의 이해	서양 철학
A	×	○	×	×	×
B	×	×	○	×	×
C	○	×	×	×	×
D	×	×	×	×	○
E	×	×	×	○	×

이때, 2)에서 B는 항상 심리학을 수강하였다.

| 오답풀이 |

① E가 영문학의 이해를 수강하지 않고 중국어 기초를 수강하는 경우도 있다.

② 가능한 모든 경우의 수는 4가지이다.

③ 2)에서 C는 사회 구조학을 수강할 수 있음을 알 수 있다.

⑤ 1)에서 A가 영문학의 이해를 수강했을 때 D는 사회 구조학을 수강하였다.

11 조건추리 정답 ①

| 정답풀이 |

세 번째 자리의 수는 6이다. 이때 비밀번호에 1이 포함되고, 비밀번호에 해당하는 4개의 수를 키패드에서 색칠하면 그 모양은 가로 또는 세로로 연결되어 있으므로 가능한 경우는 다음과 같다.

1	**2**	**3**
4	5	**6**
7	8	9

1	2	3
4	**5**	**6**
7	8	9

1	**2**	3
4	**5**	**6**
7	8	9

이에 따라 첫 번째 자리의 수는 네 번째 자리의 수보다 작으며, 두 수의 합은 7이므로 위의 경우에서 가능한 경우는 마지막의 경우이다.
따라서 비밀번호는 2165이다.

시험장풀이

조건을 먼저 살펴보면 첫 번째 자리의 수는 네 번째 자리의 수보다 작으므로 정답으로 가능한 선택지는 ① 또는 ②이다. 만약 3164가 답이라면 키패드에 색칠했을 때 그 모양이 연결되지 않으므로 답은 ①임을 쉽게 알 수 있다.

12 조건추리 정답 ④

| 정답풀이 |

화요일은 운동을 하지 않고, 수요일과 토요일은 같은 운동을 한다. 또한 월요일은 유산소 운동을 하고 금요일엔 무산소 운동을 하지 않으므로 가능한 경우는 다음과 같다.

월	화	수	목	금	토	일
유	×	무	유	유	무	×
			유	×		유
			×	유		유
		유	무	×	유	무

따라서 수요일에 유산소 운동을 하는 경우는 1가지이다.

13 조건추리 정답 ⑤

| 정답풀이 |

A가 1번, B가 5번, D가 8번 자리에 앉고, E는 B의 맞은편에 앉으므로 7번 자리에 앉는다. H와 D는 서로 다른 탁자에 앉는데, H는 4번 자리에 앉지 않으므로 2번 또는 3번 자리에 앉고, C도 2번 또는 3번 자리에 앉으므로 지금까지의 상황을 정리하면 다음과 같다.

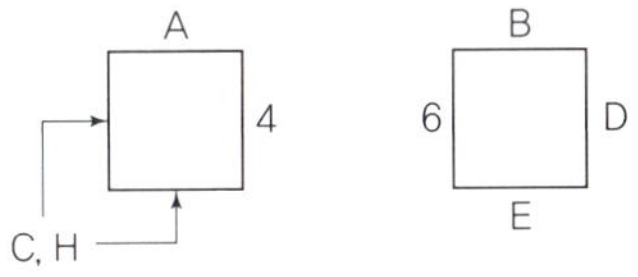

남은 F, G는 각각 4번 또는 6번 자리에 앉으므로 서로 같은 탁자에 앉을 수 없다.
따라서 정답은 ⑤이다.

14 조건추리 정답 ②

| 정답풀이 |

A의 진술이 참이면, B가 범인 중 한 명이고, B의 진술은 거짓말이다. 즉, C는 범인이 아니고 그의 진술은 참이다. 따라서 범인 2명은 B, D이다.
A의 진술이 거짓이면, A가 범인 중 한 명이다. 그리고 B는 범인 중 한 명이 아니므로 B의 진술은 참이다. 따라서 C가 범인 중 한 명이므로 범인 2명은 A, C이다.
이때, 주어진 선택지에서 범인을 바르게 나타낸 것은 ②이다.

15 도형추리 정답 ⑤

| 정답풀이 |

1행에서 2행, 2행에서 3행으로 이동할 때, 외부 도형은 음영(색)이 반시계 방향으로 한 칸씩 이동하고, 내부 도형은 음영(색)이 시계 방향으로 한 칸씩 이동한다.

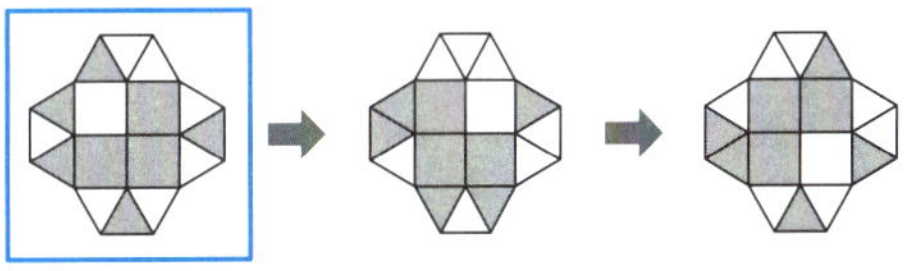

16 도형추리 정답 ③

| 정답풀이 |

1행에서 2행, 2행에서 3행으로 이동할 때, 전체 도형은 시계 방향으로 90° 회전한다.

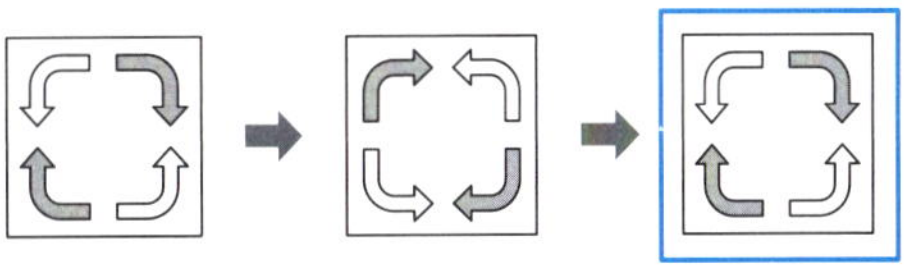

17 도형추리 정답 ③

| 정답풀이 |

3열의 도형은 1열의 도형과 2열의 도형 중 두 군데 모두 음영이 없는 부분을 칠한 것이다.

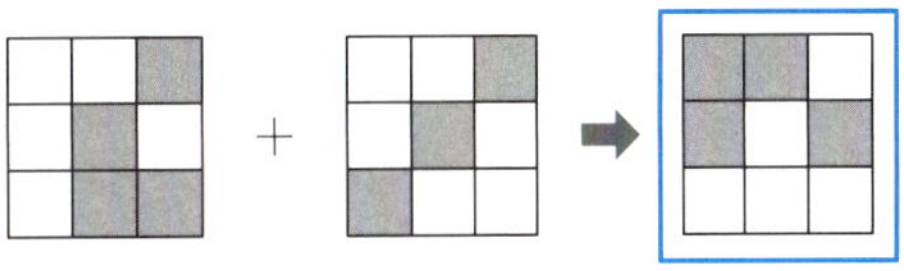

18 도식추리 정답 ②

| 정답풀이 |

주어진 기호의 규칙은 다음과 같다.

기호	규칙
□	(+3, +3, +3, +3)
△	ABCD → DCBA
☆	ABCD → ABDC
○	(−1, −1, −1, −1)

AKMU → △ → UMKA → □ → (**XPND**)

시험장풀이

다음과 같이 문자표를 일단 적어놓는다.

A	B	C	D	E	F	G	H	I	J	K	L	M
N	O	P	Q	R	S	T	U	V	W	X	Y	Z

주어진 도식을 보면 □ → △ → ☆ → ○ 순으로 규칙을 파악해야 한다.

- □: QWER → TZHU로 추론할 수 있다. 명백한 숫자연산 규칙으로, (+3, +3, +3, +3)이다.
- △: WSOR에 □을 역으로 적용하면 TPLO이다. 따라서 △는 OLPT → TPLO로 추론할 수 있다. 순서 바꾸기 또는 숫자연산 규칙 모두 가능하지만, 숫자연산 규칙이라면 너무 극단적인 덧셈뺄셈이 되어버린다. 따라서 순서 바꾸기 규칙이라고 가정하면, ABCD → DCBA이다.
- ☆: JCPX → JCXP로 추론할 수 있다. 순서 바꾸기 또는 숫자연산 규칙 모두 가능하지만, 숫자연산 규칙이라면 너무 극단적인 덧셈뺄셈이 되어버린다. 따라서 순서 바꾸기 규칙이라고 가정하면, ABCD → ABDC이다.
- ○: HKUY에 □을 적용하면 KNXB, KNXB에 △을 적용하면 BXNK, BXNK에 ☆을 적용하면 BXKN이다. 따라서 ○은 BXKN → AWJM로 추론할 수 있다. 명백한 숫자연산 규칙으로, (−1, −1, −1, −1)이다.

19 도식추리 정답 ③

| 정답풀이 |

DKVV → ☆ → DKVV → ○ → CJUU → △ → (**UUJC**)

20 도식추리 정답 ②

| 정답풀이 |

(**QLVQ**) → □ → QVLQ → ○ → PUKP

21 도식추리 정답 ③

| 정답풀이 |

(**HPPG**) → ☆ → HPGP → △ → PGPH → □ → SJSK

22 문단배열 정답 ②

| 정답풀이 |

주어진 글은 고령화 사회의 문제점과 해결책을 모색하는 내용이다. 먼저 학령인구의 감소와 고령화가 현대 사회에서 중요한 문제로 부각되고 있고, 교육 시스템과 노동시장에 미치는 영향을 설명하는 [가] 문단이 가장 처음에 배치되어야 한다. 그리고 고령화 사회에서는 재정적 부담과 경제적 격차 및 사회적 갈등의 심화를 우려한다는 [다] 문단이 제시되고, 이러한 문제를 해결하기 위해 미래 사회의 대응 방안으로 평생 교육과 직업 훈련의 중요성이 강조된다고 설명하는 [라] 문단과 이어져야 한다. 마지막으로 정부와 사회는 종합적인 정책 마련이 필요하며 보다 육아, 일자리, 고령층의 복지 등 포괄적인 접근이 필요하다고 설명하는 [나] 문단으로 마무리되어야 한다.
따라서 논리적으로 순서에 맞게 배열하면 [가]−[다]−[라]−[나] 순으로 와야 한다.

23 문단배열 정답 ④

| 정답풀이 |

주어진 글은 학교 교육과 사회적 지위의 관련성에 대한 상반된 견해를 소개하는 내용이다.
먼저 학교 교육과 사회적 지위 획득과 관계를 설명하려는 학자들이 있었음을 설명하는 [다] 문단이 제시되어야 한다. 그리고 진보주의 학자들의 견해가 나오는 [라] 문단과 이를 구체적으로 설명하는 [나] 문단으로 이어져야 한다. 마지막으로 이와 상반되는 갈등론자들의 견해가 제시된 [가] 문단으로 마무리되어야 한다.
따라서 논리적으로 순서에 맞게 배열하면 [다]−[라]−[나]−[가] 순으로 와야 한다.

24 참 · 거짓 판단 정답 ③

| 정답풀이 |

AI가 발전함에 따라 개인 정보 유출 및 수집 등의 보안 문제가 중요한 이슈로 부각되어 관심을 받고 이에 대한 논의가 필요하다고 말하므로 반드시 거짓인 진술이다.

| 오답풀이 |

① 인공지능의 발전으로 자연어 처리, 이미지 인식, 자율주행차, 의료분야, 금융분야 등 다양한 분야에 활용할 수 있는 기회를 제공한다는 것을 알 수 있다.
② 인공지능은 대량의 데이터를 분석하여 시장 동향과 경제 트렌드를 파악하는 데 유용하다. 이를 통해 보다 정교한 시장 예측하여 투자 리스크를 평가하는 데 도움을 줄 수 있다.
④ 인공지능 인간의 일자리를 대체하여 발생할 수 있는 문제는 아직 명확하지 않으며 어떠한 영향으로 일터의 지각변동이 일어날 것인지는 알 수 없다.
⑤ AI가 데이터의 품질이 낮거나 편향성을 학습하더라도 올바른 결정을 하도록 돕는지 알 수 없다.

25 참 · 거짓 판단 정답 ④

| 정답풀이 |

내부 네트워크 사용자와 외부 네트워크 사이에서 서로의 요청과 응답을 대신 수행해 주기 때문에 허가되지 않은 사용자나 컴퓨터가 내부 네트워크 자원에 직접 접속하는 것을 차단할 수 있는 것은 프록시 방화벽이다.

| 오답풀이 |

① 패킷 분석형 방화벽은 가장 오래되고 간단한 방식의 방화벽 기술이다.
② 마지막 문장에서 '패킷 분석형 방화벽보다 보안성을 높일 수 있지만, 처리 속도는 느리다.'라고 하였으므로 프록시 방화벽은 패킷 분석형 방화벽보다 보안성이 높다.
③ 프록시 방화벽은 내부 네트워크 사용자와 외부 네트워크 사이에서 서로의 요청과 응답을 대신 수행해 준다고 하였다.
⑤ 패킷 분석형 방화벽에 관한 적절한 설명이다.

26 참 · 거짓 판단 정답 ④

| 정답풀이 |

구글은 서비스 가입 시에 이용자의 행태 정보를 수집하고 이용한다는 사실을 '옵션 더보기'라는 버튼을 눌러야 볼 수 있도록 해 놓았고, 메타는 한 번에 다섯 줄밖에 보이지 않는 스크롤 화면에 695줄짜리 데이터 정책 전문을 올려놓았으므로 관련 내용을 잘 보이지 않도록 해 놓았다.

| 오답풀이 |

①, ② 구글과 메타 모두 고객의 행태 정보 수집에 대한 정보를 숨겨놓음으로써 이를 기본값으로 설정하고 동의를 받지 않은 채 행태 정보를 수집했다.
③ 구글과 메타는 행태 정보에 대한 정보를 이용자가 쉽게 보지 못하도록 숨겨놓는 방법을 부렸고, 이에 대해 이용자 역시 관심을 갖지 않음으로써 행태 정보가 수집되었다.
⑤ 개인정보보호위원회가 구글과 메타에 약 1,000억 원의 과징금을 부과했는데, 이는 개인정보보호법 위반으로는 사상 최대 규모의 과징금이므로 이전까지는 1,000억 원을 넘는 경우가 없었음을 알 수 있다.

27 참 · 거짓 판단 정답 ③

| 정답풀이 |

미생물이나 식물을 활용한 오염 정화 및 폐기물 관리 기술이 환경보호 분야에서 효과적으로 적용되고 있으며, 이러한 기술들은 오염 물질의 분해를 촉진하고 폐기물 처리를 보다 효율적으로 만들어 환경 보호에 기여하고 있다.

| 오답풀이 |

① CRISPR-Cas9 기술은 유전 질환 치료 가능성을 높이고, 단백질 기반 백신은 전염병 예방에 도움을 준다. 생물체 바이오 기술은 의약품 분야에서 유전적 질환과 감염병 등 치료에 영향을 주므로 중요한 역할을 하는 것을 알 수 있다.
② 농업 분야에서 유전자 조작 작물이 병해충의 저항성을 높이고 영양가를 개선하는 데 도움을 주고, 미생물 기반 비료와 농약은 환경에 미치는 영향을 줄이는 데 기여한다. 그러므로 생물체 바이오 기술은 농업 분야에서 지속 가능한 농업을 할 수 있도록 지원한다는 것을 알 수 있다.
④ 생물체 바이오 기술이 잠재적인 문제를 사전에 파악하고 이를 줄일 수 있는 가능성에 대해 직접적으로 언급하지 않았기 때문에 알 수 없다.
⑤ 생물체 바이오 기술은 인류의 삶을 개선하는 데 중요한 역할을 하므로 안전한 발전과 응용을 위해 지속적인 연구가 필요하다.

28 참 · 거짓 판단 정답 ②

| 정답풀이 |

아인슈페너는 독일어이지만, 오스트리아 빈에서 유래된 음료이다.

| 오답풀이 |

① 아인슈페너는 오스트리아 빈의 마부들로부터 유래되었다.
③ 아인슈페너는 비엔나 커피라고도 불린다.
④ 아인슈페너는 에스프레소 콘파냐보다는 쓴맛이 덜하다.
⑤ 원래 아인슈페너는 커피 위에 생크림과 설탕을 얹었는데, 후에 단맛이 더욱 강한 휘핑크림으로 재료가 바뀌었다.

29 추론 정답 ①

| 정답풀이 |

면역 체계 강화와 알레르겐의 접촉을 줄이는 것은 서로 다른 접근 방식이다. 알레르겐의 접촉을 줄이는 것은 알레르기 예방의 중요한 방법이지만, 면역 체계 강화를 위해서는 균형 잡힌 식사, 규칙적인 운동, 충분한 수면 등 다른 생활 습관이 중요하다. 따라서 면역 체계 강화에는 알레르겐 접촉 줄이기와 직접적인 관련이 없다.

30 추론 정답 ④

| 정답풀이 |

청정 에너지의 사용은 온실가스 배출을 줄이고, 지구온난화 대응 및 지속 가능한 에너지 미래를 위해 중요한 전략이다.

| 오답풀이 |

① 대기오염의 주된 원인으로 산업 활동, 자동차 배기가스, 화석 연료의 연소 등을 언급하고 있다. 화석 연료의 연소만이 주된 대기오염의 원인이라고 보기 어렵다.
② 대기오염 문제 해결을 위해 대중교통 장려와 개인적인 에너지 절약 및 재활용 실천을 권장하므로 개인 자동차를 늘리는 것은 대기오염을 악화시킬 수 있다.
③ 대기오염 문제를 해결하기 위해 대중교통의 사용을 촉진해야 한다고 강조한다.
⑤ 온실가스 배출이 지구온난화와 기후 변화를 가속화하고, 대기오염은 건강과 환경에 영향을 미친다. 온실가스와 대기오염이 기후 변화에 미치는 영향이 동일하다고 보기 어렵다.

CHAPTER 02 실전모의고사 2회

수리논리 P.314

01	③	02	①	03	③	04	②	05	⑤
06	③	07	③	08	①	09	⑤	10	④
11	④	12	①	13	③	14	④	15	③
16	④	17	⑤	18	⑤	19	③	20	③

01 응용수리 정답 ③

| 정답풀이 |

작년 남자 직원 수는 400명이고, 올해는 10% 감소했으므로 40명 감소하였다. 올해 총 직원 수는 20명 증가하였으므로 여자 직원 수는 작년에 비해 60명 증가한 것을 알 수 있다. 이때, 여자 직원 수는 작년보다 30% 증가하였으므로 (작년 여자 직원 수)$\times$0.3$=$60(명)이다.

따라서 작년 여자 직원 수는 200명이고, 올해 여자 직원 수는 200$+$60$=$260(명)이다.

02 응용수리 정답 ①

| 정답풀이 |

현재 S연구원은 수요일에 휴일이고 화요일에는 X샘플을 분석해야 한다.

월	화	수	목	금
	X샘플	휴일		

나머지 3가지 샘플을 월, 목, 금에 배치하는 방법은 3!$=$6(가지)이다. 이때, X샘플은 총 2종류이므로 화요일에 X샘플을 분석하는 경우의 수는 2가지이다.

따라서 주어진 샘플을 모두 분석하는 경우의 수는 6$\times$2$=$12(가지)이다.

03 자료해석 정답 ③

| 정답풀이 |

㉡ 2/4분기와 4/4분기에 제품 C의 매출액이 총매출에서 차지하는 비중을 구하면 2/4분기에 $\frac{100}{1,000}\times100=$10(%), 4/4분기에 $\frac{120}{1,200}\times100=$10(%)이므로 서로 같다.
㉢ 제품 A, B, C의 2021년 매출액을 각각 구하면 다음과 같다.

- 제품 A: 120+50+80+100=350(천만 원)
- 제품 B: 100+80+60+150=390(천만 원)
- 제품 C: 60+100+90+120=370(천만 원)

따라서 제품 A, B, C의 2021년 매출액 합계는 350+390+370=1,110(천만 원)이므로 총매출액에서 차지하는 비중은 $\frac{1,110}{500+1,000+800+1,200}\times 100 \fallingdotseq 31.7(\%)$으로, 30% 이상이다.

| 오답풀이 |

㉠ 제품 A의 3/4분기 매출액은 1/4분기 대비 $\frac{120-80}{120}\times 100 \fallingdotseq 33.3(\%)$ 감소하였으므로 30% 이상 감소하였다.

㉣ 총매출액이 120억 원으로 가장 큰 분기인 4/4분기에 제품 B의 매출액은 직전 분기 대비 150−60=90(천만 원) 증가하였으므로 9억 원 증가하였다. 즉 10억 원 미만 증가하였다.

시험장풀이

㉡ 총매출액과 제품 C의 매출액의 그래프 수치는 2/4분기에 모두 100, 4/4분기에 모두 120으로 같다. 즉 총매출액과 제품 C가 같은 비율로 증가한 것이므로 총매출액에서 제품 C의 매출액이 차지하는 비중은 변하지 않았음을 쉽게 알 수 있다.

04 자료해석 정답 ②

| 정답풀이 |

하루 평균 게임 시간이 5시간 이상이면 고위험군이므로 고위험군 비율은 성인이 고등학생보다 8.2−6.7=1.5(%p) 더 높다

| 오답풀이 |

① 잠재적 위험군의 비율은 성인이 62.8%로 가장 높다.

③ 초등학생 중 3가지 위험군에 해당하는 비율의 합은 15.1+5+0.6=20.7(%)이므로 20% 이상이다.

④ 3가지 위험군에 해당하는 비율의 합은 고등학생이 19.8+10.4+6.7=36.9(%), 중학생이 12.6+4.8+1.8=19.2(%)이므로 고등학생이 더 높다.

⑤ 중학생 중 게임을 2시간 미만으로 하는 비율은 중학생의 52.4+28.4=80.8(%)이므로 80% 이상이다.

시험장풀이

④ 하루 평균 게임 시간이 2시간 이상 3시간 미만, 3시간 이상 5시간 미만, 5시간 이상인 비율은 모두 고등학생이 중학생보다 높으므로 잠재적 위험군, 중위험군, 고위험군의 비율도 고등학생이 더 높음을 알 수 있다. 즉 3가지 위험군에 해당하는 비율의 합은 고등학생이 중학생보다 높음을 쉽게 알 수 있다.

05 자료해석 정답 ⑤

| 정답풀이 |

㉠ 사서 1명당 의자 수는 다음과 같다.

- A도서관: $\frac{109}{3}\fallingdotseq 36.3$(개)
- B도서관: $\frac{100}{2}=50$(개)
- C도서관: $\frac{117}{4}\fallingdotseq 29.3$(개)
- D도서관: $\frac{197}{7}\fallingdotseq 28.1$(개)

따라서 B도서관이 가장 많다.

㉡ D도서관의 총장서 수는 597+735=1,332(권)으로, B도서관 총장서 수 144+296=440(권)의 3배인 440×3=1,320(권) 이상이다.

㉢ 조명 1개당 책상 수는 다음과 같다.

- A도서관: $\frac{32}{36}\fallingdotseq 0.89$(개)
- C도서관: $\frac{32}{35}\fallingdotseq 0.91$(개)

따라서 C도서관이 A도서관보다 많다.

시험장풀이

㉠ B도서관의 의자 수가 사서 수의 50배이므로 각 도서관의 사서 수에 50을 곱한 수보다 의자 수가 더 적다면, 해당 도서관은 B도서관보다 사서 1명당 의자 수가 더 적은 셈이다. 따라서 B도서관의 사서 1명당 의자 수가 가장 많다는 것을 알 수 있다.

㉢ $\frac{32}{36}$와 $\frac{32}{35}$의 대소를 비교하면, 분자가 같으므로 분모가 작은 $\frac{32}{35}$가 더 크다.

06 자료해석 정답 ③

| 정답풀이 |

2021년 문화예술행사 관람률의 전년 대비 감소율은 $\frac{62-34}{62}\times 100 \fallingdotseq 45.2(\%)$이므로 40% 이상 감소하였다.

| 오답풀이 |

① 2022년 문화예술행사 관람률은 34%에서 60%로 증가하였다.

② 2022년 관람률이 가장 높은 상위 3개 분야는 영화(75.8%), 대중음악/연예(21.1%), 미술전시회

(15.3%)이고, 2021년은 영화(73.3%), 대중음악/연예(14.6%), 연극(13.0%)이므로 전년도와 동일하지 않다.

④ 2022년 관람률이 가장 낮은 분야는 무용(1.8)이지만, 전년 대비 증가율은 $\frac{1.8-1.3}{1.3}\times 100 \fallingdotseq 38(\%)$이다. 문학행사의 전년 대비 증가율은 $\frac{8.9-5.8}{5.8}\times 100 \fallingdotseq 53(\%)$로 전년 대비 증가율이 가장 높다.

⑤ 주어진 자료만으로는 관람한 인원수를 알 수 없다.

07 자료해석 정답 ③

| 정답풀이 |

㉠ 2021년과 2022년 13세 이상 인구수가 동일하다면, 2021년 연극 관람률은 2022년 미술전시회 관람률보다 낮으므로 관람 인원수도 적다.

㉣ 2021년 서양음악을 관람한 인원은 3,000×0.045=135(만 명)이다.

| 오답풀이 |

㉡ 2021년과 2022년 문화예술행사 관람률의 차이는 26%p일 뿐, 13세 이상 인구수를 알 수 없으므로 문화예술행사 관람 인원은 알 수 없다.

㉢ 2022년 문화예술행사를 관람한 인원은 4,000×0.6=2,400(만 명)이다.

08 자료해석 정답 ①

| 정답풀이 |

2023년과 2024년의 아이폰 점유율을 구하면 다음과 같다.

• 2023년 아이폰 점유율: $\frac{105}{105+25}\times 100 \fallingdotseq 80.8(\%)$

• 2024년 아이폰 점유율: $\frac{108}{108+24}\times 100 \fallingdotseq 81.8(\%)$

따라서 2024년의 아이폰 점유율은 전년 대비 증가할 것이라고 예상된다.

| 오답풀이 |

② [표2]에서 2020년 제조업체 A~E사의 안드로이드폰 판매량은 전년 대비 증가하였다.

③ [표1]에서 2022과 2023년 전 세계 안드로이드 스마트폰 판매량은 동일하다.

④ 안드로이드폰과 아이폰의 판매량의 합계가 가장 많은 해는 13.5억 대인 2018년이다. 2018년에 안드로이드폰 판메량은 2억 대이고, 아이폰 핀매량은 11.5억 대이다. $\frac{2}{11.5}\times 100 \fallingdotseq 17.4(\%)$이므로 2018년에 안드로이드폰 판매량은 아이폰 판매량의 15% 이상이다.

⑤ 2019~202년의 안드로이드폰 점유율을 구하면 다음과 같다.

• 2019년 안드로이드폰 점유율:
$\frac{24}{24+94}\times 100 \fallingdotseq 20.3(\%)$

• 2020년 안드로이드폰 점유율:
$\frac{25}{25+90}\times 100 \fallingdotseq 21.7(\%)$

• 2021년 안드로이드폰 점유율:
$\frac{15}{15+95}\times 100 \fallingdotseq 13.6(\%)$

• 2022년 안드로이드폰 점유율:
$\frac{25}{25+100}\times 100 = 20(\%)$

따라서 2020년에 안드로이드폰 점유율이 가장 높다.

09 자료해석 정답 ⑤

| 정답풀이 |

㉢ 2020년 A사 안드로이드폰 판매량은 5,750만 대이므로 2020년 안드로이드폰과 아이폰의 판매량의 총합에서 차지하는 비중은 $\frac{5,750}{115,000}\times 100 = 5(\%)$이므로 5% 이하이다.

㉣ 기타를 제외하고, 2021년에 전년 대비 판매량이 800만 대 이상 증가한 제조업체는 C사와 D사이므로 총 2개사이다.

| 오답풀이 |

㉠ 2020년 제조업체 A~E사 판매량의 전년 대비 증가율을 구하면 다음과 같다.

• A사: $\frac{5,750-5,280}{5,280}\times 100 \fallingdotseq 8.9(\%)$

• B사: $\frac{55,00-4,800}{4,800}\times 100 \fallingdotseq 14.6(\%)$

• C사: $\frac{4,000-3,120}{3,120}\times 100 \fallingdotseq 28.2(\%)$

• D사: $\frac{3,250-2,400}{2,400}\times 100 \fallingdotseq 35.4(\%)$

• E사: $\frac{2,250-1,920}{1,920}\times 100 \fallingdotseq 17.2(\%)$

따라서 2020년 판매량의 전년 대비 증가율이 가장 높은 제조업체는 D사이다.

㉡ D사의 시장점유율은 13−10=3(%p) 증가하였고, 시장점유율의 증가율은 $\frac{13-10}{10}\times 100 = 30(\%)$이다.

10 자료해석 정답 ④

| 정답풀이 |

2020년 전년 대비 분만 건수 증감량은 300,000−270,000=30,000(건), 2019년 전년 대비 분만 건수 증감량은 325,000−300,000=25,000(건)이므로 2020년이 더 많다.

| 오답풀이 |

① 제왕절개 분만 건수는 175,000건>162,000건>153,000건>152,000건>145,000건으로 지속적으로 감소했다.

② 제왕절개 건수가 자연분만 건수를 추월한 해는 2019년(152,000건>148,000건)과 2020년(145,000건>125,000건)이다.

③ 제왕절개와 자연분만 건수의 합은 전체 분만 건수와 같으므로 다른 형태의 분만은 없다.

구분	2016년	2017년	2018년	2019년	2020년
자연분만(건)	235,000	196,000	172,000	148,000	125,000
제왕절개(건)	175,000	162,000	153,000	152,000	145,000
합계(건)	410,000	358,000	325,000	300,000	270,000

⑤ [그래프1]에서 2016년 제왕절개와 자연분만 그래프 간 격차는 2017년의 격차보다 크므로 2017년에 자연분만과 제왕절개 건수의 차이는 감소한다.

11 자료해석 정답 ④

| 정답풀이 |

㉠ 수도권 분만 건수는 71,500+58,000+14,200=143,700(건), 절반은 71,850건이고, 경기는 71,500건으로 과반수가 아니다.

㉡ 부산, 대구, 경남, 경북, 울산의 분만 건수는 18,000+15,000+14,400+8,200+6,400=62,000(건)이고, 서울은 58,000건이다.

㉣ [그래프1]의 2020년 분만 건수는 270,000건이므로 [그래프2]의 요양기관 소재지별 분만 건수의 총합 역시 270,000건이다.

| 오답풀이 |

㉢ 광주, 전북, 전남의 분만 건수는 11,000+7,700+6,000=24,700(건)이고, 전체 분만 건수는 270,000건이다.

$\frac{24,700}{270,000}\times100 \fallingdotseq 9(\%)$이므로 전체에서 차지하는 비중은 10%보다 낮다.

12 자료해석 정답 ①

| 정답풀이 |

2021년 전체 청구 건수 중 외래가 차지하는 비중은 $\frac{18,400}{19,520}\times100 \fallingdotseq 94(\%)$이므로 95%를 상회하지 않는다.

| 오답풀이 |

② 2022년 자동차보험 외래 진료비의 증가율은 전년 대비 7%로 5% 이상 높다.

③ 2022년 전년 대비 자동차보험 청구 건수는 19,900−19,520=380(천 건) 증가하였고, 외래 청구 건수는 18,800−18,400=400(천 건) 증가하였다.

④ 2022년 자동차보험 진료비의 전년 대비 증가액은 2,530,000−2,426,000=104,000(백만 원), 즉 1,040억 원이다.

⑤ 2022년 전체 청구 건수 전년 대비 증가율은 1.9%이고, 전체 자동차보험 진료비의 전년 대비 증가율은 4.3%이다.

시험장풀이

① 2021년 전체 청구 건수 중 외래가 차지하는 비중과 입원이 차지하는 비중을 합하면 100%가 된다. 즉, 여사건을 이용한다. 전체에서 입원이 차지하는 비중이 5%보다 높은지를 구하면 $\frac{1,120}{19,520}\times100 \fallingdotseq 5.7(\%)$이므로 외래가 차지하는 비중은 100−5.7=94.3(%)이므로 95%를 상회하지 않는다.

13 자료해석 정답 ③

| 정답풀이 |

㉡ 2022년에 자동차보험 전체 진료비는 전년 대비 증가하였다. 이때, 각 기관이 전년보다 비중이 더 커지기 위해서는 자동차보험 전체 진료비(4.3%)의 증가율보다 더 커야 한다. 전년 대비 증가율이 자동차보험 전체 진료비의 증가율(4.3%)보다 높은 기관은 한방병원(23.4%) 한 곳이다.

㉢ 2022년 자동차보험 청구 건수가 2021년보다 감소한 요양기관은 청구 건수의 전년 대비 증감률이 0%보다 낮은 곳으로 상급종합병원(−9.1%), 종합병원(−7.3%), 병원(−9.6%), 의원(−3.9%), 한의원(−0.5%) 5곳이다.

| 오답풀이 |

㉠ 2021년 자동차보험 청구 건수 중 상위 3개 요양기관은 한의원(7,580 → 7,540), 한방병원(4,540 → 5,400), 의원(4,350 → 4,180)이고, 이 중 한방병원의 청구 건수

는 증가하였다.

㉣ 2022년 상급종합병원의 청구 건당 자동차보험 진료비는 $\frac{185,000}{200}=\frac{925}{1}$=925(천 원/건)이다.

시험장풀이

㉡ 분수 비교 시 분모보다 분자의 증가율이 더 높다면 전체 값은 증가할 것이고, 반대로 분자보다 분모의 증가율이 높다면 전체 값은 감소할 것이다.

14 자료해석 정답 ④

| 정답풀이 |

2020년 보안 전시회 전체 참가자 수를 알 수 없으므로 인원은 알 수 없다.

| 오답풀이 |

① 세계 CCTV 수입의 상위 3개국 CCTV 수입액은 2019년에 더 많다.

2018년	2019년
7,000+750+570 =8,320(만 달러)	7,200+1,400+50 =9,100(만 달러)

② IoT/홈 오토메이션(13%) 분야가 ICT 및 사이버 보안(12%) 분야보다 비율이 더 높으므로 관심도가 높다.

③ CCTV 및 영상감시를 제외한 관심도 상위 5개 분야는 18+13+12+10+9=62(%)이므로 절반 이상이다.

⑤ 2018년보다 2019년의 말레이시아 비중이 더 높다.

2018년	2019년
$\frac{400}{10,500}\times100≒3.8(\%)$	$\frac{450}{10,600}\times100≒4.2(\%)$

15 자료해석 정답 ③

| 정답풀이 |

㉠ 2020년 상위 11개국 중 대만(120만 달러 → 200만 달러)이 유일하게 CCTV 수입액이 증가하였다.

㉣ 2020년 CCTV 수입액에서 상위 10순위가 차지하는 비중은 72.6+5.2+4.8+4.5+3.2+1.9+1.0+0.8+0.8+0.6=95.7(%)이다.

| 오답풀이 |

㉡ 2019년보다 2020년의 대한민국 비중이 더 높다.

2019년	2020년
$\frac{40}{10,600}\times100≒0.38(\%)$	$\frac{25}{6,200}\times100≒0.4(\%)$

㉢ 상위 10순위 중 2018년보다 2019년에 CCTV 수입액이 더 낮아진 국가는 태국, 대만, 독일, 일본으로 4개국이다.

16 자료해석 정답 ④

| 정답풀이 |

주택마련 소요연수 기간이 5년 이상인 가구의 비중은 다음과 같다.

2015년	2016년	2017년	2018년	2019년
56.0%	59.8%	59.7%	48.6%	47.6%

따라서 2018년에 처음으로 50% 이하가 됐다.

| 오답풀이 |

① 주택보급률이 매년 100% 이상이므로 주택 수가 일반가구 수보다 더 많다.

② 주택마련 소요연수 기간의 비율은 2017년을 제외하면 15~20년 미만이 가장 낮았으며, 2017년에는 20년 이상이 가장 낮았다.

③ 주택마련 소요연수 기간이 5년 미만인 가구의 비중은 다음과 같다.

2015년	2016년	2017년	2018년	2019년
44.0%	40.2%	40.3%	51.4%	52.4%

따라서 2016년에는 전년 대비 감소하였으므로 매년 증가하고 있지 않다.

⑤ 2019년 일반가구 수가 1% 증가하면 주택보급률은 $\frac{102.6}{1.01}$≒101.6(%)로 100% 이상이다.

시험장풀이

④ ③에서 계산했던 수치를 100에서 빼면 쉽게 진위 여부를 판단할 수 있다. 주택마련 소요연수 기간이 5년 미만인 가구의 비중은 2017년까지 50% 미만이었다가 2018년부터 50% 위로 올라가므로, 반대로 주택마련 소요연수 기간이 5년 이상인 가구의 비중은 2018년에 처음으로 50% 이하가 됨을 알 수 있다.

⑤ 2019년 주택보급률이 102.6%이므로, 분모가 2.6%보다 더 크게 늘어나야만 주택보급률이 100% 이하로 떨어진다. 따라서 분모가 1% 증가한 것으로는 주택보급률이 100% 이하로 떨어지지 않는다는 것을 알 수 있다.

17 자료해석 정답 ⑤

| 정답풀이 |

(일반가구 수)$=\frac{(\text{주택 수})}{(\text{주택보급률})}\times 100$이므로 일반가구 수는 다음과 같다.

(단위: 천 채)

2015년	2016년	2017년	2018년	2019년
16,253	16,609	16,937	17,304	17,668

따라서 일반가구 수가 가장 많은 연도는 2019년이다.

시험장풀이

2015년과 2016년을 비교해 보면 주택보급률은 감소하였지만, 주택 수는 증가하였으므로 일반가구 수도 증가하였다. 또한 2016년 이후 주택보급률은 매년 1% 미만 증가하였지만, 주택 수는 매년 1% 이상 증가하였으므로 일반가구 수는 계속해서 증가한다는 것을 쉽게 알 수 있다. 따라서 2019년의 일반가구 수가 가장 많다.

18 자료해석 정답 ⑤

| 정답풀이 |

남학생과 여학생 증가율에 대한 관계식을 2014년, 2017년, 2018년에 적용하면 다음과 같다.

- 2014년: $T=(-3+2)^2-C^2$
- 2017년: $T=(-1+2)^2-C^2$
- 2018년: $T=(3-2)^2-C^2$

$T=1-C^2$가 되어 $T+C^2=1$이 된다.

즉, 남학생 증가율과 여학생 증가율의 합은 1 또는 −1이 되어 제곱하면 1이 되는 관계이다.

㉠$+1=-1$ 또는 ㉠$+1=1$이므로, ㉠은 −2 또는 0이다.

$2+$㉡$=-1$ 또는 $2+$㉡$=1$ 이므로, ㉡은 −3 또는 −1이다.

따라서 정답으로 가능한 것은 ㉠$=0$, ㉡$=-3$인 ⑤이다.

19 자료해석 정답 ③

| 정답풀이 |

각 세포의 시간에 따른 세포 개수 차이를 구하면 다음과 같다.

(단위: 개)

구분	1월	2월	3월	4월	5월
A세포	40	52	65	79	94
차이	–	12	13	14	15
B세포	5	7	12	19	31
차이	–	–	5	7	12

A세포는 12, 13, 14, … 로 늘어나고, B세포는 앞 두 달의 합과 같다.

A세포와 B세포의 시간에 따른 개수는 다음과 같다.

(단위: 개)

구분	1월	2월	3월	4월	5월	6월	7월	8월	9월
A세포	40	52	65	79	94	110	127	145	164
B세포	5	7	12	19	31	50	81	131	212

따라서 A세포보다 B세포의 개수가 많아지는 것은 9월이다.

20 자료해석 정답 ③

| 정답풀이 |

주어진 자료는 전분기 대비 증감이고, 단위는 %p이므로 전분기 대비 %간 차이를 의미한다.

2020년 3분기 기준으로 증감량을 대입하면 다음과 같다.

- 2020년 4분기: $2.45+1.2=3.65(\%)$
- 2021년 1분기: $3.65+1.7=5.35(\%)$
- 2021년 2분기: $5.35+0.8=6.15(\%)$

따라서 적절하지 않은 그래프는 ③이다.

추리 P.331

01	⑤	02	①	03	①	04	①	05	⑤
06	⑤	07	④	08	②	09	①	10	⑤
11	③	12	④	13	④	14	④	15	①
16	⑤	17	②	18	⑤	19	④	20	⑤
21	④	22	④	23	③	24	②	25	④
26	②	27	②	28	③	29	⑤	30	②

01 명제 정답 ⑤

| 정답풀이 |

전제1의 대우명제와 전제2를 고려하면 다음과 같은 벤다이어그램을 그릴 수 있다.

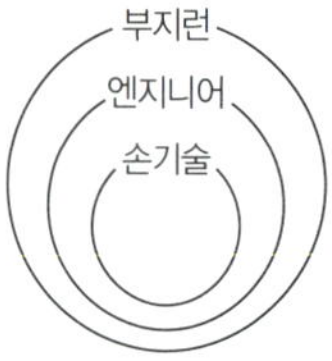

'부지런'이 '손기술'을 포함하고 있으므로 '손기술 → 부지런'이 항상 성립하지만, 선택지에는 관련된 문장이 없다. 따라서 대우명제인 '~부지런 → ~손기술'에 해당하는 ⑤가 정답이다.

시험장풀이

전제1과 전제2 모두 some 개념이 등장하지 않으므로 삼단논법을 사용하여 문제를 풀 수 있다. 엔지니어를 '엔', 손기술이 좋은 사람을 '손', 부지런한 사람을 '부'라고 표시하고 전제1과 전제2를 다시 써보면 다음과 같다.

- 전제1: ~엔 → ~손
- 전제2: 엔 → 부

전제1과 전제2에서 모두 '엔'이 등장하므로 '엔'이 전제1과 전제2를 연결하는 연결고리, 즉 매개념이다. '엔'을 매개로 전제1과 전제2를 연결하기 위해 전제1의 대우명제를 구해보면 '손 → 엔'이다. 따라서 '손 → 부'라는 결론을 내릴 수 있다. 이에 해당하는 문장이 선택지에 없으므로 대우명제인 '~부 → ~손'에 해당하는 ⑤가 정답이다.

02 명제 정답 ①

| 정답풀이 |

전제2를 만족하는 벤다이어그램은 [그림1]과 같다.

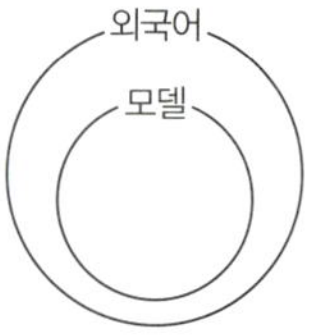

[그림1]

여기에 전제1을 덧붙인 기본적인 벤다이어그램은 [그림2]와 같이 나타낼 수 있으며, '모델'과 '잘생김'의 공통영역에 해당하는 색칠된 부분이 반드시 존재해야 한다.

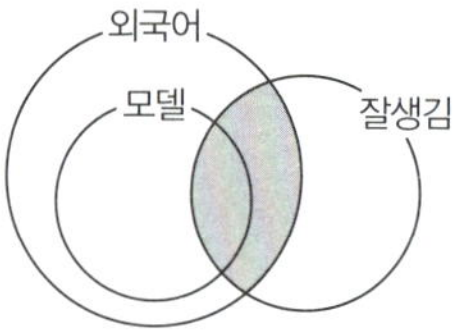

[그림2]

[그림2]에서 매개념 '모델'을 제외한 '외국어'과 '잘생김' 사이의 관계를 보면, 둘 사이에 뚜렷한 포함관계가 존재하진 않으나 최소한 색칠한 부분만큼은 공통으로 포함하고 있다는 것을 알 수 있다. 즉, '외국어'과 '잘생김' 사이엔 반드시 공통영역이 존재한다.

따라서 정답은 ①이다.

| 오답풀이 |

② 잘생긴 사람을 '잘', 모델인 사람을 '모', 제2외국어에 능통한 사람을 '외'라고 하면, 다음과 같이 벤다이어그램을 그릴 수 있다.

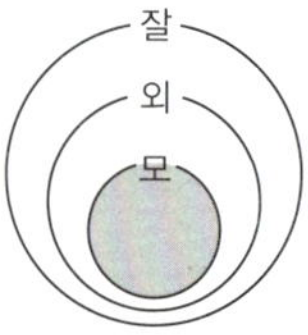

[그림3]

[그림3]에서 잘생긴 모든 사람은 제2외국어에 능통하지 않을 수 있으므로 항상 참인 결론은 아니다.

③, ④ [그림2]에서 '잘생김'과 '외국어' 사이에는 반드시 공통 영역이 존재한다. 따라서 항상 참인 결론은 아니다.

⑤ [그림2]에서 제2외국어에 능통하지 않은 사람 중 잘생기지 않은 사람이 있을 수 있으므로 항상 참인 결론은 아니다.

03 명제   정답 ①

| 정답풀이 |

전제1의 대우명제에 대한 벤다이어그램은 [그림1]과 같다.

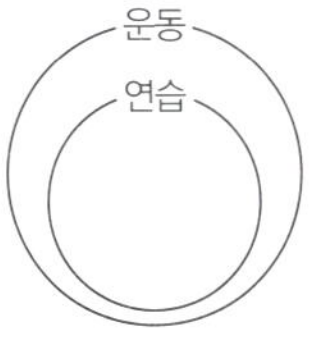

[그림1]

이때, '연습'과 '부상' 사이에 공통 영역이 존재한다는 결론을 반드시 만족하기 위해서는 [그림2]와 같이 '부상'이 '운동'을 포함하면 된다.

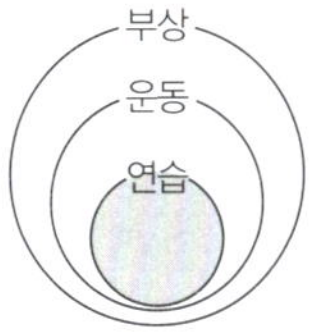

[그림2]

'부상'이 '운동'을 포함하면 [그림2]의 색칠된 영역이 반드시 존재하므로 '연습'과 '부상' 사이에 공통 영역이 존재한다는 결론을 반드시 만족하게 된다. 따라서 정답은 ①이다.

| 오답풀이 |

②, ③, ⑤ 연습하는 사람을 '연', 운동을 좋아하는 사람을 '운', 부상을 당하는 사람을 '부'라고 하면, 다음과 같이 벤다이어그램을 그릴 수 있다.

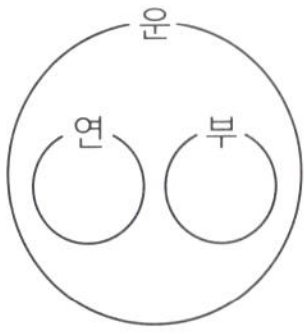

[그림3]

이때, [그림3]은 전제1, 2는 만족하지만 결론을 위배하는 반례이다.

④ [그림4]는 전제1, 2는 만족하지만 결론을 위배하는 반례이다.

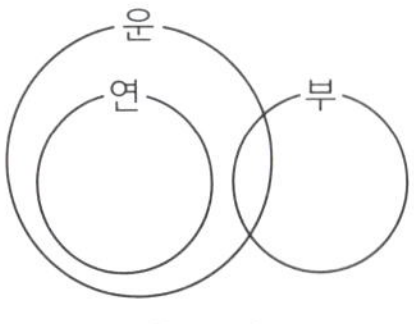

[그림4]

04 조건추리   정답 ①

| 정답풀이 |

우선 확정적인 조건부터 고려하면 김 과장과 이 대리를 다음과 같이 배치할 수 있다.

이 대리			
			김 과장

이 대리와 김 과장의 위치를 바꿀 수 있지만, 어차피 탁자를 180° 돌린 것과 같아지므로 위 경우만 고려하면 된다. 과장끼리는 서로 마주 보고 앉고, 대리 3명이 모두 이웃하여 앉으며, 사원은 이웃하여 앉지 않으므로 다음과 같이 배치할 수 있다.

이 대리	대리	대리	이 과장
사원	김 부장	사원	김 과장

여기서 모두 서로 다른 성을 가진 사람을 마주 보고 있도록 성을 배치하면 다음과 같다.

이 대리	박 대리	김 대리	이 과장
김 사원	김 부장	이 사원	김 과장

따라서 이 사원의 바로 왼쪽 자리에 앉은 사람은 김 부장이다.

05 조건추리   정답 ⑤

| 정답풀이 |

목요일을 제외하고, 러닝을 하는 사람은 매일 2명이다. 목요일은 5명이 모두 러닝을 하고, A와 B는 항상 같은 요일에 러닝을 하며, 수요일에 러닝을 한다. C는 러닝을 월요일, 화요일에 연속으로 한다.

월요일	화요일	수요일	목요일	금요일	토요일
C	C	A	모두		
		B			

또한 E는 1주일에 러닝을 나흘만 하는데 D가 러닝을 한 다음 날에는 반드시 러닝을 하므로 금요일에 러닝을 한다. 여기서 월요일과 화요일에는 D 또는 E가 러닝을 하는데, 만약 E가 월요일, 화요일에 러닝을 한다면 토요일에 D가 러닝을 하게 되어 E가 다음 날 러닝을 하지 못하므로 모순이다. 이에 따라 월요일은 D, 화요일은 E가 러닝을 하고, E는 1주일에 러닝을 나흘만 하므로 토요일도 러닝을 한다. 마지막으로 금요일은 C 또는 D, 토요일은 C가 러닝을 한다.

월요일	화요일	수요일	목요일	금요일	토요일
C	C	A	모두	E	E
D	E	B		C 또는 D	C

따라서 C와 D가 운동을 같이 한 날은 월요일과 목요일 이틀이다.

| 오답풀이 |

① 가능한 경우의 수는 2가지이다.
② A와 B가 러닝을 한 요일인 목요일의 다음 날인 금요일에는 A, B 모두 러닝을 하지 않는다.
③ 금요일에 러닝을 하는 사람은 C와 E일 수도 있다.
④ 금요일에 D와 E가 러닝을 한다면, 5명 중 1주일 동안 러닝을 가장 많이 하는 사람은 4일씩 한 C와 E로 2명이다.

06 조건추리 정답 ⑤

| 정답풀이 |

B는 D의 전등은 액정이 깨져 있다고 했고, C는 D가 진실을 말한다고 하였으므로 둘 중 한 명은 진실, 나머지 한 명은 거짓을 말하고 있다.

i) B의 말이 진실인 경우

B의 말이 진실이라면 C의 말은 거짓이므로 A와 D의 말도 거짓이다. D의 말에 따라 꺼진 전등은 2개 이상이므로 E의 말은 거짓이다.

A	B	C	D	E
꺼짐(거짓)	켜짐(진실)	꺼짐(거짓)	꺼짐(거짓)	꺼짐(거짓)

ii) B의 말이 거짓인 경우

B의 말이 거짓이라면 C의 말은 진실이므로 A와 D의 말도 진실이다. D의 말에 따라 꺼진 전등은 2개 이하이므로 E의 말은 진실이다.

A	B	C	D	E
켜짐(진실)	꺼짐(거짓)	켜짐(진실)	켜짐(진실)	켜짐(진실)

따라서 켜진 전등을 가진 사람이 1명이라면 그 사람은 B이다.

| 오답풀이 |

① 가능한 경우의 수는 2가지이다.
② 거짓을 말한 사람이 4명이라면, 진실을 말한 사람은 B이다.
③ D의 전등이 켜져 있다면, B의 전등은 꺼져 있다.
④ A가 진실을 말한 경우는 1가지이다.

07 조건추리 정답 ④

| 정답풀이 |

G는 북미로 출장을 나가므로 A와 B, E와 F는 북미로 출장을 나갈 수 없으며 각각 아시아 또는 유럽으로 출장을 나간다.

만약 A와 B가 아시아, E와 F가 유럽으로 출장을 나간다면 A와 C는 다른 지역으로 출장을 나가므로 가능한 경우는 다음과 같다.

아시아(3명)	유럽(2명)	북미(2명)
A, B, D	E, F	C, G

만약 A와 B가 유럽, E와 F가 아시아로 출장을 나간다면 A와 C는 다른 지역으로 출장을 나가므로 가능한 경우는 다음과 같다.

아시아(3명)	유럽(2명)	북미(2명)
C, E, F	A, B	D, G
D, E, F	A, B	C, G

위의 경우들은 모두 모순이 없으므로 총 3가지의 경우가 가능하다.

따라서 D가 아시아로 출장을 나가는 경우의 수는 2가지이므로 정답은 ④이다.

| 오답풀이 |

① C는 아시아로 출장을 나갈 수도 있다.
② A는 아시아로 출장을 나갈 수도 있다.
③ B와 D는 함께 아시아로 출장을 나갈 수도 있다.
⑤ E가 아시아로 출장을 나간다면, D는 북미뿐만 아니라 아시아로 출장을 나갈 수도 있다.

08 조건추리 정답 ②

| 정답풀이 |

홍보부 사원은 화요일에 당직을 서고 사원끼리는 서로 연속하여 당직을 서므로 기획부 사원은 월요일 또는 수요일에 당직을 선다.

기획부 사원이 월요일에 당직을 설 경우, 과장은 대리보다 먼저 당직을 서므로 수요일에 홍보부 과장이 당직을 서고 홍보부 대리와 기획부 대리는 각각 목요일 또는 금요일에 당직을 선다.

월	화	수	목	금
기획부 사원	홍보부 사원	홍보부 과장	홍보부 대리 또는 기획부 대리	

기획부 사원이 수요일에 당직을 설 경우, 과장은 대리보다 먼저 당직을 서므로 월요일에 홍보부 과장이 당직을

서고 기획부끼리는 서로 연속하여 당직을 서지 않으므로 기획부 대리가 금요일, 홍보부 대리가 목요일에 당직을 선다.

월	화	수	목	금
홍보부 과장	홍보부 사원	기획부 사원	홍보부 대리	기획부 대리

따라서 홍보부 사원과 기획부 대리가 연속하여 당직을 서는 경우는 없다.

09 조건추리 정답 ①

| 정답풀이 |

A는 4번 자리에 앉아 있고, E보다 뒤에 앉은 사람은 없으므로 E는 3번 또는 7번 자리에 앉아 있다. 이때 B는 C의 맞은편에 앉아 있고, D는 F의 바로 뒤에 앉아 있으므로 B 또는 C는 1번 또는 5번 자리에 앉아 있고, F와 D는 2번과 3번 자리 또는 6번과 7번 자리에 앉아 있다.

	앞문	B/C	F	D	
앞		통로		A	뒤
	운전석	C/B		E	

	앞문	B/C		E	
앞		통로		A	뒤
	운전석	C/B	F	D	

따라서 가능한 경우의 수는 4가지이다.

10 조건추리 정답 ⑤

| 정답풀이 |

흰색 차를 탄 사람은 2명인데 갑, 병, 정이 각각 B, D, C가 흰색 차를 탔다고 진술하였으므로 셋 중 한 명의 진술은 거짓이다. 이에 따라 을의 진술은 참이므로 B는 승용차, C는 승합차를 탔다.
만약 갑의 발언이 거짓이고, 병과 정의 발언이 참이라면 A가 흰색 차를 탔고, C와 D도 흰색 차를 타게 되어 흰색 차를 탄 사람이 3명이므로 모순이다. 이에 따라 갑의 발언은 참이고, A는 검은색 차, B는 흰색 차를 탔다.
만약 병의 발언이 거짓이고, 정의 발언이 참이라면 E는 승합차를 탔고, A도 승합차를 타게 되어 승합차를 탄 사람이 3명이므로 모순이다. 이에 따라 병의 발언은 참이고, D는 흰색 차, E는 승용차를 탔다.
만약 정의 발언이 거짓이면 C는 검은색 차, A는 승용차를 탔으므로 A, C가 검은색 차, B, D가 흰색 차를 타게 되어 E는 검은색 차를 탔고, A, B, E가 승용차, C가 승합차를 타게 되어 D는 승합차를 탔다.

구분	A	B	C	D	E
색상	검은색	흰색	검은색	흰색	검은색
차종	승용차	승용차	승합차	승합차	승용차

따라서 거짓말을 한 사람은 정이고, 흰색 승합차를 탄 범인은 D이다.

시험장풀이

선택지에 을이 없으므로 을은 항상 참임을 알 수 있다. 이후 갑, 병, 정의 발언 중 직접적으로 대립되는 발언이 없으므로 갑, 병, 정의 발언이 거짓이라고 차례로 가정한 뒤 모순이 발생하는지 확인한다.

11 조건추리 정답 ③

| 정답풀이 |

두 번째 조건에 의해 가능한 경우는 다음과 같다.

천의 자리	백의 자리	십의 자리	일의 자리
1			2
2			4
3			6
4			8

세 번째 조건에 의해 가능한 경우는 다음과 같다.

천의 자리	백의 자리	십의 자리	일의 자리
1		6	2
2		7	4
3		8	6
4		9	8

마지막 조건에 의해 가능한 경우는 다음과 같다.

천의 자리	백의 자리	십의 자리	일의 자리
1	4	6	2
2	3	7	4
3	2	8	6
4	1	9	8

이때, 마지막 경우에서 숫자 9가 있으므로 가능한 암호에서 가장 큰 숫자는 9이다.

| 오답풀이 |

① 가능한 암호는 1462, 2374, 3286, 4198이므로 어떤 경우라도 암호에 숫자 5는 없다.

② 암호가 될 수 있는 경우는 1462, 2374, 3286, 4198의 4가지이다.
④ 천의 자리의 수와 백의 자리의 수의 합은 5이므로 항상 일정하다.
⑤ 천의 자리의 수가 4인 경우에 암호는 4198이므로 각 자리의 수의 합은 4+1+9+8=22이다.

12 조건추리 정답 ④

| 정답풀이 |

①~⑤의 경우에 대해서 한 명만 거짓말을 하는 상황이 되는지를 확인해 보면 된다. 이때, 점수가 높은 순서대로 나열하였을 때 C−A−B−D라면 A가 거짓을 말한 것이고, B, C, D가 참을 말한 것이므로 정답은 ④이다.

| 오답풀이 |

① 점수가 높은 순서대로 나열하였을 때 A−B−C−D라면 A만 참을 말한 것이고 B, C, D가 거짓을 말한 것이므로 모순이다.
② 점수가 높은 순서대로 나열하였을 때 B−A−C−D라면 A, B는 참을 말한 것이고 C, D는 거짓을 말한 것이므로 모순이다.
③ 점수가 높은 순서대로 나열하였을 때 B−D−C−A라면 A, C는 참을 말한 것이고 B, D는 거짓을 말한 것이므로 모순이다.
⑤ 점수가 높은 순서대로 나열하였을 때 D−B−C−A라면 A, C는 참을 말한 것이고 B, D는 거짓을 말한 것이므로 모순이다.

13 조건추리 정답 ④

| 정답풀이 |

B보다 높은 층에 거주하는 사람은 2명이고, 2층에 거주하는 사람은 없으므로 B는 3층에 거주한다. 이때 A와 E는 같은 층에 거주하는데, C는 1층에 혼자 거주하므로 4층에 거주하는 2명은 A와 E이고, D는 3층에 거주한다. 만약 C가 1호 라인에 거주한다면, D는 C와 다른 호수 라인인 2호 라인에 거주하므로 B가 1호 라인에 거주하게 되는데 이렇게 되면 1호 라인에 거주하는 사람이 3명이 되므로 모순이다. 이에 따라 C는 2호 라인에 거주하고, D는 1호 라인, B는 2호 라인에 거주한다.

	1호	2호
4층	A 또는 E	E 또는 A
3층	D	B
2층		
1층		C

따라서 C는 2호 라인에 거주한다.

| 오답풀이 |

① E는 D와 다른 호수 라인인 2호 라인에 거주할 수도 있다.
② A보다 낮은 층에 거주하는 사람은 3명이다.
③ D는 3층에 거주한다.
⑤ B와 같은 호수 라인에 거주하는 사람은 3명이다.

14 조건추리 정답 ④

| 정답풀이 |

D는 E가 진실을 말하고 있다고 하였으므로 D의 말이 진실이라면 E의 말도 진실이고, D의 말이 거짓이라면 E의 말도 거짓이다.

- D의 말이 진실인 경우
  D의 말이 진실이면 E의 말도 진실이므로 D와 E는 흰색 옷을 입었다. 이때 E의 말에 따라 A와 C는 같은 색을 입고 있는데, A와 C가 흰색 옷을 입었다면 흰색 옷을 입은 사람이 4명이 되어 모순이므로 A와 C는 검은색 옷을 입었다. 이에 따라 B는 흰색 옷을 입었고, C의 말에 의해 절도범은 D이다.

A	B	C	D(절도범)	E
검은색(거짓)	흰색(진실)	검은색(거짓)	흰색(진실)	흰색(진실)

- D의 말이 거짓인 경우
  D의 말이 거짓이라면 E의 말도 거짓이므로 D와 E는 검은색 옷을 입었다. 이때 E의 말에 따라 A와 C는 다른 색 옷을 입어야 하고, 둘 중 한 명은 검은색 옷을 입게 되면 검은색 옷을 입은 사람이 3명이 되어 모순이다.

따라서 절도범은 D이다.

15 도형추리 정답 ①

| 정답풀이 |

1행에서 2행, 2행에서 3행으로 이동할 때마다 외부 도형은 각각의 자리에서 시계 방향으로 90° 회전하고, 내부 도형은 음영(색)이 시계 방향으로 한 칸씩 이동한다.

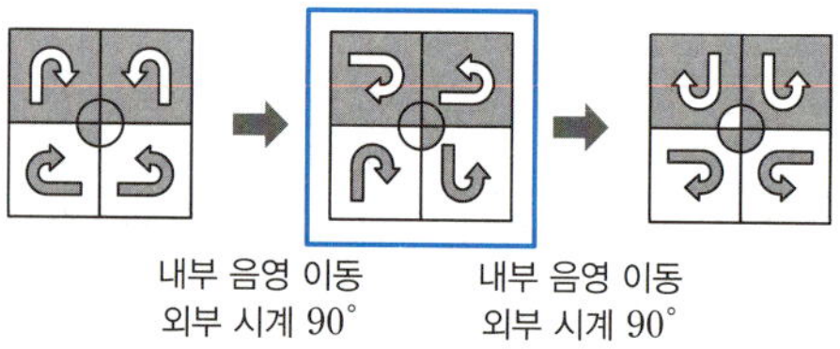

시험장풀이

도형의 구역이 나누어져 있는 경우 시계 또는 반시계 방향 회전 시 항상 전체 도형이 회전하는지 그 자리에서 각각의 도형이 회전하는지를 꼭 체크해야 한다.

16 도형추리 정답 ⑤

| 정답풀이 |

3행의 도형은 1행의 도형과 2행의 도형 중 한 곳에만 음영이 있거나 두 군데 모두 음영이 없는 부분을 칠한 것이다.

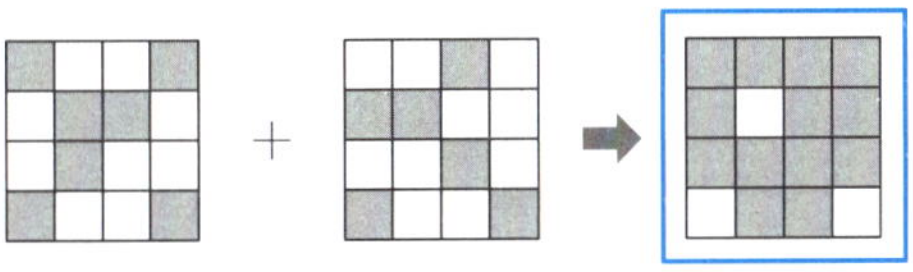

17 도형추리 정답 ②

| 정답풀이 |

오른쪽으로 한 칸씩 이동할 때마다 내부도형은 시계 방향으로 120° 이동하고, 도형 전체의 색이 반전된다.

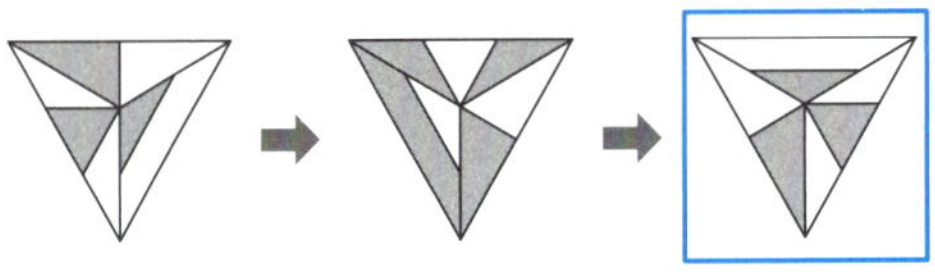

내부 시계 120° 색반전　　내부 시계 120° 색반전

18 도식추리 정답 ⑤

| 정답풀이 |

주어진 기호의 규칙은 다음과 같다.

기호	규칙
△	ABCD → BCDA
□	(+2, +2, +2, +2)
☆	(+0, −2, +0, −2)
○	ABCD → CBAD

5W3K→ ☆ → 5U3I → □ → **(7W5K)**

시험장풀이

다음과 같이 문자표를 일단 적어놓는다.

A	B	C	D	E	F	G	H	I	J	K	L	M
N	O	P	Q	R	S	T	U	V	W	X	Y	Z

주어진 도식을 보면 △ → □ → ☆ → ○ 순으로 규칙을 파악해야 한다.

- △: X91V → 91VX로 추론할 수 있다. 순서 바꾸기 또는 숫자연산 규칙 모두 가능하지만, 숫자연산 규칙이라면 너무 극단적인 덧셈뺄셈이 되어버린다. 따라서 순서 바꾸기 규칙이라고 가정하면, ABCD → BCDA이다.
- □: V79T → X91V로 추론할 수 있다. 명백한 숫자연산 규칙으로, (+2, +2, +2, +2)이다.
- ☆: E7N3에 △을 역으로 적용하면 3E7N이다. 따라서 ☆은 3G7P → 3E7N로 추론할 수 있다. 명백한 숫자연산 규칙으로, (+0, −2, +0, −2)이다.
- ○: 4LMF에 △을 적용하면 LMF4, LMF4에 □을 적용하면 NOH6이다. 따라서 ○은 NOH6 → HON6로 추론할 수 있다. 순서 바꾸기 또는 숫자연산 규칙 모두 가능하지만, 숫자연산 규칙이라면 너무 극단적인 덧셈뺄셈이 되어버린다. 따라서 순서 바꾸기 규칙이라고 가정하면, ABCD → CBAD이다.

19 도식추리 정답 ④

| 정답풀이 |

KU3W → ○ → 3UKW → ☆ → 3SKU → △ → **(SKU3)**

20 도식추리 정답 ⑤

| 정답풀이 |

(PQ56) → ○ → 5QP6 → ☆ → 5OP4

21 도식추리 정답 ④

| 정답풀이 |

(7Q2F) → □ → 9S4H → ○ → 4S9H → △ → S9H4

22 문단배열 정답 ④

| 정답풀이 |

주어진 글은 유전자 조작 식물에 대한 글이다. 우선 유전

자 조작 식물의 기본 개념과 기술의 잠재력을 소개하는 [라] 문단이 제시되고, 유전자 조작 식물의 주요 응용 분야 중 하나인 내병형 식물의 개발에 대해 설명하는 [가] 문단으로 이어져야 한다. 그리고 다른 중요한 응용 분야인 영양 강화 식물에 대해 설명하는 [다] 문단이 제시되고, 마지막으로 유전자 조작 식물의 개발과 상용화에서 발생할 수 있는 도전 과제와 논란을 다루며, 이 기술의 발전에 필요한 신중한 논의와 규제를 강조하는 [나] 문단으로 마무리되어야 한다.
따라서 논리적으로 순서에 맞게 배열하면 [라]-[가]-[다]-[나] 순으로 와야 한다.

23 문단배열 정답 ③

| 정답풀이 |
주어진 글은 샹그릴라 신드롬을 노화에 대한 생각이 바뀌고 있음을 소개하는 글이다. 우선 샹그릴라 신드롬을 소개하는 [가] 문단이 제시되고, '샹그릴라'의 기원을 설명한 [라] 문단과 이어진다. 그리고 노화를 순응해야 할 자연현상이 아니라 극복 대상으로 생각하는 경향이 생겨나고 있다는 [나] 문단과 이어지고 마지막으로 이를 자세히 설명하는 [다] 문단으로 마무리되어야 한다.
따라서 논리적으로 순서에 맞게 배열하면 [가]-[라]-[나]-[다] 순으로 와야 한다.

24 참 · 거짓 판단 정답 ②

| 정답풀이 |
요가나 필라테스를 1시간 내내 힘들게 한다고 하더라도 사용되는 에너지는 200~250kcal에 불과한데 아이스크림 2개로도 고생이 수포로 돌아간다고 하였으므로 아이스크림 1개는 100~125kcal을 포함하는 것을 알 수 있다. 따라서 아이스크림 1개는 200kcal 미만이다.

| 오답풀이 |
① 몸매를 가꾸기 위해 요가나 필라테스를 열심히 하는 것은 일리가 있으나, 살찐 사람이 체중을 빼는 방법으로는 어림없는 일이라고 하였다.
③ 35분간 2.8km 걷기, 15분간 2.4km 달리기와 같은 운동을 하면 150kcal의 에너지가 소모된다고 하였다. 그런데 체중 감량의 적정 속도인 월 2kg을 빼기 위해서는 매일 500kcal 정도가 더 소모되어야 한다고 하였으므로 매일 150+500=650(kcal) 이상 소모되어야 한다.
④ 마지막 문장에서 '차라리 운동은 적당히 하고 먹는 칼로리를 줄이는 것이 다이어트에 훨씬 효과적이다.'라고 하였으므로 운동을 열심히 하는 것보다는 칼로리를 줄이는 것이 체중 조절에 효과적이다.
⑤ 30분간 4.8km를 달렸다면 150×2=300(kcal)를 소모한 것인데 요가나 필라테스를 1시간 동안 하면 200~250kcal의 에너지가 소모되므로 필라테스를 한 것보다 칼로리 소모량이 많다.

25 참 · 거짓 판단 정답 ④

| 정답풀이 |
물가 상승률이 명목금리보다 높을 때, 즉 실질금리가 마이너스이면 저축할 유인이 크게 작아지므로 소비자들은 저축을 많이 하지 않을 것이다.

| 오답풀이 |
① 가계 자산 중 주식 비중이 높으면 소비 감소 효과가 잘 작동하지 않으므로 소비가 잘 감소하지 않을 것이다.
② 물가 상승의 순환 고리를 끊는 바람직한 방법은 금리 인상이라고 하였다.
③ 물가 상승률이 높아지면 물가가 더 오르기 전에 서둘러 물건을 구매하려 한다고 하였다.
⑤ 일반적으로 금리가 오를 땐 가계가 저축을 늘리고 소비를 줄이는 것은 맞지만 상황에 따라 달라질 수 있다고 하였다.

26 참 · 거짓 판단 정답 ②

| 정답풀이 |
클라우드 서비스는 인터넷을 통해 서비스가 제공되기 때문에 서비스 제공에 장애가 없다면 공간적 제약을 극복할 수 있다.

| 오답풀이 |
① 클라우드 사업자들은 완벽한 보안이 어렵더라도 더 높은 보안 서비스를 제공하기 위해 서비스 이용의 비용을 조금 더 높게 책정하는 경우가 있음을 알 수 있다.
③ 클라우드 사업자들이 완벽한 보안 서비스를 제공하기 위해 노력한다는 것은 보안이 완벽할 수 없기 때문이므로 안정성이 확보되기 어려움을 알 수 있다.
④ 보안과 관련된 기술을 가진 전문가들을 채용해야 완벽한 서비스 제공이 가능하기 때문에 이들에 대한 의존도가 높아질 수 있다.
⑤ 보안 관련 기술을 가진 전문가들을 채용함에 따라 인프라 관리자의 채용을 최소화할 수 있음을 알 수 있다.

27 참 · 거짓 판단 정답 ②

| 정답풀이 |

비대면 문화는 코로나19 팬데믹 등 외부 요인에 의해 확산되었다. 이때 대면 상호작용이 어려운 상황에서 XR 기술이 원거리 상호작용을 보완하는 대체 역할을 수행하였으므로 이 진술은 반드시 참이다.

| 오답풀이 |

① 디스플레이 기술의 발전이 XR 기기의 시각적 품질, 반응성 등을 개선하지만 기술적 한계를 완전히 제거하기는 어렵다. 기술적 발전이 한계를 즉시 해결할 수 없으며, 지속적인 연구와 개발이 필요하다.
③ 최신 XR 기술이 적용된 소형화된 XR 기기는 복잡성과 비용이 증가할 수 있으며, 이는 기기의 가격 또한 높아질 수 있음을 의미한다.
④ XR 기술은 가상 환경과 현실 세계를 혼동할 정도로 몰입감을 높여 매력적인 경험을 제공하므로 사용자가 균형을 잃고 가상 환경에 의존할 위험도 존재한다.
⑤ XR 기기가 실제 대면 상호작용의 부족으로 인해 사회적 유대감 약화될 수 있는 문제가 생길 수 있다.

28 비판적 사고 정답 ③

| 정답풀이 |

주어진 글은 촉법소년의 범죄가 늘어나는 현 생활에서 촉법소년의 나이 기준을 낮춰 형사처벌을 강화해야 한다는 주장에 대해 처벌 강화보다는 장기적으로 촉법소년 문제를 대처할 수 있는 다양한 방안을 모색할 것을 주장하고 있다. 따라서 청소년의 범죄 행위가 자신들이 받을 처벌의 수준이 낮다는 것을 인지한 상태, 즉 악의적으로 범죄가 발생하는 사례가 많다는 점을 바탕으로 교화의 정당성에 의문을 제기하는 ③은 적절한 반론이라고 할 수 있다.

| 오답풀이 |

① 주어진 글의 주장을 수용하고 나아가 구체적인 방안을 제시하고 있으므로 반론이라고 보기 어렵다.
②, ④ 주어진 글의 주장에 오히려 힘을 실어주는 내용이다.
⑤ 주어진 글의 주장과 전혀 관련 없는 내용이다.

29 추론 정답 ⑤

| 정답풀이 |

연차나 나이에 따른 보상과 승진이 일반적인 회사에서는 인지 연령보다 역 연령이 중요하므로 인지 연령보다 역 연령이 높을수록 우대받을 것이다.

| 오답풀이 |

① 주어진 글을 보면, 조직 행동의 많은 연구가 인지 연령이 낮은 사람이 조직에서 더 좋은 역할을 하고 있음을 밝히고 있다. 따라서 조직에서 인지 연령이 낮은 사람일수록 더 뛰어난 성과를 보일 것이다.
② 인지 연령과 역 연령은 일대일로 대응되는 관계가 아니므로 인지 연령이 역 연령보다 높은 사람도 있고 낮은 사람도 있을 것이다.
③ 역 연령이 중요한 사회에서는 나이에 따라 역할과 대우가 달라질 것이다.
④ 인지 연령은 세월의 흐름과 상관없는 개인의 심리나 정신 상태에 관한 연령이기 때문의 개개인의 노력과 생각의 변화로 역 연령을 거스를 수 있을 것이다.

30 추론 정답 ②

| 정답풀이 |

약수물은 지하수층을 통해 다양한 미네랄을 포함한다. 미네랄 성분은 출처에 따라 다를 수 있으며, 일정하지 않다. 그에 반해 생수는 정수 및 처리 과정을 통해 미네랄 함량이 비교적 일정하게 유지된다.

CHAPTER 03 실전모의고사 3회

수리논리									P.350
01	②	02	⑤	03	⑤	04	②	05	③
06	①	07	②	08	⑤	09	①	10	⑤
11	④	12	③	13	①	14	⑤	15	②
16	④	17	③	18	④	19	⑤	20	③

01 자료해석 정답 ②

| 정답풀이 |

12월 부산의 혼인 건수는 전월 대비 $\frac{1,200-1,000}{1,000}\times 100=20(\%)$ 증가하였다.

| 오답풀이 |

① 8월 인천과 대전의 혼인 건수의 합은 820+370=1,190(건)이다.

③ 전월 대비 월별 혼인 건수의 증감 추이는 서울과 대구가 8월부터 12월까지 감소−감소−증가−증가−증가로 같다.

④ 전국 이혼 건수가 두 번째로 많은 12월에 전국 혼인 건수는 20,000건으로 가장 많다.

⑤ 전국 혼인 건수와 이혼 건수의 차는 7월에 15,700−8,300=7,400(건), 10월에 15,000−7,700=7,300(건)이므로 7월이 10월보다 더 크다.

시험장풀이

- 계산이 필요하지 않거나 계산이 간단한 선택지부터 확인하여 풀이 시간을 단축시킨다. ①은 계산이 간단하며, ③과 ④는 계산이 필요하지 않으므로 먼저 확인하는 것이 좋다.
- 분수의 크기를 비교할 때, 분모의 크기가 같다면 분자의 크기만 비교하여 분수의 크기를 비교한다.
- 선택지에 제시된 비율에 해당하는 값을 이용하면 계산 시간을 단축할 수 있다.
  예를 들어 ②에서 12월 부산의 혼인 건수가 전월 대비 30% 증가했는지 확인하기 위해 11월의 혼인 건수에 30% 증가한 값을 구하면 1,000×1.3=1,300(건)이다. 이는 12월 부산의 혼인 건수인 1,200건보다 많으므로 전월 대비 30% 미만으로 증가했음을 알 수 있다. 이처럼 나눗셈이 아닌 곱셈만으로 정답을 확인하여 계산 시간을 단축할 수 있다.

02 자료해석 정답 ⑤

| 정답풀이 |

양도소득세 납부 인원은 205+81+74+97+164=621(천 명)임에 따라 대전청과 대구청이 차지하는 비율은 $\frac{81+97}{621}\times 100 \fallingdotseq 28.7(\%)$이므로 30% 미만이다.

| 오답풀이 |

① 개별소비세 납부 인원은 대전청이 부산청보다 11−9=2(백 명) 더 많다.

② 제시된 그래프에서 직접세와 간접세 납부 인원이 모두 중복되지 않을 때 납부 인원의 최댓값을 구할 수 있다. 광주청의 직접세 납부 인원은 최대 493+74+67+7+8+117=766(천 명)이고, 간접세 납부 인원은 최대 5,203+117+10+4=5,334(백 명), 즉 533.4(천 명)이므로 직접세, 간접세 납부 인원은 최대 766+533.4=1,299.4(천 명)이다.

③ 그래프의 막대 높이를 이용하면 중부청은 양도소득세를 제외한 나머지 5개 세목에서 40% 이상의 비중을 차지하고 있다.

④ 증여세 납부 인원은 13+8+7+9+31=68(천 명)이고, 증권거래세 납부 인원은 158+95+117+112+359=841(백 명), 즉 84.1(천 명)이다. 따라서 두 납부 인원의 차는 84.1−68=16.1(천 명)이므로 1만 6천 명 이상이다.

03 자료해석 정답 ⑤

| 정답풀이 |

2020년 중국과 아시아·태평양을 제외하고, 미국(315억 달러 → 308억 달러), 유럽(40억 달러 → 35억 달러), 일본(34억 달러 → 30억 달러)은 전년 대비 감소하였다.

| 오답풀이 |

① 세계 파운드리 전체 시장 규모는 2020년에 308+114+83+35+30=570(억 달러)이고, 2019년에 315+108+82+40+34=579(억 달러)이다.

② 2020년 일본의 파운드리 시장 규모는 30억 달러로 32억 달러보다 낮다.

③ 주어진 자료로는 판단할 수 없다.

④ 일본의 전년 대비 감소율은 $\frac{34-30}{34}\times 100 \fallingdotseq 11.8(\%)$로 12% 이하이다.

시험장풀이

④ 2019년 일본 파운드리 시장 규모는 34억 달러이고, 12%는 4.08억 달러이므로 감소량인 4억 달러보다 크므로 12% 이상 감소한 것은 아니다.

04 자료해석 정답 ②

| 정답풀이 |

㉡ 대만 업체(TSMC, UMC)의 1~3분기 점유율은 지속적으로 증가했다.

(단위: %)

구분	1분기	2분기	3분기
대만 업체 점유율	48.1+7.2=55.3	49.2+7.5=56.7	50.5+6.7=57.2

㉢ 2020년 2분기 파운드리 상위 5개 업체의 점유율은 49.2+18.0+8.7+7.5+5.1=88.5(%)로 88% 이상이다.

| 오답풀이 |

㉠ 1~3분기 삼성전자를 제외하고, 파운드리 상위 3개(글로벌파운드리, UMC, SMIC) 업체의 점유율 증감 추이는 동일하지만, TSMC는 지속적으로 증가하였다.

㉣ 주어진 자료만으로는 확인할 수 없다.

05 자료해석 정답 ③

| 정답풀이 |

순자산 대비 디지털 자산이 10%가 미치지 못하는 투자자의 비중이 46%로 가장 높다.

| 오답풀이 |

① 개인의 디지털 투자 자산 규모가 클수록 차지하는 비중이 높은 것은 아니다.

② 대출 등 레버리지를 사용하여 디지털 자산에 투자한 사람(자산 100% 이상)은 2%를 차지하고, 55,000명이라면 전체 투자 인원은 $\frac{55,000}{0.02}$=2,750,000(명)이다.

④ 투자 규모가 1,000만 원 이상은 20+5+8=33(%)이므로 1,000만 원 이상인 투자자 비중이 더 높다.

⑤ 개인별 디지털 자산 투자 규모의 비중이 가장 큰 항목은 100만 원 이상 1,000만 원 미만이고 43%를 차지하므로 절반에 미치지 못한다.

06 자료해석 정답 ①

| 정답풀이 |

㉠ 순자산 대비 디지털 투자 비중이 자산의 30% 미만인 사람의 비중은 [그래프2]에서 자산 10% 미만과 자산 10 이상 30% 미만의 비중 합이며 30+46=76(%)이므로 75% 이상이다.

㉡ [그래프1]에서 1,000만 이상 5,000만 원 미만에 해당하는 비중은 20%이므로, 개인별 디지털 자산 투자자가 3,500명일 때, 1,000만 이상 5,000만 원 미만 구간에 해당하는 사람은 3,500×0.2=700(명)이다.

| 오답풀이 |

㉢ [그래프2]에서 순자산 대비 디지털 투자 비중이 자산의 30 이상 50% 미만인 경우는 12%이고, 순자산 대비 디지털 투자 비중이 10% 미만인 경우는 46%이므로 4배 이상 많은 것은 아니다.

㉣ [그래프1]에서 투자 규모가 100만~1,000만 원에 해당하는 비중은 43%이므로 개인별 디지털 자산 투자자가 총 50,000명일 때, 1,000만 이상 5,000만 원 미만 구간에 해당하는 사람은 50,000×0.43=21,500(명)이다. [그래프2]에서 순자산 대비 디지털 자산 투자 50 이상 100% 미만에 해당하는 비중은 10%이므로, 21,500명이 모두 이 구간에 해당한다면 순자산 대비 디지털 자산 투자자는 21,500×10=215,000(명)이다.

07 자료해석 정답 ②

| 정답풀이 |

2018년 30세 이하 범죄자 비중은 17.5+4.5=22(%)이고, 41~50세 범죄자 비중은 22%이므로, 30세 이하 범죄자와 41~50세 범죄자 비중은 같다.

| 오답풀이 |

① 2008년보다 2018년 남성 범죄자 비중이 낮아진 것일 뿐 범죄자 수가 더 적어졌는지 알 수 없다.

③ 나이대에 따른 범죄자 수의 비교는 동일 연도 내에서 가능할 뿐, 다른 연도와는 비교할 수 없다. 주어진 자료만으로 총 범죄자 수를 알 수 없기 때문이다.

④ 2008년 대비 2018년 여성 범죄자 비중의 증가율이 $\frac{20-16}{16}$×100=25(%)일 뿐, 범죄자 수가 25% 증가하는지는 알 수 없다.

⑤ 범죄자 수가 가장 많은 연령대는 2008년에 41~50세(30%), 2018년에 51~60세(24%)이므로 모두 41~50세인 것은 아니다.

08 자료해석 정답 ⑤

| 정답풀이 |

㉢ 2008년 30세 이하 범죄자 수는 2,000명×(0.2+0.059+0.003)=524(명)이다.

ⓡ 31~40세 범죄자 수가 2008년과 2018년이 동일하다면, (2008년 총 범죄자 수)×0.25=(2018년 총 범죄자 수)×0.19이므로 $\frac{2008년\ 총\ 범죄자\ 수}{2018년\ 총\ 범죄자\ 수}=\frac{0.19}{0.25}=$ 0.76이므로 0.76배이다.

| 오답풀이 |

㉠ 2018년 61세 이상 범죄자 수 비율(13%)과 31~40세 범죄자 수 비율(19%)의 차이는 6%p이므로 31~40세 범죄자 수가 61세 이상 범죄자 수보다 2,500명×0.06=150(명) 더 많다.

㉡ 2008년과 2018년의 총 범죄자 수가 같다면, 19~30세(20% → 17.5%)의 감소율이 범죄자 수 감소율과 동일하다. $\frac{20-17.5}{20}\times100=12.5(\%)$이므로 13% 이하 감소했다.

09 자료해석 정답 ①

| 정답풀이 |

2019년 분기별 가계신용은 다음과 같다.

- 1분기: 1,612−72=1,540(조 원)
- 2분기: 1,637−81=1,556(조 원)
- 3분기: 1,682−109=1,573(조 원)
- 4분기: 1,728−127=1,601(조 원)

따라서 4분기의 가계신용이 가장 높다.

| 오답풀이 |

② 2019년 3, 4분기 판매신용은 다음과 같다.
- 3분기: 96−5=91(조 원)
- 4분기: 96−0=96(조 원)

따라서 4분기 판매신용은 3분기보다 5조 원 더 높다.

③ 직전 분기 대비 가계대출 증가액은 다음과 같다.
- 2021년 1분기: 1,666−1,632=34(조 원)
- 2020년 4분기: 1,632−1,586=46(조 원)

따라서 2021년 1분기가 2020년 4분기보다 낮다.

④ 2020년 1분기부터 2021년 1분기까지 가계신용 분기 평균 금액은 (1,612+1,637+1,682+1,728+1,766)÷5=1,685(조 원)이다.

⑤ 2021년 1분기 가계대출은 1,666조 원, 전년 동기 증가액 144조 원, 전년 동기 증가율은 9.5%로 주어진 5개 분기 중 가장 높다.

10 자료해석 정답 ⑤

| 정답풀이 |

2020년 가계신용은 1,612+1,637+1,682+1,728=6,659(조 원)이다. 각 분기별 전년 동기 증가액의 합은 72+81+109+127=389(조 원)이므로, 2019년 가계신용은 6,659−389=6,270(조 원)이다.

따라서 2020년 가계신용의 전년 대비 증가율은

$\frac{6,659-6,270}{6,270}\times100≒6.2(\%)$이다.

11 자료해석 정답 ④

| 정답풀이 |

웨이퍼 생산능력 상위 5개 기업의 합 405+280.3+205.4+198.2+132.8=1,221.7(만 장)이고, 1,221.7×0.3=366.51(만 장)이므로 405만 장을 생산한 삼성전자는 30% 이상을 차지한다.

| 오답풀이 |

①, ③, ⑤ [그래프1]은 전체에서 차지하는 비율(점유율)일 뿐이므로 월별 생산량을 알 수 없으므로 비율이 같아도, 증가해도, 감소해도 생산량은 비교할 수 없다.

② [그래프2]의 상위 5개 기업의 괄호 안은 점유율을 의미하고, 상위 5개 기업 점유율 합은 19+13+10+9+6=57(%)이므로 50%를 상회한다.

12 자료해석 정답 ③

| 정답풀이 |

㉠ 2022년 1~4월에는 450mm 웨이퍼를 제외하고, 매월 점유율은 300mm>200mm>150mm 이하 순으로 높으므로 두꺼울수록 많이 생산된다.

㉡ 6월에 450mm를 제외하고 점유율은 100−68=32(%)이고, 160×0.32=51.2(만 장)이므로 51만 장 이상이 생산된다.

ⓡ 마이크론의 웨이퍼 생산량 205.4만 장이 전체의 10%를 차지하므로 전체는 205.4÷0.1=2,054(만 장)이다.

| 오답풀이 |

㉢ [그래프1]은 전체에서 차지하는 비율(점유율)일 뿐이므로 월별 생산량을 알 수 없으므로 비율을 가지고 생산량을 비교할 수 없다.

시험장풀이

ⓡ 마이크론의 생산량이 전체의 10%이므로 보기의 2,000만 장에 대한 10%는 200만 장으로 마이크론의 생산량보다 낮다. 그러므로 전체 생산량은 2,000만 장보다 크다는 것을 알 수 있다.

13 자료해석 정답 ①

| 정답풀이 |

금융분야 인공지능 시장 규모의 전년 대비 증가량은 2022년과 2023년에 동일하므로 지속적으로 증가한 것은 아니다.

(단위: 십 억원)

구분	2020년	2021년	2022년	2023년	2024년	2025년	2026년
증가량	100	200	300	300	500	600	900

| 오답풀이 |

② 2026년의 금융 분야 비중은 2025년보다 높다.

구분	2025년	2026년
비중	$\frac{2,300}{3,500}\times100≒66(\%)$	$\frac{3,200}{3,900}\times100≒82(\%)$

③ 2026년의 금융 분야 전년 대비 증가율은 $\frac{3,200-2,300}{2,300}\times100≒39(\%)$이고, 2027년도에 39% 증가한다면, $3,200\times1.39=4,448$(십억 원)으로 4조 4,000억 원 이상이다.

④ 2024~2027년 동안 국내 인공지능 시장 규모는 매년 4,000억 원 이상 증가하였다.

(단위: 십 억원)

구분	2024년	2025년	2026년	2027년
증가량	400	500	400	600

⑤ 2021~2023년 시장 규모는 $600+900+1,200=2,700$(십억 원)이고, 2025년은 2,300십억 원이므로 2025년이 더 적다.

시험장풀이

③ 2027년과 2026년의 전년 대비 증가율이 같고, 2027년에 4조 4,000억 원이라면, 아래의 2026년과 2027년의 증가율이 같아야 한다. 하지만, 비교 시 2026년 대비 2027년 분자는 33% 증가하는데, 분모는 39% 증가하므로 2027년의 증가율이 더 낮게 나온다. 즉, 증가량은 4조 4,000억−3조 2,000억=1조 2,000(억 원)보다 더 커야한다.
따라서 2027년 시장은 4조 4,000억 원 이상이다.

2026년	2027년
$\frac{(3조\ 2,000억-2조\ 3,000억)}{2조\ 3,000억}=\frac{9,000}{23,000}=\frac{9}{23}$	$\frac{(4조\ 4,000억-3조\ 2,000억)}{3조\ 2,000억}=\frac{12,000}{32,000}=\frac{12}{32}$

14 자료해석 정답 ⑤

| 정답풀이 |

㉠ 2027년의 인공지능 시장에서 금융 분야는 규모가 $4,500\times0.8=3,600$(십억 원)이므로 전년 대비 $3,600-3,200=400$(십억 원) 증가한다.

㉢ (2022년 시장규모)$\times1.2=2,600$(십억 원)이라면, 2022년 시장규모는 2,166십억 원이고, 2027년 시장규모는 4,500십억 원이므로 $2,166\times2=4,332$(십억 원), 즉 2022년의 2배 이상이다.

㉣ 2026년 인공지능 시장의 전년 대비 증가율은 $\frac{3,900-3,500}{3,500}\times100≒11.4(\%)$이다.

| 오답풀이 |

㉡ 2021년 600십억 원이고, 3배는 1,800십억 원이다. 2024년은 1,700십억 원이므로 3배보다 크지 않다.

시험장풀이

㉢ 2027년의 시장규모가 2022년의 2배 이상이라면 2022년은 최대 2,250이다. 이때, 2,250에 20%, 즉 450을 증가시키면 2,250+450=2,700(십억 원)이다. 하지만, 2023년의 시장규모인 2,600십억 원은 2,700십억 원보다 낮다. 따라서 2022년은 2,250보다 낮을 것으로 예상되고, 2022년(2,250보다 낮음)×2배<2027년(4,500)이므로, 2027년은 2022년의 2배 이상이다.

15 자료해석 정답 ②

| 정답풀이 |

㉡ 2021년 공장 B의 자동화율은 97.9%이고, d값은 37.9%이므로 2021년 공장 A의 자동화율은 $97.9-37.9=60(\%)$이다. 따라서 2020년 공장 A의 자동화율은 $\frac{60}{1.2}=50(\%)$이므로 공장 B의 자동화율은 $50+41.5=91.5(\%)$이다.

㉢ 2019년과 2020년 공장 A의 자동화율은 동일하고 d값은 변하지 않으므로 2020년 공장 B의 자동화율도 변하지 않아 2019년과 동일하다.

| 오답풀이 |

㉠ 2021년 공장 A의 자동화율은 $97.9-37.9=60(\%)$이다.

㉣ 2017년을 기준으로 공장 A의 자동화율은 2019년에 25% 증가한 뒤 2021년에 20% 증가하였으므로 2021년 자동화율은 2017년보다 높다.

16 자료해석 정답 ④

| 정답풀이 |

2017년과 2018년 공장 A의 자동화율은 동일하므로 2017년과 2018년 공장 B의 자동화율 차이는 d값의 차이와 동일하다. 즉, 공장 B의 2017년과 2018년 자동화율 차이는 $40.4-38.2=2.2$(%p)이다.

| 오답풀이 |

① 공장 A의 자동화율은 2016년, 2018년, 2020년에는 전년 대비 증가하지 않고 동일하였다.

② 2021년 공장 A의 자동화율은 2016년의 $1.6\times1.25\times1.2=2.4$(배)이다.

③ 2016년과 2019년의 d값은 동일하지만 공장 A의 자동화율은 동일하지 않으므로 공장 B의 자동화율도 동일하지 않다.

⑤ 공장 A와 공장 B의 자동화율 차이인 d값이 가장 작은 해는 2021년이며, 공장 A의 자동화율이 가장 낮은 해는 2016년이므로 서로 다르다.

17 자료해석 정답 ③

| 정답풀이 |

재생에너지 생산량 관계식을 이용하면,
$1,140=a\times70^2-b\times60^2$과 $2,590=a\times80^2-b\times50^2$이므로 $a=0.6$, $b=0.5$이다.

- 2000년: ㉠$=0.6\times80^2-0.5\times60^2$이므로 ㉠$=2,040$
- 2020년: $3,610=0.6\times90^2-0.5\times$㉡^{2}이므로 ㉡$=50$

따라서 정답은 ③이다.

18 자료해석 정답 ④

| 정답풀이 |

협동력 관계식을 이용하여 $68=0.8a-\frac{1}{5}\{20\times(b+3)\}$과 $29=0.8a-\frac{1}{5}\{35\times(b+3)\}$를 풀면 $a=150$, $b=10$이다.

㉠$=0.8\times150-\frac{1}{5}\{25\times(10+3)\}$이므로 ㉠$=55$이고,

㉡$=0.8\times150-\frac{1}{5}\{40\times(10+3)\}$이므로 ㉡$=16$이다.

따라서 ㉠은 55이고, ㉡은 16인 ④가 정답이다.

19 자료해석 정답 ⑤

| 정답풀이 |

마케팅 비용과 증가되는 수익률의 차이는 다음과 같다.

(단위: 만 원)

마케팅 비용	520	526	532	539	546
차이	–	6	6	7	7
기대 수익률(%p)	1.2	1.4	1.6	1.8	2
차이(%p)	–	0.2	0.2	0.2	0.2

현재 수익률이 15%이고, 수익률이 18%가 되기 위해서는 3%p가 증가되어야 한다.
$3-1.2=1.8$(%p)이므로 $0.2\times9=1.8$(%p)이다.
따라서 $520+(6+6)+(7+7)+(8+8)+(9+9)+10=590$(만 원)을 지출해야 한다.

20 자료해석 정답 ③

| 정답풀이 |

A지역을 기준으로 B지역부터 직전 지역의 값과 크고 작음을 비교하면 다음과 같다.

(단위: 명, 세대, 명/세대)

구분	A지역	B지역	C지역	D지역	E지역	F지역
인구수	840,000	↓	↑	↓	↑	↓
세대수	360,000	↓	↓	↓	↑	↓
세대당 인구	2.33	↑	↑	↓	↓	↑

따라서 정답은 ③이다.

| 오답풀이 |

① 세대수와 세대당 인구 범례가 반대로 되어 있다.

② 세대당 인구 추이가 자료와는 다르다.

구분	A지역	B지역	C지역	D지역	E지역	F지역
세대당 인구	1.5~2	↑	↑	↓	↑	↓

④ 인구수와 세대수가 주어진 자료보다 100,000명, 100,000세대 이상 높게 표시 되어 있다.

⑤ 세대수와 인구수 범례가 반대로 되어 있다.

추리 P.370

01	④	02	⑤	03	④	04	③	05	⑤
06	④	07	②	08	④	09	⑤	10	①
11	②	12	②	13	②	14	③	15	②
16	⑤	17	④	18	③	19	①	20	③
21	①	22	⑤	23	⑤	24	⑤	25	②
26	⑤	27	④	28	⑤	29	③	30	②

01 명제 정답 ④

| 정답풀이 |

전제2의 대우명제를 고려하면 다음과 같은 벤다이어그램을 그릴 수 있다.

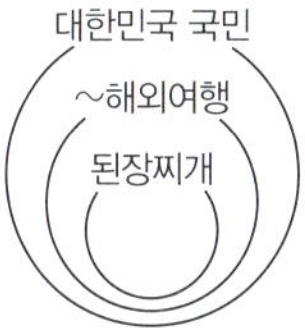

'대한민국 국민'이 '된장찌개'를 포함하고 있으므로 '된장찌개 → 대한민국 국민'이 항상 성립한다.
따라서 정답은 ④이다.

시험장풀이

전제1과 전제2 모두 some 개념이 등장하지 않으므로 삼단논법을 사용하여 문제를 풀 수 있다. 된장찌개를 좋아하는 사람을 '된', 해외여행을 좋아하는 사람을 '해', 대한민국 국민을 '대'라고 표시하고 전제1과 전제2를 다시 써보면 다음과 같다.

- 전제1: 된 → ~해
- 전제2: ~대 → 해

전제1과 전제2에서 모두 '해'가 등장하므로 '해'가 전제1과 전제2를 연결하는 연결고리, 즉 매개념이다. 매개념을 이용하기 위해 전제2의 대우명제를 구해보면 '~해 → 대'이므로, 전제1과 전제2를 서로 연결하면 '된 → 대'라는 결론을 내릴 수 있다. 따라서 정답은 ④이다.

02 명제 정답 ⑤

| 정답풀이 |

전제1과 전제2를 고려하면 다음과 같은 벤다이어그램을 그릴 수 있다.

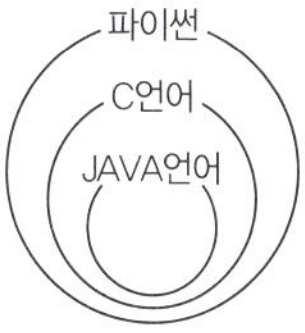

'파이썬'이 'JAVA언어'를 포함하고 있으므로 'JAVA언어 → 파이썬'이 항상 성립한다.
따라서 정답은 이의 대우명제인 ⑤이다.

시험장풀이

전제1과 전제2 모두 some 개념이 등장하지 않으므로 삼단논법을 사용하여 문제를 풀 수 있다. C언어를 하는 사원을 'C', 파이썬을 하는 사원을 '파', JAVA언어를 하는 사원을 'J'라고 표시하고 전제1과 전제2를 다시 써보면 다음과 같다.

- 전제1: C → 파
- 전제2: J → C

전제1과 전제2에서 모두 'C'가 등장하므로 'C'가 전제1과 전제2를 연결하는 연결고리, 즉 매개념이다. 전제1과 전제2를 서로 연결하면 'J → 파'라는 결론을 내릴 수 있다. 따라서 정답은 이의 대우명제인 ⑤이다.

03 명제 정답 ④

| 정답풀이 |

전제1을 만족하는 벤다이어그램은 [그림1]과 같다.

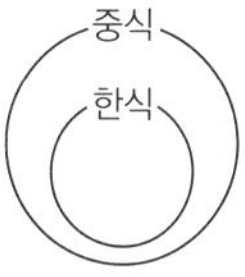

[그림1]

이 상태에서 '양식'과 '~한식' 사이에 공통영역이 존재한다는 결론을 반드시 만족하기 위해서는 [그림2]와 같이 '양식'과 '~중식' 사이에 공통영역이 존재하면 된다.

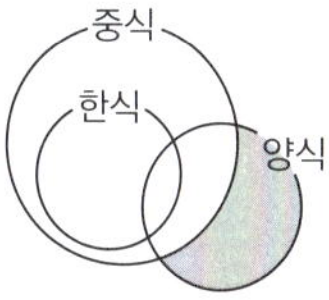

[그림2]

'양식'과 '~중식' 사이에 공통영역이 존재하면 자동적으로 [그림2]의 색칠된 부분이 '양식'과 '~한식' 사이의 공통영역이 되어 결론을 만족할 수 있다.
따라서 정답은 ④이다.

시험장풀이

결론에 "어떤 ~는 ~이다."라는 some 개념이 있으므로 벤다이어그램을 활용한다. 한식을 좋아하는 사람을 '한', 중식을 좋아하는 사람을 '중', 양식을 좋아하는 사람을 '양'이라고 표시하자. 전제1을 벤다이어그램으로 표현하면 [그림3]과 같다.

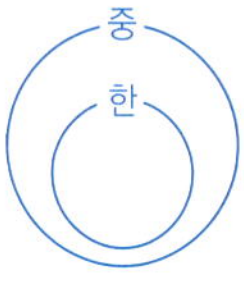

[그림3]

이 상태에서 ①을 만족하도록 '양'의 벤다이어그램을 그려보도록 하자. "중식과 양식을 모두 좋아하는 사람이 있다."라는 문장은 '중'과 '양' 사이에 공통영역이 존재한다는 말과 같으므로 [그림4]와 같이 나타낼 수 있다(문장에 '모두'라는 단어가 들어있다고 하여 무조건 all 개념인 것은 아니다.).

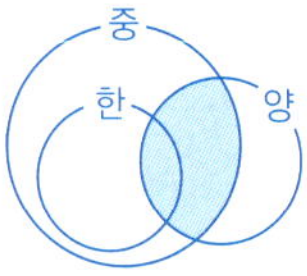

[그림4]

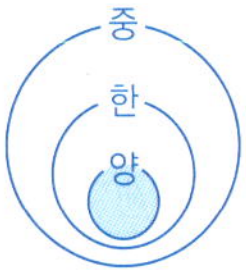

[그림5]

[그림4]의 경우 '양'과 '~한' 사이에 공통영역이 존재하여 결론을 만족하는 것처럼 보이지만, 색칠된 부분이 존재하기만 하면 '양'의 범위를 [그림5]와 같이 더 줄일 수도 있다. 이때는 '양'과 '~한' 사이에 공통영역이 존재하지 않는다. 즉, ①을 전제2로 세울 경우 항상 결론이 도출되는 것은 아니므로 ①은 전제2로 적절하지 않다.

이와 같은 방식으로 전제1과 ②~⑤를 만족하는 벤다이어그램을 각각 그렸을 때, 결론을 위배하는 반례가 하나라도 발생한다면 해당 선택지를 소거할 수 있다. ②와 ⑤는 서로 대우명제 관계이므로 동일한 명제인데, [그림6]과 같은 경우 결론을 만족하는 것처럼 보이지만, [그림7]과 같은 경우에는 결론을 만족하지 않아 정답이 될 수 없다. ③은 [그림5]를 반례로 들 수 있으므로 정답이 될 수 없다.

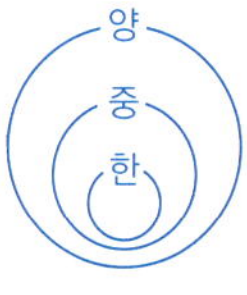

[그림6]

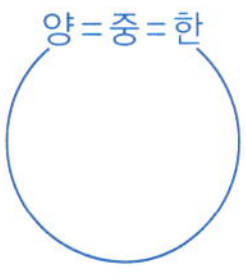

[그림7]

반면 ④를 전제2로 세우면 항상 결론을 만족하므로 정답은 ④이다.

04 조건추리 정답 ③

| 정답풀이 |

A, D는 1층에서 생활하고, B, C는 2층에서 생활한다. 그런데 F 위에 E가 생활하므로 1층에는 A, D, F가 생활하고, 2층에는 B, C, E가 생활한다.

1) A가 101호에서 생활하는 경우

A 위에 C가 생활하므로 C는 201호에서 생활한다. 그리고 D는 F의 옆방에서 생활하고, B는 E의 옆방에서 생활한다고 하였으므로 다음과 같이 생각할 수 있다.

201호 C	202호 B/E	203호 E/B
101호 A	102호 D/F	103호 F/D

2) A가 102호에서 생활하는 경우

D는 F의 옆방에서 생활하고 B는 E의 옆방에서 생활해야 하는데, 기숙사의 방을 배치할 수 없다.

3) A가 103호에서 생활하는 경우

A 위에 C가 생활하므로 C는 203호에서 생활한다. 그리고 D는 F의 옆방에서 생활하고, B는 E의 옆방에서 생활한다고 하였으므로 다음과 같이 생각할 수 있다.

201호 E/B	202호 B/E	203호 C
101호 F/D	102호 D/F	103호 A

이때, B가 201호에서 생활한다면 3)에서 A는 103호에서 생활하게 된다.

| 오답풀이 |

① 1), 3)에 의해 가능한 모든 경우의 수는 4가지이다.

② D는 1층 어디에서도 생활할 수 있다.

④ A가 103호에서 생활하면 3)에 의해 E는 201호 또는 202호에서 생활하므로 202호에서 생활할 수 있다.

⑤ C가 201호에서 생활한다면 1)에 의해 가능한 경우의 수는 2가지이다.

05 조건추리 정답 ⑤

| 정답풀이 |

을은 자신이 이벤트에 당첨되지 않았다고 했고, 무는 이벤트에 당첨된 사람이 을이라고 하였으므로 둘 중 하나는 거짓을 말하고 있다. 즉, 5명 중 거짓을 말하는 사람은 1명이므로 갑, 병, 정의 말은 진실이고, 정은 무가 거짓을 말한다고 했으므로 거짓을 말하는 사람은 무이다.

갑	을	병	정	무(당첨자)
진실	진실	진실	진실	거짓

따라서 이벤트에 당첨된 사람은 무이다.

06 조건추리 정답 ④

| 정답풀이 |

선택지 5가지 경우에 대해서만 과장 직급 2명이 참을 말하였고, 대리 직급 3명이 거짓을 말한 것에 대해 모순이 생기는지 확인해 보자. 만약 ④와 같이 C, E가 과장이고 이들의 발언이 참이라면 A, B, D의 직급이 대리이고 그들의 발언은 거짓이다. 이때, A, B, D의 발언은 모두 거짓임을 확인할 수 있고 모순이 없으므로 정답은 ④이다.

| 오답풀이 |

① A, C가 과장이고 이들의 발언이 참이라면 C의 직급은 대리이고 E의 직급은 과장이어야 하는데, 이는 모순이다.
② B, C가 과장이고 이들의 발언이 참이라면 E의 직급에 관하여 모순이 발생한다.
③ B, D가 과장이고 이들의 발언이 참이라면 E의 직급은 대리이고 A의 직급 또한 대리여야 하는데, A가 참을 말하는 상황이 되어 모순이다.
⑤ D, E가 과장이고 이들의 발언이 참이라면 E의 발언에 의해 D의 직급은 대리여야 하므로 모순이다.

07 조건추리 정답 ②

| 정답풀이 |

비밀번호 4자리 수는 모두 다른 수이고, 마지막 자리의 수는 1이다. 이때 비밀번호에 8이 포함되고, 비밀번호에 해당하는 4개의 수를 키패드에서 색칠하면 그 모양은 가로 또는 세로로 연결되어 있으므로 가능한 경우는 다음과 같다.

1	2	3
4	5	6
7	8	9
	0	

1	2	3
4	5	6
7	8	9
	0	

1	2	3
4	5	6
7	8	9
	0	

이에 따라 비밀번호 4자리의 수를 모두 더하면 20이므로 위의 경우에서 가능한 경우는 첫 번째 경우이다. 즉, 비밀번호에 1, 4, 7, 8이 하나씩 들어가는데 두 번째 자리의 수는 세 번째 자리의 수보다 4만큼 크므로 두 번째 자리의 수는 8, 세 번째 자리의 수는 4이고, 첫 번째 자리의 수는 7이다.
따라서 비밀번호는 7841이다.

08 조건추리 정답 ④

| 정답풀이 |

개발팀을 제외한 모든 팀은 일주일에 대회의실을 2번 사용하며, 개발팀은 매일 사용하는데, 일주일에 사용할 수 있는 횟수는 X로 표시된 부분을 제외하면 총 13번이므로 개발팀은 매일 1번씩 사용한다. 영업팀은 3타임에만 사용하므로 월요일과 화요일 3타임에 사용하며, 총무팀은 월요일 오전에 1번, 화요일 오전에 1번 사용하고, 인사팀은 하루에 두 타임을 연속으로 사용하므로 총무팀은 월요일 1타임, 화요일 1타임 또는 2타임에 사용하고, 인사팀은 금요일 1타임과 2타임에 사용한다. 이때 개발팀은 매일 1번씩 사용하므로 월요일 4타임, 화요일 1타임 또는 2타임, 금요일 4타임에 사용하고, 물류팀은 오후에만 사용하므로 수요일 4타임과 목요일 4타임에 사용한다. 이에 따라 수요일 1타임과 목요일 2타임은 개발팀이 사용한다.

구분		월	화	수	목	금
오전	1타임	총무	개발/총무	개발	×	인사
	2타임	×	총무/개발	×	개발	인사
오후	3타임	영업	영업	×	×	×
	4타임	개발	×	물류	물류	개발

따라서 총무팀이 1타임에만 사용하면 화요일 2타임은 개발팀이 사용한다.

| 오답풀이 |

① 가능한 경우의 수는 2가지이다.
② 목요일 2타임은 개발팀이 사용한다.
③ 물류팀은 수요일과 목요일에 사용하므로 연속한 요일에 사용한다.
⑤ 인사팀이 사용하는 요일은 금요일, 영업팀이 사용하는 요일은 월요일과 화요일로, 두 팀이 사용하는 요일은 다르고, 영업팀은 3타임만, 인사팀은 1타임과 2타임을 사용하므로 두 팀이 사용하는 타임 중 같은 타임은 존재하지 않는다.

09 조건추리 정답 ⑤

| 정답풀이 |

2조에서 D가 준우승을 하고 G가 3위를 기록하였으므로 두 사람은 8강전에서 만나지 않아야 한다. 이때, G는 다음과 같이 A 또는 F와 경기할 수 있으므로 4가지 경우가 가능하다.

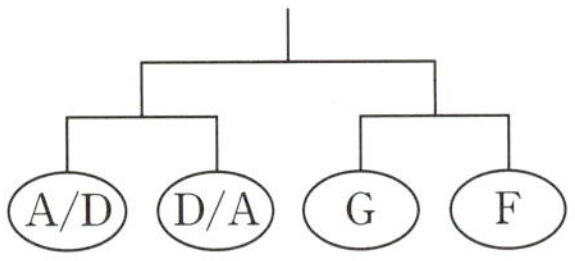

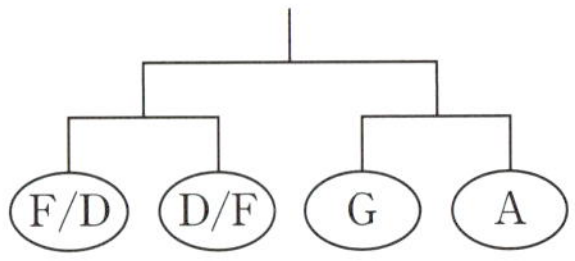

| 오답풀이 |

① 1조에서 B, H가 8강전에서 탈락했고 최종 우승자가 E이므로 C는 4강전에서 E에게 패배하였다. 이때, G가 3위를 기록하였으므로 C는 4위를 차지하였다.

② 2조에서 A, F가 8강전에서 탈락하였고, G는 3위를 기록하였으므로 4강전에서 탈락하였다. 따라서 2조에서는 D가 결승전까지 진출하였는데, 최종 우승자가 E이므로 D는 준우승을 차지하였다.

③ 다음과 같은 경우가 가능하므로 항상 옳지 않은 것은 아니다.

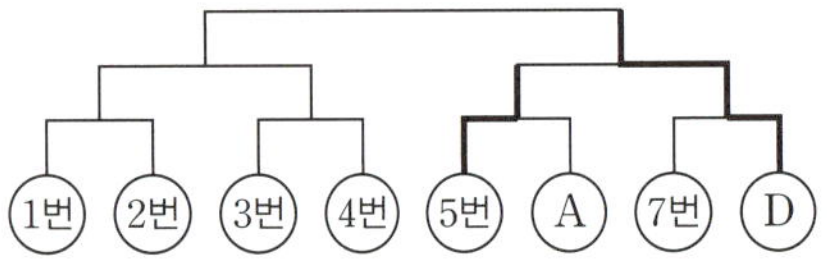

④ 다음과 같은 경우가 가능하므로 항상 옳지 않은 것은 아니다.

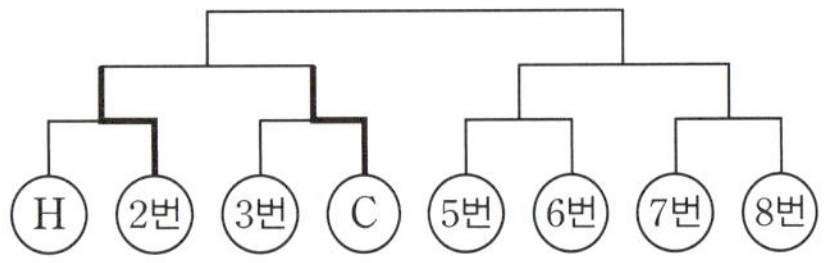

10 조건추리 정답 ①

| 정답풀이 |

A와 B가 2행의 좌석에 앉고 B가 앉은 좌석 번호는 F가 앉은 좌석 번호보다 작다고 하였으므로 F는 3행에 앉는다.

	1열	2열
	운전석	조수석
1행		
2행	A/B	B/A
3행	F	

	1열	2열
	운전석	조수석
1행		
2행	A/B	B/A
3행		F

그리고 C와 E가 서로 다른 열의 좌석에 앉는다고 하였고, D는 1행의 좌석에 앉는다고 하였으므로 이를 정리하여 나타내면 다음과 같다.

	1열	2열
	운전석	조수석
1행	C	D
2행	A/B	B/A
3행	F	E

[경우 1]

	1열	2열
	운전석	조수석
1행	E	D
2행	A/B	B/A
3행	F	C

[경우 2]

	1열	2열
	운전석	조수석
1행	D	C
2행	A/B	B/A
3행	E	F

[경우 3]

	1열	2열
	운전석	조수석
1행	D	E
2행	A/B	B/A
3행	C	F

[경우 4]

이때, D가 2번 좌석에 앉는 [경우 1], [경우 2]에서 E는 5번 좌석에 앉지 않으므로 항상 옳지 않다.

| 오답풀이 |

② E가 1번 좌석에 앉는 [경우 2]에서 C는 6번 좌석에 앉으므로 항상 옳다.

③ D가 1번 좌석에 앉는 [경우 3]에서 E가 5번 좌석에 앉으므로 항상 옳지 않은 것은 아니다.

④ F가 5번 좌석에 앉는 [경우 1], [경우 2]에서 4가지 경우가 있으므로 항상 옳다.

⑤ 네 경우에서 각각 2가지씩 경우가 존재하여 총 8가지 경우가 있으므로 항상 옳다.

11 조건추리 정답 ②

| 정답풀이 |

J는 9월 4일 광주에서 공연을 관람하였고, E는 9월 5일 울산에서 공연을 관람하였다. G는 J와 같은 날 공연을 관람하였으므로 9월 4일 광주에서 공연을 관람하였다. C는 B가 공연을 관람한 다음 날 공연을 관람하였으므로 B, C는 1일, 2일 또는 2일, 3일에 공연을 관람하였다. 그런데 C는 9월 2일에 공연을 관람하지 않았으므로 B가 9월 2일 대구에서 공연을 관람하고, C가 9월 3일 부산에서 공연을 관람하였다. A와 F는 같은 장소에서 공연을 관람하였으므로 9월 1일 대전에서 공연을 관람하였다. 이를 정리해 보면 다음과 같다.

9/1 대전	9/2 대구	9/3 부산	9/4 광주	9/5 울산
A, F	B	C	G, J	E

D는 대구에서 공연을 관람하지 않았으므로 3일 또는 5일에 공연을 관람하는데 I보다 먼저 공연을 관람하므로 9월 3일 부산에서 공연을 관람하고, I는 9월 5일 울산에서 공연을 관람한다.

9/1 대전	9/2 대구	9/3 부산	9/4 광주	9/5 울산
A, F	B, H	C, D	G, J	E, I

따라서 H는 9월 2일 대구에서 공연을 관람한다.

12 조건추리 정답 ②

| 정답풀이 |

제시된 내용을 바탕으로 좋아하지 않는 과일을 표시하여 표로 나타내면 다음과 같다.

구분	A	B	C	D	E
사과	×		×	×	
바나나		×	×	×	×
파인애플		×	×		×
망고	×			×	
복숭아			×		×

이때, C가 망고를 좋아한다고 하면 다음과 같이 표를 채울 수 있다.

구분	A	B	C	D	E
사과	×		×	×	
바나나		×	×	×	×
파인애플		×	×		×
망고	×	×	○	×	×
복숭아			×		×

그러면 E는 사과를 좋아하게 되고, 그에 따라 B는 복숭아를 좋아하게 되므로 다음과 같이 표가 완성된다.

구분	A	B	C	D	E
사과	×	×	×	×	○
바나나	○	×	×	×	×
파인애플	×	×	×	○	×
망고	×	×	○	×	×
복숭아	×	○	×	×	×

이때, B는 어떤 경우라도 망고를 좋아하지 않는다.

| 오답풀이 |

① A는 바나나를 좋아하므로 항상 옳다.
③ C는 망고를 좋아하므로 항상 옳다.
④ D는 파인애플을 좋아하므로 항상 옳다.
⑤ E는 사과를 좋아하므로 항상 옳다.

13 조건추리 정답 ②

| 정답풀이 |

각자의 진술을 간단하게 정리하면 다음과 같다.

인사팀	홍보팀	영업팀	기술팀	자금팀
인8, 홍6	기6, 홍9	자10, 영6	기10, 자8	자7, 영9

여기서 각자 2개의 진술 중 1개만이 진실이므로 나머지 1개는 거짓인데, 영업팀과 자금팀의 진술을 보면 모두 자금팀, 영업팀의 층수를 언급하였으므로 자금팀이 10층이면 영업팀은 9층이고, 자금팀이 7층이면 영업팀은 6층이다. 이때 기술팀의 자금팀이 8층이라는 진술은 항상 거짓이므로 기술팀은 10층이고, 이에 따라 자금팀은 7층, 영업팀은 6층이 된다. 마지막으로 영업팀의 진술 중 자금팀이 10층이라는 진술은 거짓이므로 영업팀은 6층이고, 인사팀은 8층이다.

10층	기술팀
9층	홍보팀
8층	인사팀
7층	자금팀
6층	영업팀

따라서 인사팀은 8층에 배치되었다.

| 오답풀이 |

① 영업팀은 6층에 배치되었다.
③ 기술팀은 10층에 배치되었다.
④ 자금팀은 7층에 배치되었다.
⑤ 홍보팀은 9층에 배치되었다.

14 조건추리 정답 ③

| 정답풀이 |

박 주임이 2번 자리에 앉아 있고, 그의 맞은편에 김 대리가 앉아 있으므로 다음과 같다.

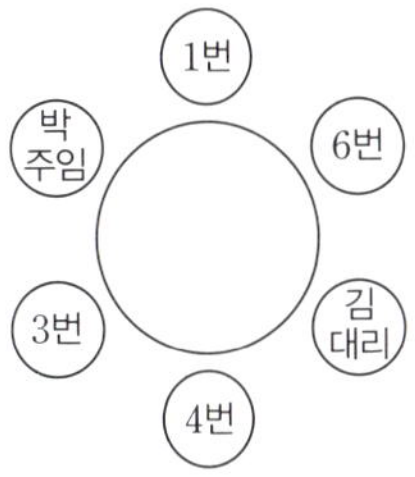

오 대리의 오른쪽 옆자리에는 박 주임이 앉아 있다고 하였으므로 1번 자리에 오 대리가 앉아 있다. 이때, 김 사원의 왼쪽 옆자리에는 한 과장이 앉아 있다고 하였으므로 김 사원이 4번 자리에 앉아 있고, 3번 자리에는 한 과

장이 앉아 있다. 즉, 6번 자리에 김 차장이 앉아 있으므로 다음과 같이 자리가 배치된다.

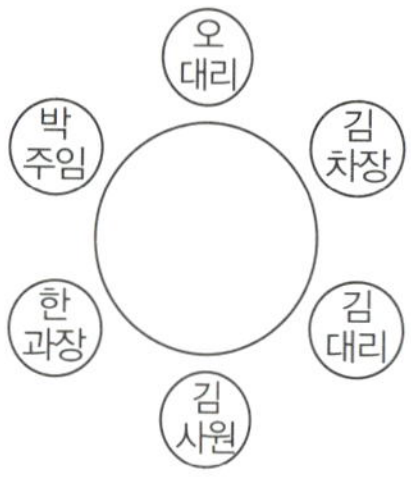

따라서 김 차장의 오른쪽 옆자리에 앉은 사람은 오 대리이다.

15 도형추리 정답 ②

| 정답풀이 |

오른쪽으로 한 칸씩 이동할 때마다 바깥쪽은 시계 방향으로 90° 회전하고, 안쪽은 반시계 방향으로 90° 회전한다.

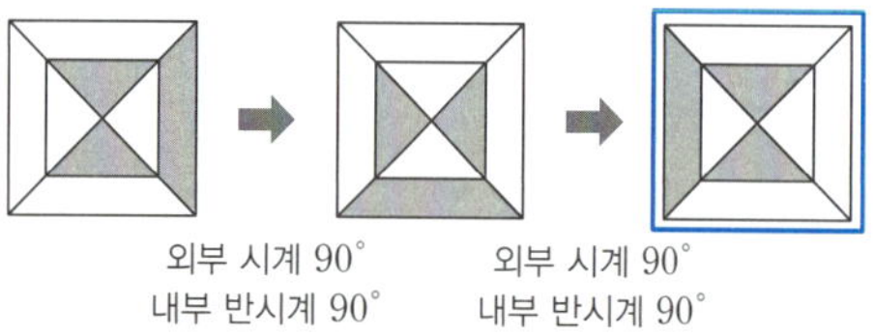

16 도형추리 정답 ⑤

| 정답풀이 |

1열에서 2열로 이동할 때 도형 내부의 음영이 오른쪽으로 한 칸씩 이동하고, 2열에서 3열로 이동할 때 도형 전체가 시계방향으로 90° 회전한다.

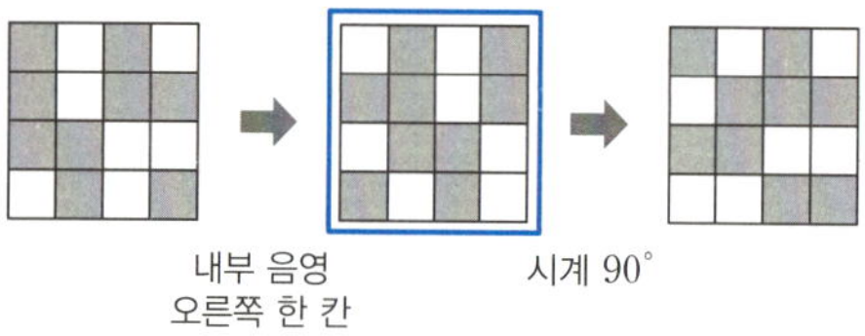

17 도형추리 정답 ④

| 정답풀이 |

1열에서 2열, 2열에서 3열로 이동할 때, 전체 도형은 반시계 방향으로 90° 회전 또는 시계 방향으로 90° 회전 후 색(음영)이 반전된다.

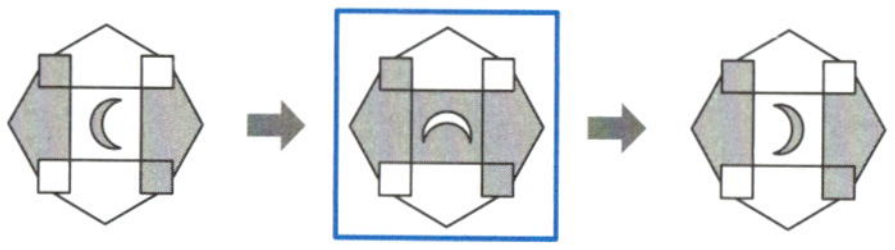

18 도식추리 정답 ③

| 정답풀이 |

주어진 기호의 규칙은 다음과 같다.

기호	규칙
◆	(−2, +1, −2, +1)
□	(+2, +0, +2, +0)
△	ABCD → BACD
●	ABCD → DCBA

8921 → ◆ → 6002 → □ → (**8022**)

시험장풀이

다음과 같이 문자표를 일단 적어놓는다.

A	B	C	D	E	F	G	H	I	J	K	L	M
N	O	P	Q	R	S	T	U	V	W	X	Y	Z

주어진 도식을 보면 ◆ → □ → △ → ● 순으로 규칙을 파악해야 한다.

- ◆: 6P5L → 4Q3M로 추론할 수 있다. 명백한 숫자연산 규칙으로, (−2, +1, −2, +1)이다.
- □: R3C8에 ◆을 적용하면 P4A9이다. 따라서 □은 P4A9 → R4C9로 추론할 수 있다. 명백한 숫자연산 규칙으로, (+2, +0, +2, +0)이다.
- △: 7TS7에 ◆을 적용하면 5UQ8, S6O9에 ◆을 역으로 적용하면 U5Q8이다. 따라서 △는 5UQ8 → U5Q8로 추론할 수 있다. 순서 바꾸기 또는 숫자연산 규칙 모두 가능하지만, 숫자연산 규칙이라면 너무 극단적인 덧셈뺄셈이 되어버린다. 따라서 순서 바꾸기 규칙이라고 가정하면, ABCD → BACD이다.
- ●: 4D6K에 △를 적용하면 D46K, D46K에 □를 적용하면 F48K이다. 따라서 ●는 F48K → K84F로 추론할 수 있다. 순서 바꾸기 또는 숫자연산 규칙 모두 가능하지만, 숫자연산 규칙이라면 너무 극단적인 덧셈뺄셈이 되어버린다. 따라서 순서 바꾸기 규칙이라고 가정하면, ABCD → DCBA이다.

19 도식추리 정답 ①

| 정답풀이 |

Y2S8 → △ → 2YS8 → □ → 4YU8 → ◆ → (**2ZS9**)

20 도식추리 정답 ③

| 정답풀이 |

(1277) → △ → 2177 → ● → 7712

21 도식추리 정답 ①

| 정답풀이 |

(7T6E) → ◆ → 5U4F → ● → F4U5 → □ → H4W5

22 문단배열 정답 ⑤

| 정답풀이 |

주어진 글은 ESG 사업에 대한 글이다. 우선 친환경 ESG 사업의 개요와 긍정적인 점을 설명하는 [나] 문단이 제시되어야 하고, ESG 사업이 안고 있는 도전과제를 설명하며 복합적인 환경 문제 해결의 한계를 설명한 [라] 문단과 이어져야 한다. 그리고 ESG 사업의 성공적인 실행을 위한 체계적인 관리와 지속적인 개선의 필요성을 언급하는 [가] 문단과 이어지고, ESG 사업의 한계 중 하나로 글로벌의 부재를 언급하며, ESG 기준의 지역 차이와 국제적 협력의 필요성을 다루며 글로벌 시장에서의 ESG 전략 수립의 중요성을 강조하는 [다] 문단으로 마무리되어야 한다.

따라서 논리적으로 순서에 맞게 배열하면 [나]－[라]－[가]－[다] 순으로 와야 한다.

23 문단배열 정답 ⑤

| 정답풀이 |

주어진 글은 감염병 위기관리 대응훈련에 대한 글이다. 우선 감염병 위기관리 대응훈련의 개요와 중요성을 소개하며 훈련의 필요성을 설명하는 [나] 문단이 제시되고, 대응 계획 수립의 중요성과 구체적인 준비 과정을 설명하며 이를 통해 위기 상황에서의 대응 능력을 강화하는 방법을 설명하는 [가] 문단으로 이어져야 한다. 그리고 위기 대응 능력 향상의 중요성과 실제 훈련에서의 효과를 설명하는 [라] 문단이 제시되고 마지막으로 협력 체계와 지속적인 업데이트의 중요성을 강조하며, 체계적인 접근이 감염병 확산 방지에 어떻게 기여하는지를 설명하는 [다] 문단으로 마무리되어야 한다.

따라서 논리적으로 순서에 맞게 배열하면 [나]－[가]－[라]－[다] 순으로 와야 한다.

24 참 · 거짓 판단 정답 ⑤

| 정답풀이 |

워크플로우 러닝은 공간의 이동이 불필요하며 개인 중심이다. 즉 구성원을 집합시킬 필요가 없으므로 별도의 연수원이나 회사 내 특정 장소도 필요하지 않다. 원한다면 소셜 네트워킹을 활용하면 되기 때문이다.

| 오답풀이 |

① 워크플로우 러닝은 새롭게 부상한 직장 교육 개념으로 기존의 교육 훈련과 구분된다.

② 워크플로우 러닝은 개인 중심의 교육이며, 필요하다면 소셜 네트워킹을 통한 협업도 가능하다.

③ 워크플로우 러닝은 업무하다가 학습하고, 또는 학습하면서 성과를 내는 등 학습자에게 최대한 많은 자유가 보장된다고 나와 있다.

④ 기존의 교육 훈련은 강사나 교육 담당자가 주도했다면 워크플로우 러닝은 개인이 스스로 책임을 지는 자기주도형 학습이며 훈련은 명확한 교육 목표가 있지만 워크플로우 러닝은 사전에 정해진 학습 목표가 없다고 나와 있다.

25 참 · 거짓 판단 정답 ②

| 정답풀이 |

최근에는 산업이나 가정에서 나온 폐기물을 바이오 매스로 활용하여 에너지를 생산하는 연구가 진행되고 있다. 따라서 가정에서 나온 폐기물도 바이오 매스 자원으로 고려된다.

| 오답풀이 |

① 화이트 바이오는 환경 · 에너지 분야에서 활용되는 바이오 기술을 뜻하며, 최근 환경 이슈와 맞물려 가장 주목받는 산업으로 부상하고 있으므로 환경 문제와 밀접한 관련이 있음을 알 수 있다.

③ 주어진 글에서는 화이트 바이오에 대한 설명만 있을 뿐, 레드 바이오에 대한 내용은 없으므로 알 수 없다. 참고로 레드 바이오는 보건 · 의료 분야, 그린 바이오는 농업 · 식량 분야에서 활용되는 바이오 기술을 뜻한다.

④ 화이트 바이오로 에너지를 생성하는 것도 가능한데, 기존 발전 방식보다 이산화탄소 배출량이 획기적으로 적은 것이 특징이다.

⑤ 화이트 바이오 기술을 활용하면 기존 화학제품을 대체하는 바이오 플라스틱, 바이오 에탄올 등을 만들 수 있다.

26 참 · 거짓 판단 정답 ⑤

| 정답풀이 |

우주 항공 기술은 막대한 비용과 자원이 투입된 만큼 안전과 환경 문제, 기술적 격차 및 불평등 심화, 정치적 긴장, 윤리적 문제 등 해결해야 하는 도전 과제가 있다고 설명하므로 기술력의 격차가 줄어든다는 것은 반드시 거짓 진술이다.

| 오답풀이 |

① 우주 항공 기술이 인류의 장기적인 생존을 돕고, 자원 문제와 환경 문제를 해결하는 데 기여하는 것을 알 수 있다.

② 우주 탐사는 인류 생존과 발전에 직결되는 분야로 자리를 잡았고 장기적인 생존을 위한 대안으로 바라보고 있다는 것을 알 수 있다.

③ 우주탐사를 통해 지구 외의 자원을 탐사하고 활용할 수 있는 기회를 가질 수 있다. 현재로서는 우주 자원을 지구 자원으로 대체할 수 있는 단계에 이르렀다고 확인하기 어렵다.

④ 우주 항공 기술은 새로운 산업과 경제적 기회를 창출하여 경제 성장에 긍정적인 영향을 미친다는 것을 알 수 있다.

27 참 · 거짓 판단 정답 ④

| 정답풀이 |

RDV 치료는 다른 치료 방법과 병행하여 시너지 효과를 얻을 수 있다고 설명한다.

| 오답풀이 |

① RDV 치료는 고주파 진동을 사용하여 근육과 결합 조직의 깊은 부분에 진동 자극을 주는 방식으로 치료하는 방법이다.

② RDV 치료는 비침습적이며 부작용이 적고, 근육 조직의 회복을 돕는다고 설명한다.

③ RDV 치료는 허리, 목, 어깨, 무릎 등 다양한 부위의 통증 완화에 효과적이라고 서술하며 무릎보다 허리 신체부위의 통증 완화에 더욱 효과적인지는 알 수 없다.

⑤ RDV 치료 효과는 개인의 상태나 질환에 따라 다를 수 있으므로 모든 환자에게 동일한 치료 결과를 보장하지 않는다.

28 비판적 사고 정답 ⑤

| 정답풀이 |

야간 시간에 취미 등 단순히 좋아서 즐기는 활동과 돈을 벌기 위해 추가적으로 근로하는 활동이 주업에 동일한 영향을 미친다고 볼 수 없음을 언급하고 있으므로 적절한 반론이라고 할 수 있다.

| 오답풀이 |

① 회사의 입장에 대한 내용이므로 주어진 글의 논지와는 거리가 있다.

②, ④ 주어진 글의 논지를 오히려 강화하는 내용이다.

③ 주어진 글의 주장을 수용하고 추가적인 제안을 하고 있으므로 반론이라고 보기 어렵다.

29 추론 정답 ③

| 정답풀이 |

중세 회화가 모든 사물을 기하학적 형태로 표현한 결과, 회화의 인물들이 저 하늘에 사는 사람들처럼 보이게 되었으므로 회화는 '현실에 충실'해야 한다고 한 레오나르도 다빈치가 중세 회화의 기하학적 제작 법칙을 이용했다는 것은 적절하지 않은 추론이다.

| 오답풀이 |

① 중세 시대에서 추구하는 회화는 눈에 보이는 외부 세계의 재현을 포기하고 정신세계의 아름다움을 담은 것이다. 그러나 레오나르도 다빈치는 회화의 목적을 '가시적 세계를 인식'하는 데 두었으므로 중세 시대에 레오나르도 다빈치 그림은 예술적으로 인정받지 못했을 것이다.

② 레오나르도 다빈치가 그린 사람은 원근법은 물론이고 해부학과 생리학 등 온갖 자연 과학적 요소가 반영된 비율의 사람일 것이다. 반면 중세 회화에서 사람은 기하학적 모습으로 실제 사람의 모습과 사뭇 다르다. 따라서 두 그림의 사람은 서로 다른 모습을 하고 있을 것이다.

④ 레오나르도 다빈치는 회화란 '현실에 충실'해야 한다고 생각했으며, 예술적 창의력이란 '재현의 규칙을 발견하는 능력'이라고 여겼으므로 '성 클레멘트 성당 벽화'는 인물의 신체 비례가 전혀 맞지 않아 훌륭한 그림이 아니라고 평가했을 것이다.

⑤ 레오나르도 다빈치는 예술에는 따라야 할 보편 법칙이 있다고 생각했으므로 표현 의도만 가지고 아름다움을 평가할 수 없다는 이유로 '성 클레멘트 성당 벽화'를 아름답다고 평가하지 않았을 것이다.

30 추론 정답 ②

| 정답풀이 |

이미지 트레이닝의 효과를 높이기 위해서는 목표를 생생하게 상상하고, 자세한 시각적 디테일과 감각적 경험을 포함시키는 것이 중요하다고 언급한다. 이는 풍부하고 생동감 있는 이미지가 효과를 증진시킨다는 것을 시사한다.

| 오답풀이 |

① 이미지 트레이닝이 뇌의 시각적 피질을 활성화하며 활성화 정도는 개인에 따라 다를 수 있다.
③ 이미지 트레이닝은 뇌의 시각적 상상과 관련된 훈련 방법이므로 신체적 운동이 필요하지 않다.
④ 이미지 트레이닝이 실제 연습과 유사한 효과를 나타낼 수 있지만 실제 경험보다 더 효과적이라고 볼 수 없다.
⑤ 이미지 트레이닝이 스트레스 감소와 자기 효능감에 도움을 줄 수 있지만 완벽한 감정 컨트롤 제어가 가능하다고 볼 수 없다.

CHAPTER 04 실전모의고사 4회

수리논리 P.392

01	②	02	⑤	03	⑤	04	③	05	①
06	⑤	07	⑤	08	④	09	①	10	③
11	③	12	②	13	③	14	⑤	15	⑤
16	①	17	⑤	18	④	19	⑤	20	④

01 응용수리 정답 ②

| 정답풀이 |

작년 남자 회원 수와 여자 회원 수를 각각 x, y라고 하면 다음과 같은 연립방정식이 성립한다.

$$\begin{cases} x+y=120 \\ 0.2y-0.3x=4 \end{cases}$$

$\rightarrow x=40,\ y=80$

올해 남자 회원 수는 작년보다 30% 증가하였으므로, $40 \times 1.3=52$(명)이다.

02 응용수리 정답 ⑤

| 정답풀이 |

전체 7명 중 TF팀에서 총 3명을 선발하고 있으므로 전체 경우의 수는 ${}_7C_3=35$(가지)이다.

남자 직원이 적어도 한 명은 포함되어야 하므로 남자 직원이 1명, 2명, 3명일 때로 나누어 생각할 수 있다.

- 남자 직원 1명만 포함되는 경우
  ${}_4C_1 \times {}_3C_2=12$(가지)
- 남자 직원 2명이 포함되는 경우
  ${}_4C_2 \times {}_3C_1=18$(가지)
- 남자 직원으로만 선발하는 경우
  ${}_4C_1 \times {}_3C_0=4$(가지)

경우의 수는 총 $12+18+4=34$(가지)이다.

따라서 TF팀에 남자 직원이 적어도 한 명은 포함될 확률은 $\frac{34}{35}$이다.

시험장풀이

남자 직원이 적어도 1명이 포함되어야 하므로 여사건을 활용하여 전체 확률(1)에서 남자가 1명도 포함되지 않을 확률을 제외하면 된다.

남자가 1명도 포함되지 않을 경우의 수는 ${}_3C_3=1$(가지)이므로 확률은 $1-\frac{1}{35}=\frac{34}{35}$이다.

03 실전모의고사

03 자료해석 정답 ⑤

| 정답풀이 |

㉢ 2022년 산업용 최종에너지 사용량이 두 번째로 많은 항목은 금속 다음으로 높은 비중인 25.5%를 차지하는 기타이다.

㉣ 2022년 산업용 최종에너지 사용량이 240,000×0.5125=123,000(천 TOE)이므로 금속과 화공 항목의 최종에너지 사용량은 123,000×(0.4+0.25)=79,950(천 TOE)이다. 즉, 80,000천 TOE 미만이다.

| 오답풀이 |

㉠ 2022년 건축용 최종에너지 사용량이 240,000×0.0125=3,000(천 TOE)이므로 아파트 최종에너지 사용량은 3,000×0.2=600(천 TOE), 즉 600,000TOE이다.

㉡ 2022년 최종에너지 사용량이 240,000천 TOE이고 산업용 최종에너지 사용량이 차지하는 비중이 51.25%이므로 산업용 최종에너지 사용량은 240,000×0.5125=123,000(천 TOE)이다.

04 자료해석 정답 ③

| 정답풀이 |

1차 에너지 총공급량에서 남한은 꾸준히 증가하고 있고, 북한은 2017년, 2021년, 2023년에 전년 대비 증가하고 있다. 이때, 2017년, 2021년, 2023년 모두 1인당 공급량에서 남북한 모두 전년 대비 증가하였으므로 3개이다.

05 자료해석 정답 ①

| 정답풀이 |

㉠ 월급 수준이 300만 원 이상 구간의 비중은 2018년 14.8+9.1=23.9(%), 2019년 16.3+10.2=26.5(%)이다. 따라서 월급을 300만 원 받는다면 2018년에는 상위 23.9%, 2019년에는 상위 26.5%이다.

㉡ 월급 수준이 400만 원 이상인 1인 가구의 비중은 2018년보다 2019년에 더 높으므로 400만 원 미만인 1인 가구의 비중은 2018년보다 2019년에 더 낮다.

| 오답풀이 |

㉢ 월급 수준이 100만 원 이상 300만 원 미만인 1인 가구 수의 비중은 다음과 같다.

- 2018년: 32.5+32.0=64.5(%)
- 2019년: 29.2+33.3=62.5(%)

따라서 두 해 모두 50% 이상이다.

㉣ |29.2−32.5|=3.3(%p) 감소한 100만 원 이상 200만 원 미만 구간의 변화폭이 가장 크다.

06 자료해석 정답 ⑤

| 정답풀이 |

[그래프]에서 2018년까지 지속적으로 진료비가 증가한다.

| 오답풀이 |

① 2022년 진료비는 10,400+14,600+90=25,090(억 원)이고, 2018년 진료비는 12,500+6,940+60=19,500(억 원)이므로 차이는 5,590억 원이다.

② 2018~2022년 의과 진료비는 지속적으로 감소하는 추이를 보였다. 치과 진료비는 지속적으로 증가하는 추이를 보이므로 추이는 정반대를 보인다.

③ 한방 진료비는 감소−증가−감소−증가의 추이를 보이므로 감소와 증가를 반복한다.

④ 2016년 진료비가 100이라면 2017년은 100×1.1=110이고, 2018년은 110×1.2=132이므로 2016년 대비 2018년 증가율은 $\frac{132-100}{100}\times100=32(\%)$이다.

07 자료해석 정답 ⑤

| 정답풀이 |

㉢ 2018~2022년 동안 진료비는 다음과 같다.

(단위: 억 원)

구분	2018년	2019년	2020년	2021년	2022년
의과	12,500	12,200	12,100	10,800	10,400
치과	6,940	9,560	11,200	13,000	14,600
한방	60	40	100	80	90
합계	19,500	21,800	23,400	23,880	25,090

2018~2022년 동안 전체 진료비는 지속적으로 증가하였다.

㉣ 2019~2022년 의과와 치과 진료비의 전년 대비 증감액은 다음과 같다.

(단위: 억 원)

구분	2019년	2020년	2021년	2022년
의과	−300	−100	−1,300	−400
치과	2,620	1,640	1,800	1,600

따라서 매년 의과에서 감소한 진료비보다 치과에서 증가한 진료비가 더 크다.

| 오답풀이 |

㉠ 2018년 진료비는 12,500+6,940+60=19,500(억

원)이고, 2017년 대비 2018년 진료비 증가율이 20%이므로 (2017년 진료비)×1.2=19,500(억 원)이다. 2017년 진료비는 $\frac{19,500}{1.2}$=16,250(억 원)이다.

㉡ 2020년 한방 진료비의 전년 대비 증가율은 $\frac{100-30}{30}\times100≒233(\%)$이므로 300% 미만 증가하였다.

08 자료해석 정답 ④

| 정답풀이 |

2020년 태블릿용 폴더블 디스플레이는 매출이 발생하지 않았다.

| 오답풀이 |

① 2021~2024년 동안 폴더블 디스플레이 출하량의 증가율은 지속적으로 증가한다.

- 2021년: $\frac{15-6}{6}\times100=150(\%)$
- 2022년: $\frac{29-15}{15}\times100≒93.3(\%)$
- 2023년: $\frac{48-29}{29}\times100≒65.5(\%)$
- 2024년: $\frac{64-48}{48}\times100≒33.3(\%)$

② 2025년에 스마트폰 폴더블 디스플레이 매출은 $\frac{6,000}{750}$=8(배)가 될 것으로 예상된다.

③ [그래프1]의 막대 그래프에서 스마트폰이 절반 이상을 차지하고 있으므로 매년 50% 이상 차지했다.

⑤ 2025년 폴더블 디스플레이 총 매출은 6,000+950+850=7,800(백만 달러)이므로, 7,700백만 달러를 상회하였다.

09 자료해석 정답 ①

| 정답풀이 |

㉠ 2022~2024년 동안 폴더블 OLED 출하량인 전년 대비 증가율은 50% 이상이다.

- 2022년: $\frac{2,050-1,000}{1,000}\times100=105(\%)$
- 2023년: $\frac{3,200-2,050}{2,050}\times100≒56.1(\%)$
- 2024년: $\frac{4,800-3,200}{3,200}\times100=50(\%)$

㉡ 2023년 폴더블 디스플레이의 매출은 4,700+550+750=6,000(백만 달러)이고, 출하량은 48백만 개 이므로, 6,000÷48=125(달러/개)이다.

| 오답풀이 |

㉢ 2021년 노트북용과 태블릿용 폴더블 디스플레이 매출은 동일하였으나 개수는 주어진 자료로 확인할 수 없다.

㉣ [그래프2]는 폴더블 OLED 출하량에 대한 자료이고, [그래프1]은 사업부별 폴더블 디스플레이 매출이다. 이때, 기기별 매출단가를 알 수 없으므로 얼마나 사용되었는지는 확인할 수 없다.

시험장풀이

㉣ 노트북용과 태블릿용의 합계가 1,300이고, 폴더블 OLED가 3,200이므로 3,200−1,300=1,900(만 대)가 스마트폰용으로 사용되었을 것으로 생각하게끔 출제한 문항이다. 즉, 자료의 항목과 단위를 확인하지 않고, 단순히 자료의 수치만 보고 판단하면 실수할 수 있으므로, 각각을 잘 체크하여야 한다.

10 자료해석 정답 ③

| 정답풀이 |

2020년 노령연금 월 '100만 원 이상 150만 원 미만' 수급자 수는 2년 전보다 20% 증가하였다.

| 오답풀이 |

① 50만 원 미만 수급자 수의 2년 전 대비 증가율이 가장 낮을 뿐, 가장 적은 인원이 증가했는지는 주어진 자료만으로 알 수 없다.

② 월 200만 원 이상 수급자 수가 2년 전 대비 348% 증가했다는 의미일 뿐, 가장 많은지는 알 수 없다.

④ 월 100만 원 미만 수급자 중 '50만 원 미만'은 6% 증가했고, '50만 원 이상 100만 원 미만'은 16% 증가하였는데 이를 합쳐서 22% 증가한 것이라고는 말할 수 없다. 증가하기 전 각각의 인원이 동일한지 알 수 없기 때문이다.

⑤ '150만 원 이상 200만 원 미만'의 수급자 수의 2년 전 대비 증가율인 110%는 '100만 원 이상 150만 원 미만' 수급자 수의 2년 전 대비 증가율의 5배 이상일 뿐 수급자 수가 5배 이상인지는 알 수 없다.

11 자료해석 정답 ③

| 정답풀이 |

㉠ 2020년 월 100만 원 이상 수급자 수가 340,000명이고, 이들이 가장 적은 월 100만 원을 수령했다고 가정하면, 340,000백만 원이 지급되었을 것이다. 따라서

3,400억 원 이하이다.

㉣ 2020년에 월 100만 원 이상 수급자는 2015년에 비해 $\frac{340,000}{96,000}$≒3.54(배) 이상이다.

| 오답풀이 |

㉡ 2020년 노령연금 월 100만 원 이상 수급자 수는 2년 전보다 $\frac{340,000-200,000}{200,000}\times100=70(\%)$ 증가하였다.

㉢ 2015년 노령연금 월 100만 원 이상 수급자 수의 2007년 대비 증가량은 96,000−36=95,964(명)이다.

12 자료해석 정답 ②

| 정답풀이 |

2020년 메모리 반도체 매출액 1,170억 달러는 (2019년 메모리 반도체 매출액)×1.125이므로 2019년 메모리 반도체 매출액은 $\frac{1,170}{1.125}$=1,040(억 달러)이다.

| 오답풀이 |

① 2020년과 2021년 동일한 순위의 업체는 D업체(3위) 1곳이다.

③ 2021년 상위 5개 업체의 총 매출액은 73,000+72,500+36,300+28,500+27,000=237,300(백만 달러)로 2,373억 달러이다.

④ 2021년과 2022년의 메모리 반도체 매출액 전년 대비 증가율이 반도체 전체 증가율보다 더 높다.

- 반도체 전체 전년 대비 증가율
  : $\frac{5,740-5,270}{5,270}\times100≒8.9(\%)$
- 메모리 반도체 전년 대비 증가율
  : $\frac{1,800-1,550}{1,550}\times100≒16.1(\%)$

⑤ 2021년 반도체 전체 매출액의 전년 대비 증가액은 5,270−4,400=870(억 달러)이므로, 2019년 반도체 전체 매출액은 4,400−870=3,530(억 달러)이다.

13 자료해석 정답 ③

| 정답풀이 |

㉠ 2021년과 2022년 전체 반도체 시장에서 메모리 반도체가 차지하는 비중은 다음과 같다.

- 2021년: $\frac{1,550}{5,270}\times100≒29.4(\%)$
- 2022년: $\frac{1,800}{5,740}\times100≒31.4(\%)$

따라서 2022년이 2021년보다 더 크다.

㉡ 매출액 순위가 증가한 업체는 B업체(2위 → 1위), E업체(5위 → 4위)로 2곳이다.

㉣ 2021년 D업체의 전년 대비 매출액 증가율은 $\frac{36,300-26,000}{26,000}\times100≒39.6(\%)$이므로 전년 대비 40% 이하로 증가하였다.

| 오답풀이 |

㉢ 상위 5개 업체의 시장점유율은 2021년 기준으로 내림차순으로 정렬되어 있고, 2021년 순위 역시 내림차순으로 동일하게 정렬되어 있으므로 매출이 많을수록 순위와 시장점유율이 높다.

14 자료해석 정답 ⑤

| 정답풀이 |

중위 전망과 보수적 전망의 합계출산율 평균값은 2024년 대비 2025년이 동일할 것으로 예상된다.

(단위: 명)

구분	2024년	2025년
중위 전망과 보수적 전망 평균 값	(0.7+0.65)÷2 =0.675	(0.74+0.61)÷2 =0.675

| 오답풀이 |

① [그래프1]에서 2021~2024년 동안 합계출산율 중위 전망과 보수적 전망 모두 매년 감소한다.

② 2024년까지는 자연감소 인구수 전망이 매년 증가(5만 7,280명 → 7만 8,000명 → 10만 1,000명 → 11만 명)하였지만, 2025년은 전년보다 감소(11만 명 → 10만 명 7,000)할 것으로 예상된다.

③ [그래프1]에서 2022년 이후 합계출산율은 중위 전망이 보수적 전망 보다 매년 높은 것으로 확인된다.

④ 2021년 중위 전망 합계출산율의 전년 대비 감소율은 $\frac{0.84-0.81}{0.84}\times100≒3.6(\%)$이다.

시험장풀이

⑤ 평균은 나누는 개수가 동일하다면 합계가 높을수록 평균이 더 높고, 합계가 낮을수록 평균이 낮다. 현재 중위 전망과 보수적 전망 2가지이고, 합계는 2024년과 2025년이 같으므로 평균값 역시 동일하다.

15 자료해석 정답 ⑤

| 정답풀이 |

㉠ 2024년이 2025년보다 자연감소 인구수 전망이 더 많으므로 출생자 수는 2024년보다 2025년에 더 많다.

ⓒ 2024년이 2023년보다 자연감소 인구수 전망이 더 많으므로 출생자 수는 2023년보다 2024년에 더 적다.
ⓓ 2025년이 2024년보다 자연감소 인구수 전망이 더 적으므로 사망자 수는 2024년보다 2025년에 더 적다.

| 오답풀이 |

ⓑ 2023년이 2024년보다 자연감소 인구수 전망이 더 적으므로 사망자 수는 2023년보다 2024년에 더 많다.

16 자료해석 정답 ①

| 정답풀이 |

2020년 제품 Q의 판매량이 12,000대이므로 [그래프]를 바탕으로 2021~2023년 판매량을 확인하면 다음과 같다.

- 2021년: 12,000×0.85=10,200(대)
- 2022년: 10,200×1.2=12,240(대)
- 2023년: 12,240×1.3=15,912(대)

따라서 2023년 제품 Q의 판매량은 16,000대 미만이다.

| 오답풀이 |

② 제품 Q의 판매량은 2020년에 12,000대이고 2005년에는 8,000대이므로 $\frac{12,000-8,000}{8,000}\times100=50(\%)$ 증가하였다.

③ 주어진 [표]에서 제품별로 2020년 판매량을 확인하고 [그래프]에서 2021년의 전년 대비 판매량 증가율을 바탕으로 2021년 두 제품 P, Q의 판매량을 확인해보면 다음과 같다.
- 제품 P: 10,000×1.2=12,000(대)
- 제품 Q: 12,000×0.85=10,200(대)

따라서 2021년 제품 P의 판매량은 제품 Q의 판매량보다 12,000−10,200=1,800(대) 많다.

④ 2005년 두 제품 P, Q의 총판매량은 10,200+8,000=18,200(대)이고, 2010년에는 12,500+15,000=27,500(대)이다. 따라서 2010년 두 제품 P, Q의 총판매량은 2005년 대비 $\frac{27,500-18,200}{18,200}\times100≒51.5(\%)$이므로 50% 이상 증가하였다.

⑤ 2000년 두 제품 P, Q의 판매량은 각각 9,000대, 6,000대이고, 2015년에는 각각 20,000대, 16,000대이다. 제품별로 판매량이 2배 이상 증가하였으므로 2015년 두 제품 P, Q의 판매량 증가율은 2000년 대비 각각 100% 이상임을 알 수 있다.

시험장풀이

선택지 ④에서 27,500−18,200=9,300임을 확인하였으면 9,300×2=18,600>18,200이라는 것을 쉽게 알 수 있다. 따라서 총판매량 증가율은 50% 이상임을 직접 계산하지 않더라도 알 수 있다.

17 자료해석 정답 ⑤

| 정답풀이 |

ⓐ 2020년 제품 P의 판매량은 10,000대이고, 전년 대비 판매량 증가율이 −50%이다. 따라서 2019년 제품 P의 판매량은 10,000÷0.5=20,000(대)이므로 18,000대 이상이다.

ⓑ 2020년 제품 Q의 판매량은 12,000대이고, 전년 대비 판매량 증가율이 20%이다. 따라서 2019년 제품 Q의 판매량은 12,000÷1.2=10,000(대)이므로 2005년 대비 $\frac{10,000-8,000}{8,000}\times100=25(\%)$ 증가하였다.

ⓒ 2020년 제품 P의 판매량이 10,000대이므로 [그래프]를 바탕으로 2021~2023년 판매량을 확인하면 다음과 같다.
- 2021년: 10,000×1.2=12,000(대)
- 2022년: 12,000×0.5=6,000(대)
- 2023년: 6,000×1.4=8,400(대)

이때, 8,400×2=16,800>15,912이므로 2023년 제품 P의 판매량은 제품 Q의 판매량 대비 50% 이상이다.

18 자료해석 정답 ④

| 정답풀이 |

각 항목을 비율로 변환하면 다음과 같다.

구분	무학	초등학교	중학교	고등학교	대학 이상	합계
2000년	4%	18%	20%	48%	10%	100%
2005년	4%	15%	21%	45%	15%	100%
2010년	2%	18%	20%	40%	20%	100%
2015년	1%	14%	20%	40%	25%	100%
2020년	2%	5%	18%	35%	40%	100%

따라서 적절한 그래프는 ④이다.

시험장풀이

비율을 꼭 바꾸지 않아도 연도별 전체값이 제시되어 있으므로, 각 연도마다 해당하는 항목의 대략적인 비율을 가지고 비교하면 된다.

①, ② 고등학교(범죄자)는 절반에 못 미치나, 그래프에서는 절반이거나 그 이상이다.

③ 중학교와 대학 이상은 범죄자 비율이 동일하고, 고

등학교(640)는 중학교(320)와 대학 이상(320)의 합과 동일해야 하지만, 고등학교(40%)>{중학교(16%)+대학 이상(16%)}이므로 해당되지 않는다.
⑤ 고등학교(700)<대학 이상(800)이어야 하지만, 고등학교(40%)>대학 이상(35%)이므로 해당되지 않는다.

19 자료해석 정답 ⑤

| 정답풀이 |
누적회수율 관계식을 이용하여 식을 세우면 다음과 같다.

- 2020년: $50=\frac{240-b}{200\times a}\times 100 \rightarrow a=2.4b$
- 2022년: $20=\frac{120\times b}{250\times a}\times 100 \rightarrow a=2.4b$

이때, $a=2.4b$를 대입하면 다음과 같다.
$\left(\frac{\text{누적회수액}\times b}{\text{누적투자액}\times 2.4b}\right)\times 100=\left(\frac{\text{누적회수액}}{\text{누적투자액}\times 2.4}\right)\times 100$

- 2021년: $50=\left(\frac{\text{㉠}}{350\times 2.4}\right)\times 100 \rightarrow \text{㉠}=420$
- 2023년: $\text{㉡}=\left(\frac{450}{300\times 2.4}\right)\times 100 \rightarrow \text{㉡}=62.5$

따라서 ㉠은 420, ㉡은 62.5인 ⑤가 정답이다.

20 자료해석 정답 ④

| 정답풀이 |
2시간부터 매 1시간마다 각 물질이 남아 있는 양의 차이는 다음과 같다.

(단위: g)

구분	1시간 후(기준)	2시간 후	3시간 후	4시간 후	5시간 후
물질 A	6,000	-200	-300	-400	-500
물질 B	1,000	-50	-50	-50	-50
합계	7,000	-250	-350	-450	-550

물질의 총량이 3,000g 이하가 되려면 현재보다 4,000g 이상이 감소되어야 한다.

- 5시간 후: $-250-350-450-550=-1{,}600$(g)
- 6시간 후: $-250-350-450-550-650$
  $=-2{,}250$(g)

7시간 후에는 $-3{,}000$g, 8시간 후에는 $-3{,}850$g, 9시간 후에는 $-4{,}800$g이므로 정답은 ④이다.

추리 P.409

01	②	02	②	03	②	04	⑤	05	③
06	③	07	①	08	④	09	①	10	①
11	③	12	⑤	13	④	14	①	15	②
16	②	17	②	18	⑤	19	③	20	④
21	①	22	⑤	23	④	24	⑤	25	②
26	④	27	③	28	④	29	②	30	②

01 명제 정답 ②

| 정답풀이 |
전제2의 대우명제와 전제1을 고려하면 다음과 같은 벤다이어그램을 그릴 수 있다.

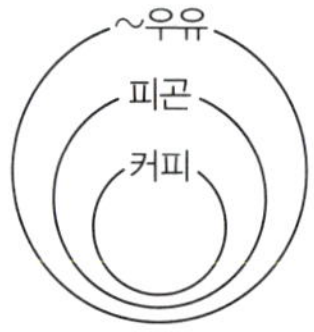

'~우유'가 '커피'를 포함하고 있으므로 '커피 → ~우유'가 항상 성립한다.
따라서 정답은 ②이다.

시험장풀이

전제1과 전제2 모두 some 개념이 등장하지 않으므로 삼단논법을 사용하여 문제를 풀 수 있다. 커피를 좋아하는 사람을 '커', 피곤한 사람을 '피', 우유를 좋아하는 사람을 '우'라고 표시하고 전제1과 전제2를 다시 써보면 다음과 같다.

- 전제1: 커 → 피
- 전제2: 우 → ~피

전제1과 전제2에서 모두 '피'가 등장하므로 '피'가 전제1과 전제2를 연결하는 연결고리, 즉 매개념이다. 매개념을 이용하기 위해 전제2의 대우명제를 구해보면 '피 → ~우'이므로, 전제2의 대우명제와 전제1을 서로 연결하면 '커 → ~우'이라는 결론을 내릴 수 있다. 따라서 정답은 ②이다.

02 명제 정답 ②

| 정답풀이 |
[전제1]에서 입이 큰 모든 강아지는 식탐이 많다고 하였고 [전제2]에서 입이 큰 어떤 강아지는 사료를 좋아한다고 하였으므로, 식탐이 많으면서 사료를 좋아하는 강아지가 반드시 존재한다. 따라서 항상 참인 결론은 '사료를 좋아하는 어떤 강아지는 식탐이 많다'이다.

| 오답풀이 |

① 입이 큰 강아지를 '입', 식탐이 많은 강아지를 '식', 사료를 좋아하는 강아지를 '사'라고 하면, 사료를 좋아하는 강아지 중에 식탐이 많지 않은 강아지가 있을 수 있으므로 항상 참인 결론이 아니다.

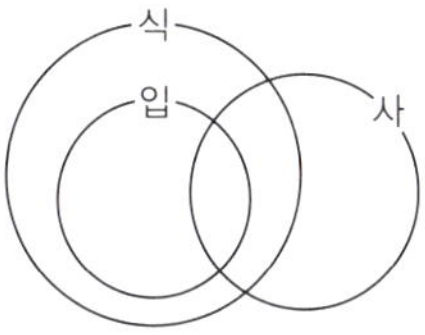

③ 식탐이 많은 강아지 중에서 사료를 좋아하지 않는 강아지가 있을 수 있으므로 항상 참인 결론이 아니다.

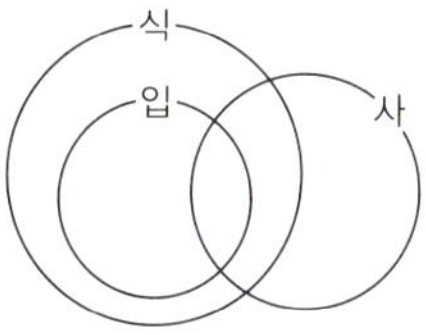

④ 사료를 좋아하는 모든 강아지가 식탐이 많을 수 있으므로 항상 참인 결론이 아니다.

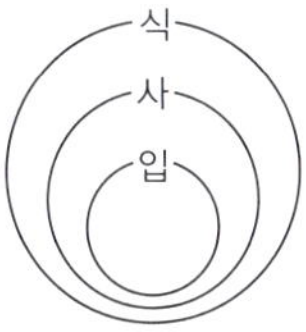

⑤ 식탐이 많은 모든 강아지는 사료를 좋아할 수도 있으므로 항상 참인 결론이 아니다.

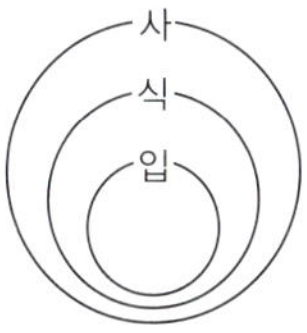

03 명제 정답 ②

| 정답풀이 |

전제1을 만족하는 가장 기본적인 벤다이어그램은 [그림1]과 같다.

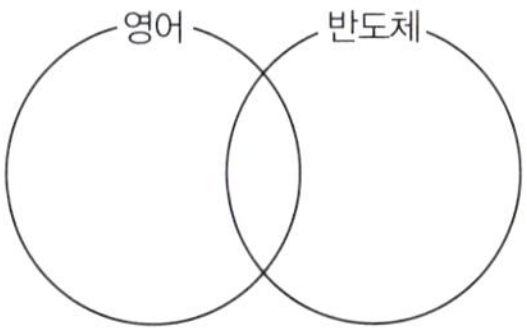

[그림1]

이 상태에서 '중국어'와 '반도체' 사이에 공통영역이 존재한다는 결론을 반드시 만족하기 위해선 [그림2]와 같이 '중국어'가 '영어'를 포함하고 있으면 된다.

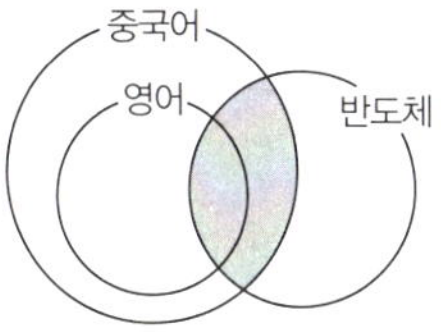

[그림2]

'중국어'가 '영어'를 포함하고 있으면 [그림2]의 색칠된 부분이 반드시 존재하게 되므로, '중국어'와 '반도체' 사이에 공통영역이 존재한다는 결론을 반드시 만족하게 된다.

따라서 정답은 '영어 → 중국어'를 문장으로 바꾼 ②이다.

시험장풀이

전제1과 결론에 some 개념이 있으므로 벤다이어그램을 활용한다. 영어 교육을 듣는 사람을 '영', 반도체 교육을 듣는 사람을 '반', 중국어 교육을 듣는 사람을 '중'이라고 표시하자. 우선 전제1을 만족하는 가장 기본적인 벤다이어그램은 [그림3]과 같으며, 색칠된 부분이 반드시 존재해야 한다.

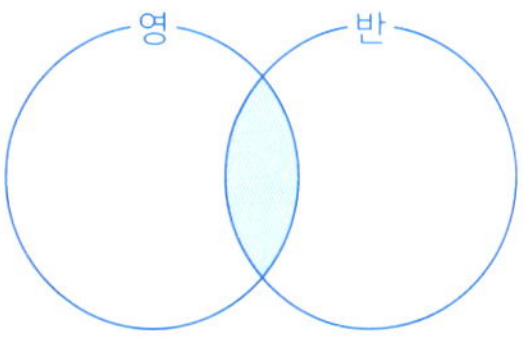

[그림3]

이 상태에서 ①을 만족하도록 '중'의 벤다이어그램을 그려보도록 하자. ①을 만족하기 위해서는 '중'이 '영' 안에 포함되기만 하면 되므로 [그림4]와 같은 벤다이어그램도 그릴 수 있다.

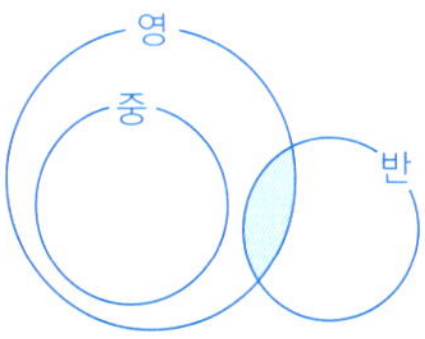

[그림4]

이 경우 전제1과 ①을 모두 만족하지만 결론을 만족하지 못한다. 즉, ①을 전제2로 세울 경우 항상 결론이 도출되는 것은 아니므로 ①은 전제2로 적절하지 않다.

이와 같은 방식으로 전제1과 ②~⑤를 만족하는 벤다이어그램을 각각 그렸을 때, 결론을 위배하는 반례가 하나라도 발생한다면 해당 선택지를 소거할 수 있다.

⑤는 ①의 대우명제이므로 [그림4]를 반례로 들 수 있고, ③, ④는 [그림5]를 반례로 들 수 있다.

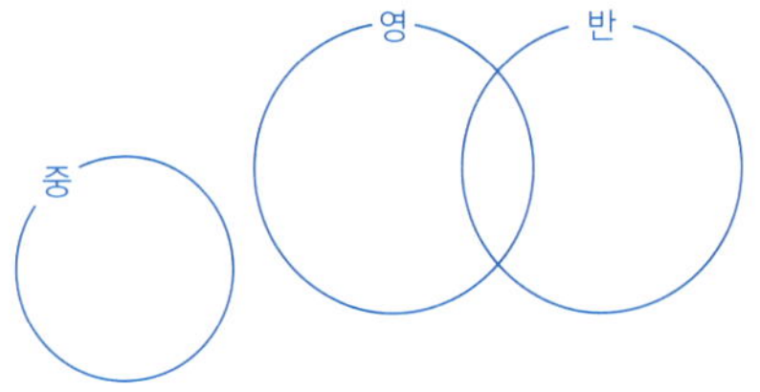

[그림5]

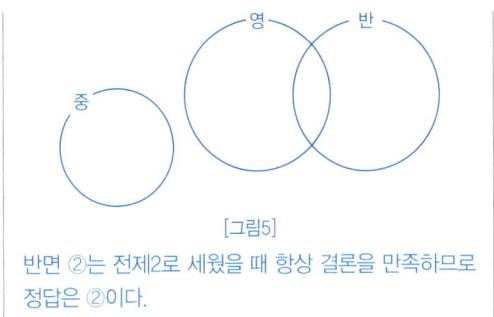

반면 ②는 전제2로 세웠을 때 항상 결론을 만족하므로 정답은 ②이다.

04 조건추리 정답 ⑤

| 정답풀이 |

운동은 주에 3번하고, 연속한 요일에 하지 않으므로 월요일과 화요일에 연속으로 할 수 없다. 즉, 운동은 월요일 또는 화요일에 1번하고, 목요일과 토요일에 1번씩 한다. 주에 1번 이상 독서를 하므로 화요일 또는 금요일에 독서 또는 음악감상을 한다. 이에 따라 가능한 경우는 다음과 같다.

월요일	화요일	수요일	목요일	금요일	토요일
운동	독서	음악감상	운동	독서	운동
운동	독서	음악감상	운동	음악감상	운동
운동	음악감상	음악감상	운동	독서	운동
독서	운동	음악감상	운동	독서	운동
독서	운동	음악감상	운동	음악감상	운동
음악감상	운동	음악감상	운동	독서	운동

따라서 화요일에 음악감상을 하면 수요일도 음악감상을 하게 되어 연속한 요일에 음악감상을 하는 경우가 존재하므로 항상 옳지 않은 것은 ⑤이다.

| 오답풀이 |

① 가능한 경우의 수는 6가지이므로 항상 옳다.

② 화요일에 독서를 하면 3일 뒤인 금요일에 음악감상을 하는 경우가 존재한다.

③ 월요일에 독서를 하는 경우는 2가지이다.

④ 화요일에 운동을 하고, 금요일에 음악감상을 하는 경우가 존재한다.

05 조건추리 정답 ③

| 정답풀이 |

지영이는 짝수반이 아니고, 예지는 홀수반이다. 즉, 지영이와 예지는 모두 홀수반이고 안나가 5반, 한슬이가 7반이므로, 둘은 1반과 3반이다. 은별이는 복도를 기준으로 왼쪽에 있는 반이며, 2반이 아니므로 4반이다.

1반	2반	3반	4반	복도	5반	6반	7반
지영/ 예지		예지/ 지영	은별		안나		한슬

수희는 한슬이와 옆 반이 아니므로 2반이다. 이에 따라 다래는 6반이다.

1반	2반	3반	4반	복도	5반	6반	7반
지영/ 예지	수희	예지/ 지영	은별		안나	다래	한슬

따라서 예지는 1반 또는 3반이므로 7반인 한슬이와 항상 옆 반이 아니다.

06 조건추리 정답 ③

| 정답풀이 |

B는 두 번째로 공을 꺼냈고, 꺼낸 공의 색은 빨간색인데 D는 B와 같은 색 공을 꺼냈으므로 D가 꺼낸 공의 색도 빨간색이다. 이때 빨간색 공은 연속해서 꺼내지 않았으므로 두 번째, 네 번째, 여섯 번째로 꺼냈고, 파란색 공은 첫 번째, 세 번째, 다섯 번째로 꺼냈다.

구분	첫 번째	두 번째	세 번째	네 번째	다섯 번째	여섯 번째
사람		B				
색깔	파란색	빨간색	파란색	빨간색	파란색	빨간색

여기서 A는 C보다 먼저 공을 꺼냈고, A와 C의 순서 사이에 공을 꺼낸 사람은 2명이므로 가능한 경우는 다음과 같다.

i) A가 첫 번째, C가 네 번째로 공을 꺼낸 경우
네 번째 빨간색 공을 C가 꺼냈으므로 여섯 번째 빨간색 공은 D가 꺼냈다.

구분	첫 번째	두 번째	세 번째	네 번째	다섯 번째	여섯 번째
사람	A	B	E 또는 F	C	F 또는 E	D
색깔	파란색	빨간색	파란색	빨간색	파란색	빨간색

ii) A가 세 번째, C가 여섯 번째로 공을 꺼낸 경우
여섯 번째 빨간색 공을 C가 꺼냈으므로 네 번째 빨간색 공은 D가 꺼냈다.

구분	첫 번째	두 번째	세 번째	네 번째	다섯 번째	여섯 번째
사람	E 또는 F	B	A	D	F 또는 E	C
색깔	파란색	빨간색	파란색	빨간색	파란색	빨간색

따라서 E가 첫 번째로 공을 꺼낸 경우는 1가지이다.

| 오답풀이 |

① F는 모든 경우에서 파란색 공을 꺼낸다.

② D가 네 번째로 공을 꺼내면 D보다 공을 먼저 꺼낸 사람은 3명이다.

④ A가 첫 번째로 공을 꺼내면 A의 바로 다음 순서로 공을 꺼낸 사람은 B이다.

07 조건추리 정답 ①

| 정답풀이 |

민 과장과 박 대리가 창문 쪽에 앉았다고 하였으므로 먼저 민 과장이 9A에 앉은 경우에 대해서 살펴보면, 최 사원의 좌석 번호는 9B이고, 안 대리의 좌석 번호는 9E라고 하였으므로 다음과 같다.

창문	9A	9B	복도	9C	9D	9E	9F	복도	9G	9H	창문
	민	최				안				박	

이때, 이 주임은 복도 쪽에 앉지 않았으므로 이 주임의 자리는 9D이다. 그리고 고 차장과 사원이 모두 복도 쪽에 앉았고, 김 과장, 안 대리, 이 주임이 붙어 앉았으므로 다음과 같이 생각할 수 있다.

창문	9A	9B	복도	9C	9D	9E	9F	복도	9G	9H	창문
	민	최		고	이	안	김		한	박	

창문	9A	9B	복도	9C	9D	9E	9F	복도	9G	9H	창문
	민	최		김	이	안	고		한	박	

창문	9A	9B	복도	9C	9D	9E	9F	복도	9G	9H	창문
	민	최		김	이	안	한		고	박	

창문	9A	9B	복도	9C	9D	9E	9F	복도	9G	9H	창문
	민	최		한	이	안	김		고	박	

따라서 민 과장이 9A에 앉는 경우는 4가지이다.

| 오답풀이 |

②, ③ 민 과장이 9A에 앉는 경우 2가지와 민 과장이 9H에 앉는 경우 2가지가 있으므로 총 4가지 경우가 있다.

④ 이 주임은 9D에 앉게 되므로, 이 주임이 앉을 수 있는 자리는 한 군데뿐이다.

⑤ 박 대리가 9H에 앉고 고 차장이 9C에 앉으면 다음과 같이 8명의 자리가 모두 정해진다.

창문	9A	9B	복도	9C	9D	9E	9F	복도	9G	9H	창문
	민	최		고	이	안	김		한	박	

08 조건추리 정답 ④

| 정답풀이 |

4번과 6번 스위치를 눌렀더니 C와 F의 전구에 불이 켜졌으므로 C와 F에 연결된 스위치는 4번 또는 6번이다. 이때 B와 연결된 스위치의 바로 오른쪽 스위치를 눌렀더니 F의 전구에 불이 켜졌으므로 B와 연결된 스위치는 3번 또는 5번이다. D의 방과 연결된 스위치는 1번이고, A와 E에 연결된 스위치는 2번과 3번 또는 2번과 5번인데 A의 전구에 연결된 스위치가 E의 전구에 연결된 스위치보다 번호가 작으므로 A에 연결된 스위치가 2번이고, E와 연결된 스위치는 3번 또는 5번이다.

A	B	C	D	E	F
2번	5번	4번	1번	3번	6번
2번	3번	6번		5번	4번

따라서 E와 연결된 스위치의 바로 왼쪽 스위치인 2번 또는 4번 스위치를 누르면 A 또는 F의 전구에 불이 들어온다.

| 오답풀이 |

② 3번과 4번 스위치를 누르면 B와 F의 전구에 불이 켜질 수도 있다.

③ A와 연결된 스위치인 2번 스위치는 D와 연결된 스위치인 1번 스위치의 바로 오른쪽에 있다.

⑤ 6번 스위치를 눌렀더니 F의 전구에 불이 켜졌다면, 5번 스위치를 누르면 B의 전구에 불이 켜진다.

09 조건추리 정답 ①

| 정답풀이 |

A는 엑셀 파일이 아니고, C는 엑셀 파일이라고 하였으므로 다음과 같이 두 가지 경우를 생각할 수 있다.

A	B	C	D	E
동영상		엑셀		

A	B	C	D	E
PPT		엑셀		

i) A가 동영상 파일인 경우

B는 PPT 파일이 아니므로 엑셀 파일이어야 한다. 이때, PPT 파일이 2개이므로 다음과 같다.

A	B	C	D	E
동영상	엑셀	엑셀	PPT	PPT

ii) A가 PPT 파일인 경우

B는 PPT 파일이 아니므로 엑셀 파일 또는 동영상 파일이므로 다음과 같이 2가지를 생각할 수 있다.

A	B	C	D	E
PPT	엑셀	엑셀		

A	B	C	D	E
PPT	동영상	엑셀		

이때, C와 D는 서로 다른 종류의 파일이어야 하므로 다음과 같이 결정된다.

A	B	C	D	E
PPT	엑셀	엑셀	동영상/PPT	PPT/동영상

A	B	C	D	E
PPT	동영상	엑셀	PPT	엑셀

따라서 가능한 모든 경우의 수는 4가지이다.

| 오답풀이 |

② E는 PPT, 동영상, 엑셀 파일이 모두 될 수 있다.
③ A는 동영상 또는 PPT의 2가지 파일 종류가 가능하다.
④ D는 동영상 또는 PPT의 2가지 파일 종류가 가능하다.
⑤ ii)에서 B가 동영상 파일이라면 E는 엑셀 파일임을 알 수 있다.

10 조건추리 정답 ①

| 정답풀이 |

A 부장의 시계 반대 방향으로 돌아가면서 발언했으므로 A 부장을 기준으로 오른쪽으로 발언하였다. C 과장은 B 차장 직전에 발언하였고, B 차장은 주임 직전에 발언하였으므로 B 차장은 C 과장과 주임 사이에 앉았다. 그런데 G 주임의 양옆에 앉은 두 사람의 직급은 서로 같아야 하므로 B 차장의 옆에는 H 주임이 앉았다. 이때 주임끼리는 마주 보고 있으므로 H 주임의 맞은편에는 G 주임이 앉았고, F 대리와 B 차장은 서로 마주 보고 앉았다.

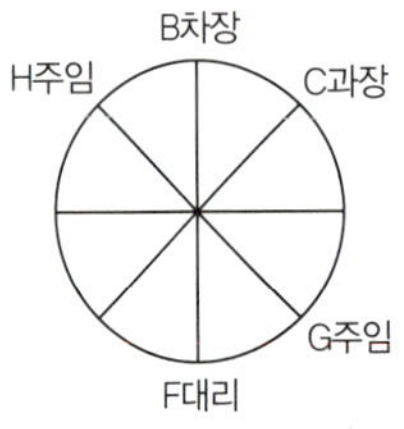

여기서 A 부장의 양옆에는 대리가 앉아 있으므로 F 대리의 옆에 A 부장이 앉았고, 나머지 두 자리에 대리가 앉는다. 그런데 A 부장의 왼쪽에 있는 대리가 가장 늦게 발언하였으므로 A 부장의 왼쪽에 D 대리가 앉았고, D 대리의 맞은편에 E 대리가 앉았다.

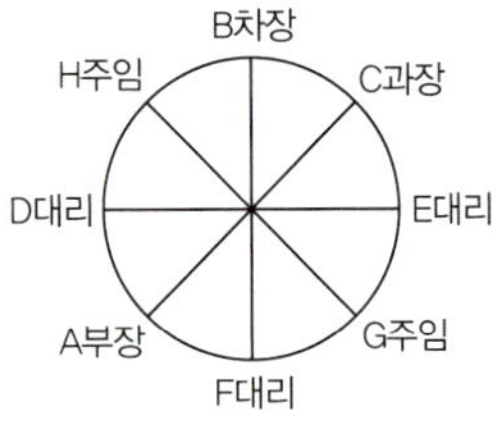

이에 따라 발표순서는 A(부장)－F(대리)－G(주임)－E(대리)－C(과장)－B(차장)－H(주임)－D(대리)이다. 따라서 [보기] 중 옳은 것은 없으므로 0개인 ①이 정답이다.

| 오답풀이 |

㉠ 세 번째로 발언하는 사람은 G 주임이다.
㉡ 가장 먼저 발언하는 대리는 F 대리이다.
㉢ B 차장의 오른쪽에는 H 주임이 앉아 있다.
㉣ D 대리와 E 대리는 서로 마주 보고 앉아 있다.

11 조건추리 정답 ③

| 정답풀이 |

B는 C보다 주차장 입구에서 가까운 곳에 주차했고, C는 D보다 먼저 주차장에 들어왔으므로 B－C－D 순으로 주차장에 들어왔다. 이때 A는 2번에 주차했고, E보다 주차장 입구에서 먼 곳에 주차한 사람은 없으므로 B, C, D가 주차한 곳으로 가능한 자리는 1번, 3번, 4번, 5번, 6번인데 만약 B가 3번에 이상인 자리에 주차했다면 C는 5번 또는 6번, D는 7번에 주차해야 하므로 모순이다. 이에 따라 B가 주차한 자리는 1번 또는 2번이고, 위쪽에 주차한 사람은 D를 포함하여 2명이므로 C는 4번 또는 6번, D는 5번 또는 7번, E는 8번 자리에 주차했다.

위쪽

	B	(B)	D	(D)
주차장 입구	통로			
	A	C	(C)	E

아래쪽

따라서 어떤 경우든 주차장에 들어온 순서는 B－A－C－D－E이다.

12 조건추리 정답 ⑤

| 정답풀이 |

D가 빨간색 또는 파란색을 좋아하므로 두 가지로 나누어서 생각해 보자.

- D가 빨간색을 좋아하는 경우
  A는 초록색을 좋아하지 않으므로 파란색 또는 노란색을 좋아하고, 이를 표로 나타내면 다음과 같다.

A	B	C	D
파란색/노란색			빨간색

그리고 이때, A가 좋아하는 색에 따라 B와 C가 좋아하는 색을 기입하면 다음과 같이 표를 완성할 수 있다.

A	B	C	D
파란색	노란색/초록색	초록색/노란색	빨간색
노란색	파란색/초록색	초록색/파란색	

- D가 파란색을 좋아하는 경우
  'C가 노란색을 좋아하지 않으면 D가 빨간색을 좋아한다'의 대우 명제가 'D가 빨간색을 싫어하면 C는 노란색을 좋아한다'이다. 그런데 D는 빨간색 아니면 파란색을 좋아하므로 대우 명제는 'D가 파란색을 좋아하면 C는 노란색을 좋아한다'라고 생각할 수 있다. 즉, 다음과 같이 표를 나타낼 수 있다.

A	B	C	D
		노란색	파란색

이때, A가 초록색을 좋아하지 않으므로 빨간색을 좋아하고, 이에 따라 B는 초록색을 좋아하는 것이므로 다음과 같이 표가 완성된다.

A	B	C	D
빨간색	초록색	노란색	파란색

따라서 항상 옳은 것은 ⑤이다.

13 조건추리 정답 ④

| 정답풀이 |

가장 처음 공연하는 마술사는 여자 마술사이고, B는 D보다 공연을 먼저 하므로 첫 번째로 공연하는 마술사는 E이다. 이때 여자 마술사 2명의 공연 사이에 공연하는 남자 마술사가 2명이므로 네 번째로 공연하는 마술사는 여자 마술사인 D이고, A는 C보다 공연을 늦게 하므로 다섯 번째로 공연하는 마술사는 A이다. 이에 따라 가능한 경우는 다음과 같다.

첫 번째	두 번째	세 번째	네 번째	다섯 번째
E	B 또는 C	C 또는 B	D	A

따라서 E와 A의 공연 사이에 공연하는 남자 마술사는 B와 C이므로 총 2명이다.

| 오답풀이 |

② 세 번째로 공연하는 마술사는 C가 될 수 있다.
③ A보다 공연을 먼저 하는 여자 마술사는 D와 E이므로 2명이다.
⑤ B가 두 번째로 공연을 한다면, B와 D 사이에 공연하는 마술사는 C이므로 1명이다.

14 조건추리 정답 ①

| 정답풀이 |

C는 D가 마우스를 구매했다고 했으므로 C의 말이 진실이면 D의 말도 진실이고, C의 말이 거짓이면 D의 말도 거짓이다.

- C의 말이 진실인 경우
  C의 말이 진실이라면 D의 말도 진실이므로 키보드를 구매한 E의 말은 거짓이다. 이에 따라 마우스를 구매한 사람이 키보드를 구매한 사람보다 많으므로 A와 B 중 최소 1명은 진실을 말해야 한다. 만약 B의 말이 진실이면 A의 말은 거짓이어야 하는데 A의 말이 거짓이면 키보드를 구매한 사람이 A, E 2명이 되어 A의 말이 진실이 된다. 즉, 모순이 발생하므로 B의 말은 거짓이고, A의 말은 진실이다.

A	B	C	D	E
마우스 (진실)	키보드 (거짓)	마우스 (진실)	마우스 (진실)	키보드 (거짓)

- C의 말이 거짓인 경우
  C의 말이 거짓이라면 D의 말도 거짓이므로 E는 마우스를 구매했다. 즉, E의 말은 진실이므로 키보드를 구매한 사람은 최소 3명이 되어 A의 말은 거짓이 되고, B의 말은 진실이 된다.

A	B	C	D	E
키보드 (거짓)	마우스 (진실)	키보드 (거짓)	키보드 (거짓)	마우스 (진실)

따라서 가능한 경우의 수는 2가지이다.

15 도형추리 정답 ②

| 정답풀이 |

오른쪽으로 한 칸씩 이동할 때마다 음영이 오른쪽 아래 대각선 방향으로 이동한다.

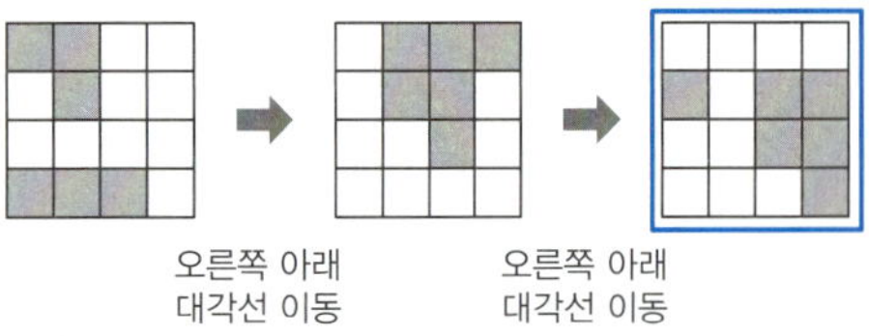

16 도형추리 정답 ②

| 정답풀이 |

오른쪽으로 한 칸씩 이동할 때마다 내부도형은 반시계방향으로, 외부도형은 시계방향으로 90°회전한다.

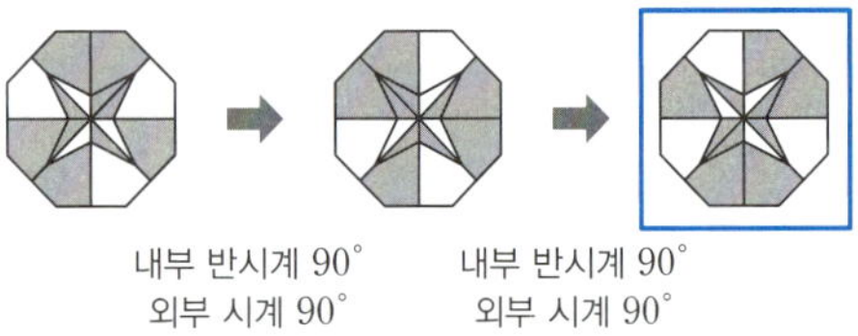

17 도형추리 정답 ②

| 정답풀이 |

오른쪽 열로 이동할 때마다 내부도형은 음영(색)이 반전된다. 1행과 2행의 도형에서 화살표의 방향이 3행의 화살표 방향을 결정한다.

1행	2행	3행
→	→	↑
→	←	↓
←	→	↓
←	←	↑

1행과 2행의 화살표가 같은 방향 → 3행 화살표 방향(↑)
1행과 2행의 화살표가 다른 방향 → 3행 화살표 방향(↓)

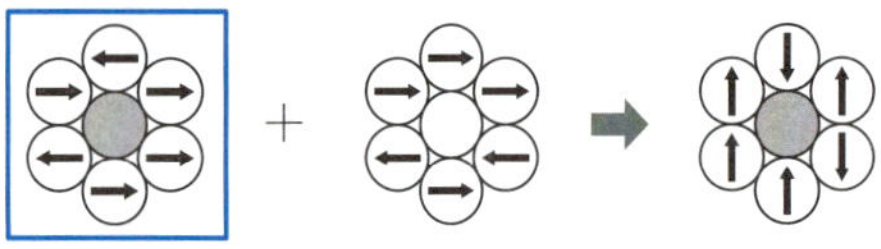

18 도식추리 정답 ⑤

| 정답풀이 |

주어진 기호의 규칙은 다음과 같다.

기호	규칙
☆	ABCD → BADC
○	(+1, +2, +1, +2)
□	ABCD → DCAB
△	(+0, −1, +0, +1)

OPPA → ☆ → POAP → ○ → **(QQBR)**

시험장풀이

다음과 같이 문자표를 일단 적어놓는다.

A	B	C	D	E	F	G	H	I	J	K	L	M
N	O	P	Q	R	S	T	U	V	W	X	Y	Z

주어진 도식을 보면 ☆ → ○ → □ → △ 순으로 규칙을 파악해야 한다.

- ☆: 8407 → 4870으로 추론할 수 있다. 순서 바꾸기 또는 숫자연산 규칙 모두 가능하지만, 숫자연산 규칙이라면 너무 극단적인 덧셈뺄셈이 되어버린다. 따라서 순서 바꾸기 규칙이라고 가정하면, ABCD → BADC이다.
- ○: RP52에 ☆을 역으로 적용하면 PR25이다. 따라서 ○는 OP13 → PR25로 추론할 수 있다. 명백한 숫자연산 규칙으로, (+1, +2, +1, +2)이다.
- □: 37SR에 ○를 역으로 적용하면 25RP이다. 따라서 □는 RP52 → 25RP로 추론할 수 있다. 명백한 순서 바꾸기 규칙으로, ABCD → DCAB이다.
- △: MI62에 ○를 적용하면 NK74, 57NJ에 □를 역으로 적용하면 NJ75이다. 따라서 △는 NK74 → NJ75로 추론할 수 있다. 명백한 숫자연산 규칙으로, (+0, −1, +0, +1)이다.

따라서 OPPA → ☆ → POAP → ○ → QQBR이므로 정답은 ⑤이다.

19 도식추리 정답 ③

| 정답풀이 |

PPAP → □ → PAPP → ○ → QCQR → △ → **(QBQS)**

20 도식추리 정답 ④

| 정답풀이 |

(FECH) → ☆ → EFHC → □ → CHEF

21 도식추리 정답 ①

| 정답풀이 |

(RM61) → △ → RL62 → □ → 26RL → ○ → 38SN

22 문단배열 정답 ⑤

| 정답풀이 |

주어진 글은 기후 변화 및 지구온난화에 대응하기 위한 노력을 설명하고 있다. 우선 지구온난화의 정의와 기후 데이터의 중요성을 언급하는 [라] 문단이 제시되고, 기후 데이터 분석을 통해 과학자들이 설정한 목표와 다양한 전략을 설명함으로써 기후 변화의 영향을 완화하기 위한 노력과 도전 과제를 다루는 [다] 문단과 이어져야 한다. 그리고 기후 변화 대응의 복잡성과 국제 협력의 어려움을 언급하며 국제적 협력의 필요성을 강조하는 [나] 문단이 제시되고 마지막으로 기후 변화 대응에서 개인과 공동체의 참여와 일상적인 노력의 필요성을 강조하는 [가] 문단으로 마무리되어야 한다.

따라서 논리적으로 순서에 맞게 배열하면 [라]—[다]—[나]—[가] 순으로 와야 한다.

23 문단배열 정답 ④

| 정답풀이 |

주어진 글은 효과적인 민원 해결을 위한 민원 챗봇 도입을 설명하고 있다. 우선 민원 해결의 중요성을 언급하면서 복잡한 절차와 법규 이해가 필요하며, 적절히 처리하기 위한 대응과 교육이 필요하다고 언급하는 [다] 문단이 제시되고, 민원 대응 인력 부족과 업무 과중이 민원 해결에 미치는 영향을 설명하는 [나] 문단으로 이어져야 한다. 그리고 이러한 문제를 해결하기 위한 방안으로 민원 챗봇의 도입에 대해 언급하며, 챗봇의 기능과 이점을 설명하는 [라] 문단이 제시되어야 한다. 마지막으로 챗봇의 도입이 민원 서비스의 품질 향상에 기여하는 바를 언급하며 챗봇의 한계도 함께 설명하는 [가] 문단으로 마무리되어야 한다.

따라서 논리적으로 순서에 맞게 배열하면 [다]—[나]—[라]—[가] 순으로 와야 한다.

24 참 · 거짓 판단 정답 ⑤

| 정답풀이 |

팬슈머가 브랜드와 소통하며 단순 소비뿐만 아니라 제품 개발에 적극적으로 영향을 미친다고 설명하고 있다. 따라서 제품 소비에만 주력한다는 진술은 글의 내용과 다르며, 반드시 거짓인 진술이다.

| 오답풀이 |

① 팬슈머의 행동과 브랜드와의 소통하는 모습을 설명하고 있다.
② 기업들이 팬슈머의 요구를 반영하려는 노력을 설명하고 있다.
③ 팬슈머가 소셜미디어를 통해 브랜드와 소통하는 것을 설명하고 있다.
④ 팬슈머가 제품이나 콘텐츠 생산에 참여하는 것을 설명하고 있다.

25 참 · 거짓 판단 정답 ②

| 정답풀이 |

'몸 안의 수분이 적으면 배출하는 수분의 양을 줄인다. 이 때문에 소변이 노랗게 되는데 이것은 몸의 수분이 적다는 신호이다'라고 하였으므로 인체에 수분이 부족하면 노란색 소변이 나온다.

| 오답풀이 |

① 인체 내에 노폐물이 발생하고, 이 노폐물을 밖으로 내보내면서 신체가 일정한 상태를 유지하는 것을 항상성이라고 하였다. 그리고 노폐물을 밖으로 내보내는 역할을 주로 신장이 한다고 하였으므로, 결국 신장은 인체가 항상성을 유지하도록 해주는 것이다.
③ '소변이 노랗게 되는데 이것은 몸의 수분이 적다는 신호이다'라고 하였으므로 노란 소변이 나온다면 몸에 수분이 적다는 것을 의미한다.
④ 첫 번째 문단에서 '인체는 에너지를 이용하여 생존하는데, 이때 여러 가지 노폐물이 발생하고 이 노폐물들은 인체 밖으로 배출되어야 한다.'라고 언급하였다. 따라서 사람의 신체는 몸속에서 발생하는 노폐물을 밖으로 배출한다.
⑤ '포도당은 100% 재흡수되는데, 당이 재흡수되지 않고 소변에 섞여 나오면 당뇨병을 의심해 볼 수 있다.'라고 하였으므로 포도당은 완전히 재흡수되어야 한다. 그리고 완전히 재흡수되지 않으면 신체에 문제가 있음을 의미한다.

26 참 · 거짓 판단 정답 ④

| 정답풀이 |

첨단 레이저 가공 기술은 그 특징상 다양한 산업 분야 자동차, 항공우주 등 활용 범위가 매우 넓으며, 다양한 산업 분야에서 혁신을 이끌고 있다.

| 오답풀이 |

① 레이저 빛은 특정 파장과 강도를 가지며 물질과 상호작용하여 다양한 기법으로 금속, 세라믹, 플라스틱 등을 가공한다.

② 레이저 가공은 작은 부품뿐만 아니라 복잡한 소재 가공에도 널리 활용되고 있으나 소재의 종류, 형상, 가공 목적에 따라 얻을 수 있는 결과가 다르기 때문에 복잡한 패턴 소재보다 작은 부품을 가공하기 더 쉽다고 단정하기 어렵다.

③ 각 소재마다 레이저 빛과의 상호작용이 다르기 때문에 절단, 용접, 드릴링 등 가공 목적에 따라 요구되는 레이저 특성이 달라진다.

⑤ 소재의 경도만으로 가공 비용을 단정하기 어려우며, 글에서는 실제로 레이저 가공을 하는 데 드는 비용에 대한 구체적인 정보는 언급되어 있지 않아 알 수 없다.

27 참 · 거짓 판단 정답 ③

| 정답풀이 |

GRE는 복잡하고 다양한 네트워크 프로토콜을 캡슐화하여 데이터 전송의 효율성을 높이지만, 데이터 암호화 기능은 내장되어 있지 않다. 보안을 강화하려면 추가적인 보안 프로토콜을 적용해야 한다.

| 오답풀이 |

① VPN은 보안, 암호화에 중심적이고, GRE는 데이터 전송의 효율성에 중점을 두고 있어 두 두 프로토콜의 성능을 직접 비교할 수 없으므로 알 수 없다.

② GRE는 여러 네트워크 프로토콜을 단일 프로토콜로 캡슐화하여 효율적으로 데이터 전송을 지원한다고 언급하므로 알 수 있다.

④ VPN은 원격 근무 지원과 지사 간 안전한 연결이 가능하다는 것을 알 수 있다.

⑤ 모든 터널링 프로토콜이 동일한 수준의 보안을 제공하지 않으므로 프로토콜의 특성과 요구사항을 충분히 고려한다면 최적의 터널링 솔루션을 선택하여 데이터 전송의 보안성과 효율성을 극대화할 수 있다.

28 비판적 사고 정답 ④

| 정답풀이 |

상용화되고 있는 QLED 제품은 LCD 패널 앞에 퀀텀닷 필름을 껴서 생산한 것이라는 주장은 오히려 QLED가 LCD를 개선시킨 제품에 불과하다는 주어진 글의 주장의 근거가 될 수 있다.

| 오답풀이 |

①, ③ OLED의 단점이므로 적절한 반론이라 할 수 있다.

② QLED가 LCD와 다른 기술이라는 것에 대한 주장이므로 적절한 반론이라 할 수 있다.

⑤ QLED가 OLED보다 뛰어난 점을 밝히고 있으므로 적절한 반론이라 할 수 있다.

29 추론 정답 ②

| 정답풀이 |

주어진 글을 보면 MZ세대는 자신의 의견을 자유롭게 말하지만 그렇다고 노조와 같은 집단을 구성하여 의견을 개진하지는 않는다. 두 번째 글을 보면, 예전에는 급여나 복리후생, 일하는 방식과 관련해 노동조합 같은 대표 집단이 이슈를 감지하고 의견을 수렴해 공동 대응에 나섰다면, 이제는 몇몇 대형 집단을 통해 이슈 파악이 어려워졌다고 했다. 즉 각종 설문조사나 면담기법 등을 이용하여 구성원들의 의견을 구하고 수렴하는 것은 MZ세대와 일하는 데 중요하지 않다.

| 오답풀이 |

①, ③ 첫 번째 글을 보면 본인의 MZ세대는 직업안정성이나 경제적인 이익에 관해서만이 아니라 조직이 추진하는 사업 방향이나 조직문화 등 주제가 무엇이든 자신의 의견을 적극적으로 내세운다고 되어 있다. 그런데 이러한 의견을 노조와 같은 거대 그룹이 아니라 다른 방법으로 내세우고, 내부의 문제가 외부로 나갈 수도 있다고 했다. 따라서 이들과 일을 하기 위해서는 조직의 모든 사업과 전략, 조직구조와 시스템 방향이 경영진뿐만 아니라 모든 구성원들에게 투명하게 공개되어야 하며 이러한 조직의 방향성에 대해서 누구나 의견을 개진하고 피드백이 가능한 시스템이 마련되어야 한다.

④, ⑤ 첫 번째 글과 [보기]를 보면 MZ세대의 특징으로 '구성원 행동주의'를 설명하고 있음을 알 수 있다. 즉 이들과 일하기 위해 복리후생과 같은 개인적 편의와 더불어 기업의 가치와 MZ세대가 추구하는 가치가 동일함을 강조해야 한다. 따라서 채용 과정부터 우리 조직이 추구하는 가치를 분명히 하고 이것이 실제로 경험 가능한 환경임을 구직자들에게 제시하고 일상과 업무에서 이 가치를 실제로 경험할 수 있도록 환경을 제공해야 한다.

30 추론 정답 ②

| 정답풀이 |

제로 칼로리 제품은 칼로리를 줄이기 위해 설탕 대신 인공 감미료를 사용하지만, 이러한 제품들은 영양소를 제공하지 않기 때문에 균형 잡힌 식단을 유지하는 데 도움이 되지 않는다. 따라서 제로 칼로리 제품은 체중 조절에 도움이 될 수 있으나, 영양소가 부족하여 균형 잡힌 식단을 위해서는 다른 영양소가 풍부한 식품을 추가로 섭취해야 한다.

MEMO

MEMO

MEMO

MEMO

MEMO

정답과 해설

2025 최신판

에듀윌 취업 GSAT 삼성직무적성검사 통합 기본서

고객의 꿈, 직원의 꿈, 지역사회의 꿈을 실현한다

에듀윌 도서몰 book.eduwill.net	• 부가학습자료 및 정오표: 에듀윌 도서몰 > 도서자료실 • 교재 문의: 에듀윌 도서몰 > 문의하기 > 교재(내용, 출간) / 주문 및 배송

영역별 고득점 전략을 주머니에

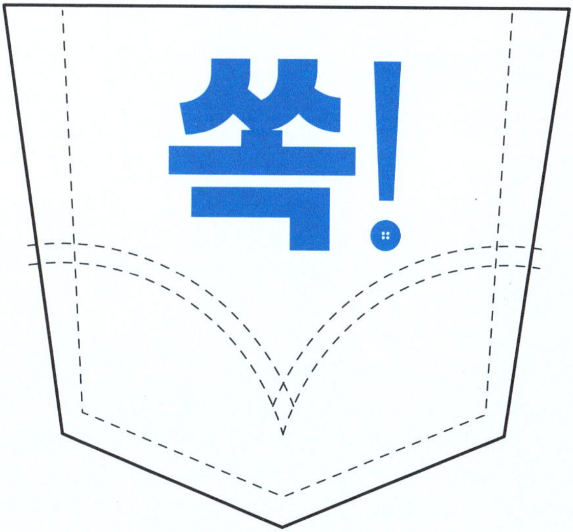

2025 에듀윌 취업 GSAT 핵심개념 + 예제 포켓북

eduwill

목차

인적성 핵심 전략

• 단기간에 올릴 수 있는 것은 실전 감각뿐이다

현실적으로 생각했을 때, 단기간에 성적을 올리기는 쉽지 않다. 열심히 공부한다면 어느 정도의 실력 상승은 가능하지만 타고난 사람, 어린 시절부터 기본기를 쌓은 사람을 이기기는 쉽지 않다. 이러한 상황에서 고득점을 올릴 수 있는 가장 빠른 방법은 실전 스킬을 익히는 것이다. 당장은 어렵더라도 영역별 실전 스킬을 익힌다면 공부에 투자한 시간 대비 높은 점수를 얻을 수 있을 것이다.

• 최소한의 기본은 익혀 놓아야 한다

수리나 추리 영역의 경우, 기본적인 공식이나 개념을 알고 있어야만 문제를 해결할 수 있다. 기본이 되는 공식들은 사전에 암기하는 것이 필수적이며, 이를 적용하는 연습을 한 후 문제 풀이 전략까지 더한다면 눈에 띄는 점수 상승을 경험할 수 있다.

PART 01

수리논리

유형 1 응용수리

필수개념 방정식의 활용 – 농도

Q1 물에 소금을 섞으면 농도는?

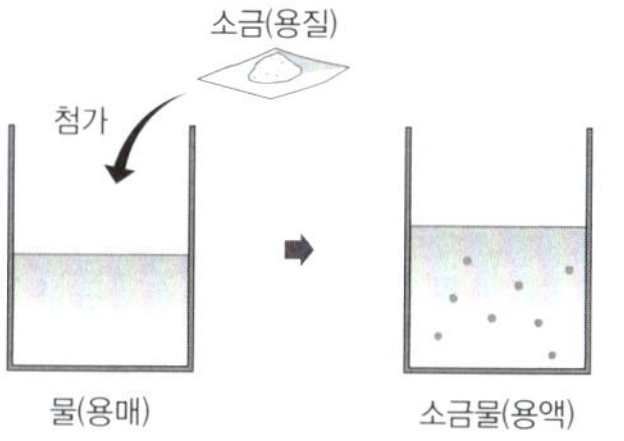

| 알아두기 |

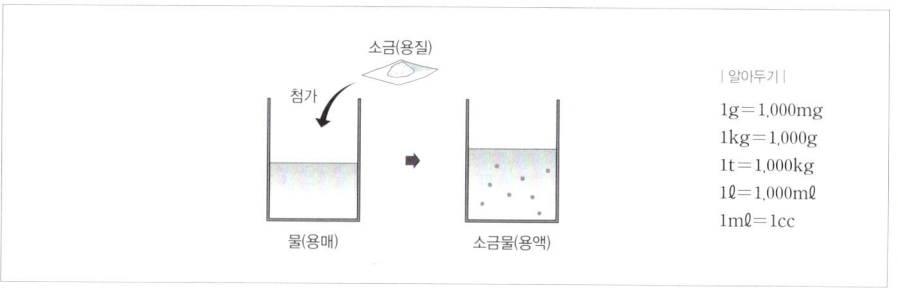

1g=1,000mg
1kg=1,000g
1t=1,000kg
1ℓ=1,000mℓ
1mℓ=1cc

핵심요약

☑ 농도(%)$=\dfrac{\text{(소금의 양)}}{\text{(소금물의 양)}}\times 100$

(소금물의 양) → (소금의 양)+(물의 양)

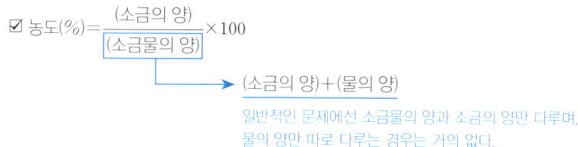

일반적인 문제에선 소금물의 양과 소금의 양만 다루며, 물의 양만 따로 다루는 경우는 거의 없다.

기초예제

물 300g에 소금 75g을 넣고 잘 섞어 만든 소금물의 농도는?

| 정답해설 |

$\dfrac{75}{300+75}\times 100=20(\%)$

| 정답 | 20%

Q2 두 소금물을 섞은 혼합물의 농도는?

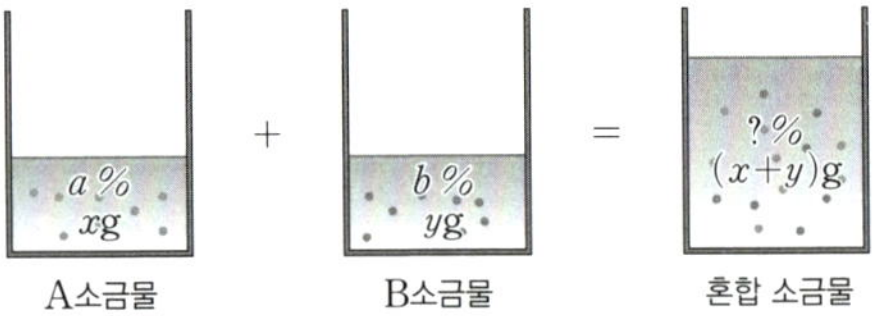

핵심요약

☑ (A소금물 속 소금의 양)+(B소금물 속 소금의 양)=(혼합 소금물 속 소금의 양)

☑ 농도(%)$=\frac{(\text{소금의 양})}{(\text{소금물의 양})}\times 100$ ▶(변환) (소금의 양)$=\frac{(\text{농도})}{100}\times$(소금물의 양)

☑ $\boxed{\frac{a}{100}\times x}+\boxed{\frac{b}{100}\times y}=\boxed{\frac{?}{100}\times(x+y)}$ 이 방정식을 풀어 ?(=혼합 소금물의 농도)를 구할 수 있다.

(A소금물 속 소금의 양) (B소금물 속 소금의 양) (혼합 소금물 속 소금의 양)

기초예제

농도 18%짜리 소금물 100g과 농도 8%짜리 소금물 150g을 잘 섞어 만든 소금물의 농도는?

| 정답해설 |

$$\frac{18}{100}\times 100+\frac{8}{100}\times 150=\frac{x}{100}\times(100+150)$$

$$\rightarrow 18+12=\frac{5}{2}x \qquad \therefore x=12(\%)$$

| 정답 | 12%

Q3 소금물을 덜어내면 그 안의 소금의 양은?

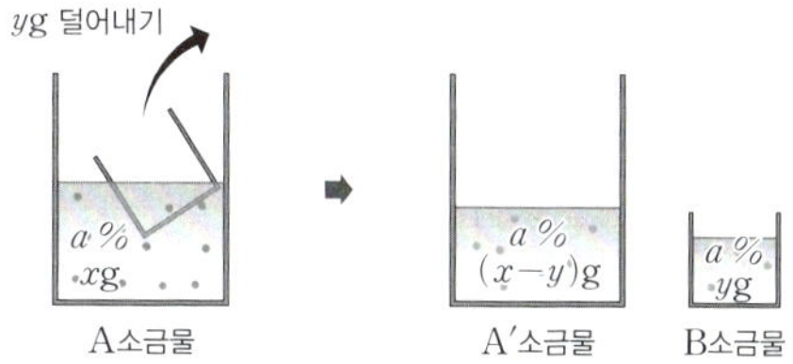

핵심요약

☑ 소금물을 덜어내도 농도에는 변함이 없다.

☑ 덜어내기 전 A소금물 속 소금의 양과 덜어낸 후 A′소금물과 B소금물 속 소금의 양 합계는 동일하며, 각 소금물 속 소금의 양은 소금물의 양과 정비례한다.

☑ (B소금물 속 소금의 양)=(A소금물 속 소금의 양)×$\frac{y}{x}$

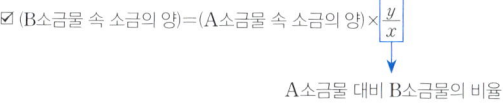

→ $\frac{y}{x}$: A소금물 대비 B소금물의 비율

기초예제

농도 20% 소금물 300g에서 100g을 덜어냈을 때, 덜어낸 100g짜리 소금물의 농도와 그 안에 들어 있는 소금의 양은?

| 정답해설 |

농도는 동일하게 20%

300g 소금물 속 소금의 양: $300\times0.2=60$(g)

$\therefore 60\times\frac{100}{300}=20$(g)

| 정답 | 20%, 20g

Q4 소금물에 물을 추가하거나 증발시키면 소금의 양과 소금물의 양은?

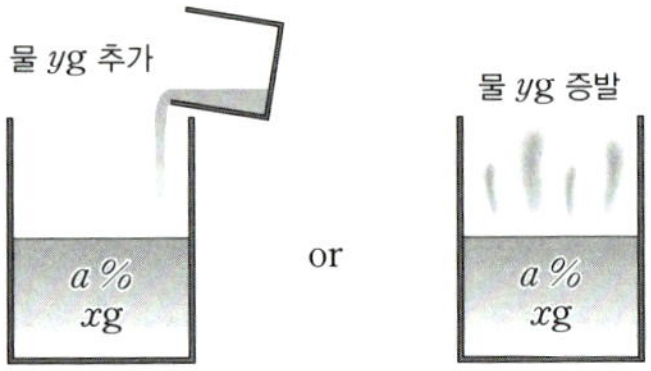

핵심요약

☑ 물을 추가하거나 증발시켜도 소금의 양에는 변함이 없다.

☑ 물을 추가하거나 증발시키면 그만큼 소금물의 양이 증가하거나 감소하며, 농도가 변한다.

☑ 새로운 농도(%)$=\dfrac{(\text{기존 소금의 양})}{(\text{새로운 소금물의 양})}\times 100$

(새로운 소금물의 양) → $x\pm y$
물을 추가하면 (+), 증발시키면 (−)

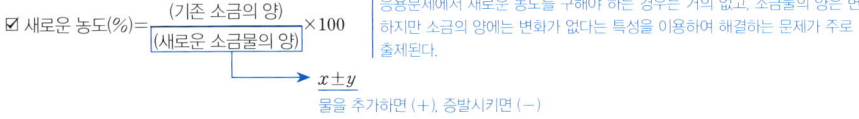

응용문제에서 새로운 농도를 구해야 하는 경우는 거의 없고, 소금물의 양은 변하지만 소금의 양에는 변화가 없다는 특성을 이용하여 해결하는 문제가 주로 출제된다.

기초예제

농도 10% 소금물 200g에서 물 100g을 증발시킨 후, 여기에 증발된 물의 양만큼 10% 소금물을 잘 섞어 만든 소금물의 농도는?

| 정답해설 |

기존 소금의 양: $200\times0.1=20$(g) → 그대로 / 기존 소금물의 양: 200g → 100g

추가된 소금의 양: $100\times0.1=10$(g) / 추가된 소금물의 양: 100g

$\therefore \dfrac{20+10}{100+100}\times100=15(\%)$

| 정답 | 15%

필수개념 방정식의 활용 – 거리 / 속력 / 시간

Q1 일정 거리를 일정 시간 안에 이동했을 때, 속력은?

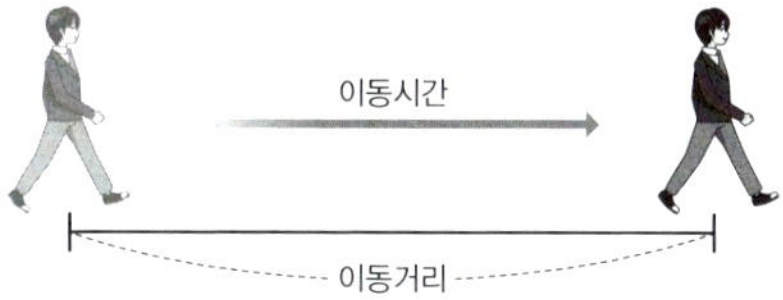

| 알아두기 |

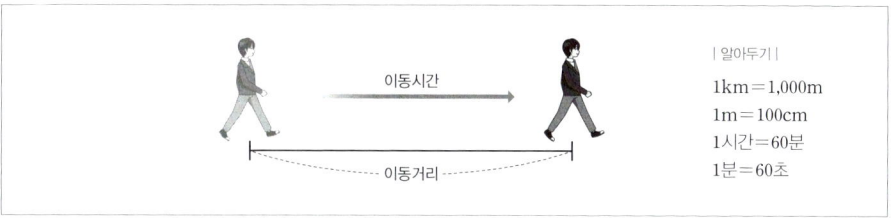

1km=1,000m
1m=100cm
1시간=60분
1분=60초

핵심요약

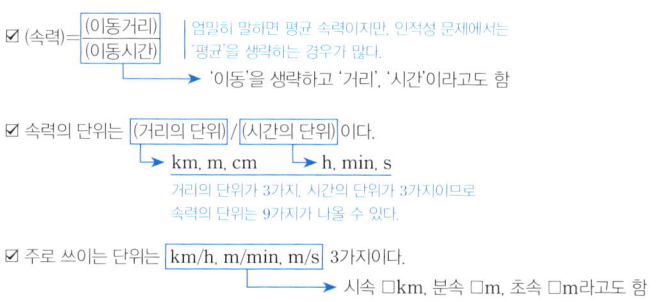

☑ (속력)=$\frac{\text{(이동거리)}}{\text{(이동시간)}}$ | 엄밀히 말하면 평균 속력이지만, 인적성 문제에서는 '평균'을 생략하는 경우가 많다.
→ '이동'을 생략하고 '거리', '시간'이라고도 함

☑ 속력의 단위는 (거리의 단위)/(시간의 단위)이다.
→ km, m, cm → h, min, s
거리의 단위가 3가지, 시간의 단위가 3가지이므로 속력의 단위는 9가지가 나올 수 있다.

☑ 주로 쓰이는 단위는 km/h, m/min, m/s 3가지이다.
→ 시속 □km, 분속 □m, 초속 □m라고도 함

기초예제

124km의 거리를 지나가는 데에 4시간이 걸렸을 때, 속력은?

| 정답해설 |

$\frac{124}{4}$=31(km/h)

| 정답 | 31km/h

Q2 중간에 속력이 바뀌었을 때, 전체 평균속력은?

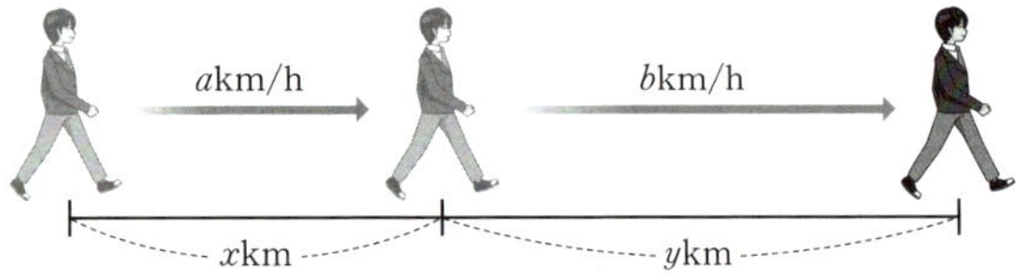

핵심요약

☑ $(\text{전체 평균속력})=\dfrac{(\text{전체 이동거리})}{(\text{전체 이동시간})}$

☑ $(\text{속력})=\dfrac{(\text{거리})}{(\text{시간})}$ 변환 ▶ $(\text{시간})=\dfrac{(\text{거리})}{(\text{속력})}$

☑ $(\text{전체 평균속력})=\dfrac{x+y}{\dfrac{x}{a}+\dfrac{y}{b}}$ → $x+y$: (전체 이동거리), $\dfrac{x}{a}+\dfrac{y}{b}$: (전체 이동시간)

기초예제

시속 4km의 속력으로 20km를 간 후, 시속 40km의 속력으로 40km를 갔을 때, 전체 60km 구간에서의 평균속력은?

| 정답해설 |

20km 구간에서 걸린 시간: $\dfrac{20}{4}=5$(시간)

40km 구간에서 걸린 시간: $\dfrac{40}{40}=1$(시간)

$\therefore \dfrac{20+40}{5+1}=10(\text{km/h})$

| 정답 | 10km/h

Q3 2명이 운동장을 서로 반대 방향으로 돌 때, 처음으로 다시 만날 때까지 걸리는 시간은?

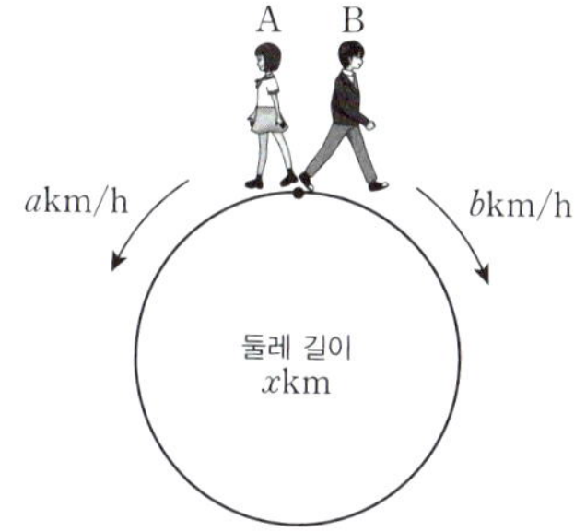

핵심요약

☑ (A가 이동한 거리)+(B가 이동한 거리)=(둘레 길이)

☑ (속력)$=\frac{(\text{거리})}{(\text{시간})}$ 변환 ▶ (거리)=(속력)×(시간)

☑ $\boxed{at}+\boxed{bt}=\boxed{x}$ | 이 방정식을 풀어 t(=걸리는 시간)를 구할 수 있다.

at: (A가 이동한 거리) bt: (B가 이동한 거리) x: (둘레 길이)

기초예제

A와 B가 둘레 길이 21km인 원형 운동장의 같은 지점에서 서로 반대 방향으로 각각 시속 3km, 시속 4km의 속력으로 출발할 때, 처음으로 다시 만날 때까지 걸리는 시간은?

| 정답해설 |

$3t+4t=21$

$\therefore t=3$(시간)

| 정답 | 3시간

Q4 2명이 운동장을 같은 방향으로 돌 때, 처음으로 다시 만날 때까지 걸리는 시간은?

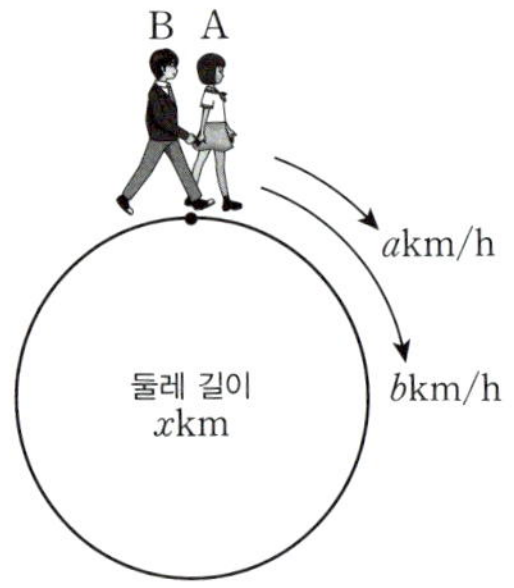

핵심요약

☑ (빠른 사람이 이동한 거리)−(느린 사람이 이동한 거리)=(둘레 길이)

☑ $\boxed{bt} - \boxed{at} = \boxed{x}$ | 이 방정식을 풀어 t(=걸리는 시간)를 구할 수 있다.

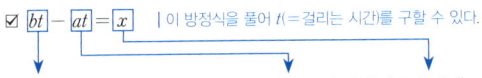

(빠른 사람이 이동한 거리) (느린 사람이 이동한 거리) (둘레 길이)

기초예제

A와 B가 둘레 길이 21km인 원형 운동장의 같은 지점에서 같은 방향으로 각각 시속 3km, 시속 4km의 속력으로 출발할 때, 처음으로 다시 만날 때까지 걸리는 시간은?

| 정답해설 |

$4t-3t=21$

$\therefore t=21$(시간)

| 정답 | 21시간

Q5 열차가 터널을 완전히 통과할 때까지 걸리는 시간은?

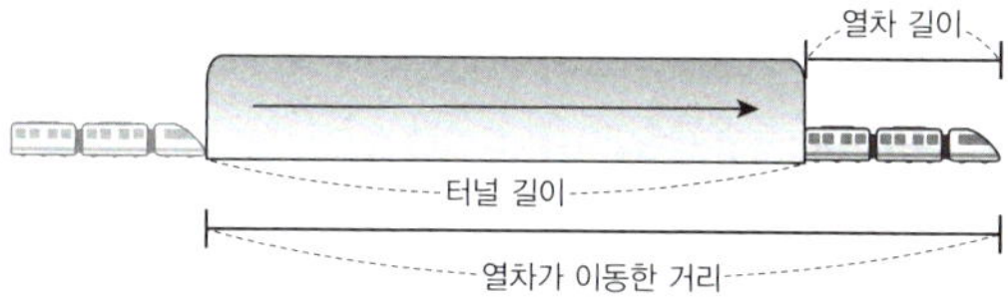

핵심요약

☑ (열차가 이동한 거리)=(열차 길이)+(터널 길이)

☑ (시간)= $\frac{(\text{열차 이동 거리})}{(\text{열차 속력})}$ → (열차 길이)+(터널 길이)

기초예제

길이 400m의 열차가 14km 길이의 터널을 시속 72km로 지날 때, 열차가 터널에 들어선 순간부터 터널을 완전히 통과할 때까지 걸리는 시간은?

| 정답해설 |

$\frac{0.4+14}{72}=0.2$(시간)

$\therefore$ $0.2\times60=12$(분)

| 정답 | 12분

Q6 배가 강물을 거슬러 올라가거나 타고 내려올 때, 걸리는 시간은?

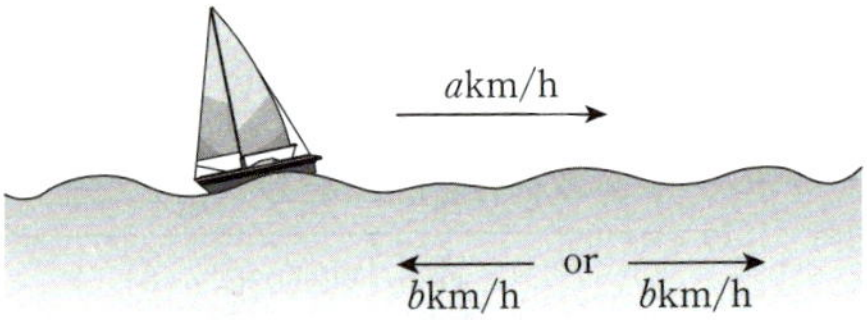

핵심요약

☑ (배의 실제 속력)=(배의 원래 속력)±(강물의 속력)

☑ (시간)=$\frac{(\text{거리})}{(\text{배의 실제 속력})}$ → $a \pm b$

강물과 같은 방향이면 (+), 반대 방향이면 (−)

기초예제

시속 7km로 이동하는 배를 타고 시속 3km로 흐르는 강물을 거슬러 10km 떨어진 나루터에 들른 후, 다시 강물을 타고 원래 장소로 내려올 때까지 걸리는 시간은?

| 정답해설 |

거슬러 올라갈 때 걸린 시간: $\frac{10}{7-3}=2.5$(시간)

타고 내려올 때 걸린 시간: $\frac{10}{7+3}=1$(시간)

∴ $2.5+1=3.5$(시간)=3시간 30분

| 정답 | 3시간 30분

필수개념 방정식의 활용 – 일률

Q1 두 사람이 함께 k개의 일을 끝내기 위해 걸리는 시간은?

A — A 혼자서 x시간에 a개 완료

B — B 혼자서 y시간에 b개 완료

k개의 일, 일의 양 명시

핵심요약

☑ 일률(단위 시간당 하는 일의 양)$=\dfrac{(\text{하는 일의 양})}{(\text{작업 시간})}$

→ 단위 시간: 일반적인 경우, 단위 시간=1시간

☑ $\left(\dfrac{a}{x}+\dfrac{b}{y}\right)\times t=k$

이 방정식을 풀어 t(=걸리는 시간)를 구할 수 있다.

- $\dfrac{a}{x}$: (A가 1시간 동안 하는 일)
- $\dfrac{b}{y}$: (B가 1시간 동안 하는 일)
- k: (전체 일의 양)

기초예제

A는 1시간에 5상자 분량의 작업을 할 수 있고, B는 3시간에 10상자 분량의 작업을 할 수 있을 때, A와 B가 함께 50상자 분량의 작업을 끝내기 위해 걸리는 시간은?

| 정답해설 |

$$\left(5+\frac{10}{3}\right)\times t=50$$

$\therefore\ t=6$(시간)

| 정답 | 6시간

Q2 혼자서 어떤 일을 끝내기 위해 걸리는 시간은?

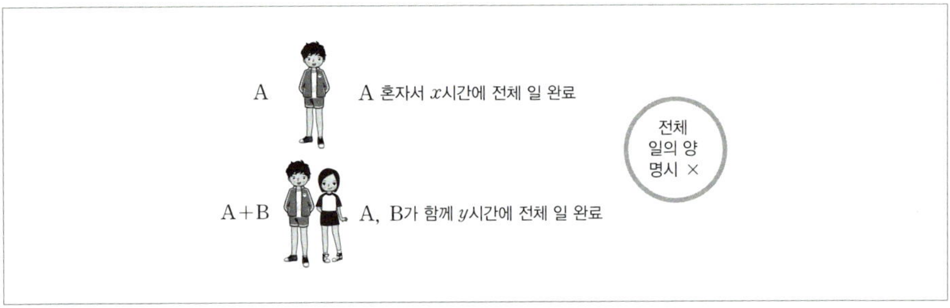

핵심요약

☑ 전체 일의 양이 주어지지 않았다면 전체 일의 양을 1로 정규화한다.

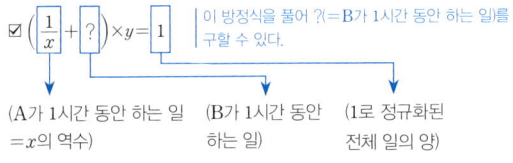

☑ $\left(\boxed{\frac{1}{x}}+\boxed{?}\right)\times y=\boxed{1}$ | 이 방정식을 풀어 ?(=B가 1시간 동안 하는 일)를 구할 수 있다.

- $\frac{1}{x}$ → (A가 1시간 동안 하는 일 $=x$의 역수)
- ? → (B가 1시간 동안 하는 일)
- 1 → (1로 정규화된 전체 일의 양)

☑ $\frac{1}{\text{(B가 1시간 동안 하는 일의 양)}}=$(B 혼자서 전체 일을 완료하기 위해 걸리는 시간)

기초예제

A 혼자 하면 3시간, A와 B가 함께 하면 2시간 걸리는 일이 있을 때, B 혼자서 이 일을 끝내기 위해 걸리는 시간은?

| 정답해설 |

$\left(\frac{1}{3}+b\right)\times 2=1$

$\rightarrow b=\frac{1}{6}$

$\therefore$ b의 역수인 6시간

| 정답 | 6시간

필수개념 방정식의 활용 – 나무 심기

Q1 직선 위에 일정한 간격으로 나무를 심을 때, 심을 수 있는 나무의 수는?

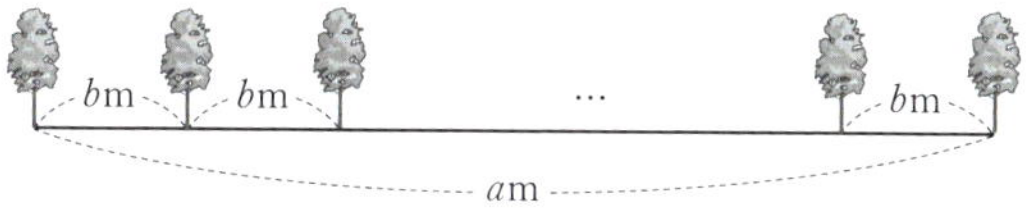

핵심요약

☑ 일반적으로 양 끝에 반드시 나무를 심도록 문제가 출제되며, 나무의 수가 발생하는 간격의 수보다 하나 더 많다.

☑ (심을 수 있는 나무의 수)$=\frac{a}{b}+1$

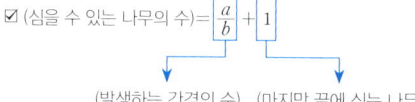

(발생하는 간격의 수) (마지막 끝에 심는 나무)

기초예제

길이가 2m인 직선 위에 양 끝을 포함하여 1m 간격으로 나무를 심을 때, 심을 수 있는 나무의 수는?

| 정답해설 |

$\frac{2}{1}+1=3$(그루)

| 정답 | 3그루

Q2 원 위에 일정한 간격으로 나무를 심을 때, 심을 수 있는 나무의 수는?

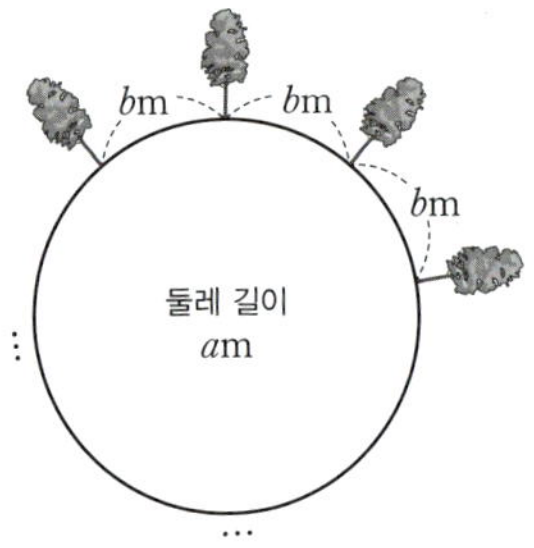

핵심요약

☑ 일정한 간격으로 나무를 심은 직선을 둥글게 말아 처음과 끝을 이어 붙인다고 생각하면 된다. 이때, 처음과 끝의 나무가 서로 중복되므로 1그루를 제한다. 즉, 나무의 수와 발생하는 간격의 수가 같다.

☑ (심을 수 있는 나무의 수)$=\boxed{\frac{a}{b}}+\boxed{1}-\boxed{1}=\frac{a}{b}$

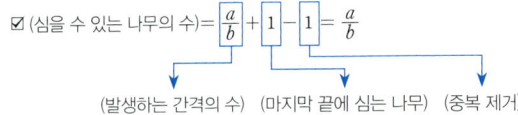

(발생하는 간격의 수) (마지막 끝에 심는 나무) (중복 제거)

기초예제

둘레의 길이가 100m인 원형 정원에 2m 간격으로 나무를 심을 때, 심을 수 있는 나무의 수는?

| 정답해설 |

$\frac{100}{2}=50$(그루)

| 정답 | 50그루

필수개념 | 방정식의 활용 – 최대공약수

Q1 직사각형 위에 일정한 간격으로 나무를 최소한으로 심을 때, 심을 수 있는 나무의 수는?

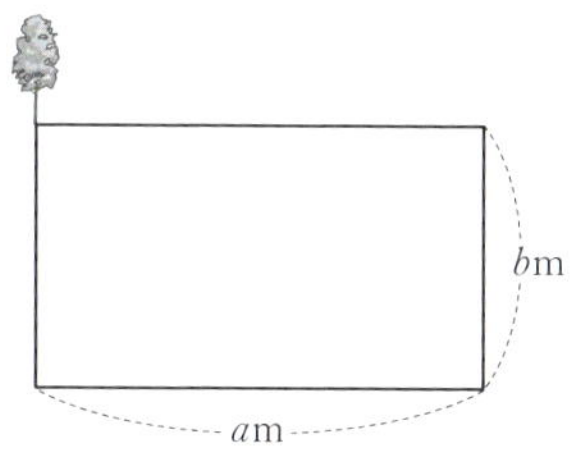

핵심요약

☑ 일반적으로 네 모서리에 반드시 나무를 심도록 문제가 출제되며, 가로와 세로 모두 일정한 간격으로 나무를 심어야 하므로 나무와 나무 사이의 간격은 a와 b의 공약수가 된다.

☑ 나무를 최소한으로 심어야 하므로 나무와 나무 사이의 간격은 최대가 되어야 한다. 즉, 나무 사이 간격의 길이는 a와 b의 최대공약수가 된다.

☑ (한 변에 심는 나무의 수)$=\dfrac{\text{(한 변의 길이)}}{\text{(나무 간격의 길이)}}+1$ → 간격의 개수

☑ 아래 그림처럼 네 모서리에서 나무들이 한 번씩 중복되므로, 네 변에 심는 나무의 수는 각 변에 심는 나무의 수를 모두 더한 값에서 4를 빼야 한다.

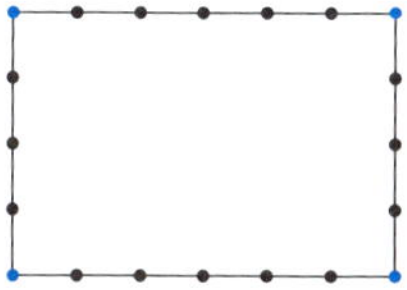

기초예제

가로의 길이가 9m, 세로의 길이가 6m인 직사각형 모양 땅의 둘레를 따라 일정한 간격으로 나무를 최소한으로 심을 때, 심을 수 있는 나무의 수는?(단, 네 모서리에는 반드시 나무를 심는다.)

| 정답해설 |

6과 9의 최대공약수는 3(=간격의 길이)

가로에는 $\frac{9}{3}+1=4$(그루), 세로에는 $\frac{6}{3}+1=3$(그루)

가로와 세로가 각각 2줄씩이므로 $(4+3)\times2=14$(그루)

네 모서리마다 한 번씩 중복되므로 $14-4=10$(그루)

| 정답 | 10그루

필수개념 방정식의 활용 – 증가율 및 감소율

Q1 a가 p% 증가, b가 q% 감소하자 전체가 m% 증가했을 때, a는?

[기존]		[이후]
$a+b=k$	▶	a: $p\%$ ↑ b: $q\%$ ↓ k: $m\%$ ↑

핵심요약

☑ a가 $p\%$ ↑ : $\left(1+\frac{p}{100}\right)\times a$

☑ b가 $q\%$ ↓ : $\left(1-\frac{q}{100}\right)\times b$

기초예제

작년 남자 신입생과 여자 신입생을 합하면 모두 400명이었는데, 올해 남자 신입생은 작년보다 60% 증가하였고 여자 신입생은 40% 감소하였다. 전체 신입생은 작년보다 20% 증가하였을 때, 작년 남자 신입생의 수는?

| 정답해설 |

작년 남자 신입생을 a, 여자 신입생을 b라 하면
작년: $a+b=400$ / 올해: $1.6a+0.6b=480$
작년의 양변에 0.6을 곱한 후 올해에서 빼면
$a=480-400\times0.6=240$(명)

| 정답 | 240명

필수개념 방정식의 활용 – 원가 / 정가 / 할인가

Q1 개당 원가가 x원, 정가가 y원인 제품을 a% 할인하여 판매할 때, 이익은?

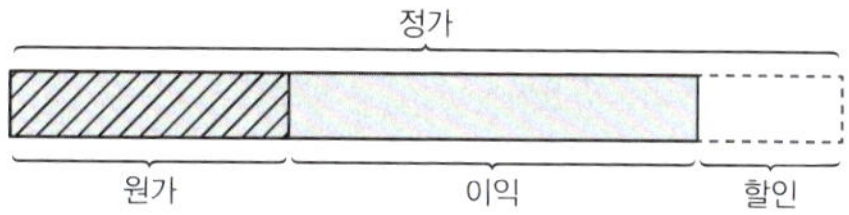

핵심요약

☑ 원가: 제품을 만들 때 사용되는 비용

☑ 정가: 제품의 정상적인 판매가

☑ 할인가: 제품의 할인된 판매가

☑ (이익)=(판매가)−(원가)

기초예제

개당 원가가 700원인 제품에 300원을 더해 정가를 책정한 후 10% 할인하여 2개를 판매하였을 때, 총이익은?

| 정답해설 |

개당 이익: $(700+300)\times 0.9-700=200$(원)

$\therefore$ 총이익$=200\times 2=400$(원)

| 정답 | 400원

필수개념	방정식의 활용 – 원소의 수

Q1 A, B, C에 속한 사람, 2개 집단에 동시에 속한 사람, 3개 집단에 동시에 속한 사람이 있을 때, 전체 인원은?

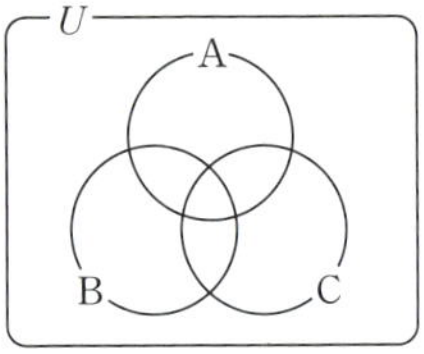

핵심요약

☑ 집단이 2개인 경우 → $n(A \cup B)=n(A)+n(B)-n(A \cap B)$

☑ 집단이 3개인 경우 → $n(A \cup B \cup C)=n(A)+n(B)+n(C)-n(A \cap B)-n(B \cap C)-n(C \cap A)+n(A \cap B \cap C)$

기초예제

50명 중 축구부는 26명, 농구부는 25명, 배구부는 28명, 축구부와 농구부에 모두 속한 사람은 12명, 농구부와 배구부에 모두 속한 사람은 14명, 배구부와 축구부에 모두 속한 사람은 11명, 세 부에 전부 속한 사람은 5명일 때, 어디에도 속하지 않은 사람의 수는?

| 정답해설 |

$n(\text{축} \cup \text{농} \cup \text{배})=26+25+28-12-14-11+5=47$(명)

$\therefore 50-47=3$(명)

| 정답 | 3명

필수개념 경우의 수 – 줄 세우기(매칭)

Q1 n명이 일렬로 줄을 서는 경우의 수는?

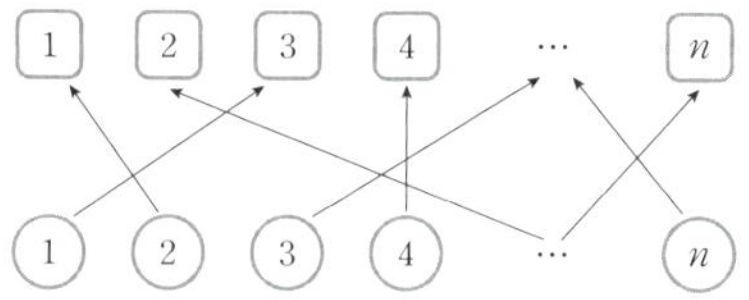

핵심요약

☑ 첫 번째 사람이 선택할 수 있는 자리의 수: n개
두 번째 사람이 선택할 수 있는 자리의 수: $(n-1)$개
세 번째 사람이 선택할 수 있는 자리의 수: $(n-2)$개
⋯
n번째 사람이 선택할 수 있는 자리의 수: $\{n-(n-1)\}=1$개

☑ (n명이 줄을 서는 경우의 수)
$=$(n개의 무언가와 n개의 다른 무언가가 서로 1:1 매칭을 하는 경우의 수)
$=n!=n\times(n-1)\times(n-2)\times\cdots\times2\times1$

기초예제

5명의 친구가 5개 의자에 앉는 경우의 수는?

| 정답해설 |

$5!=5\times4\times3\times2\times1=120$(가지)

| 정답 | 120가지

필수개념	경우의 수 – 일부가 붙어 다니기

Q1 n명 중 r명끼리 서로 이웃하여 줄을 서는 경우의 수는?

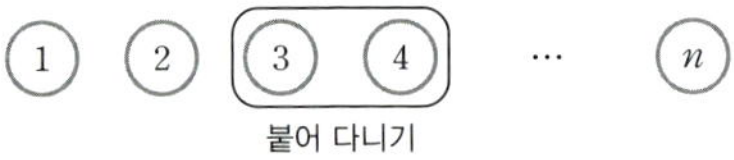

핵심요약

☑ 서로 붙어 다니는 사람들은 1명으로 취급한다.

☑ 1명으로 취급한 덩어리 안에서도 줄 세우기를 할 수 있다.

☑ n명 중 r명끼리 서로 이웃하여 줄을 서는 경우의 수

$= \{n-(r-1)\} \times r!$

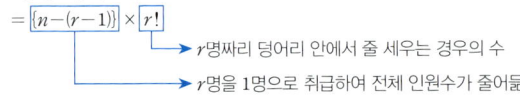

- $r!$ → r명짜리 덩어리 안에서 줄 세우는 경우의 수
- $\{n-(r-1)\}$ → r명을 1명으로 취급하여 전체 인원수가 줄어듦

기초예제

7명의 친구 A~G 중 A, B, C 3명은 서로 이웃한 채로 7명이 줄을 서는 경우의 수는?

| 정답해설 |

$(7-2)! \times 3! = (5\times4\times3\times2\times1)\times(3\times2\times1) = 720$(가지)

| 정답 | 720가지

필수개념 경우의 수 – 같은 것이 있는 줄 세우기

Q1 동일한 수가 포함된 n개의 숫자를 나열하는 경우의 수는?

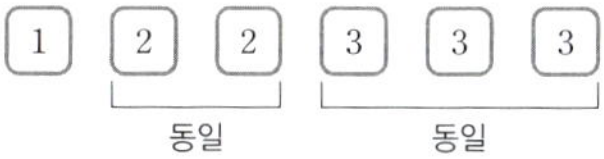

핵심요약

☑ 동일한 것끼리 순서를 바꿔도 하나의 경우로 친다.
→ 전체 경우의 수에서 동일한 것끼리 줄을 섞으로써 발생하는 모든 경우를 상쇄해야 한다.

☑ 총 n개 중 동일한 것이 각각 p개, q개, r개 있을 때 나열하는 경우의 수

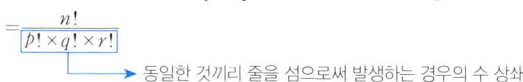

$$=\frac{n!}{p!\times q!\times r!}$$

→ (분모) 동일한 것끼리 줄을 섞으로써 발생하는 경우의 수 상쇄

기초예제

1, 3, 3, 4, 4, 4 총 6개의 숫자를 일렬로 나열하는 경우의 수는?

| 정답해설 |

$$\frac{6!}{3!\times 2!}=\frac{6\times 5\times 4}{2}=60(\text{가지})$$

| 정답 | 60가지

필수개념 | 경우의 수 – 뽑은 후 매칭(순열)

Q1 r명의 친구가 n개 의자에 앉는 경우의 수는?

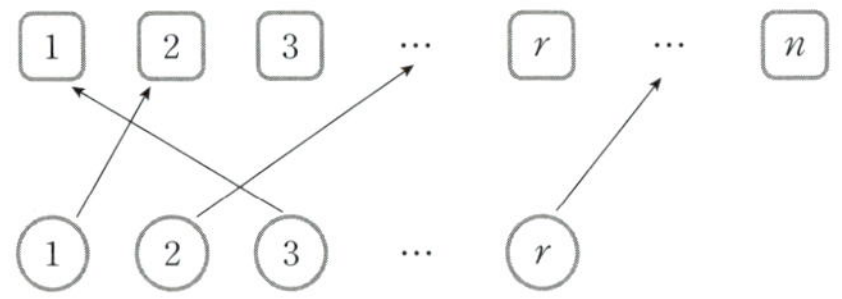

핵심요약

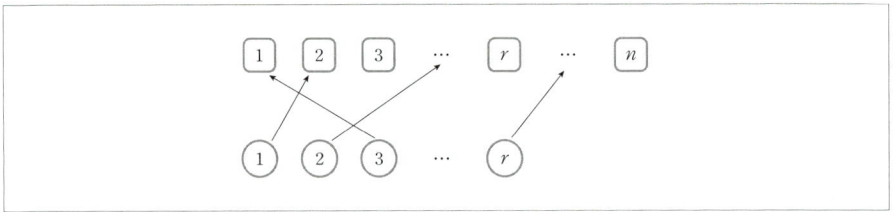

☑ 첫 번째 사람이 선택할 수 있는 자리의 수: n개
두 번째 사람이 선택할 수 있는 자리의 수: $(n-1)$개
세 번째 사람이 선택할 수 있는 자리의 수: $(n-2)$개
…
r번째 사람이 선택할 수 있는 자리의 수: $\{n-(r-1)\}$개

☑ n개의 무언가에서 r개를 뽑아 r개의 다른 무언가와 서로 1:1 매칭을 하는 경우의 수
$={}_nP_r=$ $n\times(n-1)\times(n-2)\times\cdots\times\{n-(r-1)\}$
→ n부터 시작해서 1씩 줄어드는 수를 r개 곱함

기초예제

3명의 친구가 7개 의자에 앉는 경우의 수는?

| 정답해설 |

${}_7P_3=7\times6\times5=210$(가지)

| 정답 | 210가지

필수개념 경우의 수 – 그냥 뽑기만 하기(조합)

Q1 n개의 의자 중 r개를 뽑는 경우의 수는?

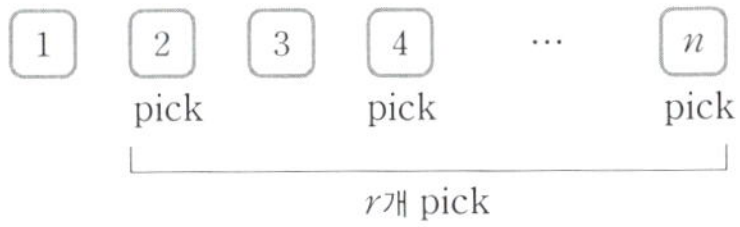

핵심요약

☑ n개 중에서 r개를 뽑기만 하고 매칭시키지 않았으므로, 뽑힌 것들끼리는 순서를 따질 필요가 없다. 즉, 뽑힌 것들 r개는 동일한 것으로 취급한다.

☑ n개의 무언가에서 r개를 뽑는 경우의 수

$$={}_{n}C_{r}=\frac{{}_{n}P_{r}}{r!}=\frac{n\times(n-1)\times\cdots\times\{n-(r-1)\}}{\boxed{r\times(r-1)\times\cdots\times2\times1}}$$

→ 뽑힌 것들 r개는 동일한 것으로 취급하여 상쇄함

☑ $\boxed{{}_{n}C_{r}={}_{n}C_{n-r}}$ → (n개 중에서 r개를 뽑는 경우의 수)=(n개에서 $(n-r)$개를 남기는 경우의 수)
=(n개 중에서 $(n-r)$개를 뽑는 경우의 수)

☑ ${}_{n}C_{0}={}_{n}C_{n}=1$

기초예제

7명의 직원 중 출장을 보낼 5명을 뽑는 경우의 수는?

| 정답해설 |

$${}_{7}C_{5}={}_{7}C_{2}=\frac{7\times6}{2\times1}=21(\text{가지})$$

| 정답 | 21가지

필수개념 | 경우의 수 – 원순열

Q1 n명이 원탁에 동일한 간격을 두고 앉는 경우의 수는?

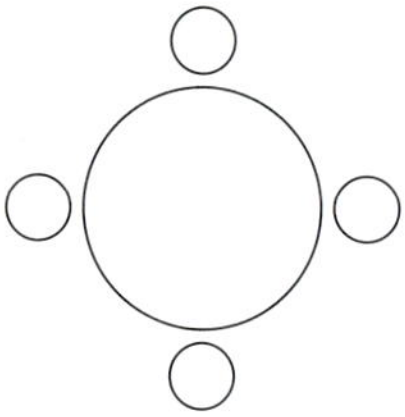

핵심요약

☑ 원탁을 돌리면 다음 4가지 경우가 모두 동일하다는 것을 알 수 있다.

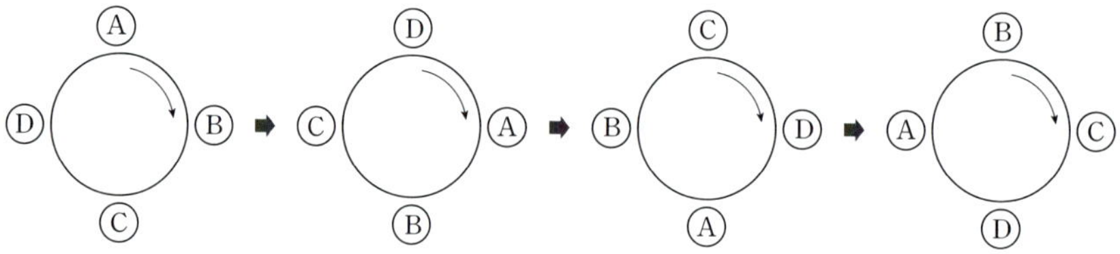

☑ n명이 원탁에 앉으면 n개의 동일한 경우가 나온다.

☑ n명이 원탁에 앉는 경우의 수$=\frac{n!}{\boxed{n}}=(n-1)!$

→ n개의 동일한 경우 상쇄

기초예제

7명이 원탁에 동일한 간격을 두고 앉는 경우의 수는?

| 정답해설 |

$(7-1)!=6!=6\times5\times4\times3\times2\times1=720$(가지)

| 정답 | 720가지

필수개념 경우의 수 – 곱의 법칙(and)

Q1 동전 1개와 정육면체 주사위 1개를 함께 던졌을 때, 가능한 경우의 수는?

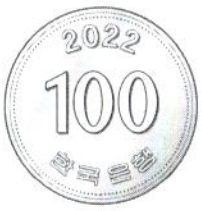

앞, 뒤

1～6

핵심요약

☑ 여러 사건이 함께 일어날 때의 경우의 수는 각각의 사건에서 발생하는 경우의 수를 모두 곱한 것과 같다.

→ 여러 사건이 'and' 관계로 연결되어 있다는 의미일 뿐 반드시 동시간대에 일어나지 않아도 무방함

☑ A사건에서 발생하는 경우의 수: a가지

B사건에서 발생하는 경우의 수: b가지

C사건에서 발생하는 경우의 수: c가지

…

K사건에서 발생하는 경우의 수: k가지

→ A～K사건이 함께 일어났을 때의 경우의 수: $a \times b \times c \times \cdots \times k$가지

기초예제

동전 1개와 정육면체 주사위 1개를 함께 던졌을 때 가능한 경우의 수는?

| 정답해설 |

$2 \times 6 = 12$(가지)

| 정답 | 12가지

필수개념 | 경우의 수 – 합의 법칙(or)

Q1 **동전 1개와 정육면체 주사위 1개 중 하나를 선택해 던졌을 때, 가능한 경우의 수는?**

앞, 뒤   1~6

핵심요약

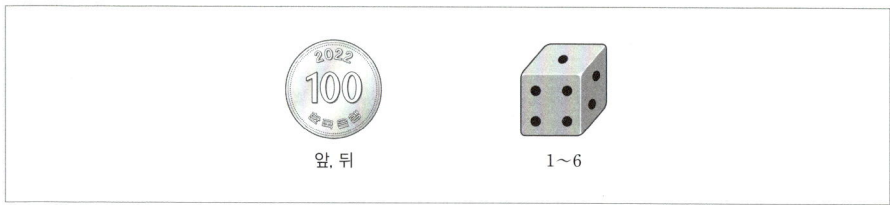

☑ 발생 가능한 여러 사건 중에서 하나가 발생하면 나머지는 발생하지 않는 'or' 관계로 연결된 사건들의 경우의 수는 각각의 사건에서 발생하는 경우의 수를 모두 더한 것과 같다.

☑ A사건에서 발생하는 경우의 수: a가지
B사건에서 발생하는 경우의 수: b가지
C사건에서 발생하는 경우의 수: c가지
…
K사건에서 발생하는 경우의 수: k가지
→ A~K사건 중 하나가 일어났을 때의 경우의 수: $a+b+c+\cdots+k$가지

기초예제

동전 1개와 정육면체 주사위 1개 중 하나를 선택해 던졌을 때 가능한 경우의 수는?

| 정답해설 |

$2+6=8$(가지)

| 정답 | 8가지

필수개념 경우의 수 – 최단거리

Q1 A에서 B까지 최단거리로 이동하는 경우의 수는?

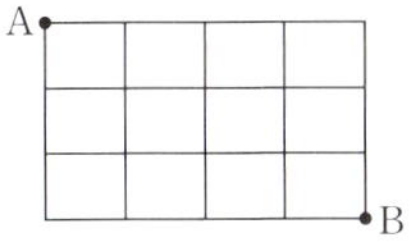

핵심요약

☑ 위 문제에서 A에서 B까지 최단거리로 이동하려면 오른쪽으로 4칸, 아래로 3칸 이동해야 한다.

☑ 오른쪽으로 4칸, 아래로 3칸 이동하는 경우의 수를 찾는 것은 →→→→와 ↓↓↓를 일렬로 배열하는 경우의 수를 찾는 것과 완벽하게 동일하다. 이때, →→→→끼리와 ↓↓↓끼리는 서로 동일한 것임에 유의한다.

☑ 만약 →→↓→↓↓→로 배열한다면 A에서 B까지 아래 경로로 이동한 것과 동일하다.

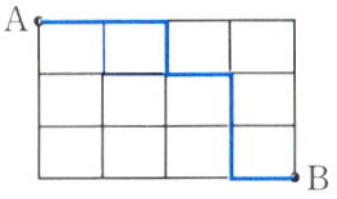

기초예제

위 그림의 A에서 B까지 최단거리로 이동하는 경우의 수는?

| 정답해설 |

$\frac{7!}{4! \times 3!} = 35$(가지)

| 정답 | 35가지

필수개념 경우의 수 – 여사건

Q1 일렬로 줄을 세울 때, 특정한 두 사람이 서로 이웃하지 않는 경우의 수는?

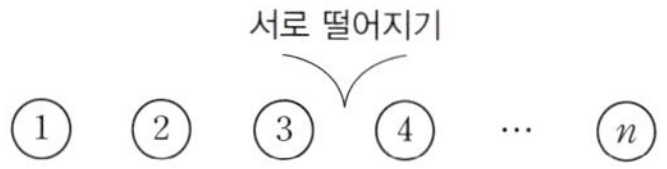

핵심요약

☑ 위 문제에서 3과 4가 서로 떨어지는 경우의 수를 구하려면 사이에 1명이 있는 경우, 2명이 있는 경우, ⋯, $(n-2)$명이 있는 경우를 모두 따져야 하는 번거로움이 있다.

☑ 이때, 줄을 서는 전체 경우의 수에서 3과 4가 서로 떨어지지 않는 경우의 수, 즉 서로 붙어있는 경우의 수를 빼면 자연스럽게 3과 4가 서로 떨어지는 경우의 수를 구할 수 있다. 이처럼 어떤 사건이 일어나지 않는 사건을 여사건이라고 하며, 여사건을 활용하면 풀이가 더 간단해지는 문제도 종종 있다.

☑ (사건 A가 일어나는 경우의 수)=(전체 경우의 수)−(사건 A가 일어나지 않는 경우의 수)

기초예제

5명의 친구 A~E 중 B와 C가 서로 이웃하지 않고 줄을 서는 경우의 수는?

| 정답해설 |

$5!-4!\times2=120-48=72$(가지)

| 정답 | 72가지

필수개념 확률 – (경우의 수) / (경우의 수)

Q1 검은 공 3개, 흰 공 4개가 들어 있는 주머니에서 2개의 공을 꺼냈을 때, 검은 공만 꺼낼 확률은?

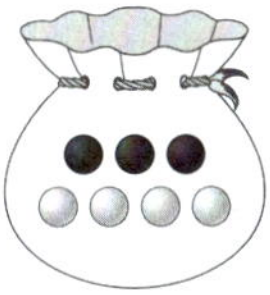

핵심요약

☑ 사건 A가 일어날 확률 $P(A)=\dfrac{(\text{사건 A가 일어나는 경우의 수})}{(\text{발생 가능한 전체 경우의 수})}$

☑ 확률(p)의 범위: $\boxed{0} \le p \le \boxed{1}$

0 → (해당 사건은 절대로 일어나지 않음)

1 → (해당 사건은 반드시 일어남)

기초예제

검은 공 3개, 흰 공 4개가 들어 있는 주머니에서 2개의 공을 꺼냈을 때, 검은 공만 꺼낼 확률은?

| 정답해설 |

$\dfrac{(\text{검은 공 3개 중 2개를 뽑는 경우의 수})}{(\text{7개의 공 중 2개를 뽑는 경우의 수})}=\dfrac{{}_3C_2}{{}_7C_2}=\dfrac{3}{21}=\dfrac{1}{7}$

| 정답 | $\dfrac{1}{7}$

필수개념 확률 – 곱의 법칙(and)과 합의 법칙(or)

Q1 비가 온 다음 날에 비가 올 확률이 p, 비가 오지 않은 다음 날에 비가 올 확률이 q이고, 오늘 비가 왔을 때 모레에 비가 올 확률은?

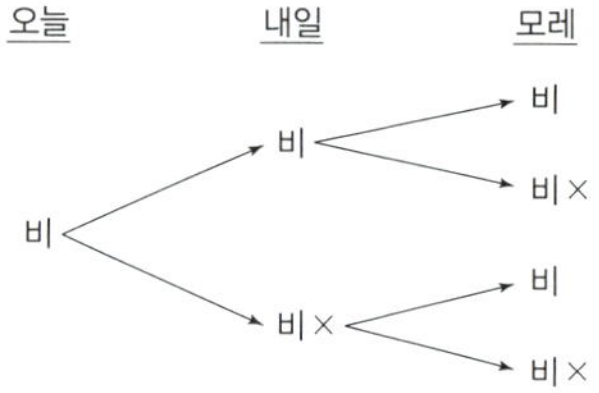

핵심요약

☑ 오늘 내일 모레

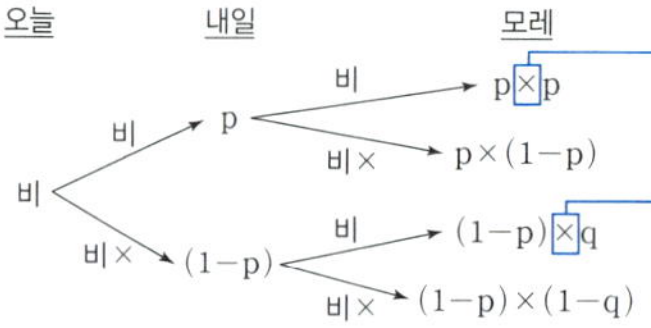

→ 내일 비가 오는 사건과 모레에 비가 오는 사건이 함께 일어나는 경우이므로, 곱의 법칙이 적용됨

→ 내일 비가 오지 않는 사건과 모레에 비가 오는 사건이 함께 일어나는 경우이므로, 곱의 법칙이 적용됨

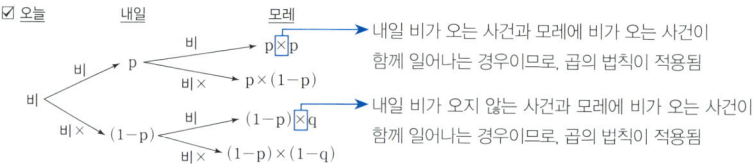

☑ 오늘 비가 왔을 때 모레에 비가 올 확률 $=p^2+(1-p)q$

↓ 내일 비가 오고 모레에 비가 오는 사건과 내일 비가 오지 않고 모레에 비가 오는 사건은 서로 'or' 관계이므로 합의 법칙이 적용됨

기초예제

비가 온 다음 날에 비가 올 확률이 $\frac{1}{2}$, 비가 오지 않은 다음 날에 비가 올 확률이 $\frac{1}{5}$이고, 오늘 비가 왔을 때 모레에 비가 올 확률은?

| 정답해설 |

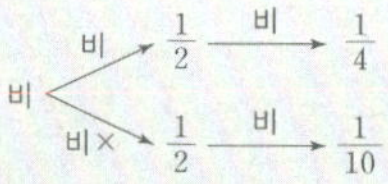

$\therefore \frac{1}{4}+\frac{1}{10}=\frac{7}{20}$

| 정답 | $\frac{7}{20}$

필수개념 확률 – 여사건

Q1 당첨 제비가 r개인 n개의 제비 중 k개를 뽑았을 때, 적어도 하나가 당첨 제비일 확률은?

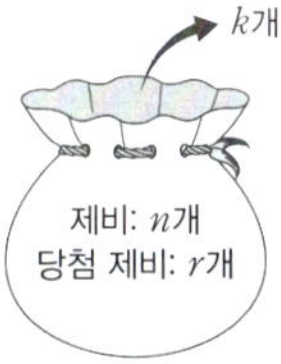

핵심요약

☑ 위 문제에서 적어도 하나가 당첨 제비일 확률을 구하려면 당첨 제비가 1개일 확률, 2개일 확률, …, k개일 확률을 모두 구해야 하는 번거로움이 있다.

☑ 이때, 전체 확률 1에서 적어도 하나가 당첨 제비가 아닐 확률, 즉 당첨 제비를 하나도 뽑지 못할 확률을 빼면 자연스럽게 적어도 하나가 당첨 제비일 확률을 구할 수 있다. 경우의 수와 마찬가지로 어떤 사건이 일어나지 않는 사건을 여사건이라고 하며, 여사건을 활용하면 풀이가 더 간단해지는 문제도 종종 있다.

☑ (사건 A가 일어날 확률)$=1-$(사건 A가 일어나지 않을 확률)

기초예제

당첨 제비가 4개인 20개의 제비 중 2개를 뽑았을 때, 적어도 하나가 당첨 제비일 확률은?

| 정답해설 |

$$1-\frac{{}_{16}C_2}{{}_{20}C_2}=1-\frac{16\times15}{20\times19}=\frac{7}{19}$$

| 정답 | $\frac{7}{19}$

필수개념 확률 – 조건부 확률

Q1 X, Y 두 기계로 생산한 제품에서 불량품이 각각 x개, y개씩 발생하였다. 무작위로 고른 제품이 불량품일 때, 이 불량품이 X기계에서 생산됐을 확률은?

X기계	Y기계
a개 생산품 중 x개 불량	b개 생산품 중 y개 불량

핵심요약

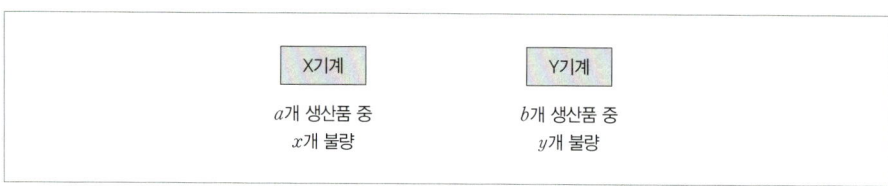

☑ 조건부 확률: 사건 A가 일어났을 때, 사건 B가 일어날 확률

$$P(B|A)=\frac{P(A\cap B)}{P(A)}$$ → (사건 A와 B가 모두 일어날 확률)

☑ 위 문제의 조건부 확률을 구해보면,

$$\rightarrow \frac{\frac{x}{a+b}}{\frac{x+y}{a+b}}=\frac{x}{x+y}$$

$\frac{x}{a+b}$ → (무작위로 고른 제품이 X기계에서 생산된 불량품일 확률)

$\frac{x+y}{a+b}$ → (무작위로 고른 제품이 불량품일 확률)

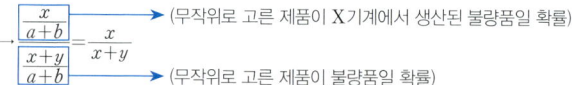

☑ 두 사건 모두 전체 생산품이라는 동일한 모집단에서 일어나는 것이므로 분모가 같아 사후적으로 소거된다. 따라서 조건부 확률의 정의에 입각한 풀이보다는 불량품이라는 새로운 모집단 $(x+y)$ 중에서 X기계에서 생산된 불량품을 뽑을 확률을 구하는 방식이 편하다.

기초예제

X기계에서 생산한 제품 500개 중 5%가 불량이고, Y기계에서 생산한 제품 1,000개 중 10%가 불량이다. 무작위로 고른 제품이 불량품일 때, 이 불량품이 X기계에서 생산됐을 확률은?

| 정답해설 |

X기계에서 생산된 불량품: $500\times0.05=25$(개)

Y기계에서 생산된 불량품: $1,000\times0.1=100$(개)

$\therefore \frac{25}{25+100}=\frac{1}{5}$

| 정답 | $\frac{1}{5}$

유형 2 자료해석

필수개념 자료해석 기초연산

Q1 A가 전체에서 차지하는 비중은?

구분	A	B	C	합계
2019년	200	400	650	1,250
2020년	350	800	250	1,400

핵심요약

☑ 비중(%)$=\frac{\text{(해당 수치)}}{\text{(전체)}}\times 100$

기초예제

위 표에서 2019년 A가 전체에서 차지하는 비중은?

| 정답해설 |

$\frac{200}{1,250}\times 100=16(\%)$

| 정답 | 16%

Q2 2020년에 A는 전년 대비 얼마나 증가하였는가?

구분	A	B	C	합계
2019년	200	400	650	1,250
2020년	350	800	250	1,400

핵심요약

☑ 전년 대비＝전년과 비교했을 때

☑ 2020년 A의 전년 대비 증가폭: $350-200=150$

☑ 2020년 A의 전년 대비 증가율: $\frac{350-200}{\boxed{200}}\times 100=75(\%)$

변하기 전 수치를 기준으로 잡음

기초예제

위 표에서 2020년 B의 전년 대비 증가율은?

| 정답해설 |

$\frac{800-400}{400}\times 100=100(\%)$

| 정답 | 100%

Q3 2020년 1분기에 A는 전년 동기 대비 얼마나 감소하였는가?

구분	2019년		2020년	
	1분기	4분기	1분기	4분기
A	500	200	300	450
B	1,500	300	3,000	2,100

핵심요약

☑ 전년 동기 대비=전년의 같은 기간과 비교했을 때

☑ 2020년 1분기 A의 전년 동기 대비 감소폭: $500-300=\boxed{200}$

☑ 2020년 1분기 A의 전년 동기 대비 감소율: $\frac{500-300}{500}\times 100=\boxed{40(\%)}$

양수가 나와야 함

감소한 정도를 묻는 것이므로 감소했다면 양수가 나와야 한다.
반대로 증가했다면 감소폭, 감소율은 음수일 것이다.

기초예제

위 표에서 2020년 4분기 B의 전년 동기 대비 증가율은?

| 정답해설 |

$\frac{2,100-300}{300}\times 100=600(\%)$

| 정답 | 600%

Q4 2020년과 2019년 A의 전년 대비 증가율 차이는?

구분	2018년	2019년	2020년
A	500	600	900
B	30	300	900

핵심요약

☑ 2019년 A의 전년 대비 증가율: $\frac{600-500}{500}\times 100=20(\%)$

2020년 A의 전년 대비 증가율: $\frac{900-600}{600}\times 100=50(\%)$

☑ 20% → 50%는 증가율이 50－20＝30(%p) 증가한 것이다.

☑ 20% → 50%는 증가율이 $\frac{50-20}{20}\times 100=150(\%)$ 증가한 것이다.

☑ 두 가지 해석이 모두 옳으며, %p와 % 단위 구별에 유의해야 한다.

기초예제

위 표에서 2020년 B의 전년 대비 증가율은 2019년에서 몇 %p 감소하였는가?

| 정답해설 |

2019년 B의 전년 대비 증가율: $\frac{300-30}{30}\times 100=900(\%)$

2020년 B의 전년 대비 증가율: $\frac{900-300}{300}\times 100=200(\%)$

$\therefore$ 900－200＝700(%p)

| 정답 | 700%p

PART 02

추리

유형 1 명제

필수개념 정언명제(all 개념과 some 개념)

Q1 다음 문장은 어떤 개념의 명제인가?

> 문장 1: 모든 사람은 죽는다.
> 문장 2: 어떤 사람은 죽는다.

핵심요약

☑ 모든 S는 P이다.
모든 S는 P가 아니다.
어떤 S는 P이다.
어떤 S는 P가 아니다.

정언명제는 이와 같이 조건이 붙지 않은 네 가지 기본명제를 말한다. 정언명제의 개념 자체는 기초적인 내용이므로 개념 자체를 묻기보다는 이를 활용하는 문제가 주로 출제된다.

→ some 개념
일반적으로 '어떤'이라는 수식어가 붙으며, "모든 ~가 ~인 것은 아니다."라는 표현 역시 some 개념임에 유의해야 한다.

→ all 개념
일반적으로 수식어가 붙지 않거나 '모든'이라는 수식어가 붙으며, "어떤 ~도 ~가 아니다."라는 표현 역시 all 개념임에 유의해야 한다.

기초예제

"모든 정치인이 부패한 것은 아니다."와 "어떤 정치인은 부패하지 않았다."는 동일한 명제인가?

| 정답해설 |

"모든 정치인이 부패한 것은 아니다."라는 명제는 "부패하지 않은 정치인이 적어도 하나는 존재한다."라는 뜻이다. 즉, "어떤 정치인은 부패하지 않았다."와 동일한 명제이다.

| 정답 | 동일한 명제임

필수개념 벤다이어그램

Q1 다음 명제의 벤다이어그램으로 가능한 것은?

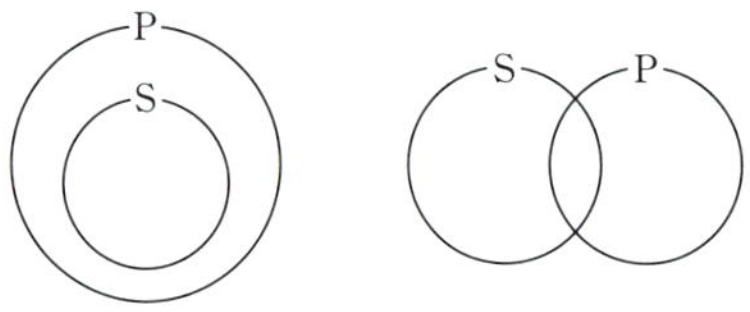

핵심요약

☑ 모든 S는 P이다. ▶

☑ 모든 S는 P가 아니다. ▶

☑ 어떤 S는 P이다. ▶

☑ 어떤 S는 P가 아니다. ▶

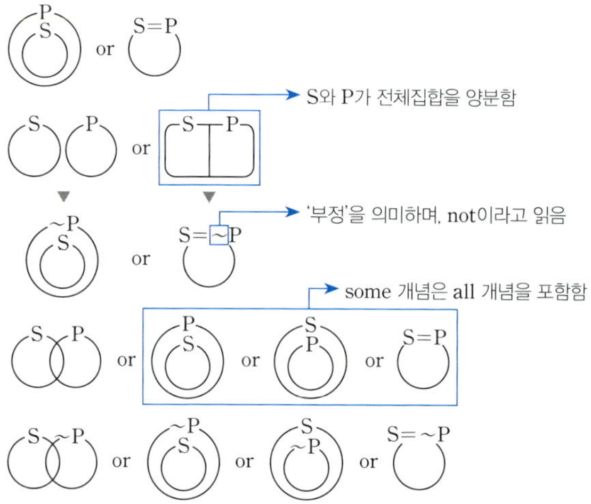

기초예제

"모든 강아지는 초콜릿을 먹지 못한다."가 참일때, 초콜릿을 먹지 못하는 존재 중에 강아지가 아닌 것이 반드시 존재하는가?

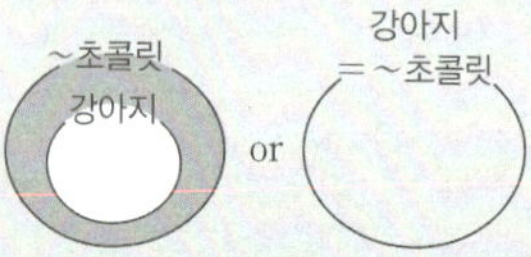

[그림1] [그림2]

| 정답해설 |

"모든 강아지는 초콜릿을 먹지 못한다."가 참일 때 벤다이어그램을 그려보면 왼쪽과 같다. 이때, 초콜릿을 먹지 못하는 존재 중에 강아지가 아닌 것은 [그림1]의 빗금친 부분인데, [그림2]의 경우에는 해당 영역이 존재하지 않으므로 반드시 존재한다고는 볼 수 없다.

| 정답 | 반드시 존재하는 것은 아님

필수개념 all 개념 명제의 활용

Q1 모든 A는 B일 때, 항상 참인 것은?

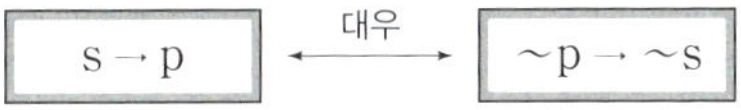

핵심요약

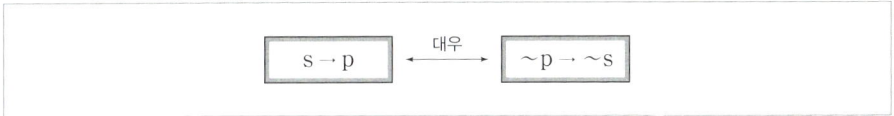

☑ all 개념의 명제 "모든 S는 P이다."는 's → p'로 간단하게 표시한다.

| 화살표로 표시하는 것은 all 개념 명제에만 해당하며, some 개념 명제는 화살표로 표시하지 않는다.

☑

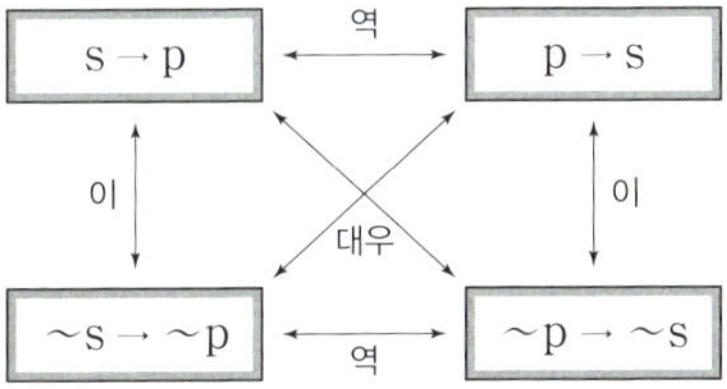

☑ 's → p'가 참일 때, 항상 참인 것은 대우명제 뿐이다. → '~p → ~s'

| some 개념 명제는 대우명제를 생각하지 않는다.

☑ 역과 이는 참일 수도, 거짓일 수도 있다.

기초예제

"노트북은 모두 컴퓨터이다."의 대우명제는?

| 정답해설 |

노트북의 집합을 S, 컴퓨터의 집합을 P라고 하면
's → p'로 간단하게 표시할 수 있고, 대우명제는 '~p → ~s'이다.
이를 문장으로 바꾸면 "컴퓨터가 아닌 것은 모두 노트북이 아니다."이다.

| 정답 | "컴퓨터가 아닌 것은 모두 노트북이 아니다."

Q2 모든 A는 B이고, 모든 B는 C일 때, 항상 참인 것은?

전제 1: s → p 전제 2: p → q

핵심요약

☑ 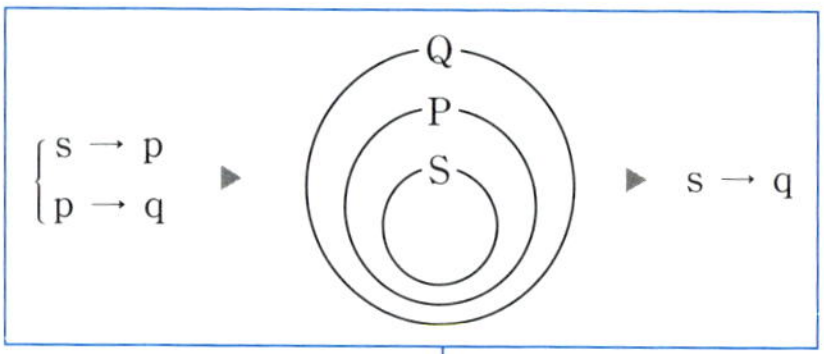

삼단논법

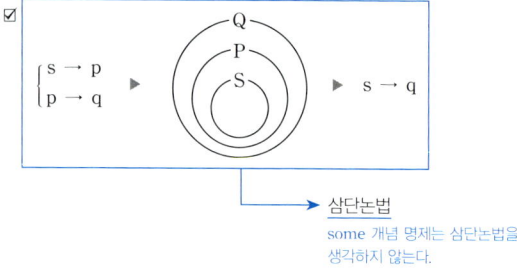

some 개념 명제는 삼단논법을 생각하지 않는다.

기초예제

"모든 사람은 동물이다."와 "모든 동물은 죽는다."가 참일 때, 항상 참인 명제는?

| 정답해설 |

'사람 → 동물', '동물 → 죽는다'이므로 삼단논법에 의해 '사람 → 죽는다'이다. 즉, "모든 사람은 죽는다."가 항상 참이다.

| 정답 | "모든 사람은 죽는다."

유형 2 조건추리

필수개념 여러 경우가 발생하는 조건

Q1 B는 C보다 앞에, C는 D보다 앞에, A는 C보다 뒤에 줄을 설 때, 항상 옳은 것은?

B > C > D
   > A

핵심요약

☑ 조건이 불충분할 경우 여러 가지 경우가 발생할 수 있다.

☑ 위 문제에서 가능한 경우는 'B－C－A－D', 'B－C－D－A' 2가지이다.

☑ '항상' 옳은 것을 묻는 문제이므로, 가능한 모든 경우 중 옳지 않은 경우가 1개라도 존재한다면 정답이 될 수 없다.

☑ 반대로 '반드시' 옳지 않은 것을 묻는 문제에서는 모든 경우 중 옳은 경우가 1개라도 존재한다면 정답이 될 수 없다.

기초예제

위 문제에서 B는 항상 A보다 앞에 있다고 할 수 있는가?

| 정답해설 |

가능한 2가지 경우 'B－C－A－D', 'B－C－D－A' 모두 B가 A보다 앞에 있으므로 B는 항상 A보다 앞에 있다고 할 수 있다.

| 정답 | 할 수 있음

필수개념	모순

Q1 'A → B', 'B → ~C', 'D → C'일 때, A와 D 사이의 관계는?

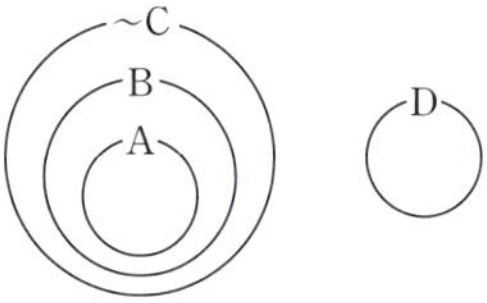

핵심요약

☑ 위 문제에서 삼단논법에 의해 'A → ~C'이다.

☑ 이 때, 'A → D'라는 가정을 세우면 'D → C'이므로 삼단논법에 의해 'A → C'가 된다.

☑ 'A → ~C'와 'A → C'는 양립할 수 없으므로 모순이다. 즉, 처음에 세운 가정이 잘못된 것이다.

☑ 'A → D'가 아닌, "A 중 일부가 D"라는 가정을 세워도 그 D에 포함된 일부의 A는 모순을 일으킨다. 즉, 'A → ~D'이다.

☑ 가정을 세웠을 때, 모순이 도출된다면 가정은 반드시 거짓이며, 어떠한 모순도 도출되지 않는다면 참이다.

기초예제

A: "나는 1등을 했어.", B: "나는 1등을 했어.", C: "A, B 둘 다 참을 말하고 있어."
A~C 세 사람 중 참을 말하는 사람은 몇 명인가?(단, 공동 순위는 없다고 가정한다.)

| 정답해설 |

A의 진술이 참이라고 가정하면 B의 진술은 반드시 거짓이며, C의 진술도 거짓이다(참 1명).
A의 진술이 거짓이라고 가정하면 C의 진술은 반드시 거짓이며, B의 진술은 참일 수도, 거짓일 수도 있다(참 0~1명).
B를 기준으로 생각했을 때도 위와 동일하게 흘러가므로 생략한다. C의 진술이 참이라고 가정하면 A와 B가 동시에 1등이므로 모순이 발생한다. 따라서 C의 진술은 반드시 거짓이며, A와 B가 둘 다 참을 말하는 경우도 불가능하다.
그러므로 참을 말하는 사람은 0~1명이다.

| 정답 | 0~1명

유형 3 도형추리

필수개념 도형변환

Q1 마지막에 올 알맞은 도형은?

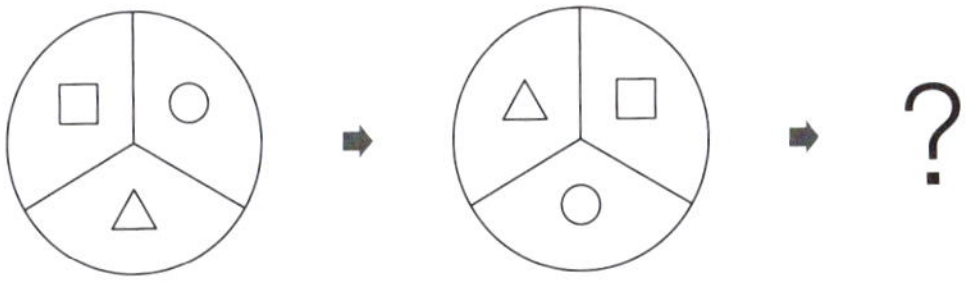

핵심요약

☑ 도형은 가로 또는 세로 방향으로 동일한 규칙이 적용되어 변화할 수 있다.

시계 · 반시계 방향으로 회전, 색 반전 등

☑ 또는 2가지 도형이 서로 상호작용하여 하나의 도형을 만들 수도 있다.

겹치기, 잘라 붙이기 등

기초예제

위 문제에서 '?' 안에 들어갈 알맞은 도형은?

| 정답해설 |

오른쪽으로 한 칸씩 갈 때마다 내부 조각이 시계 방향으로 회전한다.

| 정답 |

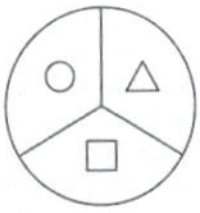

유형 4 도식추리

필수개념 변환규칙

Q1 기호가 하나의 규칙을 가지고 문자나 수를 변화시킬때, (?)에 올 알맞은 문자 또는 숫자는?

ABCD → △→ BDFH
B71K → □→ K7B1
E4B1 → △→ □→ (?)

핵심요약

☑ 순서 바꾸기 규칙: 문자나 숫자의 구성 성분이 그대로 유지된 채 순서만 바뀌는 경우 순서 바꾸기 규칙이다.

☑ 숫자연산 규칙: 문자나 숫자의 구성 성분이 바뀐 경우 숫자연산 규칙이다. 문자의 경우 A에 (+1)을 하면 B가 되는 식이다.

☑ 다음 표를 암기하면 시간을 많이 단축할 수 있다.

A	B	C	D	E	F	G	H	I	J	K	L	M
1	2	3	4	5	6	7	8	9	10	11	12	13
N	O	P	Q	R	S	T	U	V	W	X	Y	Z
14	15	16	17	18	19	20	21	22	23	24	25	26

만약 암기가 어렵다면 5단위라도 외워 둔다.

E	J	O	T	Y
5	10	15	20	25

기초예제

위 문제에서 (?)에 들어갈 알맞은 문자 또는 숫자는?

| 정답해설 |

△: 숫자연산 규칙으로, (+1, +2, +3, +4)이다.
□: 순서 바꾸기 규칙으로, ABCD → DBAC이다.
따라서 E4B1 → △→ F6E5 → □ → 56FE이다.

| 정답 | 56FE

필수개념 문단배열

Q1 다음 문단을 논리적 순서대로 알맞게 배열하면?

[가] 화살이 포물선 운동을 하는 이유는 중력 때문이다. 지구에서 질량을 가진 모든 물체는 지구 중심 쪽으로 향하는 중력의 영향을 받는다. 그런데 다행히 화살에 미치는 중력의 값은 우리가 느끼지 못할 정도로 미미하므로 이는 선수들에게 큰 문제가 되지 않는다. 그렇다면 화살의 포물선 운동에 중력보다 더 직접적인 영향을 끼치는 요인에는 무엇이 있는지 알아보자.

[나] 또 다른 요인으로 발사 각도가 있다. 화살을 발사하는 각도에 따라 화살의 포물선 운동이 달라지기 때문에 선수들은 화살이 날아가는 거리를 조절할 수 있다.

[다] 첫 번째 요인으로 초기 발사 속도가 있다. 초기 발사 속도는 양궁 선수가 활시위를 당기 는 힘에 따라 달라지는데, 활시위를 세게 당길수록 화살의 발사 속도가 빨라진다.

핵심요약

☑ 화두를 던지는 문장이 대개 첫 문장이 된다.

☑ 내용을 갈무리하거나, 주장을 담은 문장은 마지막 문장이 될 확률이 높다.

☑ 선택지를 소거하는 방법은 총 3가지이다.
첫 문장으로 적합한 것 고르기, 마지막 문장으로 적합한 것 고르기, 문단 가운데 순서가 명확하게 보이는 경우 해당 순서를 먼저 잡기(첫째, 둘째, 또 다른~ 등등)

기초예제

위 문단의 내용을 논리적 순서대로 알맞게 배열하면?

| 정답해설 |

[가] 화살이 포물선 운동을 하는 이유: 글의 화제 제시(화두)+포물선 운동에 직접적 영향을 끼치는 요인 설명
[다] 첫 번째 요인: 발사 속도
[나] 두 번째 요인: 발사 각도

| 정답 | [가]—[다]—[나]

유형 5 독해추론

필수개념 암시 찾기

Q1 다음 글의 내용이 참일 경우, 반드시 참인 것은?

> 제갈량이 제사를 지내자 거짓말처럼 동남풍이 불어닥쳤고,
> 제갈량을 힐난하던 좌중은 꿀 먹은 벙어리가 되었다.

핵심요약

☑ 글에 직접적으로 서술되지 않았더라도 맥락을 통해 추론 가능한 사실이 있을 수 있다.

☑ 반면 실제로는 사실이라 하더라도, 주어진 글의 내용만으로는 도저히 추론이 불가능한 사실도 있다.

☑ 글에 직접적으로 서술되어 있거나, 맥락을 통해 추론 가능한 사실만 정답이 될 수 있으며, 실제로는 사실이라 하더라도 추론 불가능한 것은 정답이 될 수 없다.

기초예제

위 글에서 제갈량이 기도를 통해 동남풍을 일으키려는 시도를 주변 사람들이 신뢰하였다고 생각하는가?

| 정답해설 |

제갈량을 힐난하던 좌중이 조용해졌다는 것으로 보아
주변 사람들은 제갈량의 시도를 허튼 짓으로 생각했을 것이다.

| 정답 | 신뢰하지 않았다.

베스트셀러 1위
에듀윌 토익 시리즈

쉬운 토익 공식으로
기초부터 실전까지 한번에, 쉽고 빠르게!

토익 입문서

토익 입문서

토익 실전서

토익 종합서

토익 종합서

토익 단기서

토익 어휘서

동영상 강의 109강 무료 제공

* YES24 국어 외국어 사전 영어 토익/TOEIC 기출문제/모의고사 베스트셀러 1위 (에듀윌 토익 READING RC 종합서, 2022년 9월 4주 주별 베스트)
* YES24 국어 외국어 사전 영어 토익/TOEIC 기출문제/모의고사 베스트셀러 1위(에듀윌 토익 베이직 리스닝, 2022년 5월 4주 주별 베스트)
* YES24 국어 외국어 사전 영어 토익/TOEIC 기출문제/모의고사 베스트셀러 1위(에듀윌 토익 베이직 리딩, 2022년 4월 4주 주별 베스트)
* 알라딘 외국어 토익 실전 분야 베스트셀러 1위 (에듀윌 토익 실전 LC+RC, 2022년 3월 4~5주, 4월 1~2주 주간 베스트 기준)